〔宋〕洪遵 編　李南暉 校證

# 《翰苑群書》新輯校證

北方聯合出版傳媒（集團）股份有限公司
遼海出版社

圖書在版編目（CIP）數據

《翰苑群書》新輯校證 /（宋）洪遵編；李南暉校證. —
瀋陽：遼海出版社，2023.12
ISBN 978-7-5451-6861-7

Ⅰ.①翰… Ⅱ.①洪… ②李… Ⅲ.①官制—中國—唐宋
時期 Ⅳ.①D691.42

中國國家版本館CIP數據核字（2023）第256307號

書名題簽：莫礪鋒
策　　劃：徐桂秋

出 版 者：北方聯合出版傳媒（集團）股份有限公司
遼 海 出 版 社
（地址：瀋陽市和平區十一緯路25號　郵政編碼：110003）
印 刷 者：遼寧鼎籍數碼科技有限公司
發 行 者：北方聯合出版傳媒（集團）股份有限公司
遼 海 出 版 社
幅面尺寸：170mm × 240mm
印　　張：38
字　　數：500千字
出版時間：2023年12月第1版
印刷時間：2023年12月第1次印刷
責任編輯：劉英楠　范高强　胡佩杰　吴昊天　夏　瑩
封面設計：金石點點
責任校對：張　越

書　　號：ISBN 978-7-5451-6861-7
定　　價：200.00元

購書電話：024-23285299
網　　址：http://www.lhph.com.cn

本書獲得以下項目資助：

國家古籍整理出版資助項目（項目立項號：23GJC042）

全國高等院校古籍整理研究工作委員會直接資助項目（批准編號：1324）

國家社科基金重大招標項目『歷代別集編纂及其文學觀念研究』（項目批准號：21&ZD254）

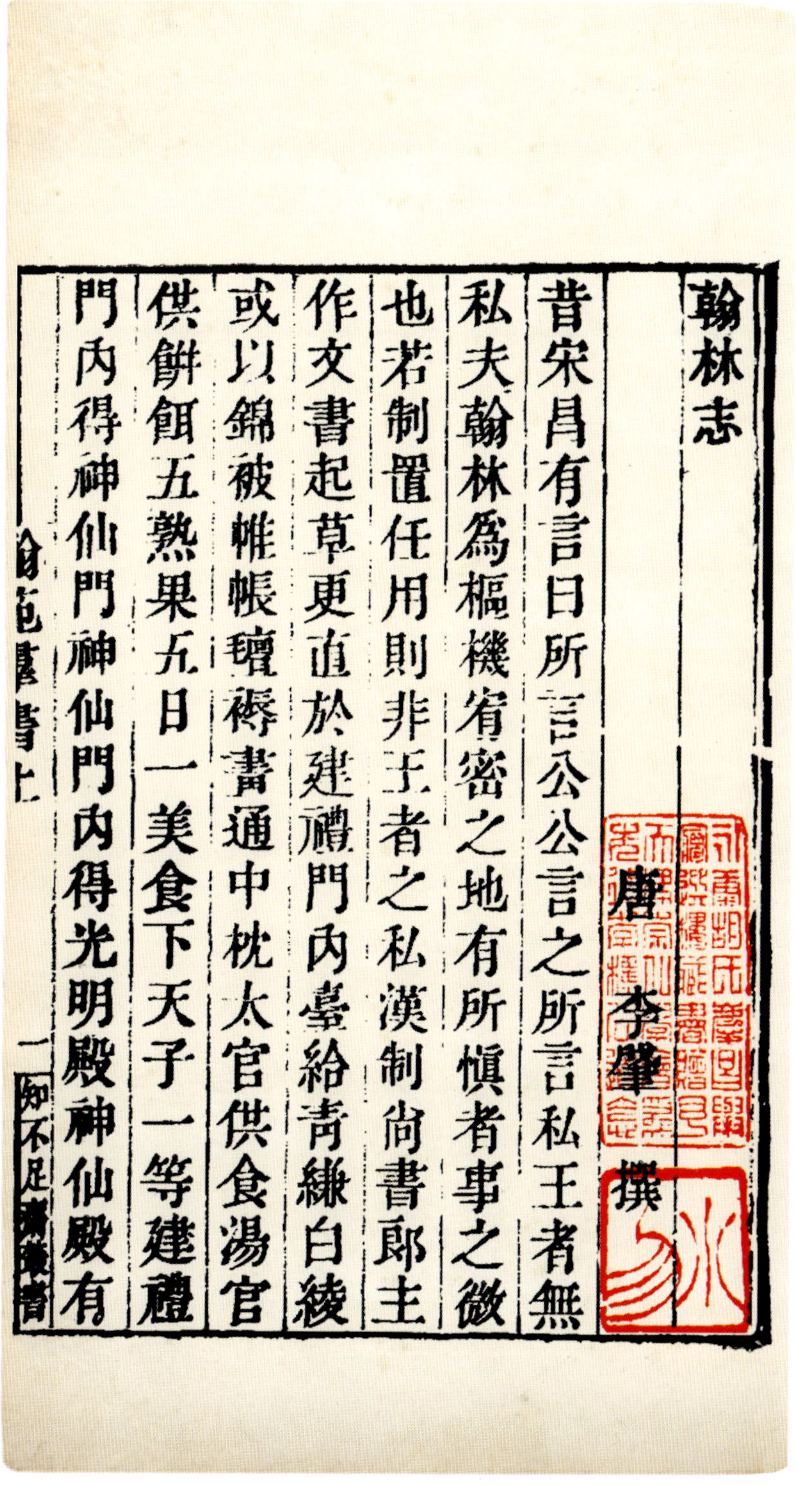

翰林志

唐 李肇 撰

昔宋昌有言曰所言公公言之所言私王者無私夫翰林爲樞機宥密之地有所愼者事之微也若制置任用則非王者之私漢制尚書郎主作文書起草更直於建禮門內臺給青縑白綾或以錦被帷帳氈褥書通中枕太官供食湯官供餅餌五熟果五日一美食下天子一等建禮門內得神仙門神仙門內得光明殿神仙殿有



鮑廷博《知不足齋叢書》本

# 翰林志

唐李肇撰

昔宋昌有言曰所言公公言之所言私王者無私夫翰林爲樞機宥密之地有所慎者事之微也若制置任用則非王者之私漢制尚書郎主作文書起草更直於建禮門内臺給青縑白綾或以錦被帷帳氊褥晝通中枕太官供食湯官供餅餌五熟果五日一美食下天子一等建禮門内得神仙門神仙門内得光明殿神仙殿自門下省中書省盖比今翰林之制略同而所掌

中國國家圖書館藏傅增湘舊藏明鈔本

翰苑題名

翰苑自唐宝應迄于大中學士官族皆刻石龕之屋壁五季以紛擾久廢藝祖受命首建直廬太宗親灑玉堂之翰以增寵獎列聖稽古推擇尤靳景德初趙安仁晁迥李宗諤始復置壁記起初自承旨陶穀以下至直院用除授次第刋列後居職者皆得以流芳久遠中遭變故今不復存主聖中興匽武右文東求鴻碩追垣明之制如二帝三王之盛以章列聖之休規模遠矣而姓名未紀

藝祖 太宗 聖 俱另提行

另提行

另提行

日本靜嘉堂藏鮑廷博批校本

# 翰苑群書跋

翰苑初入供事吏手持張閣老位詞林典故翰苑須知二編以見卷中引書五品不遜之語覽者以為咲端予既為史官思别撰一書自分職以來訖於明崇禎之季恒裒書入直曉夜抄撮積此書四册擬删至重複補其闕遺題曰瀛洲道錄會遭院長彈事未果會稡成書然歸田後每扁舟近遊未嘗不之縢笈也曉得孫逢吉職官分紀陳騤中興館閣

翰苑群書目録上



中國國家圖書館藏抱經樓舊藏鈔本

# 翰林志

唐李肇 撰

昔宋昌有言曰所言公公言之所言私王者無私夫翰林為樞機宥密之地有所慎者事之微也若制置任用則非王者之私漢制尚書郎主作文書起草更直於建禮門內臺給青縑白綾或以錦被帷帳氈褥晝通中枕太官供食湯官供餅餌五熟果五日一美食下天子一等建禮門內得神仙門神仙門內得光明殿神仙殿自門下省中書省蓋比今翰林之制略同而所掌

臺北“中央研究院”傅斯年圖書館藏古鹽李氏鈔藏校正宋本

# 前言

在中國古代的中樞機構中，有一類官員專司『王言』，負責草擬天子的制誥、詔敕等重要文書〔一〕，兼行謀議決策、講習藝文之任。其歷代官稱，曰内史、曰尚書郎、曰中書舍人〔二〕，唐宋兩代，則設有翰林學士一職，『專掌内命』。紀昀等《歷代職官表》梳理翰林學士之『前史』云：

> 若夫翰林之名，則其初專爲制誥而設。蓋自《周官》内史掌策命、外史掌外令，已爲珥筆權輿；漢魏以來，職在尚書、中書；至唐，特建翰林院于禁中，置學士以專司内命，而翰林之官始重。沿襲至今，稱爲華選。然唐宋所謂翰林學士者，其職在于參受密命，發演絲綸。〔三〕

作爲皇帝的機要秘書，翰林學士號爲『内相』，被視爲『天子私人』，在唐宋兩朝政治體制中的地位舉足輕重，在日常政務運作和諸多重大歷史事件中扮演了關鍵角色。南宋洪遵編纂的這部《翰苑群書》，就是記録唐宋翰

---

〔一〕《唐六典》卷九《中書省·中書令》：『凡王言之制有七：一曰册書，二曰制書，三曰慰勞制書，四曰發日敕，五曰敕旨，六曰論事敕書，七曰敕牒。』

〔二〕詳參《通典》卷二一《職官三·中書省》。

〔三〕《歷代職官表》卷二三《翰林院表·歷代建置》。

林制度和翰林學士最重要、最基本的一部文獻。

## 翰林學士制度與翰苑著作的興起

翰林學士院制度始建于唐代，自初唐至盛唐，這項制度經歷了一個漫長的建設過程，名號屢有變易，直到開元二十六年（738）最終確立。《唐會要》卷五七《翰林院》記其始末甚詳：

開元初置。已前掌内文書。武德已後，有温大雅、魏徵、李百藥、岑文本、褚遂良、許敬宗、上官儀等，時召入草制，未有名目。乾封已後，始號『北門學士』，劉懿之、褘之兄弟，周思茂，元萬頃，范履冰爲之。則天朝，以蘇味道、韋承慶等爲之。後上官昭容在中宗朝，獨任其事。睿宗即位後，以薛稷、賈膺福、崔湜爲之。……學士院者，開元二十六年之所置，在翰林之南，别户東向。考視前代，即無舊名。貞觀中，祕書監虞世南等十八人，或秦府故僚，或當時才彦，皆以弘文館學士會于禁中，内參謀猷，延引講習，出侍輿輦，入陪宴私，十數年間，多至公輔，當時號爲十八學士。其後永徽中，故黄門侍郎顧悰復有麗正之稱。開元初，故中書令張説等又有集仙之比，日用討論親侍，未有典司。玄宗以四隩大同，萬樞委積，詔敕文誥，悉由中書。或慮當劇而不周，務速而時滯，宜有編掌，列于宫中，承導邇言，以通密命。由是始選朝官有詞藝學識者，入居翰林，供奉敕旨，于是中書舍人吕向、諫議大夫尹愔元（引按，『元』當爲『首』）充焉。雖有密近之殊，亦未定名，制詔書敕猶或分在集賢。時中書舍人張九齡、中書侍郎徐安貞等迭居其職，皆被恩遇。至二十六年，始以翰林供奉，改稱學士。由是别建學士院，俾掌内制。于是太常少卿張垍、起居舍人劉光謙等首居之。而集賢所掌，于是罷息。

玄宗爲了通達政令，委任專員『承遵邇言，以通密命』，將部分原屬中書舍人的書詔職權分割、轉移給了與天子更爲『密切』的翰林學士，形成與前者對掌內、外制的格局。安史之亂後，穩定的體系化政務格局遭到毀滅性打擊，肅宗不得不開啓『戰時體制』，作爲近臣的翰林學士因而備受倚重，地位空前上升。《舊唐書·職官二》曰：『至德已後，天下用兵，軍國多務，深謀密詔，皆從中出。尤擇名士，翰林學士得充選者，文士爲榮。亦如中書舍人例置學士六人，內擇年深德重者一人爲承旨，所以獨承密命故也。』德宗以後，翰林學士進一步發展成爲『天子私人』，被目爲『內相』〔一〕，逐步走入政壇中樞，其榮寵之隆盛、仕途之顯達，都遠超其他職官。故清人趙翼說，學士『往往至宰相，于是學士遂爲公輔之先路』〔二〕，穆宗即位之初召入的五位翰林學士，李德裕等四人均拜相，即爲顯證。作爲諸學士之首的承旨學士，地位尤高，『大凡大誥令、大廢置，丞相之密畫、內外之密奏，上之所甚注意者，莫不專受專對，他人無得而參』。時任承旨的元稹回顧元和初以來承旨學士的遷升經歷，云：『十七年之間，由鄭（絪）至杜（元穎），十一人而九參大政。』〔三〕位極人臣的幾率極高。而在憲宗以後，翰林學士院事實上替代了原本中書省的職能，與樞密使、宰相形成了新的三足鼎立的中樞權力格局，取代了前期的三省制度〔四〕。

〔一〕見本書《翰林志》5。

〔二〕趙翼《陔餘叢考》卷二六《學士》，河北人民出版社，1990年1月，頁432。

〔三〕以上並見本書元稹《承旨學士院記》。毛蕾據岑仲勉編制的德宗至懿宗朝翰林學士和憲宗至懿宗朝承旨學士表統計，翰林學士有32%位至宰相，而承旨的這個比例高達58%。見毛蕾撰《唐代翰林學士》，社會科學文獻出版社，2000年11月，頁51。

〔四〕參袁剛《隋唐中樞體制的發展演變》第六章《唐後期新中樞的建立》，文津出版社，1994年6月。

宋代翰林學士院制度大抵沿襲唐代，《宋史·職官二》云：『自國初至元豐官制行，百司事失其實，多所釐正，獨學士院承唐舊典不改。』不過比起前代，宋代翰林學士在草制撰詞、參對顧問的本職之外，還要接受各種臨時差遣，負責主持科舉、召試官員、編修書籍、出使接待，乃至勞軍斷獄等事宜〔一〕，政治參與的廣度大爲增加，但在重大歷史事件中，卻不像唐代學士那樣動輒捲入政治鬥爭的漩渦，淪爲黨同伐異的犧牲品〔二〕。

唐宋翰林學士的選任都極爲嚴格，韋處厚《翰林學士記》云：『建中以來，簡拔尤重，故必密如孔光，博如延州，文如卿雲，學如歆向，器如黄顔，直如史魚，然後得中第。』宋高宗頒布的制書則曰：『學士職清地近，極天下文章之選。非深厚爾雅，不足以代王言；非直諒多聞，不足以備顧問。』〔三〕對于文華、學識、紀律性等方面都有很高的要求，而身爲詞臣，文學才能是至關重要的素養。唐宋兩代科舉發達，掄才標準與翰林學士一致，故出身進士等科第的學士占了相當大的比重。據統計，唐玄宗至懿宗朝翰林學士，確知由科舉出身者占了71%〔四〕；而兩宋時期，這個比例上升到92%〔五〕，宋徽宗時甚至下詔規定翰林學士必須是進士出身〔六〕。真宗朝學士錢惟演對翰

---

〔一〕參楊果《中國翰林制度研究》第三章《宋代翰林學士的執掌》，武漢大學出版社，1996年7月。

〔二〕如王叔文、王伾因永貞革新失敗貶死，鄭注、李訓、顧師邕因甘露之變被殺。

〔三〕《全宋文》卷四四五二宋高宗《給事中綦崇禮可除翰林院學士制》，上海辭書出版社、安徽教育出版社，2006年8月，頁296。

〔四〕毛蕾《唐代翰林學士》，頁47。

〔五〕楊果《中國翰林制度研究》，頁60。

〔六〕《宋會要輯稿·職官六·學士院》：『崇寧五年二月七日，詔翰林學士、兩省官及館閣，今後並除進士出身人。』

林學士的文才極爲自負，説：『朝廷之官，雖宰相之重，皆可雜以他才處之，惟翰林學士，非文章不可。』〔一〕對于以文立身的士大夫階層而言，翰林學士清貴無比，因此司馬光有言：『唐室以來，士人所重清要之職，無若翰林。』〔二〕可見一時之尊尚。

翰林學士職位清要，寵遇優渥，仕途光明，在李肇筆下，學士處翰林有似登仙：『時以居翰苑，皆謂陵玉清、溯紫霄，豈止于登瀛洲哉！』〔三〕在高度的榮譽感驅使之下，唐宋翰林學士留下了很多記述自家翰苑生涯的詩文、筆記。從北宋開始，便有人輯集其中的單篇之文，彙爲一編。今可考知者，有兩部性質和内容相近的著作，一部是《翰林内志》，《玉海》卷一六七引《中興書目》云：

> 《翰林内志》一卷，集韋執誼《翰林故事》，李肇《志》，韋處厚、丁居晦、杜元穎《壁記》，元稹《記》，韋表微《學士新樓記》爲一書，集者不知名。

所收七種皆爲唐人所撰翰林著作，與《翰苑群書》相比，重複五種，少楊鉅《翰林學士院舊規》一種，而多杜元穎、韋表微兩文。此書最早見于《崇文總目》，置于宋初趙鄰幾《史氏懋官志》之後，應編于北宋前期；《新唐書·藝文二》收入『職官類』，屬于『不著録』之列，可知是據《崇文目》著録，但卻將它列于楊鉅《翰林學士

〔一〕見本書《翰苑遺事》62。
〔二〕《全宋文》卷一一九三《辭翰林學士第二狀》，頁80。
〔三〕本書《翰林志》14。

院舊規》之前，當是因爲其中均係唐人著作，又都在楊鉅之前，故而移置于此〔一〕。從它只有一卷的篇幅來看，《內志》對于元稹等人的著作，應該只截取了記文部分，而刊去學士名氏。

另一部是《翰林雜志》，《郡齋讀書志》（衢本）卷七『職官類』云：

> 《翰林雜志》一卷。右不題撰人。輯唐韋執誼《故事》、元稹《承旨壁記》、韋（來）〔表〕微《新樓記》、杜元穎《監院使記》、鄭璘《視草亭記》并詩、李宗諤《題名記》爲一編。

是書與《翰苑群書》一樣，兼收唐宋之作，但所收六種中，與洪著重複者只有兩種，而與《翰林內志》重複四種。收録的方式應該也是只録記文，不録名氏。由于少了《翰林志》，其篇幅勢必比《內志》更小。洪遵的《翰苑群書》較二者晚出，三部性質相近的翰苑著作彙編在南宋時期一度並行于世，可見這個題材備受矚目，對于普通文士也有相當大的吸引力。但最終只有《翰苑群書》流傳下來，或許是因爲它的內容更加完備吧。

---

〔一〕筆者《李肇〈翰林志〉版本述略》一文曾推測此書爲唐人所編，當是正。《崇文總目輯釋》卷二《翰林內志》條，錢繹按：『《宋志》作李肇撰，疑即前《翰林志》重出也。』其説非。《職官分紀》卷一五《翰林學士》『不離內庭至公輔』句下引《翰林內志》云：『睿聖登極，段文昌、杜元穎不離內庭，便至公輔。及寶曆以後，韋處厚恩深授選，亦自翰林，由是稍爲故事。或不至拜者，以爲深耻。』（《記纂淵海》卷三一、《事類備要》後集卷二二、《翰苑新書》前集卷一〇亦引。）『睿聖』即穆宗，寶曆爲敬宗年號，然韋處厚爲相在寶曆二年十二月文宗登基之後，然則《內志》成書上限在文宗朝，與成書于憲宗元和末年之《翰林志》顯非一書。

## 洪遵與《翰苑群書》的編纂

本書的編纂者洪遵（1120—1174），字景嚴，謚文安，饒州鄱陽人，《宋史》卷三七三有傳。愛國名臣洪皓次子，紹興年間與兄洪适、弟洪邁先後中博學鴻詞科，並稱『三洪』；父子四人于高宗、孝宗兩朝先後出任翰林學士，舉世無雙，朝野歆慕〔一〕。洪遵先是在紹興二十五年（1155）八月短暫充任翰林直學士〔二〕，然後在紹興三十年（1160）八月至十二月、三十二年（1162）五月至隆興元年（1163）五月兩度拜爲翰林學士。他第二次入院時，正值高宗禪位之際，皇帝特招入朝，周必大《洪文安公遵神道碑》記載：『上將内禪，趣召公，日詢來期，遂還翰苑。凡傳位及登極赦、上太上尊號、追册安穆皇后、封拜三王制詔，皆公視草。』〔三〕深得倚重。同年六月，孝宗即位，旋任承旨，一年後以同知樞密院事出院。

洪遵富于文辭，注意記録史事，《宋史》本傳記載他在紹興末年擔任起居舍人期間，『奏乞以經筵官除罷及封

〔一〕李心傳《建炎以來朝野雜記》甲集卷九『父子兄弟入院數』條：『洪氏父子兄弟入翰苑者四人，古今所未有也。』魏了翁《鶴山先生大全文集》卷五一《三洪制稿序》：『北門掌書内命，最號清切，自入國朝，選授尤靳……亦有父子兄弟並爲之，如吴越之錢者矣，而俱未有一翁三季如番陽洪氏之盛者也。中興以來，學士之再入者十有六人，而洪氏之兄弟與焉；自紹聖立宏博科，迄于淳熙之季，所得不下七十人，而至宰執、至翰苑者僅三十人，洪氏之兄弟又與焉。嗚呼，何其盛與！』

〔二〕《中興翰苑題名》不載此次任職，詳該書該條注。

〔三〕周必大《廬陵周益國文忠公集》卷六九。

章進對、宴會錫予、講讀問答等事，萃爲一書，名之曰《邇英記注》。其後乾道間又有《祥曦殿記注》，實自遵始。』又奏請恢復久廢的起居注修撰。他還喜好編書，有《泉志》《洪氏集驗方》等著作傳世。而在編輯《翰苑群書》這部大書之前，他已經編過一册小型的翰林故事集《翰苑遺事》，可見他對這個題材早有興致。《翰苑群書》便是在這種個人經歷、榮譽感和趣味驅動下的産物。關于本書的編纂經過，洪遵的跋語作了簡要説明：

> 翰苑，秩清地禁，沿唐迄今，爲薦紳榮。遵世蒙國恩，父子兄弟接武而進，實爲千載幸遇。曩嘗粹《遺事》一編，揭來建鄴，以家舊藏李肇、元稹、韋處厚、韋執誼、楊鉅、丁居晦，洎我宋數公，凡有紀于此者，並刊之木。仍以《國朝年表》《中興題名》附。乾道九年二月七日番陽洪遵書于清漪閣。〔一〕

『揭來建鄴』云云，可知此書的編輯始于他乾道七年（1171）六月知建康府之後〔二〕，至乾道九年（1173）二月完成。清漪閣爲洪氏書齋名，底本全部來自自家藏本。本書編竣之次年，淳熙元年（1174）十一月洪遵去世〔三〕，《翰苑群書》成了他畢生著述事業的絶唱。

值得注意的是，這篇短跋完成之後，洪遵仍在繼續完善《翰苑群書》。《中興翰苑題名》記載的最後兩名學士，王淪，『乾道九年……七月，除權工部侍郎』。王淮，『乾道九年四月，以太常少卿兼權直院；七月，除中書舍

〔一〕見《翰苑遺事》末段。

〔二〕洪遵知建康府的時間，據南宋周應合《景定建康志》卷一《留都録一・行宮留守》：『洪遵，乾道七年六月，以端明殿學士、安撫使兼行宮留守。』

〔三〕《宋史》本傳：『淳熙元年，提舉洞霄宮。十一月，薨，年五十有五。』

人、兼直院』。三起遷拜都發生在洪跋落款的時間之後，可見他在付梓的過程中又補充了一些内容。接續《翰苑題名》而作的何異《中興學士院題名》，其『王淮』條補充記載：『淳熙元年十二月，除翰林學士。二年閏九月，除簽書樞密院事。』這兩次遷轉不見于洪著，由此推測，《群書》的刊印大約完成于九年十二月之前。

《翰苑群書》三卷，共收録唐宋翰學文獻十五種。卷上爲李肇《翰林志》、元稹《承旨學士院記》、韋處厚《翰林學士記》、韋執誼《翰林院故事》、楊鉅《翰林學士院舊規》、丁居晦《重修承旨學士壁記》、蘇易簡《禁林讌會集》〔一〕；卷中爲錢惟演《金坡遺事》、晁迥《别書金坡遺事》、李宗諤《翰苑雜記》；卷下爲蘇易簡《續翰林志》、蘇耆《次續翰林志》、佚名《學士年表》、沈該《中興翰苑題名》、洪遵《翰苑遺事》。以時代分，唐代六種，宋代九種；以類型分，有記事爲主的雜記八種、學士題名記五種、唱和詩集一種，以及制度專書一種。它們的作者除蘇耆之外，都有擔任翰林學士的經歷，記載的内容絶大部分是親歷親聞的第一手材料，價值尤高。各書的具體内容和特點已見諸解題，此處不再贅述。

現存傳本《翰苑群書》均爲二卷，卷中之三種皆佚去。最早的明嘉靖年間鈔本中已無此卷，而元初擬修宋史時，《金坡遺事》已在蒐佚之列〔二〕，則其失傳時間，最早當在宋元之際，最晚在明代前期。四庫館臣推測缺失的是『唐張著《翰林盛事》一卷、宋李宗諤《翰苑雜記》一卷』，周中孚推測是『錢惟演《金坡遺事》三卷、李宗諤

〔一〕此書前人或署名李昉，非是，詳該書解題。

〔二〕元初袁桷《清容居士集》卷四一有《修遼金宋史搜訪遺書條列事狀》一文，開列『宋翰林視唐尤加清重有雜書可補志書者』一類，其中就有《金坡遺事》，可見當時已極爲罕見，抑或此卷在宋元之際已然亡佚。詳《金坡遺事》解題。

《翰院雜記》一卷』〔一〕，均未考趙希弁《郡齋讀書志附志》卷上、《玉海》卷五四《藝文》『乾道翰苑群書』條，在《禁林讌會集》和蘇易簡《續翰林志》之間記載了錢惟演《金坡遺事》、晁迥《別書金坡遺事》、李宗諤《翰苑雜記》三書，前者更明確記録此三書『爲一卷』，這纔是卷中原本的内容。此次整理將三書全部輯佚，在一定程度上恢復了卷中的原貌。

二十世紀四十年代，岑仲勉先生在校理唐代翰林文獻時，認爲『杜元穎《翰林院使壁記》、韋表微《翰林學士院新樓記》二篇，性質與韋處厚《翰林院廳壁記》無異，且復同時』〔二〕，因此録出以補全一代文獻。傅璇琮等彙編《翰學三書》，其中重編之《翰苑群書》亦録入此二文。另外，《翰苑群書》收録宋代翰林學士題名記兩種，《學士年表》和《中興翰苑題名》，分别記載了北宋太祖建隆元年（960）至英宗治平四年（1067）和南宋高宗建炎元年（1127）至孝宗乾道九年（1173）的學士名氏，而何異的《中興學士院題名》則從建炎元年記録到寧宗嘉定七年（1214），收録下限更長，學士名録更齊全。因此，這次整理將杜《記》、韋《記》、何《題名》三種作爲附録補入，以期提供一份更完備、便用的唐宋翰學文獻彙編。

## 《翰苑群書》的版本

最早著録《翰苑群書》的目録，是南宋淳熙年間成書的尤袤《遂初堂書目》，書名誤作『翰院群書』，而其餘信息闕如。《玉海》卷五四《藝文·乾道翰苑群書》所載細目甚詳：

〔一〕周中孚《鄭堂讀書記》卷二八『職官類』。

〔二〕《郎官石柱題名新考訂（外三種）》，中華書局，2004年4月，頁490。

乾道間，洪遵纂唐李肇《翰林志》、元稹《承旨學士院記》、韋處厚《學士記》、韋執誼《翰林院故事》、楊鉅《學士院舊規》、丁居晦《壁記》、本朝李昉《禁林燕會集》、錢惟演《金坡遺事》、晁迥《别書金坡遺事》、李宗諤《雜記》、蘇易簡《續志》、蘇耆《次續志》、沈該《中興翰苑題名》及《學士年表》、《翰苑遺事》（原注：不著名氏。引按，爲洪遵自撰，故不署名），粹爲一書，凡三卷。

南宋兩部私家書目，陳振孫《直齋書録解題》卷六、趙希弁《郡齋讀書志附志》都收録了此書〔一〕，《宋史·藝文二》亦著録，可見問世之後即廣爲流傳。

南宋末周應合《景定建康志》卷三三《文籍志一·書版》記載，當時建康府中存有『《翰苑群書》二百五版』，可知將近九十年之後的宋理宗時期，洪遵當年鋟刻的版片仍舊存世。不過這些版片和刷印的最初版本，都早已無迹可尋。現存版本，查得有九種：中國國家圖書館藏傅增湘舊藏明鈔本、日本靜嘉堂藏鈔校本、鮑廷博《知不足齋叢書》本、文淵閣《四庫全書》本、臺北『中央研究院』傅斯年圖書館藏古鹽李氏鈔藏校正宋本、中國國家圖書館藏謙牧堂本、中國國家圖書館藏抱經樓舊藏鈔本、中國國家圖書館藏彭元瑞知聖道齋鈔本、傅璇琮和施純德校點《翰學三書》本。兹依次介紹如下。

**傅增湘舊藏明鈔本**。今藏中國國家圖書館。此本爲現存最早的版本，傅氏《藏園訂補郘亭知見傳本書目》卷六史部職官類著録『《翰苑群書》二卷』，補曰：『明寫本，墨格，十行十八字，似嘉靖間内府寫本，紙幅闊大，

〔一〕陳振孫《直齋書録解題》卷六云『自李肇而下十一家及《年表》、中興後《題名》共爲一書』，闕録《禁林讌會集》一種。趙希弁《郡齋讀書志附志》則闕記丁居晦一種。皆著録時偶疏，非兩家藏本殘缺也。

裏背裝。有「楊焕之印」〔一〕及盛昱藏印。余藏。』在其《藏園群書題記》卷五職官類，又有《明内府寫本翰苑群書跋》一篇，詳加記録，説此本『半葉十行，行十八字或至二十字不等，筆墨精美，紙幅闌格尤古雅絶倫，望而識爲明代内府藏書，以楷法風氣觀之，必爲嘉、隆時翰苑人手寫。且版式寬展，卷中語涉朝廷皆空格，《翰苑遺事》卷末有乾道九年遵跋十行，提行款式一仍舊觀，又必從宋本傳摹無疑……歷經名家收藏，端緒可尋，尤足增重』云云。書中『匡』『恒』等字缺末筆，一依宋諱，可知其頗存宋本原貌。今藏中國國家圖書館，2009年11月，該館出版社將其原樣影印，作爲《中華再造善本》叢書之一種發行，從此孤本廣布人間。

此本古代藏家印記，最早爲嘉靖、萬曆年間人湯焕的『湯焕之印』白文方印，鈐于目録上之頁下。同頁有明末毛晉（1599—1659）『毛晉』連珠印，頁眉『甲』朱文方印、『宋本』朱文橢圓印當亦爲毛氏所鈐；《翰林志》首頁還有其『汲古主人』朱文方印。目録上、下各有『明卿』朱文連珠印一枚，明末蘇州藏書家陳仁錫（1579—1634）〔二〕，字明卿，此或爲其藏書印。《翰林志》首頁、第五册《次續翰林志》首頁各有盛昱（1850—1899）『宗室文慤公家世藏』『聖清宗室盛昱伯羲之印』朱文方印。由此可以略知其遞藏經過。

書末鈐朱文長方印，印文曰：『寒可無衣，飢可無食，至于書，不可一日失。此昔人詒厥之名言，是可爲拜經樓藏書之雅則。』拜經樓是吴騫的藏書樓名，可知此本曾爲其所有。書法開朗，字大如錢，每行平格寫，不似靜嘉堂本各條首字爲宋代帝號、年號、稱本朝者，首行必高一格寫（此應爲宋本舊貌）。鮑廷博在靜嘉堂本所作眉批『行款依大字本，不必高低一字』『當依大字本寫』等語，所謂『大字本』即指此本，知不足齋本最後亦盡依所改。可見鮑氏曾藉以對校靜嘉堂本，知不足齋本因而有其血胤也。

〔一〕據印文，『楊』應爲『湯』，傅增湘誤書。

〔二〕陳仁錫生卒年有異説，此據張慧劍《明清江蘇文人年表》，上海古籍出版社，1986年12月。

**日本靜嘉堂本**。此本爲陸心源皕宋樓舊藏鈔本，今藏日本東京靜嘉堂。半葉九行，行十八字，雙行小字同，無欄格，分裝四册。此本是現存唯一的批校本，有大量塗乙筆迹、校刊符號，以及蠅頭細字的校語、批注，可見批校者用力之勤謹。前人普遍認爲出自盧文弨（1717—1796）手筆〔一〕，但第二册封面又題署『鮑淥飲手校』，似乎又是鮑廷博（1728—1814）的校本；居于首篇的《翰林志》中還有大量標注『騫按』的校語，似又經過吴騫（1733—1813）的校勘。

全書批校中多處出現『盧校云』『盧本作』『盧改作』、『盧云』等語，這種寫法顯然不是盧文弨的口吻，而是他人轉録的語氣。再考其書法，與傳世之盧文弨書風相去甚遠，字體娟秀方正，結構和用筆微有隸意，異乎盧氏工穩厚實，雜糅顔真卿、董其昌筆意的特點。取與鮑廷博手校《白石道人歌曲》比較，字迹非常相似〔二〕。書前所録盧文弨序，雖然落款爲『盧文弨書于鍾山書院之須友堂』〔三〕，但字體顯爲鮑字；文後又鈐有『以文』白文名章，『以文』爲鮑廷博之字，可知係鮑氏抄録，並非盧文弨手書原文。全書亦無一處近似盧文弨的書迹。鮑廷博過録盧本的情況，見于《翰林志》之末，有兩行短跋，其一云：

庚子四月初二日，盧本校。

〔一〕如《靜嘉堂文庫漢籍分類目録》該書目下括注：『盧文弨手校本。』靜嘉堂文庫編，1930年，頁359。明鈔本《翰苑群書》卷首傅增湘題識云：『今盧氏校本尚存靜嘉文庫。』

〔二〕此本有四川人民出版社1987年1月影印本。

〔三〕盧文弨《抱經堂文集》卷四載此文，删去落款，唯于題下署『甲午』紀年。

字體爲鮑字，係鮑廷博借盧本校勘後所書。庚子年，即乾隆四十五年（1780），距離盧文弨校成《翰苑群書》已過去六年。是年二三月間，鮑廷博跟吴騫等友人與身在杭州的盧文弨多次晤面〔一〕，鮑廷博且將刻成的《知不足齋叢書》第一至五集贈給盧文弨〔二〕。或許就是在此期間鮑氏借得盧本。卷首所鈔盧序、文中謄録『盧云』等按語以及部分文字塗改，應是此次校訂的成果。

《翰林志》中吴騫校語的情況，上述另一行短跋亦有交待：

己酉十月望，吴騫又校出數處。

己酉年，即乾隆五十四年（1789），筆迹與頁眉、頁脚多處『騫按』之字體相同，字迹綿密，重心較高，與混寫的鮑字明顯不同。《吴兔牀日記》記録了吴騫乾隆四十五年（1780）至嘉慶十七年（1812）的行迹，此次校書的時間恰在其中，可惜日記中無一字及之，只知其于校書前一日自吴江『抵家』〔三〕。詳其校語，僅取《百川學海》本《翰林志》爲對校〔四〕，無怪乎速成。《翰林志》之外，静嘉堂本也再無吴騫筆迹。

吴騫與鮑廷博交誼深厚，不僅經常借鈔珍籍，互相校勘圖書的事例也不稀罕。《拜經樓藏書題跋記》卷四《澠水燕談録》條記録了鮑廷博爲吴騫校勘一事：『往嘗見吾友鮑緑飲有宋本，最善，未及借校，時往來于心。頃緑

〔一〕張昊蘇、楊洪升整理《吴兔牀日記》，鳳凰出版社，2015年5月，頁3—6。
〔二〕見劉尚恒《鮑廷博年譜》，黄山書社，2010年7月，頁98。
〔三〕《吴兔牀日記》，頁66。
〔四〕吴騫稱之爲『宋刻《翰林志》』。

飲特爲予取是本而手校數過，遂成善本。』〔一〕周生傑曾舉盧文弨、顧廣圻等十一人之例説明鮑氏曾廣請名家爲他校書〔二〕，本書無疑可添一段佳話。

鮑廷博和吴騫在批語中一再提及『宋刻本』《翰林志》，似乎他們利用了一部珍罕的古本，但我們在當時和現存的善本書目中都找不到這樣一個單行宋本。事實上，它就是南宋《百川學海》本《翰林志》，别無其他。試以所引『宋本』異文與《百川學海》本覆按，全無二致。吴騫之子吴壽暘所撰《拜經樓藏書題跋記》更揭明了此『宋本』的真相，是書卷四《宋本百川學海》云：

其中《翰林志》一卷，先君子手校並書『《六典》中書』一條上云：『「行者」下少「則用之」三字，宋本亦少此三字：鮑以文校《翰苑群書》云然。然則此宋本也。』〔三〕

『宋本亦少此三字』一語，亦見于靜嘉堂本《翰林志》葉三鮑氏眉批。説明吴騫校勘自家《百川學海》之前看過鮑廷博批校的《翰林志》。既然此條對校的『宋本』是《百川學海》，以此類推，其他各條的『宋本』也必是同書無疑了。

吴壽暘的批語還提供了一個重要信息：『鮑以文校《翰苑群書》云然。』這意味着知不足齋本與靜嘉堂本關係

〔一〕中華書局《清人書目題跋叢刊》影蔣光煦《别下齋叢書》本，1995年8月，頁649。吴騫凡記鮑廷博之號，皆作『緑飲』而非『渌飲』。

〔二〕周生傑《鮑廷博藏書與刻書研究》，黄山書社，2011年5月，頁240—247。

〔三〕吴壽暘《拜經樓藏書題跋記》，中華書局，1995年8月，頁662。

深切。試觀全書，凡鮑、吳改訂、删補文字和格式之處，兩本幾乎全同，其中大量並非來自盧文弨校；而所過録的盧校内容，絶大部分爲知不足齋本吸收，亦有少量未被采納，如《翰林志》『順宗不豫』，鮑云『盧改豫作懌』，而知不足齋本仍作『不豫』；『結麟樓』，鮑曰『盧云疑鄰』，知不足齋本未改；兩本異文，鮑廷博亦不更動，如『抵于北廳廳西舍之南』，鮑曰：『盧本無下廳字』，知不足齋本有。可見鮑廷博並未直接使用盧本。兩本格式之從同尤其值得注意。静嘉堂本存宋本之舊，避宋諱和保留敬空、抬格，清諱則未避，鮑廷博一一點塗、勾銷或改字，知不足齋本悉遵照處理；雙字之人名，如《翰林志》之『裴垍』，静嘉堂本原在姓名之間空一格寫，鮑氏皆于空格處抹一縱綫，表示删除空格，知不足齋本統一爲姓名連寫；又如元稹《承旨學士院記》一文，原本每名學士提行書寫，鮑氏于『鄭絪』條上批云：『改大字接寫。』知不足齋本亦不提行，將所有學士條目首尾接續書寫。這種亦步亦趨、高度雷同的情况只能指向一種事實：這部静嘉堂本是鮑廷博刊刻《知不足齋叢書》本《翰苑群書》的工作底本，那些符號和批語都是給刻工的上版説明。他並未，也無必要去借用盧文弨的校本，遑論在上面批抹塗改。

至此，我們可以對静嘉堂本《翰苑群書》作一個重新定位：首篇之《翰林志》爲鮑廷博、吳騫、盧文弨三人合校，其他諸篇間引盧校，而主要由鮑氏一人獨力完成，其中校語均出自他的親筆。所以整體而言，應該稱之爲『鮑廷博手校本』，而非傳訛已久的『盧文弨校本』。前人之誤認，大約是惑于盧序的落款以及批語中『盧校』『盧云』等語，以及鮑廷博在《知不足齋業書總目》自稱的『盧召弓校』。知不足齋本《翰苑群書》所用之底本正是此部鈔校本，而非鮑廷博自稱的『宋刊本』。《翰苑群書》以及其中的任何一種著作，當時都不存在單行宋刊本。

此本由數名抄手抄成，書法水平參差不齊。多用俗字，如通篇多處『萬』作『万』、『禮』作『礼』，《次續翰林志》『譯』作『译』，《翰苑遺事》『廳』作『厛』、『繼』作『继』、『職』作『耺』等。訛奪之處觸目皆有，以《次續翰林志》爲例，倒數第二葉所書爲『公書詔之暇』以下三條，『後人不會先賢意』，『賢』前衍『人』字；

『亦未嘗』奪『亦』字；『楊八座』訛作『楊人座』；『石龕』訛作『不龕』；『徽』訛作『微』；『耆是時方在幼齡』，作『耆自是方在幼齡』，既誤且脱。人名、書名之誤，復不在少數，以《翰苑遺事》爲例，沈括『《筆談》』誤作『《筆記》』、『葉夢得《避暑録話》』誤作『禁夢得《避暑佳話》』、『《四六談麈》』誤作『《四六談塵》』、『曾紆』誤作『曾行』。由此可以概見抄手之水平和態度。

鮑廷博校語中頻繁提及『舊本』『舊』『大字本』，是他用以對校的善本，通過與現存版本比較，這個對校本就是傅增湘舊藏的明鈔本。行款方面，《翰林學士院舊規》『學士請假』條：『應學士請假，七日一度奏，經三奏，即自奏，即自進章表，陳某乙。』靜嘉堂本鮑批：『舊本頁盡「即自」。』而今見各本中唯明鈔本于『即自』盡頁；《翰苑遺事》首葉，靜嘉堂本鮑廷博眉批：『行款依大字本，不必高低一字。』靜嘉堂本凡段首字爲宋代帝號、年號、稱本朝者，首行高一格寫，應存宋本舊貌；明鈔本則全部平格寫，且字大如錢，『大字本』必指明鈔本無疑。異文方面，《翰林院故事》『洪荒以還』，『以』字，明鈔本作『一』，靜嘉堂本鮑廷博曰：『盧本以，舊本一。』《翰林學士記》『皆自外召入』，『入』字，明鈔本作『人』，鮑廷博夾批：『舊作「人」。』《翰林志》『今在右銀臺門之北第一門，向某』，鮑廷博批曰：『舊空某字。』可見無論異文還是行款，鮑廷博借助明鈔本做了大量校訂，爲原本千瘡百孔的靜嘉堂本補苴罅漏，刮垢磨光。而據前引明鈔本書末印記，該本當是自吴騫借得。

書中所有校語，包括鮑校和爲數不多的吴騫校，皆用朱筆書寫，或于頁眉，或于頁脚，或于行間；誤字、諱字、異體字徑于字上添改，或標以塗乙符號；並且除丁居晦《壁記》『柳璟』條以下之外，通篇施以句讀，當是鮑廷博校勘時隨手標點。《翰林志》至《翰林院故事》，頁中部分文字左下標有角號『∟』，該行頁脚對應書寫一個數字，除了六到十，其餘均用草碼，即〡、〢、〣、〤、〥，直至〢〤，即二十四。校者對此没有説明，猜想是示意某個對校本對應頁碼的起訖，但與現存版本均不同，不知是否對應已然滅失的盧校本。

此本之淵源，可從書中印鑑窺測一二。第一册《翰林志》首頁及第三册《續翰林志》首頁，除日人所鈐『靜嘉堂珍藏』長方印之外，還有『古香樓』朱文圓印、『休寧汪季青家藏書籍』朱文方印各一枚。陸心源《皕宋樓藏書志》即據此著録爲『舊抄本，汪季青舊藏』。汪季青（1659—1725），名文柏，號柯庭，原籍休寧，占籍爲桐鄉人。與其兄汪文桂（1650—1731）、汪森（初名文梓，1653—1726）活躍于康熙年間的藏書界〔一〕。沈樹德《慈壽堂文鈔》卷五有《汪柯庭先生傳》，記述其詩文創作及交游等事迹，但未談及他的藏書。結合阮元《兩浙輶軒録》卷七的記載，知其曾在康熙時擔任北城兵馬司正指揮。古香樓是他的藏書樓，可知此鈔本爲其舊藏，也可能是由他鈔成的。汪氏昆仲與嘉興同鄉前輩朱彝尊（1629—1709）相善，常常互相交流秘籍〔二〕，而朱氏《曝書亭集》卷四四《跋洪遵翰苑群書》云『近又得洪遵《翰苑群書》足本』〔三〕，該本或與此所謂『足本』有所淵源。

至于盧文弨所校之本，他在《翰苑群書校勘序》聲稱，『先余未有是書，因借本録竟，手自校對』云云，可知爲盧氏自鈔本，但是鈔自何本，惜乎未有交待。鮑廷博逐録之盧校，僅見于《翰林志》《翰林學士記》《翰林院故事》《翰林學士院舊規》《重修承旨學士壁記》，其他篇中則無。這幾篇都屬于卷上的唐代著作，不知是盧文弨原校

〔一〕汪文柏事迹，葉昌熾著、王欣夫補正《藏書紀事詩》卷四搜羅較完備。中華書局，1989年9月，頁409—412。

〔二〕據《清史列傳》卷七一《汪森傳》，汪森歸田後，曾借朱彝尊家藏書，薈萃訂補爲《粵西詩載》二十四卷（附詞一卷）、《文載》七十五卷、《叢語》三十卷。兩人更是遞編過《詞綜》這部有名的總集。朱彝尊《詞綜發凡》云：『是編所録，半屬抄本……里門則借之曹侍郎秋岳，餘則汪子晉賢購諸吴興藏書家。』曹秋岳即曹溶，汪晉賢即汪森。而汪文柏亦參與其事，《發凡》又云：『佐予討論編纂者……休寧汪上舍周士、季青。』周士爲汪文桂，季青爲汪文柏。沈樹德《汪柯庭先生傳》亦曰：『先生年雖少，所交皆老蒼，如……繡州朱竹垞』云云。

〔三〕據朱氏落款，此文作于康熙四十五年（1706）十月，而文淵閣本《翰苑群書》卷首提要末署『乾隆四十二年八月恭校上』，時當公元1777年，所據已是殘本，則《四庫全書》編修前六十年，似尚有完本存于天壤。《四庫全書》別集類收入《曝書亭集》，此説並未引起注意，恐竹垞當真『目眊耳聾，無能甄綜』，誤將殘本認作全璧了。

中僅有此數篇，還是鮑廷博没有全部迻録。這個鈔校本最後流落何處，也無法考知了。在盧本不知所蹤的情況下，鮑廷博的這部過録本爲我們提供了盧校最真實的面貌。

**《知不足齋叢書》本**。半葉九行，行十八字，小字雙行同，左右雙邊。鮑廷博這套叢書的刊刻時間綿歷五十年，《翰苑群書》收入第十三集。據彭元瑞知聖道齋鈔本《翰苑群書》書末的自記，他于乾隆『辛亥北至』，即1791年夏至日，鈔畢此書，其間『校以知不足齋刻本』，可知其付梓當在乾隆五十四年（1789）十月吴騫校畢之後至此年夏天之前的一年多時間。它的錯訛最少，向稱善本。鮑氏自編《知不足齋叢書總目》稱其本爲『宋刊本，盧召弓校』[一]；而此本卷首冠有盧文弨之序，落款爲乾隆三十九年（1774）。因此長期以來，學者普遍相信知不足齋本是根據盧氏校本刊刻而成[二]；同時認爲，盧文弨手校的稿本仍然存世，現藏于日本静嘉堂文庫。然而通過前面對静嘉堂本的考查，證明這個看法並不可靠。

知不足齋本的底本爲静嘉堂本，主對校本爲明鈔本，已備見前述。明鈔本的質量顯著優于静嘉堂本，他爲什麽還要作此選擇，甚不可解。鮑廷博對底本作了大量細緻的文字校訂，不厭其詳，如將俗字逐一改爲正字。大部分校語標示于頁邊或行間，有的則是静嘉堂本未出校，而在雕版過程中予以改正。如《翰苑遺事》『國朝因仍舊制』條，『學士臨視，點勘匵封』，『匵封』，静嘉堂本作『匵封』，未出校，知不足齋本則據明鈔本改作『匵封』；丁居晦《壁記》『路巖』條，『五年』至『誥充』十七字，静嘉堂本奪，無校語，知不足齋本據明鈔本補。他又對

---

〔一〕《知不足齋叢書》影印本，中華書局，1999年6月，頁16。

〔二〕如周中孚《鄭堂讀書記》卷二八『職官類』著録知不足齋本《翰苑群書》，云：『是本爲盧抱經所校録，鮑渌飲取以刊入叢書。』明鈔本《翰苑群書》卷首傅增湘題識：『鮑本前有盧召弓序，只言借本校録，是盧本亦出傳鈔，而鮑氏即據以鋟梓也。』

《次續翰林志》等的條文作了重新分段，使眉目更加清晰。這些工作足以體現他的專精敬慎。不過也偶有臆改，如丁居晦《壁記》『張禓』條，諸本作『其年十一月，遷工部侍郎，依前充；十月二日，加承旨』，鮑以兩句月份誤倒，乃乙之。其實據岑仲勉考證，『加承旨』乃次年（咸通十一年）十二月事，年月日有訛奪，非倒也。

**文淵閣《四庫全書》本**。據該本《翰苑群書》書前提要，此書鈔成于乾隆四十二年（1777）八月，去盧文弨校其自鈔本之後三年。其來源，《四庫全書總目》記爲『浙江巡撫采進本』。那麼這個所謂『采進本』到底是哪個版本呢？浙江書局進書之時，沈初等人撰《浙江采集書總録》丁集載有《翰苑群書》二卷，注爲『寫本』[一]；而同一時期，乾隆三十八年（1773）浙江巡撫三寶的奏摺稱，《四庫全書》開館後，盧址曾進書二十餘種[二]。盧址（1725—1794），浙江鄞縣（今寧波市）人，其抱經樓恰于文淵閣本《翰苑群書》鈔竣的同年落成。他的《抱經樓書目》著録有《翰苑群書》二卷，注曰『抄本』[三]。這條綫索提示我們，盧址藏鈔本很可能就是文淵閣本的底本。

在洪遵的《翰苑遺事》中，我們發現了一條關鍵的内證：自『天禧元年二月』條首句至『唐人奏事』條『往來亦然若』大小字共二千餘字，文淵閣本全數錯簡，誤接于末段『唐制翰林學士初入院』條『亦前輩偶然未用』句下，連文爲『往來亦然若者也是年』，而以文意扞格，改『若者』爲『此例』。這個錯簡在所有現存版本中，只有盧址的抱經樓本與之相同，盧本更脱去『唐人奏事』以下至文末約一百九十字，應是佚去一葉，已不能知其接合的痕迹了。

〔一〕沈初等《浙江采集書總録》，上海古籍出版社，2010年12月，頁208—209。
〔二〕《纂修四庫全書檔案》六四，上海古籍出版社，1997年，頁106。
〔三〕《抄本抱經樓盧氏書目》，中國國家圖書館藏。林夕主編《中國著名藏書家書目彙刊》第23册收録《四明盧氏藏書目録》，與此目大抵相同，但所録多有脱漏，且著者誤作『盧沚』，商務印書館，2005年10月。

或許有人懷疑是抱經樓本鈔自文淵閣本，但這種可能性極低。詳其行款，提行、敬空等悉遵宋式，文淵閣本則一例取消。此類格式取消容易，添補困難，抱經樓本豈有自討苦喫、無中生有的必要？故文淵閣本當自抱經樓本出，而絶無相反之理。

至于致誤之由，夷考傅增湘舊藏明鈔本，此二千餘字正好爲七整葉，而所錯入之葉，首行即爲『者也是年』云云。蓋抱經樓本以明鈔本爲底本，而抄寫或裝訂之時書葉倒裝，導致錯簡；館臣不察，遂沿襲其謬誤。所改『此例』二字，由于抱經樓本此段殘佚，未知是底本如此，還是館臣臆改。

由此可以推斷，文淵閣本《翰苑群書》出自抱經樓本，而其祖本，是明鈔本。

文淵閣本雖有因襲底本錯誤之處，但也有所改訂。如各本《翰林志》末段記翰林學士院設立的時間，都誤作『開元十六年』，抱經樓本亦同，唯獨文淵閣本作『開元二十六年』，與事實相吻合。這種地方並無版本依據，當是館臣理校的結果。

此本最大的問題，是有意的諱改。如《翰林志》記翰林學士院正門，『其制高大重複，號爲胡門』，抱經樓本及他本皆如此。胡有大的含意，胡門即崇峻之門。而文淵閣本作『北門』，乍看似乎與翰林學士的前身『北門學士』相關，仔細推敲，則顯係諱『胡』字而改。胡人居于北方，因此常以『胡』借代北部地區、北向，如《漢書·天文志》説『南戍爲越門，北戍爲胡門』，《古詩十九首·行行重行行》之『胡馬依北風，越鳥巢南枝』，都可爲證。館臣將『胡門』諱改爲『北門』，給讀者無端增添了困惑。這正是陳垣《舊五代史輯本發覆》揭示的『忌胡例』所造成的改篡惡果。

**盧址抱經樓藏鈔本**。二卷，半葉九行，行二十字，小字雙行同，無行格。今藏中國國家圖書館。盧址的《抱經樓書目》有著録。目録頁鈐『四明盧氏抱經樓藏書印』白文方印、『延古堂李氏珍藏』飾魚龍紋印、『國立北平圖書館收藏』朱文方印。宋諱、敬空等格式保留，略存宋本之舊。全本大抵出自一人之手，但部分書葉爲他人補抄，如丁居晦《重修承旨學士壁記》之前半，有十葉書迹明顯不同。如前所考，此本源出明鈔本，後鈔入《四庫全書》。整體而言，鈔寫質量不高，錯訛較多，尤其是一而再、再而三的錯簡。除前述七整葉倒錯的例子之外，還有《續翰林志上》，明鈔本『李肇述翰林』條自『賓客』至『晉天福六年五月』條之『掌侍奉』爲第二頁，同條『進奏參議』至『後唐長興元年二月』條之『去留皆』爲第三頁，抱經樓本誤將兩葉顛倒抄録，使得接下來的三條記載紊亂，文字和條目順序均出現錯簡。分段方面，此本《次續翰林志》分爲八條，但其第八條起于『先帝以公久在内署』，實際上是誤將明鈔本『先帝』前的敬空誤認爲提行。裝訂方面，《續翰林志》最後兩葉倒裝，又不知是何人所爲。種種迹象表明，此本的抄手極不認真，而居然被用作《四庫全書》的底本，很是不可思議。不過盧址與盧文弨並稱浙江『東西兩抱經』，兩人各傳下一部《翰苑群書》，形成兩個子系統，也不失爲一段佳話。

**謙牧堂藏鈔本**。二卷，半葉九行，行十七字，小字雙行同，黑口，左右雙邊。今藏中國國家圖書館。分爲前後二集，兩集均于首頁鈐『謙牧堂藏書記』白文方印，末鈐『謙牧堂書畫記』朱文方印。書前題朱彝尊《翰苑群書跋》。目録首行書名作『翰苑群書全集』，『全集』蓋『前集』之訛。

前集順序與通行本相同，唯丁居晦之書作『重修承旨學士院壁記』，『院』字誤衍（正文之標題不衍）。後集順序爲：《續翰林志上》《續翰林志下》《次續翰林志》《學士年表》《禁林讌會集》《翰苑題名》《翰苑遺事》，與通行本不同。保留宋諱、敬空等舊式；某些字左下有方角符號，當爲分頁符，標示所據底本原有分頁狀況，然而其起訖與今存所有鈔本及刻本均不同。

謙牧堂本頗有不見于他本的文字。如丁居晦《壁記》，他本闕書年月處，此本往往不脱，但經過考證，間有錯誤，使人疑心是鈔者臆補。但有的文字則不然，如『韋保乂』條，諸本于韋氏咸通十二年五月加户部郎中、知制誥之後，即記其于十四年十月被貶出院，岑仲勉《翰林學士壁記注補十二》以爲，『唐制郎中知制誥約一年便可轉中舍，況以唐末官賞之濫，而謂保乂越兩年餘而一無升遷乎。今記文末幅大多殘闕，此處之下（引按，指十二年遷轉下），顯有佚奪……』〔一〕。謙牧堂本在兩遷之間，正好多了一條記載：『十三年十一月二十一日，遷中書舍人、知制誥，依前充。』正有『中書舍人』一轉，足證岑説。又如『崔湜』條，謙牧堂本多記『十五年八月十五日，特恩知制誥，遷中書舍人，依前充』，亦爲其他文獻所無，足補崔氏生平。凡此皆爲舊本之吉光片羽，殊可寶貴。

按『謙牧堂』爲清初大學士明珠（1635—1708）之堂號，其藏書鈐有『謙牧堂藏書記』白文印及『謙牧堂書畫記』朱文印。這兩枚印章後來成爲納蘭家族三代人通用的藏書印，明珠首用，性德（1655—1685）繼用，揆敘（1674—1717）又沿用，至揆敘嗣子永壽（1702—1731）則以『謙牧堂』名義刻書。今檢劉喜海《謙牧堂藏書目》〔二〕，並無此書。或如劉氏在題記所言：『（本目）當是初藏書時所編，恐非完帙。』其本鈔寫當不早于朱彝尊作跋之年（1706），但不清楚與明鈔本關係如何。

**李氏鈔藏本**。二卷，半葉十行，行十八字，小字雙行同，無欄格。此本爲鄧邦述（1868—1939）群碧樓舊藏，今藏臺北『中央研究院』傅斯年圖書館。書前有鄧氏手書題記一篇，蓋《群碧樓善本書録》所載敘録之縮寫〔三〕，但均未提及其由來。首頁鈐『群碧樓』白文方印及『史語所收藏珍本圖書記』縱長方朱印。篇首鈔者『李氏』題名下又有小字曰『大末吾進題，陽羡蔣氏鈔藏』，則此書或是蔣氏傳抄李氏之本，非李氏原本。『古鹽李氏』及『大末吾進』『陽羡蔣氏』俱未詳何人。此本字迹秀雅，整體較之靜嘉堂本、抱經樓本更工整，訛誤較少；但于丁居晦《壁記》等處闕文，勇于臆補，平添錯亂。二十世紀四十年代岑仲勉曾用此本比勘知不足齋本，認爲

〔一〕岑仲勉《郎官石柱題名新考訂（外三種）》，中華書局，2004年4月，頁372。

〔二〕清道光十年（1830）東武劉氏味經書屋鈔本，藏中國國家圖書館。其書名，目録頁作『謙牧堂藏書總目』。

〔三〕見《群碧樓善本書録》卷五『鈔校本一』，上海古籍出版社，2014年5月，頁169。又據《書録》整理説明，此書爲1927年經蔡元培介紹，售予中央研究院歷史語言研究所。

個別文字『非無一節可采』，但『舛誤之處，平均視鮑本猶多』。今檢視其異文，往往與明鈔本相同；又『玄』『弘』皆改爲『元』『宏』，顯然是避清諱，説明此本很可能源出某部明鈔本系統的舊本，鈔成于乾隆年以後。《翰苑群書》所收諸書之中，僅《翰林志》有宋本百川學海本可資校勘，此本卻未加以利用，可知其『校宋本』云云，蓋高自標榜而已。

**知聖道齋鈔本**。今藏中國國家圖書館。二卷，分前集一卷，後集一卷。前集收録唐代諸作，後集收録宋代諸作。半葉十行，行二十四字，無欄綫，白口，單魚尾，四周雙邊。版心下刻『知聖道齋鈔校書籍』。知聖道齋是彭元瑞（1731—1803）的藏書樓，彭氏曾充《四庫全書》館副總裁，著有《知聖道齋書目》四卷，卷二史部著録此書爲『二本』[一]，可知原裝爲二册。書前題朱彝尊《翰苑群書跋》，末録彭氏自記：『是帙從謙牧堂本鈔，而寫手訛謬殊甚，故校以知不足齋刻本，從其長者。辛亥北至暑窗記。』辛亥爲1791年，此本當鈔成于是年夏至之前。由此記文可以知曉該本的淵源，也可知其價值。雖自稱做過校勘，但工作並不十分認真，謙牧堂本的錯誤並未盡改，如丁居晦之書名，仍作『重修承旨學士院壁記』，未刊去『院』字。

**《翰學三書》本**。是編由傅璇琮、施純德整理，以文淵閣《四庫全書》本《翰苑群書》爲底本，校以知不足齋本和《百川學海》、兩《唐書》、《全唐文》、《文苑英華》等，參酌岑仲勉諸校補，2003年遼寧教育出版社收入《新世紀萬有文庫》叢書出版，是目前最爲常見的版本。此本一改原編卷帙，分爲十二卷，大抵將現存各書每書作一卷，並于卷二增入杜元穎《翰林院使壁記》，卷三增入韋表微《翰林學士新樓記》，卷十二增入周必大《玉堂雜記》，因而宜依其『説明』視爲『重編本』。該本將重要的唐宋翰林文獻萃于一編，爲研究者提供了許多方便，不過也不無可商之處。首先是底本的選擇，知不足齋本顯然優于文淵閣《四庫全書》本，以《翰林志》爲例，校勘

[一] 林夕主編《中國著名藏書家書目彙刊》，第23册，頁98。

記之3、5、6、7、9諸條，知不足齋本即不誤，不必據《百川學海》改。何以舍此而取彼，殊難理解〔一〕。其次，或許爲叢書體例所限，其校法限于版本對校，《翰林志》所出校注十條，只有第十條是用丁居晦《重修承旨學士壁記》校改，而《職官分紀》《册府元龜》《唐會要》等要籍完全没有利用，失去了一個借他校訂正文字的機會。每卷校文都在十條上下，許多異文未及校出，文字和標點的疏誤亦不少，如『范履冰』誤作『范复冰』，須賜一段由于原本脱字較多而導致句讀失當等。因此以精本的標準來要求的話，仍有待完善。

綜上所述，現存《翰苑群書》以明鈔本爲最早，此本一傳爲抱經樓本，再傳爲文淵閣本，三傳爲《翰學三書》本；李鈔本亦源出于此。靜嘉堂本晚于明鈔本，鮑廷博以此本爲底本，參取明鈔本，刻成知不足齋本。謙牧堂本與靜嘉堂本淵源相近，但無傳抄關係；知聖道齋本出于謙牧堂本，並據知不足齋本校改。知不足齋本精校精刊，是目下之最優版本。

## 結語

《翰苑群書》價值極高，但自鮑廷博以來，再無全面校理之舉。而鮑氏之校勘，目的在于刻書，而不是治史，

〔一〕傅先生所撰《唐翰林學士傳論》兩種，也有因使用文淵閣本導致的誤引、誤判。如『憲宗朝翰林學士傳·令狐楚』，謂『丁《記》于「十二月十一日賜緋」後，卻又云「十一月七日，轉本司郎中」』，認爲月份顛錯，當從岑仲勉《注補》改爲『十一月十一日，賜緋，十二月七日，轉本司郎中』，實則岑據知不足齋本引，非其所改。又如『懿宗朝翰林學士傳·李騭』，力辯丁《記》記騭出院『除浙西觀察使』之訛，以爲『可能原壁録所記未有誤，後傳抄時筆誤』，但實爲所據文淵閣本之誤，别本皆作『江西』，不誤。這些疏失，本來都可憑藉較好的版本避免，實屬遺憾。

故而僅以明鈔本主校，幾乎不做他校；闕佚的卷中部分，亦無所輯補。岑仲勉、傅璇琮等前輩學人，以文史考證的立場剖析毫厘，深入辨正史實，考訂生平，《翰苑群書》的學術價值得以彰顯，但普遍偏重翰林學士的考訂，對于翰林制度、學士故事及所收宋代著作之部，鮮少研討。這次整理，利用數種前人未見的版本，通校全書；補輯久佚的卷中三書，補充三種重要唐宋翰學文獻；旁徵文獻，考證翰林史事，是以命之曰『《翰苑群書》新輯校證』。希望能爲方興未艾的唐宋翰學研究稍進一簣，貢獻一部較爲完善的基礎文獻。

# 整理凡例

一、本書以鮑廷博《知不足齋叢書》所收《翰苑群書》爲底本，以中國國家圖書館藏傅增湘舊藏明鈔本（簡稱『明鈔本』）、日本静嘉堂藏鮑廷博批校本（簡稱『静嘉堂本』）、中國國家圖書館藏謙牧堂本（簡稱『謙牧堂本』）、中國國家圖書館藏抱經樓舊藏鈔本（簡稱『抱經樓本』）、臺北『中央研究院』傅斯年圖書館藏古鹽李氏鈔藏校正宋本（簡稱『李鈔本』）、文淵閣《四庫全書》本（簡稱『文淵閣本』）通校，參考傅璇琮、施純德校點《翰苑群書》和岑仲勉校唐代諸記，以及其他今人校勘成果。他校所用圖書，詳見『參考文獻』。

二、所收諸書整理情形各異，或采用《翰苑群書》系統以外之版本對校，或訂立單獨之校理條例，均于各書解題下説明。

三、諸書卷首作『解題』，介紹該書内容及編撰、版本等情況。以敘事爲主之書，每條加序號，以題名爲主者則不加。

四、校記包括文字校勘和史實校證，或獨立，或相從。若兩者在同一條校記中，則先列校勘，再列校證；校證内容加『按』或『又按』領起，以示標别。

五、校記中『底本』指知不足齋本，『他本』指對校本，『諸本』統稱底本和對校本。引用書籍，于首次引用時注明簡稱，常見如《通鑑》《長編》等。

六、底本有誤，可據他本修訂者，改正原文；據他本補入者，用方括號〔〕標示新補文字，俱出校記。其他參校文獻可取者，除人名、時地、名物之顯誤者酌改之外，皆只出校記而不改原文。

七、底本清代諱字，如『歷』『邱』『宏』『元』等一律回改。原刻之提行、空格等格式，概從省略。

八、版本異文，二者均可通者，僅列出異文。一般異體字，如『按』『案』，『敇』『勑』，『匹』『疋』之類，不出校。疑莫能明者，于校記中録出異文，並儘量作出辨證以備考。

九、輯佚《金坡遺事》等三種，依原書體例置于卷中；增補《翰林院使壁記》等三種，附于全書之後，不與原書相亂。

十、本書所録學士題名、年表，以校勘爲主，補闕爲輔，全面補證唐宋學士名録，俟諸另文。

# 目録

卷　下



增　補

# 卷上

# 翰林志

唐 李肇 撰〔一〕

## 解題

《翰林志》一卷，作者李肇，生卒年不詳，兩《唐書》無傳，生平事迹散見于《舊唐書·穆宗紀》及《李景儉傳》、《新唐書·藝文志》、韋執誼《翰林院故事》、丁居晦《重修承旨學士壁記》、錢易《南部新書》丙等。據《重修承旨學士壁記》，他從憲宗元和十三年（818）七月至穆宗長慶元年（821）正月曾任翰林學士。《翰林志》文末自敘撰述因由，云：『明年四月，改左補闕，依舊職守。中書舍人張仲素、祠部郎中知制誥段文昌、司勛員外郎杜元穎、司門員外郎沈傳師在焉。』可知本《志》撰于元和十四年（819）四月。

《翰林志》繼韋執誼《翰林院故事》而作，雖然不像四庫館臣所説，『言翰林典故者，莫古于是書』，但涉獵範圍更廣，舉凡翰林院制度沿革、職能、書詔例、日常值守、年節恩遇、典故逸聞等，以至翰林學士院之建築格局，皆詳加記録，史料價值極高。《舊唐書·職官二》『翰林院』即大抵改寫自本《志》之首段，可見早爲史家重視。館臣稱其『記載賅備，本末燦然，于一代詞臣職掌，最爲詳晰』〔二〕，洵非虚譽。

關于是書版本，校者撰有《李肇〈翰林志〉版本述略》〔三〕，兹撮要述之如次：

宋代流傳的《翰林志》包括單行本和叢書本兩種。叢書本有北宋所編《翰林内志》〔四〕，以及南宋洪遵《翰苑群書》和左圭《百川學海》；單行本著録于《崇文總目》《宋史·藝文志》《遂初堂書目》《郡齋讀書志》等宋代公私書目，但原本在宋後亡佚，清人所謂『宋本《翰林志》』，持與《百川學海》本比較，異文全然相同，實際即指後者，並非别有其本。此後元代陶宗儀《説郛》、明代李栻《歷代小史》、清末李光廷《守約篇》以及由之改版的《榕園叢書》所録《翰林志》，均出自《百川學海》本。《翰苑群書》和《百川學海》爲後來傳本的兩個祖本，也是互有差異、各有傳承的兩個系統。後者有宋本傳世，時代較早，但就整體而言，前者的文字錯訛更少。《四庫全書》單獨收録的一個專本，係從《翰苑群書》别裁，版本意義不大。北宋孫逢吉《職官分紀》本于宋真宗時楊侃所撰《職林》，卷一五《翰林學士院》完整節録了近半部《翰林志》，保留了27處珍貴異文，略可窺見北宋早期另一種版本的面貌。《永樂大典》所引《翰林志》，其實也是轉引自《職官分紀》。近年除傅璇琮等所編《翰學三書》收録外，聶清風以陶湘涉園覆宋本《百川學海》爲底本作了校點〔五〕。

本次整理，在《翰苑群書》系統之外，以百川學海本系統的南宋咸淳本《百川學海》、涵芬樓本《説郛》、《歷代小史》，以及保存了另一部宋本異文的《職官分紀》爲主要對校本。校證文獻備見注文，不具。

〔一〕百川學海本署『唐翰林學士左補闕李肇撰』。

〔二〕《四庫全書總目·翰林志提要》。

〔三〕載《周勛初先生九十壽辰紀念文集》，中華書局，2018年4月。

〔四〕此《内志》内容及編纂時間，詳本書前言。

〔五〕聶校本附録于聶清風《國史補校注》，中華書局2021年4月版，將底本誤稱爲『一九二七年章鈺覆宋本《百川學海》』，章鈺實爲題簽者，非刊刻者。按，陶湘本號稱『覆宋』，持與國圖藏咸淳本相較，版式相同，均爲半葉十二行，行二十字，左右雙邊，雙魚尾，但修潤、改易之處甚多。以第四頁a爲例，可謂無一行不改，無一字不修。或調整字距，或更動字形，或移易筆畫，或將原本不諱之字改爲缺筆諱。經過一番潤色之後，面貌確實煥然一新，疏朗美觀勝于原本，但已失宋本之真。尤其是僞造諱字，直接篡改了版本的關鍵元素。文字修訂，有改而正者，有改而反誤者，以『按《六典》』條爲例，『隻日百寮立班于宣政殿』，國圖本誤作『隻旦日寮立班于宣政殿』，陶刻本改正；『六日論事敕書』，陶刻本誤作『論事敕書』，國圖本不誤。因此，陶刻本當視爲一個新刻本，而非其自稱之覆宋本。

1 昔宋昌有言曰：『所言公，公言之；所言私，王者無私。』〔一〕夫翰林爲樞機宥密之地〔二〕，有所慎者，事之微也。若制置任用，則非王者之私。漢制〔三〕，尚書郎主作文書起草，更直于建禮門内，臺給青縑白綾［被］〔四〕，或以錦被、帷帳、氈褥，晝通中枕，太官供食，湯官供餅餌、五熟果〔五〕，五日一羹食〔六〕，下天子一等〔七〕。建禮門内得神仙門，神仙門内得明光殿、神仙殿〔八〕，内得省中〔九〕，蓋比今翰林之制略同〔一〇〕，而所掌輕也。漢武帝時，嚴助、朱買臣、吾丘壽王、司馬相如、東方朔、枚皋之徒皆在左右。是時朝廷多事，中外論難，大臣數詘，亦其事也〔一一〕。唐興〔一二〕，太宗始于秦王府開文學館，擢房玄齡、杜如晦一十八人，皆以本官兼學士，給五品珍膳，分爲三番，更直宿于閣下，討論墳典。時人謂之『登瀛洲』。貞觀初，置弘文館學士，聽朝之隙，引入大内殿〔一三〕，講論文義，商較時政，或夜分而罷〔一四〕。至玄宗，置麗正殿學士，名儒大臣皆在其中。後改爲集賢殿〔一五〕，亦草書詔。至翰林置學士，集賢書詔乃罷。初，國朝脩［梁］、陳故事〔一六〕，有中書舍人六員，專掌詔誥，雖曰禁省，猶非密切，故温大雅、魏徵、李百藥、岑文本、褚遂良、許敬宗、上官儀時召草制，未有名號。乾封已後，始曰『北門學士』，劉懿之、劉禕之〔一七〕、周思茂、元萬頃、范履冰爲之。則天朝，蘇味道、韋承慶，其後上官昭容獨掌其事。睿宗，則薛稷〔一八〕、賈膺福、崔湜。玄宗初，改爲翰林待詔，張説、陸堅、張九齡、徐安貞相繼爲之。［又］改爲翰林供奉〔一九〕。開元二十六年，劉光謙〔二〇〕、張垍乃爲學士，始別建學士院于翰林院之南。又有韓汯〔二一〕、閻伯璵〔二二〕、孟匡朝〔二三〕、陳兼、李白、蔣鎮在舊翰林院〔二四〕，雖有其名，不職其事。至德已後〔二五〕，翰林始兼學士之名。代宗初，李泌爲學士，而今《壁記》不列名氏，蓋以不職事之故也〔二六〕。

〔一〕按，語出《史記・孝文本紀》。

〔二〕宥密，百川學海本、説郛本、歷代小史本作『密宥』。

〔三〕制，謙牧堂本作『置』。

〔四〕青縑白綾，諸本同。孫星衍輯本衛宏《漢舊儀》卷上、應劭《漢官儀》卷上、蔡質《漢官典職儀式選用》、《唐六典》卷一《尚書都省》『左右司郎中』皆作『青縑白綾被』。依下句『或以錦被』，有『被』字義長。《職官分紀》卷一五《翰林學士承旨、翰林學士》引作『青緑白綾』，誤。

〔五〕太官，百川學海本、説郛本、歷代小史本作『大官』。熟果，諸本同。《唐六典》作『熟果食』，此疑奪『食』字。按，太官、湯官，《漢書・百官公卿表上・少府》：『屬官有尚書、符節、太醫、太官、湯官。』顏師古注：『太官主膳食，湯官主餅餌。』又按，餅餌，蒸製之米麪製品。《急就篇》卷一〇顏師古注：『溲麪而蒸熟之則爲餅，餅之言幷也，相合幷也；溲米而蒸之則爲餌，餌之言而也，相黏而也。』熟果食，猶今日各式點心。孫星衍輯本《漢官儀》卷上、《通典》卷二二《歷代郎官》作『熟果實』。

〔六〕羹食，諸本多作『美食』，惟謙牧堂本作『羹食』；《唐六典》作『羹食』，據改。廣池本《唐六典》欄上校記曰：『恐作「美」誤；「食下天子一等」爲一句。』按，《禮記・内則》：『羹食，自諸侯以下至于庶人，無等。』鄭注：『羹食，食之主也。』孔疏：『食，謂飯也。言羹之與飯，是食之主，故諸侯以下無等差也。』則『羹食』自爲詞，不宜割裂。又，文獻記此事多誤作『美食』。

〔七〕下，謙牧堂本脱。

〔八〕百川學海本、説郛本、歷代小史本脱一『神仙門』。明光殿，諸本作『光明殿』，據《職官分紀》卷一五《翰林學士院》、《玉海》卷一五七《翰林院》引文及漢史改。按，程大昌《雍録》卷二《明光宫》：『漢有明光宫三……此之明光殿，約其方鄉，必在未央正宫殿中……建禮門、神仙門、明光殿此三名者，吕《圖》及《長安志》皆無之，惟

《長安志》有神仙殿而無神仙門。至歷代宫名之書，則于後漢門名有建禮門，豈此之所載明光殿者，東都之殿耶？」

〔九〕内得省中，底本作『有門下省中書省』，他本作『自門下省中書省』，靜嘉堂本鮑廷博眉批：『自，盧改作有，宋本亦作自。』知『有』爲盧文弨所改。《職官分紀》引作『内得省中』，自注：『一本作自門下省中書省。』《唐六典》卷一《尚書都省》『左右司郎中』作『因得省中』，廣池本《六典》欄上校記曰：『據上文例，「神仙殿」當作「明光殿」……「因」字疑是「内」字之誤。』按，漢無中書省、門下省之稱，省中即禁中，『内得省中』，言其切近内庭也。廣池本之説可從，原文並上句或當作『明光殿内得省中』，兹從《職官分紀》改。按，『漢制』至下『省中』，語本《唐六典》卷一《尚書都省》『左右司郎中』注文。

〔一〇〕比，百川學海本、説郛本、歷代小史本作『以』，《職官分紀》作『與』。

〔一一〕按，『漢武帝』至『大臣數詘』，語本《漢書·嚴助傳》。

〔一二〕『唐興』至『書詔乃罷』，百川學海本、説郛本自爲一段，靜嘉堂本于『唐』字前施一短横，蓋吴騫據百川學海本所作分段標記。歷代小史本脱此段。

〔一三〕大内殿，諸本同，《職官分紀》《永樂大典》引作『内殿』，《舊唐書》《唐會要》等記此事，亦無『大』字，疑衍。

〔一四〕按，『唐興』至『而罷』，述文學館及弘文館學士事，《舊唐書·儒學傳序》云：『太宗討平東夏，海内無事，乃鋭意經籍，于秦府開文學館，廣引文學之士，下詔以府屬杜如晦等十八人爲學士，給五品珍膳，分爲三番，更直宿于閣下。及即位，又于正殿之左，置弘文學館，精選天下文儒之士虞世南、褚亮、姚思廉等，各以本官兼署學士，令更日宿直。聽朝之暇，引入内殿，講論經義，商略政事，或至夜分乃罷。』《唐會要·弘文館》《文學館》亦載。本《志》文字與《舊傳》極相似，當皆本于韋述所撰唐國史《儒學傳序》（該傳史源詳拙撰《唐修國史研究》第三章第三節）。『登瀛洲』之説見《唐會要·文學館》及《舊唐書·褚亮傳》，亦皆本唐國史。

〔一五〕集賢殿，百川學海本作『集賢仙殿』；《職官分紀》作『集仙集賢殿』，注云：『一無集仙二字』；《册府元龜》卷五五〇《詞臣部・總序》敘此事，亦作『明皇始置麗正殿學士，又改爲集仙、集賢……亦别草詔書』。按，此句謂官名改易，非殿名改易，據兩《唐書・張説傳》、《唐六典・集賢殿書院》、《唐會要・集賢院》等，開元十三年改麗正殿學士爲集賢殿學士，即此事。《册府元龜》等並誤。

〔一六〕脩梁陳故事，諸本作『脩陳故事』，『脩』或作『修』。《職官分紀》《册府元龜・詞臣部・總序》作『循梁陳故事』；《近事會元》卷二引作『修梁陳舊事』。兹據補『梁』字。『循』『脩』，『故事』『舊事』則傳寫之異，未詳孰是。靜嘉堂本吴騫眉批：『舊刻《翰林志》「初國朝」云云，别爲一條。』並于『初』字前施分段短横，而未言所訖。按，其所謂『舊刻《翰林志》』即百川學海本，則當同百川學海本、歷代小史本，以此句至『不職其事』自爲一段；説郛本則自此句至『不職事之故也』爲一段。按，『梁陳故事』，《唐六典・中書省》『中書舍人』條注：『自魏晉，詔誥皆中書令及中書侍郎掌之，至梁始舍人爲之。其後除「通事」，直曰中書舍人。陳氏置五人，餘同梁氏。』

〔一七〕劉禕之，底本作『劉禕之』，據靜嘉堂本、明鈔本、李鈔本、百川學海本、兩《唐書・劉禕之傳》改。

〔一八〕薛稷，諸本誤作『蘇稷』，據《職官分紀》、《唐會要》卷五七《翰林院》、《舊唐書・職官志二》改。

〔一九〕又，諸本無，《職官分紀》有，文氣較順，兹據補。按，以翰林供奉知制誥者，有吕向、尹愔，詳本書《重修承旨學士壁記》。

〔二〇〕劉光謙，諸本作『劉光謹』，據韋執誼《翰林院故事》、《唐會要》、《職官分紀》改。

〔二一〕韓汯，諸本作『韓紘』，《職官分紀》注：『前作翃』。岑仲勉《唐翰林供奉輯録》據《舊唐書・韓休傳》及《元和姓纂》，謂當作『韓汯』，兹據改。

〔二二〕璵，諸本作『輿』，靜嘉堂本夾註曰『後作璵』。《職官分紀》作『璵』，自注：『一作輿』；《元和姓纂》卷五、《唐會要》及《新唐書・王勃傳》皆書其名作『璵』，兹據改。

〔二三〕孟匡朝，百川學海本、説郛本、歷代小史本作『孟匡』，誤。明鈔本『匡』缺末筆，存宋本避諱之舊。

〔二四〕在舊翰林院，百川學海本、説郛本、歷代小史本無『舊』字；《唐會要》卷五七《翰林院》『在舊』二字倒。當以本書爲是。按，『舊翰林院』者，未設學士前之翰林院，又稱北翰林院，見《翰林院故事》。

〔二五〕至德已後，底本及靜嘉堂本、明鈔本、謙牧堂本、抱經樓本、文淵閣本、李鈔本、説郛本作『至德宗已後』，百川學海本脱『至德』，並由此至『不職事之故也』另爲一段；歷代小史本此段全脱。按，《唐會要》作『至德已後』，《職官分紀》作『至德之後』。詳其敍事之序，前爲玄宗，下爲代宗，德宗在代宗之後，不應躍居其前。兹改正。

〔二六〕按，《舊唐書·李泌傳》：『代宗即位，召爲翰林學士，頗承恩遇。』而韋執誼《翰林院故事》、丁居晦《重修承旨學士壁記》均無其名，可證李肇之説。又按，《全唐文》卷七二一節取此段采入，題曰『翰林志序』。然此爲本《志》首段，非序也。

2 按《六典》，中書掌詔旨、制敕、璽書、册命，皆案典故起草進畫〔一〕。其禁有四：一曰漏泄，二曰稽緩，三曰遺失〔二〕，四曰忘誤〔三〕。所以重王命也。制敕既行，有誤則奏而正之〔四〕。凡王言之制有七〔五〕：一曰册書。立后建嫡，封樹藩屏，寵命尊賢，臨軒備禮，則用之；二曰制書。行大賞罰〔六〕，授大官爵，釐革舊政，赦宥降慮〔七〕，則用之；三曰慰勞制書。褒贊賢能，勸勉遺勞〔八〕，則用之；四曰發日敕〔九〕。增減官員，廢置州縣，徵兵發馬〔一〇〕，除免官爵，授六品已下官，處流已上罪，並用之；五曰敕旨。爲百司承旨〔一一〕，而爲程式奏事請施行者，則用之〔一二〕；六曰論事敕書。慰諭公卿，誡約臣下，則用之；七曰敕牒。隨事承旨，不易舊典，則用之。又，答疏于王公，則用皇帝行寶；勞來勛賢，則用皇帝之寶〔一三〕；徵召臣下，則用皇帝信寶；答四夷書，則用天子行寶；撫慰蠻夷，則用天子之寶；發蕃國兵，則用天子信寶：並甲令之定制也〔一四〕。近朝大事，直出中禁，不由兩省，不用六寶，並從權也。元和初，置書詔印〔一五〕，學士院主之。凡赦書、德音、立后、建儲、[行]大誅討〔一六〕、［拜］免三公〔一七〕、宰相、命將，曰制，並用白麻紙〔一八〕，不用印。雙日起草，候閤門鑰入而後進畫〔一九〕。隻日，百寮立班于宣政殿，樞密使引案自東上閤門出。若謫宰相〔二〇〕，則付通事舍人〔二一〕，矩步而宣之。機務要速，亦用雙日，甚者雖休暇，追朝而出之〔二二〕。凡賜與、徵召、宣索、處分，曰詔，用白藤紙〔二三〕。凡慰軍旅，［曰書］〔二四〕，用黄麻紙，並印〔二五〕。凡批答表疏，不用印。凡太清宫、［内］道觀薦告詞文〔二六〕，用青藤紙，朱字，謂之『青詞』〔二七〕。凡諸陵薦告上表〔二八〕、内道觀歎道文〔二九〕，並用白麻紙。雜詞〔三〇〕、祭文、禁軍號並進本〔三一〕。

〔一〕中書，諸本同，《唐六典》卷九《中書省》作『中書舍人』，兩《唐書·官志》俱省稱作『舍人』。此處疑脱『舍人』二字。進畫，諸本皆誤作『進書』。《唐六典》『中書舍人』、兩《唐書·官志》『中書舍人』條作『進畫』，兹據正。進畫，奏呈皇帝批覆之謂。

〔二〕遺失，諸本同，《唐六典》作『違失』。

〔三〕按，《册府元龜》卷五五三《詞臣部》有謬誤、稽緩兩類，略載事例。

〔四〕正之，《唐六典》作『改正之』。

〔五〕王言，百川學海本、説郛本、歷代小史本作『王命』。

〔六〕行大賞罰，諸本皆作『行大典賞罰』，《唐六典·中書令》、《唐會要·中書省》、《册府元龜》卷五五〇《詞臣部·總序》無『典』字。按，此句與下文『授大官爵』爲同一句式，兹據删。

〔七〕降慮，底本作『降虜』，他本多同，惟咸淳本百川學海、歷代小史及紹興本《唐六典·中書令》作『降慮』。《新唐書·百官二》作『慮囚』，《唐會要·中書省》作『降恩』，《職官分紀·中書令》引《六典》作『降旨』。按，『降』謂減輕刑罰；『慮』即慮囚，又作録囚，指皇帝或上級部門審查在獄人員，以糾正冤假錯案。從百川學海本等改。

〔八〕遣勞，《唐六典·中書令》《唐會要·中書省》《册府元龜》作「勤勞」。

〔九〕發日敕，諸本作「發白敕」，誤。兹據《唐六典·中書省》「中書令」及《唐會要·中書省》改。《册府元龜》作「發旨敕書」，兩《唐志》作「發敕」。按，發日敕，葉夢得《石林燕語》卷三謂「蓋今手詔之類」。

〔一〇〕徵兵發馬，《唐六典》《唐會要》《册府元龜》作「徵發兵馬」。

〔一一〕爲，《唐六典》作「謂」。

〔一二〕則用之，静嘉堂本、謙牧堂本、説郛本同，明鈔本、李鈔本、百川學海本、歷代小史本、文淵閣本、《唐六典》、《册府元龜》無。静嘉堂本眉批：「宋本少此三字。」

〔一三〕則，静嘉堂本、明鈔本、李鈔本、文淵閣本、《册府元龜》同，餘本作「乃」。

〔一四〕按，以上内容節鈔自《唐六典·中書省》「中書舍人」、「中書令」及《門下省》「符寶郎」諸條。

〔一五〕置，《册府元龜》、《職官分紀》卷一五《翰林學士》「書詔印」條作「别置」。

〔一六〕行大誅討，諸本無「行」，據上「行大賞罰」文例及《册府元龜》卷六一《帝王部·立制度二》、《五代會要·翰林院》、蘇易簡《續翰林志》下、《玉海》卷六四《唐王言之制》引文補。

〔一七〕拜免，諸本皆脱「拜」字，兹據《册府元龜》、《五代會要·翰林院》及《續翰林志》下、《職官分紀》、《玉海》、朱長文《墨池編》卷六等所引補。

〔一八〕麻，蘇易簡《文房四譜》、《墨池編》卷六作「藤」，《玉海》引文注：「一云藤。」

〔一九〕進畫，底本及百川學海本、歷代小史本、文淵閣本、《職官分紀》作「進書」，誤。説郛本作「進制」。兹據《唐六典》卷九《中書舍人》、《舊唐書·職官二·中書舍人》改。

〔二〇〕讁，《册府元龜》、《續翰林志》下、《職官分紀》卷一五《翰林學士》「書詔印」條引作「拜免」，《分紀》注：「一作謫。」

〔二一〕此句下《册府元龜》引文多『餘付中書門下並通事舍人』十一字。

〔二二〕追朝而出之，《職官分紀》作『退朝亦出之』，誤。此句《五代會要·翰林院》引作『追班宣示』，《續翰林志》下引作『追班』，義同『追朝』，謂于非上朝日召集入朝，可證。又，《玉海》卷六四引文，此下有『唐初將相官告，用銷金牋及金鳳紙書之餘，皆魚牋、花牋』22字，按，此段當係《玉海》轉引自蘇易簡《文房四譜》卷四，而誤將蘇氏語混入《翰林志》之文，又不悟李肇不當稱『唐初』也。按，唐代于常參之外，如雙日或退朝後臨時召集之朝會，謂之追朝。參吴麗娛《唐代的常朝與追朝》。

〔二三〕白藤紙，《墨池編》《玉海》作『白麻紙』。

〔二四〕曰書，諸本無，《文房四譜》卷四、王楙《野客叢書》卷八、《玉海》卷六四引文有，按，《册府元龜》云『慰撫軍旅之書』，則當有此二字，兹據補。

〔二五〕並印，底本及靜嘉堂本、明鈔本、李鈔本、百川學海本、歷代小史本、文淵閣本同，陶湘影百川學海本、説郛本作『並用印』。審上下文皆曰『用印』，則此或當有『用』字。

〔二六〕内道觀，諸本作『道觀』，《文房四譜》《墨池編》引作『内道觀』。按，《舊唐書·職官志二》：『其待詔者，有詞學、經術、合煉、僧道、卜祝、術藝、書奕，各别院以廩之，日晚而退。』此處所述爲翰林學士職掌，其所撰作自當以内道觀之需爲限，下文亦云『内道觀歎道文』，兹據補。詞文，靜嘉堂本鮑廷博眉批：『盧本作文詞。』鮑蓋據明鈔本而不從盧校。按，内道觀者，宫禁内之道觀，如大明宫内大角觀、玉晨觀、西内歸真觀、東都上清觀等，其最著者莫過楊玉環度爲道士之太真觀。又稱『内道場』。翰林院未置學士之前，有供奉、待詔之職，其中不乏僧道之徒，首批學士之一尹愔即爲開元著名道士。

〔二七〕按，《文苑英華》卷四七二《翰林制詔五三》載白居易、封敕青詞三首，即任翰林學士時作。

〔二八〕上表，《文房四譜》作『上衣表』，《墨池編》卷六引作『上儀表』。

〔二九〕按，《文苑英華》卷四七二《翰林制詔五三》載白居易、獨孤霖歎道文八篇，爲二人任翰林學士時製作。

〔三〇〕靜嘉堂本鮑廷博眉批：『詞疑祠。』

〔三一〕禁軍號，《册府元龜》記此事云『答奏疏、賜軍號，皆學士院主之』，則『禁軍號』似當作『賜軍號』。按，《册府元龜》卷五五〇《詞臣部・總序》所記略同：『元和初，學士院別置書詔印，凡赦書、德音、立后、建儲、大誅討、拜免三公將相曰「制」，百官班于宣政殿而聽之。賜與、徵召、宣索、處分之詔，慰撫軍旅之書，祠享道釋之文，陵寢薦獻之表，答奏疏、賜軍號，皆學士院主之；餘則中書舍人主之。』又按，此段所述文書用紙制度之改變，可參鄒賀《綾紙考》，《中國典籍與文化》2014年第4期。然其謂綾紙爲『指一種書畫裝裱形式，紙張以綾爲裱料』，乃以後例前，非是。

3 凡將相告身，用金花五色綾紙〔一〕，所司印。凡吐蕃贊普書及別録〔二〕，用金花五色綾紙，上白檀香木真珠瑟瑟鈿函、銀鏁。回紇可汗、新羅、渤海王書及別録，並用金花五色綾紙，次白檀香木瑟瑟鈿函、銀鏁。諸蕃軍長〔三〕、吐蕃宰相、回紇内外宰相、摩尼已下書及別録，並用五色麻紙，紫檀木鈿函、銀鏁，並不用印。南詔及大將軍、清平官書用黄麻紙〔四〕。出付中書奉行，卻送院，封函與回紇同。凡畫而不行者，藏之；函而不用者，納之。

〔一〕按，本條所言用紙及用函等例，可參《翰林學士院舊規》『答蕃書并使紙及寶函等事例』及『沿革』條。

〔二〕按，別録，文書副本。

〔三〕軍長，靜嘉堂本鮑廷博眉批：『盧云，軍疑酋。』或爲『君長』之訛。

〔四〕南詔，據上文例，疑當作『南詔王』。按，以上與外國書之文例，可參《文苑英華》卷四六八至四七一。

4 凡參議、奏論、撰述、注釋無定名，奏復無晝夜。凡徵天下草澤之士，臨軒策試，則議科設問，覆定與奪。凡受宣，有堂曆自記〔一〕，有承旨簿記〔二〕，大抵四者之禁無殊，而漏洩之禁爲急〔三〕。天寶十二載，安禄山來朝，玄宗欲加同中書門下平章事，命張垍草制，不行。及其去也，怏怏滋甚。楊國忠曰：『此垍告之也。』〔四〕遂貶盧溪郡司馬；兄均，建安郡太守；弟埱，宜春郡司馬。

〔一〕曆，底本作『歷』，他本皆作『曆』，據改。自記，靜嘉堂本、明鈔本、李鈔本同，百川學海本、説郛本、文淵閣本作『日記』。

〔二〕承旨，百川學海本、歷代小史本作『丞旨』，下同，皆誤。

〔三〕爲急，説郛本作『大約爲甚』。

〔四〕此垍告之也，百川學海本、歷代小史本作『此张之告也』；説郛本作『此張公之咎也』。按，張氏兄弟之貶，《舊唐書・玄宗上》記爲三月丁酉，漏洩事又見《舊唐書・張垍傳》《大唐新語・諛佞》。《舊傳》記垍：『以主婿，玄宗特深恩寵，許于禁中置内宅，侍爲文章，嘗賜珍玩，不可勝數。』今以漏洩被貶，可見翰林院保密制度之嚴厲。

5 德宗雅尚文學〔一〕，注意是選，乘輿每幸學士院，顧問錫賚，無所不至，御饌珍肴，輟而賜之。又嘗召對于浴堂〔二〕，移院于金鑾殿〔三〕，對御起草，詩賦唱和，或旬日不出。吴通微昆季同時擢用，與陸贄爭恩不叶，甚于水火，天下醜之〔四〕。貞元三年，贄上疏曰〔五〕：『伏詳令式及國朝典故〔六〕，凡有詔令，合由于中書〔七〕；如或墨制施行，所司不須承受。蓋所以示王者無私之義〔八〕，爲國家不易之規。貞觀中有學士一十八人，太宗聽朝之餘，但與講論墳籍，時務得失，悉不相干。實録之中，具載其事。玄宗末，方置翰林，張垍因緣國親，特承寵遇。當時之議，以爲非宜。然止于唱和文章，批答表疏，其于樞密，輒不預知〔九〕。肅宗在靈武、鳳翔，事多草創，權宜濟急，遂破舊章，翰林之中，始掌書詔，因循未革，以至于今〔一〇〕。歲月滋深，漸逾職分。頃者，物議尤所不平，皆云學士是天子私人，侵敗綱紀，致使聖代虧至公之體，宰臣有備位之名〔一一〕。陛下若俯順人情，大革前弊，凡在詔敕〔一二〕，悉歸中書，遠近聞之，必稱至當。若未能變改，且欲因循，則學士年月校深，稍稍替換，一者謗議不積，二者氣力不衰，君臣之間，庶全終始〔一三〕。事關國體，不合不言。』疏奏不納〔一四〕。雖徵據錯謬，然識者以爲知言。貞元末，其任益重，時人謂之『内相』〔一五〕。而上多疑忌，動必拘防，有守官十三考而不遷〔一六〕，故當時言内職者，多榮滯相半〔一七〕。及順宗不豫〔一八〕，儲位未立，王叔文起于非類，竊學士之名，内連牛美人、李忠言，外結奸黨，取兵柄，弄神器，天下震駭。是時，鄭絪爲内庭之老，首定大計。今上即位，授絪中書侍郎平章事〔一九〕。

〔一〕百川學海本、説郛本此段接前後兩段寫，自『凡參議』至『未之有也』爲一段，歷代小史本自此至『對御起草』爲一段，其後至『未之有也』又爲一段，俱非。

〔二〕浴堂，百川學海本、説郛本、歷代小史本作『玉堂』，誤。靜嘉堂本吴騫眉批：『宋刻本《翰林志》「浴堂」作「玉堂」。』鮑廷博旁批：『玉堂非召對之地，浴堂是也。』鮑説是。《職官分紀》引作『浴堂門』。按，中唐以後皇帝常于浴堂殿召見翰林學士。《雍録》卷四《浴堂殿》：『唐學士多對浴堂殿，李絳之極論中官，柳公權之濡紙繼燭，皆其地也。』《舊唐書·李絳傳》：『絳後因浴堂北廊奏對，極論中官縱恣、方鎮進獻之事。』此爲問政。《舊唐書·柳公權傳》：『充翰林書詔學士，每浴堂召對，繼燭見跋，語猶未盡，不欲取燭，官人以蠟泪揉紙繼之。』此爲問書藝。

〔三〕按，移院，德宗在金鑾殿旁別建東翰林院。《翰林院故事》：『置東翰林院于金鑾殿之西，隨上所在而遷，取其便穩。』

〔四〕按，傅璇琮以爲與竇參聯結排擠陸贄者爲吴通玄，通微未與其事。參氏撰《德宗順宗朝翰林學士傳》之陸贄、吴通微、吴通玄三傳。

〔五〕按，陸贄上疏事又見《册府元龜·臺省部·奏議五》《唐會要·翰林院》，繫于貞元（《會要》誤作『興元』）四年，文字甚略。《陸宣公翰苑集》不載此文，中華書局本《陸贄集·補遺》據《舊唐書·吴通玄傳》、本書及《册府》《會要》輯出佚文三篇：《論宜停翰林學士狀》《論翰林學士不宜草擬詔敕狀》《論翰林學士所掌制詔宜還中書舍人狀》，並依出處所記繫于貞元初、貞元三年、貞元四年。詳其内容，蓋同一奏狀，本書所録較翔實，他書則爲撮述，故文字出入較大，非一事而三上疏。

〔六〕令式，静嘉堂本、明鈔本、李鈔本、歷代小史本同，陶刻百川學海本、説郛本作『舊式』；咸淳本百川學海本作『今式』，誤。

〔七〕合，文淵閣本作『令』。

〔八〕義，静嘉堂本作『意』，鮑廷博眉批：『盧本義』，而鮑廷博于『意』旁所校『義』字之側作二密圈，蓋示意不必從盧改。今作『義』者當爲雕版時改。

〔九〕預知，百川學海本、説郛本、歷代小史本脱『預』字。

〔一〇〕至，百川學海本、説郛本、歷代小史本作『迄』。静嘉堂本吴騫眉批：『以至，宋刻《翰林志》作「以迄」。』

〔一一〕宰臣，百川學海本、説郛本、歷代小史本作『宰相』。静嘉堂本吴騫眉批：『宰臣，宋刻《翰林志》作「宰相」。』

〔一二〕詔敕，説郛本作『誥敕』。

〔一三〕全，説郛本作『存』。

〔一四〕按，《舊唐書·陸贄傳》以爲『德宗以贄指斥通微、通玄，故不可其奏』。

〔一五〕按，《舊唐書·陸贄傳》：『贄初入翰林，特承德宗異顧，歌詩戲狎，朝夕陪游。及出居艱阻之中，雖有宰臣，而謀猷參決，多出于贄，故當時目爲「内相」。』《新唐書》本傳、《通鑑》所載同，後人遂謂『内相』之稱始于陸贄。然『内相』之名始于本書，乃泛指翰林學士，非專稱陸贄；且謂貞元末始有此稱，而陸贄貞元七年已出院，無得名之可能。史官恐惑于前文所述陸贄之事而誤稱之。傅璇琮考德宗朝學士權職，以爲陸贄在院期間無内相之稱，亦不似兩《唐書》本傳所言，越職宰相，參決政事。詳其《德宗順宗朝翰林學士傳・陸贄》。

〔一六〕不遷，《職官分紀》『遷』下多『者』字。按，傅璇琮謂鄭絪、衛次公入院十三年而未遷官，即其例也。見《德宗順宗朝翰林學士傳》鄭、衛傳。

〔一七〕多榮滯相半，百川學海本、説郛本、歷代小史本、《職官分紀》無『多』字。静嘉堂本吴騫眉批：『宋刻《翰林志》無「多」字。』

〔一八〕不豫，百川學海本、説郛本、歷代小史本、《職官分紀》作『不懌』。静嘉堂本鮑廷博眉批：『盧改「豫」作「懌」（宋本同），注云避諱。』疑李肇原作『不懌』，避代宗諱也；『不豫』爲後人所改。

〔一九〕按，據《舊唐書・憲宗上》，鄭絪拜平章事在永貞元年十二月壬戌。

6 初，姜公輔行在命相，乃就第而拜之〔一〕。至李吉甫除中書侍郎平章事，適與裴垍同直。垍草吉甫制〔二〕，吉甫草武元衡制，垂簾揮翰，兩不相知。至暮，吉甫有歎惋之聲，垍終不言。書麻尾之後，乃相慶賀，禮絶之敬，生于座中〔三〕。及明，院中使學士送至銀臺門，而相府官吏候于門外。禁署之盛，未之有也。

〔一〕乃，百川學海本、説郛本、歷代小史本皆誤作『及』。按，據《舊唐書・德宗上》，建中四年十月丁巳，姜公輔以諫議大夫同中書門下平章事，時德宗因涇原兵變違難奉天。

〔二〕垍，百川學海本、説郛本、歷代小史本作『裴垍』。

〔三〕生，百川學海本、説郛本、歷代小史本作『主』，非是。按，麻尾，詔書之結尾。禮絶，謂宰相。司馬光《涑水記聞》卷一五：『宰相自唐以來，謂之「禮絶」，百僚見者，無長幼皆拜。』又按，據《舊唐書・憲宗上》，李吉甫、武元衡同時入相，在元和二年正月己卯，吉甫時爲中書舍人、翰林學士。二篇制文見《全唐文》卷五六。

7　凡學士，無定員，皆以他官充，下自校書郎，上及諸曹尚書，皆爲之〔一〕。所入與班行絶迹〔二〕，不拘本司，不繫朝謁常參官，二周爲滿歲〔三〕，則遷知制誥；一周歲爲遷官，則奏就本司判記上月日。北省官，宰相送[上]〔四〕；南省官，給舍、丞郎送上。

〔一〕按，唐翰林學士員額有無定員及六員二説。《新唐書·百官一》：『凡充其職者無定員，自諸曹尚書下至校書郎，皆得與選。』用李肇説。《翰林院故事》：『大抵召入者一二人，或三四人，或五六人，出于所命，蓋無定數。亦有鴻生碩學，經術優長，訪對質疑，主之所禮者，頗列其中。』《唐會要》卷五七《翰林院》用其説。此無定員之説。《舊唐書》卷四三《翰林院》：『簡當代士人，以備顧問。……尤擇名士，翰林學士得充選者，文士爲榮。亦如中書舍人例置學士六人，内擇年深德重者一人爲承旨。』《册府元龜》卷五五〇《詞臣部》同。此六員之説。毛蕾《唐代翰林學士》第二章以爲，學士員額經歷一段由隨意到穩定的過程，至晚在宣宗以後實現六員之制度。

〔二〕所入，《職官分紀》卷一五作『既入』，《玉海》卷一六七《宫室·翰林院》作『既入院』。

〔三〕常參官，《職官分紀》、《玉海》卷一六七、《宋會要輯稿·儀制八》俱引作『常參守官』。二周，《玉海》《宋會要輯稿》作『三周』。按，常參官，每日參朝之職事官。《新唐書·百官三》：『文官五品以上及兩省供奉官、監察御史、員外郎、太常博士，日參，號常參官。』

〔四〕上，諸本無，據《職官分紀》補。

8　興元元年，敕翰林學士朝服、序班宜準諸司官知制誥例〔一〕。凡初遷者，中書門下召令右銀臺門候旨〔二〕，其日入院，試制書、[批]答共三首〔三〕，詩一首；自張仲素後，加賦一首〔四〕。試畢，封進。可者翌日受宣，乃定，事下中書門下，于麟德殿候對。本院賜宴〔五〕，營幕使宿設帳幕圖褥〔六〕，尚食［使］供［珍］饌〔七〕，酒坊使供美酒，是爲敕設〔八〕。序立拜恩訖，候就宴〔九〕。又賜衣一副、絹三十匹〔一〇〕，飛龍司借馬一匹〔一一〕。旬日，又進文一軸〔一二〕。内庫給青綺錦被〔一三〕、青綺方褡、青綾單帕、漆通中枕、銅鏡、漆奩、象篦、大小象梳〔一四〕、漆箱、銅挲羅〔一五〕、銅鞘椀、紫絲履、白布手巾、畫木架牀〔一六〕、鑪銅〔一七〕、案席、氈褥之類畢備。内諸司供膳飲之物，主膳四人掌之。内園官一户三人以供使令。其所乘馬送迎于掖仗門内横門之西〔一八〕。度支月給手力資四人〔一九〕，人錢三千五百，四品已上加一人。每歲内賜春服物三十匹，暑服［物］三十匹，［寒服物三十匹］，綿七屯〔二〇〕；寒食節，料物三十匹，酒、飴、杏酪粥、屑肉餤〔二一〕；清明，［新］火〔二二〕；二社，蒸［餅］、饆［餅］〔二三〕；端午，衣一副，金花銀器一事，百索一軸，青團鏤竹大扇一柄，角粽〔二四〕；三伏，粆蜜〔二五〕；重陽，酒、餹、粉糕〔二六〕；冬至，歲酒、兔、野雞。其餘時果、新茗、瓜〔二七〕、新曆。是爲經制。直日，就［院］頒授〔二八〕；下直，就第賜之。凡内宴，坐次宰相，坐居一品班之上，别賜酒食珍果，與宰相同；賜帛二十匹〔二九〕，金花銀器一事。貞元四年敕：晦日、上巳、重陽三節〔三〇〕，百寮宴樂，翰林學士每節賜錢一百千〔三一〕。其日，奏選勝而會〔三二〕，賜酒脯茶果。明年，廢晦日，置中和節，宴樂如之〔三三〕。非凶年、旱歲、兵革，則每歲爲常〔三四〕。

〔一〕按，此事《唐會要》卷二五《文武百官朝謁班序》『文官充翰林學士』條、卷五七《翰林院》『興元元年』條記在十二月二十九日（乙未），《舊唐書·德宗上》繫于十二月辛卯（二十四日）『陸贄爲中書舍人』之後。疑《舊紀》記事前奪干支，誤繫辛卯日下，當以《會要》爲是。又按，韋執誼《翰林院故事》記『貞元元年九月，始有别敕，令明預班列，與諸司官知制誥例同』，《唐會要》卷五七『翰林院者』條同。貞元元年即興元元年之次年，時隔九月再申此令，恐無必要，所記年月當有誤。《會要》鈔自《故事》，故同誤。參《故事》序文注。

〔二〕銀臺門，百川學海本、歷代小史本脱『銀』字。

〔三〕批答，諸本皆脱『批』，據《職官分紀》補。三首，《職官分紀》作『三道』。

〔四〕按，張仲素元和十一年八月入院，翰林學士試賦自此始。學士入院試，當時又稱『五題』。《五代會要·翰林院》載：『（後唐）長興元年二月，翰林學士劉昫奏：「臣伏見本院舊例，學士入院，除中書舍人即不試，餘官皆先試麻制、答蕃、批答各一道，詩、賦各一道，號曰「五題」。』」《玉海》卷一六七《唐翰林院》引宋白《續通典》：『學士入院，除中書舍人不試，餘皆試麻、制、答蕃書、批答、詩賦，號曰試五題。』考朱勝非《紺珠集》引韓偓《金鑾密記》，記其于昭宗朝入院學士試五題：《萬邦咸寧賦》、《禹拜昌言詩》、《武臣授東川節度使制》、《答佛詹國王進貢書》（引按，『佛詹』當從《類説》卷七引作『佛誓』）、《讓圖形表》（《類説》《説郛》作『批三功臣讓圖形表』），文體與劉昫所述相合，則此試至晚唐已爲定例。形式有如貢舉，故韋處厚《翰林學士記》稱膺選爲『中第』。然執行並不似科舉嚴格，劉昫又云：『從前雖有召試之名，而無考校之實，每遇召試新學士日，或有援者，皆預出五題，潛令宿構；無援者旋令起草，罕能成功。』入院試須于召試當日日間完成，《册府元龜》卷六四二《貢舉部·條制四》載長興二年二月禮部貢院奏：『每取翰林學士，往例皆試五題，共觀筆下摛詞，不俟燭前構思。』《五代會要》亦云：『所試並于當日内了，便具呈納。』若無宿構，確實不易成功。而有唐一代，未見有黜落者，故傅璇琮認爲學士人選先已内定，考試僅爲程式，甚是；然其以柳公權不試入院爲證，則恐不然。公權入院，乃因穆宗愛其書藝，授任翰林侍書學士，不掌書詔，故其不試，未足爲證。傅説見《憲宗朝翰林學士傳·白居易》《穆宗敬宗朝翰林學士傳·柳公權》《昭宗哀宗朝翰林學士傳·韓偓》。《崇文總目》著録杜元穎《五題》一卷（《新唐書·藝文四》、《宋史·藝文七》同），當爲杜自編入院試卷爲一集。文淵閣本《崇文目》此條下注『闕』字，知南渡後中秘已無此書。白居易《奉敕試制書詔批答詩等五首》，爲僅存之入院試題文俱全者。題下注云：『元和二年十一月四日，自集賢院召赴銀臺候進旨，五日召入翰林，奉敕試制詔等五首。』五首分别爲：《奉敕試邊鎮節度使加僕射制》《與金陵立功將士等敕書》《與崇文詔》《批河中進嘉禾圖表》《大社觀獻捷詩》。時在張仲素入院之前，故不試賦，然總數仍爲五首。

〔五〕本院，百川學海本、説郛本、歷代小史本作『同院』。
〔六〕圖褥，説郛本、陶刻百川學海本作『茵褥』。
〔七〕尚食使供珍饌，底本及謙牧堂本、靜嘉堂本、明鈔本、李鈔本無『使』『珍』二字，據説郛本、《職官分紀》，並參下句文例補。
〔八〕敕設，皇帝所賜御宴。
〔九〕候，《職官分紀》作『然後』，注曰：『然後一作候字。』按，序立，依官品排列。《唐會要》卷二五載貞元二年九月頒《文武百官朝謁班序》，其宴飲排序條例，略云：『辭見宴集班列先後，請依天寶三載七月二十八日禮部詳定所奏敕公式令，諸文武官朝參行立，二王後位在諸王侯上，餘各依職事官品爲序。職事同者，以齒。』
〔一〇〕三十四，百川學海本、説郛本、歷代小史本作『二十疋』。
〔一一〕按，元稹《奉和浙西大夫李德裕述夢四十韻》：『借騎銀杏葉』自注：『學士初入，例借飛龍馬。』
〔一二〕旬日又進文一軸，《職官分紀》作『又進舊文章一本』，注云：『一本作旬日又進文一軸。』
〔一三〕此句下《職官分紀》有『青綺無綿被』五字，注云：『綿元作錦，一本無此五字。』
〔一四〕説郛本『大小』二字在『象篦』上；《職官分紀》『銅鮆椀』在此下，『鮆』作『蚩』。
〔一五〕靜嘉堂本鮑廷博眉批：『盧云：挲一作粊（宋本同）。』按，挲羅即厮羅、鈔羅，見《酉陽雜俎·支諾皋下》、《祖堂集》卷三《慧忠國師》，盛水器，猶今之臉盆也。宋人亦作『沙鑼』『厮鑼』等，詳趙彦衛《雲麓漫鈔》卷九。
〔一六〕畫木架牀，《職官分紀》作『衣架畫木牀』，注云：『一本作畫木牀，無衣字。』似謂别本作『架畫木牀』。然若果然如此，當于『衣』下注『一本無衣字』爲便，疑其注文原作『一本作畫木架牀，無衣字』，即與今本相同。
〔一七〕鑪銅，《職官分紀》作『爐』，注云：『爐一本作鑪銅二字。』

〔一八〕橫門，百川學海本、説郛本、歷代小史本作『擴門』，明鈔本、李鈔本作『撗門』。靜嘉堂本吴騫頁脚批：『橫門，宋刻《翰林志》作擴門，俟改。』

〔一九〕手力資，底本作『力手資』，靜嘉堂本原作『力手貲』，復改『貲』爲『資』，鮑廷博眉批：『盧本，手力資，宋本與盧同。』則底本未從盧校改。兹據他本及《職官分紀》改。按，手力資爲唐代俸禄外非正式補貼之一種，又稱『手力』。陸贄《貞元改元大赦制》：『内外官禄俸錢、手力、雜給等，委中書門下度支，即參詳定額聞奏。』

〔二〇〕暑服物，底本及明鈔本、李鈔本俱脱『物』字，靜嘉堂本補入，吴騫眉批：『暑服下，宋刻《翰林志》亦有物字。』兹並據百川學海本、説郛本、歷代小史本、《職官分紀》補。寒服物三十四，諸本無，據《職官分紀》補。七屯，《職官分紀》作『十屯』。

〔二一〕料物，文淵閣本同，《職官分紀》作『絹』，自注：『絹一作料字。』百川學海本、説郛本、歷代小史本皆作『料』。靜嘉堂本吴騫眉批：『寒食節料下無物字，此蓋誤移于下也，當改正。』眉肉餤，底本作『眉肉啖』，靜嘉堂本鮑廷博旁批：『盧改餤。』是底本未從盧説。百川學海本、説郛本、歷代小史本、文淵閣本《翰林志》皆作『眉肉餤』，是也。按，餤即餡餅，張自烈《正字通·食部》：『餤，餅屬。《六書故》：今人以薄餅卷肉切而薦之曰餤。又唐賜進士有紅綾餤，南唐有玲瓏餤，皆餅也。』《通鑑》卷二〇五：『右拾遺張德生男三日，私殺羊會同僚，補闕杜肅懷一餤，上表告之。』可知『眉肉餤』蓋今肉包子之屬。『啖』固通『餤』，惟作喫食解，不作餡餅解。文中所指爲賞賜物，作『啖』顯然欠通。底本當屬妄改；文淵閣本《翰苑群書》作『眉飲啖』，蓋誤書。南宋陳元靚《歲時廣記》卷一五《寒食上·煮粳酪》：『《鄴中記》：寒食三日作醴酪，又煮粳米及麥爲酪，擣杏仁煮作粥。孫楚《祭子推文》云：「黍飯一盤，醴酪一盂，清泉甘水，充君之廚。」今寒食節物有杏酪、麥粥，即其遺風也。』又同卷《作麥粥》：『《玉燭寶典》：今人寒食悉爲大麥粥，研杏仁爲酪，引餳以沃之。』《爲醴餳》：『《歲華紀麗》：寒食作醴酪，以大粳米或大麥爲之，即今之麥粥也，醴即今之餳是也。』《唐六典》卷四《膳部郎中》注『寒食，麥粥』，是爲節日食料之常制。

〔二二〕新火，諸本皆作『火』，據《職官分紀》補。按，清明節皇帝賞賜新火，爲唐代恩禮之一，武元衡有《謝賜新火及新茶表》及《寒食謝賜新火及春衣表》（《全唐文》卷五三一），謝觀有《清明日恩賜百官新火賦》（《全唐文》卷七五八），白居易有《謝清明日賜新火狀》。韓翃《寒食》詩及竇叔向《寒食賜恩火》詩，皆描述頒賜新火之盛況。又按，《歲時廣記》卷一七《清明·取新火》：「《迂叟詩話》云：唐時唯清明取榆柳之火，以賜近臣戚里之家。」同卷《進新火》：『唐《輦下歲時記》：長安每歲清明，内園官小兒于殿前鑽火，先得上進者，賜絹三疋、金椀一口。』

〔二三〕蒸餅餛餅，諸本皆作『蒸餛』，不詞，茲據《職官分紀》補。洪遵《翰苑遺事》引『唐制』云云，蓋出本篇，亦曰『蒸餅、餛餅』。按，餛餅或作環餅。《歲時廣記》卷一四《二社日·造環餅》引《皇朝歲時雜記》：『社日，舊四方館先期下御廚，造大環餅、白熟餅，蒸豚，並以酒賜近臣，大率與立春同。白居易有《社賜酒餅狀》，想唐亦有此賜也。』所記即是此俗。蒸餅，今饅頭也。環餅，據《齊民要術》卷九《餅法·細環餅截餅》及《本草綱目》卷二五《寒具》所言，即今饊子，爲一種油炸麪食。

〔二四〕鏤竹，《職官分紀》引作『銀竹』，形訛。《永樂大典》卷一〇一一五『翰林學士承旨』引《職官分紀》不誤。按，《唐六典》卷四《膳部郎中》注：『五月五日，粽䊦。』以上物品參《歲時廣記》卷二一《端五上》『結百索』『作角粽』，卷二二《端五中》『賜公服』『賜時服』諸條。

〔二五〕三伏，底本作『三服』，諸本同，據《職官分紀》改。粆蜜，靜嘉堂本、明鈔本、李鈔本、文淵閣本同，《職官分紀》作『麨蜜』，『麨』爲『粆』之正字。百川學海本、説郛本、歷代小史本作『沙蜜』，形訛。按，『麨蜜』又稱『蜜麨』，《歲時廣記》卷二五《三伏節》『賜醝汁』引《唐輦下歲時記》曰：『伏日賜宰相、學士醝汁，京尹、公主、駙馬蜜麨及漿水。』所記賞賜之事同，而所賜之物與名則有異。麨蜜之爲物，約當今日所謂甜麥粥者也。史游《急就篇》卷二『甘麩殊美奏諸君』句，顔師古注：『甘麩者，煮麥爲甘粥也。麩之言齲也，謂齲爛也。一曰麩者糗也，麩、糗聲相近，實一物也。今人通以熬米麥謂之麨。甘麩者，以蜜和糗，故其味甘也。』可知此食品起源最早可溯至西漢。干寶《搜神記・李寄》云：『先將數石米餈，用蜜麨灌之，以置穴口。』亦此物也。《大慈恩寺三藏法師傳》卷二記玄奘在縛喝國聽聞『昔佛初成道，受此二長者麨蜜，初聞五戒十善，並請供養』云云，則西方亦有麨蜜。縛喝國在今阿富汗境内。又按，上揭《歲時廣記》同卷『頒麨麪』又引《歲時雜記》：『京師三伏，唯史官賜冰、麨，百司休務而已。自初伏日爲始，每日賜近臣冰，人四匣，凡六次；又賜冰、麨、麪三品，並黄絹爲囊；蜜一器。』所記爲北宋情形，頒賜内容與唐代大抵相同。

〔二六〕粉糕，静嘉堂本、明鈔本、李鈔本作『糕粉』，静嘉堂本有倒乙符號，鮑廷博批：『盧云：一作粉糕。』底本從所改。《職官分紀》作『粉糕葉』。按，《唐六典》卷四《膳部郎中》注：『九月九日，以麻葛糕。』《歲時廣記》卷三四《重九上・麻葛糕》引龐元英《文昌雜録》：『唐歲時節物，九月九日則有茱萸酒、菊花糕。』此唐廷遺問常例也。《歲時廣記》卷三四《重九上・棗栗糕》引《皇朝歲時雜記》：『二社、重陽尚食糕，而重陽爲盛。大率以棗爲之，或加以栗，亦有用肉者。有麪糕、黄米糕，或爲花糕。』此爲北宋風俗。

〔二七〕瓜，《職官分紀》作『水瓜』，明鈔本誤作『爪』。

〔二八〕院，諸本俱脱，據《職官分紀》補。『頒授』，百川學海本、説郛本、歷代小史本作『須授』，誤。静嘉堂本作『就班頒授』，吴騫按：『宋刻《翰林志》無班字，頒作須。蓋謂直日就須授者，下直然後賜之于第耳。』説甚紆，不取。學士直日在院，固當就院頒賜。

〔二九〕帛，《職官分紀》作『錦』，注云：『錦一本作帛。』

〔三〇〕晦日，《職官分紀》作『每晦日』。重陽三節，百川學海本、説郛本、歷代小史本作『重九節』。静嘉堂本鮑廷博眉批：『一作重九節，無「三」字（宋本同）。』按，《舊唐書・德宗下》貞元四年：『九月丙午，詔：「比者卿士内外，左右朕躬，朝夕公門，勤勞庶務。今方隅無事，烝庶小康，其正月晦日、三月三日、九月九日三節日，宜任文武百僚選勝地追賞爲樂。每節宰相及常參官共賜錢五百貫文，翰林學士一百貫文……委度支每節前五日支付，永爲常式。」』唐時嘗以正月晦日爲節，德宗貞元五年改于二月朔日設中和節，見下文注。

〔三一〕一百千，《職官分紀》作「一百繩」。

〔三二〕奏選勝而會，《職官分紀》作「奏出選勝游會」。

〔三三〕按，中和節，《舊唐書·德宗下》貞元五年春正月：「乙卯，詔：『……自今宜以二月一日爲中和節，以代正月晦日，備三令節數，内外官司休假一日。』」《新唐書·李泌傳》：「帝以前世上巳、九日，皆大宴集，而寒食多與上巳同時，欲以三月名節，自我爲古，若何而可？泌請廢正月晦，以二月朔爲中和節，因賜大臣戚里尺，謂之裁度。民間以青囊盛百穀瓜果種相問遺，號爲獻生子。里閭釀宜春酒，以祭勾芒神，祈豐年。百官進農書，以示務本。帝悦，乃著令，與上巳、九日爲三令節，中外皆賜緡錢燕會。」

〔三四〕凶年旱歲，《職官分紀》作「凶旱」。此段百川學海本、説郛本、歷代小史本與上段連寫。按，李德裕《述夢詩四十韻》記恩賞，云：「荷静蓬池鱠，冰寒郢水醪。」自注：「每學士初上賜食，皆是蓬萊池魚鱠，夏至後頒賜冰及燒香酒，以酒味稍濃，每和冰而飲，禁中有郢酒坊也。」又云：「荔枝來自遠，盧橘賜仍叨。」自注：「先朝初臨御，南方曾獻荔枝，亦蒙頒賜，自後以道遠罷獻也。」又云：「麝氣隨蘭澤，霜華入杏膏。恩光惟覺重，攜挈未爲勞。」自注：「此八句以述恩賜，每有賜與，常攜挈而歸。」元稹《奉和浙西大夫李德裕述夢四十韻》亦云：「冰井分珍果，金瓶貯御醪。」

9 凡正〔一〕、冬至，受朝〔二〕，俱入，進名奉賀。大忌，進名奉慰。其日，尚食供素饌，賜茶十串。

〔一〕正，《職官分紀》作「元正」。按，《唐六典》卷四《尚書禮部》：「凡元日大陳設于太極殿，皇帝衮冕臨軒……凡冬至，大陳設如元正之儀。」

〔二〕受朝，諸本皆作「不受朝」。據《唐六典》卷四《尚書禮部》、《通典》卷七〇《嘉禮十五》「元正冬至受朝賀』所載，元正及冬至皇帝例受朝賀。『不』字當衍。

10　凡郊廟大禮、乘輿行幸，皆設幕次于御幄之側〔一〕。侍從親近，人臣第一。御含元殿、丹鳳樓，則二人于宫中乘馬〔二〕，引駕出殿門〔三〕，徐出就班。大慶賀，則俱出就班〔四〕。

〔一〕按，幕次，臨時帳篷。宋龐元英《文昌雜録》卷一：『班退，尚書省侍郎已上、兩省給舍已上、御史中丞、學士皆御賜寓，百官就食幕次。』此宋代制度也。

〔二〕乘馬，《職官分紀》作『乘輿』。按，《舊唐書·馬懷素傳》謂馬懷素與褚無量同爲侍讀，玄宗特尊禮之，『每次閤門，則令乘肩輿以進。上居別館，以路遠，則命宫中乘馬』。『乘馬』『乘輿』皆爲天子優遇之禮，未知孰是。

〔三〕引駕，百川學海本、説郛本、歷代小史本作『別駕』，《職官分紀》作『隨駕』，注曰：『隨一本作引。』按，元稹《承旨學士院記》：『乘輿奉郊廟，輒得乘厩馬，自浴殿由内朝以從。揭雞竿，布大澤，則升丹鳳之西南隅。』所記爲承旨待遇，觀李肇所記，則學士皆同。

〔四〕本段謙牧堂本脱。

11　凡當直之次〔一〕，自給舍、丞郎入者，三直無儤〔二〕；自起居、侍御、郎官入，五直一儤〔三〕；[自御史、補闕、拾遺入者，七直二儤]〔四〕；其餘雜入者，十直三儤〔五〕；新遷官一直。服假〔六〕，各于次之中減半〔七〕，著爲別條例，題于北壁之西閣〔八〕。

〔一〕次，《職官分紀》作『法』，注云：『法一作次。』

〔二〕按，儤，謂在衙署連日值班。亦曰豹直、伏豹。《封氏聞見記》卷五『豹直』：『御史舊例，初入臺，陪直二十五日，節假直日，謂之伏豹，亦曰豹直。百司州縣初授官陪直者，皆有此名。』儤直之例，詳楊鉅《翰林學士院舊規·初入爆直例》。

〔三〕侍御，諸本作『御史』，據《職官分紀》改。此數句以官職高下述輪值之法，前句之給舍、丞郎爲正四品至正五品之官，此句之起居、郎官爲從五品至從六品之官，侍御史爲從六品下，正合此組品級，而下句之御史則指監察御史，與補闕、拾遺同爲從七品至從八品之官。官，謙牧堂本脱。

〔四〕自御史補闕拾遺入者七直二爆，諸本脱，據北京大學藏明鈔本《職官分紀》及《永樂大典》卷一〇一一五『旨』引補。文淵閣本《職官分紀》『二』作『一』。考黄朝英《靖康緗素雜記》卷一《豹直》引《職林》亦載此條例，作『七直兩爆』。《職林》爲北宋初集賢院學士楊侃撰，《職官分紀》乃大抵本其書而增廣之（參秦觀序及《直齋書録解題》卷六），則作『二』者是也。文淵閣本作『一』者蓋涉上而誤。

〔五〕三爆，文淵閣本《職官分紀》作『一爆』，誤同上條；北京大學藏明鈔本及《永樂大典》本作『三爆』。

〔六〕服假，文淵閣本作『報爆』，餘本作『服價』，俱不詞，據《職官分紀》改。按，服假，服喪假期。《唐國史補》卷下：『（宰相）有服假，或百僚問疾，有司就私第設幕次排班。』

〔七〕各，諸本作『名』。此句《職官分紀》作『各于准式之中』，注云：『一本作服假各于次之中。』兹據改。靜嘉堂本原作『服價名』，改爲『無爆各』，鮑批：『盧云以意改。』底本未從其校。按，《續翰林志》5：『易簡遭家艱，奉詔抑奪，遂與翰長以下商議，依鳳閣壁記體例，同舊官再入，約計前直減半。』此即後世『于准式之中減半』之例，

〔八〕壁，《職官分紀》作『廳』，注云：『一無别字，廳一作壁。』

12 凡交直，候内朝之退，不過辰巳，入者先之，出者後之，直者疏數，視人之衆寡、事之勞逸、隨時之動靜。凡節、國忌、授衣、二分、田假之令不霑〔一〕，有不時而集，併夜而宿者。或内務不至，外喧已寂，可以探窮理性，養浩然之氣〔二〕，故前輩傳《楞伽經》一本，函在屋壁。每下直出門，相謔謂之『小三昧』；出銀臺乘馬，

謂之『大三昧』，如釋氏之去纏縛而自在也。北廳前階有花塼道，冬中，日及五塼爲入直之候〔三〕。李程性懶，好晚入，恒過八塼乃至，衆呼爲『八塼學士』。

〔一〕田假，靜嘉堂本、明鈔本、李鈔本、百川學海本、説郛本、歷代小史本同，文淵閣本、《職官分紀》俱作『旬假』，誤。按，田假與旬假不同，旬假爲每十日一休之固定假期，《唐會要》卷八二《休假》所謂『每至旬假，許不視事，以與百僚休沐』是也；而田假則是爲農忙而特設之假期，定在五月，長達十五日，但日期並不固定。《太平御覽》卷六三四《急假》引唐《假寧令》：『諸内外官，五月給田假，九月給受衣假，爲兩番，各十五日。田假若風土異宜，種收不等，通隨給之。』可見其日期隨各地季候及農時不同而有差異，可靈活安排。又，《唐會要·休假》有關田假之文顯録自《假寧令》，然誤作『由假』。日人仁井田陞《唐令拾遺》併引《六典》《會要》及敦煌卷子唐《職官表》復原此令。

〔二〕性養，百川學海本、説郛本、歷代小史本二字誤倒。

〔三〕冬中日及五塼，《職官分紀》卷一五《翰林學士》『八塼』條引作『冬中以日影及五塼』。

13 元和已後〔一〕，院長一人，別敕承旨，或密受顧問，獨召對敭。居北壁之東閤，號爲『承旨閤子』，其屋棟别列名焉〔二〕。故事，駕在大内，即于明福門［内］置院〔三〕；駕在興慶宮，則于金明門内置院。今在右銀臺門之北第一門，［東］向〔四〕，牓曰『翰林之門』。其制高大重複〔五〕，號爲『胡門』〔六〕。入門直西爲學士院，即開元〔二〕十六年所置也〔七〕。引鈴于外，惟宣事入〔八〕。其北門爲翰林院〔九〕，又北爲少陽院。東屋三院西廂之結麟樓〔一〇〕，南、西並禁軍署〔一一〕。有高品使二人知院事〔一二〕，每日晚〔一三〕，執事于思政殿退而傳旨。小使衣緑黄青者〔一四〕，逮至十人，更番守曹。南廳五間，本學士駙馬都尉張垍飾爲公主堂〔一五〕，今東二間前架〔一六〕，高品使居之，中架爲藏書南庫。西三間，前二架洞豁〔一七〕，設榻，［爲］受旨、封印、書詔、二時會食之所〔一八〕。四壁列制敕條例名數〔一九〕，其中使置博局一〔二〇〕、印櫃。中間爲北一户架〔二一〕，東西各二間，學士居之〔二二〕。出北門，横屋六間，當北廳通廊〔二三〕，東西二間爲藏書北庫〔二四〕。其二庫書各有録，約八千卷，小使主之。西三間，書官居之，號曰『待詔』〔二五〕。北廳五間，東一間是承旨閤子；〔次一間，相傳有惡物，不居；次二間爲西閤子〕〔二六〕，並學士雜處之。題記名氏存于壁者，自呂向始〔二七〕。建中已後，年月遷換〔二八〕，乃爲周悉〔二九〕。南北二廳皆有懸鈴，以示呼召。前庭之南，横屋七間，小使居之，分主案牘〔三〇〕、詔草、紙筆之類。又西南爲高品使之馬厩〔三一〕，北爲寶庫。〔寶庫〕之北〔三二〕，小板廊抵于北廳〔三三〕。廳西舍之南一間〔三四〕，待詔戴小平嘗處其中〔三五〕，死而復生，因敞爲南向之宇〔三六〕，畫山水樹石，號爲『畫堂』。次二間貯遠歲詔草及制舉詞策〔三七〕。又北迴而東〔三八〕，並待詔居之。又東盡于東垣，爲典主堂。待詔之職，執筆硯以俟書寫，多至五六員，其選以能不以地〔三九〕，故未嘗用士人。自王伾得志，優給頗厚，率三歲一轉官，有至四品登朝者。虚廊曲壁，多畫怪石、松鶴〔四〇〕。北廳之西南小樓，王涯率人爲之〔四一〕。院内古槐、松、玉蕊〔四二〕、藥樹、柿子〔四三〕、木苽〔四四〕、菴羅，植山桃〔四五〕、杏李〔四六〕、櫻桃、紫薔薇、辛夷〔四七〕、蒲萄、冬青、玫瑰、淩霄、牡丹、山丹、芍藥、石竹、紫花、蕪菁〔四八〕、青菊、商陸〔四九〕、茙葵〔五〇〕、萱草、紫苑〔五一〕、薯〔藥〕〔五二〕，學士至者雜殖其間，殆至繁隘〔五三〕。

〔一〕按，《承旨學士院記》：『憲宗章武孝皇帝以永貞元年即大位，始命鄭公絪爲承旨學士。』憲宗永貞元年八月即位，次年改元元和，傅璇琮以爲承旨創立時未改元，李肇説不確（見《唐翰林學士史料研究劄記》）。然若以『元和』泛指憲宗朝，則李肇説亦不可謂誤。

〔二〕焉，百川學海本、歷代小史本屬下讀，連『故事』作『爲政事』，説郛本又妄增作『爲政事堂』，皆誤。

〔三〕明福門内，諸本無『内』字，《職官分紀》《續翰林志上》引、《唐會要·翰林院》『開元初置』條有，並依下句文例補。明福門爲洛陽宫城東南城門，中書省在門内。

〔四〕東向，諸本多闕『東』字，並于『向』字下空一格，以爲原文作『向某』也；靜嘉堂本作『向某』，鮑廷博批曰：『舊空某字。』《職官分紀》作『東向』。考韋執誼《翰林院故事》曰：『學士院者……在翰林院之南，别户東向。』（《唐會要·翰林院》抄自韋書，同）可知所缺爲『東』字。按，古文方位短語，作偏正結構，不作述補結構，故據《職官分紀》補乙。

〔五〕重複，《職官分紀》作『重複四扇』，注曰：『一本無四扇字。』

〔六〕胡門，《職官分紀》作『朝門』，形訛，文淵閣本諱改作『北門』。

〔七〕二十六年，諸本多作『十六年』，惟文淵閣本、《職官分紀》作『二十六年』。考兩《唐書》、《唐會要》、《册府元龜》、《翰林院故事》及本書首段，『二十六年』是，兹據改。置，底本及明鈔本、抱經樓本、李鈔本作『直』，靜嘉堂本原作『置』，鮑廷博據明鈔本改爲『直』，批曰：『盧本亦作直，改置。』『所直』不詞，兹據百川學海本改。《職官分紀》『年』下有『之』字。

〔八〕惟宣事入，《職官分紀》作『雖宣事不敢入』，注曰：『雖宣事不敢入一本作惟宣事入。』按，韓偓《雨後月中玉堂閑坐》自注：『禁署嚴密，非本院人，雖有公事，不敢遽入。』蘇耆《次續翰林志》：『有唐學士院深嚴，非本院人不可遽入。』據此，當以《職官分紀》爲是。又按，元稹《奉和浙西大夫李德裕述夢四十韻》『神撼引鈴絲』自注：『院有懸鈴，以備夜直警急文書出入，皆引之以代傳呼。每用兵，鈴輒有聲如人引，聲耗緩急具如之，曾莫之差。』上引韓偓詩云：『夜久忽聞鈴索動，玉堂西畔響丁東。』自注：『内夫人（引按，當作『内使』）宣事，亦先引鈴。每有文書，即内臣立于門外，鈴聲動，本院小判官出受，受訖，授院使，院使授學士。』

〔九〕北門，《職官分紀》無『門』字，義長。按，此『翰林院』謂舊翰林院、北翰林院。

〔一〇〕東屋三院，《職官分紀》作『東臺三殿』，注曰：『東臺三殿一作東屋三院。』按，三殿、三院皆麟德殿之别稱，《雍録》卷四《唐翰苑位置》：『三殿者，麟德殿也，一殿而有三面，故名三殿也，三院即三殿也。』此句述翰林學士院東面建築，屋、臺二字皆不可通。《雍録》又引李肇《記》曰：『翰林院在少陽院南，其東當三院結鄰樓、鬱儀樓。』此蓋轉述《翰林志》之文，則李肇原文或爲『東當三院』，屋、臺皆『當』之形訛。又《翰林院故事》：『翰林院者，在銀臺門内麟德殿西重廊之後。』（《唐會要》卷五七《翰林院》『西』作『西廂』）《雍録》卷四：『麟德殿……西廊有結鄰樓。』今考古發掘報告已證實其方位，參見馬得志《唐長安城發掘新收穫》；辛德勇補正馬説，見《大明宫西夾城與翰林院學士院諸問題》。劉臨安、陳婷《唐大明宫翰林院建築復原研究》，有復原想像圖，然亦不全合李肇所述，如横屋六間、横屋七間、馬廄等即未明確繪製。結麟樓，諸本同，靜嘉堂本鮑廷博曰：『盧云疑鄰。』《雍録》卷四《結鄰鬱儀樓》辨其誤，略云：『李肇、韋執誼所記皆書「結鄰」爲「結麟」，此恐誤也。道書《登真隱訣》曰：「上真之道七，鬱儀奔日文爲最，結鄰奔月文爲次。」蓋鬱儀者，羲和也；結鄰者，常娥也。《九真中經》曰：「西玄山下洞臺中有《鬱儀》《結鄰》兩書也。」古宫殿皆取天象物瑞以爲之名，日華、月華，亦其義也。則此之二樓者，其必取諸奔日、奔月之仙也，安得改鄰爲麟也？況兩樓之中有殿，已自名爲麟德，則結鄰之名必不贅以「麟」名也。』可知宋本甚或李肇原本即如此。駱天驤《類編長安志》卷三以『結麟樓』立目，引諸書異文云：『麟、隣、鱗未知從何字爲是。』

〔一一〕南西，《雍録》引作『西北』。禁軍署，《職官分紀》作『禁軍營署』，《雍録》引作『禁軍營』。

〔一二〕高品使，百川學海本、説郛本、歷代小史本脱『使』字。靜嘉堂本吴騫眉批：『「高品」下，宋刻《翰林志》無「使」字，恐是脱文。』按，高品爲宦官等級之一，《唐會要》卷六五《内侍省》載：『至元和十五年四月，内侍省奏：應管高品、品官、白身，共四千六百一十八人。數内一千六百九十六人，高品諸司使並内養諸司判官等。』中唐以後，宦官品階以服色爲定，《唐會要》卷三八《服紀下·葬》『（元和）六年十二月』條：『内侍省品秩高［者］，各隨本秩；有章服者，紫同三品，緋同五品以上，緑及應官，並同九品以上。』服紫、服緋者爲高品，即所謂『朱紫貴品』。翰林院使之品階，據《梁守謙墓志》，梁在元和初『賜銀章朱紱之寵，依前院使』；又，李德裕《劉公（弘規）神道碑銘》記元和初，劉弘規『加銀印赤紱之賜……自奚官局丞擢翰林院使』，賜朱紱、赤紱即賜緋（羅隱詩《感弄猴人賜朱紱》末句云『一笑君王便著緋』，可證），可知翰林院使屬于賜緋、階同五品以上之『高品諸司使』之一。但亦有例外，《梁守謙墓志》又載其『貞元末，解褐授徵事郎内府局令、充學士院使』，不言賜章服，而其散官徵事郎、本官内府局令僅爲正八品下，或早期制度未密之故。

〔一三〕晚，《職官分紀》作『曉暮』，注曰：『曉暮一只作一晚字。』

〔一四〕按，小使亦宦官擔任，又稱小判官，見韓偓《雨後月中玉堂閒坐》自注。衣緑黄青，謂服色也，考《唐會要》卷三一《輿服上・章服品第》載上元元年八月二十一日敕，略云：文武三品已上服紫，四品服深緋，五品服淺緋，六品服深緑，七品服淺緑，八品服深青，九品服淺青，庶人服黄。可知小使爲六品以下官及庶人，即前引《内侍省》所云『品官』『白身』，屬『内養諸司判官』。

〔一五〕駙馬都尉，百川學海本、歷代小史本作『騎馬都尉』，誤。

〔一六〕東二間，諸本作『東西間』，與下文『西三間』所記建築格局衝突，據《職官分紀》改。按，兩柱左右之間爲一間，前後之間爲一架，可知南廳爲横闊五間，進深三架。

〔一七〕前二架洞豁，底本及静嘉堂本、明鈔本、李鈔本、文淵閣本作『前架中三洞各』，百川學海本、説郛本、歷代小史本作『前架中三洞谿』，皆不能成句，兹據《職官分紀》改。洞豁，謂屋宇空間深闊。作『谿』『各』者，蓋以形近、字壞而訛。

〔一八〕爲，諸本無，據《職官分紀》補。受旨封印書詔，底本作『受制旨印書詔』，各本同；説郛本作『受制旨印信書詔』；據《職官分紀》改。底本等蓋誤倒『旨封』二字，又訛『封』爲『制』；説郛本又妄增『信』字，遂成諸誤。按，二時會食，早、午間同列聚餐。崔元翰《判曹食堂壁記》：『有唐太宗文皇帝克定天下，方勤于治，命庶官日出而視事，日中而退朝。既而晏歸，則宜朝食。于是朝者食之廊廡下。遂命其餘官司，洎諸郡邑，咸因材賦，而興利事。取其奇羡之積，以具庖廚，謂爲本錢，雜有遺法。』

〔一九〕四壁列制敕條例名數，百川學海本、説郛本、歷代小史本『壁』作『辟』，又脱『條』，俱誤。《職官分紀》

『四壁』作『西壁』。

〔二〇〕置博局一，百川學海本、説郛本、歷代小史本作『置博一局』。靜嘉堂本鮑廷博旁批：『盧云，一作一局。宋刻本如此。』

〔二一〕中間爲北一户架，此句不可曉。《雍録》卷四《大明宫右銀臺門翰林院學士院説》引李肇《記》：『（南廳）其東西四間皆爲學士閣，中一閣不居。』則此句殆中間不居人之意歟？

〔二二〕居之，原作『居壁之』，據《職官分紀》、説郛本删『壁』字。靜嘉堂本鮑廷博批曰：『盧云，疑居之出北壁門。』

〔二三〕《職官分紀》『當』前有『一間』二字，注曰：『一無一間二字。』按，通廊者，回廊也；横屋者，正屋兩旁之廂房。既云『横屋六間』當回廊，似無一間獨當回廊之理，故有『一間』者非是。

〔二四〕東西二間，疑『東三間』之誤。按，此述『横屋六間』者，當爲東西向各三間，而非于一側駢列六間也，不然下文不當云『西三間』，而應謂『南三間』『北三間』也。

〔二五〕待詔，諸本作『待制』，《職官分紀》作『待詔』，注曰：『一本作待制。』按，下文『廳西舍之南一間，待詔戴小平嘗處其中』，『待詔之職，執筆硯以俟書寫』，均作『待詔』，據改。

〔二六〕次一間相傳有惡物不居次二間爲西閣子，諸本無，據《職官分紀》補。按，《承旨學士院記》：『鄭公絪爲承旨學士……居在東第一閤。』知自有承旨即居于此。

〔二七〕吕向，百川學海本、説郛本、歷代小史本作『吕問』，誤。按，據韋處厚《翰林學士記》、杜元穎《翰林院使壁記》，元和十五年，即本《志》撰成之次年，學士題名由北廳移往南廳。

〔二八〕遷換，《職官分紀》作『遷受』。

〔二九〕周悉，《職官分紀》作『詳悉』。

〔三〇〕案牘，百川學海本、歷代小史本作『實牘』，説郛本作『日牘』，《職官分紀》作『參牘』，皆誤。

〔三一〕西南，《職官分紀》作『西而北』。

〔三二〕竇庫竇庫之北，底本及靜嘉堂本、明鈔本、李鈔本、歷代小史本皆作『竇庫之北』，百川學海本作『竇庫庫北』，説郛本作『竇庫庫之北』；《職官分紀》『竇庫』作『灶庫』，注曰：『灶庫一作竇庫。』二字並重文，則原書『竇庫』二字當有重文，諸本皆有脱訛。疑本作『竈庫』，謂廚房、雜物庫房。竈、竇形近而訛，灶則竈之俗寫。

〔三三〕小板廊，百川學海本作『小扳廊』，説郛本、歷代小史本作『小攀廊』。靜嘉堂本吴騫眉批：『板，宋刻《翰林志》作攀，疑俗寫攀作扳，遂誤爲板耳。』

〔三四〕廳，靜嘉堂本鮑廷博旁批：『盧本無下廳字。』一間，諸本作『其一門』，據《職官分紀》改。

〔三五〕戴小平，《職官分紀》下注：『小一作少。』

〔三六〕敞，百川學海本、歷代小史本作『弊』，誤；説郛本作『改』。

〔三七〕次二間，《職官分紀》作『次北二間』。

〔三八〕迴，《職官分紀》作『曲回』。

〔三九〕地，《職官分紀》作『他』。

〔四〇〕按，李德裕《述夢詩四十韻》記此畫云：『畫壁看飛鶴，仙圖見巨鼇。』自注：『内署垣壁，皆畫松鶴。先是西壁畫海中曲龍山，憲宗曾欲臨幸，中使懼而塗焉。』可知此畫爲近年所改。

〔四一〕按，李德裕《述夢詩四十韻》：『靜室便幽獨，虚樓散鬱陶。』自注：『學士各有一室，西垣有小樓，時宴語于此。』即此樓。王涯元和十一年正月至十二月任承旨，主院事，小樓當築于此時。

〔四二〕玉蕊，《職官分紀》此下有『花』字。

〔四三〕柿子，《職官分紀》作『柿林』，注曰：『一作子。』

〔四四〕苽，静嘉堂本鮑廷博旁批：『盧改作瓜。宋刻同。』

〔四五〕植，諸本作『峘』，不詞，據《職官分紀》改。

〔四六〕杏李，底本作『李杏』，誤。按，杏李爲一種植物之名，非兩種植物並稱。據百川學海本、歷代小史本改。

〔四七〕辛夷，《職官分紀》此下有『竹』字，涉下『石竹』衍，或爲『花』之字壞。

〔四八〕蕪菁，説郛本作『蔓菁』，二者爲一物之異名。

〔四九〕商陸，底本及静嘉堂本、明鈔本、李鈔本作『當陸』，誤，據百川學海本、説郛本、歷代小史本改。《職官分紀》作『當陛』，亦誤。按，静嘉堂本吴騫校以下數處異文曰：『當，宋刻《翰林志》作商，戎作蜀，署作諸，殖作植。』異文均與百川學海本同。

〔五〇〕戎葵，百川學海本、説郛本、歷代小史本作『蜀葵』。二者爲一物，傳寫之異。

〔五一〕紫苑，説郛本作『紫菀』。

〔五二〕薯藥，底本及静嘉堂本、明鈔本、李鈔本作『署』，百川學海本、説郛本、歷代小史本作『諸』，連下讀。兹據《職官分紀》改補。按，薯藥原稱薯蕷，避代宗李豫諱改。

〔五三〕繁隘，百川學海本、歷代小史本作『繁溢』，説郛本作『繁盛』。按，繁隘爲盛多而擁蔽之狀，前二本形訛，説郛本恐爲妄改。按，李德裕《述夢詩四十韻》記院中卉木，云：『花光晨豔豔，松韻晚騷騷。』『倚簷陰藥樹，落格蔓蒲桃。』白居易《渭村退居寄禮部崔侍郎翰林錢舍人詩一百韻》記院中景致，云：『井闌排菡萏，檐瓦鬥鴛鴦。樓額題鳷鵲，池心浴鳳凰。風枝萬年動，温樹四時芳。宿露凝金掌，晨暉上璧璫。砌筠塗緑粉，庭果滴紅漿。』又按，寶曆二年十二月，學士院新樓落成，建築格局大爲改動。參本書所收《翰林院學士新樓記》。

14 元和十三年〔一〕，肇自監察御史入。明年四月，改左補闕〔二〕，依舊職守〔三〕。中書舍人張仲素、祠部郎中知制誥段文昌、司勛員外郎杜元穎〔四〕、司門員外郎沈傳師在焉〔五〕。是時，睿聖文武皇帝裂海岱十二州爲三道之歲。時以居翰苑，皆謂陵玉清、遡紫霄，豈止于登瀛洲哉〔六〕！亦曰登玉署、玉堂焉〔七〕。

〔一〕元和十三年，諸本皆作『元和十二年』。岑仲勉《翰林學士壁記注補四》據丁居晦《重修承旨學士壁記》『十四年四月五日，遷右補闕』，以爲『（《翰林志》）明年承上十三年言，故知作十二年者非』，今從。按，此段諸本皆接上段寫，詳其内容，當爲李肇跋語，因作分斷。

〔二〕左補闕，丁居晦《重修翰林學士壁記》作『右補闕』；據百川學海本題下作者署銜，丁書恐誤。

〔三〕依舊職守，百川學海本、説郛本、歷代小史本脱『舊』字。

〔四〕司勛員外郎杜元穎，百川學海本、説郛本、歷代小史本作『改司勛員外杜元穎』。

〔五〕按，此時翰林學士共五員，張仲素爲承旨，故首列其名。

〔六〕瀛洲，靜嘉堂本作『瀛州』。靜嘉堂本吴騫眉批：『宋刻《翰林志》「州」作「洲」（作「州」誤）。』又頁脚批：『此「登瀛洲」正應第一頁「時人謂之登瀛洲」之語。』

〔七〕登，百川學海本、説郛本、歷代小史本無。靜嘉堂本吴騫眉批：『宋刻《翰林志》「亦曰」下無「登」字，依文法似當。』

# 承旨學士院記

中大夫行中書舍人翰林學士承旨上柱國賜紫金魚袋　元稹〔一〕

## 解題

《承旨學士院記》，元稹撰。元稹（779—831），字微之，《舊唐書》卷一六六、《新唐書》卷一七四有傳，白居易《河南元公墓志銘》亦載其生平。穆宗長慶元年（821）二月以中書舍人充翰林學士承旨，十月拜相出院。是年八月，在擔任承旨期間撰成此《記》。

翰林院承旨是憲宗即位後設置的新職，『位在諸學士上』，相當于院長。他不僅是翰林院的首長，也是皇帝信重的股肱之臣，謀議大政，參與機要。《翰林志》説：『元和已後，院長一人，別敕承旨，或密受顧問，獨召對敭。』本《記》亦云：『大凡大誥令、大廢置，丞相之密畫，内外之密奏，上之所甚注意者，莫不專受專對，他人無得而參。』因此承旨出院後常升任宰相之職。本《記》詳細記録了最早的十五名承旨的遷轉經歷，體例上繼韋執誼《翰林院故事》，下啓丁居晦《重修承旨學士壁記》，可惜只記録到穆宗時期，下距唐亡還有八十年，大量承旨失于搜輯。直至1940年代岑仲勉撰《補文宗至哀帝七朝翰林承旨學士記》，纔一力補完晚唐承旨學士名録。

文後附録承旨名氏，陳振孫《直齋書録解題》已指出李德裕以下三人爲後人增補，傅璇琮進一步認爲『元稹』條亦非其本人所記，並推測增補的時間在文宗即位後不久。按，《記》文曰：『臨我以十一賢之名氏……謹述其遷授。』可知元稹原本所録，只有鄭絪至杜元穎十一位前任承旨。不過依照學士入院題名的慣例，元稹既任承旨，當時壁上應具題名〔二〕。

《記》文和題名原在翰林院東廡之右〔三〕。東廡爲北廳東側的通廊，而北廳之東一間爲承旨閣子，就近題記，可使後來者見賢思齊，如元稹所謂『俛仰瞻覿，如遭大賓』。但是僅僅過了十六年，開成二年（837）丁居晦撰寫《重修承旨學士壁記》，便稱此處『歲月滋久，日爍雨潤，墻屋罅缺，文字昧没，不稱深嚴之地』，似乎是日曬雨淋、建築失修等客觀原因導致了元《記》殘損。但據岑仲勉發覆，其實是因爲大和九年（835）甘露之變後，宦官大肆報復朝官，元《記》中有被害宰相王涯之名，于是假托修繕，刻意抹除〔四〕。幸而有元稹别録，全文纔得以保存至今。

本《記》標題異寫甚多，《宋史·藝文志》《郡齋讀書志》《直齋書録解題》《玉海》等書目作『承旨學士院記』；丁居晦《重修承旨學士壁記》作『承旨學士廳記』；《文苑英華》、《全唐文》、《古今事文類聚新集》卷二〇題作『翰林承旨學士廳壁記』；《元氏長慶集》《續翰林志》引作『翰林承旨學士記』。《全唐文補遺》第六輯盧軺《唐故范陽盧氏（軺）滎陽鄭夫人墓志銘》：『祖諱絪……今之翰林壁記，公爲之首。』〔五〕本《記》正以鄭絪爲首，所言『翰林壁記』，又爲其簡稱。岑仲勉《元稹翰林承旨學士廳壁記校補》以爲，『居晦文亦稱《承旨學士廳壁記》，《翰苑群書》及《元集》所題均不合』〔六〕，當從《文苑英華》等作『翰林承旨學士廳壁記』。今按，唐無『承旨學士院』，洪遵所題不合史實，而翰林承旨學士居院内北廳東第一閣，可稱『承旨學士廳』，岑説可信。惟以保持洪遵原貌計，不作修改。

《翰苑群書》之外，本《記》又見載于《文苑英華》卷七九七、《全唐文》卷六五四、《元氏長慶集》卷五一。此次校勘，以《文苑英華》等爲參校本，另參岑仲勉《元稹翰林承旨學士廳壁記校補》。

〔一〕文淵閣本無此行題名。

〔二〕詳參下文『元稹』條注。

〔三〕見丁居晦《重修承旨學士壁記》。

〔四〕《翰林學士壁記注補·自序》。

〔五〕吴鋼主編《全唐文補遺》第六輯，三秦出版社，1999年5月，頁174。

〔六〕《郎官石柱題名新考訂（外三種）》，中華書局，2004年4月，頁460。

舊制，學士無得以承旨爲名者，應對、顧問、參會〔一〕、旅次，班第以官爲上下〔二〕。憲宗章武孝皇帝以永貞元年即大位〔三〕，始命鄭公絪爲承旨學士〔四〕，位在諸學士上〔五〕，居在東第一閣〔六〕。乘輿奉郊廟，輒得乘厩馬，自浴殿由内朝以從〔七〕。揭雞竿〔八〕，布大澤，則升丹鳳之西南隅〔九〕。外賓客進見于麟德，則止直禁中以俟〔一〇〕。非自異也，法不當言。大凡大誥令〔一一〕、大廢置，丞相之密畫、内外之密奏，上之所甚注意者，莫不專受專對，他人無得而參。用是十七年之間，由鄭至杜，十一人而九參大政〔一二〕。其不至者，衛公詔及門而返〔一三〕，事適然也。（禁省中備傳其事。）至于張，則弄相印以俟其病間者久之，卒不興〔一四〕，命也已。若此，則安可以昧陋不肖之積，繼居九丞相、二名卿之後乎？俛仰瞻覩〔一五〕，如遭大賓，每自誨其心曰：『以若之不俊不明，而又使欲惡款曲攻于内，且決事于冥冥之中，無暴揚報效之慮〔一六〕，遂忿行私易也〔一七〕。然而陰潛之神，必有記善惡之餘者，以君父之遇若如是，而猶舉枉錯直，可乎哉？使若之心，忽而爲他人盡數若之所爲而終不自愧〔一八〕，乃可矣〔一九〕。』昔魯恭王餘畫先賢于屋壁以自警〔二〇〕，臨我以十一賢之名氏，豈直自警哉！由是謹［述］其遷授〔二一〕，書于座隅。長慶元年八月十日記。

〔一〕參會，明鈔本、李鈔本、文淵閣本、靜嘉堂本無；《元氏長慶集》《文苑英華》《古今事文類聚新集》《全唐文》有。靜嘉堂本鮑廷博眉批：『《續翰林志》作參會、班第。』

〔二〕旅次班第，《文苑英華》作『班第旋次』，注：『《翰林志》《集》並作「旋次班第」。』與今本二書皆不同。岑仲勉以爲『彼時見本有與今本異者。旋字非』。按，注中『旋』蓋涉正文『旅』而訛，非有另本也。又按，班第以官爲上下，意謂以本官之品階高下爲排位依據。

〔三〕底本自『舊制』至『貞元』爲兩行，行十九字，與其餘行十八字者不同，疑原刻奪『參會』二字，後更補刻。按，貞元二十一年八月丁酉，順宗禪位于憲宗，同日改年號爲永貞。

〔四〕絪，《元氏長慶集》無。按，《全唐文補遺》第六輯盧軺《唐故范陽盧氏（軺）滎陽鄭夫人墓志銘》：『祖諱絪……尋加翰林學士、中書舍人，後爲承旨。翰林承旨自公始也。』

〔五〕上，《文苑英華》作『右』。

〔六〕按，《翰林志》13『元和已後』條：『北廳五間，東一間是承旨閣子。』

〔七〕按，浴殿即浴堂殿。《翰林志》10：『凡郊廟大禮、乘輿行幸，皆設幕次于御幄之側。侍從親近，人臣第一。』

〔八〕揭，《元氏長慶集》作『揚』。『雞竿』下《文苑英華》有『而』字。按，雞竿，頂端立有金雞的長竿，古代多樹于大赦日。《新唐書·百官志三》：『赦日，樹金雞于仗南，竿長七丈，有雞高四尺，黄金飾首，銜絳幡長七尺，承以彩盤，維以絳繩，將作監供焉。』

〔九〕升，《元氏長慶集》無。按，《翰林志》10『凡郊廟大禮』條：『御含元殿、丹鳳樓，則二人于宫中乘馬，引駕出殿門，徐出就班。』

〔一〇〕止直，《文苑英華》作『直上』，注：『《翰林志》作「止直」，《集》作「上直」。』按，《元氏長慶集》亦作『止直』。靜嘉堂本鮑廷博眉批：『《續翰林志》止作上。』

〔一一〕大凡，文淵閣本無『大』字。靜嘉堂本鮑廷博眉批：『《續翰林志》無「大」字。』誥令，《文苑英華》作『詔令』，注：『二本作「誥」。』《續翰林志》所引亦作『詔』。

〔一二〕按，由鄭至杜十一人中，惟衛次公、張仲素未拜相。

〔一三〕公，《元氏長慶集》無，岑仲勉以爲前後文之鄭、杜、張均不用『公』字，此亦不當亂其例，以《集》爲是；又謂該字爲後人因兩李衛公而妄增。按，上文亦有『鄭公』之稱，此未必爲衍文；後説亦無據。又按，《舊唐書·衛次公傳》亦載此事：『上方命爲相，已命翰林學士王涯草詔，時淮夷宿兵歲久，次公累疏請罷。會有捷書至，相詔方出，憲宗令追之。遂出爲淮南節度使。』據《舊唐書·憲宗紀》，事在元和十二年十月，『甲申（當作『甲戌』，詳下『衛次公』條注）……以左丞衛次公代（李）鄘爲淮南節度使』。憲宗削藩，裴度等主戰，次公主和，當戰事膠着之際，欲拜主和大臣爲相，足見其立場一度搖擺。《舊傳》稱王涯草命相制，據本《記》，王涯元和十一年正月入院，十二月拜相出院，無次年草詔之可能。元和十二年十月在任翰林學士有張仲素、段文昌、沈傳師、杜元穎。

〔一四〕興，《元氏長慶集》作『典』，誤。按，張仲素元和十四年遷中書舍人不久卒，不及拜相。

〔一五〕俛仰瞻覩，《文苑英華》作『俛瞻仰覩』，注云『《翰林志》作「瞻仰」』，然《翰林志》無此語。

〔一六〕無，《文苑英華》作『若之無』，注云：『二本無此二字。』蓋涉上衍。慮，《元氏長慶集》作『言』。

〔一七〕遂，《元氏長慶集》作『不』。《文苑英華》此句作『遂忿行于私易易也』。岑仲勉以爲當從《英華》。

〔一八〕終，《文苑英華》作『中』。

〔一九〕乃，《元氏長慶集》作『斯』。

〔二〇〕昔，明鈔本誤作『惜』。屋壁，《文苑英華》作『壁』。

〔二一〕謹述，諸本皆無『述』字，據《文苑英華》補。

鄭絪〔一〕，貞元二十一年二月［二十二日］〔二〕，自司勛員外郎、翰林學士拜中書舍人、賜紫金魚袋充〔三〕；其年十月二十七日〔四〕，拜中書侍郎、同中書門下平章事、集賢殿大學士。

〔一〕靜嘉堂本姓名作大字，遷授經歷作雙行小字，鮑廷博眉批曰：『改大字接寫。』

〔二〕二十二日，岑仲勉《校補》據《順宗實録》及丁居晦《重修承旨學士壁記》謂『漏書日』，茲據文例補。傅璇琮據《記》文『憲宗章武孝皇帝以永貞元年即大位，始命鄭公絪爲承旨學士』，以爲憲宗八月即位，『二月』當爲『八月』傳寫之訛。見《唐翰林學士史料研究劄記》。

〔三〕按，岑仲勉《校補》『王涯』條釋書例云：本《記》凡自原日翰學拔充者，均書『翰林學士……充』，如自外廷徑入爲翰學或承旨者，均書『入院』或『入院充』。

〔四〕十月，岑仲勉《校補》云事當在『十二月』。

李吉甫，永貞元年十二月二十四日，自考功郎中知制誥入院〔一〕；二十七日，正除〔二〕，仍賜紫金魚袋充。元和元年，加銀青光禄大夫〔三〕。二年正月二十一日，拜中書侍郎、同中書門下平章事。

〔一〕按，岑仲勉《校補》云：『入院者，始入爲學士。』

〔二〕按，岑仲勉《校補》云：『正除，乃充承旨學士。』

〔三〕按，丁居晦《重修承旨學士壁記》記此事在十二月。

裴垍，元和二年四月十六日，自考功郎中知制誥、翰林學士、賜紫金魚袋拜中書舍人充。三年四月二十五日，出院，拜户部侍郎；其年冬〔一〕，拜中書侍郎平章事。

〔一〕其年冬，岑仲勉《校補》據《舊唐書·德宗上》，云：『垍以九月丙申（十七日）拜中書侍郎，其年冬是其年秋之誤。』

衛次公，元和三年六月二十五日，以兵部侍郎入院充；七月二十三日，加知制誥。四年三月，改太子賓客，出院〔一〕。後拜淮南節度使〔二〕。

〔一〕按，《舊唐書》本傳云『左授太子賓客』，參《重修承旨學士記》『元和後二十四人』『衛次公』條。

〔二〕按，《舊唐書・憲宗紀》元和十二年十月，『甲申……以左丞衛次公代（李）鄘爲淮南節度使』。傅璇琮考謂甲申（二十八日）當作甲戌（十八日），見《憲宗朝翰林學士傳・衛次公》。

李絳，元和四年四月十七日，自主客員外郎、翰林學士拜司勛員外郎、知制誥充。五月十九日，賜紫金魚袋〔一〕。五年五月五日，遷司勛郎中、知制誥；十二月，正除〔二〕。六年二月二十七日，出院，拜户部侍郎；其年十月，拜中書侍郎平章事〔三〕。

〔一〕按，岑仲勉《校補》云：『賜紫金魚袋乃賜緋魚袋之誤，賜紫應在五年十二月遷中舍之後。』

〔二〕按，岑仲勉《校補》云：『正除云者，正除中書舍人也。』

〔三〕十月，兩《唐書・憲宗紀》及《通鑑》記李絳十二月己丑拜相，岑仲勉《校補》據云：『十月乃十二月之奪。』

崔群，元和六年二月四日，以庫部郎中知制誥、翰林學士、賜緋魚袋充〔一〕。七年四月二十九日，正除。九年六月二十六日，出院，拜户部侍郎〔二〕；十二月〔三〕，拜中書侍郎平章事。

〔一〕按，岑仲勉《校補》：『前條絳二月二十七方出院，若群二月四日已充，則同時有兩承旨，疑二月或三月之誤。』

〔二〕户部侍郎，《翰林院故事》《重修承旨學士記》作『禮部侍郎』，是。參《重修承旨學士記》『元和後二十四人』『崔群』條。

〔三〕十二月，岑仲勉《校補》據兩《唐書·憲宗紀》及《新表》，云：『群以十二年七月丙辰（二十九日）相，十二月乃「十二年」或「十二年七月」之訛奪。』

王涯〔一〕，元和十一年正月十八日，以中書舍人入院充；二十四日，賜紫金魚袋；十月十七日，拜工部侍郎、知制誥；十二月十九日〔二〕，拜中書侍郎、同中書門下平章事。

〔一〕按，岑仲勉《校補》以爲，『崔群已去，王涯未入，承旨一職，憲宗特設，中間不應虛懸年半已上』，乃據《新唐書·錢徽傳》『三遷中書舍人，加承旨』，于王涯前補入錢徽，曰：『約元和九年六月後由司封郎中知制誥、翰林學士賜緋魚袋充。十年七月二十三日，正除中書舍人。十一年正月十四日，出守本官。』傅璇琮非之，以爲元《記》去元和僅數年，明言十七年間承旨『十一人』，無奪漏之理，《新傳》無旁證，不可信據。然誤謂岑氏將錢徽任承旨定在十年七月遷中書舍人之後，曰『崔群于九年六月二十六日出院，若以錢徽于十年七月二十三日接任承旨，此前亦有一年零一月未有承旨』。餘參《翰林院故事》『元和已後』『王涯』條注。

〔二〕十九日，岑仲勉《校補》據兩《唐書·憲宗紀》及《新表》，謂王涯拜相在丁未（十六日），此作十九日，恐訛。按，王涯爲承旨時，曾築北廳之西南小樓，見《翰林志》13『元和已後』條。

令狐楚，元和十二年二月二十四日，以職方郎中知制誥、翰林學士、賜緋魚袋充；三月二十日，正除；八月四日，出守本官。後自河陽節度拜中書侍郎平章事〔一〕。

〔一〕按，兩《唐書·憲宗紀》及《通鑑》卷二四一，均載元和十四年七月丁酉，以河陽節度使令狐楚爲中書侍郎、同中書門下平章事。餘參《重修承旨學士壁記》『元和後二十四人』『令狐楚』條注。

張仲素，元和十三年二月十八日，以司封郎中知制誥、翰林學士，仍賜紫金魚袋［充］〔一〕。十四年三月二十八日，正除。其年卒官，贈禮部侍郎〔二〕。

〔一〕充，岑仲勉《校補》云：「魚袋下脱充字。」兹據文例補。

〔二〕按，岑仲勉《翰林學士壁記注補六》據段文昌、杜元穎加承旨時間，疑其卒于十四年底。

段文昌，元和十五年閏正月一日，以中書舍人、翰林學士與杜元穎同承旨，仍賜紫金魚袋；八日〔一〕，拜中書侍郎、同中書門下平章事。

〔一〕八日，諸本及《重修承旨學士壁記》作「八月」，岑仲勉《校補》據兩《唐書·憲宗紀》及《新表》云：「八月，八日之訛。」兹據改。餘參丁《記》「元和後二十四人」「段文昌」條注。

杜元穎，元和十五年閏正月一日〔一〕，以司勛員外郎〔二〕、翰林學士充，賜紫金魚袋；二十一日，正除；十一月十七日，拜户部侍郎、知制誥。長慶元年二月十五日〔三〕，以本官同中書門下平章事。

〔一〕閏，静嘉堂本奪，鮑廷博校補。

〔二〕員外郎，岑仲勉《校補》云：「員外郎下漏「知制誥」三字，否則下文「正除」無所承。」參《重修承旨學士壁記》「元和後二十四人」「杜元穎」條注。

〔三〕按，岑仲勉《校補》云：「元穎出相，《舊紀》作十日（《通鑑》二四一同），《新紀》《表》作二十日，均與此異。」考《舊唐書·穆宗紀》及《通鑑》均書爲「壬申」，當五日；《新唐書·穆宗紀》《宰相表下》均書「壬午」，當十五日。岑推算有誤。惟不詳兩日期孰是。參《重修承旨學士壁記》「元和後二十四人」「杜元穎」條注。

元稹，長慶元年二月十六日，自祠部郎中知制誥、行中書舍人〔一〕、翰林學士，仍賜紫金魚袋［充］〔二〕；其年十月十九日，拜工部侍郎，出院〔三〕。二年二月，拜本官平章事〔四〕。

〔一〕行，岑仲勉《校補》據白居易《授元稹中書舍人翰林學士制》云：『稹除中舍之制，係朝散大夫守中書舍人，此作「行」，當誤。』

〔二〕充，岑仲勉《校補》：『魚袋下應補「充」字。』兹據文例補。

〔三〕按，傅璇琮《穆宗敬宗朝翰林學士·元稹》考謂當于二十日出院。

〔四〕本官，靜嘉堂本原作『平官』，鮑廷博改『本官』。按，《直齋書録解題》卷六《職官類》：『末又有李德裕、李紳、韋處厚三人，蓋後人所益也。』岑仲勉《校補》：『稹當日所記，逮此而止，已下李德裕三條，皆後來所續題也。』傅璇琮則認爲『元稹』條既書其出院事，亦『非其本人所記』。詳《記》文末云：『臨我以十一賢之名氏，豈直自警哉！由是謹述其遷授，書于座隅。』既云用以『自警』，必無列入己名之理，知其原本記鄭絪至杜元穎『十一賢』，『元稹』以下四人爲後人所補。傅説是。然學士入院，即有題名（如沈傳師爲學士時，嘗因壁記有其名而拒作新記，見韋處厚《翰林院故事》並注），元稹既爲翰林學士承旨，其名氏當已題于東廡，惟不附載本《記》耳。傅説見其《唐翰林學士史料研究劄記》。

李德裕，長慶元年正月二十九日〔一〕，以考功郎中知制誥、翰林學士，賜緋魚袋［充］〔二〕；二月四日，遷中書舍人充，餘如故；十九日，改御史中丞，出院。

〔一〕元年，《重修承旨學士壁記》作『二年』，岑仲勉《校補》以元稹元年十月十九日出，李德裕不得以元年正月入，云：『元年乃二年之訛也。』又下條云：『紳入之日，正德裕出院之日，足證前條元年爲二年之訛也。』

〔二〕充，依岑仲勉説及文例補。按，賜緋魚袋事，《重修承旨學士壁記》作『賜紫』，《舊唐書》本傳作『賜金紫之服』，又謂穆宗『既見德裕，尤重之。禁中書詔，大手筆多詔德裕草之』。或因此于同時入院三人中獨加恩賜紫，作『賜緋』恐誤。餘參丁《記》『元和後二十四人』『李德裕』條。

李紳，長慶二年二月十九日，自司勛員外郎知制誥、翰林學士、賜緋魚袋遷中書舍人充；二十三日，賜紫金魚袋。三年三月二十七日，改御史中丞，出院。

韋處厚，長慶四年二月十三日，以侍講學士、權知兵部侍郎知制誥、賜紫金魚袋爲翰林學士充；十月十四日，正拜兵部〔一〕，餘如故。寶曆元年十二月十七日〔二〕，拜中書侍郎平章事。

〔一〕兵部，文淵閣本下有『侍郎』，他本無。此蓋從上『權知兵部侍郎』省，館臣意補。丁居晦《重修承旨學士壁記》記此事，作『兵部侍郎』。

〔二〕元年，岑仲勉《校補》據《重修承旨學士壁記》《舊唐書·文宗上》，云：『元年係二年訛。』

# 翰林學士記〔一〕

侍讀學士中書舍人〔二〕 韋處厚 撰

## 解題

《翰林學士記》，韋處厚撰。處厚（773—829），初名淳，避憲宗諱改，字德載，傳見《舊唐書》卷一五九、《新唐書》卷一四二，劉禹錫《唐故中書侍郎平章事韋公集紀》亦載其生平。元和十五年（820）二月，穆宗初即位，因爲『學有師法』，入翰林院爲首任翰林侍講學士。這一職位由穆宗創設，負責講説經籍，編撰圖書，備參顧問，無需像翰林學士那樣起草綸誥〔三〕。長慶四年（824）二月敬宗即位後，改任翰林學士，加承旨。在敬宗遇弑、文宗爭奪大寶的關鍵時刻，他積極獻計定策，安排禮儀，立下大功，故文宗登基不數日即拜相出院〔四〕。

本文撰作時間，文末云『時皇帝統臨四海之初元』，岑仲勉指出是在穆宗登基的元和十五年，而不是改元之後的長慶元年。撰作的起因，是院使李常暉將原本在北閣的翰林院舊題名改至前廳，而之所以遷移，則是翰林院需要增葺屋舍，以容納驟增至九人的翰林學士〔五〕。記文的寫作任務原先交給沈傳師，但他因爲自己的名氏在題名之中，作記有自誇之嫌，乃轉托新近入院、未有題名的韋處厚。此記兼取韋執誼《翰林院故事》、李肇《翰林志》的内容，敘述翰林院淵源、學士職守之外，尤其强調學士須品行端方，行爲世範，以輔弼聖明，而不可沾沾于『登玉清、翔紫霄』的個人榮耀。立意較前人之作爲高，也很契合他侍講學士的身份，跟同時寫作的杜元穎《翰林院使壁記》相比，高下判然。這或許是洪遵存韋《記》而舍杜《記》的一個原因。

除了《翰苑群書》，《文苑英華》卷七九七、《全唐文》卷七一五也收入此文，均題作《翰林院廳壁記》，岑仲勉以爲係原名。二本文字雷同，證明後者源出前者；個別相異者，當爲據《翰苑群書》所改。《文苑英華》別注的異文，往往與《翰苑群書》本一致，可知在宋代至少有兩種版本傳世。岑仲勉撰有《韋處厚翰林院廳壁記摘校》，頗有校正，尤其是指出『漢時』至『名異而實同也』數句爲錯簡，應移置文首，發千古之覆，誠處厚之功臣。今並用爲參校之資。

〔一〕按，《文苑英華》卷七九七、《全唐文》卷七一五題作《翰林院廳壁記》，岑仲勉以爲係原題。蘇易簡《續翰林志下》引作『翰林學士壁記』。

〔二〕侍讀，岑仲勉《摘校》云：『應作「侍講學士」，《記》內固作侍講也。』文淵閣本無結銜。按，『侍讀』『侍講』之辯，參《重修承旨學士壁記》『元和後二十四人』『路隨』條注。

〔三〕按，韋執誼《翰林院故事》謂翰林學士之選，『亦有鴻生碩學，經術優長，訪對質疑，主之所禮者，頗列其中，崇儒也』。侍講等學士之設立，蓋由于此。

〔四〕文宗于寶曆二年十二月十二日即位，韋處厚十二月十七日拜相。

〔五〕原在院學士四人：段文昌、沈傳師、杜元穎、李肇，穆宗新召學士六人：李德裕、李紳、庾敬休、韋處厚、路隨、柳公權，除去正月出院的段文昌，有多達九人同時在院，而此前多者不過五六人（見《翰林院故事》）。以數計之，多出來的正是新增的韋、路、柳三位侍講、侍讀和侍書學士。

漢時，始置尚書郎五人〔一〕，平天下奏議，分直建禮，含香握蘭，居錦帳，食大官，則今之翰林，名異而實同也〔二〕。魏晉以後，復典綜機密〔三〕，政本中書，詔命辭訓〔四〕，皆必由焉。唐有天下，因襲前代。爰自武德，時有密命，則温大雅、魏徵、李百藥、岑文本之屬，視草禁中；乾封則劉懿［之］〔五〕、周思茂、范履冰之倫，秉筆便坐〔六〕。自此始號『北門學士』，皆自外召入〔七〕，未列秘書〔八〕。玄宗開廣視聽，搜延俊賢，始命張説、陸堅、張九齡、徐安貞輩，待詔翰林。厥後錫以學士之稱，蓋由德成而上，與夫數術、曲藝〔九〕，禮有所異也。逮自至德，台輔伊説之命，將壇出車之誥〔一〇〕，霈洽天壤之澤，導揚顧命之重〔一一〕，議不及中書矣。尺一旁午〔一二〕，章奏藂至，指縱命中之略〔一三〕，謀猷幃幄之秘〔一四〕，陰騭造化〔一五〕，嘉猷密勿，制萌乎將然〔一六〕，事構乎無形，皆歸元后而播興運〔一七〕。循名迹者，莫窺其轍；想風彩者，罔究其端〔一八〕。誰然誰否〔一九〕，無得而稱矣。貞元中，由此而居輔弼者十有二焉；元和中，由此而膺大用者十有六焉〔二〇〕。近日，丞相府不由内庭者，斷國論，宰法度，雖有利器長材，未免缺折掉撓。建中以來〔二一〕，簡拔尤重〔二二〕，故必密如孔光，博如延州，文如卿雲，學如歆向〔二三〕，器如黄顔，直如史魚，然［後］得中第〔二四〕。士之游心處已，景行于六如者，而又飾之以潔珪璋之行〔二五〕，貫金石之誠，雖潛聲匿迹，莫能脱□〔二六〕。時論以爲登玉清，翔紫霄，豈蓬山、瀛洲而足喻乎〔二七〕！齊桓納厩人編棧之説，以爲直木傅直〔二八〕，則曲無由至；曲木傅曲〔二九〕，則直無由至。後之君子，戴明聖，協盛時，推厩人之規矩乎引賢〔三〇〕，使如貫珠駢璧〔三一〕，則瑕瑜不雜矣。内給事李常暉、内謁者監王士玖〔三二〕，並掌院事，近乎十年〔三三〕，與直徇公之議，聆于［朝端］〔三四〕，中書舍人杜元穎、兵部侍郎沈傳師〔三五〕，洎諸學士，皆涉歷歲久，備乎前聞者也〔三六〕。李常暉以北閣舊記，室别堵殊，義非貫通，改于前廳，時以爲便〔三七〕。上聖紹復墜典，留神太古，處厚與司勛郎中路隋，職參侍講〔三八〕，通籍近署，紀述之事，前托沈傳師。沈公以爲稱善之在己，不若使其在人，讓于處厚，固陋無以辭〔三九〕。時皇帝統臨四海之初元也〔四〇〕。

〔一〕置，《文苑英華》作『建』，注云：『一作置。』

〔二〕『漢時』至『同也』數句，原在『時論以爲』之前，岑校以爲錯簡，應移至文首。兹據正。

〔三〕復，各本有，文淵閣本無。静嘉堂本鮑廷博眉批曰：『盧云「復」字疑衍。舊本有，盧無。』可知底本未從盧校。岑仲勉云：『起首便用「復」字，文氣不符，疑今本已佚去前一段，否則「復」字爲誤衍。』

〔四〕辭訓，《文苑英華》《全唐文》作『詞訓』。

〔五〕乾封，《文苑英華》《全唐文》作『乾封年』，前者注云『一無此字』。之，底本、明鈔本、靜嘉堂本奪，鮑廷博眉批：『盧增「之」字，云前有「之」字。』文淵閣本、《文苑英華》有，茲據補。

〔六〕秉，《文苑英華》作『直』，注云：『一作秉。』

〔七〕入，謙牧堂本、文淵閣本、靜嘉堂本同，鮑廷博夾批：『舊作「人」。』明鈔本、抱經樓本、李鈔本作『人』；《文苑英華》《全唐文》作『入』，前者注云：『一作人。』

〔八〕秘書，《文苑英華》《全唐文》作『秘署』。

〔九〕曲藝，《文苑英華》《全唐文》作『工藝』，前者注云：『一作數術典藝。』岑校云：『曲爲典之爛字。』按，『曲藝』謂醫卜書畫等技術，指舊翰林院供奉之輩所職，非字壞。

〔一〇〕詔，《文苑英華》《全唐文》作『詔』，前者注云：『一作誥。』

〔一一〕導揚，《文苑英華》《全唐文》作『遵揚』。

〔一二〕尺一，《文苑英華》《全唐文》作『尺牘』。

〔一三〕指縱命中，《文苑英華》《全唐文》作『指蹤中外』，前者注云：『一作指縱命中。』

〔一四〕謀猷幃幄，《文苑英華》《全唐文》作『謀謨帷幄』，前者注云：『一作帷。』岑校曰：『應云「一作幃」。』又以爲謨字較佳。

〔一五〕陰騭，《文苑英華》《全唐文》作『陰陽』，前者注云：『一作騭。』

〔一六〕制萌，《文苑英華》《全唐文》作『萌制』，前者注云：『一作制萌。』

〔一七〕歸元后而播興運，《文苑英華》《全唐文》作『功歸元后而德播興運』，前者『功』下注：『一無功字。』『德』下注：『一無此字。』按，有二字語氣較順。

〔一八〕罔，《文苑英華》《全唐文》作「孰」，前者注云：「一作罔。」

〔一九〕誰然誰否，《文苑英華》《全唐文》作「雖然臧否」。

〔二〇〕二焉字，《文苑英華》《全唐文》無，前者注云：「一有焉字。」

〔二一〕以來，《全唐文》同，《文苑英華》奪「以」，注云：「一作以。」岑校曰：「應云『一有以字』。」

〔二二〕尤，《全唐文》同，《文苑英華》作「之」，注云：「一作尤。」

〔二三〕歆向，《文苑英華》《全唐文》作「向歆」。

〔二四〕後，底本、明鈔本、靜嘉堂本奪，據文淵閣本、《文苑英華》、《全唐文》補。按，翰林學士須經考試合格方可入院，一如貢舉，故云「中第」。《翰林志》∞「興元元年」條：「其日入院，試制書、批答共三首，詩一首；自張仲素後，加賦一首。」詳參彼注。

〔二五〕珪璋，《文苑英華》《全唐文》作「球璋」。

〔二六〕莫能脱□，靜嘉堂本、謙牧堂本、文淵閣本誤「□」爲「口」，《全唐文》無空格；《文苑英華》作「而其能脱乎」，注云：「二字作莫。」諸本或誤「其」爲「莫」，又奪「乎」字。岑仲勉以爲「□」係錯簡之迹。

〔二七〕瀛洲，明鈔本、謙牧堂本、抱經樓本、文淵閣本同；靜嘉堂本、《文苑英華》作「瀛州」，鮑廷博曰：「本州舊亦作洲。」

〔二八〕直木傅直，《文苑英華》正文誤作「直木傳曲」，注云：「一作直。」二「傅」字，底本、明鈔本、靜嘉堂本、《文苑英華》皆誤作「傳」，據文淵閣本及《管子·小問》改。按，此數語本《管子·小問》：「桓公觀于厩，問厩吏曰：『厩何事最難？』厩吏未對，管仲對曰：『夷吾嘗爲圉人矣，傅馬棧最難。先傅曲木，曲木又求曲木；曲木已傅，直木無所施矣。先傅直木，直木又求直木；直木已傅，曲木亦無所施矣。』」

〔二九〕曲木傅曲，《文苑英華》作「曲木傳直」，誤。注云：「一作曲。」

〔三〇〕規矩乎，《文苑英華》《全唐文》作『規移于』，前者注云：『一作規矩乎。』

〔三一〕如，《文苑英華》作『如是』，注云『一無是字』。

〔三二〕内謁者監王士玖，諸本作『内謁者將王士玖』，《文苑英華》《全唐文》作『内謁者監王士政』，前者注云『一作將』『一作玖』。杜元穎《翰林院使壁記》同《英華》，岑仲勉校云：『内侍省無「内謁者將」之名，作監是。』兹據改。玖、政未詳孰是。

〔三三〕近乎，《文苑英華》《全唐文》作『延于』，前者注云『一作近乎』。

〔三四〕朝端，諸本無，《文苑英華》作『聆于朝端』，注云『一無此二字』。按，有二字義長，故據補。

〔三五〕兵部侍郎，岑仲勉據《樊川集》、《重修學士壁記》、《舊唐書》卷一四九等，以爲當作『兵部郎中』，是也。

〔三六〕前聞，《文苑英華》《全唐文》作『前文』，前者注云『一作聞』。按，此時在院學士不止杜元穎與沈傳師，仍有李肇等七人，專舉二人之名，蓋院使命其各撰記文，以志其盛也。後元穎撰《翰林院使壁記》，傳師則讓于韋處厚。參後注。

〔三七〕時，《文苑英華》《全唐文》作『僉』，前者注云『一作時』。按，李肇《翰林志》：『北廳五間，東一間是承旨閤子；次一間，相傳有惡物，不居；次二間爲西閤子，並學士雜處之。題記名氏存于壁者，自吕向始。』可知學士題名原在北廳壁上。

〔三八〕侍講，《文苑英華》作『侍讀』，注云『一作講』。岑仲勉指『侍讀』爲誤，餘參《重修承旨學士壁記》『元和後二十四人』『路隨』條注。

〔三九〕固陋，《文苑英華》《全唐文》無二字，而《英華》注云『因字一作固陋』，蓋原文『處厚』下有『因』字，今奪，使注文無所照應。按，沈傳師元和十二年入院，其名氏已題于壁間，處厚初入院，未及題名，故沈推讓如此。

〔四〇〕按，岑仲勉云：『穆宗以元和十五年正月即位，故曰「初元」，非指長慶紀年之元年也，此亦可由記文所載元穎、傳師官位證之。』元和十五年當西元820年。

# 翰林院故事

起居舍人知制誥〔一〕　韋執誼

## 解　題

《翰林院故事》一卷，韋執誼撰于唐德宗貞元二年（786），是現存最早關于翰林院的著作。執誼撰述之時，翰林學士政治地位日益隆崇，參與機密，侵奪相權，至有『天子私人』之稱（《翰林志》記陸贄引時人語）。然而自立院以來，『屋壁之間，寂無其文』，他以翰林學士的身份，首次撰寫翰林學士院的早期歷史，概述建置時間、地點、人員、職能、榮寵等内容，簡明扼要，彌足珍貴。後來的李肇《翰林志》、兩《唐書》『官志』、《唐會要·翰林院》等重要唐代翰林文獻，均從中取材。尤其值得重視的是，記文之後載録學士題名及其翰林仕歷，編列了最早的一套翰林學士『檔案』，體例實開元稹、丁居晦等人先河；而學士的出院與入院，隱含了個人政治命運和時局變幻的信息。可惜由于安史亂後載記有缺，『其先後歲月，訪而未詳』，學士遷轉年月盡付闕如，在院仕歷間有失載，價值遜于後來之作。洪遵没有把它作爲《翰苑群書》的首篇，或許因爲記載不如李肇的《翰林志》充實，可以籠罩全書。

執誼之記，原題于學士居住的翰林院北廳，元和十五年移置南廳〔二〕。《翰林志》記其所見學士院題名，曰：『題記名氏存于壁者，自吕向始。建中已後，年月遷换，乃爲周悉。』本題名的特點，正與李肇所記相吻合。這也反映出德宗後翰林學士權職、位望日隆，因而記録更加完備。據岑仲勉推斷，韋執誼撰成之後，後人又續補題名，其《韋執誼翰林院故事摘校》曰：『執誼編述，僅至貞元二年冬止，今本《故事》敍至元和末者，乃後人編繼也。』並懷疑出于李肇之手。

韋執誼（764—812），兩《唐書》有傳。執誼年少聰穎，才學出衆，年登弱冠，即于貞元元年（785）九月以制科高第入仕，同年以左拾遺（一作右拾遺）充翰林學士，是唐代入院最快、年紀最輕的翰林學士，深受德宗器重。貞元末與王叔文結交，順宗時任宰相，爲二王八司馬之一。今本《順宗實録》云，當時『天下事皆專斷于叔文，而李忠言、王伾爲之内主，執誼行之于外』。『永貞革新』失敗後貶崖州司馬，元和七年（812）卒于貶所。《故事》除《翰苑群書》收録之外，還見于《全唐文》卷四五五，岑仲勉曾據以對校，撰成《韋執誼翰林院故事摘校》一文。《職官分紀》卷一五《翰林學士院》全引本篇，《唐會要》卷五七《翰林院》『翰林院者』條迻録其半，可資勘對。傅璇琮《唐翰林學士傳論》下編爲玄宗至敬宗朝的學士逐一作傳，引證《故事》之處，多有訂正。

〔一〕文淵閣本無結銜。按，執誼貞元二年撰本文時，仍爲左拾遺，未加知制誥。據《唐會要·中書舍人》，其知制誥在四年二月，起居舍人則爲出院時官職。岑仲勉《翰林學士壁記注補》『貞元後十二人』『韋執誼』條認爲此銜爲『後人以其翰林終官追題』。

〔二〕李肇《翰林志》：『北廳五間，東一間是承旨閣子；次一間，相傳有惡物，不居；次二間爲西閣子，並學士雜處之。』韋處厚《翰林學士記》：『李常暉以北閣舊記，室别堵殊，義非貫通，改于前廳。』

翰林院者，在銀臺門内麟德殿西重廊之後〔一〕，蓋天下以藝能、伎術見召者之所處也。學士院者，開元二十六年之所置，在翰林［院］之南〔二〕，别户東向。考視前代，即無舊名。貞觀中，秘書監虞世南等十八人，或秦府故寮，或當時才彦，皆以弘文館學士會于禁中，内參謀猷，延引講習，出侍輿輦，入陪宴私。十數年間，多至公輔，當時號爲『十八學士』。其後，永徽中，黄門侍郎顧琮復有麗正之稱〔三〕；開元初，中書令張説等又有集仙之目。皆用討論〔四〕，未有典司。玄宗以四隩大同，萬樞委積，詔敕文誥，悉由中書，或慮當劇而不周，務速而時滯〔五〕，宜有偏掌，列于宫中，承導邇言，以通密命。由是始選朝官有詞藝學識者，入居翰林，供奉别旨。于是中書舍人吕向、諫議大夫尹愔首充焉。雖有密近之殊，然亦未定名，制詔書敕，猶或分在集賢。時中書舍人張九齡、中書侍郎徐安貞等，迭居其職，皆被恩遇。至二十六年，始以翰林供奉改稱學士，由是遂建學士［院］〔六〕，俾專内命，太常少卿張垍、起居舍人劉光謙等首居之〔七〕。而集賢所掌，于是罷息〔八〕。自後給事中張埱、中書舍人張漸、竇華等相繼而入焉〔九〕。其外有韓泫、閻伯璵、孟匡朝、陳兼、蔣鎮、李白等〔一〇〕，在舊翰林［院］中〔一一〕，但假其名而無所職。至德以後，軍國務殷，其入直者，並以文詞共掌誥敕〔一二〕。自此，北翰林院始無學士之名〔一三〕。其後又置東翰林院于金鑾殿之西，隨上所在而遷，取其便穩〔一四〕。大抵召入者一二人，或三四人，或五六人，出于所命，蓋無定數。亦有鴻生碩學，經術優長，訪對質疑〔一五〕，主之所禮者〔一六〕，頗列其中，崇儒也〔一七〕。初，自德宗建置以來〔一八〕，秩序未立，廷覲之際，各趨本列。暨貞元元年九月〔一九〕，始有别敕，令明預班列〔二〇〕，與諸司官知制誥例同〔二一〕。故事，中書以黄、白二麻爲綸命重輕之辨，近者所出，獨得用黄麻，其白麻皆在此院〔二二〕。自非國之重事，拜授將相、德音、赦宥，則不得由于斯〔二三〕。

〔一〕西，《唐會要·翰林院》作『西厢』。

〔二〕院，底本、明鈔本、抱經樓本、靜嘉堂本無，謙牧堂本、文淵閣本、《職官分紀》卷一五《翰林學士院》引本文有，兹據補。下數處補『院』字同。

〔三〕顧琮，《唐會要·翰林院》作『顧悰』。按，顧琮，顧胤之子，見兩《唐書·顧胤傳》，《會要》誤。

〔四〕又有集仙之目皆用討論，《職官分紀》引作『又有集賢之目皆用討論親侍』，注云：『一無親侍二字。』《唐會要・翰林院》作『又有集仙之比，日用討論親侍』。疑傳寫中誤合『比日』爲『皆』，妄添『目』字足成其句，又奪『親侍』。

〔五〕時，《職官分紀》引作『將』，注云：『一作時字。』

〔六〕院，諸本奪，《唐會要・翰林院》《職官分紀》引作『學士院』。按，前文『學士院者，開元二十六年之所置』，《翰林志》：『別建學士院于翰林院之南。』當有『院』字，兹據補。

〔七〕太常少卿，『開元已後』題名及《重修承旨學士壁記》作『太常卿』。按，岑仲勉以爲初以少卿充，至卿仍充。又按，傅璇琮《玄宗朝翰林學士傳》依學士題名次序，認爲開元二十六年成立學士院之後，首批入院學士爲吕向、尹愔，『太常少卿張垍、起居舍人劉光謙等首居之』之説『不確』。詳韋文之意，乃謂在舊翰林院（即北翰林院）以翰林供奉職名草詔者，以吕、尹爲首，學士院成立後，二人職名由供奉轉爲學士，仍掌詔誥；而張、劉二人，則是首批徑以學士之名入直學士院者。若然，似不可謂『不確』。

〔八〕罷息，《職官分紀》引作『悉罷』。按，《翰林志》引陸贄奏疏：『玄宗末，方置翰林，張垍因緣國親，特承寵遇。當時之議，以爲非宜。然止于唱和文章，批答表疏，其于樞密，輒不預知。』此時翰林學士猶皇帝私人秘書，權職尚輕。

〔九〕張埱，諸本及《唐會要》《職官分紀》皆誤作『張淑』，據文淵閣本改。按，張埱爲張垍弟，其爲給事中事見《新唐書・張説傳》。

〔一〇〕外，明鈔本、抱經樓本、文淵閣本同；謙牧堂本、靜嘉堂本作『後』，鮑廷博據明鈔本改，眉批：『盧本元作外，改作後。』汯，諸本作『翃』，靜嘉堂本鮑廷博夾批：『盧改作紘。』岑仲勉《摘校》曰：『應作汯。』兹據改。璵，諸本多同，鮑廷博改『輿』，批曰『盧云前作輿』（引按，『前』謂《翰林志》），底本又作『璵』。兹據他本及岑校改。參《翰林志》校文。孟匡朝，謙牧堂本、靜嘉堂本『匡』字作空格，鮑廷博據明鈔本補。

〔一一〕院，據《職官分紀》引補。

〔一二〕詔敕，《唐會要·翰林院》《職官分紀》引作『詔敕』。

〔一三〕無，《職官分紀》引作『兼』，《唐會要》作『有』，皆訛。按，北翰林院，即舊翰林院，以其在新翰林院之北，故名。《翰林志》：『開元二十六年……始別建學士院于翰林院之南。』

〔一四〕便穩，《職官分紀》引作『便近』。按，東翰林院位置，程大昌《雍録·金鑾坡》：『金鑾坡者，龍首山之支隴，隱起平地而坡陀靡迤者也。其上有殿，既名之爲金鑾殿矣，故殿旁之坡，亦遂名曰金鑾坡也……金鑾殿者，在蓬萊山正西微南也。龍首山坡隴之北至此，餘勢猶高，故殿西有坡，德宗即之以造東學士院而明命，其實爲金鑾坡也。』

〔一五〕訪對，《職官分紀》引作『訪古』，《唐會要》作『訪問』。

〔一六〕主，靜嘉堂本鮑廷博夾批：『盧本作上。』

〔一七〕按，穆宗設侍講、侍讀、侍書學士，蓋師此意。事詳《重修承旨學士壁記》『元和後二十四人』『路隨』條注。

〔一八〕德宗，諸本同。按，本文作于德宗貞元二年，不當書今上廟號，據文義，疑爲『玄宗』之誤。

〔一九〕貞元元年九月，《職官分紀》引作『貞元冬』。按，此事年月，《翰林志》記爲『興元元年』，《唐會要》卷二五《文武百官朝謁班序》『文官充翰林學士』條、卷五七《翰林院》『興元元年』條記爲興元元年十二月二十九日（乙未），《舊唐書·德宗上》繫于十二月辛卯（二十四日）『陸贄爲中書舍人』後。興元元年次年即貞元元年，時隔九月重申此命，似無必要。韋執誼當誤記。《唐會要·翰林院》『翰林院者』條抄自本書，亦誤。《舊紀》疑奪干支，誤繫于辛卯日，當以《會要》爲是。參《翰林志》∞『興元元年』條注。

〔二〇〕明預班列，《唐會要》同，《職官分紀》引作『朝服班序』，注云：『一本作明預班列。』二書所抄之本不同，作『朝服』義長。

〔一一〕例同，諸本皆作『同列』，《唐會要》《職官分紀》引作『例同』，注云：『一本作同列。』按，《舊唐書·德宗上》云：『詔翰林學士朝服班序，宜同諸司官知制誥例。』準詔作『例同』是，據改。

〔一二〕此院，明鈔本、靜嘉堂本、抱經樓本、《唐會要》同，謙牧堂本、文淵閣本、《職官分紀》引作『北院』，非。

〔一三〕此段文字與《唐會要·翰林院》幾全同，後者當迻録自本文。

稽夫發揮大猷，藻繪上命，隻簡片削，可以動乎人神，風行四方，萬里如覩〔一〕，非制誥之謂歟？蓋人君深拱端默于穆清之中，茫茫九區，視聽不及，雖堯德舜智，湯明禹哲，不能庭策以朝告，不能家閲以户臻，必欲忘典謨，掩訓誓，陰諭于天下，密符于胸襟，洪荒以還〔二〕，所蔑聞也。故議定于内而事修于外，言發于上而旨達于人，微乎斯，百度闕矣。況此院之置〔三〕，尤爲近切，左接寢殿，右瞻彤樓，晨趨瑣闥，夕宿嚴衛，密之至也〔四〕。驂鑣得御厩之駿，出入有内司之導〔五〕，豐餚潔膳，取給大官；衮裯服御〔六〕，資于中庫，恩之厚也〔七〕。備侍顧問〔八〕，辨駁是非〔九〕，典持縑牘，受遣群務，凡一得失〔一〇〕，動爲臧否，職之重也〔一一〕。若非謹恪而有立，秉貞而通理，俾乂樞要，簡于帝心〔一二〕，言不及温樹之名，慎不遺轅馬之數，處是職者，不亦難乎！至于强學修詞，刀筆應用，或久洽通儒之望，或早升文墨之科〔一三〕，雖必有之〔一四〕，乃餘事也。自立院已往，五紀于兹，連飛繼鳴，數逾三十〔一五〕，而屋壁之間，寂無其文，遺草簡略于栟編〔一六〕，求名時得于邦老，温故之義，于斯闕如。群公以執誼入院之時，最爲後進，紀敘前輩，便于列詞，收遺補亡，敢有多讓。其先後歲月，訪而未詳，獨以官秩名氏之次，述于《故事》，庶後至者編繼有倫。貞元二年龍集景寅冬十月記〔一七〕。

〔一〕如覩，諸本作『始覩』，《職官分紀》引作『如覩』，義長，兹據改。

〔二〕以，謙牧堂本、文淵閣本同；明鈔本、抱經樓本、李鈔本作『一』，靜嘉堂本鮑廷博曰：『盧本以，舊本一。』按，作『一』誤。

〔三〕此院，明鈔本、抱經樓本、《職官分紀》引同，謙牧堂本、靜嘉堂本作『北院』，鮑廷博據明鈔本改，眉批：『盧本此改作北。』按，盧改非。

〔四〕按，『密之至』諸事，《翰林志》云：『東屋三院西厢之結麟樓，南、西並禁軍署。』『小使衣緑黄青者，逮至十人，更番守曹。』『引鈴于外，惟宣事入。』

〔五〕内司，文淵閣本作『内使』。

〔六〕衾，靜嘉堂本誤作『食』，鮑廷博曰『盧本衾』，並據明鈔本改。

〔七〕按，『恩之厚』諸事，可見《翰林志》，云：『賜衣一副，絹三十匹，飛龍司借馬一匹。旬日，又進文一軸。内庫給青綺錦被、青綺方褡、青綾單帕、漆通中枕、銅鏡、漆奩、象篦、大小象梳、漆箱、銅挲羅、銅觜椀、紫絲履、白布手巾、畫木架牀、鑪銅、案席、氈褥之類畢備。内諸司供膳飲之物，主膳四人掌之。内園官一户三人以供使令。其所乘馬送迎于掖仗門内横門之西。』

〔八〕備侍，《全唐文》卷四五五同，他本及《職官分紀》引皆作『備待』。

〔九〕辨駁是非，《職官分紀》引作『辯疑釋非』。

〔一〇〕凡一得失，《職官分紀》引作『一得一失』。

〔一一〕按，『職之重』諸事，《承旨學士院記》云：『大凡大誥令、大廢置，丞相之密畫、内外之密奏，上之所甚注意者，莫不專受專對，他人無得而參。』雖就承旨而言，而學士其實皆然。

〔一二〕簡于帝心，《職官分紀》引作『簡乎宸心』。

〔一三〕早升，《職官分紀》引作『驟升』。

〔一四〕必，底本、明鈔本、謙牧堂本、抱經樓本、靜嘉堂本作『心』，鮑廷博曰『盧作必』，而不從改。文淵閣本、《全唐文》、《職官分紀》引作『必』。按，作『必』義長，兹據改。

〔一五〕按，自開元二十六年（738）設翰林院，至韋執誼撰文之貞元二年（786），相去僅48年，『五紀于兹』蓋跨越五紀之謂。題名自吕向至韋執誼，計二十九人，不足三十之數，『數逾三十』蓋文飾之言。

〔一六〕簡略，《職官分紀》引作『間存』。枏，静嘉堂本鮑廷博夾批：『盧云，乃析字。』

〔一七〕此句《職官分紀》引作『貞元二年冬十月紀』，蓋抄手所省。按，岑仲勉《摘校》云：『執誼編述，僅至貞元二年冬止，今本故事敘至元和末者，乃後人編繼也。』

## 開元已後

吕向〔一〕，自中人充供奉。出爲工侍。

〔一〕底本、明鈔本、文淵閣本姓名作大字，遷授經歷作雙行小字，每行一人或二人；静嘉堂本大小字同，而各人提行另寫。鮑廷博眉批：『小字改大字。』今一例改爲大字，提行排列。按，二人稱『供奉』，據上文『至（開元）二十六年，始以翰林供奉改稱學士……太常少卿張垍、起居舍人劉光謙等首居之』，知先未有學士之名，乃從舊翰林院職名，職事則與學士不異；設學士院後，二人轉稱學士。而以學士之名入院者，始于張垍、劉光謙。書『供奉』者，溯其源也。傅璇琮《玄宗朝翰林學士傳·吕向》以爲二字衍，非是。參上段注7及岑仲勉《翰林學士壁記注補一》『吕向』條。

尹愔，自大諫充供奉〔一〕。

〔一〕按，岑仲勉《注補一》據尹愔開元二十三年十二月十一日所上《五廚經氣法序》，未署翰林供奉，以爲其最早在開元二十四年入充；傅璇琮《玄宗朝翰林學士傳・尹愔》則以爲此文係尹愔以翰林供奉身份撰書進獻而作，表明其于開元二十三年以前已爲翰林供奉。然唐臣官私撰作，皆可進獻，《唐會要・修撰》所載甚多，不能確證該《序》必爲翰林供奉時作。據《舊唐書・玄宗下》，開元二十五年正月，『癸卯，道士尹愔爲諫議大夫、集賢學士兼知史館事』。愔當于此後入充供奉，至二十六年改稱學士。

劉光謙，自起人充；累改司中〔一〕，又充。

〔一〕司中，《重修承旨學士壁記》『劉光謙』條作『司封郎中』，岑仲勉《摘校》云：『司中應作封中，因刑部尚有司門郎中也。』餘參《壁記》注。

張垍，自太常卿充〔一〕。貶盧谿郡司馬。

〔一〕太常卿，丁居晦《重修承旨學士壁記》『開元後八人』『張垍』條同，本書序文作『太常少卿』，靜嘉堂本奪『卿』，鮑廷博補。按，岑仲勉《注補一》云：『似垍初自太常少卿入充，後遷正卿仍充爲較合事理。』傅璇琮《玄宗朝翰林學士傳・張垍》謂天寶四載五月前，張垍不可能任太常卿或少卿，亦不可能爲翰林學士。

張埱〔一〕，自給中充。

〔一〕張埱，諸本皆誤作『張淑』。參序文注。

張漸，自中人充〔一〕。

〔一〕按，張漸與下條竇華皆楊國忠所辟，《新唐書・楊國忠傳》：『（國忠）俄加本道兼山南西道采訪處置使，開幕府，引竇華、張漸、宋昱、鄭昂、魏仲犀等自佐，而留京師。』安史之亂中被誅時仍帶翰林學士，《舊唐書·楊國忠傳》：『國忠之黨翰林學士張漸、竇華……及國忠敗，皆坐誅滅。』餘參《重修承旨學士壁記》『開元後八人』『張漸』條注。

竇華，自中人充〔一〕。

〔一〕按，傅璇琮《玄宗朝翰林學士傳·竇華》推測，華當于天寶十二載起由中書舍人入爲翰林學士，並兼集賢院學士。《舊唐書·楊國忠傳》記楊以宰臣典選時，『中書舍人竇華……諷選人于省門立碑，以頌國忠銓綜之能』。《舊唐書·玄宗下》開元十二載，『二月庚辰，選人鄭懃等二十餘人以國忠銓注無滯，設齋于勤政殿下，立碑于尚書省門』，即此事。安史之亂時仍帶翰林學士銜，與張漸同被誅，見兩《唐書·楊國忠傳》。

裴士淹，自給中充〔一〕。出爲禮侍〔二〕。

〔一〕按，岑仲勉《翰林學士壁記注補一》推測，士淹于天寶十五載扈從玄宗幸蜀時以給事中充翰林學士，傅璇琮《玄宗朝翰林學士傳·裴士淹》則以爲天寶十載之後不久即充。

〔二〕按，唐制，翰林學士在院不得知貢舉，須先出院而後任禮部侍郎主持科試。傅璇琮考士淹當于至德元、二載之間出爲禮部侍郎，是首位翰林學士出知貢舉者。

## 至德已後

董晉，自校書郎充。出爲汾州司馬〔一〕。

〔一〕按，《舊唐書》本傳：『至德初，肅宗自靈武幸彭原，晉上書謁見，授校書郎、翰林待制，再轉衛尉丞，出爲汾州司馬。』韓愈《董公行狀》：『宣皇帝居原州，公在原州，宰相以公善爲文，任翰林之選聞。召見，拜秘書省校書郎，入翰林爲學士。三年出入左右，天子以爲謹願，賜緋魚袋，累升爲衛尉寺丞。出翰林，以疾辭，拜汾州司馬。』據此，岑仲勉《注補二》以爲晉約至德元載十月入充，乾元元年出院；傅璇琮《肅宗朝翰林學士傳・董晉》以爲晉于至德元載十月至十二月任校書郎，次年正月受崔圓之薦爲翰林學士，出院約在乾元二年下半年至或上元元年初。

于可封，自補闕充。出爲司業〔一〕。

〔一〕按，傅璇琮《肅宗朝翰林學士傳・于可封》推測，可封至德二載十月至十二月間入院，至晚在代宗廣德元年十月前出院。

蘇源明，自中書舍人充〔一〕。

〔一〕源，諸本多作『元』，靜嘉堂本校爲『源』，鮑廷博批曰：『盧云俱作元。』兹據《新唐書》本傳、丁居晦《重修承旨學士壁記》改。按，岑仲勉《注補二》推測源明正除中書舍人最早在乾元元年；傅璇琮《肅宗朝翰林學士傳・蘇源明》進一步考證，以爲在乾元元年五月前除中書舍人，隨即入翰林。

趙昂，自太博充〔一〕，祠外又充。卒于駕外。

〔一〕太博，明鈔本、抱經樓本、文淵閣本同，謙牧堂本、靜嘉堂本作『太傅』，鮑廷博據明鈔本改。按，岑仲勉《摘校》據《劉奉芝墓志銘》作者署銜，以爲昂『官左金吾衛倉曹參軍時已充翰林學士』，參丁居晦《重修承旨學士壁記》『至德後四人』注。又按，傅璇琮《肅宗朝翰林學士傳・趙昂》認爲，左右金吾衛掌宫中及京城晝夜巡警，趙昂作爲文臣不可能去行使這種職責。倉曹爲趙之本官，僅爲敘班及計俸之用，謂其無需履職，是也；然據《唐六典》卷二五《左右金吾衛》：『倉曹掌翊府、外府文官職員。』參照左右衛倉曹，具體職事爲勛階、考課、假使、禄俸及公廨、財物、田園、食料之事，屬軍中文職，原無巡警職責。傅推測趙昂入院在乾元元年、二年間。

潘炎，自左驍衛兵曹充〔一〕；累改駕中，又充；中人又充。出守本官。

〔一〕左驍衛，丁居晦《重修承旨學士壁記》作『右驍衛』，文淵閣本誤作『五驍衛』。按，左驍衛兵曹亦爲軍中文職，據《唐六典·左右驍衛》：『掌五府、外府武官之職員，凡番第上下，簿書名數，皆受而過大將軍以配焉。』傅璇琮《肅宗朝翰林學士傳·潘炎》推測，炎與趙昂同時或稍後于乾元元年、二年間入爲學士，廣德二年正月以中書舍人出院。

## 寶應已後〔一〕

常衮，自補闕充〔二〕；遷考中，又充。出知制誥。

〔一〕按，《重修承旨學士壁記》記『寶應後六人』，多一李翰。岑仲勉謂當列在于肅之前。

〔二〕補闕，《重修承旨學士壁記》作『右補闕』。餘參彼注。

柳伉，自校書郎充。出鄠縣尉〔一〕。改太博，又充；兵外又充；大諫又充，尋丁憂。

〔一〕按，傅璇琮《代宗朝翰林學士傳·柳伉》認爲鄠縣爲京兆縣，京縣尉較校書郎高一階，『出』當爲『遷』之誤。考本題名凡書『出』均在末句，傅説是也。伉在院時間，傅璇琮推爲寶應元年下半年至永泰元年、大曆初，與常衮相當。

于益，自駕部員外充；大諫又充，卒〔一〕。

〔一〕按，《重修承旨學士壁記》未記于益官歷，岑仲勉《注補三》據永泰元年于益所撰《白公（道生）神道碑》，署銜『朝議郎行尚書禮部員外郎翰林學士賜緋魚袋』，認爲其應在此年之前入院；《摘校》又疑『駕部』爲『禮部』之訛，或脱『禮外充』一節。傅璇琮《代宗朝翰林學士傳·于益于肅》考爲廣德二年入院。又按，于益與于肅爲肅、代兩朝名臣于休烈之子，于休烈見重于權相元載，兩《唐書·于休烈傳》謂『宰臣元載稱之』『元載稱其清諒』，傅璇琮認爲，二人相繼爲學士與此重關係有關。

張涉，靖恭太子廟丞充〔一〕；遷左省常侍，又充，卒〔二〕。

〔一〕靖恭，靜嘉堂本作『靖康』，鮑廷博據明鈔本改。《重修承旨學士壁記》作『靖陵』，岑仲勉《注補三》已辨其誤。

〔二〕按，岑仲勉《摘校》云：『涉以受辛京杲（引按，當作杲）金見廢……此作卒誤，緣涉非終于翰林任内也，「卒」字應改爲「免」字方合。』餘參《重修承旨學士壁記》『寶應後六人』『張涉』條注。

于肅，自比外充；考中又充；給中又充，卒〔一〕。

〔一〕按，《新唐書·于肅傳》：『肅，終給事中，贈吏部侍郎。』

## 建中已後

張周，自洛陽尉充；改河南縣丞〔一〕，又充；改兵曹〔二〕，又充；改虢州司馬，又充。

〔一〕河南縣丞，岑仲勉《摘校》：『河南縣丞乃河南府洛陽縣丞之誤奪。』並參岑《翰林學士壁記注補四》，或爲省文，非誤奪。

〔二〕按，《重修承旨學士壁記》記爲河南府兵曹參軍。

姜公輔，自拾遺充〔一〕；改京兆府户曹〔二〕，又充。遷大諫平章事。

〔一〕按，《重修承旨學士壁記》、《舊唐書》本傳記公輔自左拾遺充，《新唐書》本傳作右拾遺。

〔二〕户曹，謙牧堂本、靜嘉堂本作『户部曹』，抱經樓本、文淵閣本誤作『尹曹』，鮑廷博據明鈔本删。按，公輔改官户曹，乃出于經濟考慮上書自請。《舊唐書》本傳：『歲滿當改官，公輔上書自陳，以母老家貧，以府掾俸給稍優，乃求兼京兆尹户曹參軍，特承恩顧。』岑仲勉《翰林學士壁記注補四》：『唐人輕外重内，外補秩可稍高，外官禄亦較厚，此急于濟貧者所以求外不求内也。』

趙宗儒，拾遺充〔一〕；屯外又充。出守本官。

〔一〕按，《重修承旨學士壁記》記宗儒建中元年自左拾遺充，兩《唐書》本傳及《册府元龜》卷七八二作『右拾遺』，岑仲勉《注補四》以爲後者是。出入院及遷轉時間，詳《壁記》。

歸崇敬，司業充；常侍又充；户曹又充〔一〕；工書又充。兵書致仕。

〔一〕户曹，據《舊唐書》本傳及《重修承旨學士壁記》，歸崇敬任左散騎常侍後『除檢校户部尚書兼本官』，則當爲『户書』之訛。岑仲勉《摘校》：『曹字誤，應正云「檢校户書又充」。六部尚書雖同階，但以班言，則户先于工，若自「户書」改「工書」，是降官矣。』按，岑説甚是，然『檢校』二字應爲原文所無。餘參《壁記》注。

## 貞元已後

陸贄，祠外充；考中又充；大諫又充；中人又充，丁憂〔一〕；權兵侍，又充。

〔一〕按，據《順宗實録》及《舊唐書》本傳，爲丁母韋氏憂。

吴通微，金外充；職中又充〔一〕；知誥又充，賜紫；改大諫，又充。與通玄是兄弟〔二〕。

〔一〕按，遷職方郎中《重修承旨學士壁記》不記，據《舊唐書·德宗上》，事在建中四年十二月乙丑。

〔二〕按，岑仲勉《摘校》謂當據《舊唐書》本傳補『禮中又充』于『知誥』下，據丁居晦《重修承旨學士壁記》補『中舍又充，卒官』于『改大諫』之下。又按，《舊唐書·吴通玄傳》云：『與弟通玄同職禁署，人士榮之。』《故事》特書吴氏二人爲兄弟，可證時人之欽羨。此前張垍、張埱，于肅、于益亦爲兄弟翰林，然非同時入院。

吴通玄，侍御史充；起人又充；又知制誥〔一〕，又賜紫，又大諫充，並同年月日授〔二〕。

〔一〕按，傅璇琮據《唐會要·中書舍人》，考通微知制誥在貞元四年二月。

〔二〕按，『並同年月日授』謂與其兄通微入院及諸官遷授時間相同。

顧少連〔一〕，水外充；禮中充〔二〕；又中人充。出爲户侍。

〔一〕按，《重修承旨學士壁記》陸贄、吴通微、吴通玄、顧少連與前組張周以下四人屬『建中後八人』。

〔二〕按，《重修承旨學士壁記》失載此轉官，據《舊唐書·德宗上》，事在興元元年六月癸丑。

奚陟〔一〕，起郎充，病，不入〔二〕。

〔一〕奚陟，諸本皆作『吴陟』，靜嘉堂本鮑廷博眉批：『盧云後作奚。』『後』者蓋謂《重修承旨學士壁記》。岑仲勉《摘校》云：『奚陟之訛。』此職事又見兩《唐書·奚陟傳》、《册府元龜》卷七五六，茲據改。

〔二〕按，劉禹錫《唐故朝議郎守尚書吏部侍郎上柱國賜紫金魚袋贈司空奚公神道碑》：『建中四年，京師急變，黄屋順動，狩于巴梁。公徒行間道，以歸王所。既中月，而詔授起居郎，充翰林學士。創鉅愈遲，病不拜職，改太子司議郎。』可知奚陟在涇師之變中追趕德宗鑾輿，中途得病，未能任職翰林。

吉中孚〔一〕，司封郎中知誥充；大諫又充。出爲户侍判度支。

〔一〕按，奚陟、吉中孚，《重修承旨學士壁記》屬『興元後二人』。

韋執誼，拾遺充〔一〕；又知制誥；又賜緋；又起人充〔二〕。

〔一〕按，執誼首充學士之官，《重修承旨學士壁記》作『左拾遺』，《舊唐書》本傳作『右拾遺』，考《唐會要·中書舍人》記其以左拾遺知制誥，似當作『左』。參丁居晦《重修承旨學士壁記》『貞元後十二人』『韋執誼』條注。

〔二〕按，岑仲勉《摘校》云：『執誼之記作于貞元二年，記云「庶後至者編繼有倫」，可知其記存内署。今本乃記至元和十三年李肇止，去執誼之貶已多年，是今本執誼已下，乃後人編繼也。』並推測出于李肇之手。

梁肅，補闕兼太子侍讀充〔一〕。

〔一〕按，《重修承旨學士壁記》記爲『左補闕』，崔恭爲其文集作序稱『右補闕』。

韋綬，補闕充〔一〕。

〔一〕按，《重修承旨學士壁記》、《新唐書》本傳記爲『左補闕』。

鄭絪，封外知誥充〔一〕，賜緋。

〔一〕封外，岑仲勉據兩《唐書·鄭絪傳》、《郎官石柱題名考》及《重修承旨學士壁記》，謂爲『勛外』之誤，是。

鄭餘慶，庫中充。

衛次公，補闕内供奉充〔一〕。

〔一〕按，據兩《唐書》本傳及《重修承旨學士壁記》，次公以左補闕充。三月先遷拾遺，後驟遷補闕之可能。

李程，察院充；水外又充。

王涯，藍田尉充；補闕供奉又充〔一〕。

〔一〕按，《重修承旨學士壁記》無王涯，岑仲勉以爲係甘露之變後宦官有意刊削，參《學士壁記》『貞元後十二人』『張聿』條注。又按，據《舊唐書》本傳，王涯『（貞元）二十年十一月，召充翰林學士，拜右拾遺、左補闕、起居舍人，皆充内職』，較此題名多右拾遺，傅璇琮以爲永貞三年三月十七日，王涯當與衛次公、李程、張聿、李建、淩準等同時遷秩，由藍田尉轉補闕；又據韓愈作于是年八九月間《赴江陵途中寄贈王二十補闕（引按，即王涯）……翰林三學士》詩，認爲王涯此段時間皆官補闕，《舊傳》記『右拾遺』不確。考右拾遺爲從八品上，左補闕爲從七品上，不能排除。

張聿，正字充；拾遺又充〔一〕。

〔一〕按，《重修承旨學士壁記》記爲『左拾遺』。

李建，校書郎、拾遺充〔一〕。出爲府司直〔二〕。

〔一〕按，《重修承旨學士壁記》、《新唐書》本傳記爲『左拾遺』，《舊唐書》本傳記爲『右拾遺』。

〔二〕府司直，《重修承旨學士壁記》作『詹事府司直』，傅璇琮《德宗順宗朝翰林學士傳·李建》疑『府』前脱『詹』字。

淩準，浙東判官充〔一〕；都外又充。出判度支。

〔一〕按，《舊唐書·德宗下》：『（貞元）二十一年春正月辛未朔……丙子，以浙東觀察判官淩準爲翰林學士。』丙子爲正月初六，與《重修承旨學士壁記》合。《學士壁記》云『自侍御史充』，是其所帶京銜；此云『浙東判官充』，是其職事官名。又按，《舊唐書》本傳：『貞元二十年自浙東觀察判官、侍御史召入。王叔文與準有舊，引用爲翰林學士，轉員外郎。』傅璇琮《德宗順宗朝翰林學士傳·淩準》謂王叔文早于二十年十二月自浙東召入淩準，預備順宗登基後實施新政。

王叔文，起人充。出爲度支副使〔一〕。

〔一〕按，岑仲勉據《舊唐書·順宗紀》及《順宗實録》，云：『叔文之加度支副使，並未出院。』

王伾，翰林待詔充；改常侍，賜紫〔一〕。

〔一〕按，《順宗實録》貞元二十一年（即永貞元年）二月，『壬戌，制：中丞皇太子侍書、翰林待詔王伾可守中常侍，依前翰林待詔。』又云：『（三月）辛未，以翰林待詔王伾爲翰林學士。』可知王伾先于二月遷左常侍，三月以常侍入充翰林。《故事》後人補記有誤。餘參《重修承旨學士壁記》『貞元後十二人』『王伾』條注。

李吉甫〔一〕

〔一〕李吉甫、裴垍，岑仲勉《摘校》云：『今兩名下均無官歷，蓋傳抄脱落者。』餘詳《重修承旨學士壁記》『永貞後二人』注。按，《重修承旨學士壁記》李、裴屬『永貞後二人』。

裴垍

## 元和已後

李絳，東臺察院充〔一〕；水外又充〔二〕；中人又充。出爲户侍，改中書侍郎平章事。

〔一〕按，東臺察院，東都洛陽御史臺之察院，《重修承旨學士壁記》記李絳『自監察御史充』。

〔二〕水外，岑仲勉《摘校》：『應依《重修記》作主外。』

崔群，補闕充；庫外又充；郎中又充；中人又充。出爲禮部侍郎〔一〕。

〔一〕禮部侍郎，《重修承旨學士壁記》同，《承旨學士院記》作『户部侍郎』，誤。參《重修承旨學士壁記》『元和後二十四人』『崔群』條。

白居易，盩厔尉、授集賢校理充〔一〕；拾遺又充；京兆府户曹又充。

〔一〕按，據兩《唐書》本傳，居易先自盩厔尉入京，授集賢校理，再入充翰林。傅璇琮考訂爲元和二年七月入京充府試官，試畢差遣集賢校理，十一月六日以盩厔尉官階入爲翰林學士。

錢徽，左補闕充；祠外又充〔一〕；中人又充。出守本官。

〔一〕按，岑仲勉據兩《唐書》本傳及丁居晦《重修承旨學士壁記》，云：『均不言自左補闕充，疑其自補闕改祠外入充也。』傅璇琮謂當從丁《記》。又按，《重修承旨學士壁記》錢徽前有衛次公，元和三年六月再入。本題名凡同一朝再入者，合併書之，如陸贄、獨孤郁；兩朝再入者，則分別書之，如王涯。次公于『貞元已後』（德宗朝）首入，而此條憲宗朝無再入題名，當係脱誤。

韋弘景〔一〕

〔一〕按，岑仲勉《摘校》：『下闕官歷，與前吉甫、垍同。』

獨孤郁，補闕充，病，拜秘書少監，卒，贈絳州刺史〔一〕。

〔一〕按，岑仲勉據丁居晦《重修承旨學士壁記》云，郁自右補闕充爲初入，自駕中知誥充，改秘書少監，卒，爲再入，『《故事》誤合書之』。參考陸贄之例，同一朝再入者，本題名例合書之。郁因病出院，在元和八年自駕部郎中知制誥再入之後，『病』字前或奪『駕中知誥又充』。又按，《舊唐書》本傳：『八年，轉駕部郎中。其年十月，復召爲翰林學士。九年，以疾辭内職。十一月，改秘書少監，卒。』韓愈《秘書少監贈絳州刺史獨孤府君墓志銘》：『九年，以疾罷，尋遷秘書少監。』知郁先以病免，出院，再拜秘書少監。『病』後當有『免』字。又按，韓愈《墓志銘》：『十年正月，病遂殆。甲午，輿歸，卒于其家。贈絳州刺史。年四十。』餘參《重修承旨學士壁記》『元和後二十四人』『獨孤郁』條。

蕭俛，駕中充〔一〕，又加知制誥。出守本官〔二〕。

〔一〕按，《重修承旨學士壁記》記俛元和六年四月十二日自右補闕充，兩遷之後，九年十一月加駕部郎中；《舊唐書》本傳同。此云『駕中充』，甚誤。

〔二〕按，《舊唐書·憲宗下》元和十一年正月：『庚辰，翰林學士錢徽、蕭俛各守本官，以上疏請罷兵故也。』《通鑑》卷二三九同，更云：『時群臣請罷兵者衆，上患之，故黜徽、俛以警其餘。』傅璇琮辨謂《舊傳》記俛坐與張仲方善被貶，誤也。

劉從周，補闕充〔一〕，卒，贈禮部員外。

〔一〕按，《重修承旨學士壁記》云『自左補闕充』。

徐晦，都外充，賜緋；封中又充。出守本官〔一〕。

〔一〕按，兩《唐書》本傳均不記徐晦翰林學士官歷，此與《重修承旨學士壁記》可補史闕。

令狐楚，職外知誥充，又賜緋；又正郎充；中人又充。出守本官〔一〕。

〔一〕按，參《重修承旨學士壁記》『元和後二十四人』『令狐楚』條注。

郭求，藍田尉授集賢校理充；拾遺又充〔一〕。出守本官。

〔一〕按，《重修承旨學士壁記》云『自藍田尉、史館修撰充』，似入院前兼領史館及集賢院二職事。餘參《重修承旨學士壁記》『元和後二十四人』『郭求』條注。

王涯，中書舍人充，又賜緋〔一〕。

〔一〕按，《舊唐書》本傳：『（元和）七年，改兵部員外郎、知制誥。九年八月，正拜舍人。十年，轉工部侍郎、知制誥，加通議大夫、清源縣開國男，學士如故。』岑仲勉《翰林學士壁記注補六》據《舊唐書·憲宗下》等，謂『涯復入翰林，應爲九年閏八月後也』。傅璇琮據兩《唐書·白居易傳》，認爲元和十年七月，王涯仍未入院，當據元稹《承旨學士院記》，于元和十一年正月入充承旨。餘參元《記》『王涯』條注。又按，岑仲勉據元《記》云：『賜緋、賜紫誤，涯時散官已逾五品，緋不必賜也。』《重修承旨學士壁記》不記王涯再入，岑仲勉以爲緣于甘露事變後宦官有意刊削，說見其《翰林學士壁記注補》自序。

段文昌，祠部員外充〔一〕。

〔一〕按，岑仲勉《摘校》云：『文昌至李肇（除杜元穎），均不記其再遷，《故事》之續貂，尤類李肇成之。』

張仲素，禮部員外充〔一〕。

〔一〕按，《重修承旨學士院壁記》云『自禮部郎中充』，岑仲勉以爲作『郎中』是。餘參《重修承旨學士壁記》『元和後二十四人』『張仲素』條注。

杜元穎，太博充；［拾］遺又充〔一〕。

〔一〕拾，底本脱，據他本補。按，傅璇琮《憲宗朝翰林學士傳·杜元穎》謂拾遺爲入院前官，當從《重修承旨學士壁記》，入院後改右補闕充。

沈傳師，補闕充〔一〕。

〔一〕按，《重修承旨學士壁記》云『自左補闕、史館修撰充』。

李肇，監察御史充〔一〕。

〔一〕按，據《重修承旨學士壁記》，監察御史爲十三年七月李肇初入院所帶本官，十四年四月遷右補闕，若如岑仲勉説執誼後學士爲李肇所補，則當補于未轉補闕之前，即撰《翰林志》之前。

# 翰林學士院舊規（按閣下本作李愚，《唐志》并《崇文總目》作楊鉅，今以史爲正）

楊鉅

## 解題

《翰林學士院舊規》的作者，據洪遵題下注，宋代傳本的撰人有李愚、楊鉅兩種署名。岑仲勉《補僖昭哀三朝翰林學士記》云：『《舊規》内多載昭宗時章制，其最晚之時日爲天復三年七月二十一日，李愚在唐（非後唐）未嘗入翰林，則似稱鉅撰者近是。但《舊規》内有云：「契丹書頭云，敕契丹王阿保機。」阿保機是遼太祖名，其稱王（帝）始天祐四年，直至後唐明宗天成元年乃卒。就此條論之，又應與愚爲翰林時相當，故若謂其書與愚完全無關，亦未愜當。』〔一〕是岑氏以爲《舊規》主體出于楊鉅之手，而據兩《唐書》本傳，其卒于唐末，此後内容爲李愚所補。傅璇琮《唐翰林學士傳論・晚唐卷》據楊鉅所撰《唐御史裹行虞鼎墓志銘》，墓主卒于後唐同光元年(923)，推知楊鉅至晚生活至此年，因此認爲此書『撰于在院時』，『《舊規》中稱「契丹王阿保機」，楊鉅亦仍在世。楊鉅當于昭宗朝任職時即撰《翰林學士院舊規》，後于五代梁、唐時又有所增補（如補述「契丹王阿保機」事）』〔二〕。否定岑説，以爲全出楊鉅一手。

不過，本書既然主要記録昭宗時的翰林制度，都是楊鉅撰寫當時行用之例，書名爲何要叫『舊規』呢？且楊鉅天祐元年（904）正月以後已離開翰林院〔三〕，他如何知曉阿保機天祐四年（907）稱王之後的詔書體例變化呢？

又細考『答蕃書幷使紙及寶函等事例』條注：『自（阿保機）僭稱神號，奏事多繫軍幾所，賜中書，內改例從權，院中無樣。』『僭稱神號』，指阿保機稱帝，時在後梁貞明二年（916），『院中無樣』之語應是在任翰林學士的口吻，非離職學士所能『增補』；『祠祭祈賽例』條『五嶽』下注云：『自新朝署名，應例不署。』〔四〕此謂『新朝』，必非唐臣之言，而是五代大臣語氣。因此，一種合理的猜測，就是《舊規》中屬于楊鉅出院之後的內容，是由五代的翰林學士補充的。

後唐皇室以外族繼承大寶，爲了確立自身的正統性，不斷通過各種手段彰明其再造、中興李唐王朝之天命〔五〕。明宗即位之後，尤爲著意恢復唐代舊制，『廢僞梁之新格，行本朝之舊章』〔六〕。他于長興二年（931）閏五月下詔曰：『其律令格式六典，凡關庶政，互有區分，久不舉行，遂至隳紊。宜准舊制，令百司各于其間，録出本局公事，巨細一一抄寫，不得漏落纖毫，集成卷軸，兼粉壁書在公廳。若未有廨署者，其文書委官司主掌。仍每有新授官到，令自寫録一本披尋……宜令御史臺徧加告諭催促，限兩月內抄録及粉壁書寫須畢。』〔七〕要求各部門抄寫本司的『律令格式』，不但要録成書卷，還要題于署衙，作爲便利參照的工作準則。其中的『式』就包括了具體的章程和條例細則，而楊鉅《舊規》所記，『雜載學士召試格及書詔之體、宿直、假寧之例』〔八〕，內容正合借鑑。同年十二月，圖書全部抄録完成〔九〕。恰在這段時間，洪遵提及的李愚，官拜中書侍郎、平章事〔一〇〕，此前他約在莊宗同光二年（924）任翰林學士，明宗即位後改翰林承旨，熟于翰林制度，頗受信重〔一一〕。依照制度，此番抄録工作即使不是由他主持，他也可以作爲宰相署名進獻。由此數端推理，『閣下本』《舊規》之所以署名『李愚』，似可重新作一解釋：由于規範辦公制度的需要，後唐諸司整理抄録了唐代的令式，翰林院也在其中，其間加入了個別後梁、後唐的內容，最後由李愚具名奏上，故其後單行的一本《舊規》，便將他冠爲撰人〔一二〕。本書之所以命名爲『舊規』，乃是因爲它依據楊鉅記載的『舊制』寫定之故。

當然，全書的絕大部分出自楊鉅之手，著作權理當歸于他名下。楊鉅，字文碩，昭宗時爲翰林學士，懿宗朝翰林學士、宰相楊收次子〔一三〕，兩《唐書》附見其父傳，上揭傅璇琮文對他的生平有詳考。楊鉅于咸通十年（869）中進士，卒于後唐同光元年（923）以後，在亂世中頤享高年。成書的時間，南宋《中興書目》稱撰于光化中（898—901）〔一四〕，不知何據。書中有天復三年（903）的記録，要之定爲他在翰林院時期所作，較爲妥當。

《翰林學士院舊規》的内容，大多出自楊鉅的親身經歷，保全了唐末翰林制度，尤其是書詔制度至爲寶貴的第一手資料。《直齋書録解題》概言之：『雜記院中事例及文書格式，其祠祭、祝版、社稷、宗廟，上至天地，用「伏惟尚饗」，嶽瀆而降，只曰「尚饗」，此例今人皆莫之知，則施之尊卑無别矣。』不少文體格式，可與傳世文本對照驗證。

在《翰苑群書》收録諸書中，《舊規》脱誤最爲嚴重，又多是條例，校訂爲難。静嘉堂本保留了大量盧文弨和鮑廷博的校語，有的訂正已經落實在知不足齋本，還有不少工作則因體例等原因未能反映，此次校證盡量轉録，期于不昧前人之勞績。其餘則采兩《唐書》、新舊《五代史》、《唐會要》、《五代會要》、《大唐開元禮》、《大唐郊祀録》、《册府元龜》、《宋朝事實類苑》等，以資校證。《舊規》多有殘佚，今自《宋朝事實類苑》輯得數條，並綴于篇末。

〔一〕《郎官石柱題名新考訂（外三種）》，中華書局，2004年4月，頁424。

〔二〕《唐翰林學士傳論·晚唐卷》，遼海出版社，2007年11月，頁541。

〔三〕據傅璇琮《唐翰林學士年表（文宗—哀帝朝）》。

〔四〕『署名』原作『署各』，盧文弨疑作『名』，義長。

〔五〕如莊宗《平汴州大赦德音》以少康、光武自比，曰：『中興景命，再造皇猷……誓平元恶，期复本朝。』《改元同光赦文》云：『朕籍係鄭王，志存唐室，合中興于景祚，須再造于洪基。』

〔六〕《五代會要》卷九《定格令》載天成元年九月二十八日御史大夫李琪奏。又見《册府元龜》卷六一三《刑法部・定律令五》。

〔七〕《册府元龜》卷一五五《督吏》，卷六六《帝王部・發號令五》亦載，記爲二年正月事，據《册府元龜》卷五一三《憲官部・褒賞》載賞賚抄録官員，曰其事『自夏徂冬』，可知當始于『閏五月』，作『正月』誤。《全唐文》卷一〇七載此詔，題爲《録寫律令格式六典詔》。此前之天成四年十二月辛酉，右庶子王鬱曾奏議『請下内外文武百司，如本司闕令式者，許就三館抄《六典》内本司所掌名目，各粉壁書寫』。

〔八〕《玉海》卷一六七《唐學士院翰林院北門學士》引《中興書目》。

〔九〕《册府元龜》卷五一三《憲官部・褒賞》載長興二年十二月褒賞詔，曰：『國祚中興，皇綱再整，合頒公事，偏委群臣，先敕抄録六典法書，分爲二百四十卷，從朝至夕，自夏徂冬……校前王之舊制，布當代之明規，宜有獎酬，以勵勤恪。』知其于十二月抄竣。

〔一〇〕《舊五代史・明宗紀八》，長興二年三月，『丁亥，以太常卿李愚爲中書侍郎、平章事、集賢殿大學士』。

〔一一〕《舊五代史》本傳：『莊宗都洛陽……尋爲主客郎中，數月，召爲翰林學士。』又：『明宗即位……俄以本職權知貢舉，改兵部侍郎，充翰林承旨。』莊宗都洛陽在同光元年（923）十二月，明宗即位在同光四年（926）四月。

〔一二〕北宋李上交《近事會元》卷二『官誥沿革命婦官誥用金花紙』條引本書『沿革』條官告用紙之例，云出『李愚《翰林舊規》』，撰人與洪遵題下注同，可知當時流傳有兩種署名之本。自洪遵之本出，此本遂不傳。

〔一三〕楊母韋東真《墓志》（載趙君平編《秦晉豫新出墓志蒐佚》）：『嗣子五人，三人韋氏之自出，曰鑒，曰鉅，曰鎬。』

〔一四〕《玉海》卷一六七《唐學士院翰林院北門學士》引。

## 初入儤直例〔一〕

諸行尚書（三十五）〔二〕，左右丞、侍郎（四十），常侍、諫議、給事、舍人（四十五），諸官知制誥（五十），如諫議知即（四十五）〔三〕，太常少卿、諸行郎中（五十五），諸行員外〔四〕、起居、侍御史（六十），殿中、補闕（六十五），監察〔五〕、拾遺、太常博士（七十五），四赤令、雜入（一百）〔六〕，未昇朝（一百二十），白身（一百四十）。前資各加五直，初入轉官三十直〔七〕，已後每轉一直，改服色一直。初知制誥三直已上〔八〕，遇本直，更儤一日。每新人入，五儤三直一點，自後兩直一點；兩人齊入，即無點。初入亦須酌量，都儤直數足三直多少〔九〕。

〔一〕《職官分紀》卷一五引作『儤宿例』。按，此例爲五代、北宋沿用，詳《宋朝事實類苑》卷二九『儤直例』（見本書《金坡遺事》輯佚）、《續翰林志》5。

〔二〕以下各句中數字，諸本皆作雙行小字，今統改爲括注。以下凡原作雙行小字者，均準此處理。各數值《職官分紀》均引作『入若干直』。

〔三〕如諫議知即，《宋朝事實類苑》卷二九『儤直例』作小字注，較勝。

〔四〕諸行員外，《職官分紀》引在『侍御史』下。

〔五〕監察，《職官分紀》引在『拾遺』下。

〔六〕雜入，諸本作『雜人入』，《職官分紀》引作『幷諸雜入』，《翰林志》所記當直例，作『雜入』，據改。

〔七〕三十，『十』字疑衍。與前資官加五直相較，所直過多，不合情理。《宋朝事實類苑》作『三直』。

〔八〕初，《宋朝事實類苑》作『如』，較勝。

〔九〕足，《宋朝事實類苑》作『定』，義勝。『每新』句至末句，《宋朝事實類苑》卷二九『儤直例』：『每新人入，先五直，舊學士一點，次三直一點，後兩直一點，亦須酌量，都大僺直日數，以定三等多少。如兩人齊入，則不點。』所記與楊書幾全同，文字較從順。今本《舊規》疑有訛誤。

## 草麻例

新入學士，須見舊學士草麻了，方當合制。已後即據草制，遠處即當制草。第一第三（更有准此）並以命官高卑不次，不繫學士官位。如當制日，遇將相名姓與私諱同者，即請同直替草，遠諱不在此限。

## 草書詔例

唐天復三年七月二十一日，學士柳璨准宣于思政殿對，便令到院宣示待詔，自今後寫敕書，後面不得留空紙〔一〕。

〔一〕按，《唐會要》卷五七《翰林院》：『天復三年七月二十一日，學士柳璨准宣于興政殿，令到院宣示待詔，自今後寫敕書，後面不得留空紙。但圓融書敕交日，便當日示訖。』與本條當出一源，《會要》『興政殿』爲『思政殿』之誤。又見蘇易簡《續翰林志》17『晉天福二年』條，互詳彼注。又按，段首稱『唐天復』，『唐』字或是後人所添，楊鉅原文當無。

## 號簿例

不得有行坐人字，及諸凶惡文字，及廟諱、官諱［事］〔一〕。

〔一〕事，底本脱，餘本有。鮑廷博眉批：『盧云，事亦疑字。』以爲當作『字』。雕版時誤脱，今補。

## 承旨曆

並先堅生狀若干道〔一〕，遣書詔事休〔二〕，上曆及署名，並計官位次第〔三〕，不得記私事。應入内草文書，只言『某乙准宣入内』，不得言所草文書，仍須真書幷州府去處〔四〕，以防宣索。

〔一〕堅，靜嘉堂本鮑廷博曰：『盧云，疑竪。』文淵閣本意改『賢』。

〔二〕休，靜嘉堂本鮑廷博曰：『盧云，疑體。』

〔三〕計，明鈔本、謙牧堂本、李鈔本同，抱經樓本、文淵閣本作『記』，靜嘉堂本鮑廷博曰：『盧本記，據舊本改計。』『舊本』指明鈔本。

〔四〕真書，抱經樓本、文淵閣本作『直書』，靜嘉堂本鮑廷博曰：『盧本直，據舊本改真。』

## 判公廨例

在院最小學士判〔一〕。

〔一〕此句靜嘉堂本脫，鮑廷博據明鈔本補。

## 書詔樣〔一〕

凡外藩奏事，專使若是都押衙、都虞候，即言『都押衙、都虞候某乙至』，其餘一例言『軍將某乙』。若是幕府官，即一例言『判官某乙至』。如是步奏官，即言『奏事官某乙至』。若是進奏官，即空言省所奏如是。自奏事回書，即言『具悉』。若因人奏事賜書詔，即不言『具悉』。詔內呼卿，後言『故茲詔示，想宜知悉』〔二〕，（急詔，便言『故茲急詔』；密詔，便言『故茲密詔』。）已下語及時候。待詔院有例，書內呼『汝』，後言『故茲示諭』。如賜諸蕃鎮將校及內外八鎮將校書，則書頭具本職名。賜諸王詔，如是兄、叔，不名，呼『卿』處改爲『王』〔三〕。賜國舅詔，官敕某官舅，呼『卿』處改呼『舅』；如是國舅、駙馬，不繫官位高卑，並賜詔。近准中書記事，國舅詔內捨族呼名，諸王新婦只言『某國夫人』『某氏』。若中書覆狀內有云『中書門下行敕處分』，其詔語不得與覆狀詞同，末云『餘從別敕處分』。或命官宣示，亦云『今授某官，已從別敕處分』〔四〕。賜節度使及三軍將士敕書，云『敕某乙（三兩聯便云）、將士等，（及獎將士三軍，故具言〔五〕。）宣慰事意』。其除授節使或發兵，尾云『專遣某乙，（若賜官告，即云專官告使〔六〕，告使例云「等」、「往彼宣賜下」云。）便令慰諭，想宜知悉。時候，卿與將士，各得平安好。參佐官、僧道、耆壽、百姓，並存問之。遺書指不多及』。非節察，不問參佐〔七〕；出師在外，不問僧道已下。

〔一〕此題靜嘉堂本脫，鮑廷博據明鈔本補。

〔二〕言，他本作『定』，誤。

〔三〕不名呼，諸本作『不呼名』，靜嘉堂本鮑廷博曰：『盧云，呼名二字倒轉爲是。』並據下文『呼卿處改呼舅』

句例改。

〔四〕已，底本、明鈔本、文淵閣本作『已後』，據靜嘉堂本及上文『餘從別敕處分』句例删。

〔五〕『軍』字下，底本、靜嘉堂本空一格，鮑廷博曰：『舊本、盧本俱空一格。』然明鈔本（即舊本）實奪『軍字』，空兩格，抱經樓本、文淵閣本同；謙牧堂本『軍』下無空格。

〔六〕告，文淵閣本無，明鈔本、靜嘉堂本有，鮑廷博曰：『盧無告字。』

〔七〕不問，諸本作『不同』，靜嘉堂本鮑廷博曰：『盧云，當作問。』先改『同』爲『問』，又復舊。茲據下文『不問僧道』改。

## 祠祭祈賽例

南郊，維年月日，嗣天子臣（署），敢昭告于昊天上帝之靈〔一〕。

北郊，嗣天子臣（署），敢昭告于［（云云）］〔二〕。

五帝，嗣天子臣（署），敢昭告于青帝之靈。諸帝各依方色。

太廟，稱孝子孝孫皇帝臣（署），敢昭告于（云云），及廟號。（並依前項，亦云『敢昭告于』。）〔三〕

太社、太稷，各一本，稱天子（署），敢昭告于太社之靈。

已上，尾並云『伏惟尚饗』〔四〕。

五嶽，維年月日，皇帝（署）遣某官某乙，致祭于祈禱，即云告。賽謝，即云昭賽于某王。尾只云『尚饗』。

（自新朝署名，應例不署）〔五〕

東嶽天齊王　中嶽中天王　西嶽金天王　南嶽司天王　北嶽安天王

四瀆唯不御署，其餘並同五嶽。

江瀆廣源公　河瀆靈源公　淮瀆廣潤公〔六〕　濟瀆清源公

九宮貴神

太一　天一　攝提　咸池　軒轅　招摇　天符　青龍　太陰

已上並云年月朔，嗣天子，不稱臣，謹遣某官某，祭于某貴神之靈。尚饗〔七〕。

風師　雷師　雨師　諸星帝

北郊嶽鎮海瀆（唯此一處望祭，其餘並同一板〔八〕。風神已下，只云『皇帝遣某，致祭某之神〔九〕。尚饗』。）

已上並是舊例，爲水旱災異祈禱處，其諸色神祠，特敕賽，而臨時酌量輕重發遣〔一〇〕。

〔一〕按，《大唐開元禮》卷五《冬至祀圜丘有司攝事・進熟》：『維某年歲次月朔日，子嗣天子臣某，謹遣太尉封臣名，敢昭告于昊天上帝：大明南至，長晷初升……高祖神堯皇帝配神作主。尚饗。』

〔二〕云云，據靜嘉堂本補。按，《大唐開元禮》卷二九《皇帝夏至祭方丘・進熟》、《大唐郊祀録》卷八《祭禮一・夏至祭皇地祇》，其祝文例曰：『維某年歲次月朔日，子嗣天子臣某，敢昭告于皇地祇。』可知此『云云』，文例作『皇地祇』。

〔三〕下一『昭告』，疑當作『昭薦』，《大唐郊祀録》卷五《祀禮二・明堂祀昊天上帝》祝文作『敢昭薦于』云云。按，《大唐開元禮》卷五《冬至祀圜丘有司攝事・進熟》：『維某年歲次月朔日，子孝曾孫開元神武皇帝臣某，謹遣太尉臣名，敢昭告于高祖神堯皇帝……謹以制幣犧齊，粢盛庶品，式陳明薦，侑神作主。尚饗。』

〔四〕此段謙牧堂本、靜嘉堂本、文淵閣本連上段寫。『已上尾』，文淵閣本作『已上後尾』。

〔五〕『賽謝』至『不署』，明鈔本、謙牧堂本、靜嘉堂本自爲一段。名，底本作『各』，靜嘉堂本鮑廷博眉批：『盧云，各疑名。』義長。

〔六〕廣潤公，爲『長源公』之誤，詳下『皇帝遷歸西都』條注。

〔七〕按，皇帝祭九宮貴神不稱臣，《舊唐書・禮儀四》：『大和二年八月，監察御史舒元輿奏：「七月十八日，祀九宮貴神……伏見祝版九片，臣伏讀既竟，竊見陛下親署御名及稱臣于九宮之神。臣伏以天子之尊，除祭天地、宗廟之外，無合稱臣者……此九神，于天地猶子男也，于日月猶侯伯也。陛下尊爲天子，豈可反臣于天之子男耶？臣竊以爲過。縱陰陽者流言其合祀，則陛下當合稱皇帝遣某官致祭于九宮之神，不宜稱臣與名。」』

〔八〕按，《大唐郊祀録》卷二《凡例中》：『祈禱，凡京师孟夏已後，旱則祈嶽鎮海瀆及諸山川能興雲〔雨〕者于北郊，望而告之。』同一板，謂諸神祝文置于同一祝版。

〔九〕『祭』下，靜嘉堂本有『于』字，鮑廷博眉批：『舊無于字。』

〔一〇〕敕，文淵閣本作『救』，靜嘉堂本鮑廷博夾批曰：『盧本作救。』皆誤。

## 道門青詞例

維某年月，歲次某，月朔，某日辰，嗣皇帝臣（署），謹差某銜威儀某大師賜紫，某處奉依科儀，修建某道場幾日。謹稽首上啓虛無自然元始天尊、太上道君〔一〕、太上老君、三清衆聖、十極靈仙、天地水三官、五嶽衆官、三十六部衆經、三界官屬、宫中大法師、一切衆靈。臣聞云云。尾云『謹詞』。〔二〕

〔一〕太上道君，謙牧堂本、靜嘉堂本奪，鮑廷博據明鈔本補。

〔二〕按，例文如《文苑英華》卷四七二吴融《上元青詞》：『維光化四年，歲次辛酉，正月乙酉朔，十五日己亥，皇帝臣，稽首大聖祖高上大道金闕玄元天皇大帝：伏以時當獻歲，節及上元，爰命香火道人，煙霞志士，按科儀于金闕，陳齋醮于道場。伏願大鼓真風，潛垂道蔭，俾從反正，永保無虞，四海九州，干戈偃戢，東臯南畝，皆獲豐登，冀與兆人，同臻介福。謹詞。』

### 天皇大帝表（亦使表紙）

維某年，歲次某，月朔，某日［辰］〔一〕，嗣天子（署），謹醮告于天皇大帝。伏以［（云云）］〔二〕。

〔一〕辰，底本無，據靜嘉堂本及上條文例補。鮑廷博曰：『舊無辰字。』

〔二〕云云，據靜嘉堂本補。鮑廷博曰：『舊無云云。』按，例見上條注引吴融文。

### 北極尊神已下醮下（使白紙者）

維年月日，正嗣皇帝（署）謹致醮于北極尊神〔一〕，及日月七耀、二十八宿、諸位星辰等。伏以（云云）。尾云、『尚饗』〔二〕。

〔一〕日正，底本作『同上』，明鈔本、文淵閣本作『同正』，靜嘉堂本作『日正』，鮑廷博曰：『盧本、舊本俱作同。』兹據靜嘉堂本及前後條文例改。

〔二〕云，明鈔本、文淵閣本無，靜嘉堂本鮑廷博曰：『云字舊脱。』

### 祭諸色神祇文（使白紙，與北極文同時發遣）

維年月日，皇帝遣陰陽官某乙，致祭于五嶽、四瀆、天曹、地府、諸龍等，（稱『朕』云云。）尾云『尚饗』。

## 祭本命元神

維年月日，皇帝遣陰陽官某乙，致祭于本命元神，（稱『朕』云云。）尾云『尚饗』〔一〕。

〔一〕尾云，明鈔本、文淵閣本無，靜嘉堂本鮑廷博曰：『二字舊脱。』

## 恩賜近例（不録）〔一〕

〔一〕靜嘉堂本鮑廷博曰：『「恩賜近例不録」，此下「皇帝」云云亦當有標目，今無之，必有脱簡。』

皇帝還歸西都，應嶽鎮海瀆、名山大川及州府靈迹、封崇神祠，祭告〔一〕。

中嶽嵩山中天王，［在河南府界］〔二〕　東嶽岱山天齊王，在兖州界〔三〕　西嶽華山金天王，在華州界〔四〕　北嶽恒山安天王，在定州界　南嶽衡山司天王，在衡州界〔五〕

北鎮醫無閭山廣寧公，在營州界　西鎮吴山成德公，在隴州界〔六〕　東鎮沂山東安公，在沂州界　南鎮會稽山永興公〔七〕，在越州界〔八〕

東海廣德王，在萊州界　西海廣潤王，在河中［府］界〔九〕　南海廣利王，在廣州界〔一〇〕　北海廣澤王，在孟州界〔一一〕

東瀆大淮長源公，在泌州界〔一二〕　西瀆大河靈源公，在河［中］府界〔一三〕　北瀆大濟清源公，在孟州界　南瀆大江廣源公，在成都府界〔一四〕

右前件一十七處，准中書覆狀録到，勘同〔一五〕。

〔一〕『祭告』下，謙牧堂本、靜嘉堂本有『于（云云）』，鮑廷博曰：『舊無。』按，『遷歸西都』，當指光化元年昭宗自華州還京師事。

〔二〕在河南府界，諸本奪，據文例及《大唐郊祀録》卷八《祭嶽鎮海瀆》補。

〔三〕天齊王，《舊唐書·禮儀四》、《通典》卷四六《禮六·山川》、《唐會要》卷四七《封諸嶽瀆》、《大唐郊祀録》卷八《祭嶽鎮海瀆》作『齊天王』。在，明鈔本、抱經樓本、文淵閣本無，謙牧堂本、靜嘉堂本有，鮑廷博曰：『在字舊無。』

〔四〕界，明鈔本、抱經樓本、文淵閣本無，謙牧堂本、靜嘉堂本有，鮑廷博曰：『界字舊無。』

〔五〕按，《舊唐書·禮儀四》：『玄宗先天二年，封華嶽神爲金天王。開元十三年，封泰山神爲天齊王。天寶五載，封中嶽神爲中天王，南嶽神爲司天王，北嶽神爲安天王。』《大唐郊祀録》卷八《祭嶽鎮海瀆》：『祭東嶽岱宗天齊王于兖州界，祭南嶽衡山司天王于衡州界，祭中嶽嵩山中天王于河南府界，祭西嶽華山金天王于華州界，祭北嶽恒山安天王于定州界。』

〔六〕成德公，諸本誤作『感德公』，據《唐會要》卷四七《封諸嶽瀆》、《大唐郊祀録》卷八《祭嶽鎮海瀆》改。《會要》之『吴嶽山』即『吴山』，至德二年十二月十五日改，祠享官屬同五嶽。

〔七〕南鎮，明鈔本脱。

〔八〕按，《唐會要》卷四七《封諸嶽瀆》：『（天寶）十載正月二十三日……封沂山爲東安公，會稽山爲永興公，吴嶽山爲成德公，霍山爲應聖公，醫巫閭山爲廣寧公。』《大唐郊祀録》卷八《祭嶽鎮海瀆》：『祭東鎮沂山東安公于沂州界，祭南鎮會稽山永興公于越州界，祭西鎮吴山成德公于隴州界，祭北鎮醫無閭山廣寧公于營州界。』

〔九〕河中府，下文『西瀆大河靈源公，在河［中］府界』，知此處當奪『府』字。陳暘撰《樂書》卷一九二《樂圖論》：「立秋日，祀……西海廣潤王、河瀆靈源公，並于河中府；西海就河瀆廟望祭。」據補。《大唐郊祀録》卷八《祭嶽鎮海瀆》作「同州」，蓋其祠所在之朝邑縣，唐時先後歸屬同州及河中府（《新唐書·地理一》《地理三》），故兩書所記不同。

〔一〇〕廣利王，諸本作「寧邦王」，《舊唐書·禮儀四》、《通典》卷四六、《唐會要》卷四七、《大唐郊祀録》卷八、韓愈《南海神廟碑》等皆作「廣利王」，且四海尊號均以「廣某王」爲名，此不當獨名「寧邦」，兹據改。

〔一一〕孟州，謙牧堂本、靜嘉堂本作益州，誤。鮑廷博曰：「盧本孟，舊孟。」按，《唐會要》卷四七《封諸嶽瀆》：「（天寶）十載正月二十三日，封東海爲廣德王，南海爲廣利王，西海爲廣潤王，北海爲廣澤王。」《大唐郊祀録》卷八《祭嶽鎮海瀆》：「祭東海廣德王于萊州界，祭南海廣利王于廣州界，祭西海廣潤王于同州界，祭北海廣澤王于河南府界。」

〔一二〕長源公，諸本作「廣潤公」，據《舊唐書·玄宗下》、《大唐郊祀録》卷八《祭嶽鎮海瀆》改。按，四瀆尊號均以「某源公」爲名，此不當名「廣潤」，涉上誤。泌州，《大唐郊祀録》卷八作「唐州」。按，昭宗天祐三年唐州徙治泌陽，改稱泌州。

〔一三〕河中府，底本無「中」，上文「西海廣潤王，在河中［府］界」，知此處當奪「中」字。餘詳彼注。

〔一四〕成都府，諸本作「廣都府」。唐無廣都府，有廣都縣，屬成都府，即今成都市雙流區。《寶刻類編》卷六著録大中十三年正月初七立、李景讓撰《江瀆廣源公碑》（即《全唐文》卷七六三《南瀆大江廣源公廟記》），廟在成都；《大唐郊祀録》卷八《祭嶽鎮海瀆》亦作「成都」，據改。以上三段，底本及明鈔本、文淵閣本皆連寫，兹據謙牧堂本、靜嘉堂本改分段。按，《舊唐書·玄宗下》，天寶六載正月，「封河瀆爲靈源公，濟瀆爲清源公，江瀆爲廣源公，淮瀆爲長源公」。《大唐郊祀録》卷八《祭嶽鎮海瀆》：「祭東瀆大淮長源公于唐州界，祭南瀆大江廣源公于成都府界，祭西瀆大河靈源公于同州界，祭北瀆大濟清源公于河南府界。」

〔一五〕底本此句連寫至下文標題之『舊例』，餘本連寫至下文之『事例』。靜嘉堂本鮑廷博批：『盧云，此處當分析。』並于『同』字下施直角號表示分斷，是也。手民失察，今改。

## 待詔院當院伏見舊例〔一〕

〔一〕此句鮑廷博旁批『此處疑有脫文』，並于靜嘉堂本『例』字下施直角號分斷，故底本單作一行。

## 答蕃書并使紙及寶函等事例〔一〕

新羅、渤海書頭云『敕某國』云，王著姓名，尾云『卿比平安好，遣書指不多及』〔二〕。使五色金花白背紙，次寶函封，使印。黠戛斯書，使紙并寶函，與新羅一般，書頭云『敕黠戛斯』，著姓名，尾云『卿比平安好，遣書指不多及』〔三〕，使印。回鶻天睦可汗書頭云『皇帝舅敬問回鶻天睦可汗外甥』，尾云『想宜知悉，時候，卿比平安好』，將相及部族男女兼存問之。（下同前，使印。如册可汗，即首云『敕某王子外甥』，尾云『問部族男女等』。）契丹書頭云『敕契丹王阿保機』〔四〕，尾云『想宜知悉，時候，卿比平安好』。（下同黠戛斯也。）〔五〕舊使黄麻紙，平使印〔六〕；自爲朝宣令，使五色牋紙，並使印，及次寶鈿函封。（自僭稱神號，奏事多繫軍幾所，賜中書，內改例從權，院中無樣。）牂牁書頭云『敕牂牁』〔七〕，著姓名，尾云『想宜知悉，時候，卿比好否〔八〕？遣書不多及』，五色牋紙，不使印。退渾〔九〕、党項、吐蕃使首領書頭云『敕』，與牂牁一般，使黄麻紙，不使印。賜國舅詔，著姓名，呼『卿』，新例不著姓名〔一〇〕；諸州刺史，書呼『汝』。南詔驃信書頭云『皇帝舅敬問驃信外甥』〔一一〕，尾與回鶻書一般，至『不多及』後具四相名銜〔一二〕，書敕一般〔一三〕。此一件，是故待詔李郜云，僖宗在西川日，曾行此書，使白紙，亦使印。

〔一〕靜嘉堂本鮑廷博眉批：「『答蕃書』云云，似是下條目録。」底本因以此句爲題，是。謙牧堂本、抱經樓本、文淵閣本連上『舊例』句爲題，非。

〔二〕按，《白居易集》卷五六《與新羅王金重熙等書》：『敕新羅王金重熙……冬寒，卿比平安好，卿母比得和宜。官吏僧道將士百姓等，各加存問。遣書指不多及。』

〔三〕按，李德裕《李文饒文集》卷六《賜黠戛斯書》：『皇帝敬問黠戛斯可汗……春暖，想可汗休泰，將相以下並存問之。遣書指不多及。』

〔四〕『契丹』一段，靜嘉堂本鮑廷博曰：『盧本連上，舊另起。』文淵閣本亦連上寫，蓋因抱經樓本恰于『契丹』處换行而誤連。

〔五〕按，《文苑英華》卷四七一封敕《與契丹王鶻戍書二首・一》：『敕契丹王鶻戍……各賜官告，想宜知悉。春寒，卿比平安好否？兵馬使以下並各存問之。遣書指不多及。』

〔六〕平，靜嘉堂本鮑廷博曰：『盧云，平疑幷。』

〔七〕牂牱，靜嘉堂本鮑廷博曰：『盧云，當作牂柯。舊亦訛。』按，亦作牂牱。

〔八〕好，謙牧堂本、靜嘉堂本作『安好』，鮑廷博曰：『舊無安字。』

〔九〕按，退渾，即吐谷渾之急讀。《資治通鑑》卷二八二『後晉高祖天福五年』胡三省注引宋白曰：『吐谷渾謂之退渾，蓋語急而然。』

〔一〇〕『著姓』至『姓名』，謙牧堂本作大字，餘本皆作雙行小字，靜嘉堂本鮑廷博曰：『盧云，當大書。』據改。

〔一一〕諸本『皇帝』至『使印』另起一行，鮑廷博曰：『似不應另行。宋本亦另行，盧本連。』按，另行頂格寫（唐人謂平出或跳出），蓋示敬，鮑以爲另起一段，非。文淵閣本連寫，乃因其例不留平闕格式。上文『皇帝舅敬問回鶻天睦可汗外甥』，原書當亦提行寫。

〔一二〕按，張九齡《曲江集》卷一二《敕西南蠻大首領蒙歸義書》：『敕西南蠻大帥特進蒙歸義及諸酋首領等，卿近在邊境……比秋涼，卿及百姓並平安好。遣書指不多及。』稱姓名及呼卿，一如《舊規》。

〔一三〕書敕，疑『畫敕』之誤。

## 光院例〔一〕

承旨尚書左丞知制誥陸扆撰詞，牓于玉堂：貴調金鉉〔二〕，解視草之煩勞，出擁碧幢〔三〕，釋援毫之羈束。固人臣之極致，亦翰墨之殊榮。至于察風俗于一方，掌貨泉于三使，其爲盡也〔四〕，抑又次焉。各率金錢，以光玉署〔五〕。列之如左〔六〕：

將相各三百千〔七〕　使相五百千

觀察使三百千　度支使二百千〔八〕

鹽鐵使二百千〔九〕　户部一百千（制下一日，送入院，充公用）

〔一〕按，光院錢，翰林院徵收之禮金。唐昭宗乾寧三年七月，陸扆創爲此例，《舊唐書·陸扆傳》：『（乾寧）三年正月，宣授學士承旨，尋改左丞。其年七月，改户部侍郎同平章事。故事，三署除拜，有光署錢，以宴舊僚，內署即無斯例。扆拜輔相之月，送學士光院錢五百貫，特舉新例，內署榮之。』《唐會要》卷五七《翰林院》略同，更云：『仍定例，將相各二百千，使相五百千，觀察使三百千，度支三百千，鹽鐵二百千，户部一百千。』數額微異。

〔二〕金鉉，《紺珠集》卷一一引同。文淵閣本作『金戛』，不詞。《天中記》卷三〇《翰林院》引作『金鼎』。金鉉，横穿鼎耳用以提鼎之横杠，此謂奉食之優厚。

〔三〕碧幢，唐代高官車船上所張帷幔，以青油塗飾。

〔四〕盡，諸本同，《紺珠集》卷一一《光院例》、《天中記》卷三〇《翰林院》引作「盛」。

〔五〕按，《紺珠集》卷一一《光院例》引此段，文字頗有出入：「《舊規》云：陸展（引按，「扆」之誤）撰光院例，牓于院堂，云：貴調金鉉，解視草之煩勞；出擁碧幢，釋援毫之羈束。固人臣之極致，亦翰苑之殊榮。至于察風俗于一方，掌貨泉于三使，其爲盛也，抑又次焉。各出金錢，用光玉署。」《天中記》卷三〇《翰林院》復引之，訛誤更甚。

〔六〕左，靜嘉堂本、文淵閣本作「右」，鮑廷博曰：「盧云，當作左。」

〔七〕三百千，《唐會要·翰林院》作「二百千」。

〔八〕二百千，《唐會要·翰林院》作「三百千」。

〔九〕鹽鐵使，靜嘉堂本鮑廷博曰：「舊無使字。」《會要》「度支」「鹽鐵」下並無「使」字。

## 對見儀

大殿對蕃客，承旨殿下祝聖德，蹈舞訖，喚上殿，各奏事。如其日中〔一〕，候舞訖〔二〕，便出，行例如初。入上殿，更曲謝殿上，並不蹈舞。先于殿西北隅立，候客省奏「某乙等到」，殿上云「喚」，客省使遞聲云「喚」，即鞠躬高唱喏，趨至庭前立，即拜；拜即説承旨致詞，又拜；拜訖，舞蹈；舞蹈訖，又拜。如中謝，便于本立處拜及舞蹈，更不歸行。小殿中謝，並不喚，上便出，如賜服色，卻喚宣了拜，且出；服訖，卻入致詞謝。非時詔，及樓上祇候，並拜了，稱聖躬萬福，便止，不别致詞。五月一日，及大殿稱慶賀，正至立伏，准臺牒外赴班，即立于中書相公之後，左省班前，自爲一班。如有使相後進，並同兩省回于中書見宰相。（憩止並在客人院内。）應正至五月一日，如不坐，並齊入院進名奉賀，具銜旨，銜某乙等奉賀。五月一日云，起居大忌，並齊入奉，進名奉慰〔三〕。

〔一〕日中，明鈔本、謙牧堂本、抱經樓本、文淵閣本同；靜嘉堂本作『平日』，鮑廷博曰：『舊日中，盧日中，改平日。』

〔二〕『候』字下，謙牧堂本、靜嘉堂本多『蹈』字，鮑廷博曰：『舊無，盧亦無。』『舊』謂明鈔本。

〔三〕底本下有注：案，此條多誤字，俟別本訂正。

## 沿革

大順二年十月宣：每進畫、詔書，別録小字本，首留内，永爲定式〔一〕。乾寧三年，加階爵，止于進狀，不中謝。

舊例，宰相及使相官告，並使五色背綾金花紙，節度使並使白綾金花紙，命婦即金花羅紙。乾寧二年十月，李鋋自黔南節相改授京兆尹，兩度諮報中書，使白綾紙〔二〕。十一月，渤海國王大瑋諧敕書，院中稱加官，合是中書意，諮報中書〔三〕。乾寧三年，承旨牓子：凡中書覆狀奉錢物〔四〕，如賜詔徵促，但略言色額，其數目不在言，但云並從別敕處分。中書覆狀，如云中書門下行敕，其詔語不得與覆狀語同〔五〕。每降制，鈔小字録一本，送樞密院。

〔一〕首，靜嘉堂本作『旨』，鮑廷博曰：『舊首，盧首。』按，《唐會要·翰林院》、《宋朝事實類苑》卷三〇『進制書小字本』引《舊規》無此字，疑衍。永，諸本作『承』，《唐會要·翰林院》、《宋朝事實類苑》卷三〇引《舊規》作『永』。按，『永爲定式』爲官文書套語，據改。又按，《唐會要》卷五七《翰林院》：『大順二年十月宣，每進書（引按，當爲畫）詔書，別録小字本留内，永爲定式。」

〔二〕『舊例』至『綾紙』，李上交《近事會元》卷二『官誥沿革命婦官誥用金花紙』條引，云出『李愚《翰林舊規》』，作者署名同本書題下注所謂『閣下本』。按，《續翰林志》[15]記此事在『乾寧二年十月十日』。

〔三〕十一月，《唐會要》卷五七《翰林院》作『十月』。大瑋諧，諸本同，當從《唐會要》作『大瑋瑎』。按，《唐會要》卷五七《翰林院》：『乾寧二年十月，賜渤海王大瑋瑎敕書，翰林稱加官，合是中書撰書意，諮報中書。』

〔四〕奉，《唐會要·翰林院》作『奏』。

〔五〕按，《唐會要》卷五七《翰林院》：『三年二月，承旨榜子，凡中書覆狀奏錢物，如賜召徵促，但略言色額，其數目不在言内，但云並從別敕處分。中書覆狀，如云中書門下行敕，其詔語不得與覆狀語同。』

## 學士請假

應學士請假，七日一度奏，經三奏，即自奏，即自進章表，陳某乙……〔一〕

〔一〕『應學』至次一『即自』，底本爲一行，其後空一頁半，至第三頁第七行始書『進章表』至文終；餘本皆接寫。靜嘉堂本鮑廷博于後一『即自』下畫分段符，眉批：『舊本頁盡「即自」。』『舊本』即明鈔本，其于『即至』盡頁，鮑據此以爲『此（引按，指本段）不當在「請假」條内，疑有脱』。又曰：『「進章表」云云另换頁。』又曰：『中間蓋脱一頁矣。』按，『陳某乙』爲自述語氣，與册皇太子文體不類，當爲『學士請假』之文例，今改『進章表陳某乙』六字入上文，『乾寧四年』以下另爲一條。按，《續翰林志》[5]云：『其内制爆直及吉凶、疾病諸假則例，自具《翰林舊規》。』本條内容當即『吉凶、疾病諸假則例』之類，惜乎不傳。

乾寧四年二月十四日，册皇太子。出就班，賀禮畢，又上表賀，並上皇太子牋〔一〕。（云『某等叩頭，伏承某、伏惟殿下』云云，『謹奉牋陳賀，某等叩頭，謹牋。年月日，承旨銜某等上牋。』封題云『具銜某等上牋』。）

〔一〕『册皇』至『子牋』，《宋朝事實類苑》卷二九引，題『册皇太子』，或爲此條原名。

## 輯佚〔一〕

1 《舊規》云：學士大慶賀、大朝會，並立于宰相之後。（《宋朝事實類苑》卷二九『學士班次』）

2 《舊規》：學士當直，則趁晚朝，不當直，即無逐日起居。（《宋朝事實類苑》卷二九『學士罷晚朝』）

3 楊鉅《舊規》『交宿例』云：『新人常早入，舊人即輪一巡，早入伴已後，即晚入。晚入人待交早入人，常先出。早入卯時，晚入趁早堂。』（《宋朝事實類苑》卷二九『僕直例・又』）

4 《舊規》云：學士新入院，飛龍賜馬一匹，並鞍轡及芻粟，謂之長借。《舊規》云：上後三兩日内，就院置宴。《舊規》云：十月初，別賜錦長襖子。（《宋朝事實類苑》卷二九『學士新入院』）

5 《舊規》：當制者草第一、第三，並以命官高卑爲次，不繫學士官位。（《宋朝事實類苑》卷三〇『學士草制次第』）

6 《舊規》云：皇帝降聖之日，學士六員，共率一百二十緡，寺中齋〔二〕。（《宋朝事實類苑》卷三〇『降聖節齋宴』）

〔一〕《宋朝事實類苑》所引諸書，尤其是《金坡遺事》中，載有《舊規》佚文，但均經明顯改寫，如卷三〇『學士中謝』條，出本書『對見儀』，但文字出入極大。故各條仍録其轉述之語，並不加引號。

〔二〕《玉堂雜記》卷上引文略異，作：『學士六人，遇聖節，共率百二十緡，寺中設齋。』

# 重修承旨學士壁記〔一〕

丁居晦〔二〕

## 解題

《重修承旨學士壁記》，丁居晦撰。居晦（?—840），兩《唐書》無傳，穆宗長慶二年（822）及進士第，文宗大和九年（835）五月充翰林學士。此後一路升遷至御史中丞，並于開成三年（838）十一月出院。但僅過了三個月，開成四年（839）閏正月再次入院。次年三月，卒官。本《記》撰于開成二年（837）五月，正在他第一次學士任上。

《壁記》的緣起，丁居晦自述是由于翰林院東廡『歲月滋久，日爍雨潤，墻屋罅缺』，壁上所題的元稹《承旨學士廳記》『文字昧没』，因此召集工役，整葺一新。然而據岑仲勉考證，丁居晦的説詞純爲掩人耳目，此次修繕的真正原因，是大和九年（835）甘露之變後，宦官大肆誅戮朝官，題名于元《記》的王涯亦在被殺之列，于是宦官藉口修繕，刻意抹除其痕迹〔三〕。其説至當。《記》文中也透露端倪，聲言『舊記所載，今皆不書』，意思是元稹的『舊記』内容一概不録，不僅要從翰林院的牆壁上抹去他們的痕迹，還要重新書寫歷史。用意與手段，跟當時史館不斷改修實録、繳毁舊本如出一轍。可想而知，本《記》題目中的『重修』，恐怕不是有的學者認爲的重修、續作元稹之《記》〔四〕，『重修』的對象應是位于承旨學士廳旁邊的東廡〔五〕，事成紀功，作爲此記，而原題或爲『重修承旨學士廳壁記』。

陳振孫《直齋書録解題》卷六著録本書，書名作『重修翰林壁記』。岑仲勉《翰林學士壁記注補》以爲此記不止記録承旨學士，兼及翰林學士、侍講學士、侍書學士等，今名不符事實，應作『重修翰林學士院壁記』。然似誤解丁氏作記本意，今題中之『承旨學士』未必有誤。

本書署名丁居晦撰，但既然他在開成五年（840）已經去世，那麼此後的學士題名定然不出自他的手筆，而是後來入院的學士陸續題寫，僖宗之後由不知名者從翰林院牆上彙録而成〔六〕。題名所録，從玄宗開元二十六年（738）的吕向至懿宗咸通十五年（874）拜相的盧攜，時間長達一百三十六年，記録學士一百七十八名〔七〕，比之前《翰林院故事》和《承旨學士院記》多了好幾倍，是有唐翰林學士最完整的一部『花名册』。其史料價值極高，尤其是在人物生平考證方面，提供了大量獨一無二的一手資料，《新唐書》《資治通鑑》就間接利用了它的很多遷轉記録〔八〕。而由于甘露之變的影響，也存在刻意删削的情況。

對《壁記》的校理，以岑仲勉爲最早，成就最爲傑出。所撰《翰林學士壁記注補》，廣稽群籍，詳細考證每一位學士的題名記録，爬羅剔抉，訂補拾遺。又撰《補僖昭哀三朝翰林學士記》，補齊了全唐翰林學士的名單〔九〕。《壁記》的記文部分，亦載《文苑英華》卷七九七、《全唐文》卷七五七，兩者文字從同，後者顯然録自前者，今並取以對校。

〔一〕謙牧堂本目録作『重修承旨學士院壁記』，蓋涉前文『承旨學士院記』衍『院』字。

〔二〕謙牧堂本署『中書舍人知制誥丁居晦』。按，居晦撰《記》在開成二年五月，九月知制誥，次年八月遷中書舍人，可知非撰述時官職，後人誤署。

〔三〕《翰林學士壁記注補·自序》。

〔四〕如岑仲勉《翰林學士壁記注補·自序》認爲，丁居晦將移于翰林院前廳之學士題名與元稹《承旨學士廳記》

合二爲一，『概名曰《重修承旨學士廳壁記》，按之則名實弗符，直應云《重修翰林學士院壁記》』；傅璇琮《文宗朝翰林學士傳・丁居晦》云：『丁氏此書……加「重修」二字，如僅以書名而言，則當爲繼元稹之書，續記翰林承旨學士。』都作如是理解。

〔五〕東廡位置詳下《記》序文注。

〔六〕《壁記》記文下題『學士姓名，此本據院中壁上寫』，即抄寫者自述。參彼注。續補體例亦與原記不同，原記凡同年之事，只于首月前書年；同月之事，亦準此。如『龐嚴』條：『長慶二年三月二日，自左拾遺充；四日，賜緋。十月九日，遷左補闕。』（大和以後『許康佐』條始書『其月』。）續記則每書『其年』『其月』，如『黎埴』條：『（開成）三年正月十日，加知制誥；其年十二月十八日，賜緋；其月二十一日，加兵部郎中。』

〔七〕題名中『開元後八人』之類，是以入院人次統計，今亦據此合計。

〔八〕岑仲勉《翰林學士壁記注補・自序》謂宣、懿兩朝宰相遷授，《新唐書》《通鑑》取材于宋敏求所修唐《實録》，而宋則以丁《記》爲重要史源。並參傅璇琮《唐翰林學士史料研究劄記》。

〔九〕傅璇琮撰有《岑仲勉〈補僖昭哀三朝翰林學士記〉正補》，載《唐翰林學士傳論》。

尚書元稹《承旨學士廳記》〔一〕，舊題在東廡之右〔二〕，歲月滋久，日爍雨潤，墻屋罅缺，文字昧没，不稱深嚴之地。院使郭公、王公，皆以茂器精識，參掌院事，顧是言曰：『吾儕釐務，罄盡心力，細大之事，人謂無遺，而茲獨未暇，使衆賢名氏，翳不光耀，失之不治〔三〕，後誰治之？』遂占工賦程〔四〕，不日而成。峭麗齊平〔五〕，粉繪耀明〔六〕，玉粹雲輕，隨顧而生，貫列豪英，千千萬齡〔七〕，無缺無傾。工告休〔八〕，命予紀完葺之美〔九〕。舊記所載，今皆不書〔一〇〕。開成表號之二年五月十四日記。

〔一〕廳記，《文苑英華》《全唐文》作『廳壁記』。

〔二〕按，東廡者，翰林院北廳之東側回廊，《翰林志》：『出（南廳）北門，横屋六間，當北廳通廊。』即此『通廊』。元《記》題于東廡，蓋以北廳之東一間爲承旨閣子（見《翰林志》），從其近也。又據韋表微《翰林學士院新樓記》，寶曆二年（826）末，翰林院曾經大規模增修改建，但元《記》至丁居晦撰《壁記》之年（837）尚存，似表明東廡未有改動，故能藉口『歲月滋久，日爍雨潤，墻屋罅缺』。

〔三〕之，《文苑英華》《全唐文》作『今』。

〔四〕占，《文苑英華》《全唐文》作『召』。

〔五〕峭麗齊平，底本作『□峭學平』，明鈔本、謙牧堂本、靜嘉堂本作『峭學平』，抱經樓本、文淵閣本作『峭學乎』，皆不詞，據《文苑英華》《全唐文》改。

〔六〕明，《文苑英華》注云『或作目』。

〔七〕千千萬齡，李鈔本作『于千萬齡』，《文苑英華》《全唐文》作『使千萬齡』。

〔八〕工，《文苑英華》《全唐文》作『工役』，前者注云：『一無此字』。

〔九〕葺，《文苑英華》《全唐文》作『緝』，前者注云：『一作葺』。

〔一〇〕按，『舊記』謂元稹《承旨學士院記》。

## 學士姓名〔一〕，此本據院中壁上寫，並無大曆、天寶學士姓名〔二〕。

〔一〕此下二十二字，《文苑英華》無。岑仲勉《注補》云：『此四字應另行提起，今本接于記文之下，非是。』其説是也，今據改。

〔二〕上寫，謙牧堂本作『上上寫』、靜嘉堂本作『上々寫』，鮑廷博抹去重文符號。岑仲勉《注補》云：『此十八字係後人從壁上録出時所附注。』按，陳振孫《直齋書録解題》卷六謂本書『所記姓名，迄于咸通，而獨無天寶、大曆學士』。岑仲勉《注補》辨之曰：『其言亦猶注之言，然天寶、大曆自有學士，不過今題名以「開元後」統天寶，「寶應後」統大曆。』《注補三》又云：『開元後者玄宗朝之謂也，至德後者肅宗朝之謂也，寶應後者代宗朝之謂也，建中以還，年月周悉，德宗朝乃有建中、興元、貞元之分，蓋舉最初以概其餘。比觀自見，孰謂天寶、大曆無學士乎哉。』

## 開元後八人〔一〕

吕向，中書舍人充供奉。出院，拜工部侍郎〔二〕。

〔一〕按，本條録玄宗朝學士。岑仲勉《注補一》云：『吕向、尹愔二人，開元入而約出或卒于開元末者也。劉光謙、張垍二人，開元末入而天寶始出者也。張埱、張漸、竇華、裴士淹四人，皆天寶後半葉始入充者也。』

〔二〕底本、明鈔本、抱經樓本、文淵閣本姓名作大字，遷授經歷作雙行小字，每朝爲一段，標題頂格，每人接寫；謙牧堂本標題退兩格，每人提行，姓名大字，遷授雙行小字；靜嘉堂本大小字同，惟標題退三格寫，各人提行另寫。鮑廷博眉批：『小字排匀，大字接寫。』今一例改爲大字，提行排列。按，傅璇琮《玄宗朝翰林學士傳·吕向》認爲『供奉』二字衍。然據其考證，吕向開元二十二、三年間任中書舍人，差遣翰林供奉，撰作詔敕，開元二十六年别立學士院之後轉稱學士。則此書『供奉』者，蓋以學士之名與職事起于供奉，溯源書之，未必衍。參《翰林院故事》記文注7及『開元已後』『吕向』條注。

尹愔，諫議大夫充〔一〕。

〔一〕按，《翰林院故事》『開元已後』題名，二人稱『供奉』，辨見《翰林院故事》『吕向』注。餘參《翰林院故事》『尹愔』條注。

劉光謙〔一〕，起居舍人充，累遷司封郎中。

〔一〕劉光謙，靜嘉堂本誤倒作『劉謙光』，鮑廷博乙。按，岑仲勉《注補一》謂光謙約天寶五載入院；傅璇琮《玄宗朝翰林學士傳·劉光謙》以爲開元末、天寶初尹愔、吕向相繼卒，院内乏人，光謙當于天寶四五載間入院。

張垍，太常卿充〔一〕。

〔一〕太常卿，《翰林院故事》『開元已後』『張垍』條同，《故事》序文作『太常少卿』。餘參彼注。

張埱〔一〕，給事中充。

〔一〕張埱，諸本皆誤作『張淑』。岑仲勉《注補一》據《翰林志》、兩《唐書》等謂當爲張説之子、張垍之弟埱，據改。

張漸，中書舍人充〔一〕。

〔一〕按，岑仲勉《注補一》推測張漸天寶十載以後入翰林，傅璇琮《玄宗朝翰林學士傳·張漸》推測其很可能係楊國忠拜相後以中書舍人薦入翰林。《唐代墓志彙編》天寶二五八有張漸《皇第五孫女墓志銘》，署銜爲『中大夫行中書舍人翰林院待制上柱國』，墓主天寶十一載十一月七日卒，閏十一月廿九日葬。可知其時張漸在院，且稱『待制』，不稱『學士』。據兩《唐書·玄宗紀》，楊國忠天寶十一載十一月庚申（十七日）拜相，若依傅説，則此《志》或作于十一月下旬初入院時。

竇華，中書舍人充〔一〕。

〔一〕按，竇華與張漸皆爲楊國忠引薦，參《翰林院故事》『竇華』條注。

裴士淹，給事中充，知制誥〔一〕。

〔一〕按，《翰林院故事》記其『出爲禮侍』。詳彼注。

## 至德後四人〔一〕

相董晉，秘書省校書郎充〔二〕。

〔一〕按，本條録肅宗朝學士。《翰林院故事》『至德已後』有趙昂，勞格、趙鉞《唐尚書省郎官石柱題名考》卷五謂丁書失載。岑仲勉《注補二》：『依《故事》尚有趙昂一人，本記漏，應正云「至德後五人」方合。』並據《故事》及氏撰《劉奉芝墓志銘》之署銜，補爲：『自左金吾衛倉曹充，賜緋，太博又充。祠外又充，卒于駕外。』以丁《記》文例，官名不作省稱，此爲小疵。

〔二〕相，底本、明鈔本、靜嘉堂本，凡『相』字皆加框。兹從略。按，董晉出入院時間，見《翰林院故事》『至德已後』『董晉』條注。

于可封，補闕充；遷禮部員外郎、知制誥，除國子司業，出院〔一〕。

〔一〕按，于可封出入院時間，見《翰林院故事》『至德已後』『于可封』條注。

蘇源明，中書舍人充，出守本官〔一〕。

〔一〕按，蘇源明出入院時間，見《翰林院故事》「至德已後」「蘇源明」條注。

潘炎，右驍衛兵曹充〔一〕；累遷中書舍人，出守本官。

〔一〕右驍衛，《翰林院故事》作「左驍衛」。按，潘炎出入院時間，見《翰林院故事》「至德已後」「潘炎」條注。

## 寶應後六人〔一〕

相常衮，右補闕充；累加工部員外郎、知制誥，出守本官〔二〕。

〔一〕按，岑仲勉《注補三》云：「寶應後云者，即指代宗一朝。」又，《翰林院故事》録五人，闕李翰。岑仲勉謂本《記》次序顯有顛倒，《故事》則多半不誤。參《故事》「寶應已後」注。

〔二〕工部員外郎，據《舊唐書》本傳，當爲「考功員外郎」。按，入院之年，《舊傳》：「寶應二年，選爲翰林學士、考功員外郎中、知制誥，依前翰林學士。」岑仲勉《注補三》據常衮《謝除考功郎中知制誥表》，以爲《文苑英華》所注作年「寶應二年」當爲「廣德二年」，證《舊傳》不誤；傅璇琮《代宗朝翰林學士傳·常衮》則以爲「寶應二年」不誤，常衮當于寶應元年四月以後由右補闕入翰林，《舊傳》誤。又按，《舊傳》：「永泰元年，遷中書舍人。」傅璇琮推測，常衮于此年下半年以考功郎中出院，尋遷中書舍人。

柳伉，秘書省校書郎充；累加太常博士、諫議大夫，依前充〔一〕。

〔一〕按，柳伉出入院時間，見《翰林院故事》「寶應已後」「柳伉」條注。

張涉，靖陵太子廟丞充〔一〕；累遷左散騎常侍，依前充，敕停〔二〕。

〔一〕靖陵，《翰林院故事》作『靖恭』，岑仲勉《注補三》以爲當從《故事》，是。

〔二〕按，《舊唐書·德宗上》：『（建中元年三月）辛未，左散騎常侍、翰林學士張涉放歸田里。』知涉此月出院，『敕停』謂罷職也，《翰林院故事》記其卒于官，誤。參彼注。

李翰，左補闕充〔一〕。

〔一〕按，傅璇琮《代宗朝翰林學士傳·李翰》認爲，翰充翰林學士，當在大曆五年五月至八年十月間。

于肅，比部員外郎充；累遷考功郎中、給事中、知制誥，並依前充〔一〕。

〔一〕按，《翰林院故事》：『給中又充，卒。』知于肅卒于官。

于益〔一〕

〔一〕按，于益官歷全脱，《翰林院故事》記爲『自駕部員外充；大諫又充，卒』。餘參彼注。

## 建中後八人

張周，大曆十四年六月，自洛陽縣尉充〔一〕。建中二年，改河南府兵曹參軍。興元二年六月，除虢州司馬，依前充。

〔一〕按，岑仲勉《注補四》據《翰林院故事》所記，以爲此下漏記『改河南縣丞又充』。《唐代墓志彙編》建中〇一一張周《大唐涇王故妃韋氏墓志銘序》，署銜『給事郎行河南府洛陽縣丞翰林學士賜緋魚袋』，可證。又按，岑謂題名例以年號爲斷，不以即位爲斷，周應列入『寶應後』。查《翰林院故事》，張周列『建中巳後』，丁居晦蓋沿而不改，但加年月而已。

相姜公輔，建中元年，自左拾遺充。四年四月，改京兆府户曹參軍，拜諫議大夫平章事〔一〕。

〔一〕按，《舊唐書·德宗上》建中四年十月，『丁巳……諫議大夫姜公輔並以本官同中書門下平章事』。岑仲勉《注補四》謂公輔係以京兆府户曹參軍、翰林學士同平章事，非以諫議大夫入相。傅璇琮《德宗順宗朝翰林學士傳·姜公輔》謂其爲唐代首位直接擢升宰相的翰林學士。餘參《翰林院故事》『建中巳後』『姜公輔』條注。

相趙宗儒，建中元年，自左拾遺充〔一〕。四年，加屯田員外郎，依前充；十一月，出守本官〔二〕。

〔一〕建中，抱經樓本、李鈔本、靜嘉堂本作『建元』，鮑廷博據明鈔本改。左拾遺，岑仲勉據兩《唐書》本傳、《册府元龜》卷七八二，謂當作『右拾遺』。

〔二〕按，《舊唐書》本傳：『建中四年，轉屯田員外郎，内職如故。居父憂，免喪，授司門、司勳二員外郎。』則宗儒爲丁父憂出院。

歸崇敬，建中元年，自國子司業充〔一〕。四年，遷左散騎常侍。貞元七年六月，除檢校户部尚書，兼本官；七月，遷正工部尚書，依前充〔二〕。八年，除兵部尚書〔三〕，致仕。

〔一〕按，傅璇琮認爲姜公輔、趙宗儒、歸崇敬三人當于此年三月同時召入翰林，參《德宗順宗朝翰林學士傳》三人之傳記。

〔二〕按，《舊唐書·德宗下》，是年「八月己丑，以翰林學士歸崇敬爲工部尚書」，與此所記七月不同。

〔三〕按，《舊唐書·德宗下》記遷兵部尚書在貞元八年七月甲寅朔。

相陸贄，建中四年三月，自祠部員外郎充；其年十一月，轉考功郎中〔一〕。興元二年六月，遷諫議大夫〔二〕；十二月，轉中書舍人〔三〕。貞元三年，丁憂〔四〕。六年，遷兵部侍郎，又加知制誥〔五〕。七年，出守本官〔六〕。

〔一〕十一月，諸本同。《舊唐書·德宗上》建中四年十二月，「乙丑，以祠部員外郎陸贄爲考功郎中，金部員外郎吴通微爲職方郎中，翰林學士並如故」。岑仲勉以爲當作「十二月」，本《記》誤。

〔二〕興元二年，傅璇琮《德宗順宗朝翰林學士傳·陸贄》據《舊唐書·德宗上》，謂當作興元元年，是。按，事在六月癸丑。

〔三〕按，據《舊唐書·德宗上》，事在十二月辛卯。

〔四〕按，據《順宗實録》及《舊唐書》本傳，爲丁母韋氏憂。

〔五〕六年，静嘉堂本作「六月」，鮑廷博據明鈔本改。按，此次爲服闋後再入。據《舊唐書·德宗下》，事在貞元六年二月丙戌，爲「權兵部侍郎」，非正除；《翰林院故事》《順宗實録》同《舊紀》。

〔六〕按，據《舊唐書·德宗下》，事在貞元七年八月丙申。

吴通微，建中四年，自金部郎中充〔一〕；累遷中書舍人〔二〕，賜紫金魚袋，卒官〔三〕。

〔一〕金部郎中，《翰林院故事》作「金外充」，《舊唐書·德宗上》及本傳均作「金部員外郎」，岑仲勉謂作「郎中」誤。按，通微與陸贄同于建中四年十二月乙丑任翰林學士，參「陸贄」條注。

〔二〕按，據《舊唐書》本傳，通微約在貞元七年遷中書舍人。

〔三〕按，岑仲勉據《翰林院故事》《舊唐書·德宗上》《唐會要》，謂本《記》失載建中四年十二月二十二日遷職方郎中、貞元四年二月知制誥、七年轉禮部郎中，及改諫議大夫四事。又據權德輿《祭徐給事文》，考通微至貞元十四年八月仍任翰林學士，卒官當在此後。又按，《唐代墓志彙編續集》貞元〇二〇吴通微《俱府君（慈順）墓志銘》，作于墓主貞元七年正月十二日下葬之頃，署銜『尚書職方郎中知制誥翰林學士賜紫金魚袋』，則其在遷中書舍人之前已賜紫，本《記》誤倒。

吴通玄，建中四年，自侍御史充〔一〕，累遷起居舍人、諫議大夫〔二〕，賜紫金魚袋。

〔一〕按，據《舊唐書·德宗上》，事在建中四年十二月乙丑。

〔二〕按，《唐代墓志彙編續集》貞元〇〇一吴通玄《唐故扶風縣君馮氏墓志銘》，墓主貞元三年閏五月八日卒，十月四日葬，署銜『起居舍人翰林學士』，知通玄至晚在貞元三年中遷起居舍人。又據《舊唐書》本傳，通玄在貞元七年遷諫議大夫。

顧少連，建中四年，自水部員外郎充〔一〕。貞元四年二月，加知制誥〔二〕。七年，遷中書舍人。八年四月，改户部侍郎，賜紫金魚袋，出院。

〔一〕員外郎，靜嘉堂本作『郎外員』，鮑廷博據明鈔本乙。按，《新唐書》本傳：『德宗幸奉天，徒步詣謁，授水部員外郎、翰林學士。』德宗建中四年十月奔奉天，傅璇琮《德宗順宗朝翰林學士傳·顧少連》謂少連當在是年十二月入院。

〔二〕二月，謙牧堂本作『三月』，誤。知制誥，靜嘉堂本脱『知』，鮑廷博據明鈔本補。按，《唐會要·中書舍人》記少連以禮部郎中知制誥。勞格、趙鉞《郎官石柱題名考》卷一九《禮部郎中》『顧少連』謂『貞元』上有脱文。《舊唐書·德宗上》興元元年六月癸丑，『水部員外郎顧少連爲禮部郎中，並依前充翰林學士』。

## 興元後二人

奚陟，興元元年，自起居郎充，病免〔一〕。

〔一〕按，奚陟在涇師之變中追趕德宗鑾輿，中途染病，實未到任，非于任上免職。《翰林院故事》記爲『未入』，較近真。詳《故事》『貞元已後』『奚陟』條注。

吉中孚，興元元年，自司封郎中、知制誥充；六月，改諫議大夫〔一〕。貞元二年，遷户部侍郎，出院。

〔一〕按，《舊唐書·德宗上》記此事在興元元年六月癸丑。

## 貞元後十二人

相韋執誼，貞元元年，自左拾遺充〔一〕；［四年］二月〔二〕，加知制誥，賜緋魚袋。遷起居舍人，丁憂〔三〕。

〔一〕左拾遺，《舊唐書》本傳作『右拾遺』，《唐會要·中書舍人》記執誼自左拾遺知制誥，似當作『左』。按，據《唐會要·制科舉》：『貞元元年九月，賢良方正能直言極諫科，韋執誼……及第。』知執誼貞元元年九月登制科，旋充翰林學士。入院次年，撰成最早記録唐代翰林制度及學士名録的著作《翰林院故事》。

〔二〕四年，《唐會要·中書舍人》：『（貞元）四年二月。以……左拾遺韋執誼，並知制誥。』兹據補。

〔三〕按，據《舊唐書》本傳，執誼丁母憂出院，傅璇琮《德宗順宗朝翰林學士傳·韋執誼》推測在貞元十二、三年間。又按，《翰林院故事》韋執誼結銜題『起居舍人知制誥』，岑仲勉《注補四》以爲後人追題，撰作時仍爲左拾遺。

梁肅，貞元七年，自左補闕充〔一〕，兼皇太子侍讀，守本官兼史館修撰〔二〕。

〔一〕左補闕，崔恭爲梁肅文集作序，崔元翰爲其作墓志，均稱『右補闕』；吕温《吕府君（渭）墓志銘》（《唐代墓志彙編續集》貞元〇六〇）亦云『右補闕、翰林學士梁肅』。本《記》誤。謙牧堂本作『左拾遺補闕』，『拾遺』衍文。

〔二〕按，梁肅以左補闕爲本官，同時出任翰林學士、太子侍讀、史館修撰三項使職，崔恭《唐右補闕梁肅文集序》謂『三職齊署』，清顯無倫。崔元翰《墓志》記肅在院時『授赤紱銀印之錫』，即曾賜緋，本《記》不録。《墓志》又云：『（貞元）九年冬十有一月旬有六日，寢疾于萬年之永樂里，享年四十有一。詔贈禮部郎中。』知肅于貞元九年十一月卒于翰林學士任上。

韋綬，貞元七年，自左補闕充。十六年十月，丁憂〔一〕。

〔一〕傅璇琮《德宗順宗朝翰林學士傳·韋綬》考綬實因心疾出院，非丁憂。

相鄭絪，貞元八年，自司勛員外郎、知制誥充；五月，賜緋魚袋。二十一年二月二十二日，遷中書舍人，賜紫金魚袋。十二月，拜中書侍郎平章事〔一〕。

〔一〕按，元稹《承旨學士院記》：『舊制，學士無得以承旨爲名者……憲宗章武孝皇帝以永貞元年即大位，始命鄭公絪爲承旨學士，位在諸學士上。』憲宗八月即位，鄭絪獲任首位翰林承旨學士。又按，據《舊唐書·憲宗上》，鄭絪拜平章事在十二月壬戌，李肇《翰林志》謂與其『首定大計』，扶翊憲宗登基有關。參傅璇琮《德宗順宗朝翰林學士傳·

鄭絪》。

相鄭餘慶，貞元八年四月二十四日，自庫部郎中充〔一〕。十三年五月二十八日，遷工部侍郎知吏部選事〔二〕。

〔一〕庫部郎中，抱經樓本、文淵閣本作『庫部員外郎』。按，據兩《唐書》本傳，鄭餘慶貞元初自庫部郎中選爲翰林學士，抱經樓本等誤。

〔二〕按，《舊唐書·德宗下》：『（貞元十三年五月）壬子，以庫部郎中、翰林學士鄭餘慶爲工部侍郎、知吏部選事。』《舊唐書》本傳：『（貞元）十三年六月，遷工部侍郎，知吏部選事。』岑仲勉《注補四》：『壬子是二十七日，與此差一日，《舊唐書》傳作十三年六月誤。』

衛次公，貞元八年四月二十四日〔一〕，自左補闕充。二十一年二月二十二日，加司勳員外郎，賜緋魚袋；三月十七日，知制誥。元和三年正月，拜權知中書舍人，出院〔二〕。

〔一〕四月二十四日，抱經樓本、文淵閣本誤作『四月二十日』。

〔二〕拜，抱經樓本、文淵閣本奪。按，次公出院時間，岑仲勉《注補四》據《登科記考》等記次公元和三年以中書舍人知貢舉，曰：『唐例翌年知舉者率于上年八九月除出，又由翰林知舉者不復留院，使如記文謂次公元和三年正月始拜權知中書舍人出院，則與三年知舉一事不能相容，是知三年字之必有誤也。』推考『三年』爲『二年』之訛。傅璇琮《德宗順宗朝翰林學士傳·衛次公》以爲任命慣例容有例外，且《舊傳》等記其權知中書舍人後，尋即知貢舉。若以二年正月出院，下距三年正月、二月舉選時間尚有一年，不得謂之『俄』『尋』，丁作『三年』者非誤。

相李程，貞元二十年九月二十七日，自監察御史充〔一〕。二十一年三月十七日，加水部員外郎〔二〕。元和元年九月，加朝散大夫，賜緋魚袋。二年四月二十一日，轉司勛員外郎；三年七月二十三日〔三〕，知制誥；其年，出院，授隨州刺史。

〔二〕按，《舊唐書·德宗下》記此事在貞元二十年十一月丁酉，與張聿、王涯同時入院。

〔二〕員外郎，靜嘉堂本誤作『員外員』，鮑廷博據明鈔本改。

〔三〕三年，文淵閣本誤作『二年』。

張聿〔一〕，貞元二十年九月二十七日，自秘書省正字充〔二〕。二十一年三月十七日，遷左拾遺。元和元年十一月，加朝散大夫，賜緋魚袋。二年正月，出守本官。

〔一〕按，《翰林院故事》題名，張聿之前有王涯，岑仲勉《注補》自序謂因其捲入甘露之變，丁居晦希宦官之旨，特意刊削。傅璇琮《德宗順宗朝翰林學士傳·王涯》則以爲恐觸時忌，故不書。王涯之外，李訓、鄭注、顧師邕亦不書。

〔二〕按，《舊唐書·德宗下》記此事在貞元二十年十一月丁酉，與李程、王涯同時入院。《舊唐書·王涯傳》記涯二十年十一月充翰林學士，當是《壁記》與《舊唐書》史源不同，故年月有差。

李建，貞元二十年十二月二十二日，自秘書省校書郎充〔一〕。二十一年三月十七日，遷左拾遺，改詹事府司直〔二〕。

〔一〕二十年，諸本作『二年』，鮑廷博眉批曰：『疑脱十字。』所補是。按，傅璇琮《德宗順宗朝翰林學士傳·李建》據元稹《李建墓志銘》及《新唐書》本傳，以爲李建因宰相鄭珣瑜舉薦而召入。

〔二〕左拾遺，《新唐書》本傳同，《舊唐書》本傳及《册府元龜》卷五一三《引薦》作『右拾遺』，岑仲勉《注補四》謂作『左』是。按，李建出院時間，《舊唐書》本傳記其『元和六年，降詹事府司直』，岑仲勉《注補四》考謂當爲元和元年，『元』『六』形訛。傅璇琮認爲詹事府司直正七品上，高于前官從八品上之左拾遺，非『降』或《新傳》所謂『左除』也。

淩準，貞元二十一年正月六日，自侍御史充〔一〕；三月十七日，改都官員外郎；五月九日，出守本官，判度支〔二〕。

〔一〕按，《舊唐書·德宗下》：『（貞元）二十一年春正月辛未朔……丙子，以浙東觀察判官淩準爲翰林學士。』丙子即正月初六。侍御史爲淩準所帶京銜，實任浙東觀察判官。參《翰林院故事》『貞元以後』『淩準』條注。

〔二〕按，傅璇琮《德宗順宗朝翰林學士傳·淩準》認爲，王叔文重視度支所掌之財權，可以厚結權貴，故使淩準出院專司其職。

王叔文，貞元二十一年二月二十二日，自起居舍人充；三月十六日，以本官加度支、鹽鐵轉運副，依前充〔一〕；五月二十四日，遷户部侍郎，餘依前〔二〕。丁憂，貶渝州司户參軍〔三〕。

〔一〕副，岑仲勉云：『副下應補使字。』按，加官日期，《舊唐書·順宗紀》作『三月戊子』，爲十九日；《順宗實録》作『三月景戌（按，即丙戌）』，爲十七日，皆微有出入。其加官緣由，見上注。

〔二〕按，傅璇琮《德宗順宗朝翰林學士傳·王叔文》載宦官俱文珍設法將王叔文移至外庭，表面上升遷爲户部侍郎，實爲免去翰林學士，認爲丁書誤記其仍任翰林學士。考《順宗實録》：『（五月）辛卯，以王叔文爲户部侍郎，職居如故，賜紫。』『職居如故』意同丁記之『餘依前』，具體即《舊唐書》本傳所記：『轉尚書户部侍郎，領使、學士如故。』《順宗實録》接云：『初，叔文欲依前帶翰林學士，宦者俱文珍等惡其專權，削去翰林之職。』似叔文轉户侍時已削去翰林之職，若然，則與前文『職居如故』相駁，不可通。詳《舊傳》，則接云：『内官俱文珍惡其弄權，乃削去學士之職。』省一『初』字而意思了然，可知叔文遷户部侍郎充翰林學士在前，俱文珍謀削學士之職在後，丁居晦但書前者，不可謂誤：《舊唐書·順宗紀》：『辛卯，以鹽鐵轉運使副王叔文爲户部侍郎。』從其已削之後書之。

〔三〕按，據《舊唐書·順宗紀》《順宗實録》，叔文貶渝州司户在八月壬寅。

王伾，貞元二十一年二月二日，自散騎常侍充；貶開州司户〔一〕。

〔一〕司户，據《舊唐書·順宗紀》《順宗實録》，王伾與王叔文同日貶開州司馬，此作『司户』當涉上誤。按，王伾入院時間，岑仲勉《注補四》認爲當從《順宗實録》『（三月）辛未，以翰林待詔王伾爲翰林學士』。三月辛未爲二日，丁《記》誤爲二月。餘參《翰林院故事》『貞元以後』『王伾』條注。

## 永貞後二人

相李吉甫，永貞元年十二月二十四日，自考功郎中、知制誥充；二十七日，遷中書舍人，賜紫金魚袋〔一〕。元和元年十二月，加銀青〔二〕。二年正月二十一日，拜中書侍郎平章事〔三〕。

〔一〕按，《舊唐書·憲宗上》，永貞元年十二月壬戌，『以考功郎中、知制誥李吉甫爲中書舍人……並充翰林學士』，壬戌即二十七日。據《承旨學士院記》，此日吉甫充承旨。

〔二〕銀青，靜嘉堂本誤作『銀春』，鮑廷博據明鈔本改。

〔三〕按，《舊唐書·憲宗上》元和二年正月己卯：『以中書舍人、翰林學士李吉甫爲中書侍郎、同平章事。』岑仲勉謂此月無己卯，以爲當從《新唐書·憲宗紀》作『己酉』，正當二十一日。

相裴垍，永貞元年十二月二十五日，自考功員外郎充；二十七日，遷考功郎中、知制誥，賜緋魚袋〔一〕。元和元年十一月，加朝散大夫，賜紫。二年四月十六日，遷中書舍人〔二〕。三年四月二十五日，出院，拜户部侍郎。

〔一〕按，據《舊唐書·憲宗上》，永貞元年十二月壬戌，『以考功員外郎裴垍爲考功郎中、知制誥，並充翰林學士』，壬戌即二十七日。此日李吉甫遷中書舍人，裴垍接任其本官。

〔二〕按，據《承旨學士院記》，裴垍此日拜承旨。

## 元和後二十四人〔一〕

相李絳，元和二年四月八日，自監察御史充〔二〕，加主客員外郎。四年四月十七日，加司勛員外郎、知制誥〔三〕；五月十九日，賜緋。五年五月五日，加司勛郎中，依前充；十二日〔四〕，遷中書舍人，賜紫。六年二月二十七日，出院，拜户部侍郎。

〔一〕按，本《記》凡云某後若干人者，以入院人次計也。

〔二〕按，《翰林院故事》，李絳『東臺察院充』，可知其爲洛陽御史臺監察御史。

〔三〕按，據《承旨學士院記》，此日李絳入爲承旨。

〔四〕十二日，文淵閣本作『十一日』。《承旨學士院記》、《唐會要·翰林院》、《通鑑》卷二三八均記此事在十二月，岑仲勉、傅璇琮以爲本《記》『日』當爲『月』之誤。

相崔群，元和二年十一月六日，自左補闕充〔一〕；三年四月二十八日，加庫部員外郎〔二〕；五月五日，加庫部郎中、知制誥〔三〕；十二月，賜緋；七年四月二十九日，遷中書舍人；九年六月二十六日，出院，拜禮部侍郎〔四〕。

〔一〕左補闕，兩《唐書》本傳作『右補闕』。

〔二〕員外郎，靜嘉堂本誤作『郎外郎』，鮑廷博據明鈔本改。

〔三〕按，岑仲勉《注補六》認爲未及旬而遷郎中、加制誥四年後乃正除中書舍人，頗違常例，據與之同時入院之白居易改官情況，應于『五月』上補『五年』。

〔四〕禮部侍郎，靜嘉堂本作『户部侍郎』，鮑廷博改『户』爲『禮』，眉批曰：『禮，當改，《唐書》。盧云：案前作禮。』《翰林院故事》同，《承旨學士院記》作『户部侍郎』。傅璇琮《憲宗朝翰林學士傳·崔群》考群元和九年六月先以禮部侍郎出院，次年轉户部侍郎，作『禮部』是。

白居易，元和二年十一月六日，自盩厔縣尉充〔一〕。三年四月二十八日，遷左拾遺。五年五月五日，改京兆府户曹參軍，依前充〔二〕。丁憂〔三〕。

〔一〕盩厔，靜嘉堂本誤作『盩屋』，鮑廷博據明鈔本改。按，《翰林院故事》作『盩厔尉授集賢校理充』，盩厔尉爲本官，集賢校理爲實任之職事官，此日居易職事轉爲翰林學士，仍帶盩厔尉銜。

〔二〕按，白居易有《奏陳情狀》《謝官狀》《初除户曹喜而言志》等詩文言及此次遷轉，傅璇琮《憲宗朝翰林學士傳·白居易》認爲户曹之職俸禄較優，可以更好奉養老母。

〔三〕按，據《舊唐書》本傳，居易元和六年四月丁母喪。

衛次公，元和三年六月二十五日，自權知兵部侍郎充〔一〕；七月二十三日，加知制誥。四年三月，出院，除太子賓客〔二〕。

〔一〕按，據《承旨學士院記》，此日次公入爲承旨。

〔二〕按，《舊唐書》本傳：『與鄭絪善，會鄭絪罷相，次公左授太子賓客。』太子賓客爲正三品，較正四品下之兵部侍郎高兩階，《舊傳》云『左授』者，以其爲閒職也。

錢徽，元和三年八月二十六日，自祠部員外郎充〔一〕。六年四月二十五日，加本司郎中。八年五月九日，轉司封郎中、知制誥；十一月，賜緋〔二〕。十年七月二十三日，遷中書舍人〔三〕。十一年，出守本官〔四〕。

〔一〕按，《翰林院故事》云『左補闕充，祠外又充』，辨參該篇『元和已後』『錢徽』注。

〔二〕按，《舊唐書》本傳：『六年，轉祠部郎中、知制誥。八年，改司封郎中、賜緋魚袋，職如故。』記錢徽知制誥在六年。

〔三〕按，《舊唐書》本傳：『九年，拜中書舍人。』遷拜年份不同。又按，《新唐書》本傳：『三遷中書舍人，加承旨。』岑仲勉《注補六》據此以爲徽約于元和九年六月後以司封郎中知制誥任承旨，至十一年正月十四日出院。傅璇琮《憲宗朝翰林學士傳·錢徽》以爲無據。參《承旨學士院記》『王涯』條注。

〔四〕十一年，底本、靜嘉堂本作『十一月』，餘本作『十一年』。按，《舊唐書·憲宗下》及本傳，皆記錢徽元和十一年罷學士之職，守本官。茲據改。又按，出院原因，以論兵不合旨也。《舊唐書·憲宗下》元和十一年正月，『戊寅，詔群臣曰：「今用兵已久，利害相半。其攻守之宜，罰宥之要，宜各具議狀以聞。」庚辰，翰林學士錢徽、蕭俛各守本官，以上疏請罷兵故也』。

韋弘景，元和四年七月一日，自左拾遺、集賢院直學士充〔一〕；九日，轉左補闕。七年二月五日，遷司門員外郎。八年十月二十三日，出守本官〔二〕。

〔一〕按，《舊唐書》本傳：『元和三年，拜左拾遺，充集賢殿學士，轉左補闕，尋召入翰林爲學士。』《新唐書》本傳：『以左補闕召爲翰林學士。』傅璇琮《憲宗朝翰林學士傳·韋弘景》考謂兩書所記以左補闕入翰林誤，當從本《記》以左拾遺入；《舊傳》『集賢殿學士』當從本書作『直學士』。

〔二〕二十三日，抱經樓本、文淵閣本作『二十日』，誤。按，韋弘景因草制失誤被貶出院。《册府元龜》卷五五三《詞臣部·謬誤》記：『十月戊戌，以左神策軍普潤鎮使蘇光榮爲涇州刺史兼御史大夫……翰林學士司門員外郎韋弘景草制漏敘勛勞。是月辛丑，詔弘景守本官，落職。』《翰林志》引《六典》，謂起草制詔，『其禁有四：一曰漏洩，二曰稽緩，三曰遺失，四曰忘誤』。弘景『漏敘勛勞』，即屬『忘誤』，是以受罰。辛丑，二十二日，與本《記》二十三日差一日。《舊唐書·憲宗下》記爲戊戌，岑仲勉《注補六》以爲誤將蘇光榮授官與弘景貶出敘于同一日。

獨孤郁，元和五年四月一日，自右補闕、史館修撰改起居郎充〔一〕；九月，出守本官〔二〕。

〔一〕一日，靜嘉堂本誤作『一十』，鮑廷博據明鈔本改。按，《舊唐書》本傳：『（元和）四年，轉右補闕……五年，兼史館修撰。尋召充翰林學士，遷起居郎。』《翰林院故事》：『補闕充。』則郁以右補闕入院，再改起居郎，本《記》云以起居郎充，蓋誤。

〔二〕按，此次出院日期，《舊唐書·憲宗上》：『（九月）丙寅……權德輿可守禮部尚書、同中書門下平章事。丁卯，翰林學士獨孤郁守本官起居，以妻父權德輿在中書，避嫌也。』丙寅，二十九日；丁卯，三十日。《舊唐書》本傳：『權德輿作相，郁以婦公辭内職，憲宗曰：「德輿乃有此佳婿。」』頗得聖心。

相蕭俛，元和六年四月十二日，自右補闕充。七年八月五日，加司封員外郎。九年十一月二十四日，加駕部郎中；十二月十日，加知制誥〔一〕；十二日〔二〕，賜緋。

〔一〕按，《舊唐書》本傳：『元和六年，召充翰林學士。七年，轉司封員外郎。九年，改駕部郎中、知制誥，內職如故。』與此略同。餘參《翰林院故事》『元和已後』『蕭俛』條注。

〔二〕十二日，抱經樓本、文淵閣本同，餘本作『十二月』，鮑廷博據文例改，眉批曰：『疑日。』按，《壁記》失記蕭俛出院，據《舊唐書・憲宗下》，其與錢徽同于元和十一年正月庚辰免學士。詳『錢徽』條注。

劉從周，元和八年正月二十七日〔一〕，自左補闕充，卒。

〔一〕正月，抱經樓本、文淵閣本作『七月』，誤。

獨孤郁，元和八年十二月二十二日，自駕部郎中、知制誥充，病免，改秘書少監〔一〕。

〔一〕按，《舊唐書》本傳：『八年，轉駕部郎中。其年十月，復召爲翰林學士。九年，以疾辭內職。十一月，改秘書少監，卒。』再入時間與本《記》不同。餘參《翰林院故事》『元和已後』『獨孤郁』條。

徐晦，元和九年七月二十三日，自東都留守判官都官員外郎充。十年七月二十三日，轉司封郎中。十二年二月十一日，出守本官〔一〕。

〔一〕按，兩《唐書》本傳不記徐晦翰林學士官歷，此與《翰林院故事》可補史闕。

相令狐楚，元和九年七月二十五日，自職方員外郎、知制誥充〔一〕；十二月十一日，賜緋；十一月七日，轉本司郎中〔二〕。十二年三月，遷中書舍人〔三〕；八月四日，出守本官〔四〕。

〔一〕按，《舊唐書·憲宗紀》元和九年十一月，『戊戌……以職方員外郎、知制誥令狐楚爲翰林學士』。十一月戊戌爲二十五日。據此，令狐楚以職方員外郎知制誥充翰林學士，當在十一月二十五日，此作『七月』者，疑手民誤合『十一』二字爲『七』而訛。又按，《册府元龜》卷五五一《詞臣部·詞學》，令狐楚爲職方員外知制誥，善于牋表制誥，憲宗聞其名，召擢翰林學士。據《舊唐書》本傳，楚入翰林，乃皇甫鏄所薦。《册府元龜》卷五五〇《詞臣部·恩奬》又載，令狐楚撰《元和辯謗略》，書成，帝嘉其該博，轉職方郎中知制誥充翰林學士。然據《舊唐書·唐次傳》《舊唐書·憲宗紀》，《辯謗略》乃沈傳師奉憲宗之命，與令狐楚等人廣唐次之書而成，元和十二年十月上之，其時楚已罷學士。《元龜》誤。

〔二〕十二月、十一月，他本皆同，底本乙作『十一月』『十二月』，蓋鮑廷博以月序不合而意改。然據上注所考，前句『七月二十五日』爲『十一月二十五日』之誤，此句縱易作『十一月十一日』，時序仍不合。故據他本回改。疑『十一月七日』前奪年份。謙牧堂本奪『賜緋十一月』五字。岑仲勉《注補六》謂『郎中』下應補『知制誥』三字。

〔三〕按，元稹《承旨學士院記》，令狐楚元和十二年二月二十四日，以職方郎中知制誥、翰林學士、賜緋魚袋充承旨；三月二十日，正除（中書舍人）。此處不記爲承旨事。

〔四〕按，《通鑑》卷二四〇，元和十二年八月，『李逢吉不欲討蔡，翰林學士令狐楚與逢吉善，度恐其合中外之勢以沮軍事，乃請改制書數字，且言其草制失辭；壬戌，罷楚爲中書舍人。』壬戌，五日，與此記微異。

郭求〔一〕，元和十一年十一月六日，自藍田尉、史館修撰充；八月，遷左拾遺〔二〕；十一月八日，出守本官〔三〕。

〔一〕按，《翰林院故事》郭求下有王涯，此爲再入。參『貞元後十二人』『張聿』條注、《故事》『元和已後』『王涯』條注。

〔二〕按，岑仲勉《注補六》謂『十一年』爲『九年』之誤，而八月前奪『十年』。傅璇琮《憲宗朝翰林學士傳・郭求》以爲改『九年』者無據，求或于十年一月入，八月遷左拾遺。

〔三〕十一月八日，岑仲勉據《新唐書・韋貫之傳》及《舊唐書・憲宗下》，疑爲『十一年八月』之訛。

張仲素，元和十一年八月十五日，自禮部郎中充〔一〕。十三年正月十二日，加司封郎中、知制誥；二月十八日，賜紫〔二〕。十四年三月二十八日，遷中書舍人，卒官，贈禮部侍郎。

〔一〕按，《翰林院故事》云『禮部員外充』，岑仲勉《注補六》據楊巨源詩《張郎中段員外初直翰林報寄長句》以爲作『郎中』是。又按，《翰林志》記學士入院召試，『自張仲素後，加賦一首』，是爲入院試賦第一人。餘參《翰林志》∞『興元元年』條注〔四〕。

〔二〕按，據《承旨學士院記》，此日仲素加承旨。賜紫因平吴元濟之功也，《唐會要・翰林院》：『（元和）十三年二月，上御麟德殿，召對翰林學士張仲素、段文昌、沈傳師、杜元穎，以仲素等有伐叛奉書詔之勤，賜仲素以紫，文昌等以緋。』

段文昌，元和十一年八月十五日，自祠部員外郎充。十三年正月十二日，加本司郎中；二月十八日，賜緋〔一〕。十四年四月，加知制誥。十五年正月二十三日，遷中書舍人；閏正月一日，賜紫〔二〕；八日〔三〕，拜中書侍郎平章事。

〔一〕按，賜緋事參上『張仲素』條注。

〔二〕按，據《承旨學士院記》，此日文昌加承旨。賜紫事載《舊唐書・穆宗紀》：『（元和）十五年正月庚子，憲宗崩。丙午，即皇帝位于太極殿東序。是日，召翰林學士段文昌、杜元穎、沈傳師、李肇、侍讀薛放、丁公著對于思政殿，並賜金紫。』乃穆宗即位後特恩酬庸，杜元穎《翰林院使壁記》謂：『我皇初纘寶祚，特加寵獎，榮以金印、紫綬、玉帶之賜，尋又就遷命秩，勛階兼崇，蓋舉勞以行賞也。』即此等事。丙午，三日；本《記》段、杜、沈、李四條及《承旨學士院記》皆作『閏正月一日』，當甲辰。蓋翰院壁記與《舊書》所本實録史源不同，故記日有差。傅璇琮《憲宗朝翰林學士傳·段文昌》謂當從《舊紀》，未必然。

〔三〕八日，底本、明鈔本、謙牧堂本、《承旨學士院記》作『八月』，靜嘉堂本作『八年』，鮑廷博改『八月』；抱經樓本、文淵閣本作『八日』。岑仲勉《注補六》據《舊唐書·穆宗紀》元和十五年正月辛亥，『段文昌爲中書侍郎，同平章事』，辛亥爲八日，《新唐書·穆宗紀》同。兹據改。

沈傳師，元和十二年二月十三日〔一〕，自左補闕、史館修撰充。十三年正月十三日，遷司門員外郎〔二〕；二月十八日，賜緋〔三〕。十五年正月二十三日，加司勛郎中；閏正月一日，賜紫〔四〕；二十一日〔五〕，加兵部郎中、知制誥。長慶元年二月二十四日，遷中書舍人；〔二年〕二月十九日，出守本官，判史館事〔六〕。

〔一〕十二年，文淵閣本作『十一年』。

〔二〕十三日，傅璇琮《憲宗朝翰林學士傳·沈傳師》謂當與張仲素、段文昌等同于正月十二日遷轉，『三』蓋『二』之誤。按，兩《唐書》本傳均記傳師遷司門員外郎、知制誥之後召充翰林學士，岑仲勉、傅璇琮據杜牧《沈公行狀》所記：『授太子校書、鄠縣尉、直史館、左拾遺、左補闕、史館修撰、翰林學士。』謂當從本《記》自左補闕充，知制誥亦應從本《記》在十五年加兵部郎中之後。

〔三〕按，賜緋事參上『張仲素』條注。

〔四〕按，賜紫事參上『段文昌』條注。

〔五〕日，靜嘉堂本誤作『年』，鮑廷博據明鈔本改。

〔六〕二年，岑仲勉《注補六》據《集古録跋尾》卷八《韓愈羅池家廟碑》（沈傳師所書）引《穆宗實録》：『長慶二年二月，傳師自尚書兵部郎中、翰林學士，罷爲中書舍人、史館修撰。』謂傳師長慶二年出院。茲據補。

相杜元穎，元和十二年［二］月十三日〔一〕，自太常博士充；二十日〔二〕，改右補闕；［十三年二］月十八日，賜緋〔三〕。十四年三月二十一日，加司勛員外郎。十五年閏正月一日，賜紫〔四〕；二十一日，遷中書舍人；十一月十七日，遷户部侍郎、知制誥〔五〕。長慶元年二月十五日，以本官拜平章事〔六〕。

〔一〕二，謙牧堂本、李鈔本作『二』，餘本皆闕。岑仲勉《注補六》據《舊唐書·憲宗紀》《翰林院故事》及本書文例補，今從。

〔二〕二十日，靜嘉堂本作『三十日』，鮑廷博據明鈔本改。

〔三〕十三年二，謙牧堂本作『八』，李鈔本作『四』，餘本皆闕。岑仲勉據《唐會要·翰林院》載元穎與段文昌、沈傳師同日賜緋，並參上張仲素及段、沈條所記補年月，可從。按，《舊唐書》本傳：『吴元濟平，以書詔之勤，賜緋魚袋，轉司勳員外郎，知制誥。』

〔四〕按，據《承旨學士院記》，是日元穎加承旨。賜紫事參上『段文昌』條注。

〔五〕按，岑仲勉據兩《唐書》本傳記元穎『轉司勛員外郎知制誥』，曰：『唐制率先知制誥乃正拜中舍，今元穎十五年遷中舍，知此處奪「知制誥」三字。』傅璇琮《憲宗朝翰林學士傳·杜元穎》則以爲『遷升中書舍人不一定先須兼知制誥』，疑兩《唐書》誤將户部侍郎下之知制誥迻寫于司勛員外郎下。

〔六〕按，《舊唐書·穆宗紀》長慶元年二月，『壬申……以朝散大夫、尚書户部侍郎、知制誥、翰林學士、上柱國、建安縣開國男杜元穎守本官、同中書門下平章事』。壬申，五日，《通鑑》卷二四一同；本《記》之十五日爲壬午，與《新唐書·穆宗紀》《宰相表下》同。不詳孰是。參《承旨學士院記》『杜元穎』條注。

李肇，元和十三年七月十六日，自監察御史充。十四年四月五日，遷右補闕〔一〕；九月二十四日，賜緋。十五年閏正月一日，賜紫〔二〕；二十一日，加司勛員外郎。長慶元年正月十三日，出守本官。

〔一〕右補闕，《翰林志》：「明年四月，改左補闕。」

〔二〕按，賜紫事參上「段文昌」條注。

相李德裕，元和十五年閏正月十三日〔一〕，自監察御史充；二月一日，賜紫；二十日，加屯田員外郎〔二〕。長慶元年三月二十三日，改考功郎中、知制誥〔三〕。二年正月二十九日，加承旨〔四〕；二月四日，遷中書舍人；十九日，改御史中丞，出院〔五〕。

〔一〕十三日，靜嘉堂本作「十二日」，鮑廷博據明鈔本改。德裕與李紳、庾敬休同日入院，二人條中均作「十三日」。按，此時穆宗已即位，未改元，故李德裕至柳公權六人皆列入「元和後」。《舊唐書·穆宗紀》元和十五年正月，「甲寅……以監察御史李德裕、右拾遺李紳、禮部員外郎庾敬休並守本官，充翰林學士」。甲寅爲閏正月十一日，與本《記》略異。又按，《舊唐書》本傳：「（元和）十四年……真拜監察御史。明年正月，穆宗即位，召入翰林充學士。帝在東宮，素聞吉甫之名，既見德裕，尤重之。禁中書詔，大手筆多詔德裕草之。」同入翰林三人，惟德裕賜紫，李紳、庾敬休皆賜緋，可見穆宗寵愛異常。

〔二〕按，《舊唐書》本傳：「是月，召對思政殿，賜金紫之服。逾月，改屯田員外郎。」「是月」指正月，「逾月」指二月，與本《記》略異。

〔三〕按，《舊唐書·穆宗紀》長慶元年三月，「己未，以屯田員外郎李德裕爲考功郎中……並依前知制誥、翰林學士」。

〔四〕按，德裕召爲承旨日期，《承旨學士院記》誤記爲『元年正月二十九日』。

〔五〕按，《承旨學士記》所記同，《舊唐書·穆宗紀》長慶二年二月，『丁卯，以考功郎中、知制誥李德裕爲中書舍人，依前翰林學士。……辛巳……以翰林學士、中書舍人李德裕爲御史中丞』。丁卯，五日，與本《記》略異；辛巳，十九日。按，關于德裕出院，《舊唐書》本傳載：『時德裕與李紳、元稹俱在翰林，以學識才名相類，情頗款密，而逢吉之黨深惡之。其月，罷學士，出爲御史中丞。』傅璇琮《穆宗敬宗朝翰林學士傳·李德裕》以爲出院與李逢吉無關，詳傅氏撰《李德裕年譜》。

相李紳，元和十五年閏正月十三日，自右拾遺、内供奉充；二月一日，賜緋；二十日，遷右補闕〔一〕。長慶元年三月二十三日，加司勛員外郎、知制誥〔二〕。二年二月十九日，遷中書舍人承旨〔三〕；二十三日〔四〕，賜紫。〔三年〕三月二十七日〔五〕，改中丞，出院。

〔一〕按，《舊唐書》本傳：『歲餘，穆宗召爲翰林學士，與李德裕、元稹同在禁署，時稱「三俊」，情意相善。尋轉右補闕。』

〔二〕按，《舊唐書·穆宗紀》長慶元年三月，『己未……左補闕李紳爲司勛員外郎，並依前知制誥、翰林學士』。補闕官名與《舊唐書》本傳及本《記》小異，傅璇琮《穆宗敬宗朝翰林學士傳·李紳》謂紳此前未知制誥，《舊紀》書『依前知制誥』誤。

〔三〕按，《舊唐書·穆宗紀》長慶二年二月『辛巳……司勛員外郎、知制誥李紳爲中書舍人，依前翰林學士』。

〔四〕二十三日，抱經樓本、文淵閣本作『二十五日』。謙牧堂本奪賜紫事。

〔五〕三年，諸本奪，岑仲勉《注補六》據《承旨學士院記》補。按，李紳出院源于李逢吉之傾軋，詳《舊唐書·李紳傳》。

庾敬休，元和十五年閏正月十三日，自禮部員外郎充；二月一日，賜緋；二十一日，加左司郎中〔一〕。長慶元年十月二十一日，出守本官。

〔一〕左司郎中，《舊唐書》本傳：『俄遷禮部員外郎。入爲翰林學士，遷禮部郎中，罷職歸官。』岑仲勉據此以爲『左司』當正作『禮部』，是。

相韋處厚，元和十五年二月二十四日，自户部郎中、知制誥充侍講學士〔一〕；三月十日，賜緋〔二〕；二十二日〔三〕，遷中書舍人。長慶二年五月六日，賜紫；閏十月八日，加史館修撰〔四〕。三年十月二十三日，權兵部侍郎、知制誥，依前侍講學士兼史館修撰。四年二月十三日〔五〕，加承旨；十月十四日，正拜兵部侍郎。寶曆二年十二月十七日，拜中書侍郎平章事〔六〕。

〔一〕按，《舊唐書》本傳：『穆宗以其學有師法，召入翰林，爲侍講學士。』唐翰林侍講、侍讀學士自此始置，詳傅璇琮《唐翰林侍講侍讀學士考論》。

〔二〕按，《舊唐書·穆宗紀》元和十五年三月，『壬子，召侍講學士韋處厚、路隨于太液亭講《毛詩·關雎》《尚書·洪範》等篇。既罷，並賜緋魚袋』。壬子，十日。

〔三〕二十二日，《舊唐書·穆宗紀》長慶二年四月，『癸未……處厚改中書舍人，隨改諫議大夫，並賜金紫』。岑仲勉據此謂：『大抵下文「長慶四年」四字，乃此處所錯簡，其下復脱「四月」兩字。』當改爲『長慶二年四月二十二日』。其説是。按，本《記》失載遷諫議大夫事，當與賜紫同日。

〔四〕按，《舊唐書·穆宗紀》長慶二年閏十月，『己亥，敕翰林侍講學士諫議大夫路隨、中書舍人韋處厚，兼充史館修撰《憲宗實録》』。己亥，十二日，與本《記》小異。

〔五〕二月十三日，諸本皆作『十月二十三日』，岑仲勉《注補六》據《承旨學士院記》及本文下句『十月十四日』時序，以爲『十』字衍，『月二』兩字乙。茲據改。

〔六〕《舊唐書·文宗上》寶曆二年十二月，『庚戌，以正議大夫、尚書兵部侍郎、知制誥、充翰林學士、柱國、賜紫金魚袋韋處厚爲中書侍郎、同中書門下平章事』。

相路隋，元和十五年二月二十四日，自司勛員外郎史館修撰充侍讀學士〔一〕；三月十日，賜緋〔二〕；二十二日，轉本司郎中。長慶二年五月四日，遷諫議大夫；閏十月八日，加史館修撰。四年四月十四日，改充學士；五月二十四日，賜紫。二十七日〔三〕，拜中書舍人。寶曆二年正月八日〔四〕，遷兵部侍郎、知制誥。大和二年［十］二月二十七日〔五〕，拜中書侍郎平章事。

〔一〕侍讀，岑仲勉《注補六》據韋處厚《翰林學士記》、《舊唐書·路隨傳》、《册府元龜》、《唐尚書省郎官石柱題名考》等，以爲當作『侍講』。傅璇琮駁之，認爲丁居晦所記不誤，見《唐翰林學士傳論·路隨》《唐翰林侍講侍讀學士考論》。按，傅説之文字依據，除本文外，只有《文苑英華》本《翰林學士記》的一處異文，而《英華》本所注異文，與《翰苑群書》本全同，可能出自宋代的同一版本，不宜作爲旁證；又輾轉援引宋元明清之侍讀、侍講學士制度，以後例前，不足爲證。設其説不誤，則路隨爲唐代唯一侍讀學士，此後再無繼任者。

〔二〕按，賜緋事參上『韋處厚』條注。

〔三〕日，靜嘉堂本誤作『年』，鮑廷博據明鈔本改。

〔四〕二年，岑仲勉《注補六》據韋表微《翰林學士院新樓記》認爲，路隨遷兵部侍郎加承旨在是年正月，彼時尚未改元大和，仍稱寶曆三年；以爲『二年』當爲『三年』之訛，又脱『加承旨』三字，原句應爲『寶曆三年正月八日遷兵部侍郎知制誥加承旨』。

〔五〕十二月，諸本皆作『二月』。岑仲勉《注補六》據兩《唐書·文宗紀》及《新唐書·宰相表下》，謂奪『十』字，據補。

柳公權，元和十五年三月二十三日，自夏州觀察判官、試太常寺協律郎拜右拾遺，賜緋，充侍書學士〔一〕。長慶二年九月，改右補闕。四年，出守本官。

〔一〕按，《舊唐書》本傳：『穆宗即位，入奏事，帝召見，謂公權曰：「我于佛寺見卿筆迹，思之久矣。」即日拜右拾遺，充翰林侍書學士，遷右補闕、司封員外郎。』可知公權以書法擢用。雖有學士之名，然職責與前代以書藝晉身之翰林院書待詔並無不同，無參政、草詔之權。本傳載其『筆諫』故事，藉機規過，並非本職。故《舊傳》載其兄謂李宗閔：『家弟苦心辭藝，先朝以侍書見用，頗偕工祝，心實恥之。』

## 長慶後七人

相元稹，長慶元年二月十六日，自祠部郎中、知制誥充，仍賜紫；十七日，拜中書舍人〔一〕；十月，遷工部侍郎，出院〔二〕。

〔一〕按，拜中書舍人日期，白居易《元稹除中書舍人翰林學士賜紫金魚袋制》云：『一日之中，三加新命……可中書舍人、翰林學士、賜紫金魚袋。』知與翰林學士同日任命；元稹《承旨學士院記》云：『長慶元年二月十六日，自祠部郎中、知制誥、行中書舍人、翰林學士，仍賜紫金魚袋。』亦記爲同日，且較本《記》早一日。或同日所命，而隔日宣詔。

〔二〕按，出院日期，《承旨學士院記》記爲十月十九日。

高釴，長慶元年十一月八日，自起居郎史館修撰充；二十八日，賜緋。二年五月二日，加兵部郎中〔一〕。三年十一月七日〔二〕，遷户部郎中、知制誥。四年五月二十四日，賜紫；十二月十二日，拜中書舍人。寶曆二年三月四日，出守本官。

〔一〕二日，文淵閣本誤作『三日』。兵部郎中，岑仲勉《注補七》據《舊唐書》本傳，謂當爲兵部員外郎。

〔二〕七日，抱經樓本、文淵閣本作『十七日』。按，《舊唐書》本傳：『（長慶）四年四月，禁中有張韶之變，敬宗幸左軍。是夜，釴從帝宿于左軍。翌日賊平，賞從臣，賜釴錦綵七十匹，轉户部郎中、知制誥。』傅璇琮《穆宗敬宗朝翰林學士傳·高釴》並據《舊唐書·敬宗紀》，謂高釴遷户部郎中在長慶四年四月丁酉平亂後，《壁記》誤。岑仲勉《注補七》則以爲『轉户部郎中、知制誥』未必承上『翌日』而言，《壁記》不誤。

蔣防，長慶元年十一月十六日，自右補闕充〔一〕；二十八日，賜緋。二年十月九日，加司封員外郎。三年三月一日，加知制誥。四年二月六日，貶汀州刺史〔二〕。

〔一〕按，蔣防爲元稹、李紳薦舉入院。《舊唐書·龐嚴傳》：『嚴與右拾遺蔣防俱爲稹、紳保薦，至諫官、内職。』蔣防所職，補闕爲諫官，翰林學士爲内職。

〔二〕按，蔣防被貶，爲受李紳貶謫牽連。《舊唐書·敬宗紀》：『癸未，貶户部侍郎李紳爲端州司馬。丙戌，貶翰林學士、駕部郎中、知制誥龐嚴爲信州刺史，翰林學士、司封員外郎、知制誥蔣防爲汀州刺史，皆紳之引用者。』

韋表微，長慶二年二月二日，自監察御史充；四日，賜緋；五月三日，遷右補闕、内供奉〔一〕。三年九月三十日，拜庫部員外郎。四年五月二十四日，賜紫；二十七日，加知制誥。寶曆元年五月二十五日，拜中書舍人。二年正月〔二〕，遷户部侍郎、知制誥。大和二年〔十〕二月二十八日，加承旨〔三〕。三年八月二十日，以疾出守本官。

〔一〕右補闕，《舊唐書》本傳作『左補闕』。

〔二〕二年，岑仲勉《注補七》考爲『三年』之誤，又據表微《翰林學士院新樓記》，疑正月八日遷官。

〔三〕十二月，諸本作『二月』，岑仲勉據前『路隨』條所考，奪『十』字。兹據補。

龐嚴，長慶二年三月二日，自左拾遺充〔一〕；四日，賜緋。十月九日，遷左補闕。三年三月一日，加知制誥。十月十四日，賜紫。十一月九日，拜駕部郎中、知制誥。四年二月六日，貶信州刺史〔二〕。

〔一〕按，《舊唐書》本傳記此事在二月，傅璇琮《穆宗敬宗朝翰林學士傳·龐嚴》以爲嚴當與韋表微同日入院，《舊傳》是。

〔二〕按，龐嚴與李紳、蔣防同貶。參『蔣防』條注。

崔郾，長慶四年六月七日，自給事中充侍講學士〔一〕；十二月十一日，改中書舍人。寶曆二年九月四日，出守本官〔二〕。

〔一〕充，抱經樓本、文淵閣本脱。按，岑仲勉《注補七》據杜牧《崔公（郾）行狀》，謂《壁記》失載賜紫事。又疑『七日』當爲『四日』之誤，不然不當列于四日入院之高重前。傅璇琮《穆宗敬宗朝翰林學士傳·崔郾》以爲崔、高入院，當皆在七日，或皆在四日。

〔二〕按，杜牧《行狀》：『歷歲，願出守本官，辭懇而遂。』是郾自請離職。

高重，長慶四年六月四日〔一〕，自司門郎中充侍講學士。十二月十一日，遷諫議大夫。寶曆二年正月六日〔三〕，改給事中，出守本官。

〔一〕四日，或爲『七日』之訛，説參『崔郾』條注。

〔二〕二年，傅璇琮《穆宗敬宗朝翰林學士傳·高重》據韋表微《翰林學士院新樓記》，謂當作『三年』，是也。按，寶曆二年十二月乙巳（十二日）文宗登基，次年二月乙巳（十三日）方改元大和。

## 寶曆後二人

王源中，寶曆元年九月二十四日〔一〕，自户部郎中充；十一月二十八日，賜紫。二年正月二十八日〔二〕，權知中書舍人。大和二年二月五日，正拜；十一月五日，遷户部侍郎、知制誥〔三〕；十二月，加承旨〔四〕。八年四月二十日，出院〔五〕。

〔一〕元年，岑仲勉《注補八》『宋申錫』條考爲『二年』之誤。參『宋申錫』條注。

〔二〕此句岑仲勉據韋表微《翰林學士院新樓記》及《文苑英華》卷三八四李虞中《授學士王源中等中書舍人制》，以爲當作『三年正月八日』。

〔三〕按，葉夢得《石林燕語》卷四：『大和中李藏用碑，撰者言「中散大夫、守尚書户部侍郎、知制誥、翰林學士王源中」。』當爲是年十一、二月間撰。

〔四〕岑仲勉以爲『十二月』前奪『三年』。

〔五〕二十日，抱經樓本、文淵閣本脱。按，《太平御覽》卷八四六引《唐書》曰：『王源中爲户部侍郎、翰林承旨學士，性頗嗜酒。嘗召對，源中方沉醉不能起，及醉醒，同列告之，源中但懷憂，殊無悔恨。他日，又以醉不任赴召。遂終不得大任，以眼病求免所職。』傅璇琮猜測其借酒避禍，自引出院。

相宋申錫，寶曆元年九月二十四日，自禮部員外郎充侍講學士〔一〕；十一月二十八日，賜紫。十二月十九日，改充學士〔二〕。三年正月八日〔三〕，遷户部郎中、知制誥。大和三年六月一日，遷中書舍人〔四〕。四年七月七日，遷尚書右丞，出院。

〔一〕按，《舊唐書》本傳：『寶曆二年，轉禮部員外郎，尋充翰林侍講學士。』記爲『二年』事。岑仲勉《注補八》據李虞中《授學士王源中等中書舍人制》、《翰林學士院新樓記》等，考本條與『王源中』條之『寶曆元年』均爲『二年』之訛。

〔二〕按，《舊唐書·文宗上》，寶曆二年十二月庚戌，『侍講學士宋申錫充書詔學士』。書詔學士即翰林學士。

〔三〕三年，文淵閣本作『二年』。按，韋表微《翰林學士院新樓記》，寶曆三年正月『表微洎王、宋二舍人皆遷秩加職院使』，可知文淵閣本誤也。

〔四〕按，《舊唐書》本傳：『大和二年，正拜中書舍人，復爲翰林學士。』岑仲勉以爲若從《壁記》作『三年』，申錫由知制誥至中書舍人時間太長，當從《舊傳》作『二年』。傅璇琮《文宗朝翰林學士傳·宋申錫》據上句文淵閣本『二年』訛文，復誤以爲申錫遷户部郎中、知制誥在大和二年正月，乃謂至三年六月遷中舍，不可謂久，《壁記》不誤。非是。考申錫撰《故文安公主墓志銘》（《唐代墓志彙編續集》大和〇一一），署銜『翰林學士朝議郎守户部郎中知制誥上柱國賜紫金魚袋』，公主葬于大和二年五月十二日，則申錫迄此未轉中書舍人可知也。

## 大和後二十人〔一〕

鄭澣，大和元年四月二十三日，自中書舍人充侍講學士〔二〕；二十八日，賜紫。二年六月一日，遷禮部侍郎，出院。

〔一〕岑仲勉《注補九》補李仲言、鄭注、顧師邕三人。

〔二〕按，韋表微《翰林學士院新樓記》記鄭涯與許康佐二人獲任後，「有詔賜宴，始觴于斯」，是爲新樓落成後舉辦之首場學士宴。

許康佐，大和元年四月二十三日，自度支郎中改駕部郎中充侍講學士；其月二十八日，賜紫。二年六月一日，遷諫議大夫。三年八月二十三日，改充學士。四年八月二十七日，改中書舍人充侍講學士兼侍講〔一〕。七年七月二十五日，改户部侍郎、知制誥。八年五月八日〔二〕，加承旨。九年五月五日，改兵部侍郎，出院〔三〕。

〔一〕充侍講學士兼侍講，傅璇琮《文宗朝翰林學士傳·許康佐》認爲唐制無翰林學士改侍講兼學士者，當爲衍文。

〔二〕五月，靜嘉堂本作「八月」，鮑廷博據明鈔本改。

〔三〕按，據《舊唐書》本傳，「爲户部侍郎，以疾解職，除兵部侍郎」，爲病免出院。康佐卒于開成三年（838），年七十二，則大和九年（835）出院時已六十九歲。

相李讓夷，大和元年十二月二十二日，自左拾遺改史館修撰〔一〕；六月二十七日〔二〕，賜緋。二年二月五日，遷左補闕。三年十一月五日，加職方員外郎。五年九月十六日，守本官，出院〔三〕。

〔一〕按，翰林學士例以本官敘階入院，史館修撰爲使職，無品階，不得以此充學士。岑仲勉《注補九》以爲「改」爲「兼」之誤，句末且奪「充」字。若依《壁記》文例，「改」字亦或衍。

〔二〕六月，岑仲勉疑爲「其月」「同月」之誤。學士賜服常在入院後不久，岑説是。

〔三〕按，《舊唐書・文宗下》，大和五年九月，『翰林學士薛廷老、李讓夷皆罷職守本官。廷老在翰林，終日酣醉無儀檢，故罷。讓夷常推薦廷老，故坐累也』，似李讓夷坐薦薛廷老罷學士，傅璇琮考爲托詞，實爲牛黨排擠所致。參下『薛廷老』條注。

柳公權，大和二年五月二十一日，自司封員外郎充侍書學士〔一〕；二十三日，賜紫；十一月二十一日〔二〕，改庫部郎中。五年七月十五日，改右司郎中，出院〔三〕。

〔一〕按，公權長慶四年出院，今再入，仍爲侍書學士。故《舊唐書》本傳云：『歷穆、敬、文三朝，侍書中禁。』

〔二〕十一月，靜嘉堂本脱，鮑廷博據明鈔本補。

〔三〕按，公權出院乃因其兄公綽之力。《舊傳》：『公綽在太原，致書于宰相李宗閔云：「家弟苦心辭藝，先朝以侍書見用，頗偕工祝，心實耻之，乞換一散秩。」乃遷右司郎中。』

丁公著，大和三年四月二十六日，自禮部尚書充侍講學士〔一〕，改户部尚書充浙西觀察使〔二〕。

〔一〕按，傅璇琮《文宗朝翰林學士傳・丁公著》以爲公著以正三品之禮部尚書充侍講，與其憲宗朝爲太子侍讀時著《皇太子及諸王訓》十卷等有關。

〔二〕改户部尚書充浙西觀察使，諸本作『改正户部尚書、浙西觀察使』，『改正』，不詞。《舊唐書・文宗上》，大和三年七月，『乙巳，以禮部尚書、翰林侍講學士丁公著檢校户部尚書，兼潤州刺史，充浙江西道觀察使』。兹據《舊紀》及《壁記》文例改。本句前又奪改官月日，句末當有『出院』二字。

相崔鄲，大和三年五月七日，自考功郎中充；八月十二日，加知制誥。四年九月十六日，拜中書舍人。六年，以疾陳請出守本官。

相鄭覃，大和三年九月二十一日，自右散騎常侍充侍講學士。四年三月三十日，改工部尚書；六月十七日，出守本官〔一〕。

〔一〕按，鄭覃出院，與黨爭有關。《舊唐書》本傳：『五年，李宗閔、牛僧孺輔政，宗閔以覃與李德裕相善，薄之。時德裕自浙西入朝，復爲閔、孺所排，出鎮蜀川，宗閔惡覃禁中言事，奏爲工部尚書，罷侍講學士。』年月當從本《記》，《舊傳》誤。

路群，大和三年九月二十一日，自右諫議大夫充侍講學士〔一〕。四年八月二十七日，改充學士。五年九月五日，改中書舍人。七年十二月十七日，出守本官。

〔一〕右諫議大夫，《舊唐書》本傳無『右』字。按，《舊唐書·憲宗上》，元和元年閏六月，『壬午，諫議大夫去左、右字，只置四員』，直至武宗會昌元年五月辛未，始重新分爲左右（《舊唐書·武宗紀》《舊唐書·職官二》記爲會昌二年十一月）。則路群入院之年，仍未分左右，『右』字疑後人所補。

薛廷老，大和四年，自御史充〔一〕。五年九月四日，改刑部員外郎，出院〔二〕。

〔一〕御史，岑仲勉《注補九》謂當據《舊唐書》本傳補作『殿中侍御史』。

〔二〕按，《舊唐書·文宗下》，大和五年九月甲辰，『翰林學士薛廷老、李讓夷皆罷職守本官。廷老在翰林，終日酣醉無儀檢，故罷』，似廷老因耽酒失儀罷職。傅璇琮《文宗朝翰林學士傳·薛廷老》以爲廷老及李讓夷與宋申錫、李德裕黨關係密切，是年李宗閔、牛僧孺秉政後，與權宦王守澄聯手排擠李黨，二人因此出院，酣醉失儀僅爲藉口。又，

《舊紀》甲辰爲九日，與《壁記》不同；據前『李讓夷』條，讓夷九月十六日出院，非同日被貶，《舊紀》不確。

相李珏，大和五年九月十九日，自庫部員外郎、知制誥充〔一〕；三月二十三日，賜紫〔二〕；二十八日〔三〕，拜中書舍人。九年五月六日，加承旨；十九日，遷户部侍郎、知制誥；八月五日，貶江州刺史〔四〕。

〔一〕庫部員外郎，岑仲勉《注補九》謂當從勞格、趙鉞《唐尚書省郎官石柱題名考》作『庫部郎中』。考珏撰《王府君（衮）墓志銘》（《唐代墓志彙編》大和〇五四），署銜『承議郎守尚書庫部郎中知制誥充翰林學士上柱國賜緋魚袋』，岑説是。

〔二〕三月，諸本多同，惟底本作『其月』。靜嘉堂本鮑廷博眉批曰：『「三月」上似脱某年，否則「三」字誤也。三月，或「其月」之誤。前頁許康佐注，有「其月」例也。』知爲鮑廷博所改。然《舊唐書·李珏傳》：『（大和）七年三月，正拜中書舍人。』下句所言即拜中舍事，可知『三月』不誤，鮑妄改；而『三月』前奪『七年』。

〔三〕二十八日，岑仲勉引《舊唐書·李珏傳》『（大和）七年三月，正拜中書舍人』，謂『二十八日之上當有脱文』。

〔四〕按，《舊唐書》本傳：『七月，宗閔得罪，珏坐累，出爲江州刺史。』月份小異，或七月議罪，八月貶出。傅璇琮《文宗朝翰林學士傳·李珏》以爲其入院、出院及遷轉，與黨爭息息相關。

相鄭覃，大和六年三月十四日，自工部尚書充侍講學士〔一〕。七年六月十六日〔二〕，改御史大夫，出院。

〔一〕按，鄭覃大和四年六月出院，不到兩年復召入，以其深得帝心之故。《舊唐書》本傳：『文宗好經義，心頗思之。六年二月，復召爲侍講學士。』記月與《壁記》小異。

〔二〕十六日，抱經樓本、文淵閣本作『十八日』。按，《舊唐書·文宗下》，大和七年六月壬申，『以工部尚書、翰林侍講學士鄭覃爲御史大夫』。壬申當十六日，拖經樓本等誤。按，《舊傳》：『七年春，德裕作相。五月，以覃爲御史大夫。』與《壁記》記月不同。

相陳夷行，大和七年□月〔一〕，自吏部員外郎充；八月二十三日〔二〕，授著作郎、知制誥兼皇太子侍讀。八年九月六日，賜緋；七日，遷諫議大夫。九年二月十六日，罷侍讀；五月二十二日〔三〕，改太常少卿；二十九日〔四〕，兼太子侍讀。開成元年五月二十三日〔五〕，加承旨；六月二十四日，遷工部侍郎、知制誥；八月七日，賜紫。二年四月五日，出守本官平章事。

〔一〕□月，他本皆無此二字，鮑廷博意補。岑仲勉《注補九》疑當從《舊唐書》本傳作『四月』。

〔二〕岑仲勉以爲當據《舊傳》將下句之『八年』乙于『八月』前。

〔三〕五月二十二日，諸本句前皆有『開成元年』四字，岑仲勉考事在大和九年，爲衍文，據改。岑又以爲『五月』應從《册府元龜》卷七〇八正作『七月』。查《元龜》：『太和九年七月，以（王）起及翰林學士、太常少卿知制誥陳夷行並充皇太子侍讀。』則充侍讀爲七月事耳，改太常少卿在其前，《壁記》不誤。

〔四〕二十九日，當補『七月』，説見上注。

〔五〕開成元年，文淵閣本作『其年』，蓋以原文『五月』前已有年份，以爲重出而意改。

使相鄭涯〔一〕，大和七年四月八日，自左補闕充。八年九月七日，加司勳員外郎；十六日，賜緋。九年十一月十九日，加知制誥；十二月十五日，守本官，出院。

〔一〕按，《通鑑》懿宗咸通二年，『冬十月，以御史大夫鄭涯爲山南東道節度使。十一月，加同平章事』，故稱使相。傅璇琮《文宗朝翰林學士傳·鄭涯》考涯任節度在宣宗初，《通鑑》恐誤。

高重，大和七年十月十二日，自國子祭酒充侍講學士〔一〕。九年九月十八日，改御史大夫、鄂岳觀察使〔二〕。

〔一〕按，高重寶曆三年（即大和元年）出院，此時再入，仍爲侍講學士。《册府元龜》卷五九九《學校部·侍講》記其『以國子祭酒充翰林侍講學士，詔令每月一日、十日入院，不絶本司嘗務』，則仍以本職祭酒爲主，每月只需入院兩日。

〔二〕九月，岑仲勉《注補九》謂當據《舊唐書·文宗下》作『七月』。傅璇琮《文宗朝翰林學士傳·高重》以爲高重出院，爲鄭注、李訓排擠李宗閔之黨，牽連及之。

元晦，大和八年八月九日，自殿中侍御史充；九月十六日，賜緋。九年八月二十日，加庫部員外郎；九月十一日，出守本官〔一〕。

〔一〕按，勞格、趙鉞《唐尚書省郎官石柱題名考》：『忤李訓輩，故罷内職也。』則其出院原因與高重同。

柳公權，大和八年十月十五日，自兵部郎中、弘文館學士充侍書學士〔一〕。九年九月十二日，加知制誥充學士兼侍書。開成元年九月二十八日，遷中書舍人。二年四月〔二〕，改諫議大夫、知制誥。三年九月十八日，遷工部侍郎、知制誥，加承旨。五年三月九日，加散騎常侍，出院〔三〕。

〔一〕按，此爲公權第三次入院，仍爲侍書學士。

〔二〕按，岑仲勉《注補九》以爲此遷在『便殿對六學士』後，可據《通鑑》補『十一日』。《舊傳》記問對後，『翌日降制，以諫議知制誥，學士如故』。

〔三〕按，南宋《蘭亭續帖》録公權《年衰帖》：『公權年衰才劣，昨蒙恩放出翰林，守以閑冷。親情囑托，誰肯響應。惟深察。公權敬白。』其書寫時間有爭議，姑從熊言安《〈蒙詔帖〉真僞新考——兼論〈年衰帖〉的書寫時間》繫于此。

丁居晦〔一〕，大和九年五月三日，自起居舍人、集賢院直學士充；十月十八日，賜緋；十九日，遷司勳員外郎。開成二年九月十一日，加司封郎中、知制誥〔二〕。三年八月十四日，遷中書舍人；十一月十六日，拜御史中丞，出院。

〔一〕按，岑仲勉《注補九》于丁居晦前補李仲言，即李訓。《壁記》自壁上録出學士名氏時有意删削，參『貞元後十二人』『張聿』條注。

〔二〕按，《壁記》序文撰于開成二年五月十四日，此後内容皆後人所續，非丁居晦原書所有。

歸融，大和九年八月一日，自中書舍人充。五日〔一〕，加承旨；八月二十日，遷工部侍郎、知制誥〔二〕；二十四日，賜紫。開成元年五月十五日，出守本官兼御史中丞，出院。

〔一〕五日，二字前諸本多有『□年□月』，惟李鈔本作『十年五月』，岑仲勉《注補九》謂大和無十年，蓋淺人妄填；又考此四字爲衍文，歸融當于八月五日爲承旨。傅璇琮《文宗朝翰林學士傳·歸融》以爲融八月一日新入院，五日即加承旨，事有可疑。

〔二〕八月，岑仲勉疑『八』字誤，或『八月』爲衍文；又據《舊唐書》本傳及《舊唐書·文宗下》，以爲『工部』當爲『户部』之訛。

黎埴〔一〕，大和九年十月十二日，自右補闕充。開成二年二月十日，加司勳員外郎〔二〕。三年正月十日〔三〕，加知制誥；其年十二月十八日，賜緋；其月二十一日，加兵部郎中。四年十一月六日，遷中書舍人。五年二月一日，賜紫；三月十六日，拜御史中丞，出院。

〔一〕按，岑仲勉《注補九》于黎埴前補鄭注。鄭注因甘露之變被殺，《壁記》有意不書。參『貞元後十二人』『張聿』條注。

〔二〕按，《唐代墓志彙編》開成〇〇七黎埴《黎公（燧）墓志銘》，署銜『翰林學士朝議郎右補闕内供奉上輕車都尉』。本文爲墓主黎燧開成二年二月廿日與夫人合葬而撰，則或至二十日黎埴尚官右補闕，未遷司勛員外郎，丁《記》月日容有一誤；又或《志》撰于二月十日前，合葬日爲喪家補刻，故仍署舊職右補闕。同書開成〇一〇黎埴《唐故贈隴西郡夫人董氏墓志銘》，墓主開成二年八月卅日葬，則已署司勛員外郎。

〔三〕按，岑仲勉云：『三年以下，皆居晦作記後各人所續題也。』

袁郁〔一〕，大和九年十二月二十七日，自禮部員外郎、集賢院直學士充。開成元年正月十四日，轉庫部員外郎。二年三月十一日，丁憂。

〔一〕袁郁，岑仲勉《注補九》據兩《唐書·袁滋傳》認爲『袁都』或『袁郊』之訛，『都』字更形近。傅璇琮《文宗朝翰林學士傳·袁郁》以爲袁郁非袁滋子，與袁都非一人，《壁記》不誤。按，岑仲勉《注補九》于袁郁前補顧師邕。師邕甘露之變後賜死，《壁記》有意不書。參『貞元後十二人』『張聿』條注。

## 開成後十四人〔一〕

柳璟，開成二年七月十九日，自庫部員外郎、知制誥充。三年四月十四日〔二〕，加駕部郎中、知制誥；二月九日〔三〕，遷中書舍人；五年十月〔四〕，改禮部侍郎，出院。

〔一〕岑仲勉《注補》：『自此已下，皆居晦作記後各人續題，非丁氏原文所有。』靜嘉堂本此年以下，除咸通『張禓』條外，幾無點勘。

〔二〕三年，諸本多作『二年』，惟抱經樓本、文淵閣本作『三年』，岑仲勉《注補》以爲當作『三年』。茲據改。

〔三〕二月九日，岑仲勉《注補九》據《舊唐書》本傳以爲『二月』前本有『五年』二字，誤倒至下句『十月』前。

〔四〕五年，岑仲勉疑爲上文之錯簡，見上注。

相周墀，開成二年十二月二十五日〔一〕，自考功員外郎、知制誥充。三年十一月十六日，加職方郎中。四年[九]月十二日〔二〕，賜緋；三月十三日〔三〕，改工部侍郎、知制誥；六月十日，守本官，出院〔四〕。

〔一〕十二月二十五日，靜嘉堂本原作『七月十九日五日』，鮑廷博據明鈔本改。

〔二〕九月，底本『九』字闕，他本皆有，據補。靜嘉堂本『九』旁注一『×』符，蓋鮑廷博以後文時序而疑有誤，底本因而闕之。按，岑仲勉《注補九》以爲『賜緋』下奪十月遷中書舍人事。

〔三〕岑仲勉云：『（周墀）四年十月始遷舍人，改工侍應在其後，斷知三月上奪「五年」二字。』

〔四〕按，周墀因病辭學士。據杜牧《周公（墀）墓志銘》：『武宗即位，以疾辭，出爲工部侍郎、華州刺史。』武宗開成五年正月即位。

相王起，開成三年五月五日，自工部尚書判太常卿事，充皇太子侍讀、充侍講學士，依前判太常卿事充〔一〕。四年三月十二日，授太子少師兼兵部尚書；四月二日，賜給少師俸料〔二〕。五年正月七日〔三〕，加金紫光禄大夫守本官，出院。

〔一〕岑仲勉《注補九》謂句末『充』字衍。按，傅璇琮《文宗朝翰林學士傳·王起》認爲，王起以七十九歲高齡入院，與文宗于甘露之變後力求自保，親近經術、文學之士有關。

〔二〕二日，靜嘉堂本作『二十』，鮑廷博據明鈔本改。按，王起不善治家，俸禄輒爲家僕侵吞，故有此賜。《舊唐書》本傳：『四年，遷太子少師，判兵部事，侍講如故。以其家貧，特詔每月割仙韶院月料錢三百千添給。起富于文學，而理家無法，俸料入門，即爲僕妾所有。帝以師友之恩，特加周給。議者以與伶官分給，可爲耻之。』《唐會要》卷九二《内外官料錢下》：『（開成）四年三月，敕侍講學士兼太子少師王起，宜兼給料錢。』記爲三月事。

〔三〕正月，靜嘉堂本作『五月』，鮑廷博據明鈔本改。

高元裕，開成三年五月五日，自諫議大夫充侍講學士；八月十日，出守本官兼光禄大夫〔一〕。

〔一〕光禄大夫，岑仲勉《注補九》謂光禄大夫爲散官，不可兼，當從《舊唐書》本傳及蕭鄴《高公（元裕）神道碑》作『太子賓客』。傅璇琮《文宗朝翰林學士傳·高元裕》以爲，元裕爲侍講學士時兼太子賓客，出院時『兼銀青光禄大夫』，《壁記》有脱文。然銀青光禄大夫亦爲散官，從三品，未能解岑仲勉之疑。依文例，或爲『加（銀青）光禄大夫，出守本官』之訛。

裴素，開成三年十二月十六日，自司封員外郎兼起居郎、史館修撰充。四年七月十三日，加知制誥。五年二月二日，賜緋；六月，遷中書舍人；其年〔一〕十一月，加承旨，賜紫；十七日〔二〕，卒官，贈户部侍郎。

〔一〕其年，抱經樓本、文淵閣本脱。

〔二〕岑仲勉《注補九》引勞格説，據裴素《唐重修漢未央宮記》撰年及其後李褒任承旨時間推之，謂其會昌元年十二月尚在，『十七日』前疑脱『會昌元年十一月』。

丁居晦，開成四年閏正月，自御史中丞改中書舍人〔一〕。五年二月二日，賜紫；其年三月十三日，遷户部侍郎、知制誥；其月二十三日，卒官，贈吏部侍郎。

〔一〕岑仲勉《注補九》謂句末當補『充』字，是。按，居晦開成三年十一月十六日方出院，時隔兩月餘即重召入院。其原因，《册府元龜》卷五一五《憲官部・剛正二》載：『丁居晦爲御史中丞，頗鋭志當官，不畏强禦，然而措置或乖中道，執政請移易，遂復舊官。帝疑與當軸者不叶，故復舊職。』

高少逸，開成四年閏正月十一日，自左司郎中充侍講學士〔一〕；其年八月一日，遷諫議大夫。五年正月二十七日，賜紫，守本官，出院。

〔一〕按，少逸接替其弟元裕爲侍講學士。《册府元龜》卷七七一《總録部・世官》：『高元裕，開成三年爲諫議大夫、充翰林侍講學士；兄少逸，開成四年遷諫議大夫，代元裕爲翰林侍講學士。兄弟迭處禁密，儒林榮之。』《舊唐書》本傳同。據《壁記》，其遷諫議大夫在入院後。

李褒，開成五年三月二十日〔一〕，自考功員外郎、集賢院直學士充；其年六月，轉庫部郎中、知制誥；十二月十二日，賜緋。會昌元年五月，拜中書舍人；十二月，加承旨；六日，賜紫。二年五月十九日，出守本官。

〔一〕二十日，按，開成五年正月武宗即位，李褒與下條周敬復爲首批學士，例當同時召入二人，此記李褒二十日入院，敬復三十日入院，相差十日，疑『二』『三』有一誤。是月二十三日，丁居晦卒官，學士僅有柳璟、周墀、裴素三人，故于三十日召入二人，似較合理。李褒爲武宗召入首位翰林學士。

周敬復，開成五年三月三十日，自兵部員外郎、知制誥充；十二月十一日〔一〕，賜緋。會昌元年二月十三日，轉職方郎中、知制誥、中書舍人〔二〕。二年九月十八日，守本官，出院。

〔一〕十一日，按，上條李褒十二日賜緋，敬復十一日賜緋，僅差一日，疑爲同日事，『一』『二』或有一誤。

〔二〕岑仲勉《注補九》據唐官制，正除中書舍人後不帶知制誥，無同日授之理，疑『中書舍人』爲衍文，或其上有奪文。

相鄭朗，開成五年四月十九日，自諫議大夫充侍講學士；其年五月四日，賜緋；十一月二十九日，出守本官。

盧懿，開成五年四月十九日，自司封員外郎充侍講學士；其年四月〔一〕，賜緋。會昌元年二月九日，出守本官。

〔一〕四月，岑仲勉《注補九》：『懿與前條鄭朗爲同時入爲講學，則其賜緋似亦同時，今朗以五月四日賜，而朗以四月，殆任一有誤，四月近于四日之訛，其誤或在本條也。』意爲當作『五月四日』。其説是。

李訥〔一〕，開成五年七月五日，自左補闕充。會昌二年四月十六日，遷職方員外郎；十一月二十一日，賜緋。三年四月□日〔二〕，出守本官。

〔一〕李訥，抱經樓本、文淵閣本同，謙牧堂本、靜嘉堂本作『李納』，鮑廷博據明鈔本改。

〔二〕□日，抱經樓本、文淵閣本奪，李鈔本意補作『五日』。

相崔鉉。開成五年七月五日，自司勛員外郎充。會昌二年正月十二日，加司封郎中、知制誥；其年九月二十七日，加承旨，賜紫；十一月二十九日，遷中書舍人。三年五月十四日，拜中書侍郎平章事。

敬皥〔一〕，開成五年十一月十六日，自兵部員外郎、史館修撰充。會昌二年八月六日，出守本官。

〔一〕敬皥，岑仲勉《注補九》以爲當作「敬皥」，以其昆仲名字皆從日也。

## 會昌後八人

相韋琮，會昌二年二月十五日，自起居舍人、史館修撰充〔一〕；其年十月十七日，加司勛員外郎。三年五月二十九日，轉兵部員外郎、知制誥。四年四月十五日，轉兵部郎中〔二〕；九月四日，拜中書舍人，並依前充〔三〕。

〔一〕静嘉堂本「史館」前誤衍「舍」。

〔二〕按，岑仲勉《注補十》以爲于制「郎中」下當有「知制誥」。

〔三〕按，以下不言出院，岑仲勉以爲有脱文，當補「後加承旨，賜紫，遷户部侍郎，大中元年□月，同中書門下平章事」等字。然其事則然，其文則不必然。自此以下多條題名均無出院記録，會昌八人中四人無之，比例尤高，似非偶然脱文，或壁上文字原本如此，後人照實迻録耳。

魏扶〔一〕，會昌二年八月八日，自起居郎充。三年四月二十五日，賜緋；五月二十九日，加知制誥。四年四月十五日，轉考功郎中；九月四日，拜中書舍人，並依前充〔二〕。

〔一〕按，岑仲勉《注補十》以爲魏扶後亦入相，姓名前當補「相」字。

〔二〕按，岑仲勉云：『此未言何時出院，漏也。』傅璇琮《武宗朝翰林學士傳・魏扶》謂其當于會昌六年後半年由中書舍人遷禮部侍郎出院，知明年貢舉。

相白敏中，會昌二年九月十三日，自右司員外郎充〔一〕；其月十五日，改兵部員外郎；十一月二十九日，加知制誥。三年五月二十九日，轉職方郎中〔二〕；十二月七日，加承旨，賜紫。四年四月十五日，拜中書舍人；九月四日，遷户部侍郎、知制誥，並依前充〔三〕。

〔一〕按，敏中入院爲李德裕舉薦。《舊唐書》本傳：『武宗皇帝素聞居易之名，及即位，欲徵用之。宰相李德裕言居易衰病不任朝謁，因言從弟敏中辭藝類居易，即日知制誥，召入翰林充學士。』《新唐書》本傳、《通鑑》略同。

〔二〕按，岑仲勉《注補十》謂『郎中』下當補『知制誥』三字。

〔三〕按，敏中出院，《舊唐書・宣宗紀》載，會昌六年四月辛未，『以兵部侍郎、翰林學士承旨白敏中守本官、同中書門下平章事』。《新唐書・宣宗紀》《宰相表下》《通鑑》記爲五月乙巳。傅璇琮《武宗朝翰林學士傳・白敏中》以爲《舊紀》誤。

封敖，會昌二年十二月一日，自左司員外郎兼侍御史知雜事充〔一〕；其月三日，改駕部員外郎。三年五月二十五日，加知制誥。四年四月十五日，遷中書舍人；九月四日，遷工部侍郎、知制誥，依前充。五年三月十八日，三表陳乞，蒙恩出守本官。

〔一〕按，侍御史知雜事，《新唐書・百官三》：『侍御史六人……久次者一人知雜事，謂之雜端。』《通典》卷二四《侍御史》：『侍御史之職有四……雜事（臺事悉總判之）……其知雜事者，謂之「雜端」，最爲雄劇。』

相徐商，會昌三年六月一日，自禮部員外郎充。四年八月七日，加禮部郎中、知制誥；其年九月四日，遷兵部郎中，並依前充〔一〕。

〔一〕按，岑仲勉《注補十》推測徐商約于宣宗大中八年之前以户部侍郎出院。

孫瑴，會昌三年九月二十八日，自左拾遺充。四年九月十日，遷起居郎，依前充。六年二月二十三日，加兵部員外郎；其年四月十五日，浴殿賜緋；其月十七日，守本官、知制誥；六月十日，遷兵部郎中。大中元年十二月七日〔一〕，加承旨，思政殿賜紫；其月二十六日〔二〕，拜中書舍人。二年七月六日，特恩遷户部侍郎、知制誥，並依前充〔三〕；其年十二月二十四日，除河南尹兼御史大夫〔四〕。

〔一〕大中，抱經樓本、文淵閣本同，明鈔本、謙牧堂本、李鈔本、靜嘉堂本作『大和』，鮑廷博改『大中』。以時序，作『大中』是也。

〔二〕其月，靜嘉堂本作『十月』，鮑廷博據明鈔本改。二十六日，李鈔本作『二十一日』。

〔三〕按，宣宗于學士遷轉循守資格，《東觀奏記》卷中：『上雅重詞學之臣，于翰林學士恩禮特異，宴游密召，無所間隔，惟于遷轉，皆守彝章。皇甫珪自吏部員外召入内廷，改司勳員外，計吏員二十五個月限，轉司封郎中、知制誥；孔温裕自禮部員外改司封員外，入内廷，二十五個月，改司勳郎中、知制誥。動循官制，不以爵禄私近臣也。』今孫瑴正五品上之中書舍人超遷品之正四品下之户部侍郎，是爲『特恩』。《壁記》學士題名中，唯宣宗、懿宗朝仕歷書『特恩』，宣宗朝尤多，蓋以循資格爲常例也。參『大中後二十九人』『皇甫珪』條注。

〔四〕按，孫瑴出院，因返洛陽侍奉其父。《唐語林·德行》：『孫侍郎瑴在翰林，父爲太子詹事，分司東都。瑴因春時游宴歡，忽念温凊，進狀乞省覲。其詞曰：「陟彼岵兮，孰不瞻父？方寸亂矣，何以事君？」自内廷徑出，時皆稱之。至華陰，拜河南尹。』岑仲勉《注補十》以爲所記『春時』與《壁記》之『十二月』不同，不可信。傅璇琮《武宗朝翰林學士傳・孫穀》謂其時似不合，其事由則可信。

相劉瑑，會昌六年六月二日，自殿中侍御史充〔一〕；七月九日，三殿賜緋。大中元年閏三月十二日，加職方員外郎；十一月二十七日，加知制誥。二年七月六日，特恩加司封郎中〔二〕。三年六月十四日，拜中書舍人〔三〕；十二月二十七日，三殿賜紫〔四〕，並依前充。四年十一月二十八日，守本官，兼御史中丞、充西討伐党項行營諸寨宣慰使，依前充〔五〕。五年五月，守本官，出院〔六〕。

〔一〕按，劉瑑與下條之裴諗入院時，宣宗初即位。

〔二〕按，岑仲勉《注補十》以爲郎中後應加『知制誥』。

〔三〕按，葉夢得《石林燕語》卷四：『大中中王巨鏞碑，撰者言「翰林學士、中散大夫、守中書舍人劉瑑」。』當在此期間撰。

〔四〕賜紫，靜嘉堂本作『賜緋紫』，鮑廷博抹去『緋』字。

〔五〕按，《通鑑》卷二四九宣宗大中四年：『党項爲邊患，發諸道兵討之，連年無功，戍饋不已……十一月，壬寅，以翰林學士劉瑑爲京西招討党項行營宣慰使……十二月，以鳳翔節度使李業、河東節度使李拭並兼招討党項使。』劉瑑此行，蓋爲視察邊情，以作戰備。

〔六〕按，岑仲勉考劉瑑五年四月以前已轉刑部侍郎，應以此爲本官出院。

裴諗，會昌六年六月二日，自考功員外郎充；八月十九日，加司封郎中。大中元年二月三十日，加知制誥。二年七月二日，三殿賜紫；其月六日，特恩加工部侍郎、知制誥〔一〕；十二月二十六日，加承旨，並依前充〔二〕。三年五月二十三日，守本官，出院。

〔一〕按，岑仲勉《注補十》據崔嘏《授裴諗中書舍人制》，以爲加工部侍郎前曾遷中書舍人。傅璇琮《武宗朝翰林學士傳・裴諗》以崔嘏貶官時間推之，以爲此授當在大中二年正月初。又按，裴諗爲裴度之子，宣宗追念元和舊事，重用憲宗朝卿相後人，『特恩』蓋指此。《東觀奏記》卷上：『上追感元和舊事，但聞是憲宗朝卿相子孫，必加擢用。』其所召用翰林學士，裴諗（裴度子）、宇文臨（宇文籍子）、沈詢（沈傳師子）、令狐綯（令狐楚子）、鄭顥（鄭絪孫）、鄭處誨（鄭餘慶孫）、崔慎由（崔從子、）韋澳（韋貫之子）、庾道蔚（庾敬休子）、孔温裕（孔戣子）、皇甫珪（皇甫鎛子）、蔣伸（蔣乂子）、杜審權（杜元穎侄）等十三人，均爲憲宗朝貴臣子孫，占大中朝入院學士總數二十六人之半，比例極高。

〔二〕按，《東觀奏記》卷上：『裴諗爲學士，一日加承旨。上幸翰林，諗寓直，便中謝。上曰：「加官之喜，不與妻子相面，得否？便放卿歸。」諗蹈謝。卻召，上以御盤果實賜之，諗即以衫袖張而跪受。上顧一宫嬪，取項下小帛，裹以賜諗。諗父度，元和中君臣魚水之分，遂于諗恩禮亦異焉。』

## 大中後二十九人

相蕭鄴，大中元年二月二十六日，自監察御史裏行充〔一〕；十一月二十一日〔二〕，遷右補闕；十二月二十七日，三殿賜緋。二年七月六日，特恩遷兵部員外郎；十一月十三日，加知制誥，並依前充。二年九月十四日〔三〕，責授衡州刺史。

〔一〕按，《文苑英華》卷三八四有崔嘏《授蕭鄴翰林學士制》稱其本官爲監察御史，不稱裏行。考崔嘏《授蕭鄴李元監察御史制》，曰『爾等皆以詞華升于俊秀，從事賢侯之府，馳聲館閣之中』，可知授監察御史時正在使府佐幕。程大昌《續演繁露》卷六『唐憲銜使頭使下』條：『唐世節度、觀察等使辟置官屬，許理年轉入臺官，至侍御史止。其御史中丞，須有軍功乃得轉入。已上皆名憲銜。』則制文所授，當是憲銜。疑返朝後轉爲真御史，先任監察御史裏行，入院轉監察御史。

〔二〕十一月，李鈔本作『十二月』，誤。

〔三〕二年，岑仲勉《注補十一》謂爲『三年』之訛，若然則與宇文臨同日貶外州刺史。

宇文臨，大中元年閏三月七日，自禮部員外郎充〔一〕；其年四月，守本官，出院。

〔一〕按，崔嘏《授宇文臨翰林學士制二首·其一》：『是用輟自儀曹，置于翰苑。』『儀曹』指禮部郎官，合乎宇文臨所職之禮部員外郎。

沈詢，大中元年五月十二日，自右拾遺、集賢院學士充〔一〕。二年正月二日，思政殿召對，賜緋；其年七月六日，特恩遷起居郎〔二〕，並依前充；十月二十日〔三〕，守本官、知制誥，出院。

〔一〕學士，崔嘏《授沈詢翰林學士制》稱其本官爲『右拾遺、集賢殿直學士』，傅璇琮《宣宗朝翰林學士傳·沈詢》以爲，右拾遺爲從八品上，只能充集賢院直學士，不能充五品以上擔任的集賢院學士，當補『直』字。

〔二〕按，傅璇琮謂沈詢由從八品上的右拾遺驟遷從六品上的起居郎，是爲『特恩』。

〔三〕二十日，文淵閣本『二』作闕字。

宇文臨，大中元年十二月八日，自禮部郎中充；其月二十八日，加知制誥。二年正月二日，思政殿召對，賜緋；其年六月七日〔一〕，特恩遷中書舍人，並依前充。三年九月十四日，責授復州刺史〔二〕。

〔一〕六月七日，傅璇琮《宣宗朝翰林學士傳·宇文臨》謂其當與孫瑴、劉瑑、裴諗、蕭鄴、沈詢等人同日特恩遷轉，應爲『七月六日』之誤。

〔二〕按，與蕭鄴同日貶外州刺史出院。

相令狐綯，大中二年二月十日，自考功郎中、知制誥充〔一〕。三年二月二十一日，特恩拜中書舍人，依前充；其年五月一日，遷御史中丞，賜紫，出院。

〔一〕按，令狐綯入院爲白敏中舉薦。《東觀奏記》卷上，宣宗問白敏中，令狐楚兒子可任宰相否，『敏中曰：「緒小患風痹，不任大用。次子綯見任湖州刺史，有台輔之器。」上曰：「追來。」翌日，授考功郎中、知制誥。到闕，召充翰林學士』。傅璇琮謂亦是重用憲宗舊臣子弟，鞏固權位之舉。

鄭顥，大中三年二月二日，自起居郎充；其年四月十日，加知制誥；閏十一月四日，特恩遷右諫議大夫、知制誥〔一〕。四年十月七日，拜中書舍人，依前充。五年八月二日，授［右］庶子，出院〔二〕。

〔一〕按，傅璇琮謂鄭顥『入院不到一年，就由從六品上之起居郎遷升爲正五品上之右諫議大夫，故稱「特恩」』。顥爲憲宗朝宰相鄭絪之孫，會昌中狀元及第，宣宗特以愛女萬壽公主尚之，寵愛特異。事見《東觀奏記》卷上、《通鑑》卷二四九、兩《唐書》本傳、《新唐書·諸帝公主傳》等。

〔二〕右庶子，諸本『右』皆作闕字。考《全唐文補遺》第六輯盧軺《唐故范陽盧氏（軺）滎陽鄭夫人墓志銘》：『夫人滎陽人也……長兄曰顥……公自諫議大夫、知制誥，轉中書舍人。固辭出翰莞（引按，當爲『苑』之訛），守右庶子。』則顥以右庶子出院，茲據補。

鄭處誨，大中三年五月二十日，自監察御史裏行充〔一〕；七月十八日，遷屯田員外郎，依前充；閏十一月九日，三殿召對，賜緋。四年八月五日，守本官，出院〔二〕。

〔一〕按，傅璇琮《宣宗朝翰林學士傳·鄭處誨》推測其于會昌四、五年間在韋温宣徽觀察使幕，韋温卒後返朝。程大昌《續演繁露》卷六「唐憲銜使頭使下」條：「唐世節度、觀察等使辟置官屬，許理年轉入臺官，至侍御史止。其御史中丞，須有軍功乃得轉入。已上皆名憲銜。」則處誨之監察御史裏行，恐爲佐幕韋温時所授之憲銜，非真御史。

〔二〕按，處誨乃因病出院。杜牧《鄭處晦守職方員外郎兼侍御史知雜事制》：「處晦常居内庭，草具密命，自以疾去，于今惜之。」制文「晦」當作「誨」。

相崔慎由，大中三年六月八日，自職方郎中、知制誥充；九月六日，拜中書舍人，依前充；十二月九日，守本官，出院〔一〕。

〔一〕按，崔慎由自撰《唐太子太保分司東都贈太尉清河崔府君墓志》（《唐代墓志彙編續集》咸通〇五三），載其仕歷甚詳，記此段爲「職方郎中、知制誥，翰林學士，中書舍人，潭州刺史、兼御史中丞、湖南都團練觀察使」，與本《記》甚爲吻合，亦可知其出院後去向。

相令狐綯，大中三年九月十六日，自御史中丞充承旨；其月二十三日，權知兵部侍郎、知制誥，依前充。四年十一月三日，守本官、同中書門下平章事〔一〕。

〔一〕按，宣宗極愛重令狐綯，《東觀奏記》卷上載：「上將命令狐綯爲相，夜半幸含春亭召對，盡蠟燭一炬，方許歸學士院，乃賜金蓮花燭送之。院吏忽見，驚報院中曰：『駕來！』俄而趙公至。吏謂趙公曰：『金蓮花乃引駕燭，學士用之，莫折事否？』頃刻而聞傳説之命。」

鄭薰，大中三年九月十八日，自考功郎中充〔一〕；閏十一月二十七日，特恩加知制誥。四年十月七日，拜中書舍人，並依前充；十三日〔二〕，守本官，出院。

〔一〕按，鄭薰入院僅比令狐綯晚二日，《舊唐書·鄭畋傳》：『右丞鄭薰，令狐之黨也。』或爲令狐綯汲引。

〔二〕十三日，謙牧堂本前多『其月』。

相畢諴，大中四年二月十三日，自職方郎中兼侍御史知雜事充。六年正月七日，三殿召對，賜紫〔一〕；其年七月七日，授權知刑部侍郎，出院〔二〕。

〔一〕按，三殿，麟德殿。畢諴在院深得帝心，欲用爲相，然爲令狐綯所忌。《東觀奏記》卷下：『畢諴本賈客之子，連昇甲乙科。杜悰爲淮南節度使，置幕中，始落鹽籍。文學優贍，遇事無滯，在翰林，上恩顧特異，許用爲相，深爲丞相令狐綯所忌。』

〔二〕按，杜牧《畢諴除刑部侍郎制》記其前銜爲『翰林學士朝散大夫守中書舍人上柱國平陰縣開國男食邑三百户賜紫金魚袋』；畢諴《盧府君（就）墓志銘》署銜『翰林學士朝散大夫守中書舍人上柱國』。岑仲勉《注補十一》據此及《舊唐書·宣宗紀》、本傳，以爲《壁記》授權知刑部侍郎之前奪中書舍人一遷；傅璇琮《宣宗朝翰林學士傳·畢諴》推測于賜紫同時授中書舍人。據《志》，盧就大中五年四月六日卒，大中六年二月二十三日葬，僅署中書舍人而無賜紫，可知先授中舍而後賜紫，傳説非。《志》當作于大中六年正月七日賜紫之前，葬日爲喪家後填。

相蕭寘，大中四年七月二十四日，自兵部員外郎充〔一〕；十月七日，加知制誥。五年□月十四日，加駕部郎中〔二〕。六年五月十九日，拜中書舍人。七年十月十二日，三殿召對，賜紫。八年五月十九日，遷户部侍郎、知制誥，並依前充。九年二月十七日，加承旨。十年八月四日，授檢校工部尚書、浙西觀察使〔三〕。

〔一〕按，《文苑英華》卷三八四有崔瑶《授蕭寘充翰林學士制》，稱其入院時爲『朝議郎行尚書兵部（闕）』，據本《記》，所闕字當爲『員外郎』。

〔二〕□月，謙牧堂本作『三月』，李鈔本作『十月』。駕部郎中，岑仲勉《注補十一》謂郎中下應補『知制誥』。

〔三〕按，蕭寘出院，因擬宣宗詩于沈約，帝不悦，失寵。《東觀奏記》卷中：『上聽政之暇，多賦詩，令翰林學士屬和。一日，賦詩賜寓直學士蕭寘、曹確，令繼和。寘手狀謝曰：「陛下此詩，雖『湘水日千里，因之平生懷』，亦無以加也。」明日，召學士韋澳問此兩句。澳奏曰：「齊太子家令沈約詩，寘以睿藻清新，取方沈約爾。」上不悦，曰：「將人臣比我，得否？」恩遇漸薄。執政乘之，出爲浙西觀察使。』

蘇滌，大中四年十二月二十四日，自右丞入〔一〕，其月十八日，加知制誥。五年六月五日，遷兵部侍郎、知制誥，並依前充。六年六月九日，上表，病免。□年十一月〔二〕，守本官〔三〕，出院。

〔一〕按，岑仲勉《注補十一》據杜牧《崔璪除刑部尚書蘇滌除左丞崔璵除兵部侍郎等制》及《舊唐書·宣宗紀》，疑蘇滌入院充承旨。傅璇琮以爲岑計時有誤，推測于五年六月遷兵部侍郎、知制誥時加承旨。

〔二〕□年，謙牧堂本、李鈔本作『七年』。岑仲勉以爲可從，傅璇琮非之，以爲杜牧《制》言蘇滌『近以微恙，懇請自便，君子之道，進退可觀』，即指六年六月上表之事；而杜牧卒于六年冬，此制當作于六年十一月；蘇滌亦非『守本官（兵部侍郎）出院』，而是『以（尚書）左丞出院』。揆之情理，蘇滌以六年六月自請病免，若七年十一月方許，不免太久，傅説是。

〔三〕本官，靜嘉堂本奪『本』字，鮑廷博補。

相蕭鄴，大中五年正月二十八日，自考功郎中充〔一〕；二月一日，加知制誥；七月十四日，遷中書舍人〔二〕。

六年正月七日，三殿召對，賜紫；七月二十七日，加承旨。七年六月十二日〔三〕，遷户部侍郎、知制誥，並依前充。八年十二月十八日，守本官判户部，出院。

〔一〕按，蕭鄴三年九月出院，此爲再入。

〔二〕按，《寶刻叢編》卷八録蕭鄴《唐嶺南節度韋正貫碑》，署銜『翰林學士中書舍人』，碑以大中六年立，則碑文當撰于六年七月前。

〔三〕十二日，靜嘉堂本作『十三日』。

韋澳，大中五年七月二十日，自庫部郎中、知制誥充。六年五月十九日，遷中書舍人。八年五月十九日，遷工部侍郎、知制誥，並依前充；七月二日，三殿召對，賜紫〔一〕。十年五月二十五日，授京兆尹〔二〕。

〔一〕按，宣宗曾命韋澳撰《處分語》以了解各地風土。《東觀奏記》卷中：『一日，密召學士韋澳，盡屏左右，謂澳曰：「朕每便殿與節度、觀察使、刺史語，要知所委州郡風俗、物産。卿宜密采訪，撰次一文書進來，雖家臣輿老，不得漏泄。」澳奉宣旨，即采《十道四蕃志》，更博探訪，撰成一書，題曰《處分語》，自寫面進，雖子弟不得聞也。後數日，薛弘宗除鄧州刺史，澳有别業在南陽，召弘宗餞之。弘宗曰：「昨日中謝，聖上處分當州事驚人。」澳訪之，即《處分語》中事也。』《通鑑》卷二四九記此事于大中九年五月。

〔二〕按，韋澳任京兆尹，由宣宗面授。《東觀奏記》卷中：『上以崔罕、郢並敗官，面召翰林學士韋澳，授京兆尹，便令赴任。』

相曹確，大中五年八月十一日，自起居郎充；十月十六日，三殿召對，賜緋。六年五月十九日，加兵部員外郎。七年四月十一日，加知制誥。八年五月十九日，加庫部郎中〔一〕。九年閏四月六日，拜中書舍人，依前充。十年五月十三日，三殿召對，賜紫。十一年八月二十一日，授河南尹，出院。

〔一〕謙牧堂本「兵部員外郎」與「庫部郎中」誤乙，並奪「郎」字。岑仲勉《注補十一》謂「郎中」下當補「知制誥」。

庾道蔚，大中六年七月十五日，自起居舍人充；其年十二月二十九日，三殿召對，賜緋。七年九月十九日，加司封員外郎〔一〕。九年八月十三日，加駕部郎中、知制誥，並依前充。十年正月十四日，守本官，出院，尋除連州刺史〔二〕。

〔一〕司封，岑仲勉《注補十一》引勞格説，謂當爲「司勳」。

〔二〕按，庾道蔚出院，爲鄭朗所排。《東觀奏記》卷中：「翰林學士、駕部郎中、知制誥庾道蔚，敕曰：『以藝文擢居近密，乖檢慎，難處禁林。宜守本官、續連州刺史。』鄭朗爲御史大夫，道蔚以事干之，乞庇罪人者，朗銜之。朗既大用，積前事，盡聞于上，故及此罪。」

李淳儒〔一〕，大中六年七月十五日，自禮部員外郎充。七年十二月五日，加禮部郎中、知制誥。九年十月十二日，拜中書舍人，依前充。十年十月十六日，三殿召對，賜紫。十一年正月五日，守本官，出院。

〔一〕按，淳儒之名，他書作「文儒」「汶儒」。岑仲勉《注補十一》以爲「淳」爲憲宗諱（引按，憲宗名純，淳爲嫌名），此不當作「淳」；傅璇琮《宣宗朝翰林學士傳·李汶儒》以爲「淳」字唐人或諱或不諱，《壁記》當據壁上所題，仍録爲「淳」。

孔温裕，大中九年二月二十九日〔一〕，自禮部員外郎、集賢院直學士充；其年三月三日，加司封員外郎、知制誥。十二年正月十八日，遷中書舍人〔二〕；其年八月三十日，除河南尹，出院〔三〕。

〔一〕二十九日，靜嘉堂本奪『二』，鮑廷博補。

〔二〕按，岑仲勉《注補十一》以爲員外郎不能超遷舍人，並據《東觀奏記》卷中記『孔温裕自禮部員外改司封員外，入内廷，二十五個月，改司勛郎中、知制誥』，考其于十一年二、三月遷司勛郎中、知制誥，再遷中書舍人。

〔三〕按，鄭仁表《唐故左拾遺魯國孔府君（紓）墓志銘》（《唐代墓志彙編》咸通一一五），墓主爲孔温裕長子，云：『咸通十五年三月，侍講學士右僕射太常孔公以疾辭内署職。』又云：『父温裕，皇任檢校右僕射兼太常卿，充翰林侍講學士，册贈司空。』《新唐書·蕭仿傳》亦稱其爲『侍講學士』，岑仲勉《補僖昭哀三朝翰林學士記》據補爲僖宗朝學士。傅璇琮《宣宗朝翰林學士傳·孔温裕》以爲『自武宗朝起，即未建置翰林侍講學士。鄭仁表所記當不實』。然鄭《志》爲當時所記，作者與孔紓爲至交，紓臨終特囑家人：『友人鄭休範（引按，即仁表）多知我所執守，相視若親兄弟，我亦常以所爲悉道之，請以志我。彼不能文，必盡其實。』可知鄭熟知孔家事，記事當不至有大誤，不宜輕易置否。

于德孫，大中十年正月三十日，自職方員外郎、知制誥充；其年十一月二十八日，三殿召對，賜紫。十一年四月十五日，加駕部郎中充〔一〕。十二年閏二月〔二〕，遷中書舍人，並依前充；其年十月十四日，□□□□□□充〔三〕。十三年四月二十九日，授御史中丞，出院。

〔一〕岑仲勉《注補十一》謂『郎中下當補知制誥三字』，是。按，德孫之加官，《舊唐書·宣宗紀》大中十二年二月載：『以工部郎中、知制誥于德孫……可中書舍人，依前翰林學士。』作『工部郎中』，與本《記》不同。

〔二〕岑仲勉據《舊唐書·宣宗紀》，以爲于德孫、苗恪二人同日遷中書舍人，下文『苗恪』條記爲閏二月十三日，此處當奪『十三日』三字；又謂《舊唐書·宣宗紀》作『二月』誤。

〔三〕本句闕字，抱經樓本、文淵閣本空六格，餘本空七格，謙牧堂本句作『拜□□□□依前充』。按，傅璇琮以爲缺字爲『「三殿召對賜紫」之類』，然句末有『充』字，『賜紫』下例不言『充』。因其前後所職之中書舍人與御史中丞同爲正五品上，此時當無轉官，疑爲『加某散官依前充』之脱。

皇甫珪，大中十年六月五日，自吏部員外郎充；其月七日，改司封郎中〔一〕。十一年正月十一日，三殿召對，賜緋；其年十月二日〔二〕，加司封郎中、知制誥。十二年八月十二日，拜中書舍人，依前充。十三年八月二十六日，賜紫〔三〕；其年八月二十九日〔四〕，加朝請大夫；其年十一月〔五〕，遷工部侍郎、知制誥，依前充。十四年十月，改授同州刺史〔六〕。

〔一〕司封郎中，岑仲勉《注補十一》引勞格説，以爲當從《東觀奏記》作『司勳員外郎』。

〔二〕十月，靜嘉堂本作『十二月』，鮑廷博于『二』字旁加圈號，蓋示爲衍文。

〔三〕按，據《舊紀》，宣宗是年八月七日崩（《新紀》記爲八月癸巳，即十日），賜紫以下皆懿宗時事。

〔四〕其年八月，與上句賜紫事同在八月，依例當作『其月』。

〔五〕其年，岑仲勉疑二字衍。

〔六〕按，宣宗于學士遷轉循守資格，《東觀奏記》卷中：『上雅重詞學之臣，于翰林學士恩禮特異，宴游密召，無所間隔，惟于遷轉，皆守彝章。皇甫珪自吏部員外召入内廷，改司勳員外，計吏員二十五個月限，轉司封郎中、知制誥；孔温裕自禮部員外改司封員外，入内廷，二十五個月，改司勳郎中、知制誥。動循官制，不以爵禄私近臣也。』然以此條所記，皇甫珪在院遷轉多不滿二十五個月，本《記》其他學士遷轉，亦多不拘此限，裴庭裕蓋欲稱美宣宗而云然。黄樓《唐宣宗大中政局研究》第五章《宣宗朝翰林學士問題研究》統計大中年間學士遷轉月限，認爲『大中早期，宣宗急于在群臣中培植自己的親信班子』，故學士遷轉甚快；『而大中五年以後，宣宗已基本控制住政局，出于集權的需要，對翰林學士有所提防，故在其遷轉問題上比較嚴格地遵從25個月之制』；大中十年以後，宣宗所信重大臣多出鎮外藩，出于物色内廷新班底考慮，『學士遷轉又多不依25個月之限』。參『會昌後八人』『孫瑴』條注。

相蔣伸，大中十年八月二十六日〔一〕，自權知户部侍郎充；九月二日，拜户部侍郎、知制誥；十月二日，加承旨〔二〕。十一年十二月二十九日，拜兵部侍郎、知制誥〔三〕，並依前充。十二年五月十三日，守本官判户部，出院；十二月二十九日，守本官、同中書門下平章事〔四〕。

〔一〕十年，諸本皆作『十一年』，静嘉堂本于此及下文『一』字旁均施朱點，蓋示存疑。岑仲勉《注補十一》以本書序次、本條記年重複、承旨接任等三事，以爲『十一年』應作『十年』。是也，兹據改。

〔二〕按，《唐代墓志彙編》大中一二〇蔣伸《孫府君（景商）墓志銘》，孫以大中十年八月廿二日薨，十月廿七日葬，蔣署銜『翰林學士承旨通議大夫户部侍郎知制誥上護軍賜紫金魚袋』，與本《記》合，『賜紫』當在入院前。

〔三〕拜，明鈔本、抱經樓本、李鈔本脱，静嘉堂本作闕字，謙牧堂本作『遷』，文淵閣本作『轉』。

〔四〕『十二月二十九日』以下，岑仲勉云：『《記》例，出院後遷轉不復書，後一節當爲羼文。』按，《唐大詔令集》卷五二有《蔣伸罷判户部制》，署大中十二年三月，制文稱其官職爲『通議大夫尚書兵部侍郎同中書門下平章事判户部事上護軍賜紫金魚袋』，依本《記》，蔣伸十二年十二月二十九日始拜相，此制不應作于十二年三月，疑『十二』爲『十三』之訛。

苗恪，大中十一年正月十五日，自庫部郎中充；四月十五日，加知制誥。十二年閏二月十三日，遷中書舍人，並依前充。十三年八月二十六日，賜紫〔一〕。其月二十九日〔二〕，加朝請大夫兼户部侍郎、知制誥；其年十二月十三日〔三〕，加承旨。十四年十一月八日，改檢校工部尚書、山南西道節度使兼御史大夫。

〔一〕按，據《舊紀》，宣宗是年八月七日崩（《新紀》記爲八月癸巳，即十日），賜紫以下皆懿宗時事。是月苗恪與皇甫珪同日賜紫及加官，皆有安撫舊臣之意。

〔二〕其月，抱經樓本、文淵閣本無。

〔三〕其年，抱經樓本、文淵閣本無。

楊知温，大中十一年九月八日，自禮部郎中充；十二月十九日，加知制誥。十二年五月十二日，三殿召對，賜緋。十月十一日，拜中書舍人，依前充。十三年九月十三日，召對，賜紫。十四年十月，拜工部侍郎、知制誥，依前充〔一〕。

〔一〕按，《舊唐書·楊知温傳》：『知温……入爲翰林學士、户部侍郎，轉左丞。出爲河南尹、陝虢觀察使。』所記『户部侍郎』與本《記》『工部侍郎』不同，又多尚書左丞一遷。岑仲勉《注補十一》曰：『此云依前充，是知温未出院，其下顯有奪佚。』並據《舊唐書·懿宗紀》所載，推測其于轉左丞時出院。傅璇琮《宣宗朝翰林學士傳·楊知温》據唐代兩朝交替時翰林學士調整之慣例，以爲其當在咸通二、三年出院。

嚴祁，大中十二年五月二十一日，自左補闕、内供奉充；其年九月十二日〔一〕，加駕部員外郎。十三年七月八日，加知制誥；八月二十九日，加新野縣開國男，食邑三百户〔二〕。十四年六月十三日，改庫部郎中，餘如故。咸通二年四月，改中書舍人，出院。

〔一〕其年，抱經樓本、文淵閣本無。

〔二〕按，岑仲勉《注補十一》：『此特書封爵，與各條異，蓋居晦重修而後，續入者各隨己意書之，故體例並不畫一。』傅璇琮《宣宗朝翰林學士傳·嚴祁》推測此月懿宗新登基，因其爲宣宗駙馬，曾娶懿宗之姐或妹，故特賜封爵。

相杜審權，大中十二年〔一〕，自刑部侍郎充；其月二十八日，轉户部侍郎、知制誥、承旨。十三年八月二十九日，加通議大夫、兵部侍郎、知制誥，依前充承旨；其年十二月三日，守本官、同平章事。

〔一〕岑仲勉《注補十一》據下文書『其月』，以爲此處『顯脱去月分（引按，當係脱去月日）』，蔣伸承旨以五月十三出院，審權入内署，頗疑非五月即六月也』。

相高璩，大中十三年四月二十三日，自右拾遺、内供奉充〔一〕；其年九月三日，召對，賜緋；十一月三日，特恩遷起居郎、知制誥，依前充。十四年十月六日，特恩拜右諫議大夫，依前充〔二〕；二十六日，召對，賜紫。咸通二年七月十九日，加承旨；八月七日，遷工部侍郎，依前充〔三〕。三年二月二十日，特恩加朝散大夫、兵部侍郎〔四〕，依前充。八月十九日，加檢校禮部尚書、[東]川節度使〔五〕。

〔一〕右拾遺，《新唐書·高璩傳》作『左拾遺』。

〔二〕按，高璩得寵于懿宗，自其即位，一年之内由從八品上之右拾遺，遷從六品上之起居郎，再遷正四品下之右諫議大夫，超升極速。《新唐書·高璩傳》云：『近世學士超省郎進官者，惟鄭顥以尚主，而璩以寵升云。』『以寵升』者，即本《記》所謂『特恩』。

〔三〕遷，静嘉堂本作『加』。岑仲勉《注補十一》據《文苑英華》卷四五三《授高璩劍南東川節度使制》，謂『工部侍郎』及下文『兵部侍郎』下各脱『知制誥』三字；傅璇琮《宣宗朝翰林學士傳·高璩》謂上文『右諫議大夫』下亦當補。按，《唐代墓志彙編續集》咸通〇〇五高璩《白公（敏中）墓志銘》，敏中咸通二年七月十五日薨，十月三十日葬，璩署銜『翰林學士承旨朝議郎守尚書□部侍郎知制誥柱國賜紫金魚袋』，官歷與本《記》合，闕字當作『工』。

〔四〕朝散大夫，《制》作『朝議大夫』，岑仲勉云：『後者比前者高兩階，不詳孰正。』又疑作『朝議』是。據上引

《白公（敏中）墓志銘》署銜，此前高璩散官爲正六品上之朝議郎，若遷從五品下之朝散大夫，乃是常格，不得謂『特恩』，當從《制》文作正五品下之『朝議大夫』。按，《制》云：『青瑣闥中，封章不屈；紫微天上，詔令無雙……親提史筆，首列諫垣。俄參起部之榮，遂陟夏官之貴。』數句分指高璩所歷右拾遺、翰林學士、起居郎、諫議大夫、工部侍郎、兵部侍郎諸職，與本《記》合。

〔五〕東，諸本皆作闕字，岑仲勉據《制》文謂當爲『東』字，據補。按，《制》文，高璩所授全稱爲『檢校禮部尚書兼梓州刺史御史大夫充劍南東川節度副使知節度事管内觀察處置等使』。

李貺，大中十二年十二月二十四日〔一〕，自權知右拾遺、内供奉充。十四年五月十二日，召對，賜緋〔二〕，加右補闕；十月二十六日，召對，賜紫。咸通二年三月十一日，加左補闕，依前充。三年二月二十日，加職方員外郎、知制誥充；九月十四日，守本官，出院。

〔一〕十二年，岑仲勉《注補十一》：『前條高璩以大中十三年四月入，此之十二年疑十三年之訛，否則貺應移在璩前矣。』

〔二〕賜緋，他本皆作『賜紫』，與下句同，于制不合。鮑廷博徑改。

相劉鄴，大中十四年十月十二日，自左拾遺充〔一〕；其月二十六日，召對，賜緋〔二〕。咸通二年九月二十七日，遷起居舍人，依前充。三年二月二十一日，加兵部員外郎、知制誥，依前充；七月二十九日，召對，賜紫〔三〕；十一月八日，遷中書舍人充。五年九月五日，遷户部侍郎、知制誥，依前充〔四〕。十一年十一月二十二日，加承旨；十二月二十三日，守本官〔五〕，充諸道鹽鐵等使。

〔一〕左拾遺，兩《唐書·劉鄴傳》、《唐會要·翰林院》同，《舊唐書·懿宗紀》、《通鑑》卷二五〇『咸通元年九月』作『右拾遺』。按，劉鄴入院時間，《舊紀》記在咸通元年二月，《唐會要》記在大中十四年三月。大中十四年即咸通元年，二書與本《記》書月均不同。傅璇琮《懿宗朝翰林學士傳·劉鄴》考其入院爲高璩所薦。又按，劉鄴入院後敕賜進士及第，爲唐代未參加科舉而得進士之第一人。敦煌本劉鄴《甘棠集》卷四（伯四〇九三）載其《謝進士及第讓狀》云：『今蒙别賜出身，實慚有虧大體，既無前例，豈敢輒當。』因其前所未有，大爲時人稱羨，《唐摭言》卷九《敕賜及第》謂『中外賀緘極衆』，並記韋岫爲李穜所撰賀緘云：『用敕代榜，由官入名。仰温樹之煙，何人折桂；泝甘泉之水，獨我登龍。禁門而便是龍門，聖主而永爲座主……三十浮名，每年皆有；九重知己，曠代所無。』《新唐書》本傳亦載其事：『咸通初，擢左拾遺，召爲翰林學士，賜進士第。』傅璇琮據郁賢皓《唐刺史考全編》推測之李穜任鄆州刺史時間，考賜及第事在咸通三、四年。然夷考《甘棠集》卷四，《讓狀》及隨後之《謝不許讓兼賜告身狀》，次序在《謝充學士》及《謝設狀》《上白令公充學士狀》《上三相公狀》等文之間，皆言初入翰林之事，表達謝恩、感激之意；其《上白相公狀》更明言：『右今日奉宣，守本官充翰林學士者，兼賜告身一通，恩賜進士出身。』《上河中令狐相公狀》亦云：『右今月日奉宣，守本官充翰林學士兼恩賜進士及第。』可知賜及第與授翰林學士在同一日，即本《記》所載大中十四年十月十二日。傅説非是。《唐摭言》稱『鄆州李尚書穜』者，蓋李穜後來帶尚書銜爲鄆州節度使，非撰賀緘時之官職也。又按，劉鄴入院召試，有《謝召試並進文五首狀》，又有《謝充學士》一文（均出《甘棠集》卷四）。其在院時間長達十一年餘，幾與懿宗一朝相始終，可見寵信之深。

〔二〕按，《甘棠集》卷四有《謝賜緋上白令公及三相狀》。

〔三〕賜紫，文淵閣本作『賜緋』，誤。

〔四〕知制誥依前充，諸本作『依前充知制誥』，岑仲勉《注補十一》以爲六字當乙，兹據改。

〔五〕『守本官』下，抱經樓本、文淵閣本、靜嘉堂本有『出院』二字，鮑廷博抹去。

## 咸通後三十二人

張道符，咸通元年十一月二十五日，自户部郎中賜緋充。二年二月六日，加司封郎中、知制誥，依前充；四月二十一日，卒官，至五月二日，贈中書舍人，仍賜贈布絹及賜絹三百匹〔一〕。

〔一〕按，《壁記》記學士卒官，書至贈官而止，此更書賻儀，爲特例。

相楊收，咸通二年四月十八日，自吏部員外郎充〔一〕；其月二十一日，加庫部郎中，依前充；七月八日，加知制誥；十月十六日，三殿召對，賜紫。三年二月二十日，特恩遷中書舍人充；九月二十三日，加承旨；其月二十六日，遷兵部侍郎充，兼知制誥〔二〕。四年五月七日，以本官同中書門下平章事〔三〕。

〔一〕按，《舊唐書·楊收傳》：『宰相令狐綯用收爲翰林學士。』岑仲勉《注補十二》、傅璇琮《懿宗朝翰林學士傳·楊收》考其入院時杜悰爲相，當由杜薦舉爲學士，以其曾佐杜幕也。又按，楊收次子楊鉅，昭宗朝翰林學士，撰《翰林學士院舊規》，洪遵收入《翰苑群書》。

〔二〕按，裴坦撰《楊收墓志》（載趙君平編《秦晉豫新出墓志蒐佚》）：『旋授兵部侍郎，充承旨學士。』《舊唐書》本傳亦云：『轉兵部侍郎、學士承旨。』授職次第與此不同，乃渾言之故，當以本《記》爲是。

〔三〕按，楊收親附宦官，故得驟遷。《舊唐書》本傳：『左軍中尉楊玄价以收宗姓，深左右之，乃加銀青光禄大夫、中書侍郎、同平章事。』《通鑑》卷二五〇：『（收）與左軍中尉楊玄价叙同宗相結，故得爲相。』

相路巖，咸通二年五月二十八日，自屯田員外郎入〔一〕。十一月二十八日，三殿召對，賜緋。三年二月二十一日，加屯田郎中、知制誥充。四年正月九日，遷中書舍人充；五月九日，賜紫；其月十六日〔二〕，加承旨；九月十八日，遷户部侍郎、知制誥充。五年九月二十六日，遷兵部侍郎、知制誥充〔三〕；十一月十九日，以本官同中書門下平章事。

〔一〕入，岑仲勉《注補十二》：『此處下當補充字，後仿此。』然本《記》『咸通後』條目，學士入院或書『充』，或書『入』，不必補。

〔二〕其月，抱經樓本、文淵閣本無。

〔三〕『五年』至『誥充』十七字，靜嘉堂本奪。

趙騭，咸通二年八月六日，自右拾遺充；十一月二十六日，三殿召對，賜緋。三年二月二十日，遷起居舍人充。四年八月七日，改兵部員外郎，特恩知制誥。五年正月十七日，三殿召對，賜紫；七月八日，加駕部郎中、知制誥，依前充；九月十七日〔一〕，加朝散大夫、户部□□〔二〕，依前充；其月三十日，改禮部侍郎，出院。

〔一〕岑仲勉《注補十二》據《舊唐書・懿宗紀》及本傳，謂『九月十七日』上奪『六年』二字。

〔二〕□□，謙牧堂本作『郎中』，李鈔本、徐松《登科記考》引作『侍郎』。岑仲勉據《舊唐書》本傳及官制，云：『徐氏謂騭由駕中超遷户侍，與官制不合，況假是户侍，其下尤應有「知制誥」三字，今記僅空兩格，更屬可疑。余以爲「户部」字誤，原文當云「加朝散大夫、中書舍人，依前充」。』傅璇琮《懿宗朝翰林學士傳・趙騭》以爲當爲『侍郎』。按，唐代尚書省六部分爲三行，以爲遷升之序，趙騭出院時爲後行之禮部侍郎，此前自不應爲中行之户部侍郎，徐松等必誤，謙牧堂本可從。

劉允章，咸通三年九月二十七日，自起居郎入；其年十一月二十七日〔一〕，三殿召對，賜緋。四年三月二十四日，授歙州刺史。

〔一〕二十七日，謙牧堂本作「二十八日」。

獨孤霖，咸通三年九月二十七日，自右補闕、賜緋入〔一〕。四年閏六月十九日，特恩加司勳員外郎充〔二〕；十二月二十一日，加知制誥。五年五月九日，三殿召對，賜紫；七月八日，加庫部郎中、知制誥，依前充。六年六月五日，遷中書舍人，依前充；九月十七日，加朝散大夫、工部侍郎〔三〕，依前充。七年三月十七日，三殿召對，面宣充承旨。八年正月二十七日，改户部侍郎、知制誥，依前充；十一月四日，遷兵部侍郎、知制誥，依前充。十年九月八日，守本官判户部，出院〔四〕。

〔一〕按，獨孤霖撰《獨孤驤墓志》，署銜「將仕郎守監察御史」。驤爲其從父弟，葬于咸通二年二月二十八日，墓志當作于此前後，則霖先自正八品下之監察御史遷從七品上之右補闕，入院。入院後，咸通三年十二月二十二日，宣宗女平原長公主薨，次年四月十七日葬，霖撰《故贈平原長公主墓志銘》，署銜「翰林學士朝議郎行右補闕柱國賜緋魚袋」。二《志》均見周紹良主編《全唐文新編》卷八〇二。

〔二〕特恩，文淵閣本脱。按，司勳員外郎爲從六品上，故曰「特恩」。

〔三〕岑仲勉《注補十二》：「侍郎下應補知制誥三字。」

〔四〕按，傅璇琮《懿宗朝翰林學士傳・獨孤霖》謂《新唐書・藝文四》著録其《玉堂集》（傅書誤植爲「玉棠」）二十卷，當爲翰林學士任内所撰制文，數量甚多。

李瓚，咸通四年四月七日，自荆南節度判官、檢校禮部員外郎、賜緋充〔一〕；其月十日，遷右補闕、内供奉充；九月十八日，加駕部員外郎充；十二月二十八日，加知制誥。五年六月一日，改權知中書舍人，出院。

〔一〕按，李瓚爲李宗閔之子，據吴廷燮《唐方鎮年表》，入院前所在荆南節度幕府，幕主爲裴休。

相于琮，咸通四年六月七日，自水部郎中、賜緋入；八月七日，加庫部郎中、知制誥充。五年七月八日，遷中書舍人充；九月二十七日，改刑部侍郎，出院〔一〕。

〔一〕按，于琮出身高華，遠祖于志寧爲太宗十八學士之一，曾祖于休烈爲肅宗朝宰相。其仕途順利，又與宣宗駙馬身份有關，《舊唐書》本傳：『大中朝，駙馬都尉鄭顥，以琮世故，獨以器度奇之。會有詔于士族中選人才尚公主，衣冠多避之。顥謂琮曰：「子人才甚佳，但不護細行，爲世譽所抑，久而不調，能應此命乎？」琮然之。會李藩知貢舉，顥托之登第，其年遂升諫列，尚廣德公主，拜駙馬都尉。累踐臺閣，揚歷藩府。乾符中同平章事。』《東觀奏記》卷下：『始選前進士于琮爲婿，連拜秘書省校書郎、右拾遺，賜緋，左補闕，賜紫，尚永福公主，事忽中寢。丞相上審聖旨，上曰：「朕此女子，近因與之會食，對朕輒折匕筯，性情如此，恐不可爲士大夫妻。」許琮別尚廣德公主，亦上次女也。』由此可見晚唐士族婚宦之一斑。而廣德公主『頗有賢淑之譽』（《北里志·俞洛真》），于琮被貶嶺南時一路護持，卒能獲全（《通鑑》卷二五二及尉遲偓《中朝故事》）。

侯備，咸通五年六月五日，自吏部員外郎、賜紫充；其月八日，加司勳郎中充；九月五日，加知制誥；十二月二十六日，加承旨。六年二月二十三日，遷中書舍人，依前充；五月二十□日〔一〕，遷户部侍郎，依前知制誥充；九月十七日，加朝散大夫、兵部侍郎、知制誥充。七年三月九日，授河南尹，出院。

〔一〕所闕字，謙牧堂本作『八』，李鈔本作『一』。

裴璩，咸通五年六月六日，自兵部員外郎入。六年正月九日，加户部郎中、知制誥充；五月九日，三殿召對，賜紫〔一〕；九月十七日〔二〕，加朝散大夫、中書舍人充。八年正月二十七日，遷水部侍郎、知制誥〔三〕，依前充；其年九月二十三日，除同州刺史〔四〕。

〔一〕按，《全唐文新編》卷八〇五有裴璩撰《唐故贈魏國夫人墓志銘》，墓主崔氏卒于咸通六年四月十日，葬于七月二十三日，署銜『翰林學士朝議郎守尚書户部郎中知制誥柱國賜紫金魚袋』，與本《記》合。

〔二〕十七日，謙牧堂本作『十九日』。

〔三〕水部侍郎，岑仲勉《注補十二》：『水部侍郎當即工部侍郎，前後各條無此稱法，當正作工部。』

〔四〕此句下，謙牧堂本有『出院』二字。

劉允章，咸通五年十一月二十七日，自倉部員外郎守本官再入。六年正月九日，加户部郎中、知制誥；五月九日，三殿召對，賜紫〔一〕。八年十一月四日，遷工部侍郎、知制誥，依前充；其年十一月十六日，改禮部侍郎，出院〔二〕。

〔一〕按，《唐代墓志彙編》咸通〇四一劉允章《故楚國夫人贈貴妃楊氏墓志銘》，楊氏葬于咸通六年七月廿三日，署銜『翰林學士朝議郎守尚書户部郎中知制誥賜紫金魚袋』，與本《記》合。

〔二〕按，岑仲勉《注補十二》于出院前記録有疑，曰：『于制，郎中知制誥必正除舍人而後遷侍郎，記由户中超遷工侍，可疑者一。前既題八年十一月，後又題其年十一月，于義爲複，可疑者二。』

鄭言，咸通六年正月十日，自駕部員外郎入；四月十日，加禮部郎中、知制誥，依前充；其月十九日，中謝，賜紫。八年十一月四日，遷工部侍郎、知制誥，並依前充。九年六月十八日，守户部侍郎，出院。

相劉瞻，咸通六年十月八日，自太常博士入〔一〕；其月二十六日，加工部員外郎，依前充。七年三月九日，授太原少尹，出院。

〔一〕按，兩《唐書·劉瞻傳》均記其爲翰林，由時宰劉瑑舉薦，岑仲勉《注補十二》以瞻入院時瑑已前卒，不可信。《通鑑》咸通十四年六月記劉瞻同平章事，《考異》引《玉泉子聞見録》記其以親附宦官樞密使楊玄翼而得授翰林學士，司馬光不之信，按云：『瞻素有清節，必不至如《玉泉子》所云，恐出于愛憎之說。』

李騭，咸通七年三月二十四日，自太常少卿、弘文館直學士入〔一〕；二十七日，加知制誥；七月，遷中書舍人；十月二十五日，三殿召對，賜紫。九年五月十六日，除江西觀察使〔二〕。

〔一〕直學士，李騭《徐襄州碑》自稱『弘文館學士』，岑仲勉《注補十二》據《唐會要》卷六四《弘文館》，以爲弘文館五品以上充學士，六品以下充直學士，太常少卿爲正四品上，當爲學士，『直』字衍。

〔二〕江西觀察使，文淵閣本作『浙西觀察使』。按，崔曄《亡室姑臧李氏（道因）墓志銘》（《唐代墓志彙編》乾符〇二〇）：『顯考騭，自中書舍人翰林學士出拜江西觀察使。』《全唐文》卷七二四李騭《題惠山寺詩序》，自署『咸通十年二月一日，江南西道都團練觀察處置等使』，可知文淵閣本誤。傅璇琮力辨『浙西』之訛，以爲『可能原壁録所記未有誤，後傳抄時筆誤』，未審實爲所據文淵閣本之誤耳。

盧深，咸通七年三月二十四日〔一〕，自起居郎入；七月一日，加兵部員外郎充〔二〕；十月二十五日，三殿召對，賜緋。八年正月二十四日，加知制誥；其年八月八日，召對，賜紫；八年十一月十一日〔三〕，加户部郎中、知制誥，依前充。九年十月二十六日，拜中書舍人，依前充。十年十一月十一日，遷户部侍郎，依前知制誥〔四〕；其年十二月，卒官，贈户部尚書。

〔一〕二十四日，文淵閣本作『三十日』，誤。按，盧深撰有《行監察御史盧深夫人清河崔氏墓志銘》（《秦晉豫新出墓志蒐佚三編》第四册），署銜『朝議郎行監察御史柱國』，知其于亡婦下葬之咸通三年八月頃爲正八品上之監察御史，與入院時從六品上起居郎品階懸隔，中間當仍有一遷。

〔二〕按，此後不久盧深撰有《故晉康公主墓志銘》（《唐代墓志彙編續集》咸通〇三九），公主爲懿宗第三女，葬于咸通七年七月卅日，署銜『翰林學士朝議郎行尚書兵部員外郎柱國』，與本《記》合。

〔三〕八年，謙牧堂本作『其年』，抱經樓本、文淵閣本無。岑仲勉《注補十二》謂與上文記年重複，當爲衍文。疑原作『其年』，字壞爲『八年』，抱經樓本以爲重複而删之。

〔四〕按，岑仲勉曰：『應云「遷户部侍郎知制誥依前充」也，蓋既真除中舍，便銷去知制誥字，安得云依前知制誥。』然前文『侯備』條亦于遷中舍後接云『遷户部侍郎，依前知制誥充』，蓋承中舍之前所帶『知制誥』銜而言『依前』也，未必爲誤。

崔珮，咸通八年十月二十三日，自監察御史入；二十五日，守本官充〔一〕。九年正月二十一日，賜緋；其年七月二十一日〔二〕，加工部員外郎，依前充；十二月七日，賜紫。十年三月十三日，改考功郎中，出院。

〔一〕按，崔珮入院二日又云『守本官充』，岑仲勉《注補十二》推測：『珮本檢校監察，既入内署，乃改真除，故曰守本官充。』傅璇琮《懿宗朝翰林學士傳·崔珮》疑先召入，後按制考試通過，二日後以監察御史銜入院。

〔二〕其年，抱經樓本、文淵閣本無。

相劉瞻，咸通八年十一月二十二日，自潁州刺史不赴任，再入，召對〔一〕；其月二十六日〔二〕，三殿召對，賜紫。九年五月二十六日，拜中書舍人〔三〕，依前充。九月十二日，遷户部侍郎、知制誥、承旨〔四〕；十月十七日〔五〕，以本官同中書門下平章事。

〔一〕穎州，明鈔本、謙牧堂本、抱經樓本作『潁州』，文淵閣本作『穎州』，皆誤。傅璇琮《懿宗朝翰林學士傳・劉瞻》謂入院按例當書『自……入』，不能以潁州刺史爲官銜，當爲缺記。

〔二〕其月，抱經樓本、文淵閣本無。

〔三〕按，岑仲勉《注補十二》以爲，依制，拜中書舍人前當歷某司郎中，《壁記》有漏奪。

〔四〕按，《唐代墓志彙編》咸通〇七二劉瞻《劉公（遵禮）墓志銘》，署銜『翰林承旨學士將仕郎守尚書户部侍郎知制誥賜紫金魚袋』，遵禮薨于咸通九年六月十四日，十一月八日葬，據下文，此《志》當作于九至十一月間。

〔五〕十月，文淵閣本同，明鈔本、謙牧堂本、抱經樓本、李鈔本、靜嘉堂本作『十年』。勞格《讀書雜識》、岑仲勉《注補》均據《新唐書・懿宗紀》《宰相年表下》將劉瞻拜相繫于咸通十年六月十七日癸卯，以爲『十月』殆『十年六月』之奪。其説是。底本及文淵閣本皆妄改；《通鑑》記爲十四年六月，亦誤。

相鄭畋，咸通九年五月二十日，自萬年令入〔一〕；二十四日，改户部郎中充；八月十一日，守本官、知制誥，依前充。十年六月四日，遷中書舍人，依前充；其年十一月十一日，遷户部侍郎〔二〕。十一年四月二十六日〔三〕，加承旨；九月二十七日，授梧州刺史〔四〕。

〔一〕按，《舊唐書・鄭畋傳》記其以劉瞻薦舉入院，岑仲勉《注補十二》謂此年瞻在翰林，未拜相，『詳其情，特瞻再入翰林薦畋同升耳』。又按，傅璇琮《懿宗朝翰林學士傳・鄭畋》誤將其生年寶曆元年（825）換算爲842年，乃云：『咸通九年（868）入院，僅二十七歲，恐亦爲有唐一代入院翰林學士年齡最輕者。』又云此後兩年鄭畋大量撰寫制文，《舊傳》稱『灑翰泉涌，動無滯思，言皆破的，同僚閣筆推之』者，『當亦與年富力强有關』，皆出于誤算。實際鄭畋入院時已四十四歲，遠較『年逾冠，入翰林爲學士』的韋執誼年長。

〔二〕岑仲勉云：『侍郎下當加知制誥三字。』

〔三〕十一年，文淵閣本作『十二年』，誤。鄭畋繼韋保衡爲承旨。

〔四〕此句下，謙牧堂本有『本官出院』四字。按，鄭畋之出院，因是年八月乙未懿宗長女、韋保衡妻同昌公主暴卒而牽連被貶。尉遲偓《中朝故事》：『懿皇以同昌公主薨謝，怒其醫官韓宗紹等，縶于霜臺，并親屬二三百人散繫大理，内外憂懼。瞻上疏切諫，時路巖、韋保衡恃寵忌之，出瞻爲荆南節度使，中外咸不平之。翰林承旨鄭畋爲制詞，略曰「早以文學，叠中殊科，風稜甚高，恭慎無玷。而又僻于廉潔，不尚浮華，安數畝之居，仍非己有，卻四方之賄，唯畏人知」云云。韋、路大怒，貶畋爲梧州刺史。』《通鑑》卷二五二所載略同。又按，《舊唐書·懿宗紀》記畋九月丙辰（七日）與劉瞻同貶，本《記》所記二十七日則爲丙子，與《通鑑》同。鄭畋既因撰劉瞻罷相制得罪，貶出當後于瞻，《舊紀》蓋誤。

張裼〔一〕，咸通九年六月十三日，自刑部員外郎入〔二〕；十五日，加祠部郎中充；九月十七日，知制誥，依前充；十月十六日，召對，賜紫。十年七月十日，遷中書舍人，依前充；其年十一月，遷工部侍郎〔三〕，依前充；十月二日，加承旨〔四〕。十二年正月二十六日〔五〕，遷户部侍郎、知制誥，依前充；十一月十八日，遷兵部侍郎、知制誥，依前充。十三年五月十二日〔六〕，貶封州司馬。

〔一〕裼，底本作『裼』，謙牧堂本、静嘉堂本、李鈔本、抱經樓本、文淵閣本作『裼』，皆誤，兹據明鈔本改。岑仲勉《注補十二》以爲當從《郎官考》及《通鑑》作『裼』；《舊唐書》本傳同。

〔二〕按，岑仲勉據《舊唐書·張裼傳》，以爲係于琮薦舉入院，然《舊傳》記爲大中年事則非，當從本《記》。

〔三〕十一月，底本作『十月』，他本皆作『十一月』，蓋鮑廷博意改，兹回改。參下注。工部侍郎，傅璇琮《懿宗朝翰林學士傳·張裼》謂其下應加『知制誥』，如後文户部侍郎、兵部侍郎之例。

〔四〕十月，底本作『十一月』，他本皆作『十月』，蓋鮑廷博以上句記十一月事，此句記十月事，以爲誤倒而臆乙。兹回改。岑仲勉《補文宗至哀帝七朝翰林承旨學士記》據鮑改本，云：『作十年十一月二日加承旨，則與前保衡、畋、鄴三條均衝突，「十一月二日」必十一年十二月之訛奪，亦必在二十三（鄴出）之後。』其結論是，然當云『十月二日爲十一年十二月某日之訛』。傅璇琮先據文淵閣本云『丁《記》記咸通十年十一月遷工部侍郎』，又據岑引鮑本『十一月二日，加承旨』辨正，欠審。

〔五〕十二年，文淵閣本作『十一年』，誤。

〔六〕十三年，文淵閣本作『十二年』，誤。按，張裼被貶，爲受于琮牽連，《舊唐書》本傳：『咸通末，琮爲韋保衡所構譴逐，裼坐貶封州司馬。』

崔充，咸通九年□月十七日〔一〕，自考功員外郎入，守本官充；十月十六日，召對，賜緋；閏十二月二日，三殿召對，賜紫。十年五月二十五日，加庫部郎中、知制誥，依前充。其年十一月十一日，遷中書舍人，依前充〔二〕。十二年正月二十六日，遷户部侍郎、知制誥，依前充。十三年六月十日，宣充承旨。九月二十八日，加檢校工部尚書、東川節度使。

〔一〕□月，明鈔本、李鈔本、靜嘉堂本、抱經樓本、文淵閣本脱，鮑廷博補二字，謙牧堂本作『七月』。岑仲勉《注補十二》據上條張裼九年六月十三日入，推爲『六或七至九月』，與謙牧堂本合。

〔二〕其年，抱經樓本無。『其年』至『前充』，文淵閣本脱。

相韋保衡，咸通十年三月十三日，自起居郎、駙馬都尉入，守左諫議大夫、知制誥，充承旨〔一〕；其年十一月十日，遷兵部侍郎〔二〕，依前充。十一年四月二十五日，以本官同中書門下平章事。

〔一〕按，據《舊唐書·懿宗紀》及《通鑑》卷二五一，韋保衡咸通十年元月尚懿宗愛女同昌公主，兩月後即入翰林，入院即充承旨，一年而拜相，升遷之速前所未有，故《新唐書》本傳特筆云：『歷翰林學士承旨，以兵部侍郎同中書門下平章事，自尚主至是裁再期。』又按，岑仲勉《補文宗至哀帝七朝翰林承旨學士記》『韋保衡』條置疑曰：『據《舊唐書》一七七本傳保衡中經郎中、中舍兩遷及《通鑑》三月辛未（即十三日）下止書保衡充翰學不書承旨，疑今記「充承旨」上有脱文……唐制無兩人同承旨，具詳前文，劉瞻出院，既證明爲同年六月十七，保衡改中舍充承旨，大約即在其後，第月日不可確知。』傅璇琮《懿宗朝翰林學士傳·韋保衡》以爲岑説有理，並提出另兩種可能：『一爲懿宗特予破例，以顯示其對韋保衡之寵信；另一爲韋保衡接劉瞻之任，即劉瞻于六月十七日出院，韋保衡即于此時接爲承旨，或于十一月十日遷兵部侍郎時，又加承旨。……以第二種可能性較合實際。』並認爲《舊傳》所記郎中、中書舍人兩轉不實。

〔二〕岑仲勉《注補十二》：『侍郎下似應有「知制誥」三字。』

韋蟾，咸通十年六月□日〔一〕，自職方郎中充；其年九月七日〔二〕，加户部郎中、知制誥；其年十一月十一日〔三〕，遷中書舍人，依前充；其年十二月二十八日〔四〕，三殿召對，賜紫。十二年正月二十六日，遷工部侍郎、知制誥，依前充。十三年十月十五日，加承旨〔五〕；十一月十五日，改御史中丞兼刑部侍郎，出院。

〔一〕□日，謙牧堂本作『四日』，李鈔本作『十日』。按，韋蟾爲韋表微之子。

〔二〕其年，抱經樓本、文淵閣本無。

〔三〕其年，抱經樓本、文淵閣本無。

〔四〕其年，抱經樓本、文淵閣本無。岑仲勉以爲上述二『其年』均可省。然本《記》體例如此。抱經樓本、文淵閣本凡此異文，應爲抄手所删。

〔五〕『十二年』至『加承旨』，謙牧堂本作『十二年十月十五日，加承旨。十三年正月二十六日，遷工部侍郎、知制誥，依前充』，所記二遷順序及年份正相反。按，張裼十一年十二月至十三年五月爲承旨，韋蟾無可能于十二年十月十五日加承旨。蓋抄手先誤乙兩事，又以年序顛倒而妄改年份。

杜裔休，咸通十一年正月十八日〔一〕，自起居郎入，守本官充；五月二十七日〔二〕，三殿召對，賜紫；九月十一日，加司勳員外郎、知制誥，依前充。〔十二年三月二十三日，遷中書舍人，依前充〕〔三〕。十三年二月九日，守本官，出院。

〔一〕十八日，文淵閣本作『十一日』，誤。
〔二〕二十七日，謙牧堂本作『二十九日』。
〔三〕『十二年』以下十七字，據謙牧堂本補。

鄭延休，咸通十一年五月十八日，自司封郎中、知制誥遷中書舍人充。十二年正月二十八日，三殿召對，賜紫；十一月十八日，遷工部侍郎、知制誥，依前充〔一〕。十三年正月四日，宣充承旨〔二〕；七日，遷兵部侍郎〔三〕，依前充。十四年八月二十二日，加金紫光禄大夫、尚書左丞、知制誥，依前充。十五年正月十三日，除檢校禮部尚書〔四〕，充河陽三城節度使。

〔一〕按，岑仲勉《注補十二》：『工部侍郎祇一員，今前文韋蟾條于十二年正月遷工侍知制誥，至十三年十一月十五始改中丞出院，同時焉得有兩工侍？』以爲『韋蟾』條與本條必有一誤。傅璇琮《懿宗朝翰林學士傳·鄭延休》則以爲：『工部侍郎等，于翰林學士僅爲所帶之官銜，並非實際行職。』並舉咸通十二年鄭畋、張裼、崔充同時爲户部侍郎爲例，以爲兩條均不誤。

〔二〕正月四日，傅璇琮以爲，十一年十二月至十三年十一月，張裼、崔充、韋蟾迭爲承旨，延休或于十一月二十四日或十二月四日接爲承旨，丁《記》誤。

〔三〕七日，傅璇琮依上句所考，推測應爲十二月二十七日或十二月七日。『兵部』，文淵閣本誤作『工部』。岑仲勉謂『侍郎下應補知制誥三字』。

〔四〕尚書，明鈔本、靜嘉堂本闕。

薛調，咸通十一年十月十七日，自□部員外郎加駕部郎中充〔一〕。十二年正月二十六日，加知制誥〔二〕，依前充。十三年二月二十六日，卒官〔三〕；三月十一日，贈户部侍郎。

〔一〕自□部，文淵閣本同，明鈔本、抱經樓本、靜嘉堂本作『□□部』，謙牧堂本作『自禮部』，李鈔本作『自工部』，不知何據。《唐尚書省郎官石柱題名考》卷一二『户部員外郎』有薛調，勞格疑闕文『即户字』，或然。

〔二〕加知制誥，謙牧堂本作『加禮部郎中知制誥』。

〔三〕按，《唐語林·容止》：『調美姿貌，人號爲「生菩薩」……調爲翰林學士，郭妃悦其貌，謂懿宗曰：「駙馬盍若薛調乎？」頃之暴卒，時以爲中鴆。卒年四十三。常覽鏡曰：「薛調豈止四十三乎？」豈常有言其壽者耶？』傅璇琮《懿宗朝翰林學士傳·薛調》以爲郭妃欲以其爲駙馬，而薛調年齡過大，不能再尚公主，《唐語林》所記不實。揆之原文，郭妃似以駙馬與薛調相比，謂其更勝，非欲以之爲駙馬也。此駙馬當指韋保衡，則故事隱指韋實害之。

韋保乂，咸通十二年二月十三日，自户部員外郎入，守本官充；[其年]三月十六日，[三殿召對，賜緋；其月二十六日]，特恩賜紫；[其年]五月十日，加户部郎中、知制誥，依前充。[十三年十一月二十一日，遷中書舍人、知制誥，依前充]〔一〕。十四年十月，貶賓州司户〔二〕。

〔一〕本條所補文字，均出謙牧堂本。岑仲勉《注補十二》以爲，『唐制郎中知制誥約一年便可轉中舍，況以唐末官賞之濫，而謂保乂越兩年餘而一無升遷乎？今記文末幅大多殘闕，此處之下（引按，指前一「依前充」下），顯有佚奪』。謙牧堂本正有『中書舍人』一轉，足證岑説。

〔二〕按，《新唐書·韋保衡傳》：『弟保乂，自兵部侍郎貶賓州司户參軍。』《通鑑》卷二五二咸通十四年十月：『貶其弟翰林學士、兵部侍郎保乂爲賓州司户。』知保乂出院前爲兵部侍郎，則『中書舍人』下當有『某月日，遷兵部侍郎』等字。

## 劉承雍，咸通十四年十月，貶涪州司户〔一〕。

〔一〕按，劉承雍爲劉禹錫之子，岑仲勉《注補十二》以爲其當與韋保乂同于咸通十二年二月十三日頃入院；傅璇琮《懿宗朝翰林學士傳·劉承雍》據勞格、趙鉞《唐尚書省郎官石柱題名考》卷二，疑其以左司員外郎入。據《唐代墓志彙編》乾符〇二六楊檢《唐故嶺南節度使右常侍楊公女子書墓志》：『子書之諸姊皆托華胄，如户部侍郎、翰林學士劉公承雍五朝達，皆子書之姊婿。』《通鑑》卷二五二咸通十四年十月載，貶『翰林學士、户部侍郎劉承雍爲涪州司馬』，知其以户部侍郎出院，所貶爲『司馬』或『司户』，記載小異。《通鑑》謂承雍爲韋保衡兄弟『所親』，是以與之同進退，咸通十四年七月僖宗即位後，旋遭清理出朝。

## 崔璆〔一〕

〔一〕按，《舊唐書·僖宗紀》廣明元年十二月，『壬辰，黄巢據大内，僭號大齊，稱年號金統……崔璆爲中書侍郎、平章事』。傅璇琮《懿宗朝翰林學士傳·崔璆》疑其或因此僅列名而未記事，並以其題于劉承雍與崔湜之間，推測在咸通十二年下半年或十三年入院；又據《會稽掇英總集》記其乾符四年閏二月以右諫議大夫、知匭使授越州刺史、浙東觀察使，謂可能于乾符四年前已出院。岑仲勉引《嘉泰會稽志》卷二所載出鎮浙東事，記爲『乾符四年十二月』，並據此推論崔璆出院時間，今查該書明正德五年及嘉靖十三年刻本，均作『乾符四年閏二月』，岑蓋誤書。崔璆于唐軍克復長安後被誅，《通鑑》卷二五五僖宗中和三年五月，『詔以崔璆家貴身顯，爲黄巢相首尾三載，不逃不隱，于所在斬之』。

李溥〔一〕

〔一〕傅璇琮《懿宗朝翰林學士傳·李溥》推測其當于咸通十三、四年入院，《唐翰林學士年表》記約咸通十四年出院，均無實據。按，兩《唐書·僖宗紀》、《通鑑》卷二五四均記『刑部侍郎李溥』于廣明元年十二月爲黄巢所害，不書學士，當已出院。遇害日，《新紀》及《宰相表下》記爲庚子，《通鑑》記爲己亥，相差一日。

相豆盧瑑〔一〕

〔一〕按，岑仲勉《注補十二》據兩《唐書·僖宗紀》、本傳及《宰相表下》等補其經歷：『自户部郎中、知制誥充。遷中書舍人。乾符中，累遷户部侍郎、知制誥，加承旨。六年五月八日，轉兵部侍郎、同平章事，出院。』傅璇琮《懿宗朝翰林學士傳·豆盧瑑》據此再考，以爲瑑當于咸通十三、四年間由兵部員外郎入充，後改遷户部郎中、知制誥；乾符元年五月後或秋冬間接爲承旨；拜相出院，則當據《新紀》及《宰相表下》，在乾符五年五月丁酉。又按，豆盧瑑與李溥皆于廣明元年十二月遇害，參上『李溥』條注。

崔湜，咸通十四年十一月二十三日〔一〕，自殿中侍御史改司封員外郎充。「十五年八月十五日，特恩知制誥，遷中書舍人，依前充」〔二〕。

〔一〕二十三日，靜嘉堂本作『二十二日』，底本據明鈔本改。按，崔湜入院時，僖宗已即位。《唐尚書省郎官石柱題名考》『司封員外郎』有崔涓，趙鉞疑『崔湜』爲『崔涓』之誤。岑仲勉《注補十二》駁趙説，考『涓授封外，斷在十三年五月以前，而此崔湜則十四年十一月始改封外，其不能爲一人明矣』。今據傅璇琮《昭宗哀帝朝翰林學士傳・崔涓》考證，『涓于僖宗乾符元、二年（874、875）曾爲荆南節度使、荆州刺史』，而崔湜咸通十四年（873）始爲司封員外郎，不可能一兩年後即出鎮，此又二者非一人之證。

〔二〕『十五年』以下二十一字，據謙牧堂本補。按，咸通十五年十一月庚寅改元乾符，本條必題于此前。

相盧攜，咸通十四年十二月，自左諫議大夫充承旨學士〔一〕。十五年，拜相〔二〕。

〔一〕按，岑仲勉《注補十二》：『依新舊《唐書》所載，攜入翰林後再歷中舍、户侍兩遷，記文簡略，顯非完璧，承旨之上，當有奪文。』按，月日亦有脱略。

〔二〕按，《舊唐書・僖宗紀》載，乾符元年五月，『户部侍郎、知制誥、翰林學士、賜紫金魚袋盧攜本官同平章事』，《新唐書・僖宗紀》、《通鑑》卷二五二均記爲十月事，《新唐書・宰相表下》記其日爲十月丙辰。當以十月爲是。咸通十五年十一月庚寅改元乾符，本句當題于十至十一月之間。

# 禁林讌會集

蘇易簡〔一〕

## 解題

宋太宗淳化二年十二月辛卯（992年2月2日），新任翰林學士承旨蘇易簡召集韓丕、畢士安等一衆詞臣，赴學士院觀賞太宗御書『玉堂之署』和御製詩石刻，事後參觀者及未曾赴會的宰相李昉等人紛紛賦詩，以襄盛舉。李燾《續資治通鑑長編》卷三二記其本末甚詳：『翰林學士承旨蘇易簡于本院會學士韓丕、畢士安、秘書監李至、史館修撰楊徽之、梁周翰、知制誥柴成務、吕佐之〔二〕、錢若水、王旦、直秘閣潘謹修〔三〕、翰林侍書王著、侍讀吕文仲等，觀御飛白書「玉堂之署」四字，並三體書詩石。上聞之，賜上尊酒，太官設盛饌，至等各賦詩以記其事，宰相李昉、張齊賢，參知政事賈黄中、李沆亦賦詩以貽易簡，易簡悉以奏御。上謂宰相曰：「蘇易簡以卿等詩什來上，斯足以見儒墨之盛、學士之貴也。可別録一本進入。」以其本賜易簡。』〔四〕編成的詩集，就是這部《禁林讌會集》，它也是宋代翰林學士的第一部詩歌總集。

本集的編者，諸本《翰苑群書》均不署名，趙希弁《郡齋讀書志附志》作『皇朝《禁林讌會集》』，《玉海》卷五四《藝文·乾道翰苑群書》、《四庫全書總目》之《翰苑群書》提要署爲『李昉』，《宋史·藝文八》著録『蘇易簡《禁林宴會集》一卷』。覈之《長編》，明言諸人將詩稿交給蘇易簡，由他彙集後進呈皇帝，可知爲蘇易簡編定，《宋志》是也。《玉海》等之所以題名李昉，蓋因其詩居于全集之首，遂冒爲編者。

詩集分爲前後兩部分，前半收録未參與雅集的正副宰相李昉、張齊賢、賈黄中、李沆四人，以及與會的秘書監李至之作，共五首〔五〕，各擬詩題；後半收録當日參加雅集的蘇易簡、韓丕、畢士安、柴成務、吕祐之、錢若水、王旦、楊徽之、梁周翰、潘慎修、吕文仲、王著等所作，共十二首，合題曰『禁林讌會之什』。詩篇内容皆是弦歌昇平，頌美君上優遇詞臣，感戴雨露天恩，不脱應制詩的窠臼，文學上固無甚可觀，但卻同聲塑造了一個崇儒尚學的『好文英主』『文明天子』〔六〕，而這正是太宗希望向世人展示的形象。因此收到詩集之後，他『諷讀數四』，聖心大悦之餘，迫切希望將這一盛事傳布士林〔七〕。

蘇易簡奉敕編輯的這部《禁林讌會集》，跟他自撰的《續翰林志》一樣，都緊密配合太宗倡導文治的政治需要，無疑是君臣相得、學士清貴的絶好宣傳，其中故事，爲後代文士不斷覆述、稱美。李昉詩後序總結的禁林七件『今日之盛事』，亦成爲翰林學士樂誦的一個典故，南渡之初的學士朱勝非，便在草詔時以『七盛』對『六絶』，矜爲創意〔八〕。

蘇易簡之子蘇耆《次續翰林志》第5條『先帝以玉署之設』也記載了此次盛會，末云：『仍賦長韻詩一章，以記其事。』『長韻詩』者，即本《集》所録蘇易簡詩，非别有詩作。蘇耆又自注云：『其詩目曰「禁林讌會集」，今附之于後。』可知他曾將本《集》附録于《次續翰林志》之後，以志乃父之光寵，流傳聲聞。《翰苑群書》也收録了蘇耆之書，但不知洪遵編録的《禁林讌會集》，是别裁自耆書，還是另據單行本輯存。如今這十七首詩的傳本，都源出本《集》，是爲唯一的祖本。洪遵保存了翰林學士最早的一部詩歌總集，避免了這些詩作的散佚，足證《翰苑群書》保存文獻之功。

〔一〕諸本不題撰人，據《宋史·藝文八》補。説詳解題。

〔二〕吕佐之，據本《集》，當爲『吕祐之』之訛。

〔三〕潘謹修，即潘慎修，李燾避孝宗趙昚諱改。

〔四〕太宗飛白書及三體書詩刻石事，在本年十月。詳《續翰林志》解題。

〔五〕存疑，見『李至』注。

〔六〕語見畢士安、王著詩。

〔七〕見《宋會要輯稿·職官六·學士院》。

〔八〕洪遵《翰苑遺事》第64條引朱勝非《秀水閒居録》：『建炎改元，余忝召命，謝章以「七盛」對「六絶」。』

## 御書飛白『玉堂之署』四字頒賜禁苑，今懸挂已畢，輒述惡詩一章，用歌盛事

右僕射平章事監修國史李昉〔一〕

玉堂四字重千金，宸翰親揮賜禁林。地望轉從今日貴，君恩無似此時深。宴回上苑花初發，麻就中宵月未沈。衣惹御香拖瑞錦，筆宣皇澤灑春霖。院門不許閑人入，（承旨學士舉舊事置鈴索于院門，閑人不許輒入〔二〕。）仙境寧教外事侵。我直承明逾二紀，臨川實動羡魚心〔三〕。

昉頃在禁林，前後出處凡二十有五載，不逢今日之盛事者有七：新學士謝恩日〔四〕，賜襲衣、金帶、寶鞍、名馬（一也）；十月朔，改賜新様錦袍（二也）；特定草麻例物（三也）；改賜内庫法酒（四也）；月俸並給見錢（五也）；特給親事官隨從（六也）；新學士謝恩後，就院賜敕設，雖爲舊事，而無此時供帳之盛（七也）。凡此七事，並前例特出異恩〔五〕，有以見聖君待文臣之優厚也〔六〕。臨川之羡，其在兹乎。

〔一〕除文淵閣本外，各本『國史』『聖君』『明主』『英主』等前皆敬空一字，蓋存宋本舊式，今一例取消。按，李

昉，《宋史》卷二六五有傳，太祖、太宗朝數度任翰林學士，詳本書所收《學士年表》。

〔二〕諸本自注皆作雙行小字，今統改爲括注。按，『承旨學士』謂蘇易簡，其建議學士院復『置鈴索』事見其子蘇者《次續翰林志》6云：『自五代已來，其制久廢。公因召對言之，上可其奏。自是院内復置鈴索焉。』

〔三〕按，李昉于建隆元年（960）至三年（962）、開寶二年（969）至太平興國八年（983）兩度出任翰林學士，共計十八年，此謂『逾二紀』及下文『頃在禁林，前後出處凡二十有五載』者，蓋通計離職時間而言。此時他已出院多年，獲覩盛會，故曰『臨川羨魚』。

〔四〕日，靜嘉堂本脱，鮑廷博據明鈔本補。

〔五〕並、特，靜嘉堂本脱，鮑廷博據明鈔本補。

〔六〕以，靜嘉堂本作『心』，鮑廷博據明鈔本改。

## 御書飛白『玉堂之署』，三體宸章〔一〕，併宣禁苑，覩茲盛事，輒動斐然

尚書吏部侍郎同中書門下平章事張齊賢〔二〕

寵深仙署降新牌，御筆親題重俊才。四字千齡懸日月，兩篇三體琢瓊瓌〔三〕。登科郄桂皆同樹〔四〕，入室丘門盡仰回。（余與承旨學士皆御前科選〔五〕，而學士最受聖恩顧遇，則前後門生俱深榮羨，故有是也。）寓直靜封芝檢去〔六〕，密宣榮對玉泉來。職清望峻人稀見，地貴扃嚴晝罕開。多幸謬持黄閣柄，煙霄時得遂游陪。

〔一〕體，靜嘉堂本闕，鮑廷博據明鈔本補。按，靜嘉堂本此文凡『體』字皆闕，未審何故。

〔二〕事，靜嘉堂本脱，鮑廷博據明鈔本補。按，張齊賢，《宋史》卷二六五有傳，無翰林學士經歷。

〔三〕體，靜嘉堂本闕，鮑廷博據明鈔本補。

〔四〕郄桂，靜嘉堂本作『郄進』，鮑廷博據明鈔本改。按，《晉書·郤詵傳》：『（詵）累遷雍州刺史。武帝于東堂會送，問詵曰：「卿自以爲何如？」詵對曰：「臣舉賢良對策，爲天下第一，猶桂林之一枝，昆山之片玉。」』

〔五〕按，張齊賢，太平興國二年進士，蘇易簡，太平興國五年狀元，故云。

〔六〕靜，明鈔本、抱經樓本、文淵閣本同，謙牧堂本、靜嘉堂本作『盡』，鮑廷博據明鈔本改。

## 伏覩禁林盛事，謹賦一章

給事中參知政事賈黄中上〔一〕

璇題飛白御毫新，三體瓊章妙入神〔二〕。特賜禁林爲盛事，只緣明主重名臣。青編輝映輕前古，丹地深嚴隔世塵。金籙禎祥非是寶，玉堂名號此方真〔三〕。（玉堂之名，從來未著格令，今聖君親書『玉堂之署』四字，爲千古不朽之事，自此名始真矣。）恩榮誰比煙霄客，文彩長懸日月輪。爲報鼇宮主人道，蓬萊全勝昔時春。（黄中以近離内署，故不覺有此健羨之句。）

〔一〕按，賈黄中，《宋史》卷二六五有傳，太宗朝任翰林學士，詳本書所收《學士年表》。

〔二〕體，靜嘉堂本闕，鮑廷博據明鈔本補。

〔三〕真，《全宋詩》卷四七《賈黄中集》作『貞』，蓋從《宋詩紀事》卷五，誤。

## 伏覩禁林新成盛事，輒思歌詠，不避荒蕪〔一〕

給事中參知政事李沆上〔二〕

禁庭多士列華簪，嚴〔樂〕輝光冠古今〔三〕。御筆騰驤題玉署〔四〕，宸章照耀詠辭林。虛堂挂後傳千載〔五〕，翠琰刊成直萬金〔六〕。振復文明知聖作，尊崇儒術見天心。增修一院煙霞麗，曲宴群英雨露深。自我昌朝爲盛事，鼇山清峻重難尋〔七〕。

〔一〕『荒蕪』下，《全宋詩》卷五四《李沆集》有『上李學士』四字，云出《翰苑群書》上，然諸本皆無此四字。《宋詩紀事》卷三引《翰苑群書》有，蓋轉引于此。

〔二〕按，李沆，《宋史》卷二八二有傳，太宗朝任翰林學士，詳本書所收《學士年表》。

〔三〕樂，底本爲墨丁，明鈔本、謙牧堂本、抱經樓本、文淵閣本作『樂』；靜嘉堂本作『學』，鮑廷博已據明鈔本改『樂』，手民忘改，茲據補。

〔四〕騰驤，靜嘉堂本作『騰釀』，鮑廷博據明鈔本改。

〔五〕挂，文淵閣本同，明鈔本、謙牧堂本、抱經樓本、靜嘉堂本誤作『桂』。

〔六〕萬金，靜嘉堂本作『爲金』，鮑廷博據明鈔本改。

〔七〕清峻，明鈔本、謙牧堂本、靜嘉堂本、抱經樓本作『□峻』；《宋詩紀事》卷三引作『清峻』，鮑廷博蓋據補『清』字。文淵閣本臆補作『高峻』。

伏蒙承旨學士特賜寵招，慚非嘉客，陪列仙于丹地，觀盛事于玉堂〔一〕。御題禁署之名，勢如飛動；聖制大風之作，鏗若宮商〔二〕。一時併耀于蓬瀛，三體互成于真草〔三〕。昔太宗之優待學士〔四〕，日預論思；明皇之寵尚集賢，時聞臨幸。以今況昔，異代同榮。至謬亞冢卿，獲司中秘，啗牛心而不稱，陪麈尾以何□□銜樂聖之杯〔五〕，且乏娱賓之賦。嗟歎不足，歌詠輒興，雖勞燥吻之冥搜，終類擊轅之陋唱〔六〕。仰塵高鑒，聊抒下情〔七〕。

吏部侍郎兼秘書監李至上〔八〕

昔陪群彦在鼇山，今日重來賦玳筵〔九〕。纔向玉堂觀聖札，又離瑶席覩宸篇。二南絶唱人驚駭，三體神蹤鳳折旋〔一〇〕。坐久庭柯移午影，飲酣宮吹遞香煙。吟求視草牋分寫〔一一〕，醉假通中枕暫眠。俗客不知仙禁近，高歌共樂太平年。

〔一〕按，據李至詩題自述及《續資治通鑑長編》（以下簡稱《長編》）卷三二之記載，其已躬與宴會，詩作當歸入『禁林讌會之什』，然諸本皆置于其外，未詳其故。

〔二〕鏗若宮商，謙牧堂本、靜嘉堂本皆誤『鏗』為『鑑』，靜嘉堂本並闕『宮』字，鮑廷博據明鈔本改補。

〔三〕互，明鈔本作『㸦』，謙牧堂本、抱經樓本、靜嘉堂本形訛作『牙』，文淵閣本臆改作『俄』。鮑廷博據明鈔本改。

〔四〕太宗之優待，靜嘉堂本『太』『待』脱，鮑廷博據明鈔本補。

〔五〕稱陪，靜嘉堂本二字倒，鮑廷博據明鈔本乙。□□，文淵閣本作『能謬』，恐為臆補，餘本和《宋詩紀事》卷二引文皆闕。銜，靜嘉堂本作『御』，鮑廷博據明鈔本改。謙牧堂本自『集賢』至『之杯』四十一字脱。

〔六〕 擊轅，抱經樓本、文淵閣本誤作『繫轅』。

〔七〕 按，此段文字，諸本退格不一，或以爲前詩之自注。然前作各有詩題，不應李至獨無。《宋詩紀事》卷二據《翰苑群書》載入此詩，以此段爲詩題，詳其文義，亦與李至詩相應，可知爲詩題無疑。李至作詩好長題，此其一例。

〔八〕 按，李至，《宋史》卷二六六有傳，太宗朝任翰林學士，詳本書所收《學士年表》。

〔九〕 賦，明鈔本、抱經樓本、文淵閣本作『赴』。

〔一〇〕 體，靜嘉堂本闕，鮑廷博據明鈔本補。

〔一一〕 視，謙牧堂本、靜嘉堂本作『祝』，鮑廷博據明鈔本改。

## 禁林讌會之什

學士承旨中書舍人蘇易簡上〔一〕

雨晴禁署絶纖塵，讌會名賢四海聞。供職盡居清顯地，崇儒同感聖明君。翩然飛白璇題字，煥若丹青翠琰文。梓澤笙歌誠外物，蘭亭詩酒不同群〔二〕。少年已作瀛洲老，他日終栖太華雲。莫怪坐間全不飲，心中和氣自醺醺。

〔一〕 按，蘇易簡，《宋史》卷二六六有傳，太宗朝任翰林學士，詳本書所收《學士年表》。

〔二〕 酒，靜嘉堂本脱，鮑廷博據明鈔本補。

### 學士左諫議大夫知制誥韓丕上〔一〕

鼇宮明麗倚春寒，讌會群仙喜縱觀。聖作照臨均日月〔二〕，御書飛動集龍鸞。綺談雅似聞天樂，瓊液香勝飲露盤。坐久杳同玄圃外，吟餘飄若碧雲端。演綸視草微才怯，□□□□霈澤寬〔三〕。因想前賢倍知幸，多云遭值太平難。

〔一〕按，韓丕，《宋史》卷二九六有傳，太宗朝任翰林學士，詳本書所收《學士年表》。

〔二〕均，抱經樓本、文淵閣本作『新』。

〔三〕四字諸本俱脱，《宋詩紀事》卷三引《翰苑群書》亦脱。

### 學士考功員外郎知制誥畢士安上〔一〕

好文英主古難齊，寵重詞臣意弗低〔二〕。睿藻清新刊翠琰，神蹤飛動在璇題。芸籤許效蓬萊閣，花檻容模罨畫溪。樂聖朋儕開綺席，愛君誠抱挂金閨。買臣晚遇知多幸，犬子端憂思轉稽〔三〕。天地恩私無以報，只將兢慎對芝泥。

〔一〕按，畢士安，《宋史》卷二八一有傳，太宗朝任翰林學士，詳本書所收《學士年表》。

〔二〕弗，謙牧堂本、靜嘉堂本、抱經樓本、文淵閣本作『勿』，鮑廷博據明鈔本改。

〔三〕憂，謙牧堂本、靜嘉堂本誤作『爱』，鮑廷博據明鈔本改。

司封郎中知制誥柴成務上〔一〕

内署延賓宴玉堂，紫闈深啓會琳琅。雲霏寶額題宸翰，金錯瑶編勒御章。盤薦異羞羅彩翠，盞傾醇醴湛清光。柳當朱檻春先到，日過花塼影漸長。吟客盡容窺綺閣，棲禽應許托雕梁。歡榮共樂文明代〔二〕，惟願登歌頌聖皇。

〔一〕按，柴成務，《宋史》卷三〇六有傳，無翰林學士經歷。

〔二〕歡榮，《全宋詩》卷一八《柴成務集》誤作『觀榮』。

起居舍人知制誥吕祐之上〔一〕

高會蓬瀛振德音，崇賢同慶湛恩深。瑞融雲露飛宸翰，榮下煙霄飾禁林。鳳藻瓌奇清擊石，龍文模琢麗雕金〔二〕。辭臣喜適逢時願，睿眷殊敦好士心。華照北門張組繡，秘逾東序敵球琳〔三〕。玉堂宴罷尤知幸，御牓天章豈易尋。

〔一〕吕祐之，《宋會要輯稿·職官六》同（以下書名簡稱《會要》），《長編》卷三二作『吕佐之』，誤。按，吕祐之，《宋史》卷二九六有傳，無翰林學士經歷。

〔二〕模，文淵閣本作『磨』。

〔三〕敵，謙牧堂本、静嘉堂本作『獻』，鮑廷博據明鈔本改。

右正言知制誥錢若水上〔一〕

一夜春風滿帝都，禁林清曉宴簪裾〔二〕。玉堂乍到驚凡目，金鎖徐開見御書。（承旨學士嚴以扃鐍，鎖御書于玉堂之上。〔三〕）四字驪龍爭夭矯，兩篇瓊樹鬬扶疏。詞臣此會人應羨，聖主多才古不如。日上花塼簾捲後，柳遮鈴索雨晴初。閣前吟罷先沉醉，忘卻西垣有直廬〔四〕。

〔一〕按，錢若水，《宋史》卷二六六有傳，太宗朝任翰林學士，詳本書所收《學士年表》。

〔二〕裾，謙牧堂本、靜嘉堂本誤作『裙』，鮑廷博據明鈔本改。

〔三〕蘇耆《次續翰林志》第5條：『（易簡）即命置于本院中，擇日懸挂。乃具扃鐍于玉堂之上』自注：『其御札至今鎖之，或學士上事及賜敕設，即令開之，焚香而觀焉。』

〔四〕按，西垣，即中書省，錢若水時爲知制誥，在中書省舍人院供職，故云。

右正言知制誥王旦上〔一〕

喜綴真仙讌禁林，玉堂新事好供吟。天章刻石興風雅，宸翰書牌耀古今。勢逸奪迴龍鳳迹，調高流入管弦音。光凝玉斝瓊漿潤，冷布花塼藥樹陰。地貴每朝金殿近，景清如到玉壺深。得陪嘉會榮觀大，虔效賡歌樂聖心。

〔一〕按，王旦，《宋史》卷二八二有傳。真宗朝任翰林學士，詳本書所收《學士年表》。

左諫議大夫史館修撰楊徽之上〔一〕

星移歲律應青陽，得奉群英集玉堂〔二〕。龍鳳雙飛觀御札，雲霞五色詠天章。禁林漸覺清風暖，仙界元知白日長。詔出芝泥封去潤〔三〕，朝迴蓮燭賜來香。二篇稱奬恩尤重，萬國傳聞道更光。何幸微才逢盛事，願于史册紀餘芳〔四〕。

〔一〕左，明鈔本、抱經樓本同，謙牧堂本、靜嘉堂本、文淵閣本作『右』，鮑廷博改『左』。據《宋史》卷二九六本傳，楊徽之于太宗端拱初，『拜左諫議大夫，出知許州。入判史館事，加修撰』，本詩作于此時，可知作『左』是也。按，楊徽之無翰林學士經歷。

〔二〕集，明鈔本、謙牧堂本、靜嘉堂本、抱經樓本闕；《宋詩紀事》卷二引《翰苑群書》作『集』，鮑廷博蓋據此補。文淵閣本臆補作『步』。

〔三〕芝泥，《全宋詩》卷一一《楊徽之集》録此詩作『紫泥』，云據《翰苑群書》卷上，然諸本皆作『芝泥』。查《宋詩紀事》卷二引《翰苑群書》作『紫泥』，《全宋詩》蓋轉引于此。

〔四〕于，諸本同，靜嘉堂本鮑廷博旁批：『一作因。』《全宋詩》作『因』，蓋出《宋詩紀事》卷二。

右司諫史館修撰梁周翰上〔一〕

寶書驚絶耀天章，飛白親題賜玉堂。瑞彩上騰流素月，朗河下注映丹墻。鶴盤吴嶼雙翎健〔二〕，鵠顧雕陵巨翼長。游霧半收懸組練，輕雲斜拂駐鸞皇。墨池併獲三奇寶，翠琰俱生五色光。陪讌禁林知有幸，叩頭遥祝萬年觴。

〔一〕此詩謙牧堂本誤寫于潘慎修題下。按，梁周翰，《宋史》卷四三九有傳，真宗朝任翰林學士，詳本書所收《學士年表》。

〔二〕嶼，明鈔本、謙牧堂本、靜嘉堂本、抱經樓本作「輿」，鮑廷博蓋據《宋詩紀事》卷二改「嶼」。

倉部員外郎直秘閣潘慎修上〔一〕

紅藥深嚴肅廣筵，嘉招仍許厠群仙。忽窺宸翰雲龍動，乍揭天辭日月懸。散作楷模爭寶惜，永刊金石共流傳。況當枚馬從容地，仍集班揚侍從賢。敢竊休明爲盛觀，願陳風詠播薰弦。不辭勝引承歡醉，長洽昇平億萬年。

〔一〕此詩謙牧堂本誤寫于梁周翰題下。潘氏之名，底本及靜嘉堂本作「慎脩」，他本及他書多作「慎修」，據改。按，潘慎修，《宋史》卷二九六有傳，無翰林學士經歷。

翰林侍讀左正言吕文仲上〔一〕

青葱温樹非塵境，鼇岫金鑾近日邊。石壁天章垂雨露，璇題宸翰動雲煙。西垣賈馬徵辭客，東觀蓬瀛集列仙。宴喜酡顔飛玉斝，鏗鏘奮藻襞花牋〔二〕。唐虞盛化高千古，葵藿傾心祝萬年。自顧薄才誠有愧，不知何以奉群賢。

〔一〕左正言，文淵閣本作「右正言」。據《宋史》本傳，吕文仲太平興國中「以本官充翰林侍讀，寓直御書院……雍熙初……復命改左正言」。文淵閣本誤。按，吕文仲，《宋史》卷二九六有傳，無翰林學士經歷。

〔二〕襞，文淵閣本、《全宋詩》卷五四《吕文仲集》作『劈』，後者蓋出《宋詩紀事》卷五。

翰林侍書行殿中侍御史王著上〔一〕

文明天子重詞臣，聖製褒揚日月新。宸翰特頒仙署額，皇風先發玉堂春。虬龍逸勢誠難伏〔二〕，鸞鶴迴翔信得真。齊武任誇非入妙，漢章雖巧未通神。匪唯衒耀鼇宫客，兼是輝華鳳閣人。幸接英儒同贊詠，輒書狂斐繼清塵。

〔一〕按，王著，字知微，成都人，《宋史》卷二九六有傳，無翰林學士經歷，以書法名家。又，宋初有兩王著，太祖朝爲翰林學士者，字成象，單州單父人，已卒于開寶二年。

〔二〕虬，靜嘉堂本闕，鮑廷博據明鈔本補。

# 卷中

輯佚

# 金坡遺事

錢惟演

## 解題

《金坡遺事》三卷，作者錢惟演（977—1034），字希聖，吴越王錢俶第七子，《宋史》卷三一七有傳。真宗大中祥符八年（1015）至九年（1016）三月、天禧二年（1018）正月至四年（1020）八月兩任翰林學士〔一〕。本書撰成于仁宗天聖四年（1026）三月十五日〔二〕，此時錢惟演正任職保大節度使、同平章事，判許州〔三〕。

《金坡遺事》原書三卷，雖然原貌已不可見，但它的基本結構和内容還可以根據文獻稽考復原。衢本《郡齋讀書志》卷七『職官類』概括其内容，云：『《金坡遺事》三卷，右皇朝錢惟演撰。載國朝禁林雜儀式、事迹，並學士名氏。』可知它不但記載了北宋初年的翰林學士院制度和學士故事，還載有學士名單。陳振孫《直齋書録解題》卷六『職官類』記述更爲具體：『《金坡遺事》三卷，學士吴越錢惟演希聖撰。題名自建隆至天聖四年，凡四十七人；自開元而下合三百一十五人。其他典故，視前記詳矣。』由此進一步得知它的題名時限，起自趙宋立國（960），迄于仁宗天聖四年（1026），跨越六十七年，共收録北宋前期學士四十七人〔四〕。參考本書所收《學士年表》，以錢著完成的四年三月爲下限計算，這四十七人應始于陶穀，止于四年二月入院的夏竦；再根據《學士年表》和《皇宋十朝綱要》記載的翰林學士名單覈對，這個數量基本一致〔五〕。《直齋書録解題》所説題名『自開元而下合三百一十五人』，頗使人懷疑其中録入了唐代學士的名單。查《玉海》卷一六七《宋朝學士院》，謂《遺事》：『序建隆庚申，洎天聖丙寅，四十七人，合唐、五代三百一十五人。』與《書録》同；而碩果僅存的錢惟演《自序》殘文交代：『開元始建此官，迄于唐季，名氏可尋者二百一十人。』〔六〕通過簡單計算可知，這三百一十五人包括了唐學士二百一十人，五代學士五十八人〔七〕，北宋仁宗初以前學士四十七人，是一份十分珍貴的通代名録，遺憾的是隻字不存，無法彌補了。

《玉海》還提供了全書結構的一條重要綫索：『錢惟演爲《金坡遺事》三卷，太宗御札、御詩及銘共九首，真宗詩六首，標于上篇，終以雜記。晁迥別書三事附焉。』原來除了翰林故事和學士名録兩個部分，此書與蘇耆的《次續翰林志》一樣，還把皇帝的詩文置于首卷，然後纔安排他自撰的内容。綜合上述材料，我們便可以復原《金坡遺事》三卷的整體面貌了：上卷，太宗、真宗詩文十五篇；中卷，翰林故事，包括學士院制度和學士的軼聞、事迹；下卷，唐開元至宋天聖四年學士題名。著作體例大抵延續了韋執誼《翰林院故事》的傳統。最後附録晁迥另撰的翰林故事，即《別書金坡遺事》〔八〕，這就是宋代單行本《金坡遺事》的原貌。

陳振孫説本書『其他典故，視前記詳矣』，這一方面是翰林故事的相關内容敘述更爲詳悉，另一方面是整體篇幅顯著擴大，再加上多達三百多人的題名〔九〕，全書體量勢必冠絶《翰苑群書》諸作，由此就容易理解爲什麼它能夠跟篇幅短小的《別書金坡遺事》《翰苑雜記》合占一卷了。

他書引用《遺事》，書名有作《鑾坡遺事》者，如宋本《錦繡萬花谷後集》卷一〇、《續集》卷一、《山谷詩集注》卷七《次韻子瞻題郭熙畫山》、明王肯堂《鬱岡齋筆麈》卷二、《佩文韻府》卷一七『雕』等。蓋金坡、鑾坡，皆『金鑾坡』之省稱，但錢氏書名歷代書志一向著爲『金坡』，作『鑾坡』者均非。

《金坡遺事》的史料價值很早就受到史家的重視。《續資治通鑑長編》卷八〇『大中祥符六年六月』，李燾在考辨楊億夜奔陽翟的著名公案時，比較錢惟演與黃庭堅、國史本傳的記載，判斷道：『錢惟演《金坡遺事》載，億以五月二日奔陽翟，使者及門，始知億已亡去，則湯藥、金幣非億去後始賜也。本傳云：「億不待報行，上親緘藥劑洎金帛賜之。」蓋飾説也。今用惟演所載，庶得其實。』認爲《遺事》的記載比國史更爲準確。本書『太宗賜詩張洎、錢若水』『錢若水』『學士班次三』等條目，與《長編》的相關記載文字極爲相似，應當是李燾采用了《金坡遺事》的結果。郭若虚的畫史名著《圖畫見聞志》卷六，幾乎原文照録『玉堂畫壁』『太祖賜翰林院書畫二』兩條。由此可見他們對《遺事》史料價值的認可。

《金坡遺事》記事之翔實，得益于錢惟演的寫作積纍。他撰有《玉堂逢辰録》一書〔一〇〕，此書雖已亡佚，但結合殘文和宋人的記載，其内容和格式形同日記。王明清《揮麈後録》卷一云：『錢文僖惟演嘗纂書，名《逢辰録》，排日盡書其父子承恩榮遇及朝廷盛典，極爲詳盡。』《容齋隨筆》卷八『真宗末年』條亦載：『錢文僖在翰林，有天禧四年《筆録》，紀逐日瑣細家事及一時奏對，并他所聞之語。』可見他曾著意記録自己在翰林學士院的所見所聞，而且記敘不厭其詳。今天所見《遺事》遺文，儘管經過引者或多或少的删削，但總體上記事較爲詳盡，特别是敘事常具體到月份乃至日期，而不像《楊文公談苑》《春明退朝録》《歸田録》《夢溪筆談》等同類著作，只記作某朝中或某某朝。能有這些清晰的時間信息，應是他依憑舊日手記的緣故。

一如所有的『回憶録』，《金坡遺事》雖然語多親歷，但有時也難免疏于考覈，記事不確。如『韓丕不長應用出院』條，以爲韓丕因破鎖取舊草而被逐出學士院，但依《長編》及《宋史》本傳，破鎖事發生在他知制誥時，尚未出任翰林學士。韓丕年輩長于錢惟演，錢拜學士時韓已去世多年，此事大概聞諸學士院故老，不意混淆了兩段故事〔一一〕。

《遺事》記載的大量翰苑逸事不僅可以佐證史學，也有助談資，因此容易引起文士的興趣，流傳頗廣。南宋紹興初年，遠赴四川擔任地方官的孫道夫，給他的翰林學士朋友綦崇禮寄去一部《金坡遺事》〔一二〕，看中的應該就是書中的翰林典故。此後不久，晁公武入川擔任四川轉運使井度的從官，並最終獲贈井氏全部藏書，《郡齋讀書志》

著録的《金坡遺事》三卷，也許與孫道夫傳出之本一樣，都來自未經靖康之變摧殘的四川。

在版刻發達的宋代，《金坡遺事》還吸引了大量次級文獻生産者的注意，被頻繁迻録到不同的彙編史料、詩注和類書。高頻次的轉載説明了它受歡迎的程度，更是保存了珍貴的佚文，但抄録中張冠李戴的情況時有發生，即使取材較爲嚴謹、忠實原文的《宋朝事實類苑》也不例外。例如卷一一《名臣事迹》『孫宣公』條，通篇爲孫奭傳記，體例已然不相倫類，其卒于明道二年（1033），遠在《遺事》成書之後，顯然不會是《遺事》之文；卷二七《官職儀制》『宰相自草奏擬狀』條、『宰相奏擬狀』條、『宰相上殿命坐賜茶』條相連，『賜茶』條下曰『各出《金坡遺事》』，依《類苑》例，謂此前若干條皆出同一書，但這三條其實分别出自沈括《夢溪筆談》卷一、宋敏求《春明退朝録》卷下、王曾《王文正公筆録》。卷二八《官職儀制》『南郊執仗兵士』條，亦出《春明退朝録》卷下；而《王文正公筆録》誤題者，還有卷二一《官政治績》『漕河』條、卷二八《官職儀制》『樞密院别撰時政記』條、卷三三《典故沿革》『國忌行香』條〔一三〕。此外，陳鵠《西塘集耆舊續聞》卷五『仁宗改楊隱甫所草詔詞』，首句即云『慶曆七年春旱』，此時錢惟演已去世多年，當然無從書記。類書更是重災區，如祝穆《事文類聚前集》卷四二『康肅善射』條，記賣油翁故事，云出《金坡遺事》，而稱陳堯諮爲『康肅公』。然而錢惟演與陳堯諮卒于同一年，且此前八年已撰成《遺事》，不可能記其謚號；《山堂肆考》《天中記》等晚出類書不察，仍襲其謬。徐松《宋會要輯稿·方域五》有十一處長篇文字注出《金坡遺事》，均爲地理沿革内容，無關翰林院職事，不知爲何題以《遺事》之名。

近人對《遺事》的輯佚工作，最早是1977年由阮廷焯完成的《錢惟演金坡遺事輯》，輯得二十四條；2003年，王河、真理《宋代佚著輯考》輯存四十六條；2014年，胡耀飛整理《錢惟演集》，將阮、王所輯删訂之後編入卷五、卷六，新得佚文三十一條則編爲卷七『補遺』〔一四〕。胡本考出王本誤輯八條，並通盤做了校勘，比之前作更加完善。不過『補遺』中仍存在誤録，如據《宋朝事實類苑》卷三〇輯入『學士院』至『進草』共十八條，理由是這些條文『皆述宋初三朝翰林學士事，亦皆無出處，惟最後「進草」條末有「《國朝事始》」四字……可知此十八條皆爲范鎮《國朝事始》引《金坡遺事》者』。但上海古籍出版社排印本的《出版説明》已指出：『（《類苑》）凡遇引同一種書兩條以上或多至一二十條時，只在最末一條注「以上某書」「並某書」「以上出某書」，而實際上所引各條並非出自一書。』這十八條就存在這種問題，其中『舍人賜書預宴』至『玉堂座次』八條，實出自蘇易簡《續翰林志》第7至14條。此外，『學士從行幸』條稱『自上東封泰山』云云，『上』謂真宗，是當時口吻，非錢惟演仁宗朝撰作時所宜有；『小宴學士預座』條與《會要·禮四五》文字從同；『拔河小兒』條輯自晚明顧起元《説略》，然而顧氏當轉引自比他稍早的田藝衡的《留青日札》卷一九『拔河之戲』，年代甚晚，内容亦與學士無關。王本、胡本均收録『丙寅三學士』條，輯自丁傳靖《宋人軼事彙編》卷五，出處更晚至近代；所列王旦、李沆、錢若水三人都不是丙寅生人，錯誤顯然。這些條文，以及那些意義不明的隻言片語，如『諮報』『祁』『炎』等，此次均從割棄。

元初袁桷《清容居士集》卷四一有《修遼金宋史搜訪遺書條列事狀》一文，開列一類『宋翰林視唐尤加清重有雜書可補志書者』，其中就有《金坡遺事》，可見當時已難覓蹤影。元代富大用《古今事文類聚新集》、佚名《群書通要》所録《遺事》，均轉抄自《記纂淵海》等宋代類書；元末明初成書的《説郛》卷七七引《遺事》兩條，昌彼得《説郛考》已指爲『全抄自《紺珠集》』[一五]。據此推測，此書應在宋元之際的戰亂中亡佚了。因此本次輯佚只檢取宋代著作，元以後文獻並不闌入。

《金坡遺事》的遺文，保存最集中、數量最多、節録最完整的是江少虞的《宋朝事實類苑》（原名《皇朝事實類苑》），其次有朱勝非《紺珠集》、曾慥《類説》，阮閲《詩話總龜》、佚名《錦繡萬花谷》，也有少量較爲完整的佚文。南宋中後期以降，潘自牧《記纂淵海》、祝穆《古今事文類聚》、謝維新《古今合璧事類備要》、佚名《翰苑新書》，元代陶宗儀《説郛》及明代《山堂肆考》《天中記》等類書，多輒轉引自上述諸書，校勘和輯佚價值不大。此次輯録的主體是卷中的翰林故事，以前四種書爲主，内容相同、文字繁簡不一的條文，取較爲完整的引文録入，于標題下注明出處，盡量説明輯録依據；其餘出處接續排列，間作對校。可連綴之佚文，則以較充實的一條爲主，併入他條，以方括號標别。前人已輯者，逐條注明，示不掠美。文淵閣本《宋朝事實類苑》（題作『《事實類苑》』）雖然只有六十三卷，但文字間有勝處，亦取以對校。《金坡遺事》原本各條並無題目，故諸書引用時標題往往不同，今概照録所輯書之舊題。《自序》殘文不立標題，于文後注出處。

此次輯佚，根據前述考證，依原書結構分爲三卷。卷首冠以自序，所輯四條不能連貫，姑以敘述邏輯排列。卷上録太宗、真宗御撰詩文。二帝詩文題旨，當與恩遇詞臣相關，《詩話總龜後集》卷一引《金坡遺事》所載太宗、真宗賜學士詩八首，符合此卷内容，乃依《禁林讌會集》之例，將《總龜》敘述之文作爲詩題，輯爲太宗、真宗兩組，共八條。卷中先録翰林制度，次録學士故事，約其時序爲次，最後綴以撰作之事若干，共四十二條。卷下所載學士名氏，雖然可據唐宋題名、年表等輯録，但畢竟原貌不詳，無從恢復。又考慮到唐代及北宋前期學士名單已大都見載本書《重修承旨學士壁記》《學士年表》，岑仲勉、傅璇琮等前賢亦有補輯，重編意義不大，故從闕。全書共計輯録佚文五十四條。

〔一〕詳本書所收《學士年表》。

〔二〕《玉海》卷五七《藝文·淳化續翰林志》：『天聖四年三月十五日，錢惟演爲《金坡遺事》三卷。』

〔三〕《長編》卷一〇三『天聖三年十二月乙丑』。

〔四〕章如愚《山堂考索續集》卷三四《官制門》『内外制之名』亦云：『錢公惟演述《金坡遺事》，起建隆庚申，訖天聖丙寅，至六十七載，得四十七人。』

〔五〕《皇宋十朝綱要》所記歷朝翰林學士名單，較《學士年表》完整，剔除兩朝在院而重複記録者之後，截至天聖四年二月入院的夏竦，總計爲四十六人，較錢惟演所記少一人；《年表》又較《綱要》少梁顥一人。

〔六〕《玉海》卷一六七《唐學士院翰林院北門學士》引。

〔七〕傅璇琮《唐翰林學士傳論》統計盛中晚唐學士，得二百二十三人；田玉英《五代十國翰林學士初探》（山東大學2006年碩士論文），統計五代學士，得六十六人，與錢惟演的人數略有出入。

〔八〕晁迥別書三事，在《金坡遺事》書成時便已附載，非後來補添。詳《別書金坡遺事》解題。

〔九〕題名的形式，是像《翰林院故事》那樣具録姓名和履歷，還是像《皇宋十朝綱要》那樣僅分朝羅列姓名，不著履歷，難以考知。從情理上分析，前者勢必篇幅過巨，造成結構失衡，取則後者更爲合理。

〔一〇〕《宋史》本傳不記卷數，《直齋書録解題》卷七『傳記類』著録爲二卷；殘文可參《容齋隨筆》卷八『真宗末年』所引。

〔一一〕詳該條注。

〔一二〕綦崇禮《北海集》卷三六《題金坡遺事後》：『乙卯仲春，孫太沖自西蜀見寄，時去翰苑守禮會稽已半歲云。綦某叔厚志。』孫太沖即孫道夫，乙卯爲紹興五年（1135），此前一年七月，崇禮除寶文閣學士、知紹興府出院（詳《中興翰苑題名》），孫氏尚不知情，故崇禮云云。

〔一三〕王河、真理本及胡耀飛本皆輯入此條，然與《王文正公筆録》『國忌赴佛寺行香班次』較之，《類苑》所引文字與之幾全同，惟《筆録》『陳公堯叟率内職同赴，乃聽。自今大忌，樞密使、内職學士、内諸司使、軍職下洎列校』云云，《類苑》奪去『内職同赴乃聽自今大忌樞密使』十餘字，可知本條出自《筆録》，注云出『《金坡遺事》』者，誤也。晁載之《續談助》卷三引之，亦云出王曾《沂公筆録》，即《王文正公筆録》。

〔一四〕三種輯本，阮本載《大陸雜志》54卷第5期，1977年5月；王本載《宋代佚著輯考》，江西人民出版社，2003年10月；胡本載《錢惟演集》，浙江古籍出版社，2014年12月。

〔一五〕昌彼得《説郛考》下篇《書目考》，台北：文史哲出版社，1979年12月，頁354。

## 自序

1 人間之官，無貴于學士，雖貴極三旌，有所不迨。嘗讀蘇易簡《翰林雜記》〔一〕，見其職務之清晏，曹局之嚴密，寵遇之殊絶，恩數之優渥，蓋自太祖［鼎新大壯］〔二〕，敞金馬之禁廬，太宗灑玉堂之宸翰，列聖相繼，重于此矣〔三〕。

〔一〕翰林雜記，當爲「續翰林志」之誤。

〔二〕鼎新大壯，《錦繡萬花谷後集》卷一〇《翰苑》「金馬直廬」、《事類備要後集》卷二二《翰苑門》、《翰苑新書》前集卷一〇《翰苑》「金馬直廬」引《金坡遺事》（《錦繡萬花谷》誤作「鑾坡遺事」），有「太祖鼎新大壯，敞（《錦繡萬花谷》誤作「敝」）金馬之直廬」兩句，當出于此，據補。若然，下句「太宗」之下，應有四字與「鼎新大壯」爲對，引者删去。

〔三〕輯自《山堂考索續集》卷三四《官制門·翰苑》，曰「（錢惟演）序其首曰」云云，知爲《遺事》自序佚文。「職務之清晏」以下四句，又見《記纂淵海》卷三一、《古今合璧事類備要後集》卷二二、《翰苑新書》前集卷一〇，並作「職任之親切，曹局之凝嚴（一作「嚴凝」），禮遇優渥，賜與繁縟」。阮本、胡本卷下據《錦繡萬花谷》輯入，僅兩句。

2 玉署之設，密邇紫闈，每夜漏既上，宮鑰並入，有大號令、大除拜、邊境急奏，惟天子與學士知之，［大臣、宰相皆不得聞，雖戴鶡之士充滿千廬，典司翰墨一人而已。］〔一〕居是職者，豈不貴重乎？〔二〕

〔一〕『大臣』至『而已』，據《事類備要後集》卷二二補。

〔二〕輯自《記纂淵海》卷三一《翰林學士》，概述學士之貴重，故輯入自序。又見《古今合璧事類備要後集》卷二二《翰苑》『歷代沿革』、《翰苑新書》前集卷一〇《翰苑》『惟天子與學士知之』。阮本、王本據《群書通要》卷六輯入，題『玉署』；胡本卷下據《古今事文類聚新集》輯入，題『玉署貴重』，皆元人類書。

3 朝廷之官，雖宰相之重，皆可雜以他才處之，惟翰林學士，非文章不可爲。此語頗取怒于達官〔一〕，然亦自負以爲至論〔二〕。

〔一〕非文章不可爲此語頗取怒于達官，《内制集序》原作『非文章不可思公自言爲此語頗取怒于達官』，『思公自言』爲歐陽脩插入語，從删；『爲』字，據《事文類聚》《翰苑新書》，屬上讀。《賜筆硯記》下文語及《内制集序》，知其轉鈔歐公之文，而删『爲』字。

〔二〕輯自歐陽脩《居士集》卷四三《内制集序》，亦爲概述學士之清貴，故輯入自序。又見《翰苑遺事》引王寓《玉堂賜筆硯記》；《古今事文類聚新集》卷二〇《翰林學士》『群書要語』、《翰苑新書》前集卷一〇《翰苑》『非文章則不可爲』皆引『學士非文章則不可爲』一句，注出《金坡遺事》，知歐公所云，出于《遺事》，據録。王本、胡本卷下據《事文類聚新集》輯入，僅一句。

4 開元始建此官，迄于唐季，名氏可尋者二百一十人〔一〕。

〔一〕輯自《玉海》卷一六七《唐學士院翰林院北門學士》。此爲總述原本卷下學士人數之語，故輯入自序。

# 卷上

## 太宗御札、御詩及銘九首〔一〕

〔一〕按，史載太宗賜翰林學士詩，如《長編》卷三六『淳化五年十一月丁巳』，『上賦詩一首，令待詔吴郢、張用和賫以賜翰林學士張洎、錢若水……既又别賜洎詩一首。』疑亦在本卷，惜不傳。

## 太平興國七年十二月十七日，大雪，御製雪詩幷酒賜學士〔一〕

輕輕相亞凝如酥，宫樹花妝萬萬株。今賜酒卿時一盞，玉堂閒話道情無〔二〕？

〔一〕輯自《詩話總龜後集》卷一，又見《類説》卷二三『大雪賜詩』，皆注出《金坡遺事》。《全宋詩》卷三九據孔平仲《談苑》卷三（原文誤作『卷四』）收録，題《太平興國七年冬大雪賜學士》。按，阮本據《類説》輯入，王本、胡本卷上皆據《詩話總龜》輯入，用《類説》題，王本與下條『賜蘇易簡』詩合爲一條，胡本作兩條。

〔二〕閒話，《類説》《談苑》作『閑話』。

## 御製五七言詩賜蘇易簡〔一〕

翰林承旨貴，清淨玉堂中。應用咸依式，深嚴比更崇〔二〕。歸家思值日，入内集英風。儒雅門生盛，高明大化雄。

運偶昌時遠更深，果然穀在我中心。從風臣偃光朝野，此日清華見翰林。舉措樂時周禮法，思賢教古善規箴。少年學士文明世，一寸賢毫數萬尋。

〔一〕輯自《詩話總龜後集》卷一，又見《錦繡萬花谷續集》卷一。《全宋詩》卷三九據《總龜》收録，題『賜蘇易簡』。王本、胡本卷下皆據《總龜》輯入，參『御製雪詩』條注。又按，賜蘇易簡詩事，詳《學士年表》淳化二年『蘇易簡』條注及《次續翰林志》4、5注。

〔二〕巖，原作『岩』，從《全宋詩》據《錦繡萬花谷後集》卷一改。

## 賜蘇易簡《大言賦》名〔一〕

宋玉遇侯王，則未足以爲美；易簡逢真主，堪師法于後人。兼賜卿《大言賦》名四句。

少年盛世兮爲詞臣，古往今來兮有幾人？首出文章兮居翰林，儒名善守兮合緣夤〔二〕。

〔一〕輯自《次續翰林志》。又見《錦繡萬花谷續集》卷一引《金坡遺事》，有銘無序。《玉海》卷三一《聖文》『淳化大言賦』引，不記出處，序前有『四年八月一日行書賜蘇易簡』一句，與《總龜》所引《遺事》聖製詩例同，疑出《遺事》；又無『首出』以下二句。《宋朝事實類苑》卷三九『大言賦』條引《楊文公談苑》，記太宗所撰爲『《大言賦銘》』，可知『名』即『銘』也。《全宋文》卷七八收録，題《賜蘇易簡大言賦名》。胡本補遺據《錦繡萬花谷》輯入。按，《次續翰林志》7載賜銘始末甚詳。《長編》卷三四：『易簡因擬作《大言賦》以獻，上覽賦嘉賞，手詔褒之。』此手詔即本條所記内容，惟不知《遺事》屬之『御札』抑『御銘』。

〔二〕緣夤，原作『緣寅』，不詞，據《錦繡萬花谷後集》卷一改。《全宋文》仍據《次續翰林志》作『緣寅』。

## 真宗詩六首〔一〕

〔一〕按，《批楊億謝表》二首佚其一，故僅録得五首。

### 大中祥符二年春，真宗御製詩賜知貢舉晁迥〔一〕

禮闈選士古稱難，都爲陞沉咫尺間。較藝清時公道在，掄材應得惠人寰。

〔一〕輯自《詩話總龜後集》卷一。《全宋詩》卷一〇四録此詩，題《賜知貢舉晁迥》。王本、胡本卷下據《詩話總龜》輯入。

### 【大中祥符】五年二月，又製詩賜知貢舉晁迥〔一〕

盛時選士貢闈開，殿宇聞風獻藝來。心似權衡求實效，勿教蓬蓽有遺才。

〔一〕輯自《詩話總龜後集》卷一。《全宋詩》卷一〇四録此詩，題《又》。王本、胡本卷下據《詩話總龜》輯入。
大中祥符，依文例補。

### 大中祥符五年，楊億爲學士，季夏被疾，至十月方赴朝參，具狀稱謝。御筆狀尾批七言二韻詩賜之〔一〕

承明邇侍究儒玄〔二〕，苦學勞心疾已痊。善保興居調飲食〔三〕，副予前席待名賢〔四〕。

〔一〕輯自《詩話總龜後集》卷一，又見《石林燕語辨》卷五，皆注出《金坡遺事》。《全宋詩》卷一〇四録此詩，題《批楊億謝表》。此事具見《宋會要輯稿·職官六》，賜詩有二首，今僅餘其一。王本、胡本卷下據《詩話總龜》輯入。按，此事《會要・職官六》所載較詳：『（大中祥符五年）九月，學士楊億言：「疾疹稍痊，虛羸尚甚，望許權免十數日起居。」詔特免半月起居，仍令出宿。時億疾在假，詔中使挾太醫療之。億拜章謝。時御筆七言二韻詩曰：「承明近侍究儒元，苦學勞心疾已痊。善保興居調飪食，副予前席待名賢。」批表尾賜之。』《長編》卷七八『大中祥符五年九月』、《宋史》本傳略同。《遺事》佚文不記遣太醫治療事，與詩意不諧，未知是原文如此，抑引者略去。

〔二〕邇侍，《會要》、《石林燕語》卷五、《錦繡萬花谷續集》卷一作『近侍』。

〔三〕飲食，《會要》作『飪食』。

〔四〕前席，《長編》作『側席』。名賢，《石林燕語》卷五作『多賢』，汪應辰《石林燕語辨》卷五謂其誤。

**天禧三年正月九日，錢惟演承明殿面奉知舉，真宗御製詩幷序**〔一〕

卜賢能之多士，允協盛猷；資侍從之洪儒，聿伸藻鑑。期中職業，用示篇章。

寅奉昌圖紹慶基，選倫多士叶前規。鄉閭薦拔期無濫，草澤搜羅詎有遺？德舉況奉全盛日，計偕咸造廣場時。春官任職當求善，宗伯掄材務得宜。侍從名儒當委任，藝文公道辯妍媸。佇伸衡鑑裁深念，允協菁莪樂育詩。

〔一〕輯自《詩話總龜後集》卷一。《全宋詩》卷一〇四録此詩，題《賜知貢舉錢惟演幷序》。王本、胡本卷下據《詩話總龜》輯入。

**【天禧三年】二月十八日，將放榜，賜詩幷序**〔一〕

詳延造士，允叶于盛猷；乃眷儒臣，式分于重寄。論秀才臻于顯效，當官備著于純誠。

四海爲家寶緒隆，旁求文雅振儒風。命鄉隨計來多士，較藝掄材有澤宮。簪紱近臣當顯任，絲綸深旨諭丹衷。

旰宵汲汲予存念，夙夜孜孜爾徇公。名實豈惟衡鑑内，賢能皆萃網羅中。佇觀翹楚登時用，布政分憂協庶功。

〔一〕輯自《詩話總龜後集》卷一。《全宋詩》卷一〇四録此詩，題『又將放榜并序』。王本、胡本卷下據《詩話總龜》輯入。天禧三年，依文例補。

# 卷中

## 學士院〔一〕

學士院在滋福殿横街之南、宣徽院北。玉堂上東閤，承旨學士居之，西閤第二廳居之〔二〕，玉堂後東西各二閤，第三廳而下分處之〔三〕。淳化中，蘇易簡爲學士時，建小樓于北軒，甚低窄〔四〕。天禧三年，惟演奏重葺治，因去其下窗牖，施以曲檻，始明敞矣。待詔房六間，在玉堂西南，孔目院在西（謂之西頭），驅使院在東（謂之東頭）。玉堂後東北一室二間，不甚高敞，大中祥符中，今王相居之，二年入參大政〔五〕，次李相迪又自此閤拜命〔六〕。其後入者，多求居之此室，常不空。前簷有大槐樹，意以爲祥，亦有不令剪削者〔七〕。

〔一〕輯自《宋朝事實類苑》卷三〇『學士院』，不注出處。文中『惟演奏重葺治』云云，是作者語氣；所記王曾、李迪事，亦與錢惟演經歷合，詳參下『王相』『李迪』注。故輯入。《錦繡萬花谷》卷一一『槐閣』引本條首尾各數句，云出《澠水燕談録》，今本《燕談録》不載，當爲誤記。胡本補遺據《事實類苑》輯入。

〔二〕『居之』前，疑奪『院使』。

〔三〕分處之，據下『玉堂後東北一室二間』『王相居之』云云，此蓋學士所居；又，《夢溪筆談》卷一：『學士院第三廳學士閤子。』知三字前當奪『學士』二字。

〔四〕按，蘇易簡淳化二年九月至四年十一月爲翰林學士承旨，小樓當建于此時。易簡曾在此軒作《題臨蘭亭序》詩，見周必大《文忠集》卷一七。

〔五〕按，王相，指王曾。曾大中祥符六年六月至九年九月爲翰林學士，遷參知政事出院。參《學士年表》、《宋史・真宗三》、《宰輔表一》、《長編》卷八八。『二年』，指王曾居此閣年數，非在院年數。王曾又於乾興元年（1022）七月拜相，天聖七年（1029）六月罷，與《遺事》撰作時間重合，故錢惟演稱『今王相』。

〔六〕『次』下，疑奪『年』。李迪，大中祥符九年八月拜學士，次年天禧元年九月，除參知政事出院。按，李迪在院時間與王曾相接，故能繼居此閣。

〔七〕按，後來學士有强占此閣者。《夢溪筆談》卷一：『學士院第三廳學士閤子當前有一巨槐，素號「槐廳」，舊傳居此閣者多至入相，學士爭槐廳，至有抵徹前人行李而强據之者。予爲學士時目觀此事。』

## 學士新入院〔一〕

《舊規》云：『學士新入院，飛龍賜馬一匹，幷鞍轡及芻粟，謂之長借。』今則賜馬幷鞍轡，《續翰志》云：舊賜白成釘口鞍〔二〕，太宗改賜銀鬧裝，又改犀腰帶爲金荔支帶。《舊規》云：『上後三兩日内，就院置宴。』今率以上日便賜宴。《舊規》云：『十月初，别賜錦長襖子。』國初以來，賜翠毛錦。淳化中，蘇易簡入院，改賜黄盤雕，與觀察使同。其諸賜賚，今古小異者，即具在李昌武《翰林雜記》矣。

〔一〕輯自《宋朝事實類苑》卷二九『學士新入院』，不注出處；然『改賜黄盤雕』故事屢見，《類説》卷二二『黄盤雕』、陳元靚《歲時廣記》卷三七『賜冬襖』、《錦繡萬花谷前集》卷一一《翰苑》、《古今合璧事類備要後集》卷二二《翰苑》、《古今事文類聚新集》卷二〇『賜錦長襖』、《翰苑新書》前集卷一〇《翰苑》『賜錦襖』等引，皆云出《金坡遺事》，雖多輾轉抄襲，要之必爲《遺事》佚文。孫瓊歌指爲《遺事》佚文，然未作考證；胡本補遺據《事實類苑》輯入，而卷上仍保留《類説》「黄盤雕」條。

〔二〕釘，當從《續翰林志》作「釘」。

## 學士草麻〔一〕

學士每非時召對，即公服繫鞋袖，具員而入。每恩例除改，即宰相得旨後，入熟狀，至晚或召對，或降出熟狀，便草麻。惟進退宰相及非時特旨除改，皆夜後宣入，面受處分，宰臣不得知也。天禧三年七月十六日，夜降熟狀，以殿前都指揮使、忠武軍節度使曹璨移領河陽、同中書門下平章事。五更三點麻卷入，本家奏璨卒牓子亦至，其麻遂不宣，明日卻付院架閣。

〔一〕輯自《宋朝事實類苑》卷三〇「學士草麻」，不注出處。考李壁《王荆公詩注》卷四四《題中書壁》注引《金坡遺事》，有「每恩」至「知也」數句，可知此條爲《遺事》佚文。「天禧三年」一段，《事實類苑》别爲一條，題爲「又」，其詳記月日之體例與「進草」等條同，信爲《遺事》佚文。以其文義與首段意思相連，兹合爲一條。胡本補遺據《事實類苑》輯入，首段題爲「學士草麻一」，次段題爲「學士草麻二」。

## 學士草制次第〔一〕

《舊規》：當制者，草第一、第三，並以命官高卑爲次，不繫學士官位〔二〕。今單直，不以多少，皆獨草。惟大禮後加恩，即學士齋宿，翰長草第一，學士以次分之，如四廳學士，即翰長卻草第五。它皆類此。

〔一〕輯自《宋朝事實類苑》卷三〇『學士草制次第』，不注出處。其以今制與《舊規》比較，合《遺事》文例，故輯入。胡本補遺輯入。

〔二〕按，今本《翰林學士院舊規》無，當爲佚文。

## 進制書小字本〔一〕

《舊規》云：大順二年十月宣旨：每進麻制、書詔，録小字留内，永爲定式〔二〕。自後令繫機密公事即用小字本，常詔不進。國朝自大中祥符九年後，詔麻制進小字本，蓋便于看覽也。書詔亦進之。

〔一〕輯自《宋朝事實類苑》卷三〇『進制書小字本』，又見《錦繡萬花谷前集》卷一一《翰苑》『進小字本』，文字多同，均不注出處。其以今制與《舊規》比較，合《遺事》文例，故輯入。胡本補遺據《事實類苑》輯入。

〔二〕按，見《翰林學士院舊規》『沿革』，文字頗異，作『大順二年十月宣：每進畫、詔書，别録小字本，首留内，永爲定式』。

## 學士中謝〔一〕

《舊規》云：學士中謝，先于殿西北隅立候，客省奏：『某乞到殿上。』云『唤』，客省使遞聲云『唤』，即趨至中庭〔二〕。此禮今謂之『通唤』，惟將相即『通唤』，學士即不。

〔一〕輯自《宋朝事實類苑》卷三〇『學士中謝』，不注出處。其以今制與《舊規》比較，合《遺事》文例，故輯入。胡本補遺輯入。

〔二〕按，見《翰林學士院舊規》『對見儀』。

## 進草〔一〕

舊制，學士晚得熟狀，其密旨多夜降出〔二〕，草麻五更三點進〔三〕。惟演大中祥符八年十二月十四日入院禮上，是夕召入，面令草今上封壽春郡王制〔四〕。惟演面奏：『此制一出，天下傳寫。臣欲先進入草本，乞神筆刊削，然後寫麻。』上再三不允，堅請，方從之。是夕一更二點進草入，三點降出，御筆書『依奏書寫』四字，方付待詔寫。及天禧二年正月十七日再入院，二月二日又召對，令草今上封昇王麻〔五〕，亦一更初進草，便降出，御批『依奏［書寫］』四字」〔六〕。其後南郊加恩及册皇太子，皆晁公當之，亦進草〔七〕。親王、宰臣等即不進。

〔一〕輯自《宋朝事實類苑》卷三〇『進草』，注出范鎮《國朝事始》。考李壁《王荆公詩注》卷四四《題中書壁》注引《金坡遺事》，有『舊制』至『點進』數句，可知此條爲《遺事》佚文。原注出《國朝事始》，或爲誤注，或爲《事始》抄《遺事》。又，『惟演』云云，爲錢惟演自述口吻。胡本補遺據《事實類苑》輯入。又按，洪邁《容齋隨筆》卷八『真宗末年』云：『錢文僖在翰林，有天禧四年《筆録》，紀逐日瑣細家事及一時奏對，并他所聞之語。』此條詳記召對、草麻時間等細節，或即惟演據類似《筆録》之文稿録入《金坡遺事》。另參『禮遇詞臣』條注。

〔二〕密旨，《王荆公詩注》卷四四作『密者』。

〔三〕進，《王荆公詩注》卷四四作『進入』。

〔四〕今上，謂仁宗，《長編》卷八五『大中祥符八年十二月』：『辛卯，以皇子慶國公受益爲忠正軍節度使、兼侍中，封壽春郡王。』辛卯，十五日，正與惟演所記相接。制書載《宋大詔令集》卷二六。

〔五〕按，《長編》卷九一『天禧二年二月』：『丁卯，以昇州爲江寧府，置軍曰建康，命壽春郡王爲節度使，加太保，封昇王。』丁卯，三日，與惟演所記相接。制書亦載《宋大詔令集》卷二六。

〔六〕書寫四字，點校本無，依上文例及日本元和七年（1621）活字本、文淵閣本補。

〔七〕按，册皇太子在天禧二年九月，文載《宋大詔令集》卷二五。

## 降聖節齋宴〔一〕

《舊規》云：『皇帝降聖之日，學士六員，共率一百二十緡，寺中齋。』〔二〕今送五十千，與樞密使同開道場，節前一日赴宴。唐時，惟六學士及二使赴〔三〕，待詔雖發書屈，亦不預坐。

〔一〕輯自《宋朝事實類苑》卷三〇『降聖節齋宴』，周必大《玉堂雜記》卷上第一、第二條引《金坡遺事》同，可知爲《遺事》佚文。《事實類苑》校點本注：『明抄本注「國朝事始」。』當爲誤記；胡耀飛疑爲《事始》引《遺事》。阮本、王本、胡本卷下據《文忠集》輯入。

〔二〕《玉堂雜記》卷上引《舊規》略異，作『學士六人，遇聖節，共率百二十緡，寺中設齋』。

〔三〕『二使』下，《玉堂雜記》卷上注：『謂中官、樞密使。』

## 學士班次一〔一〕

學士班，舊例雖遺補府參軍，亦在丞郎之上。建隆中，陶穀任學士，自以官至尚書，因上言學士官未至丞郎者，並序于丞郎之下；至丞郎者，在左右常侍之上；至尚書者，從本品序，從之〔二〕。淳化五年六月，詔曰：『翰林樞密直學士，職參内署，禮絶外司，況品秩以既殊，在等威而宜峻。頃有所易，深未便安，宜申明于舊章，用遵行于故事。自今序立班位，宜依舊在丞郎之上。』〔三〕《舊規》云：『學士大慶賀、大朝會，並立于宰相之後。』今分行右立，在親王、使相之後。坐即居左，重行于參知政事之後〔四〕。國朝侍讀、侍講皆帶翰林之名，在密直學士之上〔五〕，又置龍圖閣學士，亦在密直學士之上，龍圖閣直學士即在密直學〔士〕之下〔六〕，立班坐位並少退。

〔一〕輯自《宋朝事實類苑》卷二九『學士班次』，不注出處。胡本改此題，從之。此條至『學士罷晚朝』四條連寫，末注『已上出《金坡遺事》』。按，諸條皆以《舊規》、舊制對比本朝新制，體例及內容高度一致，『已上』云云，當包此四條而言。王本、胡本卷下皆據《事實類苑》輯入。

〔二〕按，《長編》卷三『建隆三年三月乙亥』亦載此事，揭露陶穀之私心，曰：『詔：「翰林學士班位宜在諸行侍郎之下；官至丞郎者，即在常侍之上；至尚書者，依本班。」故事，翰林學士侍從親密，不在外朝，每五日起居，班于宰相之後，會宴即坐一品之前，合班在尚書之上。于是，陶穀以禮部尚書爲學士承旨，而同列李昉等官止列曹郎中，穀乃因事建白，而降此詔，實自表異，軋昉等也。』《會要·儀制三》亦載。

〔三〕按，又見《會要·儀制三》、《長編》卷三六。《會要》並云：『自陶穀改易舊制，至是因翰林學士張洎、禮部侍郎宋白同修國史，班次未定，乃詔復舊制。』

〔四〕按，《續翰林志》：『其學士立班常朝，暨聖節行香並大忌進名，並隨樞密使坐次。及行幸大宴，在參知政事之後。』

〔五〕密直，原作『密旨』，點校本注：『似應作直』；文淵閣本作『直』。下文亦云『密直學士』，據正。

〔六〕士，據文淵閣本補。

## 學士班次二〔一〕

舊制，端明殿學士必于翰林中久次者遷授〔二〕，後改爲文明殿學士，皇朝惟李昉爲之〔三〕。資政殿學士，真宗特置此官，以王欽若罷參知政事，優禮之也。時執政奏班，次學士之下，上不悦。月餘，授欽若兵部侍郎，充資政殿大學士，班在翰林之上〔四〕。天禧初，張知白自參知政事罷爲侍讀學士，以兩府舊臣，詔特升在學士之上〔五〕。

〔一〕輯自《宋朝事實類苑》卷二九，不注出處。原題『又』，胡本改此題，從之。參『學士班次一』條注〔一〕。王本、胡本卷下皆據《事實類苑》輯入。

〔二〕按，《會要·職官七》引《兩朝國史志·殿學士》：『端明殿學士，惟學士久次者始除端明殿學士。』

〔三〕按，《宋宰輔編年録》卷二『太平興國八年』，七月『庚辰，李昉參知政事』下注：『太平興國五年，置文明殿；九年，殿災，改建爲文德殿，遂廢此職。』

〔四〕翰林，據《長編》卷六一等，當作『翰林承旨』。按，《長編》卷六一『景德二年十二月辛巳』詳載此事原委：『以刑部侍郎、資政殿學士王欽若爲兵部侍郎、資政殿大學士，班在文明殿學士之下，翰林學士承旨之上。上初見欽若班在翰林學士李宗諤之下，怪之，以問左右，左右以故事對。欽若因訴上曰：「臣前自翰林學士爲參知政事，無罪而罷，其班乃下故官一等，是貶也。」上悟，即日改焉。資政殿置大學士自此始。欽若善迎人主意，上望見輒喜，每拜一官，中謝日，輒問曰：「除此官且可意否？」其寵遇如此。』注：『欽若以四月癸卯除資政殿學士，後兩日即有詔序位在翰林學士之下，及今始升改焉。』《歸田録》卷一、《青箱雜記》卷三亦載。

〔五〕按，《長編》卷九二『天禧二年十二月』：『工部侍郎、參知政事張知白與宰相王欽若議論多相失，因稱疾辭位，丙午，罷爲刑部侍郎、翰林侍讀學士、知天雄軍，上賦詩餞之。輔臣以雜學士出藩，并翰林侍讀學士外使，皆自知白始。』《會要·職官六》同，均不記其班位。

## 學士班次三〔一〕

學士入院，舊例不以官之高下，惟以先後爲班。以乾德元年十一月，以工部尚書竇儀爲學士，詔儀班次承旨陶穀。天禧四年四月，楊億再入翰林，詔億班在錢惟演之下，盛度之上，惟演奏讓云：『竊見太祖朝，竇儀自工部尚書再入翰林，班在舊學士之上；太宗朝，王旦以禮部郎中再知制誥〔二〕，在吕祐之之上。況楊億在景德中，已爲學士，今來官位與臣並是丞郎，伏乞聖慈特升楊億班在臣之上。』遂降詔從之〔三〕。故億謝表云：『更篤相先之義〔四〕，俄頒得請之文。』〔五〕

〔一〕輯自《宋朝事實類苑》卷二九，不注出處。原題『又』，胡本改此題，從之。參『學士班次一』條注〔一〕。又，文中『惟演奏讓』云云，是作者自稱語氣，可爲源出《金坡遺事》旁證。王本、胡本卷下皆據《事實類苑》輯入。

〔二〕郎中，文淵閣本作『侍郎』。

〔三〕按，此事又見《長編》卷九五『天禧四年四月』：『命工部侍郎楊億爲翰林學士……于是令億序班在錢惟演下、盛度上。惟演言：「億景德中已爲學士，況今與臣並官丞郎，望升億班在臣上。」從之。』蓋用《遺事》。

〔四〕更，文淵閣本作『緣』。

〔五〕此表不見楊億《武夷新集》，《全宋文》亦未收殘句。

## 學士罷晚朝〔一〕

《舊規》：學士當直，則趁晚朝；不當直，即無逐日起居。國朝之制，並早赴內朝，而罷晚朝矣〔二〕。或知審官、三班及判流內銓者，三五日一詣承明，稟奏公事，即俟上再坐也〔三〕。舊制謂之諸司散，今謂之諸司公事退也。

〔一〕輯自《宋朝事實類苑》卷二九『學士罷晚朝』，注：『已上出《金坡遺事》。』王本、胡本卷下皆據《事實類苑》輯入。

〔二〕按，《會要·儀制二》：『凡晚朝，宰臣、樞密、翰林學士當直者，洎近侍執事之臣皆赴。』注：『國初用此制，後罷之。』

〔三〕按，《宋史·禮十九》：『天禧四年十月，中書、門下言：「唐朝故事：五日一開延英，隻日視事，雙日不坐。方今中外晏寧，政刑清簡，望準舊事，三日、五日一臨軒聽政，隻日視事，雙日不坐。」……詔可。』《會要·儀制一》所載較詳。

## 儤直例一〔一〕

學士初入儤直例（淳化三年刻石龕于玉堂後東北壁）〔二〕：諸行尚書（三十五直），左右丞郎（四十直），常侍、諫議、給事（四十五直），諸官知制誥（五十直，如諫議知即四十五直）〔三〕，太常少卿、諸行郎中（五十五直），諸行員外、起居、侍御史（六十直），殿中、司諫（六十五直），未昇朝（一百二十直），白身（一百四十直），前資各加五直，初入轉官三直，已後每轉一直，改服色一直。如知制誥，三直已上，值本直，便儤一日。每新人入，先五直，舊學士一點，次三直一點，後兩直一點，亦須酌量，都大爆直日數，以定三等多少。如兩人齊入，則不點。如舊官再入，約計前直減半。

〔一〕輯自《宋朝事實類苑》卷二九『爆直例』。其下與『爆直例二』、『試館閣知制誥等』、『册皇太子』三條連書，皆不注出處。按，所記爆直例與《翰林院舊規》多同，蓋以與《舊規》比較成文者，合《遺事》之例，故輯入。胡本補遺輯入，並改今題，從之。

〔二〕此爆直例爲蘇易簡所刊。蘇耆《次續翰林志》21：『爆直之制，自五代以還，頗亦湮廢，雖有舊規，而罕能遵守。公自始入洎起，皆力行之，亦未嘗借請同院代直。自是群官亦無敢隳其例者。因酌楊八座（昭儉）鳳閣爆直例，勒石龕于玉堂之東北隅。』其例又見易簡《續翰林志》5，與此本條所記多有出入，蓋《續翰林志》成于淳化二年（991）十月，所記爲稍早之例也。

〔三〕即，原作『印』，據《翰林學士院舊規》『學士初入爆直例』改。

## 爆直例二〔一〕

楊鉅《舊規》『交宿例』云：『新人常早入，舊人即輪一巡，早入伴已後，即晚入。晚入人待交早入人，常先出。早入卯時，晚入趁早堂。』國朝學士，每日趁朝，故皆早入。學士唯單直，故無伴入之事。

〔一〕輯自《宋朝事實類苑》卷二九，與上條連書，原題作『又』，不注出處。據『爆直例一』條注所言文例輯入。胡本補遺輯入，並改今題，從之。

## 試館閣知制誥等〔一〕

試京官及草澤等，每試人前一日，學士聚廳，共撰詩賦論各五題，封進，明日降出，有御筆點定者用之。自朝臣直館閣、京官、州縣官、草澤皆院中試之，惟試知制誥即在中書。禁門將開門，三五刻下，直學士即出，如試未了，即爲『拖白』矣。或詔兩同試，即舍人並過院，其日必盛饌置酒，歡飲至暮也。天禧四年六月，詔每遇試人，令翰林御廚供酒食。

〔一〕輯自《宋朝事實類苑》卷二九『試館閣知制誥等』，與『儤直例・又』連書，不注出處。胡本補遺輯入。

## 冊皇太子〔一〕

《舊規》云，唐世，『冊皇太子，學士出就班，賀禮畢，又上表賀，並上皇太子牋。』〔二〕天禧四年九月〔三〕，今上爲皇太子，學士晁公等并用此禮〔四〕。

〔一〕輯自《宋朝事實類苑》卷二九『冊皇太子』，與上條連書，不注出處。據『儤直例一』條注所言文例輯入。胡本補遺輯入。

〔二〕見《翰林學士院舊規》末條，原文題脱去。

〔三〕四年，據《宋史・真宗三》、《仁宗一》、《長編》卷九二，當爲『二年』，此誤。

〔四〕按，《長編》卷九二『天禧二年八月』：『甲辰，立昇王受益爲皇太子，改名禎……乙巳，以翰林學士晁迥爲冊立皇太子禮儀使，命祕書監楊億撰皇太子冊文，知制誥盛度書冊，陳堯咨書寶……（九月）丁卯，御天安殿，冊皇太子。』

## 太祖賜翰林院書畫〔一〕

太祖平江南，賜本院書三千卷〔二〕，皆紙札精妙，多先唐舊書，亦有是徐鍇手校者。其後散失過半，惟演再入院，編排得千餘卷而不成部袟，其九經、三史、《三國志》、《晉書》，即是晁迥、李宗諤在院時奏請其書印署部袟。

〔一〕輯自《宋朝事實類苑》卷五〇『太祖賜翰林院書畫』，其下一條原題爲『二』，注『見《金坡遺事》』。又，高似孫《史略》卷二《漢書諸家本》『江南本』注引《金坡遺事》，即『太祖平江南』以下三句，可證此條爲《遺事》佚文。此條文淵閣本在卷五二。阮本據《史略》輯入，胡本卷下據《事實類苑》輯入。

〔二〕三千，《史略》作『二千』。

## 江南圖畫〔一〕

太祖平江表，所得圖畫賜學士院〔二〕，初有五十餘軸，及景德、咸平中，只有《雨村牧牛圖》三軸，無名氏〔三〕；《寒蘆野鴨》三軸〔四〕，徐熙筆；《五王飲酪圖》一軸，周文矩筆〔五〕，悉令重装背焉。玉堂後北壁兩堵，董羽畫水；正北一壁，吴僧巨然畫山水，皆有遠思，一時絶筆也。有二小壁，畫松，不知誰筆，亦妙〔六〕。

〔一〕輯自《圖畫見聞志》卷六『玉堂故事』，不記出處。《宋朝事實類苑》卷五〇『太祖賜翰林院書畫二』（文淵閣本在卷五二）、《類説》卷二二『江南圖畫』，引『太祖』至『背焉』，注出《金坡遺事》；李壁《王荆公詩注》卷一《純甫出僧惠崇畫要予作詩》、卷四四《學士院燕侍郎畫屏》，引『玉堂』至『亦妙』，注出《金坡遺事》，知張若虚鈔自《遺事》，據輯；用《類説》題，以諸人皆出于江南也。阮本據《類説》輯入，王本、胡本卷上據《事實類苑》輯入，僅得前半。

〔二〕學士院，《類説》同，《宋朝事實類苑》作『本院』，當爲原文。

〔三〕無名氏，《類説》、《宋朝事實類苑》作『無名』。

〔四〕野鴨，原作『野雁』，據卷四《徐熙傳》、《宋朝事實類苑》改；《類説》奪『野』。按，《宣和畫譜》卷一七《徐熙傳》有《寒蘆雙鴨圖》二、《蘆鴨圖》二，無題爲『蘆雁』者，作『鴨』是。按，《宣和畫譜》所記，本條所云『三軸』或在其中。

〔五〕周文矩，《宋朝事實類苑》、《類説》誤作『周文舉』。周文矩，南唐畫家，事迹見《圖畫見聞志》、《宣和畫譜》等。按，《宣和畫譜》卷七《周文矩傳》有『《五王避暑圖》四』，考本條所謂『酪』者，今之冰淇淋也，則《五王飲酪圖》二軸，或爲《五王避暑圖》之一部。王士禛《帶經堂集》卷七一《跋五王飲酪圖》：『觀李中丞奉倩家周文矩畫《五王飲酪圖》。按，《宣和畫譜》有文矩《五王避暑圖》四，又《圖畫見聞志》『玉堂故事』有南唐周文矩《五王飲酪圖》二，此或其一耳。元人王惲有《五王避暑圖》一絶云：「翠幄留香郁棣華，紅雲縈暖鶺鴒沙。豆其不免陳思歎，朱李寒泉是浪誇。」見《秋澗集》。』似此圖清初仍存。

〔六〕妙，《王荆公詩注》卷一作『奇妙』。

## 玉堂壁畫〔一〕

玉堂北壁，舊有董羽畫水二堵，筆力遒勁〔二〕，勢若動摇，其下三尺〔三〕，頗有雨壞處。蘇易簡爲學士，尤愛重之〔四〕。蘇適受詔知舉，將入南宮，屬于同院韓丕〔五〕，使召[名筆]完葺之〔六〕。蘇既去，韓乃呼工之赤白者圬墁其半〔七〕，而用朱畫欄檻以承之〔八〕。蘇出見之，悵恨累日，[雖]命水洗滌〔九〕，而痕迹至今尚在。時人以蘇之鑒尚，韓之純樸，兩重焉。

〔一〕輯自《宋朝事實類苑》卷五〇「玉堂壁畫」，又見《錦繡萬花谷前集》卷一一，皆注出《金坡遺事》。《圖畫見聞志》卷六「董羽水」條，與本條文字幾全同，當出《遺事》。此條文淵閣本在卷五二。王本、胡本卷下皆據《事實類苑》輯入。

〔二〕遒勁，文淵閣本作「甚勁」。

〔三〕三尺，《圖畫見聞志》卷六作「一二尺」。

〔四〕按，蘇易簡《續翰林志》12：「玉堂東西壁，延袤數丈，悉畫水以布之，風濤浩渺，擬瀛洲之象也。」自注：「待詔董羽之筆。」

〔五〕屬于，文淵閣本作「語于」。

〔六〕名筆，據《圖畫見聞志》卷六「董羽水」條補。文淵閣本據下句意補「工」，按，蘇易簡欲使人精修壁畫，韓則隨意「呼工」塗抹，大違蘇意，故此處不當云「召工」。

〔七〕此句文淵閣本作「韓不擇名手呼圬者污墁其半」。

〔八〕朱畫欄檻，文淵閣本作「采畫檻欄」。

〔九〕雖，據《圖書見聞志》補。

## 竇尚書〔一〕

王著既貶官，內署闕人，太祖謂范質等曰：「王著昨以酒失，深嚴之地，當選慎重之士以處之。」質等對以前朝學士，惟竇儀清介謹厚，然頃自翰林遷端明〔二〕，今又官爲尚書〔三〕，難于復召。太祖曰：「禁中非此人不可，卿當諭朕意，令勉赴所職。」即日再入翰林爲學士〔四〕。

〔一〕輯自《宋朝事實類苑》卷一一，題爲『二』，以其前一條引《楊文公談苑》，題『竇尚書』也。又見《五朝名臣言行録》卷一，皆注出《金坡遺事》。王本據《言行録》輯入，胡本卷下據《事實類苑》輯入。

〔二〕頃，原作『須』，不詞，據《五朝名臣言行録》改。

〔三〕今，原作『令』，點校本注：『明抄本作今。』文淵閣本、《長編》卷四同，據改。

〔四〕按，此事又見《長編》卷四『乾德元年十一月』：『上謂宰相曰：「北門深嚴，當擇審重士處之。」范質曰：「竇儀清介謹厚，然在前朝已自翰林還端明，今又爲兵部尚書，難于復召。」上曰：「禁中非此人不可，卿當喻朕意，勉再赴職。」癸酉，復命儀爲翰林學士。時宰相有欲復用杜韡者，質曰：「近王著以酒失罷去，韡之酣醟，尤甚于著，豈當復用耶？」乃止。』以『王著以酒失』爲范質語。《會要·職官六》亦載。

## 竇儀〔一〕

陶穀、竇儀在翰林，乾德二年正月，范質、王溥、魏仁溥俱罷相，趙韓王登庸。制既下，而韓王綸誥無宰相署敕。詔問學士，陶穀建議云：『自古輔臣，未嘗有虛位者。惟唐大中甘露事後，數日絶班，當時是僕射令狐楚、鄭覃奉行制書〔二〕。今南省官亦可署敕。』儀曰：『穀之所陳，非承平之時，不足援據。今皇弟開封尹、同平章事，即宰相之任也，可以署敕。』太祖聞之，喜曰：『儀之言是也。』即命太宗署敕以賜之〔三〕。

〔一〕輯自《宋朝事實類苑》卷一五『竇儀』，又見《類説》卷二二『太宗押敕』，皆注出《金坡遺事》。阮本、王本據《類説》輯入，胡本卷上據《事實類苑》輯入。

〔二〕當時是，文淵閣本作『當是時』。

〔三〕按，此事亦見《宋史·竇儀傳》、王君玉《國老談苑》卷一、朱熹《五朝名臣言行録》卷一。《宋史》本傳：

『乾德二年，范質等三相並罷。越三日，始命趙普平章事。制書既下，太祖問翰林學士曰：「質等已罷，普敕何官當署？」承旨陶穀時任尚書，乃建議相位不可以久虛，今尚書乃南省六官之長，可以署敕。儀曰：「穀所陳非承平之制，皇弟開封尹、同平章事，即宰相之任。」太祖曰：「儀言是也。」即命太宗署敕賜之。』王、朱所載與本書均互有出入，不具。

## 太祖命李昉〔一〕

李文公昉，開寶中爲中書舍人，時盧多遜爲兵部員外郎、知制誥。會學士闕人，太祖並命更直禁林。未幾，昉請疾假，多遜先爲學士。及九月九日宴大明殿，太祖見昉坐于多遜之下，怪而問之，執政言，多遜已爲學士，昉是更直。太祖坐間命爲學士〔二〕，又以昉是舊德，坐于多遜之上，時開寶五年也〔三〕。

〔一〕輯自《宋朝事實類苑》卷二九『太祖命李昉』，注『出《金坡遺事》』。王本、胡本卷下皆輯入。

〔二〕坐間，文淵閣本作『坐閣』，誤。

〔三〕按，《宋太宗實録》卷七六《李昉傳》：『復拜中書舍人，未幾，入直翰林。先是，盧多遜已先任翰林學士，因重陽宴近臣于講武殿，太祖見昉在多遜下，問其所以。宰相對曰：「昉以本官直學士院，非即真。」即日真拜學士，令在多遜之上。』《宋史·李昉傳》略同。

## 韓丕不長應用出院〔一〕

韓丕有清操，頗能爲詩，及入禁中，不甚長于應用。一夕須詔書甚急，韓停筆既久，問吏索舊草，吏以本典扃户出宿，不可搜檢。丕乃破鎖取之，改易而進。不一月，逐出院〔二〕。

〔一〕輯自《宋朝事實類苑》卷二九『韓丕不長應用出院』，不注出處；《類説》卷二二『破鏁檢舊章』引，注出《金坡遺事》，故輯入。阮本、王本、胡本卷上據《類説》輯入，並用其題；胡本别于注中録出《事實類苑》之文。

〔二〕『逐出院』下，校點本注：『明抄本作「丕越月逐出院」。』按，此條記事有誤。《長編》卷二六『雍熙二年九月』：『虞部郎中、知制誥鄭人韓丕有文行，朝廷稱爲長者。然誥命應用，傷于稽緩。一夕，須詔書甚急，丕停筆既久，問索舊草，吏以本典扃户出宿，不可搜檢。丕乃破鎖取，改易而進。宰相宋琪性褊急，常加督責，或申以詬詆，丕不能平。中書舍人王祐以前輩負氣，多淩辱面折之。乃表求外任。閏九月甲戌，丕罷知虢州。』可知其一，韓丕破鎖事在其知制誥時，未入院；其二，韓丕因同僚輕侮去職，非因破鎖。丕爲學士在淳化二年至四年，然卒以稽緩罷，《宋史》本傳云：『淳化二年，召入爲翰林學士，終以遲鈍不敏于用。』錢惟演混二事記之。

## 玉堂之署〔一〕

［太宗御飛白書『玉堂之署』四字，素縑二幅，每字徑二尺餘。淳化二年十月，］太宗謂宰臣曰：『蘇易簡告朕，乞御飛白書「玉堂之署」四字。今付宰臣李昉以下〔二〕，來于中書堂〔三〕，面宣賜，［他日爲翰林中美事也。』今龕在玉堂前楣之上。］〔四〕

〔一〕主體輯自《類説》卷二二『玉堂之署』，又見《記纂淵海》卷三一《翰苑》、《古今合璧事類備要後集》卷二二《翰苑門》、《經進東坡文集事略》卷二五《謝宣召入院表》郎曄注、《山谷詩集注》卷七《次韻子瞻題郭熙畫山》任淵注、《苕溪漁隱叢話後集》卷三五《本朝雜記上》。補入部分輯自《李學士新註孫尚書内簡尺牘》卷五《與胡尚書》『玉堂視草』注，前兩句又見《石林燕語辨》卷七。按，《苕溪漁隱叢話後集》引作『淳化二年十月翰林學士蘇易簡』云云，可知兩段相接，《類説》與李注尺牘各引一截也。按，《内簡尺牘》原文爲：『《金坡遺事》云：太宗御飛白書「玉堂之署」四字，素縑二幅，每字徑二尺餘，淳化二年十月賜學士承旨蘇易簡。時上謂宰相曰：「他日爲翰林中美事也。」今龕在玉堂前楣之上。」又按，阮本、王本據《類説》輯入，胡本據《記纂淵海》輯入，多『職任之親切』等四句，然實爲另一條。又按，《長編》卷三二『淳化二年十月辛巳』、《會要・職官六》備載此事，詳《學士年表》淳化二年『蘇易簡』注。《會要》：『飛白書「玉堂之署」四字以賜易簡，謂宰相曰：「易簡告朕求此數字，卿可召至中書授之，他日爲翰林中美事。」』與本條略同。

〔二〕李昉，原作『李助』，據《記纂淵海》等改。

〔三〕堂，《經進東坡文集事略》、《事類備要後集》作『當』，屬下讀。

〔四〕他日爲翰林中美事也，《苕溪漁隱叢話後集》作『以光禁林』，蓋撮述其意。

## 學士之職清切貴重〔一〕

淳化四年五月，命張洎、錢若水爲學士，赴之日〔二〕，太宗謂近臣曰：『學士之職，清切貴重，非它官可比，朕嘗重此官〔三〕。故事，學士赴上，有敕設及弄獼猴之戲〔四〕，久罷其事，然亦非宜。今教坊有雜伎、跳丸、舞矟之類，當令設之。』仍詔樞密直學士呂端、劉昌言及知制誥柴成務預會。（自此學士、兩制、密學赴會，丞郎、給諫不得預也。）〔五〕

〔一〕輯自《宋朝事實類苑》卷二九『學士之職清切貴重』，不注出處；《記纂淵海》卷三一、《古今源流至論續集》卷一引，注出《金坡遺事》。胡本補遺據《事實類苑》輯入。

〔二〕赴之日，當作『赴上日』。

〔三〕按，此數語常爲宋人稱引，『朕嘗重此官』，或作『朕常恨不得爲之』，如《會要》（《翰苑遺事》56引，非《輯稿》）、《長編》卷三四、《隆平集》卷三、《避暑録話》下等。

〔四〕及，原作『入』，不詞，據《會要・職官六》、《長編》卷三四改。

〔五〕按，《會要・職官六》：『（淳化）四年五月，以右諫議大夫、史館修撰張洎，屯田員外郎、知制誥錢若水並爲翰林學士。洎等赴上，帝曰：「學士之職，清切貴重，非他官可比。故事，赴上有敕設及弄獼猴之戲，久罷其事，然亦非雅。教坊有雜手技、舞矟、擲盆、弄丸、藏珠于器、吐幡口中之戲，當令設之。」仍詔樞密直學士、知制誥預會。』《長編》卷三四記爲淳化四年五月丙午事，所載略同，惟末句云：『仍詔樞密直學士吕端、劉昌言及知制誥柴成務等預會。』與本條同。又按，注文所言，可參《續翰林志》13：『入本院上事，宣徽院告報，敕設儀鸞，宿陳帟幕，太官備珍饌，設上尊酒，茗果畢至。赴是設者，止鳳閣舍人，餘不得預坐。（舊體，禁中上事，元無樂，前代或有令伎藝人弄獼猴、藏珠之戲者。）』

## 學士預丹鳳樓放赦〔一〕

唐制，皇帝御樓肆赦，學士得升丹鳳樓之西南隅侍立〔二〕。五代已後，因循廢之。淳化四年，蘇易簡自院入參大政，乃奏：『自今上御樓覃恩，望令與樞密使侍立御榻之側。』從之〔三〕。

〔一〕輯自《宋朝事實類苑》卷三〇『學士預丹鳳樓放赦』，不注出處；《類説》卷二二『御樓侍立』所引較略，注出《金坡遺事》。孫瓊歌《〈宋朝事實類苑〉研究》已指爲《遺事》佚文。阮本、王本、胡本據《類説》輯入。

〔二〕按，語本元稹《承旨學士院記》：『（憲宗）始命鄭公絪爲承旨學士，位在諸學士上……揭雞竿，布大澤，則升丹鳳之西南隅。』原文謂得升丹鳳樓者，承旨學士也，此轉述爲學士，非是。

〔三〕按，易簡奏又見《長編》卷三四『淳化四年十一月丁卯』：『易簡又言：「故事，皇帝御丹鳳樓，翰林學士承旨得升樓之西南隅。自今御樓肆赦，望令與樞密使侍立御榻之側。」亦從之。』當本《會要·職官六》。

## 張洎〔一〕

張洎文章清贍，博學多聞，在江南已要近，曾將命入貢。及還，作詩十篇，多訾詆京師風物，有『一灰堆』之句〔二〕，以悦其主。蘇易簡得其親書本。後洎入爲學士，與蘇易簡爭寵，頗成不協，上前談議，往往異同。蘇忿之，謂同列云：『清河公若更相矛盾，即將「灰堆」之詩進呈矣。』張聞之甚懼，稍爲之屈伏焉。

〔一〕輯自《宋朝事實類苑》卷七四『張洎』，又見《紺珠集》卷一一『一堆灰句』、《類説》卷二二『一灰堆』，皆注出《金坡遺事》。阮本據《類説》輯入，王本、胡本卷上據《事實類苑》輯入，並用《類説》題。

〔二〕一灰堆，《紺珠集》作『風物一堆灰』，蓋縮寫之誤，『堆灰』二字並倒。灰堆，糞堆也。范成大《臘月村田樂府十首》序云：『其十《打灰堆詞》，除夜將曉，鷄且鳴，婢獲持杖擊糞壤，致詞以祈利市，謂之「打灰堆」。此本彭蠡清洪君廟中如願故事，惟吴下至今不廢云。』

## 御筆戒酒〔一〕

蘇易簡嗜酒，御筆戒之云：『卿若覆杯，朕有何慮？』易簡承詔斷酒，已而復飲〔二〕，上亦不責。及參大政，見上不復敘待，但嚴顔色責吏事而已，故易簡詩什之中，多思禁林〔三〕。

〔一〕輯自《類説》卷二二『御筆戒酒』。阮本、王本、胡本卷上皆據《類説》輯入。按，太宗勸易簡戒酒事，又見《次續翰林志》15、20，《長編》卷四〇『至道二年十二月』、《宋史》本傳、《宋朝事實類苑》卷六引《楊文公談苑》等。

〔二〕而，原作『不』，據文淵閣本改。

〔三〕按，易簡見疏于太宗，因求進過速，《長編》卷三四『淳化四年十一月丁卯』：『易簡數振舉翰林中故事，前爲承旨時，上待若賓友。及參大政，每見上，不復有款接之意，但嚴顔色責吏事而已，易簡乃悔其求進之速也。』

## 太宗賜詩張洎、錢若水〔一〕

本朝淳化五年十月，上賦詩一首，令待詔吴郢、張用和賫以示學士張洎、錢若水〔二〕。

〔一〕輯自《玉堂雜記》卷上引《金坡遺事》，據内容擬題。阮本、王本、胡本卷下據《文忠集》輯入，與『降聖節齋宴』合爲一條，然二事無關，當分立。

〔二〕十月，《長編》卷三六作『十一月』，是。《長編》卷三六『淳化五年十一月』：『丁巳，上賦詩一首，令待詔吴郢、張用和賫以賜翰林學士張洎、錢若水。』當用《遺事》。

## 錢若水〔一〕

錢若水爲學士，太宗禮遇殊厚，嘗草賜趙保忠詔，云：『不斬繼遷，存狡兔之三穴；潛疑光嗣，持首鼠之兩端。』太宗覽之甚悦，謂若水曰：『此四句正道著我意。』又與趙保忠詔，有『既除手足之親，已失輔車之勢』〔二〕，其辭甚美。太宗御筆批其後云：『依此詔本，極好。』至今其子延年寶藏之〔三〕。

〔一〕輯自《宋朝事實類苑》卷四〇，又見《五朝名臣言行録》卷二、《類説》卷二二『狡兔三穴首鼠兩端』，皆注出《金坡遺事》。此條文淵閣本在卷四二。阮本據《類説》輯入，王本據《言行録》輯入，胡本卷上據《事實類苑》輯入，用《類説》題。按，此事又見《長編》卷三六『淳化五年十一月庚戌』：『上遣張崇貴持詔諭李繼遷，賜以器幣、茶藥、衣物等。先是，翰林學士錢若水撰賜趙保忠詔云：「不斬繼遷，存狡兔之三穴；潛疑光嗣，持首鼠之兩端。」上大喜，謂若水曰：「此四句正道着我意。」及是，又草賜繼遷詔，略曰：「既除手足之親，已失輔車之勢。」上伸筆批其後曰：「依此詔本，極好。」若水家因寶藏之。』

〔二〕文載《宋大詔令集》卷二三三，題《答銀州觀察使趙保吉詔》，作于淳化五年十一月庚戌。

〔三〕延年，文淵閣本作『延平』。按，《宋故殿中丞錢君夫人壽昌縣君高氏墓志銘幷序》曰：『夫人適樞密副使宣靖公若水之孫，集賢殿修撰延年之子。』則作延年是也。

## 門扉下竊出〔一〕

寇準在中書，多召兩制就第飲宴，必閉關苛留之，畏慎者甚懼。李宗諤嘗于門扉下竊出，得馬而走。後爲修宮使，恩顧漸深。一日，召至玉宸殿賜酒，宗諤堅辭以醉，且云日暮。上令中使附耳語云：『此中不須從門扉下出。』

〔一〕輯自《類説》卷二二『門扉下竊出』，又見《記纂淵海》卷八三、《古今事文類聚續集》卷一三、《古今合璧事類備要外集》卷二，皆注出《金坡遺事》，後三種蓋抄自《類説》。阮本、王本、胡本卷上皆據《類説》輯入。按，《長編》卷七六『大中祥符四年十月』亦載此事，文字極近，當出《金坡遺事》，姑録于此：『戊辰，詔……同修宫使李宗諤……視内殿功德及御書，因命宴……初，寇準在中書，多召兩制會飲私第，酒酣氣盛，必閉關苛留之，往往侵夜，畏謹者甚憚焉。宗諤嘗預會，日既夕矣，而關不可啓，遂于門扉下竊出，得馬以走。于是上勸宗諤酒，宗諤堅辭以醉，且云日暮，上令中使附耳語云：「此間不須從門扉下出。」宗諤皇恐致謝，上笑而頷之……」

## 靈鵲〔一〕

學士院有雙鵲，嘗栖于西軒海棠枝上，每學士會食，必徘徊翔集于玉堂之上，略無驚畏，因謂之『靈鵲』。時或鳴噪，必有大詔令或宣召之事，故晁公見和詩云：『卻聞靈鵲心應喜。』幷予宿直詩云：『靈鵲先依玉樹栖。』二詩出《樞庭集》〔二〕。

〔一〕輯自《詩話總龜》卷一七，又見《紺珠集》卷一一、《類説》卷二二、《錦繡萬花谷前集》卷一一、《翰苑新書》前集卷一〇，皆注出《金坡遺事》。《總龜》無題，餘書或題『靈鵲』，或題『靈鵲噪』，茲用《紺珠集》題。阮本、王本、胡本卷上皆據《類説》輯入。按，諸本文字互歧，以《總龜》記事最完整。孔平仲《續談助》卷四記此事與《類説》雷同。

〔二〕出，校點本注：『明抄本作「在」，似勝。』按，《樞庭集》，曾鞏《隆平集》卷一二《錢惟演傳》謂其有《樞庭（集）》，《秘書省續編到四庫書目》有『《樞庭集》五卷』，即此書。《書目》下注『闕』，此後書目亦不再見，當亡于南渡之際。

## 不可令周翰知〔一〕

梁周翰少有文譽，及入禁林，年已七十〔二〕。景德中，答宰相待罪表，不稱旨。上別令趙安仁撰，曰：『不可令周翰知，恐其愧恨。』上聖德包容如此。

〔一〕輯自《類說》卷二二『不可令周翰知』。阮本、王本、胡本卷上皆據《類說》輯入。按，答詔『不稱旨』事又見《長編》卷五八『景德元年十二月戊申』：『（宰相）畢士安等上表待罪，優詔答之。翰林學士梁周翰答詔不稱旨，命趙安仁改撰，既而謂安仁曰：「勿令周翰知，恐其愧恨也。」』

〔二〕按，據《學士年表》，梁周翰咸平三年五月拜學士，時年七十二。

## 留請假榜子〔一〕

楊大年性剛，頻忤上旨。母在陽翟有疾，遂留請假榜子與孔目吏，中夕奔去。上怜其才，終優容之，止除少分司，仍許只在陽翟。

〔一〕輯自《類說》卷二二『留請假榜子』。阮本、王本、胡本卷上皆據《類說》輯入。留，原作『習』，據文淵閣本及下文改。按，此事又見《長編》卷八〇『大中祥符六年六月』，李燾注：『錢惟演《金坡遺事》載億以五月二日奔陽翟，使者及門，始知億已亡去，則湯藥、金幣非億去後始賜也。本傳云：「億不待報行，上親緘藥劑洎金帛賜之。」蓋飾說也。今用惟演所載，庶得其實。』知《長編》采《遺事》，且《遺事》原有紀日等細節，《類說》刪削過甚。又按，《長編》記云：『億雖頻忤旨，恩禮猶不衰。……億有別墅在陽翟，億母往視之，會得疾，億遂留謁告牓子與孔目吏，中夕奔去。先一日，上聞億母病，遣使者以湯藥、金幣賜之，使者及門，則億既亡去矣。朝論諠然，以爲不可，上亦謂輔臣王旦等曰：「億侍從官，安得如此自便？」旦曰：「億本寒士，先帝賞其詞學，置諸館殿，陛下拔擢至此。責以公議，誠爲罪人。賴陛下矜容，不然，顛躓久矣。然近職不可居外地，今當罷之。」上終愛其才，逾月，命弗下……辛未，以億爲太常少卿、分司西京，仍許就所居養療，候損日赴任。』

## 禮遇詞臣〔一〕

真宗好文，待遇學士尤重。王欽若召見最頻，其後晁迥、李宗諤、陳彭年、王曾、李維數人，皆被恩遇。惟演再入院，天禧四年間，屢蒙召對，或龍圖閣、滋福殿、承明殿，洎宣和門之北閤子，皆從容賜坐，移刻而出。其言議及奏對，此略而不書〔二〕。又常令中使密至院門，詢吏云：『今日誰直？』然後召之。

〔一〕輯自《宋朝事實類苑》卷七『禮遇詞臣』，注『見《金坡遺事》』。王本、胡本卷下皆據《事實類苑》輯入。

〔二〕按，所謂『此略而不書』，蓋錢惟演另有《筆録》專記天禧四年奏對之事。《容齋隨筆》卷八『真宗末年』：『錢文僖在翰林，有天禧四年《筆録》，紀逐日瑣細家事及一時奏對，并他所聞之語，今略載于此：寇萊公罷相之夕，錢公當制，上問：「與何官得？」錢奏云：「王欽若近出，除太子太保。」上曰：「近上是甚？」云：「太子太傅。」上曰：「與太子太傅。」又云：「更與一優禮。」錢奏但請封國公而已。時樞密有五員，而中書只參政李迪一人，後月餘，召學士楊大年，宣云：「馮拯與吏書，李迪與吏侍。」更無他言。楊奏：「若只轉官，合中書命詞，唯樞密使、平章事，卻學士院降制。」上云：「與樞密使、平章事。」楊亦憂慮，而不復審，退而草制，以迪爲吏部侍郎、集賢相，拯爲樞密相。又四日，召知制誥晏殊，殊退乃召錢。上問：「馮拯如何商量？」錢奏：「外論甚美，只爲密院卻有三員正使，三員副使，中書依舊一員，以此外人疑訝。」上云：「如何安排？」錢奏：「若卻令拯入中書，即是彰昨來錯誤，但于曹利用、丁謂中選一人過中書，即并不妨事。」上曰：「誰得？」錢奏：「丁謂是文官，合入中書。」上云：「入中書。」遂奏授同平章事，又奏兼玉清宮使，又奏兼昭文國史。又乞加曹利用平章事，上云：「與平章事。」』對此，洪邁案云：『此際大除拜，本真宗啓其端，至于移改曲折，則其柄乃係詞臣，可以舞文容奸，不之覺也。』又按，洪邁所云《筆録》，或即惟演所撰《玉堂逢辰録》之一部，王明清《揮麈後録》卷一：『錢文僖惟演嘗纂書，名《逢辰録》，排日盡書其父子承恩榮遇及朝廷盛典，極爲詳盡。』

## 玉堂之盛〔一〕

國朝自建隆初至天聖四年，入院凡四十七人。大拜者十人：李（昉）、盧（多遜）、呂（蒙正）、李（沆）、畢（士安）、王（旦）、王（欽若）、李（迪）、王（曾）、錢（惟演）。樞密使二人：王（欽若）、錢（惟演）。參政十五人：李（昉）、盧（多遜）、李（穆）、賈（黃中）、呂（蒙正）、李（至）、蘇（易簡）、李（沆）、張（洎）、王（旦）、王（欽若）、趙（安仁）、陳（彭年）、王（曾）、李（迪）。樞密副使六人：錢（若水）、宋（湜）、楊（礪）、錢（惟演）、王（旦）、晏（殊）。承旨六人：陶（穀）、李（昉）、宋（白）、晁（迥）、蘇（易簡）、李（維）。三入院一人：李（昉）。再入院七人：竇（儀）、李（穆）、宋（白）、錢（惟演）、楊（億）、劉（筠）、李（維）。父子入院一家：昌武父子〔二〕。兄弟入院三家：二竇、二李、二錢。

〔一〕輯自《宋朝事實類苑》卷二四「玉堂之盛」。此條與「弟拜相兄草麻」條連寫，彼條末云「並《金坡遺事》」；李心傳《建炎以來朝野雜記》甲集卷九《故事》「父子兄弟入院數」條：「錢文僖公記父子入院一家：李文正（昌武）；兄弟入院三家：二竇（可象、望之），二李（文靖、相州），二錢（希白、師聖），以爲極盛矣。」知此必爲《遺事》佚文。王本、胡本卷下皆據《事實類苑》輯入。

〔二〕昌武，原作「呂武」，從文淵閣本改，謂李宗諤也。

## 弟拜相兄草麻〔一〕

錢希白于予爲從父兄也，天聖三年十二月，予忝鈞衡之命〔二〕。時希白當制，世稱「弟拜相，兄草麻」，自古未有。惟座主拜相，門生草麻，前代記之矣〔三〕。

〔一〕輯自《宋朝事實類苑》卷二四『弟拜相兄草麻』，又見《類説》卷二二、《記纂淵海》卷四〇、《古今合璧事類備要前集》卷二七並《後集》卷二二、《古今事文類聚後集》卷八、《翰苑新書》前集卷一〇並卷六一、《永乐大典》卷一三四九六，皆注出《金坡遺事》。本條文淵閣本失記出處，且多脱漏。阮本據《類説》輯入，王本、胡本卷上皆據《事實類苑》輯入。

〔二〕按，《長編》卷一〇三『天聖三年十二月』：『保大節度使錢惟演加同平章事，判許州。』王明清《揮麈前録》卷二辨之曰：『《金坡遺事》載，錢希白爲文僖草麻，雖云儀同鈞衡，實未嘗秉政也。』

〔三〕按，門生草座主麻事，唐《卓異記》『門生爲翰林學士撰座主白麻』條：『（薛）廷老翰林，時座主庾公拜兖海節度，廷老爲門生，得爲麻制，時代榮之。』

## 作望祭文〔一〕

翰林每歲作望祭文，宫在慶成軍。

〔一〕輯自李壁《王荆公詩注》卷四六《雜詠六首·其二》『白頭重到太寧宫』注。

## 文宣王及兖國公贊〔一〕

太祖作《文宣王贊》曰：『王澤下衰，文武將墜。尼父挺生，河海標異。［祖述堯舜，有德無位。］』〔二〕又自贊顔子〔三〕。時車駕親幸國子監〔四〕。

〔一〕輯自《古今源流至論前集》卷五《聖製》，又見《錦繡萬花谷續集》卷一『文宣王及兖國公贊』。《錦繡萬花谷》注出『鑾坡遺事』，『鑾』字誤。雖金坡、鑾坡皆『金鑾坡』之省稱，然于書名不能替代。胡本補遺據文淵閣本《錦繡萬花谷》輯入，題『孔顔贊』。按，《錦繡萬花谷續集》引作：『本朝太祖作至聖文宣王及兖國公贊，《文宣贊》曰：「尼父挺生，河海標異。祖述堯舜，有德無位。」』孔子贊文剪裁不同，又不述及顔子贊，與標題不合，故舍其文而用其題。

〔二〕『祖述』二句，據《錦繡萬花谷續集》補。按，《古今源流至論前集》卷八《幸學》敍此事及贊較完整：『太祖建隆元年正月幸國子監，二月又幸，四年四月又幸，又作《文宣王贊》曰：「王澤下衰，文武將墜。尼父挺生，河海標異。祖述堯舜，有德無位。哲人其萎，鳳鳥不至。」云云。』可與本條互補，惟不記出處。又按，《全宋文》卷八收録《宣聖贊》，即《幸學》所引八句。考太祖時孔子尊號仍爲『文宣王』，至真宗封聖，稱『玄聖文宣王』，始多稱之『宣聖』，亦非正式尊號。原題當從《錦繡萬花谷續集》作『文宣王贊』。

〔三〕按，《全宋文》卷八收録《顔子贊》。『顔子』非尊號，原題當從《錦繡萬花谷續集》作『兖國公贊』。

〔四〕按，金孔元措《孔氏祖庭廣記》卷三《崇奉雜事》記曰：『宋太祖建隆三年，詔文宣王廟宜准儀制，令立戟一十六枝。撰《宣聖贊》曰：云云。』

## 文宣王七十二子贊〔一〕

太宗作文宣王及七十二子贊，《宣聖贊》曰：『維時載雍，戢此武功。肅昭威儀，海宇聿崇。』

〔一〕輯自《錦繡萬花谷續集》卷一『文宣王七十二子贊』。胡本補遺輯入。

## 賜楊億詩序〔一〕

太宗製詩賜楊億，序云：『圖書之閣，方委于名儒；蘭菊之篇，特伸于寵待。』

〔一〕輯自《錦繡萬花谷續集》卷一『賜楊億詩序』，云出『鑾坡遺事』，即《金坡遺事》，辨見前『文宣王及兖國公贊』條注〔一〕。胡本補遺輯入。

## 作詩賜近臣〔一〕

太宗作會邊詩賜近臣〔二〕，又作詩賜趙普。真宗即位，藏之禁中，如太清樓、玉清殿、龍圖閣所藏，聖製也。

〔一〕輯自《錦繡萬花谷續集》卷一『作詩賜近臣』。胡本補遺輯入。

〔二〕會邊，疑『念邊』之訛。

# 卷　下（全佚）

# 別書金坡遺事

晁迥

## 解題

晁迥（951—1034），字明遠，謚文元。世爲澶州清豐人（今屬河南濮陽），其父佺徙家彭門（今江蘇徐州）。《宋史》卷三〇五有傳。真宗景德二年（1005）五月至天禧四年（1020）四月爲翰林學士，期間于天禧二年（1018）十一月遷承旨〔一〕，在任長達十六年，爲宋代任職時間最長的翰林學士〔二〕。他入院之初，便著手恢復翰林學士院的題壁傳統〔三〕，爲北宋初年翰林學士留下了寶貴記録。出任承旨前後，『時朝廷方修禮文之事，每下詔，多出迥手』，深得真宗器重，稱之爲『好學長者』；楊億則謂其『所作書命，無過褒，而得代言之體』〔四〕。

《別書金坡遺事》原載《翰苑群書》卷二，顧名思義，是接續錢惟演《金坡遺事》而另撰之作。《郡齋讀書志》（衢本）卷七職官類云：『《金坡遺事》三卷。右皇朝錢惟演撰，載國朝禁林雜儀式、事迹並學士名氏。文元公（引按，晁迥謚文元，晁公武爲其後人，故稱謚）述真宗禮待儒臣三事附于卷末。』《直齋書録解題》卷六職官類亦云：『《別書金坡遺事》一卷，學士澶淵晁迥昭遠撰。因錢惟演寄示《遺事》，別書真宗待遇恩禮三則于後。』可知是錢惟演將所撰《金坡遺事》寄贈給晁迥，他因而回憶起親身經歷的宋真宗禮遇事迹，于是補充了三件故事，這就是所謂的『別書三事』。此三事的寫作時間，據《玉海》卷五七《藝文·淳化續翰林志》記載：『天聖四年三月十五日，錢惟演爲《金坡遺事》三卷，太宗御札、御詩及銘共九首，真宗詩六首，標于上篇，終以雜記，晁迥別書三事附焉。』結合陳振孫之説，可知錢惟演在天聖四年（1026）三月十五日《金坡遺事》成書之前，先將稿本寄送晁迥，那麼『別書三事』，自當在此之前完成。其時晁迥已年過七旬，故于年月等細節，已不能確記。而收到晁文之後，錢惟演將三事附載于己書，一併流傳。他之所以如此處理，是因爲天禧二年正月至四年四月，曾與晁迥同處翰林院，晁爲承旨，而錢爲新進晚輩，所記之事，有雙方共同記憶在焉，他希望藉此重温往事，並請晁爲之拾遺補闕。而晁迥所補，如第二條『學士戴花』事，便是兩人的共同經歷。

自錢惟演之後，三事皆附于《金坡遺事》流傳，洪遵乃別裁爲一書，並命名爲《別書金坡遺事》。《直齋書録解題》及《宋志》著録的單本，蓋據洪書録出。南宋《秘書省續編到四庫闕書目》卷一《史類・職官》著録《續金坡遺事》一卷，不著撰人，不知與《別書金坡遺事》是否一書。

江少虞《宋朝事實類苑》卷七全載此三條，題爲『晁迥』，是《翰苑群書》卷中之三種書中惟一的完璧。但這個事實長期爲學者忽視，孫猛《郡齋讀書志校證》『《金坡遺事》三卷』下云：『今惟演書尚有殘本，商務印書館本《説郛》卷七十七止載兩條，而《宋朝事實類苑》所引有數十條，迥書則不存矣。』王河、真理《宋代佚著輯考》在輯佚《金坡遺事》時，以『晁迥』爲目自《類苑》輯出，徑視爲《金坡遺事》佚文，卻不知這正是《別書金坡遺事》的全部，可謂失諸眉睫。胡耀飛整理《錢惟演集》時已識別，將之附録于《金坡遺事》之後，並作校勘。今據上海古籍出版社1981年《宋朝事實類苑》整理本録入，原本小字注均改爲括注。

〔一〕參本書所收《學士年表》。

〔二〕李心傳《建炎以來朝野雜記》甲集卷九歷數『國朝學士久次者』，即以晁迥十六年居首。

〔三〕本書所收《中興翰苑題名》序云：『景德初，趙安仁、晁迥、李宗諤始復置壁記，起國初，自承旨陶穀以下至直院，用除授次第刊列。後居職者皆得以流芳久遠。』

〔四〕以上引文皆見王稱《東都事略》卷六二本傳。

1 大中祥符元年冬，行升中之禮，駐蹕岱宗。晁迥當草赦書之詞，例先進呈裁定。准舊儀，學士當直日，或遇宣召，即繫鞋以赴，上戴帽子見之〔一〕。迥自忖度，今皇上以封祀大禮，方在致齋之中，必加嚴肅，不同常時，乃盛服秉笏造行宮門。有中使入奏，俄出報云：『上適問之，聞學士穿執，遽起入内矣，可止此祗伺。』暨中使復入，迥佇立移晷，中使來召，引至幄次，而上已改御巾幘而坐。起居訖，升詣帝所，望之儼然，即之也温。進呈詞藁，省覽稱善。怡顔撫問，有加常等。既而賜坐，令飲茶而退。（茶字注解云：春藏葉，可以爲飲。古人詩云：『或吟詩一章，或飲茶一甌。』〔二〕）因思古之帝王，優禮節行之臣，不冠不見，則有之矣。内愧孱瑣，何以當聖君體貌之重乎？兹惟先皇帝，恭己待士之德，發自于清衷而然也。

〔一〕按，此事亦見《長編》大中祥符元年十月癸丑，『上齋于行宫，晁迥進所草赦書。故事，召對學士，天子著帽，而學士止繫鞵。迥以方行大禮，乃秉笏請對，上入，改服見之。』洪遵《翰苑遺事》28『先公嘗言』條：『學士于内庭出入，或曲詔，亦不具靴簡。』（云出宋敏求《春明退朝録》，非，當出李宗諤《翰苑雜記》。詳彼注。）又62『國朝因仍舊制』條引王寓《玉堂賜筆硯記》：『翰林學士分日遞直……若遇命相，則禁中別設綵殿，召學士由内東門入，繫鞋立墀下，上御小帽、窄衫、束帶。』

〔二〕此句夾注當爲傳鈔時闌入，非原文所有。

2 大中祥符、天禧之間，（忘其年月。）暮春之月，閤門傳宣布告，令赴池苑游宴之會。法從既集，俄而陰雲興，密雨降，有詔罷後苑之游。上賜宴飲，上御承明殿，面北而坐，預侍坐者翼列如儀。既而執事之臣捧金盤進名花，有牡丹重沓千房者，並諸奇花，首置御坐前，餘皆散布諸臣雕俎之上。內臣先供奉至尊，戴御花，以及親賢宰執亦如之。以次諸臣，皆自戴焉。上忽乃眷西顧，宣言曰：『與學士戴花。』（內庭侍從，惟學士多不名呼。）俄有中使數人遽至，與迥及一二同僚戴之，觀者無不竦動也〔一〕。前代加寵詞臣，有以寶裝方丈賜食于前，則嘗聞之矣，豈謂親承日月之照，待以王公之禮，何幸會之深歟！

〔一〕按，《長編》卷九二，天禧二年『十一月己未，翰林學士晁迥爲承旨。時朝廷數舉大禮，詔令每下，多出迥手。嘗夜召對，上令內侍持御前炬燭送歸院。他日，曲宴宜聖殿，內出牡丹百餘盤，千葉者惟十餘蒂，以賜宰臣、親王。上顧迥與學士錢惟演，亦皆賜焉。』考錢惟演天禧二年正月入院，晁迥十一月遷承旨，則此事當在是年春牡丹開放之時，惟演尚爲新學士。又按，《澠水燕談録》卷一亦載此事，云爲『其孫端稟嘗爲余言』。

3　大中祥符、天禧之間，（忘其年月日。）迥當宿直，方甲夜，奉召赴內東門，上御面東閤子坐。起居訖，升進次，宣索坐物，執事者叠青墩于御坐之東北隅，方命坐，而上語及，遽起側立以聽焉。示諭令草詔，（今忘其所詔之事。）恭受宸旨畢，命復坐，飲茶而退。卻行纔逾閾，上宣言曰：『將蠟燭與學士照路。』俄有中使就御前拔取列置密炬之一，其圍徑甚大，中使執之前引，出內東門，付于本院引接人吏。古之賜金蓮燭，其若是乎〔一〕！上周知故事，善視邇臣，多此類也〔二〕。

〔一〕按，事又見上條注引《長編》卷九二，《宋史》本傳亦載。又按，洪遵《翰苑遺事》62『國朝因仍舊制』條引王寓《玉堂賜筆硯記》：『若遇命相，則禁中別設綵殿，召學士由內東門入，繫鞋立墀下，上御小帽、窄衫、束帶。御座側獨設一繡墩，少東置机，陳筆硯其上。侍衛者皆下，學士升殿，造膝受旨，趨机書所得除目進呈，置袖中。侍衛者皆上，乃宣坐賜茶。已，復庭謝。』程式與此近似，惟記爲命相時事，或晁迥所記爲命某相時之經歷。

〔二〕按，原本注『並《金坡遺事》』，可知江少虞所見三條，仍附于《金坡遺事》之後，未別爲一書。

# 翰苑雜記

李宗諤

## 解　題

李宗諤（964—1012），字昌武，深州饒陽人。李昉之子，景德二年（1005）至大中祥符六年（1013）任翰林學士，卒于官。《宋史》卷二六五附其父傳。

《翰苑雜記》是他在翰林學士任上撰寫的一部筆記，關于它的成書，《續資治通鑑長編》記載甚詳：大中祥符四年（1011）十月戊辰，『詔修玉清昭應宫使丁謂、同修宫使李宗諤、副使劉承珪、都監藍繼宗視内殿功德及御書，因命宴……因謂宗諤曰：「聞卿至孝，宗族頗多，長幼雍睦。朕嗣守二聖基業，亦如卿輩之保守門户也。」宗諤頓首謝。上又曰：「翰林，清華之地，前賢揚歷，多有故事，卿父子爲之，必周知也。」宗諤嘗著《翰林雜記》，以紀國朝新制，翌日上之。手詔褒答，命藏内署。』〔一〕可知他原本即留意記録翰林故事，這次真宗發問，遂趁勢進獻。

《長編》記書名爲『翰林雜記』，與《翰苑群書》收録者不同。考宋人書目，趙希弁《郡齋讀書志附志》、陳振孫《直齋書録解題》卷六所記之本均出自《翰苑群書》，固然作『翰苑雜記』；《宋史》卷二〇三《藝文二》、《玉海》卷五四《藝文·淳化續翰林志》引《中興館閣書目》則與《長編》相同，作『翰林雜記』。宋人著述中引及此書者，兩種書名均有出現〔二〕。追溯史源的話，《長編》、《宋志》出自國史，《中興館閣書目》記録的是中秘藏書，那麼它們反映的應是宮廷所藏版本的題名；而《翰苑群書》反映的，則是其中一種民間傳本的題名。

在《翰苑群書》已佚的三種著作中，《翰苑雜記》的遺文最少，它的内容只能從史籍略窺一二。上引《玉海》云：『《翰林雜記》一卷，學士李宗諤集翰苑規制、恩例，著爲定式。』《長編》謂其書『以紀國朝新制』，意思相同，表明記載以北宋翰林學士制度爲主，而不措意于瑣事、軼聞。江少虞《宋朝事實類苑》卷二九《詞翰書籍》『學士新入院』條云：『其諸賜賚，今古小異者，即具在李昌武《翰林雜記》矣。』可知李宗諤在記述中有意識地比較新例與舊例，本是翰林制度變遷的重要佐證，可惜蹤迹渺然了。其中特别突出恩例，大約與蘇易簡撰《續翰林志》的目的相似，意在通過記述君主之禮遇詞臣，彰顯其聿修文德之功。

《翰苑雜記》原本的體制應與《翰林志》《續翰林志》相仿，今輯得佚文極爲有數，較爲破碎，姑酌其年序，逐條排列。

〔一〕《長編》卷七六。《宋史》本傳亦載，謂宴會地點在玉宸殿。

〔二〕施元之《施注蘇詩》、周必大《玉堂雜記》，書名均作『翰苑雜記』，其中周必大見過《翰苑群書》，其所引書名當來源于此。江少虞《宋朝事實類苑》卷二九則引作『翰林雜記』。章如愚《山堂考索》續集卷三四《官制門》『内外制之名』言及『蘇易簡《翰林雜記》』，書名或爲『續翰林志』之誤。

1　先公嘗言，翰林學士居深嚴之地，職任事體與外司不同。至于謁見相府，自非朔望慶吊，止公服繫鞋而已。學士于内庭出入，或曲詔，亦不具靴簡。若同列齊行，前此命朱衣吏雙引，抗聲言『學士來』，直至宮門方止。歸院，則朱衣吏遞聲呼『學士來』者數四。故事，學士敘班，只在宰相後。今之參知政事班位，即舊日學士立班處也。近朝以來，會赴内殿起居，敘班在樞密、宣徽使後，惟大朝會入閤、聖節上壽，始得綴台司步武焉。

吾自延州歸闕，再忝内職，時與朱崖盧相同列，依舊命吏前後雙引。既而盧謂吾曰：『今府尹令尹（時皇上開封府尹兼中書令）親賢英仁，復兼右相，尚以一朱衣前導。吾儕爲學士，而命吏雙引，得無招物議乎？』因令罷去雙引〔一〕。自是抗聲傳呼之儀，後亦稍罷矣。（《宋朝事實類苑》卷二九）〔二〕

〔一〕按，罷去雙引，歐陽脩《歸田録》卷一以爲出自李昉之議，辨見下注。

〔二〕按，此條原注云出《朝退録》；洪遵《翰苑遺事》亦載，注云出宋敏求《退朝録》。『朝退』蓋『退朝』之訛，今本《春明退朝録》不載此事。若依此注，所謂『先公』，乃宋敏求之父宋綬，然其與『朱崖盧相』盧多遜年輩不侔，盧物故六年後綬始生，二人絶無『同列』可能。歐陽脩《歸田録》卷一所記『罷雙引』事，則以屬太祖朝李昉。考《宋史・李昉傳》：『出昉爲彰武軍行軍司馬，居延州爲生業以老。……開寶二年，召還，復拜中書舍人。未幾，直學士院。』《盧多遜傳》：『開寶二年，……直學士院。』《長編》卷一〇『開寶二年十一月』：『戊辰，詔中書舍人李昉，兵部員外郎、知制誥盧多遜分直學士院。直學士院自昉及多遜始也。』可知二人于開寶二年同直學士院（《學士年表》此年失載李昉）。覈之本條，『自延州歸闕』與盧多遜同爲翰林學士者，必爲李昉無疑。若然，所謂『先公』，固非宋敏求之『先公』，乃李昉之子所以稱之者也。昉諸子中，宗諤撰有《翰苑雜記》，《宋史・李宗諤傳》謂是書『紀國朝制度』，與本條内容相符，其爲《雜記》佚文，羌無可疑。洪遵及江少虞皆誤署出處。至于『罷雙引』之倡議，當起自盧多遜。歐公得自傳聞，未若宗諤得自當事人之可信也。

2　太宗皇帝御書飛白『玉堂之署』四字，淳化三年賜，今在本院玉堂門上。（《施注蘇詩》卷一〇《和章七出守湖州二首》注）

3　學士初授，中謝前一日，待詔一名至私第，宣召入院。聽口宣，舞蹈訖，揖待詔，上階相見。具酒果迎待，即以事例物并書致于待詔前。（《玉堂雜記》卷上）

# 卷下

# 續翰林志上〔一〕

翰林學士承旨朝請大夫中書舍人上柱國賜紫金魚袋　蘇易簡　撰

## 解　題

蘇易簡（958—997），字太簡，梓州銅山人，《宋史》卷二六六有傳。自雍熙三年（986）至淳化四年（993），蘇易簡一直擔任翰林學士，淳化二年（991）之後且擔任承旨。《宋史》本傳説他『在翰林八年，眷遇夐絶倫等』，所受恩遇非常，其子蘇耆還專門撰寫了《次續翰林志》，記述乃父的翰苑榮光。

蘇易簡出任承旨的時間在淳化二年（991）九月己亥（三日）或稍後〔二〕，而據他在書末的自述，《續翰林志》殺青于是年孟冬朔日，即十月丙寅（一日），那麼此書應是在他升任翰長之後，感激恩寵，在不到一個月的時間内完成的。此後大約又經過潤色，于十月辛巳（十六日）進獻太宗〔三〕。太宗得書之後，龍顔大悦，連續頒賜詩作及御書。《續資治通鑑長編》記載：『上嘉之，賜詩二章〔四〕，紙尾批云：「詩意美卿居清華之地也。」易簡願以所賜詩刻石，昭示無窮。上復爲真、草、行三體書書其詩，命待詔吴文賞刻之，因遍賜近臣。又飛白書「玉堂之署」四大字，令中書召易簡付之，牓于廳額，上曰：「此永爲翰林中美事。」』十二月辛卯，蘇易簡等學士及朝官觀賞御書墨寶之後，與宰相李昉等十餘人賦詩以記其盛，最後由易簡結集成編，即收入《翰苑群書》的《禁林讌會集》。可以説，蘇易簡這部《續翰林志》引發了一連串翰林盛事，賜書玉堂更是成爲後來趙宋皇帝不斷追摹、重演的翰墨風雅，這是他獻書之初始料不及的。

宋太宗之所以對蘇易簡獻書的反應如此熱烈，參與賦詩的前任翰林學士李昉早已道出玄機，他給自己的詩所作之後序，點出此舉『特出異恩，有以見聖君待文臣之優厚也』〔五〕。宋太祖定下天水一朝崇文抑武的基本國策，太宗進一步强化文德治國，他説：『王者雖以武功克定，終須用文德致治。』〔六〕提高文臣的政治地位，賞賜恩榮，展示對文臣的優待，身體力行地從事讀書、賦詩等文事，都是闡揚文治的必要舉措。而對于主掌王言的翰林學士，太宗尤爲重視，史載：『上尤重内外制之任，每命一詞臣，必諮訪宰相，求才實兼美者，先召與語，觀其器識，然後授之。』〔七〕他曾經對近臣稱美『詞臣實神仙之職也』〔八〕，也向蘇易簡感歎『詞臣清美，朕恨不得爲之』〔九〕。將本是『天子私人』的翰林學士比爲人君『恨不得爲之』的『神仙之職』，言下之意，翰林學士已然享有極高的政治待遇，乃是人文化成的絶佳主體和榜樣。職是之故，他自然樂見蘇易簡的獻書之舉，正好藉此展現天子右文、君臣雍穆的昌明氣象；而蘇易簡適逢其會地獻禮，歌頌『供職盡居清顯地，崇儒同感聖明君』〔一〇〕，三十四歲的他因此更加飛黄騰達，兩年之後遷拜參知政事。

從書名上即可看出，此書是接續李肇的《翰林志》而作，蘇易簡也自陳：『因視草之暇，集成此書，以繼李公之作。』〔一一〕記載的内容，主體起自五代，迄于太宗朝中期〔一二〕，包括翰林學士院制度，以及學士恩遇、逸事掌故等。材料的來源，一是五代的史料，比如大量引用成書于建隆二年（961）的王溥《五代會要》；一是自己擔任翰林學士期間的親歷親聞，這部分内容價值較高。如第8條記學士扈從出游之盛，第13條記學士拜命之禮，第14條記學士工作之日常，均歷歷可觀，是當事人寶貴的第一手記録。第19條以下記載十餘位前輩學士的風采，月旦題目，饒有《世説》遺韻。

本書歷來未有深入整理，傅璇琮等主編《全宋筆記》第八編第八册收録黄寶華點校的《續翰林志》，徑采《知不足齋叢書》本施以標點，未作校勘。本次校證，除利用《翰苑群書》諸版本之外，旁采《五代會要》《職官分紀》《長編》《宋史》《宋朝事實類苑》等文獻，校正文字，考證故實。

〔一〕諸本此篇皆分爲上下兩部，而書前目録均僅題『續翰林志』。今依實際編目。

〔二〕詳本書所收《學士年表》淳熙二年『蘇易簡』、『李沆』條注。

〔三〕《長編》卷三二，十月『辛巳，翰林學士承旨蘇易簡續《翰林志》二卷以獻。』

〔四〕太宗所作詩，爲五言、七言各一首，見《全宋詩》卷三九，題《賜蘇易簡》，原出《詩話總龜後集》卷一《御製門》引《金坡遺事》：『御製五七言詩賜蘇易簡，五言詩曰：「翰林承旨貴，清淨玉堂中。應用咸依式，深嚴比更崇。歸家思值日，入内集英風。儒措門生盛，高明大化雄。」七言詩曰：「運偶昌時遠更深，果然穀在我中心。從風臣偃光朝野，此日清華見翰林。舉措樂時周禮法，思賢教古善規箴。少年學士文明世，一寸賢毫數萬尋。」』文字據《全宋詩》校訂。

〔五〕見本書所收《禁林讌會集》。

〔六〕《長編》卷二三『太平興國七年十月』。

〔七〕陳均《皇朝編年綱目備要》卷三『太平興國五年五月』。

〔八〕見本書第8條。

〔九〕《翰苑遺事》64引朱勝非《秀水閒居録》。類似的表述，還有『學士之職，清切貴重，非他官可比，朕常恨不得爲之』，見《長編》卷三四『淳化四年五月丙午』，在蘇易簡獻書之後二年。

〔一〇〕見《禁林讌會集》蘇易簡詩。

〔一一〕《續翰林志》第32條。

〔一二〕《郡齋讀書志》之袁本與衢本對于《續志》起始内容的表述不同，先出之袁本《前志》卷二下《職官類》云：『右皇朝蘇易簡在翰林院，最承太宗眷遇，録國朝政事以續肇《志》。』晁公武蓋據易簡的自述大略言之，似未詳覈原文；經過修改的衢本卷七《職官類》則云：『右皇朝蘇易簡撰。易簡在北門，最承太宗眷遇，録元和以後至國朝翰林故事，以續肇《志》。』將起點提到元和以後，乃據首段引李肇、元稹之書爲言。

1　李肇述翰林，志禁庭之事詳矣。至其引宋昌之言曰『所言公，則公言之；所言私，則王者無私』之説，言翰林制置任用，非王者之私，識者以爲知言。自唐氏之制，駕在大内，則于明福門内置院；駕在興慶宮，則于金明門内置院。德宗時，移院于金鑾坡上。迄咸鎬爲墟，以梁苑爲東都，今二京學士院之制，並在樞密、宣徽院之北，蓋表其深嚴宥密焉〔一〕。其學士立班常朝，暨聖節行香並大忌進名，並隨樞密使坐次。及行幸大宴，在參知政事之後，從北爲首〔二〕。每三元張燈及賜酺，上御乾元樓，臨軒觀樂，憑欄設次，坐在上將軍之上。郊祀、籍田，青城之内設幕次，于殿門東偏别設氈廬，以爲寢所，蓋備密命焉〔三〕。元稹《翰林承旨學士記》曰：『舊制，學士無得以承旨爲名者。應對、顧問、參會〔四〕，班第以官爲上下。憲宗以永貞元年即大位，始命鄭絪爲承旨學士，位在諸學士上，居位在東第一閤。乘輿奉郊廟，輒得乘厩馬，自浴殿由内朝以從。揭雞竿，布大澤，得升丹鳳之西南隅。外〔五〕賓客進見于麟德，則上直禁中以俟。凡大詔令、大廢置，丞相之密畫、内外之密奏，上之所甚注意者，莫不專對，他無得而比也。』

〔一〕按，《宋會要輯稿·職官六》引《兩朝國史志》：『（學士）院在宣徽院北。』《石林燕語》卷七：『今學士院在樞密之後，腹背相倚，不可南向，故以其西廊西向爲院之正門，而後門北向，與集英相直，因牓曰「北門」。兩省樞密院皆無後門，惟學士院有之。學士朝退入院，與禁中宣命往來，皆行此門，而正門行者無幾，不特取其便事，亦以存故事也。』葉夢得南渡之後作《避暑録話》卷上亦記之。

〔二〕按，《宋朝事實類苑》卷二九引《金坡遺事》：『今分付凡立，在親王、使相之後。坐即居左，重行于參知政事之後。』

〔三〕氈廬，《職官分紀》卷一五引作『穹廬』，注：『一作氈官。』蓋備密命焉，《職官分紀》注：『元作蓋邇丞相之次也。』

〔四〕參會，元稹原文下有『旅次』二字。

〔五〕『外』字下，抱經樓本誤鈔『晉天福六年五月』條之『進奏參議』至『倫矣』。考明鈔本《續翰林志上》，自下文『賓客』至『晉天福六年五月』條之『掌侍奉』爲第二頁，同條『進奏參議』至『後唐長興元年二月』條之『去留皆』爲第三頁，抱經樓本顛倒二頁鈔寫，致此下數條舛謬殊甚。

2　後唐天成三年八月，敕：『掌綸之任，擢才以居。或自初命而升，或自顯秩而授，蓋重厥職，靡繫其官。雖事分皆同，而行綴或異，誠由往日，未有定規。議官位則上下不常，論職次則後先爲敘〔一〕，宜行顯命，當正近班〔二〕。今後翰林學士入院，並以先後爲定。惟承旨一員，出自朕意，不計官資先後，並在學士之上。仍編入《翰林志》。』旋召張昭遠（下一字與漢祖御名同，後只名昭）入院〔三〕。以其早踐綸闈，久司史筆，曾居憲府，累陟貳卿，今既擢在禁林，所宜別宣班序，其立位宜次崔棁〔四〕。夫禁庭之職，儒者之至榮，外望之所忌，豈居是職者，專列人之短于君父之前耶？則爲恭、顯、靳、費之流耳〔五〕，奚爲服儒服而食天禄乎！唐陸贄抗疏論吴通玄弟兄云：『學士是天子私人，侵敗綱紀，宰臣有備位之號。』不知贄于是時所爲何如哉？貞元中，時人謂學士爲『內相』〔六〕，亦忌其親密也。

〔一〕爲敘，《五代會要》卷一三作『未當』，《職官分紀》卷一五引作『爲當』。下文云『今後以入院先後爲定』，則當從《五代會要》。

〔二〕當，《五代會要》《職官分紀》作『以』，是。

〔三〕按，《五代會要·翰林院》記爲晉天福二年十一月事。

〔四〕按，本條以上內容及第3條，《職官分紀》卷一五引，文字皆同，云出《五代職官志》，又自注：「並見蘇易簡《續翰林志》。」

〔五〕按，四人謂弘恭、石顯、靳尚、費無極，此處意爲佞幸之臣。

〔六〕按，「天子私人」「內相」二語俱見《翰林志》。

3 晉天福六年五月〔一〕，詔曰：「《六典》云：『中書舍人，掌侍奉〔二〕、進奏、參議、表章。凡詔旨、制敕、璽書、策命，皆案故事起草進畫，既下，則署而行之。其禁有四：一曰漏洩，二曰稽緩，三曰違失，四曰忘誤，所以重王命也。』古昔以來，典實斯在，爰從近代，別創新名。今運屬興王，事從師古，俾仍舊貫，以耀前規。其翰林學士院公事，宜並歸中書舍人。」從宰臣馮道之奏也。自是，舍人晝直者當中書制，夜直者當內制〔三〕。至開運元年六月，復有詔曰：「翰林學士與中書舍人分爲兩制，各置六員。偶自近年，權停內署。況司詔命，必在深嚴，將使從宜，卻令仍舊。宜復置學士院。」蓋宰臣桑維翰秉政，將戾于道，故乃復焉。自此班秩再有倫矣〔四〕。

〔一〕六年，《五代會要》《職官分紀》作「五年」，《分紀》自注：「五年一本作六年。」按，《五代會要·翰林院》記爲天福五年九月敕。

〔二〕「侍奉」下，抱經樓本誤鈔「後唐長興元年二月」條「繫于梯媒」至「從之」。

〔三〕二「當」字，靜嘉堂本皆作「掌」，鮑眉批云：「掌，別本俱作當。」

〔四〕本條靜嘉堂本與上條連寫，鮑眉批「另提行」，蓋據明鈔本改。按，本條與第2條之前半，《職官分紀》卷一五引，文字皆同，云出《五代職官志》，又自注：「並見蘇易簡《續翰林志》。」

4 後唐長興元年二月，翰林學士劉昫奏：『臣伏見本院舊例，學士入院，除中書舍人即不試，其餘官資，皆須先試麻制、答蕃書、批答各一道，詩、賦各一首，號曰「五題」。所試並是當日内了，便具進呈。從前雖有召試之名，而無考校之實，每值召試新學士日，或有援者，皆預出五題，暗令宿構，至時但寫淨本，便取職名。若無援者，即臨時特出五題，旋令起草，縱饒負藝，罕能成功。去留皆〔一〕繫于梯媒，得失盡由于偏黨，此乃抑挫孤寒之道，開張巧僞之門。積弊相沿，澆風未改，將裨聖政，須立新規。況今伏值皇帝陛下，德合乾坤，明懸日月，大興淳化，盡革澆風。矧惟翰墨之司，專掌絲綸之命，宜從正直，務絶阿私。自今後，凡有本院召試新學士，欲請權停詩賦，只試麻制、答蕃書並批答，共三道。仍請内賜題目，兼定字數，付本院召試，然後考其臧否，定其取捨。貴從務實，以示均平，庶令孤進者得展勤勞，朋比者不能欺罔。事關穩便，合貢芻蕘。』從之〔二〕。

〔一〕『皆』字下，抱經樓本誤接『李肇述翰林』條『賓客進見』以下四十八字。

〔二〕本條，抱經樓本、文淵閣本誤置于『後唐天成三年八月』條前。按，以上三條依年號次序應爲天成、長興、天福，不知蘇書原本如此，抑多本皆倒錯。按，此事《舊五代史·唐書·明宗紀》繫于元年二月己亥，《五代會要·翰林院》亦載劉昫此奏，文字大抵相同而較略，當皆出自五代實録。

5 凡僕直之數，上自諸行尚書，三十五直，下至白身，一百四十直，必須圓融。其直先五直，舊學士一點，次三直一點，又次二直一點。此三等，隨日多少，令其均匀，永爲定式。（晉開運中，楊昭儉直綸閣，酌其從來僕直之數，等第除減，條爲定式，申中書門下，仍刻石在壁。員外郎入，舊八十直，今改爲五十直〔一〕；郎中入，舊六十直，今改爲四十直；他官入，舊一百直，今改爲八十直；自員外郎知制誥轉正郎〔入〕〔二〕，仍舊六十直〔三〕，今改爲三十直；正拜舍人〔入〕，舊四十直，今改爲二十直；自常侍、諫議、給事拜舍人〔入〕，舊四十直，今改爲二十直〔四〕；應舊官再入，約前任減半。今附于此，貴存舊章。）其内制僕直及吉凶、疾病諸假則例，自具《翰林舊規》〔五〕。（學士起復之制，周朝已前未聞其例。周世宗時，故内翰王公著、今揆相李公昉，俱遭内艱。屬世宗北伐，並起復隨駕，書詔繁委之際，即不皇敘合儤直與不儤直。迄皇朝端拱元年閏五月，易簡遭家艱，奉詔抑奪，遂與翰長以下商議，依鳳閣壁記體例，同舊官再入，約計前直減半。是時復儤直二十五直矣。）至皇朝，今揆相李公獨直禁林，奉旨令每雙日夜直，隻日下直，可以永爲通式也〔六〕。

〔一〕以下數句之『今改爲』，謙牧堂本、靜嘉堂本同，明鈔本、抱經樓本、《職官分紀》、《永乐大典》卷一〇一一五則作『今改』、『改爲』、『今爲』不一。

〔二〕入，謙牧堂本、靜嘉堂本有，鮑眉批曰：『别本無入字。』未點去，而刻工删之。别本即明鈔本，今據文例補。下二『入』字同。

〔三〕仍舊，《職官分紀》、《永乐大典》卷一〇一一五引作『仍舊知先』，則此句點作『仍舊知，先六十直』。

〔四〕給事，《會要·職官三》『舍人院』、《職官分紀》卷七《舍人院》記此條例，『給事』下有『郎中』。二十直，《會要》作『三十直』。按，以上儤直數以次遞減，前官既爲二十直，此不當更爲三十直，《會要》誤。《職官分紀》後二官皆作『三十直』，亦『二十直』之誤。

〔五〕見《翰林學士院舊規》『初入儤直例』、『學士請假』條。

〔六〕本條至『舊體每游讌』各條，諸本皆作一條寫，今依其内容分爲四條。按，《職官分紀》卷一五引本條，云出《五代職官志》，又自注：『並見蘇易簡《續翰林志》。』

6　四禁之中，漏泄爲最，故草制之夕，遲明必闔院門之雙扉，當制學士坐于玉堂上，止吏人之出入者。俟宣制訖，方啓户焉〔一〕。

〔一〕第5、6、7、8條，諸本皆連寫，今依其内容分斷。按，《長編》卷二三，太平興國三月癸巳朔，『（秦王趙廷美每從南府入朝，過學士院門，見鎖院，必令人隔扉問之，孔目吏即白其姓名，率以爲常。』被目爲覬覦神器之證。

7　文翰之職，優待之異者，後唐同光中，賜承旨學士盧質『論思翊佐功臣』〔一〕。（旋授節制河中，馮瀛王送之，詩云：『視草北來唐學士，擁麾西去漢將軍。』時人榮之。）梁開平中，以前進士鄭致雍爲學士〔二〕。晉開運中，賜本院書詔金印一面。周顯德中，以向來學士與常參官五日一度起居，世宗欲令朝夕接見，訪以時事，乃下詔曰：『翰林學士職係禁庭，地居親近，與班行而既異，在朝請以宜殊。起今後當直、下直學士，並宜令逐日起居。其當直學士仍赴晚朝。』〔三〕舊制，每命將出師、勞還，曲宴于便殿，則當直學士一人與文明、密直得預坐。（今揆相李公、故尚書扈公，早在禁林，曾預斯宴，後爲閤門使梁迥輕鄙儒士，啓太祖罷之。）〔四〕至皇朝太祖英武聖文神德皇帝，因致酒于紫雲樓下〔五〕，命兩制侍宴，歡甚，因命中書舍人來晨宜綴內制起居，今爲通式〔六〕。仍各賜書千卷〔七〕，以備檢閱。

〔一〕論思翊佐功臣，《職官分紀》卷一五、《翰苑新書》前集卷一〇、《事文類聚新集》卷二〇、《記纂淵海》卷三一引同（後二書誤記出《五代史》），新舊《五代史·盧質傳》作『論思匡佐功臣』，《册府元龜》卷五五〇作『論思輔佐功臣』。

〔二〕按，事又見《五代會要》卷一三《翰林院》、《舊五代史·封舜卿傳》、《册府元龜》卷五五三《詞臣部》等，非常例也。

〔三〕按，《五代會要·翰林院》記此事在顯德五年十一月，注：『舊例，翰林學士與常參官五日一度起居。世宗欲朝夕賜見，訪以時事，故有是詔。』

〔四〕按，《宋朝事實類苑》卷二六引《楊文公談苑》『學士預曲宴承旨預肆赦』條：『故事，便殿宴勞將帥，翰林學士預坐。開寶中，閤門使梁迥輕鄙儒士，啓太祖以曲宴將相，安用此書生輩？遂罷之。淳化中，蘇易簡知政事，始引故事爲請。詔自今後，當直學士與文明、樞密直學士並預長春殿曲宴。』事又見《長編》卷三四、《會要·職官六》、《禮四五》。

〔五〕致酒，《職官分紀》、《永樂大典》卷一〇一一五、《宋朝事實類苑》卷三〇引作『置酒』。

〔六〕來晨宜，《宋朝事實類苑》卷三〇引作『來辰宜』。綴，《職官分紀》、《永樂大典》卷一〇一一五引作『輟』，注：『一本作綴』。今，文淵閣本、《宋朝事實類苑》卷三〇引作『令』。

〔七〕千卷，《宋朝事實類苑》卷三〇引作『千餘卷』。

**8**　舊體，每游讌，止學士得赴召。暨皇上留心儒墨〔一〕，旌賞文翰，時綸閣之士〔二〕，始召赴曲宴，或令和御詩。舍人從游宴，自此始也。厥後立春，鏤銀飾彩旛勝之物亦及之〔三〕。太平興國八年，召閣下舍人李公（穆）、宋公（白）、賈公（黄中）、呂公（蒙正）、李公（至）入院。時承旨扈公（蒙）贈詩賀之，有『五鳳齊飛入禁林』之句，爲一時之盛事〔四〕。其或觀稼于南薰門，賞花于含芳園，春晝嚴蹕，百司景從。幸國西之金明池，下雕輦，登龍舟，都人駕肩，百樂具舉。憩瓊林苑，由複道御層樓，臨軒置酒，以閱繁盛，兩制必侍從焉。至上林春融，千花萬卉，妍麗冠絶，上必曲宴宰衡勛舊，召兩制詞臣，俯龍池，垂金鉤，舉觴賦詩，終日而罷。上嘗謂宰執近臣曰：『詞臣實神仙之職也。』翊日，凡所進詩，悉迴御毫屬和以賜焉。

〔一〕儒墨，《職官分紀》、《永樂大典》卷一〇一一五引作『儒術』。

〔二〕士，《宋朝事實類苑》卷三〇引作『臣』。

〔三〕鏤銀飾彩，《職官分紀》、《永樂大典》卷一〇一一五引作『鏤飾銀彩』。按，幡勝即彩勝。高承《事物紀原·歲時風俗·春幡》：『《後漢書》曰：立春皆青幡幘。今世或剪綵錯緝爲幡勝，雖朝廷之制，亦鏤金銀或繒絹爲之，戴于首。亦因此相承設之。或于歲旦刻青繒爲小幡樣，重累凡十餘，相連綴以簪之。此亦漢之遺事也。俗間因又曰「年幡」，此亦其誤也。』孟元老《東京夢華録・立春》：『春日，宰執親王百官，皆賜金銀幡勝，入賀訖，戴歸私第。』《宋史・真宗二》：『詔宫苑、皇親、臣庶第宅，飾以五彩，及用羅製幡勝、繒帛爲假花者，並禁之。』

〔四〕此事頗爲宋人豔稱之，李心傳《舊聞證誤》卷一云國史亦載，事在太平興國八年五月。諸人除授參《學士年表》。

9 雍熙三年十月，敕曰：『兩制詞臣，公朝精選，典司綸誥〔一〕，親近冕旒。宜于俸禄之閒，特示優異。起今後兩制俸料，並以見緡充。』

〔一〕綸誥，謙牧堂本、靜嘉堂本作『論誥』，鮑據明鈔本改『綸』爲『論』。

10 上聽政之暇，搜訪鍾王之迹，以資閲玩焉。御毫飛動，神機妙思，出其軌制。乃召書學之有格性者，置于便殿，躬自省閲，仍授以筆法。既覩其有成，各賜以章服象笏〔一〕，令入院充待詔者八人〔二〕。自是書詔四出〔三〕，寰海之内，咸識禁中之墨妙焉。

〔一〕章服，《職官分紀》、《宋朝事實類苑》卷三〇引作『銀章』。

〔二〕八人，《宋朝事實類苑》卷三〇引作『僅十人』。

〔三〕書詔四出，抱經樓本誤作『書詔四字出』，文淵閣本乙爲『書詔字四出』。

11 舊體，學士凡召入院，止賜白成釘（都了反）口銀鞍勒馬〔一〕。暨今上即位，優待特異，賜金鍍銀閙裝鞍勒馬〔二〕，對衣荔枝金帶〔三〕。郊禋禮畢，賜對衣金帶，或牯犀帶，金魚副之。（朝士自唐末久闕佩魚者，迄今方復之。）十月朔，舊賜對衣紅錦袍〔四〕，上特以細花熟錦袍代之。（淳化二年冬〔五〕，代以細花盤雕錦袍，其制下丞相一等。）自是遠方之珍果，天府之法釀，龍鳳之茗荈，伏臘之餅餌，以時而賜，悉加等焉。

〔一〕此注文，《永樂大典》卷一〇一一五作：「《廣韻》：都了切。釘，鈌帶頭飾，出《聲譜·禮韻》，音了。飾玦謂之釘。」

〔二〕鍍，《宋朝事實類苑》卷三〇引作「塗」。

〔三〕「荔枝」下，《宋朝事實類苑》卷三〇有「花」字。

〔四〕錦袍，謙牧堂本、靜嘉堂本作「綿袍」，誤。

〔五〕二年，諸本作「三年」，《職官分紀》、《宋朝事實類苑》卷三〇、《永樂大典》卷一〇一一五引作「二年」。按，《長編》卷三二「淳化二年十月辛巳」條，是日蘇易簡獻《續翰林志》，則當以「二年」爲是，茲據改。

12　玉堂東西壁，延袤數丈，悉畫水以布之〔一〕，風濤浩渺，擬瀛洲之象也〔二〕。（待詔董羽之筆。）〔三〕修篁皓鶴，悉圖廊廡，奇花異木，羅植軒砌。每外喧已寂，內務不至，風傳禁漏，月色滿庭，真人世之仙境也。〔四〕

〔一〕之，抱經樓本、文淵閣本脱。

〔二〕擬，《職官分紀》、《宋朝事實類苑》卷三〇、《永樂大典》卷一〇一一五引作「蓋擬」。

〔三〕按，《宋朝事實類苑》卷五〇「玉堂壁畫」：「玉堂北壁，舊有董羽畫水二堵，筆力遒勁，勢若動搖，其下三尺，頗有雨壞處。蘇易簡爲學士，尤愛重之。」見本書《金坡遺事》輯佚。

〔四〕諸本此條與上條連寫，《職官分紀》作兩條鈔，今依其內容分爲兩條。

13　學士拜命，先閤門受制書，于常朝殿門之階上。（舊體，召入院後差中使賜。）拜伏跪受訖，于便殿對敭，陳述寵用遭值之由，謂之告謝。上必從容賜坐，錫以茶藥而退〔一〕。選日謝恩，前一日，待詔一人就宅宣召，預于庭設裀褥，堂設酒醴，待詔稱有敕，望皇居拜伏聽命，其辭皆獎飾嚴召之意。（于本院舊學士處請本。）又舞蹈訖，升堂飲饌，以謝恩奏狀拜伏跪授之。來日，待詔迎于待漏院，與新學士偕行，引至閤門而退。閤門舍人始引入中謝，賜對衣金帶、金塗鞍勒馬。（近例，就院轉官，惟承旨則賜分物，敕設如初拜之禮，餘不得比矣。）入本院上事，宣徽院告報，敕設儀鸞，宿陳帟幕，太官備珍饌，設上尊酒，茗果畢至。赴是設者，止鳳閣舍人，餘不得預坐。（舊體，禁中上事，元無樂，前代或有令伎藝人弄獮猴、藏珠之戲者。）〔二〕

〔一〕錫以茶藥而退，《宋朝事實類苑》卷三〇、《職官分紀》卷一五引作『獎飾戒諭而退』。

〔二〕按，本條《宋朝事實類苑》卷三〇、《職官分紀》卷一五全引。又按，《長編》卷三四，淳化四年五月丙午，『張洎赴翰林，上謂近臣曰：「學士之職，清切貴重，非他官可比，朕常恨不得爲之。故事，上日，有敕設及弄獮猴之戲，久罷其事，然亦非宜。今教坊有雜手伎、跳丸、藏珠之類，當令設之。」仍詔樞密直學士吕端、劉昌言及知制誥柴成務等預會。』《會要·職官六》略同。

14　玉堂之上，惟上事受吏人賀禮，始得正坐，餘雖承旨，亦須坐于東廂。其副翰坐西廂，餘依雙隻對坐。

居是職者，人物之選，亦已極矣，儒墨之榮，亦已至矣，苟能節用以安貧，杜門以省事，探真如之旨，養浩然之氣，來者瞻望其出處，時君優假其顏色，逍遥卒歲，非神仙而何？每上直，一依舊制，入者先之，出者後之。或會食日旰之後，同列出院，當直學士苟已褫巾笏〔一〕，則可紗帽鞁履送至玉堂之簾下，蓋同列相恕其坦率也。或禁直垂簾人靜之際，則有中使忽降御詩〔二〕，宣令屬和，則必尋拜謝狀後，信宿方和進。如聲韻奇險，難以賡載者〔三〕，必拜章瀝懇，陳述寡和之意，優詔多免焉。每錫賜，謝恩奏狀必當直草〔四〕。或郊禋行慶，制命填委，必聚廳以分草之。其餘書詔辭祝，頃刻之間，雖繽紛而至，必獨當之。或數直有不草一詞者，自可探賾往誥，研窮理體，以備顧問焉。

〔一〕當直，《職官分紀》、《永樂大典》卷一〇一一五引作『當其日直』。
〔二〕御詩，《職官分紀》、《永樂大典》卷一〇一一五、《宋朝事實類苑》卷三〇引作『持御詩』，屬下讀。
〔三〕賡載，謙牧堂本作『賡歌』，靜嘉堂本作『賡和』，鮑據明鈔本改。
〔四〕當直，《宋朝事實類苑》卷三〇引作『當直學士』。

15　李肇《翰林志》曰：『凡將相告身，用金花五色綾紙。』〔一〕（唐乾寧二年十月十日，李鋋自黔南節相授京兆尹，兩度咨報中書，用白綾紙。）〔二〕今親王、相告身，並用金花五色色背綾紙〔三〕；皇后、貴主，用金花五色白背羅紙〔四〕；不帶使相者，用金花五色白背綾紙；觀察使及參知政事、樞密副使，簽署樞密院公事，並五色綾紙，無金花；諸蕃酋長、蠻王、鬼主官告，中書省草詞，送本院寫，皆五色綾白背紙（一本作白大綾紙），俱新制也〔五〕。

〔一〕用，《職官分紀》、《永樂大典》卷一〇一一五引作『並用』。
〔二〕按，此注出楊鉅《翰林學士院舊規》『沿革』。
〔三〕相，《職官分紀》、《永樂大典》卷一〇一一五引作『將相』。色背，底本及靜嘉堂本、謙牧堂本作『白背』，明鈔本、抱經樓本、文淵閣本、李鈔本作『背』，《職官分紀》、《永樂大典》卷一〇一一五引作『色背』。按，《宋史・職官三》：『凡文武官綾紙五種，分十二等：色背銷金花綾紙二等（一等一十八張……三公、三少、侍中、中書令用之。一等一十七張……左右僕射、使相、王用之）。』茲據改。

〔四〕白背，靜嘉堂本、謙牧堂本同，明鈔本、抱經樓本、文淵閣本、李鈔本作『背』，《職官分紀》、《永樂大典》卷一〇一一五引作『色背』。

〔五〕新制，《職官分紀》、《永樂大典》卷一〇一一五作『新例』，注：『例一作制。』

16 舊體，樞密使未帶使相者不宣麻。至周太祖初潛，歷是任〔一〕，乃宣制于公朝〔二〕。今之宣麻，自周太祖始也。

〔一〕歷是任，明鈔本、謙牧堂本、靜嘉堂本、《職官分紀》卷一五同，鮑廷博于『任』旁書一『始』字加圈；抱經樓本、文淵閣本作『歷是始』，《職官分紀》卷一二、《記纂淵海》、《事文類聚》、《翰苑新書》前集引作『歷試是任』。

〔二〕宣制，諸本同，《職官分紀》卷一二作『宣麻』，義長。

17 晉天福二年，中書奏：『准《翰林志》，凡赦書、德音、立后、建儲、行大誅討、拜免三公宰相、命將內制〔一〕，並使白麻紙，不使印。雙日起草，候閤門鑰入而後進呈〔二〕。至隻日，百寮立班于宣政殿（今于文德殿），樞密使引案（今以閤門使引）自東上閤〔門〕出〔三〕。若拜免宰相，即付通事舍人，餘付中書門下，並通事舍人宣示。若機務急速，亦使雙日。甚速者，雖休暇亦追班〔四〕。據《翰林志》，言立后不言立妃，言儲君不言親王、公主，兼三師位在三公之上，文並不載。今後立妃及拜免三師、三公、宰相、命將、封親王、公主，並降制命〔五〕，餘從令式。』〔六〕天成三年十二月〔二〕日〔七〕，學士院記事：『樞密院近送到知高麗國諸軍事王建表，令賜詔書者〔八〕。其高麗國，先未曾有人使到闕，院中並無彼國詔書式樣，未審呼「卿」爲復呼「汝」，兼使何色紙書寫及封裹事例〔九〕，伏請特賜參酌詳定報院者。中書帖太常禮院，令具體例分析申堂〔一〇〕。據狀申，謹案：太宗親平其國，不立後嗣，是以書詔無賜高麗國式樣〔一一〕。且東夷最大是新羅國〔一二〕，請約新羅國王書詔體例修寫。奉敕，所賜高麗王書詔，宜依賜新羅、渤海兩蕃書詔體書寫。』〔一三〕（天復三年七月二十一日，學士柳璨宣對思政殿〔一四〕，便令到院宣示待詔，自今後凡寫敕，後面不得留空紙，但圓融畫敕及日便得剩紙〔一五〕。璨即日宣示之。）〔一六〕

〔一〕內制，《翰林志》作『曰制』，《五代會要·翰林院》作『制書』。

〔二〕閤門，《五代會要·翰林院》作『開門』，誤。

〔三〕東上閤，《翰林志》及《五代會要·翰林院》下有『門』字，本條當源自《五代會要》，茲據補。

〔四〕『追班』下，《五代會要·翰林院》有『宣示』二字，義長。《翰林志》原作『追朝而出之』。

〔五〕立妃，明鈔本、抱經樓本同，謙牧堂本、靜嘉堂本作『主妃』，鮑廷博據明鈔本改。

〔六〕按，此事《五代會要·翰林院》亦載，記爲天福二年四月，蘇易簡蓋由此鈔出，惟據宋制補充兩處注釋。《冊府元龜》卷六一《帝王部》記爲二月事。

〔七〕二，諸本奪，據《五代會要·翰林院》補。

〔八〕知，《五代會要·翰林院》作『權知』。此時王建未獲封，當以『權知』爲是。《冊府元龜》卷九六五《外臣部》、鄭麟趾《高麗史·太祖二》載冊封王建为高麗國王事，制中皆先稱其『權知高麗國王』，亦可佐證。令，《五代會要·翰林院》作『今』。按，據《高麗史·太祖一》，天授十年（927）王建『遣林彥如唐』，蓋爲此事也。天授十年當後唐天成二年，若然則其上表逾年始送達後唐中樞。其用時可參考冊封王建爲高麗國王事，《冊府元龜》卷九六五《外臣部》記載『長興三年五月』下制書（《舊五代史·明宗紀》作六月甲寅），時當高麗太祖天授十五年（932），而《高麗史·太祖二》記載：『（天授）十六年春三月辛巳，唐遣王瓊、楊昭業來冊王。』耗時亦十閱月。

〔九〕封裹，謙牧堂本、靜嘉堂本作『封褒』；《五代會要·翰林院》作『封裹』，明鈔本、抱經樓本同，鮑廷博眉批『疑裹字是』，因據明鈔本改。封裹，謂包覆也。按，天成三年（928）距離王建立高麗國（918）已十年，『先未曾有人使到闕』云云，可知此前未通中國，此時爲對付後百濟及新羅，特遣使求援。

〔一〇〕令具體例分析申堂，《五代會要·翰林院》作『林祈申堂』，與上句連讀。

〔一一〕按，『太宗』謂唐太宗，可知時人混淆高句麗與高麗。

〔一二〕『是以』至『新羅國』，《五代會要·翰林院》作『是以祇書新羅國』。

〔一三〕按，此事《五代會要·翰林院》亦載，蘇易簡蓋由此鈔出。册文載鄭麟趾《高麗史·太祖二》、《全唐文》卷一〇八。

〔一四〕思政殿，《唐會要·翰林院》作『興政殿』，誤。

〔一五〕畫敕，《唐會要·翰林院》作『書敕』，誤。『及日』至『示之』，《唐會要·翰林院》作『交日便當日示訖』，不詞。『畫敕及日』，謂『畫敕』與『畫日』也，義同『畫可』。該句意爲若敕書之末需畫敕或畫日，則可通融留一截空紙。

〔一六〕此注謙牧堂本無。注文出自《唐會要·翰林院》，亦見楊鉅《翰林學士院舊規》『草書詔例』。按，本條所載三事記書詔樣式，『天復三年』事與前一事無涉，疑本爲正文，誤移爲注文。

18 周顯德中，宣諭翰林院，今後凡與諸王詔書，除本名外，其文詞内有字與本名同者，宜改避之〔一〕。

〔一〕按，《五代會要·翰林院》記此事在三年八月。

19 唐韋處厚《翰林學士壁記》，言禁林之材用備矣，迄朱梁而下，以大材登大用，比比而去，此不能録。今略紀數公事迹，以表世不乏賢也。（餘具譜牒、國史。）謹厚則竇儀、李懌、徐台符、吴承範；典麗則李瀚〔二〕、陶穀、張沆、商鵬、魚崇諒、扈蒙；放誕則王著、歐陽炳〔二〕；審音則竇儼；孝謹則劉温叟；嗜學則張昭、申文炳。其餘不可勝紀。惟陶與竇，直禁林之傑者，而竇以凝重，陶以輕躁，圓鑿方枘，即可知矣。

〔一〕李瀚，各本同，惟文淵閣本作「李澣」，蓋從其本下文改。考《舊五代史》、《宋史》均作「澣」，《宋史》本傳並記其字「日新」。「澣」、「瀚」二字常相假借，作洗滌解，與「日新」詞義連類，未審孰是。

〔二〕按，歐陽炳即歐陽迥，避宋太宗趙炅嫌名改。

20　李懌于天成中入直禁署，時宰執以司會貢士呈試多不合格式，起請令翰林學士各爲格詩、格賦一首，以爲繩準。時同職各已撰成送中書，中書吏累督懌，令撰之。懌曰：「李某識字有數，因人成事，苟令復應進士，落第必矣。今備位禁署，後生可畏，焉能以格詩、格賦垂于世哉？」終不下筆。時論喧然，以爲知大體〔一〕。

〔一〕按，此事又見《册府元龜》卷五五一《詞臣部》、《舊五代史·李懌傳》，文字略異。所記起請者爲左散騎常侍張文寶，其未嘗爲宰執。又記督撰者爲學士竇夢徵、張礪等，非中書吏。

21　承範以稟賦敦厚，時宰屢有薦延，言可大用，公台之望日隆矣。每盛暑，必危坐奥室，加以純綿，慮有寒濕之疾。其自重也如此。卒不登用，其命也夫〔一〕。沆與承範及鵬，皆盧華侍郎下進士擢第；同年范禹偁、江文蔚流落吴蜀，亦居僞庭之内署。一牓之内，學士五人，自有科第已來，未有若斯之盛者也。

〔一〕按，此事亦見《舊五代史·吴承範傳》。

22　台符早以亂罹，曾陷北虜，因間遁歸。所乘馬常多嘶鳴，暨晝伏宵行，則帖耳屏息〔一〕，逮至中土，嘶鳴如故。識者以爲積善之徵〔二〕。後處禁林，周世宗必欲置之廊廟，將擇吉日宣制。一日内直，忽終于玉堂。車駕親臨，救以上藥，已奄然矣。

〔一〕帖耳，明鈔本、謙牧堂本、靜嘉堂本、抱經樓本、文淵閣本作『帖爾』；鮑眉批：『別本亦作爾。』乃徑改。

〔二〕按，此事又見《册府元龜》卷八一五《誠感》。

23 瀚以詞藻特麗〔一〕，俊秀不群，長興中于太傅和魯公下進士擢第。未數載，與座主同列内署。和大拜之制，瀚實草之。不俟和命，其閤中器皿動用，盡掊歸私室，以爲濡潤〔二〕。後以石晉不造，陷于虜庭，亦神鋒太峻之故也〔三〕。

〔一〕本條兩『瀚』字，謙牧堂本、靜嘉堂本同，明鈔本、抱經樓本、文淵閣本作『澣』。鮑眉批云『瀚一作澣，非』，欠審。説見本書第19條注〔一〕。

〔二〕按，以上事亦載《玉壺清話》卷二。

〔三〕故，明鈔本、謙牧堂本、靜嘉堂本、抱經樓本作『至』，鮑眉批『別本同誤』，蓋以意改之。文淵閣本作『致』。

24 周世宗初踐祚，北征劉崇，旋召魚公復掌文翰。時以母老，侍養于陝府，久而不至。乃召陶公。陶則不俟駕行，謁見行在，且稱崇諒懼劉崇兵勝，有顧望之意。上益不樂，自此升沈不侔矣〔一〕。陶厥後自以官居八座，位至承旨，且欲軋同列之官卑者，乃起請令今後學士合班儀在諸行侍郎之下；如官至丞郎者，即在常侍之上；官至尚書者，依本班。迄今以爲準焉。與夫先人後己之道戾矣。士大夫嘉其文而鄙其行焉。（舊體，知制誥在尚書之上，學士在左右僕射之上。）

〔一〕按，此事亦見《宋史·陶穀傳》及《魚崇諒傳》。

25 蒙以仲弟載先直禁署〔一〕，未幾即世，蒙繼入焉。洎居兩制，出處僅三十年，嘗預修《五代史》。至于衰耄，頗倦直，形于詞色。後以工部尚書解職，不數月而逝。

〔一〕按，《宋史·扈蒙傳》謂載爲其從弟。

26　著以周世宗代邸舊寮，倍有眷注。曁世宗即大位，亦嘗于曲宴揚袂起舞。上優容之。或夜召，訪以時政，屢沈湎不能言〔一〕。

〔一〕按，入宋，王著卒以耽酒罷學士，後暴卒，見《長編》卷四『乾德元年二月甲申朔』、《宋史》本傳。

27　炳以僞蜀順化，旋召入院，嘗不巾不韤，見客于玉堂之上〔一〕。尤善長笛，太祖嘗置酒，令奏數弄。後以右貂終于西洛〔二〕。

〔一〕之上，明鈔本、抱經樓本、文淵閣本同，謙牧堂本、靜嘉堂本作『之中』，鮑據明鈔本改。

〔二〕右貂，即右散騎常侍。按，《宋史》本傳、沈該《學士年表》，炳終官左散騎常侍，當謂『左貂』，與此不同。按，《宋史·歐陽迥傳》：『迥性坦率無檢操，雅善長笛。太祖常召于偏殿，令奏數曲。』

28　儼乃儀之仲弟也，嘗與儀連翩知貢舉，直内署〔一〕，時比之二陸焉。昆季五人，皆擢進士第，時亦謂之五龍。閨門之盛〔二〕，近實罕比。周世宗顯德五年冬，將立歲仗，前一日，親至于樂懸之下，問雅音于工師，皆不能答。因令儼知太常卿事，與樞密使王朴同詳定之。乃用古累黍之法〔三〕，以審其度，造成律。准其形，如琴而巨，凡十三弦〔四〕，以定六律、六吕，旋相爲宫之義。世宗善之。至是登歌酌獻，始有倫矣〔五〕。

〔一〕内署，抱經樓本訛作『内置』，文淵閣本從而誤改爲『内制』。

〔二〕之盛，底本作『之内』，他本作『之盛』，據改。

〔三〕累黍，文淵閣本同，明鈔本、謙牧堂本、靜嘉堂本、抱經樓本作『黍累』。鮑徑乙。

〔四〕十三弦，文淵閣本作『十二弦』，誤。

〔五〕按，此事又見《舊五代史·樂志上》，稍詳。

29 温叟乃太常卿岳之子也，于晉室開運中召入院，乃捧命書，慶于高堂。其母不登時見之，温叟在堂下俟命。聞動扃鑰聲，莫審其由。未幾，兩青衣皆丱角，舉一箱，其中則紫綬兼衣，立于庭中。母方命捲簾，見其子，曰：『此即爾父在禁中日，内庫所錫者。』温叟即搢笏垂泣，跪捧退，開家廟列祀，以文告之。其母僅旬日不見其子，蓋感愴之意也〔一〕。

〔一〕按，《宋史·劉温叟傳》亦載此事。

30 昭以嗜學苦節，冠于縉紳，清資華貫，無所不歷。于唐末簡策遺墜之後，能糾合遺言，著成《唐書》，至于褒貶是非，咸得其理。文炳爲學之志，老而彌篤，躬鈔圖史，僅盈數篋。其所爲文，多自注釋之，筆迹老熟，人尚有傳者〔一〕。餘悉位以才陞，何假評品其文格焉。

〔一〕按，《册府元龜》卷五五一《詞臣部》：『周申文炳，太祖廣順初爲中書舍人、翰林學士，爲文典雅，有訓誥之風。』語又見《舊五代史》本傳。又按，申文炳撰有《續翰林故事》，見《職官分紀》卷一五引，已佚。

31 夫學士之稱，職之至美也。至于列位黄閣，尚帶大學士之號，唐張説猶讓而不處焉，則爲儒之貴，莫越于此。唐朝侍講、侍書、侍讀皆帶此職。後唐同光元年，置護鑾書制學士，以倉部員外郎趙鳳爲之。梁開平三年正月，改思政殿爲金鑾殿，置大學士一員，以景翔爲之，與館殿大學士同。至皇朝太平興國五年，始命禮部侍郎程羽爲文明殿學士。文明之號，自茲始也。後唐天成元年，命馮道、趙鳳充端明殿學士，非舊號也。仍詔云：『班立在翰林學士之上，如有轉改，只于翰林學士中選。』蓋樞密使不曉文義，故署此職。（馮道《笏記》云：『天下儒生，僅餘萬數；殿前學士，只有兩人。』時輩榮之。）本職在官下，趙鳳轉侍郎，遣人諷任圜，移職在官上，至今爲例。梁開平元年五月，改樞密院爲崇政院，命景翔爲院使〔一〕。二年十月，置崇政院直學士兩員〔二〕，選有政術文學者爲之。始以尚書吏部郎中吳藹、兵部郎中李珽（金門之兄）充選〔三〕，又改爲直崇政院。後唐同光中，依舊爲樞密院，亦置［樞］密直學士一人〔四〕，班次在翰林學士之下。上之數職，雖非視草入直，而職名相近，故亦附于志云。

〔一〕景翔，《職官分紀》引作『靳翔』，皆『敬翔』之諱改。敬翔事見新舊《五代史》本傳及《五代會要》卷二四《樞密使》。

〔二〕崇政院，文淵閣本誤作『崇政殿』。

〔三〕李珽，諸本皆作『李斑』，《職官分紀》引作『李珽』。《舊五代史·李珽傳》及《五代會要》卷二四《樞密使》俱載此事，據改。

〔四〕樞密直學士，諸本奪『樞』字，據《職官分紀》卷一五《樞密直學士》所引補。

32 丙戌歲，易簡始自祠曹外郎知制誥蒙恩召入院，逮今六載。略無塵露，以益山海。今歲驟自祠曹正郎改授中書舍人，充承旨之職，非才非望，益負愧惕。因視草之暇，集成此書，以繼李公之作。餘後之制置新規，俟他日別加編纂焉。時皇宋龍集辛卯、淳化紀號之二年孟冬朔日〔一〕。

〔一〕按，孟冬朔日爲十月丙寅朔，此爲成書之日，《長編》卷三二淳化二年十月，『辛巳，翰林學士承旨蘇易簡續《翰林志》二卷以獻』。辛巳，十六日，此爲獻書之日。

# 次續翰林志

第二男 耆 纂

## 解題

蘇耆（987—1035），字國老，梓州銅山人，蘇易簡次子。生平主要見于其子蘇舜欽所撰《先公墓志銘》。與仕途通達、備受太宗器重的父親不同，蘇耆長期遷轉于地方，從未致身清要，歷任烏程、開封知縣、三司户部判官、明州知州、京西轉運副使、河東轉運使等職〔一〕，最終卒官陝西轉運使，一生從未出任翰林學士。

據書首、末兩條蘇耆自記，此書作于『聖上幸亳之歲孟春月』，『幸亳』即真宗大中祥符七年（1014）御駕至亳州謁太清宫之事，這時蘇耆正任職烏程知縣，時年二十八。寫作的目的，他交代得很明白，是要記録他父親蘇易簡在翰林院期間所受的恩遇，『使君臣盛美之事，禁林榮耀之迹』傳于後世。

《玉海》卷五七《藝文》引《中興館閣書目》云：『《次續翰林志》一卷，蘇耆撰。摭易簡所不及載者一十九事，附當時名人詩。』可知原書形態與今傳本不同者有二：其一，原書共有十九條，現存諸本雖各自分合不同，但均不合此數。明鈔本、謙牧堂本、静嘉堂本、文淵閣《四庫全書》本分爲七條，抱經樓本分爲八條，但其第八條起于『先帝以公久在内署』，實際上是誤將『先帝』前的敬空認作上段終了，所據鈔之底本必仍是七條（明鈔本『先帝』前之敬空恰好落在上一行的最末，『先帝』句换行寫，鈔手或因此誤認爲以下另提行爲一段。此亦抱經樓本出于明鈔本之一證)。知不足齋本以靜嘉堂本爲底本，根據記事内容進行了大量分拆調整，共分爲二十二條。其中首尾二條記述成書始末，應不在《中興書目》所謂『十九條』之列。餘下二十條中，第6條『有唐學士院深嚴』及第7條『淳化中公方在宿直』，皆記學士院鈴索故事，或如別本體例，當合爲一條，如此則合乎『十九』之數也。其二，書末附録『當時名人詩』。查第2條『先公于丙戌歲始入翰林』，云將蘇易簡所作長詩及宋白、賈黄中答詩『悉附之于後』；第5條『先帝以玉署之設』，末云：『仍賦長韻詩一章，以記其事。』自注：『其詩目曰《禁林讌會集》，今附之于後。』可見原書有附録，收録了兩組詩作。後者即今《翰苑群書》收録之《禁林讌會集》，也是蘇易簡所編〔二〕；前者酬唱之作，則皆僅存斷章矣〔三〕。

書成之後，蘇耆曾將此書贈送同列，目的自然是弘揚先德家聲。宋庠有《度支蘇員外耆以再續翰林志見遺輒成酬贈》，詩云：『先烈光朝右，英才出慶餘。公卿太丘世，父子馬談書。首牘標宸藻，聯篇敘禁廬。摛華毛得鳳，刊畫魯無魚。當備芸籤目，俄光瓮牖居。漢家求異説，高致掩虞初。』（《元憲集》卷八）詩題中的『再續翰林志』即《次續翰林志》，詩中『首牘標宸藻』一句，顯示宋庠收到的這個贈本，卷首録有皇帝的詩文。這份『宸藻』應該就是淳化二年十月賜給蘇易簡的兩首詩。《續資治通鑑長編》卷三二『太宗淳化二年十月辛巳』記載：

> 翰林學士承旨蘇易簡續《翰林志》二卷以獻。上嘉之，賜詩二章，紙尾批云：『詩意美卿居清華之地也。』易簡願以所賜詩刻石，昭示無窮。上復爲真、草、行三體書書其詩，命待詔吴文賞刻之，因遍賜近臣。

此番賜詩對于詞臣而言是莫大的榮寵，蘇易簡感激涕零，迅即將它們公諸同列，並且申請勒于貞珉，流芳千古。這兩首詩是五七言詩各一首，真宗朝翰林學士錢惟演所撰《金坡遺事》具載之，云：

御製五七言詩賜蘇易簡，五言詩曰：『翰林承旨貴，清淨玉堂中。應用咸依式，深（岩）〔嚴〕比更崇。歸家思值日，入内集英風。儒措門生盛，高明大化雄。』七言詩曰：『運偶昌時遠更深，果然穀在我中心。從風臣偃光朝野，此日清華見翰林。舉措樂時周禮法，思賢教古善規箴。少年學士文明世，一寸賢毫數萬尋。』〔四〕

由上述材料可知，蘇耆原書的結構是首題太宗賜蘇易簡的五七言詩兩首，繼以十九條正文，最後附以乃父所編《禁林讌會集》，以及蘇易簡與宋白、賈黄中酬答詩三首。這很像一部彰顯榮耀、刻意包裝的『禮品書』。大約在南宋時，乃刊去前後詩作，僅以蘇耆自撰之十九事流傳。袁本《郡齋讀書前志》卷二下《職官類》，《翰林續志》（即《續翰林志》）解題云：『子耆采易簡所載之餘，成一卷，附益之。』〔五〕顯然已無前後詩文，這也是它在後世流傳的形態。

宋庠詩中對該書的兩句評語：『摛華毛得鳳，刊畫魯無魚。』『毛得鳳』爲『得鳳毛』之倒，誇讚蘇耆能紹述乃父之文華；『魯無魚』即『無魯魚』，反用魯魚亥豕之典，謂是書所載信而足徵。值得注意的是『刊畫』二字，蘇耆所撰跋文有云：『因以編修，刊于緗素。』『刊畫』與『刊』意思相同，均是刊刻之謂，可見蘇耆曾經將《次續翰林志》鋟版印行。這也是早期雕版印刷史上個人著述自刻本的難得例證。

蘇耆製作的『禮品書』没能傳世，南宋書目著録的只有他自撰的部分，附于《續翰林志》流傳。尤袤《遂初堂書目》有《本朝翰林續志》，即《續翰林志》，無《次續翰林志》；晁公武《郡齋讀書志》也只著録了《續翰林志》，而稱蘇耆之書『附益之』。至南宋晚期，陳振孫《直齋書録解題》卷六纔將蘇氏父子的兩部書並列立目，云：『其子耆又以其父遭遇恩禮之盛，續于其後。』但審其所撰《翰苑群書》解題，可知是據《群書》所收之書立目，並非存有單行的《次續翰林志》〔六〕。據此推測，應是洪遵將其裁出，重新作爲一部獨立著作編録。此後該書便一直寄身《翰苑群書》，保存至今。

傅璇琮等主編《全宋筆記》第八編第八册收録黄寳華整理《次續翰林志》，徑采《知不足齋叢書》標點，未作校勘；其目録後附列《學士年表》《翰苑題名》《翰苑遺事》三種，實際並未收録。

〔一〕按，蘇舜欽《先公墓志銘》云：『出爲京西轉運使。』《宋會要輯稿·選舉三三》載，天聖十年（1032）三月二十五日，『宰臣張士遜言，西京轉運副使蘇耆望賜文館職名，詔直集賢院。』官職當以《會要》爲是，而路名當從《墓志銘》。又按，《先公墓志銘》云：『逾年，移使河東。』據尹洙《河南先生文集》卷一三《故朝奉郎太子中舍知漢州雒縣事騎都尉王君（汲）墓碣銘并序》謂王汲擔任澤州晉城縣令時，『明道二年，詔舉郡縣吏有治實者，本路轉運使蘇耆以君名聞』。澤州屬河東路，可知此年（1033）蘇耆爲河東轉運使。

〔二〕説詳《禁林讌會集》『解題』。

〔三〕詳見各條注。

〔四〕阮閲《詩話總龜後集》卷一《御製門》引，詩句據《全宋詩》校訂。

〔五〕衢本該句错簡于《翰林雜志》下，詳孫猛校證。

〔六〕陳振孫《直齋書録解題》卷六《職官類》：『《翰苑群書》三卷，學士承旨鄱陽洪遵景嚴撰。自李肇而下十一家及《年表》《中興後題名》共爲一書。』此條之前所著録，自《翰林志》至《次續志》正爲十一家，次序與《翰苑群書》目録全同，惟奪《禁林讌會集》。

1　先公自太平興國庚辰歲首登上第，不由館殿〔一〕，直升綸閣，從釋褐，凡七年〔二〕。召入翰苑，先帝眷注隆厚，垂欲大用者數矣。以尚少，但加承旨之號以榮之。凡八换炎凉，方參預政事。有唐以爲榮滯相半，不虚矣。

在玉堂日，書詔之暇，集近朝故事，號《續翰林志》，其末云：『後之制置新規，俟他日别加編纂焉。』尋以中樞務繁，晨趨夕返，旋又出鎮穰下〔三〕，故未遂周序其事。嗚呼！先公遭時遇主，騰拔雲漢，才名振赫，非不大矣，職位隆顯，非不達矣，而壽不登于强仕，志未展于一時，莫報寵光，旋悲朝露，豈使君臣盛美之事，禁林榮耀之迹，不傳于後世邪？次子耆，出宰烏程，居多暇日，因泣血編録，附于志後，目之曰《次續翰林志》云耳。

〔一〕不由館殿，靜嘉堂本奪，鮑廷博據明鈔本補。

〔二〕蘇易簡太平興國五年（980）登進士第，雍熙三年（986）爲翰林學士，故云。

〔三〕穰下，指鄧州。至道元年（995）四月，蘇易簡罷參知政事後不久，出知鄧州。

2　先公于丙戌歲始入翰林，時翰長宋公白、副翰賈公黄中，皆先達鉅儒，同在鼇署。公乃作古詩數百言〔一〕，序述疇昔遭逢之由，二公亦以歌答之（今悉附之于後）。宋即南宫座主也，纔及七歲，遂爲同列，故其歌云：『疇昔聊爲尺木階，而今真是青雲友。』〔二〕賈即嘗任補袞，閲民田于［懷］澤郡〔三〕。時先公方在幼齡〔四〕，祖父攜而謁之，仍以文爲贄。賈贈詩曰：『曲江願作先容客，看醉春風上五雲。』〔五〕十餘年更直内署，于今朝野流爲美談。

〔一〕按，《蔡寬夫詩話》載其事，並記易簡贈宋白詩云：『天子昔取士，先俾分媸妍。濟濟俊兼秀，師師麟與鸞。小子最承知，同輩尋改觀。甲第叨薦名，高飛便淩煙。遂使拜宸坐，果得超神仙。迄今纔七歲，相接乘華軒。』僅得六十字，蓋節選。《全宋詩》卷七四收録，題《贈翰林學士宋公白》。

〔二〕按，《全宋詩》卷二〇《宋白集》録作『昔日曾爲尺木階，今朝真是青雲友』，注云出自『宋洪遵《翰苑群書》卷下』，蓋録自洪遵《翰苑遺事》，見該書 49『蘇參政易簡登科時』條，而該條實鈔自葉夢得《石林燕語》卷八，並非原始出處，詩句亦有改易。當以蘇耆所記爲是。

〔三〕懷澤郡，諸本皆作『澤郡』。按，宋無澤郡。考《長編》卷一五，開寶七年四月，賈黄中以左補闕檢視廣南民田。據《元豐九域志》卷九，廣南西路貴州管内有懷澤郡，在今廣西貴港市。兹據補。按，《宋史・蘇易簡傳》謂其父蘇協『歸宋，累任州縣』，據上引《長編》，此時或在懷澤郡一帶爲官。《宋史》本傳云：『易簡幼時隨父河南，賈黄中來使，嘗教之屬辭。』與蘇耆所記爲一事，『河南』當爲『廣南』之誤。

〔四〕按，賈黄中閲廣南民田事在開寶七年（974），其時蘇易簡年已十七，不當謂之『幼齡』，此或蘇耆誤記。

〔五〕按，《全宋詩》卷四七《賈黄中集》失收。

3　國家舊制，郊祀之禮，惟宣祖皇帝侑神作主。公受詔攝禮儀使，乃拜疏云：『太祖皇帝受命造宋，垂于無窮，不預嚴配，恐乖天人之意。仍唐永徽中高祖、太宗同配故事。』上優詔褒美，朝廷韙之。迄今以爲定制焉〔一〕。

〔一〕諸本此條與下二條連寫，鮑分斷之。按，《長編》卷三三『淳化三年』、《會要・禮二五》亦載此事，繫于三年十月一日。後者所録疏文較詳，蘇耆蓋撮述其意，文字出入甚大。

4　公始撰《翰林志》成，以獻。上大悦，特賜宸章兩篇，皆獎飾褒美之旨。其後御批云：『詩意者，因卿進《續翰林志》，美居清華之地也。』尋刻石于玉堂之東序焉。時傳本四出，人得之者，咸以爲榮。〔一〕

〔一〕按，此事亦載《長編》卷三二、《會要・職官六・學士院》，事在淳化二年（991）十月辛巳。太宗所作詩，見《全宋詩》卷三九，題《賜蘇易簡》，原出《詩話總龜後集》卷一《御製門》引《金坡遺事》，已收入輯佚卷上。

5　先帝以玉署之設，其來尚矣，但虚傳其號而無正名，乃于紅綃上御書飛白四字〔一〕，題曰『玉堂之署』以賜焉。鈿軸晶瑩，降從天上；御香馥郁，傳到人間。遂捧歸私第，以慶耀其親。時祖母太夫人具命服，焚香設拜而觀之。喜歎之聲，動于鄰里。即命置于本院中，擇日懸挂。乃具扃鐍于玉堂之上。（其御札至今鎖之，或學士上事及賜敕設，即令開之，焚香而觀焉。）[二]自待詔院吏而下，咸列賀于庭。公曰：『自唐置學士來幾三百年，今日方知貴矣。』即日詔宰輔暨兩制詞臣，就院敕設。宴帳之盛，無如是時。仍賦長韻詩一章，以記其事。（其詩目曰《禁林讌會集》，今附之于後。）[三]

[一]綃，諸本多作『絹』，惟靜嘉堂本作『綃』，鮑改『絹』，底本或忘改。《職官分紀》卷一五引作『綃』。

[二]《禁林讌會集》錢若水詩云：『金鎖徐開見御書。』自注：『承旨學士嚴以扃鐍，鎖御書于玉堂之上。』『承旨學士』即蘇易簡。

[三]按，據《玉海》卷五七《藝文》引《中興館閣書目》云，書後『附當時名人詩』，可知原書附有《禁林讌會集》，洪遵既將該集單獨編入，此處遂裁去。又按，據《長編》卷三二，太宗賜詩及飛白書事在淳化二年十月辛巳，觀御書及禁林讌會事在十二月辛卯，蘇耆連書之，不確。『玉堂之署』御書，真宗朝漸有損壞，遂請刻石。《會要·職官六·學士院》：『（天禧）四年六月，學士院言：「前蒙太宗皇帝賜御書，年深損蠹，欲模勒上石。」從之。』

6 有唐學士院深嚴，非本院人不可遽入，雖中使宣示及有文書，必先動鈴索，立于門外，俟本院小判官出，授訖，授院使，院使授學士[一]。自五代以來，其制久廢。公因召對言之，上可其奏。自是院內復置鈴索焉。[二]

[一]按，此記唐制，本于韓偓《雨後月中玉堂閒坐》自注：『禁署嚴密，非本院人，雖有公事，不敢遽入。至于內夫人（引按，當作『內使』）宣事，亦先引鈴。每有文書，即內臣立于門外，鈴聲動，本院小判官出受。受訖，授院使，院使授學士。』

[二]諸本與下條連寫，鮑分斷之。

7　淳化中〔一〕，公方在宿直，夜將及乙，就枕已久。忽鈴索聲動，即中使齎御草書宋玉《大言賦》以賜。公即具簪笏，張燭望宸居再拜而發焉。續有劄子云：『朕草宋玉《大言》以賜卿。不識來朝，因呈文書，將來讀與卿。』及淩晨對敭，方盡詳悉。公乃自撰《大言賦》以進。詞曰：『皇帝書白龍牋，作《大言賦》，賜玉堂臣易簡。御筆煌煌，雄詞洋洋，瓌瑋博達，不可備詳。詔臣升殿，躬指其理，且歎宋玉之奇怪也。因伏而奏曰：「恨宋玉不與陛下同時。」帝曰：「噫，何代無人焉！卿爲朕言之。」臣曰：「聖人興兮告成功〔二〕，登崑崙兮展升中（崑崙南屬地居天），地爲席兮饗祖宗〔三〕，天起籟兮調笙鏞〔四〕。日烏月兔，耀文明也；參旗井鉞，嚴武衛也。執北斗兮，奠玄酒也；削西華兮，爲石磩也。飛雲湧霞，騰燔燎也；刳鯨腊鵬，代鶼鰈也。飛雷三發〔五〕，山神呼也；流電三激，爟火舉也。禮載獻兮淳風還，君百拜兮天神歡。四時一周兮，萬八千年。太山融兮溟海乾，圓蓋穴兮方輿穿，君王壽兮無窮焉。』時殿上皆呼萬歲〔六〕。上覽之，嘉歎再三，賜《大言賦》名四句，其序曰：『宋玉遇侯王〔七〕，則未足以爲美；易簡逢真主，堪師法于後人。兼賜卿《大言賦》名四句：少年盛世兮爲詞臣，古往今來兮有幾人？首出文章兮居翰林，儒名善守兮合緣黌〔八〕。』已勒石于書閣之西序矣。

〔一〕按，據《長編》卷三四，賜草書《大言賦》事在淳化四年（993）八月丙辰朔。《玉海》卷三一《聖文》『淳化大言賦』則云：『（淳化）四年八月一日，行書賜蘇易簡曰……今賜卿《大言賦》名四句。』兩次賜書在同一日。

〔二〕告，抱經樓本、文淵閣本誤作『造』。

〔三〕地爲席，《職官分紀》卷一五『翰林學士承旨』、《事文類聚别集》卷一一引作『芳席地』。

〔四〕天起籟，《職官分紀》卷一五『翰林學士承旨』、《事文類聚别集》卷一一引作『天籟起』。

〔五〕飛雷，《職官分紀》卷一五『翰林學士承旨』、《宋朝事實類苑》卷三九引《楊文公談苑》作『迅雷』。

〔六〕按，太宗賜草書《大言賦》及易簡撰《大言賦》事，王稱《東都事略》卷三五《蘇易簡傳》亦載，文字極相似，當本此條而作。

〔七〕侯王，謙牧堂本、靜嘉堂本作『王侯』，鮑據明鈔本乙。

〔八〕緣夤，諸本作『緣寅』，不詞，據《錦繡萬花谷後集》卷一改。

8　先是，内院逼近禁闈，地復狹窄，前後書詔繁萃，積于房廊，多所損潤。公乃于玉堂後廡建二書閣，東西交映，藻繪間飾。自是文籍有附焉。閣之上下，悉命僧巨然畫煙嵐曉景以布之〔一〕。筆迹野逸，效李成之作，而又自成一家之妙。〔二〕

〔一〕僧，《職官分紀》引作『江僧』，疑『江南僧』或『江寧僧』之訛。

〔二〕靜嘉堂本與下條連寫，鮑據明鈔本分。按，歐陽脩深愛此畫，《歸田録》卷二謂爲巨然存世唯一畫作；其《跋學士院御詩》又云：『院中名畫，舊有董羽水、僧巨然山，在玉堂後壁。其後又有燕肅山水，今又有易元吉猿及狟，皆在屏風。其諸司官舍皆莫之有，亦禁林之奇玩也。余自出翰苑，夢寐思之。今中書樞密院，惟内宴更衣，則借學士院解歇，每至，徘徊畫下，不忍去也。』

9　唐制，學士每有除拜他職，必納光院錢以爲公用，自丞相而下各有差等。五代以還，其儀久闕，公振舉而復之。自是院中費用，及待詔而下，伏臘之資告足。公入參之日，首納百千，上恩詔，特令回賜。〔一〕

〔一〕諸本與下條連寫，鮑分斷之。按，唐學士納光院錢事，亦見兩《唐書·陸扆傳》、《唐會要·翰林院》、《翰林學士院舊規·光院例》，後二書詳載其金額等次。參見本書所收《舊規》該條按語。

10　公嘗奏事歸院，上即時宣召，顧左右曰：『宣蘇某來。』及對敭而退，上猶未起，又曰：『宣當直學士來。』及再引對畢，未及到廳，上又曰：『召承旨來。』時雖處内署，而兩地政事，多所詢訪。蓋聖語有所未盡，故一日凡三接見，而三易其稱，特眷注之深厚耳。

11 國朝舊制，有殿前承旨，頗甚繁雜。及公拜翰林承旨，上以其稱呼不別，又惡其與清貴混淆，詔改爲三班奉職，以避其稱也。〔一〕

〔一〕此條至17『公與襄陵賈公内直禁署』條，諸本連寫，鮑一一分斷。按，改殿前承旨爲三班奉職事，《長編》、《宋史·太宗二》載在淳化二年（991）正月乙酉，據沈該《學士年表》，是年九月，蘇易簡『遷中書舍人，承旨』，則改稱事在其遷承旨之前，蘇者誤記。

12 公嘗早朝，省覲其母于堂上。燭滅，誤爲門扉傷其額。及引對，上再三顧矚，曰：『豈非因酒乎？』公再拜，具以實對。上曰：『待歸院，續有藥去。』及移時，中使至，于金合内有藥一刀圭許，其色微碧，及生豬肉一臠。（内中無豬肉，蓋令旋于屠家取之。）中人遽請偃息，傅藥于上，以肉貼之。不食許時，揭去其肉，痂隨而起，宛如無傷。蓋神異之方也〔一〕。

〔一〕按，唐王燾《外臺秘要》卷二九『被打損青腫方七首』有『炙肥豬肉令熱，拓上；又炙豬肝貼之，亦佳』，爲熱敷法，本條所記則爲冷敷法。

13 公一日在院内，以水一斛試欹器焉。上令中黄門偵知，遽奏其事，而莫辨其器。及晚朝，上曰：『卿在院中所玩〔一〕，得非欹器乎？』公初亦驚怛，尋奏曰：『臣昔任官江左，因而得之。乃李氏義族收所作，實欹器之遺象也。』上遽命取來，乃于便殿躬自校試，再三歎美之。公乃進曰：『臣聞：日中則昃，月滿則虧；器盈則覆，物盛則衰。願陛下持盈守成，慎終如始，固萬世基業，天下幸甚。』上深加聽納，因即獻之。自後制度亦罕有傳者。

〔一〕玩，謙牧堂本、靜嘉堂本作『玩者』，鮑據明鈔本點去『者』。

14 公久在禁林，連典貢部，自前南宮首薦，及殿庭覆考試，多所改易。及公薦陳樞相（堯叟）、孫紫微（何），一不摇動，天下伏其知人。寒畯之流，牢籠殆盡。雖退黜者，曾無怨言。場屋之間，至今歌詠。

15 上以公飲酒過多，恐成疾患，因乾明聖節，宣近御座，委曲勸勉，至于再三。凡移數刻，左右大臣莫不聳聽。公感戴恩惠，但垂泣再拜而已。來日具狀稱謝，上于表後御書批答云：『覽卿之謝過表章，其辞也，深合朕意。卿擢登高級，盛美儒林，敗德之名，克先爲誡。知非能改于不二，諸事豈假于再三〔一〕。手札不多〔二〕。賜蘇某。』凡奏狀縫上，皆御寶印之。續降一劄子云：『昨日賜卿批答匆速，今日始捻舊本子看，誤使一「辞」字，卿改卻著。』公即具狀謝，仍面奏：『「辞」字從舌，乃是正文。』並檢虞監書者『辞』字進呈。上大悦，曰：『非卿博識，朕以爲誤矣。』

〔一〕于，諸本無，蓋刻板時意補。
〔二〕手，謙牧堂本、靜嘉堂本作『乎』，鮑據明鈔本改『手』。謙牧堂本並奪『三』字。

16 上嘗御便殿，案上有御書一紙，乃銷金紙飛白一『香』者。公乃拜乞，上雖許而未即賜。坐間，呂宮師（蒙正）因奏事見之，又乞。上曰：『適已許賜蘇某矣。』遽命公取之。公袖以致謝。左右無不健羡焉。

17 公與襄陵賈公内直禁署，嘗相謂曰：『今兩地大僚請酒至多，而罕有相遺者。』因各有不平之氣。未幾，賈公入參大政，又數月，蔑聞有濃醪之贈。公因飛一絶以贈之：『憶昔當初直禁林，共嗟難得酒如金。此時寂寞垂簾坐，惆悵無人話此心。』〔一〕賈公見之，方悟。因大笑，封送酒曆，恣其所請。公乃預請數月，凡僅百壺〔二〕。好事者即日傳于都下。

〔一〕《全宋詩》卷七四蘇易簡集失收此詩。

〔二〕凡僅，文淵閣本作『幾近』，臆改。

18 草麻潤筆，自隋唐已來皆有之。（鄭譯，隋文時自隆州刺史復國公爵，令李德林作詔。高熲戲之曰：『筆頭乾。』譯答曰：『出爲方伯，杖策而歸，不得一錢，何以潤筆？』）近朝武臣移鎮及大僚除拜，因循多不送遺。先帝以公久在内署，慮經費有闕，特定草麻例物。朝謝日，命閤門督之。既得，因以書進呈。自是無敢有闕者，迄今以爲定制。〔一〕

〔一〕此條謙牧堂本自爲一條，明鈔本、靜嘉堂本連寫至卷末，鮑一一分斷。

19 公嘗劇飲，寢于直廬。夜將分，中人宣召。遽起，以水沃面，具簪笏以朝，而方醉中。乃賜坐，訪以外事，應對如流，略無舛誤，仍令草王密使（名顯）駮麻。及袖歸院，晨並不之記，上亦不覺其醉。自以爲神助。聞者莫不驚異焉。

20 公書詔之暇，日飲醇酎。上御草書《戒酒》《勸酒》詩二章以賜，仍令與祖母讀之：『何人肯立杜康廟，又拉劉伶在畔頭。願得黃金千萬鋌，一時送與酒家休。』又：『九醖香醪一曲歌，本圖閑放養天和。後人不會先賢

意，破國亡家事極多。』〔一〕

〔一〕按，《長編》卷四〇『至道二年十一月』：『禮部侍郎蘇易簡性嗜酒，初入翰林，告謝日，飲已半酣，其後沉湎不已。上嘗因接見，誡約深切，易簡垂涕再拜。翌日，復具表稱謝，上親批答以申獎勵，又草書《勸酒》、《戒酒》二詩賜易簡，令對其母讀之。自是每入直，不敢飲。或休暇在第，賓客候之，則已醉矣。十二月乙巳，易簡卒，上曰：「易簡竟以酒敗，深可惜也。」』

21 爆直之制，自五代以還，頗亦湮廢，雖有舊規，而罕能遵守。公自始入洎起，皆力行之，亦未嘗借請同院代直。自是群官亦無敢隳其例者。因酌楊八座（昭儉）鳳閣爆直例，勒石龕于玉堂之東北隅〔一〕。

〔一〕按，其例見《宋朝事實類苑》卷二九『爆直例』，刊刻時間在淳化三年（992）。詳本書《金坡遺事》輯佚該條注。

22 凡此數事，悉先公在儒林之殊迹也。耆是時方在幼齡，十不記其一二，慮年代浸遠，徽烈無聞，因以編修，刊于緗素〔一〕。一則表神宗優賢之異〔二〕，二則彰先公遭遇之由。垂示方來，諒亦無愧。時聖上幸亳之歲孟春月書〔三〕。

〔一〕按，蘇耆曾將此書贈予宋庠，宋作《度支蘇員外耆以再續翰林志見遺輒成酬贈》詩答之，中云：『摛華毛得鳳，刊畫魯無魚。』『刊畫』即『刊于緗素』之意，謂刊刻也。可知蘇耆嘗將《次續翰林志》鋟梓，洵爲早期私人刻書之明證。

〔二〕按，神宗，指宋太宗。李裕民有《宋太宗曾尊稱神宗考》，載《晉陽學刊》1997年第4期。

〔三〕按，時在真宗大中祥符七年（1014），是年正月，真宗謁亳州太清宮。

# 學士年表（自建隆至治平）

## 解題

《學士年表》，記載北宋太祖建隆元年（960）正月至英宗治平四年（1067）十月的翰林學士名録，起陶穀，迄王安石，共計97人，444人次，保存了北宋中前期翰林學士的第一手資料。

《年表》今傳只有《翰苑群書》本，各本均不題作者，歷代書目亦多闕名。《宋史·藝文二》傳記類著録不知撰人『《學士年表》一卷』，故事類又著録『沈該《翰林學士年表》一卷』，兩條記録所指應爲同一種書，即目下這部《學士年表》，可知宋代有兩種傳本，書名、作者均有不同。沈該是《翰苑群書》所收另一部著作《翰苑題名》的作序者，兩書性質相同，都是宋代翰林學士的名録，他是否是《學士年表》的作者呢？我們需要從《年表》的內部加以考察。

《年表》總録一代學士名氏，繼承了唐代以來學士題名的傳統，但是在具體編排上與唐宋壁記又有不同。壁記是以學士爲中心，記録各人的在院經歷，並按入院次第排列，典型樣式可見本書所收丁居晦《重修承旨學士壁記》和《中興翰苑題名》；而《年表》則是以年爲單位，逐年記録在院學士，更像是一份『年度學士名册』。每年之下，先列已在院學士，續列新入院學士；如當年該學士有出入院經歷，則記其遷轉官歷，無則不書。洪遵《翰苑遺事》引曾紆《南游記舊》説，題名于拜相者名下刊『相』字〔一〕，這也是唐人題名的舊例，但《年表》拜相學士的名下皆無此字。由此種種，可知它與學士院題名原貌差别較大，很難認爲直接由題記鈔録而成。張驍飛推測，《年表》『並非直接抄自北宋學士院的壁記，而是對相關史料的回顧、搜求與整理』，並認爲最有可能的整理者是洪遵〔二〕。但若由洪遵整理，他爲何不編至北宋末年，而是止于英宗在位的最後一年治平四年（1067）？

距離英宗去世之後兩年，熙寧二年（1069）十一月，司馬光提議修一部《大宋百官公卿表》，元豐四年（1081）八月，書成奏上〔三〕。此書的内容和修撰經過，《玉海》卷一一九《官制》『熙寧百官公卿表』條記載甚詳：

熙寧二年十一月甲子朔，翰林學士、史館修撰司馬光言，欲據正史、實録所載，旁采異聞，敘宋興以來迄今百官沿革、公卿除拜，仿《漢書》舊法，作《大宋百官公卿表》，以備奏御，便省覽。從之。詔所用文字，委檢討官檢閲。是月，命知制誥宋敏求同修（敏求卒，元豐二年五月己巳，集賢校理趙彦若代之）。元豐四年八月辛巳（二十七日），光、彦若上所修六卷（盡治平二年。《會要》云十卷，《國史》云六卷）。〔四〕

司馬光《百官表總序》則云：

朝廷所以皷舞群倫、緝熙庶績者，曰官，曰差遣，曰職而已……欲觀其大略，故自建隆以來，文官知雜御史以上，武官閤門使以上，内臣押班以上，遷除黜免，删其煩冗，存其要實，以倫類相從，以先後相次，爲《百官公卿表》云。〔五〕

由此可知，司馬光編的這部《百官公卿表》記録了北宋建國以來的百官沿革和官員任免，官員包括『文官知雜御史以上』，所謂『以倫類相從』，即按照不同的職官分類列表，翰林學士自應也在其中。該《表》雖然已經亡佚，但一些關鍵信息還可以探查明白，尤其值得注意的是，它的起訖和編排方式，都跟《學士年表》異曲同工。〔一〕起訖。司馬光《乞令校定〈資治通鑑〉所寫〈稽古録〉劄子》明言：『臣又于神宗皇帝時，受詔修《國朝百官公卿表》，臣依司馬遷法，自建隆元年至治平四年，各記大事于上方，書成上之，有詔附于國史。』〔六〕『自建隆元年至治平四年』，涵蓋了太祖至英宗時期，時限恰好與《學士年表》吻合，這定然不是一個巧合。〔二〕體制。無論是《玉海》説的『仿《漢書》舊法』，還是司馬光説『依司馬遷法』，對照《史記·漢興以來將相名臣年表》及《漢書·百官公卿表》，它們都是以年爲綱，將中樞大臣如將、相、御史大夫、太尉等的遷轉逐年依次排列，跟《學士年表》如出一轍。〔三〕條目內容。南宋蔡幼學續司馬光之作編成《續百官公卿表》，《文獻通考》卷一九七《經籍考二四》『續百官公卿表二十卷』條引《中興藝文志》云：『（蔡幼學）以司馬光《百官公卿表》起建隆訖治平，乃爲《續表》，終紹熙，經緯如《宰輔圖》。上方書年，記大事；下列官，詳記除、罷、遷、卒月日。』所謂『下列官』者，即是百官年表部分，官員名下『詳記除、罷、遷、卒月日』，具體格式，可從《續資治通鑑長編》多處引用的《百官表》一窺端倪，如卷一：『據司馬光《百官表》，（張）永德以八月自許州徙鄧州。』卷九六：『《百官表》，（丁）謂以户書知河南、（李）迪以户侍知鄆州，皆繫戊辰日。』卷一一七：『景祐四年四月乙丑，（閻）文應徙潞州鈐轄，《百官表》同。寶元二年九月癸卯，文應卒，此據《百官表》。』一望而知，它與《學士年表》所載學士名下遷轉記録的格式高度一致。由這三點，我們可以相信，《學士年表》是司馬光《百官公卿表》之中翰林學士部分的節録；換言之，《學士年表》是久已散佚的司馬光《百官公卿表》較爲完整的一卷殘篇。洪遵稱之爲《國朝年表》《學士年表》而不題作者，或許因其奏上之後『有詔附于國史』，屬于國史的一部分，因而就不再題署撰人之名了。

由是觀之，沈該不是《年表》的編者，《宋志》著録的其中一本之所以將他標爲作者，也許是因爲有的《翰苑題名》署名沈該〔七〕，遂連類而及吧。至于書名，李心傳《建炎以來繫年要録》《舊聞證誤》、尤袤《遂初堂書目》、王應麟《玉海》等皆稱爲《學士年表》，與洪遵所題相同，當以此爲正。

《學士年表》在抄録《百官表》的時候並没有完全照搬，而是做了一些改動，最直觀的是後者謹守《史》《漢》舊例，將遷除拜免的時間記録至日，一如上段引文所見；而前者取消了記日，僅記月而止，信息簡潔，卻減損了精確性。而最重大的改動，是將原本旁行斜上的表格式，改成了以純文字編排的條列式。以《百官表》效法的《漢興以來將相名臣年表》爲例，表格中的『相位』一欄，武帝元朔五年（前124）書『十一月乙丑，御史大夫公孫弘爲丞相，封平津侯』，元狩二年（前121）書『御史大夫樂安侯李蔡爲丞相』，中間元朔六年、元狩元年仍以公孫弘爲相，故留空不書。由此推測，包括翰林學士年表在内的司馬光《百官表》，格式也應該如此，僅在學士拜、罷之年所對應的欄格登録其名氏、遷轉，無則空缺；而洪遵改造爲純文字排列的時候，每年之下不能有空缺，需要逐年編排所有新任、在任學士，而在任學士因爲當年並無『除罷遷卒』之事，只能登記姓名，于是便形成了現在這種有單記學士姓名，又有兼記學士姓名、官歷的兩種條目形式。

倘若進一步推考，《年表》存在的一些繫年之誤，極有可能就是在迻録《百官表》時的格式轉换中發生的。比如蘇易簡入院之年，繫于雍熙二年（985），然而據蘇易簡《續翰林志》自述，他應是三年入院，他的在院時間被誤增了一年〔八〕。王旦咸平三年（1000）二月除同知樞密院出院，《年表》卻記爲二年（999）二月，誤減了一年在院時間。曾公亮嘉祐元年（1056）四月復拜學士，十二月壬子，拜參知政事出院，此後再未入院，《年表》將本應書于元年的出院記録『十二月，除給事中、參知政事』錯簡于三年，又于二年記録其姓名，造成曾公亮嘉祐二年、三年仍然在院的錯誤。類似拜罷、遷轉的繫年之誤，還見于石中立、趙安仁、王堯臣、張方平等人〔九〕。其中最不可思議的一個疏漏，是北宋首批學士之一的李昉，《年表》僅在建隆元年（960）至三年（962）記録了他的名字，而實際上這只是他第一次翰林學士經歷。開寶二年（969）他再次入院，歷任直學士院、翰林學士、學士承旨，備受信重，直至太平興國八年（983）出院，任職長達十五年之久。其中開寶七年（974）六月張澹去世之後，至太平興國元年（即開寶九年，976）十一月湯悦、徐鉉入院之前，在兩年半時間内李昉『獨直禁林』〔一〇〕，于學士院内獨掌制誥，《年表》居然遺漏了他這段經歷，殊不可解。倘若將這種脱誤假定在《百官表》迻録爲《學士年表》的環節上，就容易理解了：一旦漏鈔開寶二年一欄李昉的拜職記録，後面歷年的學士名單自然無從填入了。

有的脱漏可能源自《百官表》本身的缺失。如仁宗朝的李淑，一生五拜翰林學士，《年表》只記載了他景祐四年（1037）至寶元元年（1038）的首次經歷，其餘四次均付闕如。這不大可能是《年表》傳鈔過程中的奪漏，更可能是它所據之《百官表》原本就没有後四次任職記録。

有的遺漏則是在《年表》流傳過程中發生的。李心傳《舊聞證誤》卷二云：『按《學士年表》，盛文肅景祐二年已遷參知政事，明年丁文簡始入翰林，二公未嘗並直也。』天聖八年（1030）至景祐二年（1035），盛度再度出任學士且遷爲承旨，李心傳所見《年表》，在這段時間記載了他的名氏和經歷，但今本《年表》的此段時間卻查無此人；《建炎以來朝野雜記》甲集卷九歷數本朝學士之久任者，謂楊偉在院十一年，但《年表》皇祐五年（1053）卻奪去其名，遂不足十一年之數。這些顯然都是傳寫中脱落所致。至于年月、官職的闕誤，所在多有，就不一一列舉了。

鑑于《學士年表》只記載到神宗初年，南宋理宗朝擔任過翰林學士的程珌作《翰苑續題名》，以補足北宋餘下的學士名録。其《洺水集》卷九《翰苑續題名記》自述：『暇日同寮相與言之，未愜焉，乃取洪氏《翰苑群書》所編名氏，其自王安石以後編所來未及者，復根據他書足之。由建隆至靖康，凡一百九十二人，寫之翠珉，刊置玉堂之側，以補一代典獻之缺。』〔一一〕根據他的説法，這個新修的北宋學士完整題名曾經鐫立于臨安的學士院，可惜不見更多的記載，此書亦未見流傳，實爲憾事。

現存宋代文獻所保留的北宋翰林學士名單，除《年表》之外，還見載于《宋會要輯稿·帝系一》，記録了太祖、太宗兩朝翰林學士的全部名單。遺憾的是《輯稿》並非完璧，真宗以下學士未有遺存。所幸李埴《皇宋十朝綱要》迻録了歷朝名單，可以與《年表》逐一對照，拾遺補缺。學士的遷轉、活動記録大量散見于《長編》《會

廷美每從南府入朝，過學士院門，見鎖院，必令人隔扉問之，孔目吏即白其姓名，率以爲常。』被目爲覬覦神器之證。

7 文翰之職，優待之異者，後唐同光中，賜承旨學士盧質『論思翊佐功臣』〔一〕。（旋授節制河中，馮瀛王送之，詩云：『視草北來唐學士，擁麾西去漢將軍。』時人榮之。）梁開平中，以前進士鄭致雍爲學士〔二〕。晉開運中，賜本院書詔金印一面。周顯德中，以向來學士與常參官五日一度起居，世宗欲令朝夕接見，訪以時事，乃下詔曰：『翰林學士職係禁庭，地居親近，與班行而既異，在朝請以宜殊。起今後當直、下直學士，並宜令逐日起居。其當直學士仍赴晚朝。』〔三〕舊制，每命將出師、勞還，曲宴于便殿，則當直學士一人與文明、密直得預坐。（今揆相李公、故尚書扈公，早在禁林，曾預斯宴，後爲閤門使梁迥輕鄙儒士，啓太祖罷之。）〔四〕至皇朝太祖英武聖文神德皇帝，因致酒于紫雲樓下〔五〕，命兩制侍宴，歡甚，因命中書舍人來晨宜綴內制起居，今爲通式〔六〕。仍各賜書千卷〔七〕，以備檢閱。

〔一〕論思翊佐功臣，《職官分紀》卷一五、《翰苑新書》前集卷一〇、《事文類聚新集》卷二〇、《記纂淵海》卷三一引同（後二書誤記出《五代史》），新舊《五代史·盧質傳》作『論思匡佐功臣』，《册府元龜》卷五五〇作『論思輔佐功臣』。

〔二〕按，事又見《五代會要》卷一三《翰林院》、《舊五代史·封舜卿傳》、《册府元龜》卷五五三《詞臣部》等，非常例也。

〔三〕按，《五代會要·翰林院》記此事在顯德五年十一月，注：『舊例，翰林學士與常參官五日一度起居。世宗欲朝夕賜見，訪以時事，故有是詔。』

〔四〕按，《宋朝事實類苑》卷二六引《楊文公談苑》『學士預曲宴承旨預肆赦』條：『故事，便殿宴勞將帥，翰林學士預坐。開寶中，閤門使梁迥輕鄙儒士，啓太祖以曲宴將相，安用此書生輩？遂罷之。淳化中，蘇易簡知政事，始引故事爲請。詔自今後，當直學士與文明、樞密直學士並預長春殿曲宴。』事又見《長編》卷三四、《會要·職官六》、《禮四五》。

〔五〕致酒，《職官分紀》、《永樂大典》卷一〇一一五、《宋朝事實類苑》卷三〇引作『置酒』。

〔六〕來晨宜，《宋朝事實類苑》卷三〇引作『來辰宜』。綴，《職官分紀》、《永樂大典》卷一〇一一五引作『輟』，注：『一本作綴』。今，文淵閣本、《宋朝事實類苑》卷三〇引作『令』。

〔七〕千卷，《宋朝事實類苑》卷三〇引作『千餘卷』。

8　舊體，每游讌，止學士得赴召。暨皇上留心儒墨〔一〕，旌賞文翰，時綸閣之士〔二〕，始召赴曲宴，或令和御詩。舍人從游宴，自此始也。厥後立春，鏤銀飾彩旛勝之物亦及之〔三〕。太平興國八年，召閤下舍人李公（穆）、宋公（白）、賈公（黄中）、吕公（蒙正）、李公（至）入院。時承旨扈公（蒙）贈詩賀之，有『五鳳齊飛入禁林』之句，爲一時之盛事〔四〕。其或觀稼于南薰門，賞花于含芳園，春晝嚴蹕，百司景從。幸國西之金明池，下雕輦，登龍舟，都人駕肩，百樂具舉。憩瓊林苑，由複道御層樓，臨軒置酒，以閱繁盛，兩制必侍從焉。至上林春融，千花萬卉，妍麗冠絶，上必曲宴宰衡勛舊，召兩制詞臣，俯龍池，垂金鈎，舉觴賦詩，終日而罷。上嘗謂宰執近臣曰：『詞臣實神仙之職也。』翊日，凡所進詩，悉迴御毫屬和以賜焉。

〔一〕儒墨，《職官分紀》、《永樂大典》卷一〇一一五引作『儒術』。

〔二〕士，《宋朝事實類苑》卷三〇引作『臣』。

〔三〕鏤銀飾彩，《職官分紀》、《永樂大典》卷一〇一一五引作『鏤飾銀彩』。按，幡勝即彩勝。高承《事物紀原·歲時風俗·春幡》：『《後漢書》曰：立春皆青幡幘。今世或剪綵錯緝爲幡勝，雖朝廷之制，亦鏤金銀或繒絹爲之，戴于首。亦因此相承設之。或于歲旦刻青繒爲小幡樣，重累凡十餘，相連綴以簪之。此亦漢之遺事也。俗間因又曰「年幡」，此亦其誤也。』孟元老《東京夢華録・立春》：『春日，宰執親王百官，皆賜金銀幡勝，入賀訖，戴歸私第。』《宋史・真宗二》：『詔宮苑、皇親、臣庶第宅，飾以五彩，及用羅製幡勝、繒帛爲假花者，並禁之。』

〔四〕此事頗爲宋人豔稱之，李心傳《舊聞證誤》卷一云國史亦載，事在太平興國八年五月。諸人除授參《學士年表》。

9 雍熙三年十月，敕曰：『兩制詞臣，公朝精選，典司綸誥〔一〕，親近冕旒。宜于俸禄之間，特示優異。起今後兩制俸料，並以見緡充。』

〔一〕綸誥，謙牧堂本、靜嘉堂本作『論誥』，鮑據明鈔本改『綸』爲『論』。

10 上聽政之暇，搜訪鍾王之迹，以資閲玩焉。御毫飛動，神機妙思，出其軌制。乃召書學之有格性者，置于便殿，躬自省閲，仍授以筆法。既覩其有成，各賜以章服象笏〔一〕，令入院充待詔者八人〔二〕。自是書詔四出〔三〕，寰海之内，咸識禁中之墨妙焉。

〔一〕章服，《職官分紀》、《宋朝事實類苑》卷三〇引作『銀章』。

〔二〕八人，《宋朝事實類苑》卷三〇引作『僅十人』。

〔三〕書詔四出，抱經樓本誤作『書詔四字出』，文淵閣本乙爲『書詔字四出』。

11 舊體，學士凡召入院，止賜白成釘（都了反）口銀鞍勒馬〔一〕。暨今上即位，優待特異，賜金鍍銀鬧裝鞍勒馬〔二〕，對衣荔枝金帶〔三〕。郊禋禮畢，賜對衣金帶，或牯犀帶，金魚副之。（朝士自唐末久闕佩魚者，迄今方復之。）十月朔，舊賜對衣紅錦袍〔四〕，上特以細花熟錦袍代之。（淳化二年冬〔五〕，代以細花盤雕錦袍，其制下丞相一等。）自是遠方之珍果，天府之法釀，龍鳳之茗荈，伏臘之餅餌，以時而賜，悉加等焉。

〔一〕此注文，《永樂大典》卷一〇一一五作：『《廣韻》：都了切。釕，缺帶頭飾，出《聲譜·禮韻》，音了。飾玦謂之釕。』

〔二〕鍍，《宋朝事實類苑》卷三〇引作『塗』。

〔三〕『荔枝』下，《宋朝事實類苑》卷三〇有『花』字。

〔四〕錦袍，謙牧堂本、靜嘉堂本作『綿袍』，誤。

〔五〕二年，諸本作『三年』，《職官分紀》、《宋朝事實類苑》卷三〇、《永樂大典》卷一〇一一五引作『二年』。按，《長編》卷三二『淳化二年十月辛巳』條，是日蘇易簡獻《續翰林志》，則當以『二年』爲是，茲據改。

12　玉堂東西壁，延袤數丈，悉畫水以布之〔一〕，風濤浩渺，擬瀛洲之象也〔二〕。（待詔董羽之筆。）〔三〕修篁皓鶴，悉圖廊廡，奇花異木，羅植軒砌。每外喧已寂，內務不至，風傳禁漏，月色滿庭，真人世之仙境也。〔四〕

〔一〕之，抱經樓本、文淵閣本脫。

〔二〕擬，《職官分紀》、《宋朝事實類苑》卷三〇、《永樂大典》卷一〇一一五引作『蓋擬』。

〔三〕按，《宋朝事實類苑》卷五〇『玉堂壁畫』：『玉堂北壁，舊有董羽畫水二堵，筆力遒勁，勢若動摇，其下三尺，頗有雨壞處。蘇易簡爲學士，尤愛重之。』見本書《金坡遺事》輯佚。

〔四〕諸本此條與上條連寫，《職官分紀》作兩條鈔，今依其內容分爲兩條。

13 學士拜命，先閤門受制書，于常朝殿門之階上。（舊體，召入院後差中使賜。）拜伏跪受訖，于便殿對敭，陳述寵用遭值之由，謂之告謝。上必從容賜坐，錫以茶藥而退〔一〕。選日謝恩，前一日，待詔一人就宅宣召，預于庭設裀褥，堂設酒醴，待詔稱有敕，望皇居拜伏聽命，其辭皆奬飾嚴召之意。（于本院舊學士處請本。）又舞蹈訖，升堂飲饌，以謝恩奏狀拜伏跪授之。來日，待詔迎于待漏院，與新學士偕行，引至閤門而退。閤門舍人始引入中謝，賜對衣金帶、金塗鞍勒馬。（近例，就院轉官，惟承旨則賜分物，敕設如初拜之禮，餘不得比矣。）入本院上事，宣徽院告報，敕設儀鸞，宿陳帟幕，太官備珍饌，設上尊酒，茗果畢至。赴是設者，止鳳閣舍人，餘不得預坐。（舊體，禁中上事，元無樂，前代或有令伎藝人弄獼猴、藏珠之戲者。）〔二〕

〔一〕錫以茶藥而退，《宋朝事實類苑》卷三〇、《職官分紀》卷一五引作『奬飾戒諭而退』。

〔二〕按，本條《宋朝事實類苑》卷三〇、《職官分紀》卷一五全引。又按，《長編》卷三四，淳化四年五月丙午，『張洎赴翰林，上謂近臣曰：「學士之職，清切貴重，非他官可比，朕常恨不得爲之。故事，上日，有敕設及弄獼猴之戲，久罷其事，然亦非宜。今教坊有雜手伎、跳丸、藏珠之類，當令設之。」仍詔樞密直學士呂端、劉昌言及知制誥柴成務等預會。』《會要·職官六》略同。

14 玉堂之上，惟上事受吏人賀禮，始得正坐，餘雖承旨，亦須坐于東廂。其副翰坐西廂，餘依雙隻對坐。

居是職者，人物之選，亦已極矣，儒墨之榮，亦已至矣，苟能節用以安貧，杜門以省事，探真如之旨，養浩然之氣，來者瞻望其出處，時君優假其顏色，逍遥卒歲，非神仙而何？每上直，一依舊制，入者先之，出者後之。或會食日旰之後，同列出院，當直學士苟已褫巾笏〔一〕，則可紗帽鞾履送至玉堂之簾下，蓋同列相恕其坦率也。或禁直垂簾人靜之際，則有中使忽降御詩〔二〕，宣令屬和，則必尋拜謝狀後，信宿方和進。如聲韻奇險，難以賡載者〔三〕，必拜章瀝懇，陳述寡和之意，優詔多免焉。每錫賜，謝恩奏狀必當直草〔四〕。或郊禋行慶，制命填委，必聚廳以分草之。其餘書詔辭祝，頃刻之間，雖繽紛而至，必獨當之。或數直有不草一詞者，自可探賾往誥，研窮理體，以備顧問焉。

〔一〕當直，《職官分紀》、《永樂大典》卷一〇一一五引作『當其日直』。

〔二〕御詩，《職官分紀》、《永樂大典》卷一〇一一五、《宋朝事實類苑》卷三〇引作『持御詩』，屬下讀。

〔三〕賡載，謙牧堂本作『賡歌』，靜嘉堂本作『賡和』，鮑據明鈔本改。

〔四〕當直，《宋朝事實類苑》卷三〇引作『當直學士』。

15　李肇《翰林志》曰：『凡將相告身，用金花五色綾紙。』〔一〕（唐乾寧二年十月十日，李鋋自黔南節相授京兆尹，兩度咨報中書，用白綾紙。）〔二〕今親王、相告身，並用金花五色色背綾紙〔三〕；皇后、貴主，用金花五色白背羅紙〔四〕；不帶使相者，用金花五色白背綾紙；觀察使及參知政事、樞密副使，簽署樞密院公事，並五色綾紙，無金花；諸蕃酋長、蠻王、鬼主官告，中書省草詞，送本院寫，皆五色綾白背紙（一本作白大綾紙），俱新制也〔五〕。

〔一〕用，《職官分紀》、《永樂大典》卷一〇一一五引作『並用』。

〔二〕按，此注出楊鉅《翰林學士院舊規》『沿革』。

〔三〕相，《職官分紀》、《永樂大典》卷一〇一一五引作『將相』。色背，底本及靜嘉堂本、謙牧堂本作『白背』，明鈔本、抱經樓本、文淵閣本、李鈔本作『背』，《職官分紀》、《永樂大典》卷一〇一一五引作『色背』。按，《宋史·職官三》：『凡文武官綾紙五種，分十二等：色背銷金花綾紙二等（一等一十八張……三公、三少、侍中、中書令用之。一等一十七張……左右僕射、使相、王用之）。』茲據改。

〔四〕白背，靜嘉堂本、謙牧堂本同，明鈔本、抱經樓本、文淵閣本、李鈔本作『背』，《職官分紀》、《永樂大典》卷一〇一一五引作『色背』。

〔五〕新制，《職官分紀》、《永樂大典》卷一〇一一五作『新例』，注：『例一作制。』

16 舊體，樞密使未帶使相者不宣麻。至周太祖初潛，歷是任〔一〕，乃宣制于公朝〔二〕。今之宣麻，自周太祖始也。

〔一〕歷是任，明鈔本、謙牧堂本、靜嘉堂本、《職官分紀》卷一五同，鮑廷博于『任』旁書一『始』字加圈；抱經樓本、文淵閣本作『歷是始』，《職官分紀》卷一二、《記纂淵海》、《事文類聚》、《翰苑新書》前集引作『歷試是任』。

〔二〕宣制，諸本同，《職官分紀》卷一二作『宣麻』，義長。

17 晉天福二年，中書奏：『准《翰林志》，凡赦書、德音、立后、建儲、行大誅討、拜免三公宰相、命將內制〔一〕，並使白麻紙，不使印。雙日起草，候閤門鑰入而後進呈〔二〕。至隻日，百寮立班于宣政殿（今于文德殿），樞密使引案（今以閤門使引）自東上閤〔門〕出〔三〕。若拜免宰相，即付通事舍人，餘付中書門下，並通事舍人宣示。若機務急速，亦使雙日。甚速者，雖休暇亦追班〔四〕。據《翰林志》，言立后不言立妃，言儲君不言親王、公主，兼三師位在三公之上，文並不載。今後立妃及拜免三師、三公、宰相、命將、封親王、公主，並降制命〔五〕，餘從令式。』〔六〕天成三年十二月〔二〕日〔七〕，學士院記事：『樞密院近送到知高麗國諸軍事王建表，令賜詔書者〔八〕。其高麗國，先未曾有人使到闕，院中並無彼國詔書式樣，未審呼「卿」爲復呼「汝」，兼使何色紙書寫及封裹事例〔九〕，伏請特賜參酌詳定報院者。中書帖太常禮院，令具體例分析申堂〔一〇〕。據狀申，謹案：太宗親平其國，不立後嗣，是以書詔無賜高麗國式樣〔一一〕。且東夷最大是新羅國〔一二〕，請約新羅國王書詔體例修寫。奉敕，所賜高麗王書詔，宜依賜新羅、渤海兩蕃書詔體書寫。』〔一三〕（天復三年七月二十一日，學士柳璨宣對思政殿〔一四〕，便令到院宣示待詔，自今後凡寫敕，後面不得留空紙，但圓融畫敕及日便得剩紙〔一五〕。璨即日宣示之。）〔一六〕

〔一〕内制，《翰林志》作『曰制』，《五代會要・翰林院》作『制書』。

〔二〕閤門，《五代會要・翰林院》作『開門』，誤。

〔三〕東上閤，《翰林志》及《五代會要・翰林院》下有『門』字，本條當源自《五代會要》，兹據補。

〔四〕『追班』下，《五代會要・翰林院》有『宣示』二字，義長。《翰林志》原作『追朝而出之』。

〔五〕立妃，明鈔本、抱經樓本同，謙牧堂本、靜嘉堂本作『主妃』，鮑廷博據明鈔本改。

〔六〕按，此事《五代會要・翰林院》亦載，記爲天福二年四月，蘇易簡蓋由此鈔出，惟據宋制補充兩處注釋。《册府元龜》卷六一《帝王部》記爲二月事。

〔七〕二，諸本奪，據《五代會要・翰林院》補。

〔八〕知，《五代會要・翰林院》作『權知』。此時王建未獲封，當以『權知』爲是。《册府元龜》卷九六五《外臣部》、鄭麟趾《高麗史・太祖二》載册封王建为高麗國王事，制中皆先稱其『權知高麗國王』，亦可佐證。令，《五代會要・翰林院》作『今』。按，據《高麗史・太祖一》，天授十年（927）王建『遣林彦如唐』，蓋爲此事也。天授十年當後唐天成二年，若然則其上表逾年始送達後唐中樞。其用時可參考册封王建爲高麗國王事，《册府元龜》卷九六五《外臣部》記載『長興三年五月』下制書（《舊五代史・明宗紀》作六月甲寅），時當高麗太祖天授十五年（932），而《高麗史・太祖二》記載：『（天授）十六年春三月辛巳，唐遣王瓊、楊昭業來册王。』耗時亦十閲月。

〔一〕按，《長編》卷九，四月『丙子，户部員外郎、知制誥、史館修撰判館事王著復爲翰林學士。』王著以乾德元年罷，今復入。《年表》闕。《宋史》本傳：『（乾德）六年，復爲翰林學士。』乾德六年（968）十一月癸卯，改元開寶，乾德六年即開寶元年。

## 二

陶穀

歐陽炯

盧多遜，〔十一〕月，以兵部員外郎、知制誥直院〔一〕。

〔李昉〕〔二〕

〔王著〕〔三〕

〔一〕十一月，謙牧堂本作『三月』，餘本皆作『□月』。據《長編》卷一〇、《會要·職官六》補。按，盧多遜、李昉入院補王著之闕，宋代直學士院自二人始。《長編》卷一〇，十一月『戊辰，詔中書舍人李昉，兵部員外郎、知制誥盧多遜分直學士院。直學士院自昉及多遜始也。』《會要·職官六》：『開寶二年十一月，以中書舍人李昉、知制誥盧多遜並直學士院。時學士王著卒故也。』

〔二〕是年十一月，李昉復入爲直院，見上注引《長編》及《會要》。《年表》闕。陳元鋒《補證》：『李昉之子李宗諤曾爲翰林學士，其所著《題名記》（包括錢惟演《金坡遺事》）斷無可能遺漏其父名氏，後來續記者何以發生這樣重要的疏漏，其中原因頗難詳考。』按，原因當爲《年表》迻録《百官表》時誤奪，説詳解題。按，李心傳《建炎以來朝野雜記》卷一〇《直學士院》：『直學士院，自開寶二年盧丞相多遜始。』不及李昉，蓋據《年表》立説，小誤。

〔三〕是年王著仍爲翰林學士，卒官。《年表》闕。按，《宋史》本傳：『（乾德）六年，復爲翰林學士，加兵部郎中，再知貢舉。開寶二年冬，暴卒，年四十二。』《鐵圍山叢談》卷三：『國朝《實録》、諸史，凡書事皆備《春秋》之義，隱而顯，若至貴者以不善終，則多曰「無疾而崩」，大臣、親王則曰「暴卒」，或云「暴疾卒」。』然《長編》言『暴卒』者夥矣，未必盡有微言。王著在周世宗朝爲學士時已屢沉緬失對（見《續翰林志》下），此時于太祖亦毫無威脅，《國老談苑》卷一：『或奏曰：「王著逼宫門大慟，思念世宗。」太祖曰：「此酒徒也，在世宗幕府，吾所素諳。況一書生，雖哭世宗，能何爲也？」』其暴卒乃因酗酒而致，一如後輩蘇易簡，别無隱情。

三　陶穀，十二月，卒〔一〕。

歐陽炯

盧多遜

［李昉］〔二〕

〔一〕按，《長編》卷一一，『十二月庚午，翰林學士承旨、户部尚書、贈右僕射陶穀卒』。陶穀在學士院資歷最深，然太祖輕之，終不得大用。《東軒筆録》卷一：『陶穀，自五代至國初，文翰爲一時之冠。然其爲人，傾險狠媢，……太祖雖不喜，然藉其詞章足用，故尚置于翰苑。穀自以久次舊人，意希大用。建隆以後，爲宰相者，往往不由文翰，而聞望皆出穀下。穀不能平，乃俾其黨與，因事薦引，以爲久在詞禁，宣力實多，亦以微伺上旨。太祖笑曰：「頗聞翰林草制，皆檢前人舊本，改换詞語，此乃俗所謂依様畫葫蘆耳，何宣力之有？」穀聞之，乃作詩，書于玉堂之壁，曰：「官職須由生處有，才能不管用時無。堪笑翰林陶學士，年年依様畫葫蘆。」太祖益薄其怨望，遂決意不用矣。』《長編》所載同，蓋出于此。又按，穀之傾險狠媢，《國老談苑》卷一載：『權某爲翰林待詔，有良馬，日馳數百里，陶穀欲取之，累言于權。權曰：「學士要，誠合拜獻。某年老，有足疾，非此馬馴良，不能出入，更俟一二年解職，必以爲贄。」穀心銜之，後因草密詔，召權于閣中書之。穀曰：「吾嘗愛權卿破體王書，寫了進本來。」權即與書之。穀突入閣中，取其本，乃謂權曰：「帝王密詔，内有國家機事，未經進御，輒寫一本，欲將何用？洩漏密旨，罪當不赦！」即呼吏作奏牘，發其事。權不能自明，但惶恐哀訴而已。穀曰：「亟將馬來，釋爾。」遂并馬券取之。』又按，《國老談苑》卷一：『陶穀以翰林學士奉使吴越，忠懿王宴之，因食蝤蛑。詢其名類，忠懿命自蝤蛑至蟚蜞，凡羅列十餘種以進。穀視之，笑謂忠懿曰：「此謂一代不如一代也。」』《十國春秋》繫此事于開寶三年，故置此。

〔二〕李昉是年仍爲直學士院。詳五年『李昉』注。《年表》闕。

**四** 歐陽炯，六月，以本官分司西京罷〔一〕。

盧多遜，十二月，拜學士〔二〕。

［李昉］〔三〕

〔一〕按，《會要·職官四六》：『四年六月，翰林學士、左散騎常侍歐陽炯落職，以本官分司西京。』《長編》卷一二，五月辛酉，『上欲遣翰林學士、左散騎常侍歐陽炯祭南海，炯聞之，稱疾不出，上怒。六月辛未，罷職，以本官分司西京』。歐陽炯時年已七十六，《會要·儀制一一》：『右散騎常侍歐陽迥，開寶四年十二月，贈工部尚書。』可知其于赴任西京不久即卒，則當因衰病不任遠行，非托病不使。炯既『以本官分司西京』，《會要》『右散騎常侍』爲『左散騎常侍』之誤。

〔二〕按，《長編》卷一二，十二月『己卯，兵部員外郎、知制誥盧多遜以本官充翰林學士』。

〔三〕李昉是年仍爲直學士院。詳五年『李昉』注。《年表》闕。

**五** 盧多遜

［李昉］〔一〕

〔一〕是年九月李昉遷翰林學士，此前開寶三年、四年李昉皆爲直院，《年表》俱闕。《宋史》本傳：『（五年）

秋，預宴大明殿，上見昉坐盧多遜下，因問宰相，對曰：「多遜學士，昉直殿爾。」即令真拜學士，令居多遜上。』《宋太宗實録》卷七六：『先是，盧多遜已先任學士，因重陽宴近臣于講武殿，太祖見昉在多遜下，問其所以，宰相對曰：「昉以本官直學士院，非即真。」即日真拜學士，令在多遜之上。』重陽宴在九月九日，合二書所記，可知李昉五年九月拜翰林學士。《宋朝事實類苑》卷二九引《金坡遺事》亦載此事，書『九月九日宴大明殿』云云。又按，《長編》卷一三，十一月庚辰，『詔翰林學士李昉及宗正丞洛陽趙孚等分撰嶽瀆並歷代帝王新廟碑，遣使刻石廟中，凡五十二首。』

六　盧多遜，九月，以中書舍人拜；□月，除參知政事〔一〕。

張澹，四月，以左補闕、知制誥權直院〔二〕。

［李昉］〔三〕

〔一〕□月，諸本多同，惟謙牧堂本作『十月』。據《長編》卷一四、《宋史·太祖三》、《宰輔表一》，九月己巳，盧多遜爲中書舍人、參知政事。則多遜遷中書舍人及拜相在同時，『拜□月』三字當衍。按，多遜四月出使南唐，九月返朝再拜入。《長編》卷一四，四月辛丑，『遣盧多遜爲江南生辰國信使。多遜至江南，得其臣主歡心。及還，艤舟宣化口，使人白國主曰：「朝廷重修天下圖經，史館獨闕江東諸州，願各求一本以歸。」國主亟令繕寫，命中書舍人徐鍇等通夕讎對，送與之，多遜乃發。于是江南十九州之形勢，屯戍遠近，户口多寡，多遜盡得之矣。歸，即言江南衰弱可取狀』。九月己巳，『翰林學士、兵部員外郎、知制誥盧多遜爲中書舍人、參知政事』。《會要·職官六》：『多遜使還，如舊。』使還日未詳。又按，《長編》卷一四，三月辛酉，太祖以進士徐士廉等訴權知貢舉李昉用情，取舍非當，『問翰林學士盧多遜，多遜曰：「頗亦聞之。」』四月『辛丑，翰林學士盧多遜等上所修《開寶通禮》二百卷，《義纂》一百卷，並付有司施行』。

〔二〕按，《長編》卷一四，四月『壬寅，命知制誥張澹權祗應翰林院事』。注：『澹本傳云權直學士院，今從《實録》。』《會要·職官六》、《宋史》本傳亦作『權直學士院』，同《年表》。又按，張澹因内署無人而補闕入院。《會要》：

『六年四月，以知制誥張澹權直翰林院。時學士李昉責授太常少卿，止盧多遜在院，又使江南。』《宋史》本傳：『六年，會李昉責授，盧多遜使江南，内署闕學士，太祖令澹權直學士院。』據《長編》，開寶六年三月辛酉（七日），李昉責授太常少卿，四月辛丑（十七日），盧多遜使江南，學士院一度無人可用，故多遜出使之次日（壬寅，十八日），即命張澹臨時補闕任事。《長編》云『權祗應翰林院事』，非正式職事名，『權直學士院』則爲後來之正名，是以《建炎以來朝野雜記》卷一〇《直學士院》曰：『權直學士院，自開寶六年張舍人（澹）始。』然因其未有正授，故《會要・帝系一》及《皇宋十朝綱要》所載太祖朝學士，均不録其名。

〔三〕李昉是年仍爲翰林學士，《年表》闕。按，《會要・選舉一》：『六年二月二十八日，翰林學士李昉權知貢舉。』《長編》卷一四，三月辛酉，『進士徐士廉等撃登聞鼓，訴昉用情，取舍非當……責昉爲太常少卿。』李昉此次僅降本官，學士如故。

## 七　張澹，六月，卒〔一〕。

［李昉］〔二〕

〔一〕按，《長編》卷一五，六月『戊子，詔倉部郎中、知制誥張澹權點檢三司公事，依舊翰林院宿直。澹初出居郎署，頗怏怏，晚節附會盧多遜，始獲進用，不逾旬遽卒』。知澹之權直學士院，盧多遜實薦之。澹入院年餘而卒，爲時雖短，然不可謂『不逾旬遽卒』。考《宋史》本傳：『六月，權點檢三司事。不逾旬，疽發背卒，年五十六。』則當爲權點檢三司事後，不逾旬卒。

〔二〕李昉是年仍爲翰林學士，《年表》闕。按，《宋史》本傳：『明年（開寶七年）五月，復拜中書舍人、翰林學士。冬，判吏部銓。』

**八**　[李昉]〔一〕

〔一〕李昉是年仍爲翰林學士，《年表》闕。

**九**〔一〕

〔一〕按，開寶九年即太平興國元年，太宗十月即位，湯悦、徐鉉十一月入院，爲太宗朝首批學士，故書于彼而不書于此。詳下『湯悦』注。

## 太平興國〔一〕

**元**　湯悦，十一月，自太子少詹事爲直院〔二〕。

徐鉉，十一月，自太子率更令爲直院〔三〕。

[李昉]〔四〕

〔一〕按，太平興國至至道爲太宗朝，《會要・帝系一・大臣》『太宗朝』：『學士院十七人：李昉、湯悦、徐鉉、扈蒙、李穆、宋白、賈黄中、吕蒙正、李至、蘇易簡、李沆、韓丕、畢士安、錢若水、張洎、宋湜、王禹偁。』

〔二〕按，湯悦原名殷崇義，避宋太宗諱改姓名爲『湯悦』。《長編》卷一七，十一月乙亥，『以太子少詹事湯悦、率更令徐鉉並直學士院』。《會要・職官六》同。又按，是年十月癸丑太祖崩，十二月甲寅改元，《長編》依例當稱『太平興國元年』，李燾以太宗不逾年改元，與常例不同，故仍稱開寶九年。湯、徐入院時未改元，而《年表》録于此年，蓋視爲太宗朝學士。

〔三〕按，徐鉉入院，見上條注。

〔四〕李昉是年仍爲翰林學士，《年表》闕。按，《宋太宗實録》卷七六：『上即位，拜户部侍郎，學士如故。』自開寶七年六月張澹卒，至明年正月扈蒙入院前，翰林學士僅李昉一員，《宋史·徐鉉傳》：『太平興國初，李昉獨直翰林，鉉直學士院。』又按，《長編》卷一七，正月『癸未，命翰林學士李昉，知制誥扈蒙、李穆等，于禮部貢院同閲諸道所解孝弟力田及有文武材幹者凡四百七十八人』。此仍爲太祖朝事。『十二月癸巳朔，翰林學士李昉上大行皇帝謚曰英武聖文神德，廟號太祖。』

二　湯悦

徐鉉

扈蒙，正月，以中書舍人復拜〔一〕。

[李昉]〔二〕

〔一〕按，扈蒙乾德元年十月罷，今復拜。《宋史》本傳：『太宗即位，召拜中書舍人，旋復翰林學士。』

〔二〕李昉是年仍爲翰林學士，《年表》闕。按，《長編》卷一八，正月『戊辰，上御講武殿，内出詩賦題覆試進士，賦韻平側相間依次用，命翰林學士李昉、扈蒙定其優劣爲三等，得河南吕蒙正以下一百九人』。又按，是年三月，李昉等始編《太平御覽》、《太平廣記》。《長編》卷一八，三月『戊寅，命翰林學士李昉等編類書爲一千卷，小説爲五百卷』。注：『《宋朝要録》：詔李昉、扈蒙等以《御覽》、《藝文類聚》、《文思博要》及前代類書，分門編爲一千卷。野史、傳記、故事、小説編爲五百卷。』

三　湯悦〔一〕

徐鉉〔二〕

扈蒙〔三〕

［李昉］〔四〕

〔一〕按，《長編》卷一九，正月己酉，命『直學士院湯悦等修《江表事迹》』。《江表事迹》即《江南録》十卷，與徐鉉同修，見《宋史·藝文三》。湯、徐皆南唐舊臣。

〔二〕按，是年徐鉉與修《江表事迹》，見上注。

〔三〕按，《宋史》本傳：『與李昉同修《太祖實録》。』事在是年，詳下『李昉』注。

〔四〕李昉是年仍爲翰林學士，《年表》闕。按，《長編》卷一九，正月『己酉，命翰林學士李昉等修《太祖實録》』。據《宋太宗實録》卷七六，《實録》同修者有扈蒙、李穆、郭贄、宋白。

**四**　湯悦，九月，遷光禄卿，罷〔一〕。

徐鉉〔二〕

扈蒙

［李昉］〔三〕

〔一〕按，《會要·職官六》：『太宗太平興國四年九月，悦遷光禄卿，罷。』

〔二〕按，《會要·職官六》，太平興國四年九月，『鉉遷給事中，仍直院』。《宋史》本傳：『從征太原，軍中書詔填委，鉉援筆無滯，辭理精當，時論能之。師還，加給事中。』

〔三〕李昉是年九月拜翰林學士承旨，《年表》闕。按，《宋太宗實録》卷七六：『（昉）從征太原……師還，拜工部尚書、充翰林學士承旨。』《宋史·李昉傳》同。征太原事在本年，《長編》卷二〇，九月丙戌，注引《宋朝要録》：『李昉、扈蒙、李穆等皆遷官，賞扈蹕之勞也。』

五　徐鉉

扈蒙

〔李昉〕〔一〕

〔一〕李昉是年仍爲翰林學士承旨，《年表》闕。按，《長編》卷二一，十二月，『上因契丹遁去，遂欲進攻幽州。戊寅……復命宰相問翰林學士李昉、扈蒙事之可否，昉等上奏……上深納其説，即下詔南歸。』

六　徐鉉

扈蒙

〔李昉〕〔一〕

〔一〕李昉是年仍爲翰林學士承旨，《年表》闕。

七　徐鉉

扈蒙

〔李昉〕〔一〕

〔一〕李昉是年仍爲翰林學士承旨，《年表》闕。按，《長編》卷二三，七年『春正月壬寅，詔翰林學士承旨李昉等詳定士庶車服喪葬制度』。三月癸巳朔，『金明池水心殿成，上將泛舟往游。或告秦王廷美謀欲以此時竊發，若不果，則詐稱病于府第，候車駕臨省，因作亂……廷美每從南府入朝，過學士院門，見鎖院，必令人隔扉問之，孔目吏即白其姓名，率以爲常。是日，當直學士恐廷美問則難答，因大啓院門，廷美過已，乃復扃之』。注：『時李昉、扈蒙、徐鉉實爲學士。』《會要·崇儒五》：『太平興國七年九月，命翰林學士承旨李昉、學士扈蒙、直學士院徐鉉……閲前代文集，撮其精要，以類分之，爲千卷。雍熙三年十二月書成，號曰《文苑英華》。』參雍熙三年『宋白』注。

八　徐鉉，六月，遷左散騎常侍，罷〔一〕。

扈蒙〔二〕

李穆，五月，以中書舍人拜承旨；十一月，除參知政事〔三〕。

宋白，五月，以中書舍人拜承旨〔四〕。

賈黄中，五月，以駕部員外郎、知制誥爲司封郎中，拜學士〔五〕。

吕蒙正，五月，以左補闕、知制誥爲都官郎中，拜學士；十一月，除參知政事〔六〕。

李至，五月，以左補闕、知制誥爲比部郎中，拜學士；十一月，除參知政事〔七〕。

[李昉]〔八〕

〔一〕按，《長編》卷二四，六月己酉，注：『鉉以八年六月一日罷直學士院爲右散騎常侍。』《會要·職官六》：『八年六月，鉉亦以右常侍出院。』《宋史》本傳：『八年，出爲右散騎常侍，遷左常侍。』當先爲右常侍出院，旋改左常侍，《年表》誤。

〔二〕按，扈蒙于李昉出院後繼任承旨。《舊聞證誤》卷二：『按《學士年表》，太平興國八年五月，在院學士李文恭、宋文安、吕文穆、賈娟民、李言幾，凡五人，而扈日用爲承旨，徐鼎臣兼直院，蓋七人也。』李心傳所見《年表》，扈蒙名下當記其五月遷承旨事，《長編》卷二四記李昉承旨銜亦止于五月，可爲二人此月交接之旁證。又按，《長編》卷二四，八月辛亥，令翰林學士承旨扈蒙、中書舍人王祐詳定謚法。《宋史》本傳云：『太平興國四年，從征太原還，轉户部侍郎，加承旨。』誤。四年加承旨者爲李昉。陳元鋒有考。又按，蘇易簡《續翰林志》∞『舊體每游宴』條：『太平興國八年，召閣下舍人李公（穆）、宋公（白）、賈公（黃中）、呂公（蒙正）、李公（至）入院。時承旨扈公（蒙）贈詩賀之，有「五鳳齊飛入禁林」之句，爲一時之盛事。』

〔三〕按，李穆五月當拜學士，非承旨，此時承旨爲李昉，昉七月出院後扈蒙繼任。《年表》誤。《長編》卷二四，六月『丁亥，以翰林學士、中書舍人李穆知開封府』。亦僅稱爲學士。陳元鋒有考。又按，《長編》卷二四，十一月『壬申，以翰林學士李穆、呂蒙正、李至並爲左諫議大夫、參知政事』。《宋史・宰輔表一》：『十一月壬申，李穆自翰林學士、知開封府，呂蒙正自翰林學士、都官員外郎，李至自翰林學士、都官郎中、知制誥，並參知政事。』《宋史・太宗一》同。

〔四〕按，宋白五月拜學士，非承旨。五月李昉仍爲承旨。《宋史》本傳：『（太平興國）八年，復典貢部，改集賢殿直學士，判院事。未幾，召入翰林爲學士。』

〔五〕按，《宋史》本傳：『（太平興國）八年，與宋白、呂蒙正等同知貢舉，還司封郎中，充翰林學士。』

〔六〕按，參上『李穆』注。

〔七〕按，參上『李穆』注。

〔八〕李昉約于五月罷承旨出院，故《舊聞證誤》卷二統計是年五月在院學士，不數其名。詳上『扈蒙』條。《年表》闕。『五鳳』在其罷職後入院。按，《長編》卷二四，五月，『翰林學士承旨李昉等議（曹翰罪）』。六月，『右金吾衛上將軍王彥超與文明殿學士李昉、翰林學士宋白善』。此時已不書翰林學士承旨銜，當已罷職。《宋史・宰輔表一》：『（太平興國八年）七月庚辰，李昉自文明殿學士、工部尚書守本官，參知政事。』亦不書承旨，《宋史・太宗一》、《長編》卷二四同。

## 雍熙

元　扈蒙〔一〕

宋白〔二〕

賈黄中〔三〕

〔一〕按，《長編》卷二五，四月『丙申，詔翰林學士承旨扈蒙、學士賈黄中、散騎常侍徐鉉等同詳定封禪儀』。《宋史》本傳：『自張昭、竇儀卒，典章儀注，多蒙所刊定。』

〔二〕按，《長編》卷二五，四月『庚子，以宰相宋琪爲封禪大禮使，翰林學士宋白爲鹵簿使，賈黄中爲儀仗使』。

〔三〕按，是年賈黄中參與封禪典禮，見上二注。

二　扈蒙，□月，遷工部尚書，罷〔一〕。

宋白

蘇易簡〔二〕

賈黄中〔三〕

〔一〕□月，謙牧堂本作『二月』。

〔二〕按，蘇易簡《續翰林志》自述：『丙戌歲，易簡始自祠曹外郎、知制誥蒙恩召入院。』丙戌歲爲雍熙三年，其子蘇耆《次續翰林志》、《宋史》本傳皆記在三年。《年表》誤，當删。李心傳《建炎以來朝野雜記》甲集卷九『國朝學士久任再入三入者』條謂易簡任翰林學士九年，蓋據本《表》誤數，實爲八年。

〔三〕按，《長編》卷二六，『正月癸亥，翰林學士賈黄中等九人權知貢舉』。《會要·選舉一》亦載。《宋太宗實録》雍熙二年十一月庚辰，『翰林學士賈黄中知吏部選事』。

**三** 宋白〔一〕

賈黄中〔二〕

蘇易簡〔三〕

〔一〕按，《長編》卷二七，『上以諸家文集，其數實繁，雖各擅所長，亦榛蕪相間，乃命翰林學士宋白等精加銓擇，以類編次，爲《文苑英華》一千卷。（十二月）壬寅，上之，詔書褒答。』據《會要·崇儒五》：『昉、蒙、蒙正、至、穆、範、礪、淑、文仲、汀、貽慶、鎬、雅繼領他任，續命翰林學士蘇易簡、中書舍人王祐（引按，據《全宋詩》小傳，當作『王祜』）、知制誥范杲、宋湜與宋白等共成之。』參太平興國七年所補『李昉』注。

〔二〕按，《長編》卷二七，五月，曹彬兵敗，六月戊午，詔翰林學士賈黄中等詣尚書省鞫之。

〔三〕按，蘇易簡此年拜翰林學士，《年表》誤記于去年。詳二年『蘇易簡』注。據《宋史》本傳及蘇耆《次續翰林志》，易簡以祠部員外郎、知制誥入充。

**四** 宋白〔一〕

賈黄中〔二〕

蘇易簡

〔一〕按，《長編》卷二八，九月『辛巳，詔以來年正月有事于東郊，親耕耤田，命翰林學士宋白、賈黄中、蘇易簡同詳定儀注，置五使，如郊祀之制』。

〔三〕按，《長編》卷二八，十月，『翰林學士賈黄中等上《神醫普救方》一千卷，詔頒行之』。《宋太宗實録》記于十月壬子沈倫薨之後，當在是日。

## 端拱

**元**　宋白〔一〕

賈黄中〔二〕

蘇易簡

〔一〕按，《會要·選舉一》：『端拱元年三月二十三日，以翰林學士宋白權知貢舉。』《長編》卷二九，閏五月，『翰林學士、禮部侍郎宋白知貢舉，放進士程宿以下二十八人，諸科一百人。牓既出，而謗議蜂起，或擊登聞鼓求别試。』《宋史》本傳：『白凡三掌貢士，頗致譏議，然所得士如蘇易簡、王禹偁、胡宿、李宗諤輩，皆其人也。』

〔二〕按，《長編》卷二九，二月乙未，『召翰林學士賈黄中草制，授昉右僕射罷政，且令黄中切責之。』

**二**　宋白

賈黄中

蘇易簡〔一〕

李沆，三月，以職方員外郎、知制誥拜〔二〕。

〔一〕按，《會要·選舉一》：『二年正月十一日，以知制誥蘇易簡、宋準權知貢舉。』《長編》卷三〇，『三月，先是，翰林學士、知貢舉蘇易簡等固請御試。壬寅，上御崇政殿試合格舉人』。

〔二〕按，《宋史》本傳：『遷職方員外郎，召入翰林爲學士。』楊億《文靖李公墓志銘》：『端拱初，遷職方員外郎，掌誥如故。來年……未幾，召入翰林充學士，賜金紫。』皆未記年月。

## 淳化

**元** 宋白〔一〕

賈黄中

蘇易簡〔二〕

李沆

〔一〕按，《長編》卷三一，『八月癸卯朔，秘書監李至與右僕射李昉、吏部尚書宋琪、左散騎常侍徐鉉及翰林學士、諸曹侍郎、給事、諫議、舍人等，秘閣觀書。上聞之，遣使就賜宴，大陳圖籍，令縱觀』。《會要·職官十八》亦載。

〔二〕按，《國老談苑》卷二：『蘇易簡在翰林，太宗一日召對，賜酒甚歡。上謂易簡曰：「君臣千載遇。」易簡應聲答曰：「忠孝一生心。」上悦，以所御金器盡席悉賜之。』

**二** 宋白，九月，責保大軍司馬，罷〔一〕。

賈黄中，九月，除參知政事〔二〕。

蘇易簡，九月，遷中書舍人，承旨〔三〕。

李沆，九月，除參知政事〔四〕。

韓丕，十月，以左諫議大夫拜〔五〕。

畢士安，十一月，以考功員外郎、知制誥拜〔六〕。

〔一〕按，《長編》卷三二，三月『翰林學士宋白等上《新定淳化編敕》三十卷』。

〔二〕按，九月己亥，『翰林學士賈黄中、李沆並爲給事中、參知政事』。《宋史·宰輔表一》同。又按，《長編》卷三二，閏二月，『命翰林學士賈黄中、蘇易簡幹當差遣院，李沆同判吏部流内銓。學士領外司，自此始也。』《會要·職官六》『幹當』作『勾當』，避高宗趙構諱改。《會要》此下又載：『史臣梁周翰曰：「故事，學士掌内庭書詔，在金鑾殿側，深嚴莫二，不當預外司事。雖朝廷藉其公才，實非選任之意。至有兩省及它局雜官請謁往來，動逾晷刻，有司無所彈擊，内外相參，清濁一混，惜哉！」』李燾有意刪除此段，注曰：『史臣梁周翰論其失當，今不取。』

〔三〕按，李沆九月己亥（三日）出院，蘇易簡繼爲承旨。詳見下『李沆』條注。又按，《楊文公談苑》：『蘇易簡爲學士，最被恩遇。初與賈黄中、李沆同時上擢，黄中、沆參知政事，以易簡爲中書舍人充承旨，並賜白金三千兩。諭旨曰：「朕之待卿，非必執政而爲重矣。」』《長編》卷三四：『李沆後入，在易簡下，及先參政，乃以易簡爲承旨，錫賚與參政等。上意欲遵舊制，遂正台席，且俟稔其名望。』『舊制』者，易簡在院久，當先于李沆爲參政，然太宗慮其年輕望淺，乃先授承旨。《玉壺清話》卷八謂易簡『不甚悦』，太宗遂以『稔育名望』之詞寬慰之，蓋出于想像。李燾言『易簡外若坦率，中有城府』，其人善于自飾，怨望當不至形于顔色，文瑩之言，誅心或然，誅迹則否。又按，《長編》卷三二，十月『辛巳，翰林學士承旨蘇易簡續《翰林志》二卷以獻。上嘉之，賜詩二章，紙尾批云：「詩意美卿居清華之地也。」易簡願以所賜詩刻石，昭示無窮。上復爲真、草、行三體書書其詩，命待詔吴文賞刻之，因遍賜近臣。又飛白書「玉堂之署」四大字，令中書召易簡付之，牓于廳額，上曰：「此永爲翰林中美事。」易簡曰：「自有翰林，未有如今日之榮也。」』《會要·職官六》：『飛白書「玉堂之署」四字以賜易簡，謂宰相曰：「易簡告朕求此數字，卿可召至中書授之，他日爲翰林中美事。」』是則飛白書字，出于易簡所請。《續翰林志》卷末署『時皇宋龍集辛卯、淳化紀號

物盛則衰。願陛下持盈守成，慎終如始，固萬世基業，天下幸甚。』上深加聽納，因即獻之。自後制度亦罕有傳者。

〔一〕玩，謙牧堂本、静嘉堂本作『玩者』，鮑據明鈔本點去『者』。

14 公久在禁林，連典貢部，自前南宫首薦，及殿庭覆考試，多所改易。及公薦陳樞相（堯叟）、孫紫微（何），一不摇動，天下伏其知人。寒畯之流，牢籠殆盡。雖退黜者，曾無怨言。場屋之間，至今歌詠。

15 上以公飲酒過多，恐成疾患，因乾明聖節，宣近御座，委曲勸勉，至于再三。凡移數刻，左右大臣莫不聳聽。公感戴恩惠，但垂泣再拜而已。來日具狀稱謝，上于表後御書批答云：『覽卿之謝過表章，其辞也，深合朕意。卿擢登高級，盛美儒林，敗德之名，克先爲誡。知非能改于不二，諸事豈假于再三〔一〕。手札不多〔二〕。賜蘇某。』凡奏狀縫上，皆御寶印之。續降一劄子云：『昨日賜卿批答匆速，今日始捻舊本子看，誤使一「辞」字，卿改卻著。』公即具狀謝，仍面奏：『「辞」字從舌，乃是正文。』並檢虞監書者『辞』字進呈。上大悦，曰：『非卿博識，朕以爲誤矣。』

〔一〕于，諸本無，蓋刻板時意補。

〔二〕手，謙牧堂本、静嘉堂本作『乎』，鮑據明鈔本改『手』。謙牧堂本並奪『三』字。

16 上嘗御便殿，案上有御書一紙，乃銷金紙飛白一『香』者。公乃拜乞，上雖許而未即賜。坐間，吕宫師（蒙正）因奏事見之，又乞。上曰：『適已許賜蘇某矣。』遽命公取之。公袖以致謝。左右無不健羡焉。

17　公與襄陵賈公内直禁署，嘗相謂曰：『今兩地大僚請酒至多，而罕有相遺者。』因各有不平之氣。未幾，賈公入參大政，又數月，蔑聞有濃醪之贈。公因飛一絶以贈之：『憶昔當初直禁林，共嗟難得酒如金。此時寂寞垂簾坐，惆悵無人話此心。』〔一〕賈公見之，方悟。因大笑，封送酒曆，恣其所請。公乃預請數月，凡僅百壺〔二〕。好事者即日傳于都下。

〔一〕《全宋詩》卷七四蘇易簡集失收此詩。

〔二〕凡僅，文淵閣本作『幾近』，臆改。

18　草麻潤筆，自隋唐已來皆有之。（鄭譯，隋文時自隆州刺史復國公爵，令李德林作詔。高熲戲之曰：『筆頭乾。』譯答曰：『出爲方伯，杖策而歸，不得一錢，何以潤筆？』）近朝武臣移鎮及大僚除拜，因循多不送遺。先帝以公久在内署，慮經費有闕，特定草麻例物。朝謝日，命閤門督之。既得，因以書進呈。自是無敢有闕者，迄今以爲定制。〔一〕

〔一〕此條謙牧堂本自爲一條，明鈔本、靜嘉堂本連寫至卷末，鮑一一分斷。

19　公嘗劇飲，寢于直廬。夜將分，中人宣召。遽起，以水沃面，具簪笏以朝，而方醉中。乃賜坐，訪以外事，應對如流，略無舛誤，仍令草王密使（名顯）駁麻。及袖歸院，晨並不之記，上亦不覺其醉。自以爲神助。聞者莫不驚異焉。

20　公書詔之暇，日飲醇酎。上御草書《戒酒》《勸酒》詩二章以賜，仍令與祖母讀之：『何人肯立杜康廟，又拉劉伶在畔頭。願得黃金千萬鋌，一時送與酒家休。』又：『九醞香醪一曲歌，本圖閑放養天和。後人不會先賢

意，破國亡家事極多。』〔一〕

〔一〕按，《長編》卷四〇『至道二年十一月』：『禮部侍郎蘇易簡性嗜酒，初入翰林，告謝日，飲已半酣，其後沉湎不已。上嘗因接見，誡約深切，易簡垂涕再拜。翌日，復具表稱謝，上親批答以申獎勵，又草書《勸酒》、《戒酒》二詩賜易簡，令對其母讀之。自是每入直，不敢飲。或休暇在第，賓客候之，則已醉矣。十二月乙巳，易簡卒，上曰：「易簡竟以酒敗，深可惜也。」』

21 儤直之制，自五代以還，頗亦湮廢，雖有舊規，而罕能遵守。公自始入洎起，皆力行之，亦未嘗借請同院代直。自是群官亦無敢隳其例者。因酌楊八座（昭儉）鳳閣儤直例，勒石龕于玉堂之東北隅〔一〕。

〔一〕按，其例見《宋朝事實類苑》卷二九『儤直例』，刊刻時間在淳化三年（992）。詳本書《金坡遺事》輯佚該條注。

22 凡此數事，悉先公在儒林之殊迹也。耆是時方在幼齡，十不記其一二，慮年代浸遠，徽烈無聞，因以編修，刊于緗素〔一〕。一則表神宗優賢之異〔二〕，二則彰先公遭遇之由。垂示方來，諒亦無愧。時聖上幸亳之歲孟春月書〔三〕。

〔一〕按，蘇耆曾將此書贈予宋庠，宋作《度支蘇員外耆以再續翰林志見遺輒成酬贈》詩答之，中云：『擿華毛得鳳，刊畫魯無魚。』『刊畫』即『刊于緗素』之意，謂刊刻也。可知蘇耆嘗將《次續翰林志》鋟梓，洵爲早期私人刻書之明證。

〔二〕按，神宗，指宋太宗。李裕民有《宋太宗曾尊稱神宗考》，載《晉陽學刊》1997年第4期。

〔三〕按，時在真宗大中祥符七年（1014），是年正月，真宗謁亳州太清宮。

# 學士年表（自建隆至治平）

## 解題

《學士年表》，記載北宋太祖建隆元年（960）正月至英宗治平四年（1067）十月的翰林學士名録，起陶穀，迄王安石，共計97人，444人次，保存了北宋中前期翰林學士的第一手資料。

《年表》今傳只有《翰苑群書》本，各本均不題作者，歷代書目亦多闕名。《宋史·藝文二》傳記類著録不知撰人『《學士年表》一卷』，故事類又著録『沈該《翰林學士年表》一卷』，兩條記録所指應爲同一種書，即目下這部《學士年表》，可知宋代有兩種傳本，書名、作者均有不同。沈該是《翰苑群書》所收另一部著作《翰苑題名》的作序者，兩書性質相同，都是宋代翰林學士的名録，他是否是《學士年表》的作者呢？我們需要從《年表》的内部加以考察。

《年表》總録一代學士名氏，繼承了唐代以來學士題名的傳統，但是在具體編排上與唐宋壁記又有不同。壁記是以學士爲中心，記録各人的在院經歷，並按入院次第排列，典型樣式可見本書所收丁居晦《重修承旨學士壁記》和《中興翰苑題名》；而《年表》則是以年爲單位，逐年記録在院學士，更像是一份『年度學士名册』。每年之下，先列已在院學士，續列新入院學士；如當年該學士有出入院經歷，則記其遷轉官歷，無則不書。洪遵《翰苑遺事》引曾紆《南游記舊》説，題名于拜相者名下刊『相』字〔一〕，這也是唐人題名的舊例，但《年表》拜相學士的名下皆無此字。由此種種，可知它與學士院題名原貌差别較大，很難認爲直接由題記鈔録而成。張驍飛推測，《年表》『並非直接抄自北宋學士院的壁記，而是對相關史料的回顧、搜求與整理』，並認爲最有可能的整理者是洪遵〔二〕。但若由洪遵整理，他爲何不編至北宋末年，而是止于英宗在位的最後一年治平四年（1067）？距離英宗去世之後兩年，熙寧二年（1069）十一月，司馬光提議修一部《大宋百官公卿表》，元豐四年（1081）八月，書成奏上〔三〕。此書的内容和修撰經過，《玉海》卷一一九《官制》『熙寧百官公卿表』條記載甚詳：

熙寧二年十一月甲子朔，翰林學士、史館修撰司馬光言，欲據正史、實録所載，旁采異聞，敘宋興以來迄今百官沿革、公卿除拜，仿《漢書》舊法，作《大宋百官公卿表》，以備奏御，便省覽。從之。詔所用文字，委檢討官檢閲。是月，命知制誥宋敏求同修（敏求卒，元豐二年五月己巳，集賢校理趙彦若代之）。元豐四年八月辛巳（二十七日），光、彦若上所修六卷（盡治平二年。《會要》云十卷，《國史》云六卷）。〔四〕

司馬光《百官表總序》則云：

朝廷所以皷舞群倫、緝熙庶績者，曰官，曰差遣，曰職而已……欲觀其大略，故自建隆以來，文官知雜御史以上，武官閤門使以上，内臣押班以上，遷除黜免，删其煩冗，存其要實，以倫類相從，以先後相次，爲《百官公卿表》云。〔五〕

由此可知，司馬光編的這部《百官公卿表》記録了北宋建國以來的百官沿革和官員任免，官員包括『文官知雜御史以上』，所謂『以倫類相從』，即按照不同的職官分類列表，翰林學士自應也在其中。該《表》雖然已經亡佚，但一些關鍵信息還可以探查明白，尤其值得注意的是，它的起訖和編排方式，都跟《學士年表》異曲同工。（一）起訖。司馬光《乞令校定〈資治通鑑〉所寫〈稽古録〉劄子》明言：『臣又于神宗皇帝時，受詔修《國朝百官公卿表》，臣依司馬遷法，自建隆元年至治平四年，各記大事于上方，書成上之，有詔附于國史。』〔六〕『自建隆元年至治平四年』，涵蓋了太祖至英宗時期，時限恰好與《學士年表》吻合，這定然不是一個巧合。（二）體制。無論是《玉海》説的『仿《漢書》舊法』，還是司馬光説『依司馬遷法』，對照《史記·漢興以來將相名臣年表》及《漢書·百官公卿表》，它們都是以年爲綱，將中樞大臣如將、相、御史大夫、太尉等的遷轉逐年依次排列，跟《學士年表》如出一轍。（三）條目内容。南宋蔡幼學續司馬光之作編成《續百官公卿表》，《文獻通考》卷一九七《經籍考二四》『續百官公卿表二十卷』條引《中興藝文志》云：『（蔡幼學）以司馬光《百官公卿表》起建隆訖治平，乃爲《續表》，終紹熙，經緯如《宰輔圖》。上方書年，記大事；下列官，詳記除、罷、遷、卒月日。』所謂『下列官』者，即是百官年表部分，官員名下『詳記除、罷、遷、卒月日』，具體格式，可從《續資治通鑑長編》多處引用的《百官表》一窺端倪，如卷一：『據司馬光《百官表》，（張）永德以八月自許州徙鄧州。』卷九六：『《百官表》，（丁）謂以户書知河南、（李）迪以户侍知鄆州，皆繫戊辰日。』卷一一七：『景祐四年四月乙丑，（閻）文應徙潞州鈐轄，《百官表》同。寶元二年九月癸卯，文應卒，此據《百官表》。』一望而知，它與《學士年表》所載學士名下遷轉記録的格式高度一致。由這三點，我們可以相信，《學士年表》是司馬光《百官公卿表》之中翰林學士部分的節録；换言之，《學士年表》是久已散佚的司馬光《百官公卿表》較爲完整的一卷殘篇。洪遵稱之爲《國朝年表》《學士年表》而不題作者，或許因其奏上之後『有詔附于國史』，屬于國史的一部分，因而就不再題署撰人之名了。

由是觀之，沈該不是《年表》的編者，《宋志》著録的其中一本之所以將他標爲作者，也許是因爲有的《翰苑題名》署名沈該〔七〕，遂連類而及吧。至于書名，李心傳《建炎以來繫年要録》《舊聞證誤》、尤袤《遂初堂書目》、王應麟《玉海》等皆稱爲《學士年表》，與洪遵所題相同，當以此爲正。

《學士年表》在抄録《百官表》的時候並没有完全照搬，而是做了一些改動，最直觀的是後者謹守《史》《漢》舊例，將遷除拜免的時間記録至日，一如上段引文所見；而前者取消了記日，僅記月而止，信息簡潔，卻減損了精確性。而最重大的改動，是將原本旁行斜上的表格式，改成了以純文字編排的條列式。以《百官表》效法的《漢興以來將相名臣年表》爲例，表格中的『相位』一欄，武帝元朔五年（前124）書『十一月乙丑，御史大夫公孫弘爲丞相，封平津侯』，元狩二年（前121）書『御史大夫樂安侯李蔡爲丞相』，中間元朔六年、元狩元年仍以公孫弘爲相，故留空不書。由此推測，包括翰林學士年表在内的司馬光《百官表》，格式也應該如此，僅在學士拜、罷之年所對應的欄格登録其名氏、遷轉，無則空缺；而洪遵改造爲純文字排列的時候，每年之下不能有空缺，需要逐年編排所有新任、在任學士，而在任學士因爲當年並無『除罷遷卒』之事，只能登記姓名，于是便形成了現在這種有單記學士姓名，又有兼記學士姓名、官歷的兩種條目形式。

倘若進一步推考，《年表》存在的一些繫年之誤，極有可能就是在迻録《百官表》時的格式轉換中發生的。比如蘇易簡入院之年，繫于雍熙二年（985），然而據蘇易簡《續翰林志》自述，他應是三年入院，他的在院時間被誤增了一年〔八〕。王旦咸平三年（1000）二月除同知樞密院出院，《年表》卻記爲二年（999）二月，誤減了一年在院時間。曾公亮嘉祐元年（1056）四月復拜學士，十二月壬子，拜參知政事出院，此後再未入院，《年表》將本應書于元年的出院記録『十二月，除給事中、參知政事』錯簡于三年，又于二年記録其姓名，造成曾公亮嘉祐二年、三年仍然在院的錯誤。類似拜罷、遷轉的繫年之誤，還見于石中立、趙安仁、王堯臣、張方平等人〔九〕。其中最不可思議的一個疏漏，是北宋首批學士之一的李昉，《年表》僅在建隆元年（960）至三年（962）記録了他的名字，而實際上這只是他第一次翰林學士經歷。開寶二年（969）他再次入院，歷任直學士院、翰林學士、學士承旨，備受信重，直至太平興國八年（983）出院，任職長達十五年之久。其中開寶七年（974）六月張澹去世之後，至太平興國元年（即開寶九年，976）十一月湯悦、徐鉉入院之前，在兩年半時間内李昉『獨直禁林』〔一〇〕，于學士院内獨掌制誥，《年表》居然遺漏了他這段經歷，殊不可解。倘若將這種脱誤假定在《百官表》迻録爲《學士年表》的環節上，就容易理解了：一旦漏鈔開寶二年一欄李昉的拜職記録，後面歷年的學士名單自然無從填入了。

有的脱漏可能源自《百官表》本身的缺失。如仁宗朝的李淑，一生五拜翰林學士，《年表》只記載了他景祐四年（1037）至寶元元年（1038）的首次經歷，其餘四次均付闕如。這不大可能是《年表》傳鈔過程中的奪漏，更可能是它所據之《百官表》原本就没有後四次任職記録。

有的遺漏則是在《年表》流傳過程中發生的。李心傳《舊聞證誤》卷二云：『按《學士年表》，盛文肅景祐二年已遷參知政事，明年丁文簡始入翰林，二公未嘗並直也。』天聖八年（1030）至景祐二年（1035），盛度再度出任學士且遷爲承旨，李心傳所見《年表》，在這段時間記載了他的名氏和經歷，但今本《年表》的此段時間卻查無此人；《建炎以來朝野雜記》甲集卷九歷數本朝學士之久任者，謂楊偉在院十一年，但《年表》皇祐五年（1053）卻奪去其名，遂不足十一年之數。這些顯然都是傳寫中脱落所致。至于年月、官職的闕誤，所在多有，就不一一列舉了。

鑑于《學士年表》只記載到神宗初年，南宋理宗朝擔任過翰林學士的程珌作《翰苑續題名》，以補足北宋餘下的學士名録。其《洺水集》卷九《翰苑續題名記》自述：『暇日同寮相與言之，未愜焉，乃取洪氏《翰苑群書》所編名氏，其自王安石以後編所來未及者，復根據他書足之。由建隆至靖康，凡一百九十二人，寫之翠珉，刊置玉堂之側，以補一代典獻之缺。』〔一一〕根據他的説法，這個新修的北宋學士完整題名曾經鐫立于臨安的學士院，可惜不見更多的記載，此書亦未見流傳，實爲憾事。

現存宋代文獻所保留的北宋翰林學士名單，除《年表》之外，還見載于《宋會要輯稿·帝系一》，記録了太祖、太宗兩朝翰林學士的全部名單。遺憾的是《輯稿》並非完璧，真宗以下學士未有遺存。所幸李埴《皇宋十朝綱要》迻録了歷朝名單，可以與《年表》逐一對照，拾遺補缺。學士的遷轉、活動記録大量散見于《長編》《會

三、《宋宰輔編年録》卷三同。

〔三〕按，宋白接畢士安權知開封府。《長編》卷四三，十月己丑，『翰林學士承旨宋白嘗獻《擬陸贄牓子集》，上察其意欲干事任，乃命白權知開封府。』

〔四〕二月，當爲『十月』之誤。《宋史·宰輔表一》，十月己丑，『楊礪自翰林學士、給事中、知制誥加工部侍郎……並遷樞密副使』。《長編》卷四三、《宋宰輔編年録》卷三同。《宋史》本傳：『咸平初，知貢舉，俄拜工部侍郎、樞密副使。』又按，《長編》卷四三，正月丙寅，『翰林學士楊礪等受詔知貢舉，請對，上召坐，語之曰：「貢舉重任，當務選擢寒俊，精求實藝，以副朕心。」』《會要·選舉一》：『真宗咸平元年二月十九日，以翰林學士楊礪權知貢舉。』

〔五〕畢士安是年復爲翰林學士，《年表》闕。張驍飛已補。按，《皇宋十朝綱要》卷三真宗朝學士，列其名于王旦、梁周翰之間。《長編》卷四三，十月己丑，『士安因求解（開封）府事，上許之，復入翰林爲學士』。注：『士安咸平二年四月出知潞州。』又據《東都事略》卷四一本傳：『真宗即位，即令士安攝府事，拜工部侍郎、樞密直學士，復爲翰林學士，遷兵部侍郎，出知潞州。』知其咸平元年十月至二年四月爲翰林學士。

**二**　宋白〔一〕

王旦，二月，除同知樞密院〔二〕。

［畢士安］〔三〕

〔一〕按，《會要·樂三》：『真宗咸平二年五月十三日，命翰林學士承旨宋白撰元德皇太后廟登歌樂章。』

〔二〕王旦同知樞密院事在咸平三年二月，《年表》誤記于此，當刪。詳下年『王旦』注。

〔三〕畢士安此年四月出知潞州，此前在院，《年表》闕。詳上年『畢士安』注。

三　宋白〔一〕

梁周翰，五月，以駕部郎中、知制誥拜〔二〕。

師頏，五月，以刑部郎中、知制誥拜〔三〕。

朱昂，□月，以吏部郎中、知制誥拜〔四〕。

王欽若，□月，以左正言、知制誥拜〔五〕。

〔王旦〕〔六〕

〔一〕按，《長編》卷四六，三月『甲午，上御崇政殿親試，命翰林學士承旨宋白等與館閣、王府、三司官二十一人于殿後西閣考覆』。卷四七，八月『癸丑，翰林學士承旨宋白等上重定内外官稱呼』。十月己未，『命翰林學士承旨宋白等修《續通典》』。

〔二〕按，《宋史》本傳：『首擢爲駕部郎中、知制誥，俄判史館、昭文館。咸平三年，召入翰林爲學士。』《類説》卷二二引《金坡遺事》：『梁周翰少有文譽，及入禁林，年已七十。』

〔三〕按，《宋史》本傳：『改刑部郎中……以本官知制誥，兼史館修撰。咸平二年，與温仲舒、張詠同知貢舉。明年，召入翰林爲學士。』

〔四〕□月，謙牧堂本作『五月』。按，《宋史》本傳：『咸平二年，召入翰林爲學士。』『二年』當作『三年』。又按，《長編》卷四七，八月『辛未，命翰林學士朱昂往鄆州王陵埽祭河』。又按，《玉壺清話》卷六：『太宗一日幸禁林，謂朱翰林昂曰：「漢宣帝最好勤政，尚五日一視朝，萬務寧無壅積耶？朕則不敢輒怠也。」公因得諫言：「臣聞堯舜優游巖廊之上，亦萬機允正；唐太宗天下太平，房喬請三日一視朝臨政；高宗寰宇寧静，長孫無忌請隔日視事。悉從。自後雙日不坐，隻日御視，五日一開延英，遂爲通式。今庶政清簡，百執猶寧居于私第，惟陛下凝旒聽覽，翻無暫暇，宜三五日一臨軒，養洪算，蹈太和，合動直静專之道，扃攝思慮，保御真氣。」後中書知之，與臺諫繼陳奏請：

「臣等切見朱昂之請對，深協至治，仍乞徇所陳。」久而纔允。』『太宗』當爲『真宗』。

〔五〕□月，謙牧堂本作『五月』。左正言，《宋史》本傳作『右正言』。按，《長編》四七，十月丙寅，命翰林學士王欽若爲西川安撫使。《宋史·真宗一》《會要·職官四一》同。

〔六〕王旦二月拜給事中、同知樞密院事出院，《年表》誤記于去年。按，《長編》卷四六，二月『辛亥，翰林學士王旦等三人權知貢舉』。《會要·選舉一》：『三年二月三日，以翰林學士王旦權知貢舉。』《宋史·宰輔表一》：『（咸平三年）二月癸亥……王旦自中書舍人、翰林學士遷同知樞密院事。』《長編》卷四六，二月癸亥，『翰林學士、中書舍人王旦爲給事中、同知樞密院事』。

**四**　宋白〔一〕

梁周翰〔二〕

師頏

朱昂，五月，以工部侍郎致仕〔三〕。

王欽若，四月，除參知政事〔四〕。

〔一〕按，《長編》卷四八，四月『辛未，上御崇政殿試制舉人，命翰林學士承旨宋白等充考官』。卷四九，九月『丙戌，翰林學士承旨宋白等上新修《續通典》二百卷……其書重複猥雜，大爲時論所非，卒不傳布，上尋欲改作，亦弗果也』。

〔二〕按，《玉海》卷五一《藝文》：『（咸平）四年正月辛丑（二十六日），修玉牒官趙安易（宗正卿）、梁周翰（知制誥）上《新修皇屬籍》三十三卷（周翰創意爲之，頗失倫貫，一云三十卷），詔送宗正寺續修。』《長編》卷四八，『宗正卿趙安易、翰林學士梁周翰上《新修屬籍》三十三卷。唐末喪亂，屬籍罕存，無所取則，周翰創意爲之，頗有倫貫』。《宋史》本傳亦作『頗有倫貫』。既云『屬籍罕存，無所取則』，又需續修，似《玉海》作『頗失倫貫』義長。

〔三〕按，《宋史》本傳：『逾年，拜章乞骸骨，召對，敦諭，請彌確，乃拜工部侍郎致仕。』《長編》卷四八，五月『庚辰，翰林學士、吏部郎中、知制誥朱昂罷爲工部侍郎，致仕。昂有清節，澹于榮利，初爲洗馬，十五年不遷，不以屑意，及在内署，非公事不至兩府。上知其素守，故驟加褒進，昂累章告老，上不得已從之，遣使就第賜器幣。謂大臣曰：「昂侍朕左右，未嘗以私事干朕，今其歸老，可給全俸。」詔本府歲時省問，如有章奏，許附驛以聞。又命其子正辭知公安縣，使得就養。舊制，致仕官止謝殿門外，于是，上特延見命坐，勞問久之，令候秋涼上道。復遣中使錫宴于玉津園，兩制、三館儒臣皆預，仍詔賦詩餞行。恩渥之盛，近代無比』。《會要·職官七七》亦載，校點本誤改『五月』爲『三月』。又按，《長編》卷四八，三月庚寅，『初，《乾元曆》氣朔漸差……于是新曆成，來上，賜名《儀天》，命翰林學士朱昂爲曆序，頒行之』。

〔四〕按，《宋史·宰輔表一》：『（咸平四年）四月乙未，王欽若自知制誥、翰林學士、左諫議大夫除參知政事。』《長編》卷四八，四月『己未，翰林學士王欽若使西川還，對于崇政殿，即日以欽若爲左諫議大夫、參知政事』。

## 五　宋白〔一〕

梁周翰〔二〕

師頏，八月，卒〔三〕。

〔一〕按，《長編》卷五三，十月『丁亥，向敏中罷爲户部侍郎……先是，翰林院學士宋白嘗就向敏中假白金十鋌，向敏中靳不與。于是，白草向敏中制書，極力詆之，有云「對朕食言，爲臣自昧」，向敏中讀制泣下』。十二月『丁丑，以宰臣吕蒙正、李沆並兼門下侍郎……先是，學士宋白、梁周翰草二相加恩制書，遺忘舊制……白等各罰一月俸』。

〔二〕按，《長編》卷五二，七月『戊午，翰林學士梁周翰言，今後稍關機密，乞下本院先具詔本進呈，取定可否，更不將付中書本房。詔應中書取索詔敕草本，先實封送中書看詳定寫進』。《會要·職官六》：『真宗咸平五年十二月，學士宋白、梁周翰並罰一月俸，坐草制遺誤也。初，命宰臣呂蒙正、李沆並兼門下侍郎，而二人草制之夕遺忘其事。真宗以問白，白等不能對，第請改正，不復降麻，止帖麻用印，重寫告身，故有是罰。』參上條『宋白』注。

〔三〕按，《宋史》本傳：『五年，復與陳恕同典貢部，又知審官院、通進銀臺封駁司。俄卒，年六十七。』又按，《會要·選舉一》：『五年正月十一日，以吏部侍郎陳恕、翰林學士師頏權知貢舉。』

**六** 宋白〔一〕

梁周翰

［梁顥］〔二〕

〔一〕按，《長編》卷五五，十月辛酉，翰林學士承旨宋白等上所定流外勒留出官及選限條例。

〔二〕梁顥是年六月拜翰林學士，《年表》闕。按，《皇宋十朝綱要》卷三真宗朝學士，列其名于王欽若、趙安仁之間。《宋史》本傳：『會罷三部使，以顥爲翰林學士同知審官院、三班。』據《宋史·職官二》：『咸平六年，罷三部使，復置三司（使）一員。』又考《長編》卷五五及《宋史·真宗二》，復置三司使在咸平六年六月丁亥，則梁顥當于此後不久充學士。陳元鋒有考。

## 景德

**元** 宋白〔一〕

梁周翰〔二〕

趙安仁，七月，以左正言、知制誥拜〔三〕。

〔梁顥〕〔四〕

〔一〕按，《會要·禮三一》，景德元年三月十五日，皇太后崩于萬安宫之滋德殿，五月二十七日，『翰林學士承旨宋白爲禮儀使』。《長編》卷五七，九月『庚寅，詔翰林學士承旨宋白以下七十人，于京朝官及諸司使副以下、閤門祗候以上，保舉歷任無贓罪、堪充大藩及邊郡知州各一人』。

〔二〕按，《長編》卷五八，十二月戊申，『翰林學士梁周翰答詔不稱旨，命趙安仁改撰，既而謂安仁曰：「勿令周翰知，恐其愧恨也。」』《類説》卷二二引《金坡遺事》亦載，記所撰爲『答宰相待罪表』。

〔三〕左正言，《宋史》本傳、《東都事略》卷四四本傳作『右正言』。按，《長編》卷五六，七月『乙酉，以知制誥趙安仁爲翰林學士』。安仁入補梁顥之闕，其拜學士，顥實薦之。《長編》：『上召翰林學士梁顥夜對，詢及當世臺閣人物……徐問曰：「文行兼著如趙安仁者，有幾？」顥曰：「安仁材識兼茂，體裁凝遠，求之具美，未見其比也。」既而顥卒。』卷五八，十一月戊寅，『（遼）左飛龍使韓杞持國主書與利用俱還。詔知澶州、引進使何承矩郊勞，翰林學士趙安仁接伴之。凡覲見儀式，皆安仁所裁定云』。

〔四〕梁顥是年仍爲翰林學士，六月卒官。《年表》闕。按，《長編》卷五六，二月『壬午，翰林學士梁顥等上《新定閤門儀制》六卷，詔頒行之』。《會要·禮三一》，三月十五日，皇太后崩于萬安宫之滋德殿，五月二十七日，『翰林學士、知開封府梁顥爲橋道頓遞使』。六月，卒于任。《宋史》本傳：『景德元年，權知開封……六月，暴病卒，年九十二。』享年誤，當從《東都事略》卷四七本傳作四十二。

**二** 宋白，五月，遷刑部尚書、集賢院學士，罷〔一〕。

梁周翰，五月，遷給事中，罷〔二〕。

趙安仁，二月，除參知政事〔三〕。

晁迥，五月，以起復左諫議大夫拜〔四〕。

李宗諤，五月，以起居舍人、知制誥拜〔五〕。

〔一〕按，宋白與梁周翰同以年老罷職。《長編》卷六〇，『翰林學士承旨宋白、翰林學士梁周翰，年衰思減，書詔多不稱旨。（五月）乙卯，並罷白爲刑部尚書、集賢院學士、判院事，周翰爲給事中、判昭文館事』。

〔二〕『五月』以下七字，抱經樓本、文淵閣本奪。按，周翰罷職事參上注。

〔三〕趙安仁除參知政事在三年二月，《年表》誤記于此年，當刪。詳下年補『趙安仁』注。按，《長編》卷五九，正月『癸亥，命翰林學士趙安仁等五人權同知貢舉』。《會要·選舉一》同。

〔四〕按，晁迥、李宗諤入院接任宋白、梁周翰。《長編》卷六〇，五月乙卯，『以起復右諫議大夫、知制誥晁迥，起居舍人、知制誥李宗諤，並爲翰林學士』。卷六一，八月『丁亥，翰林學士、右諫議大夫晁迥責授左司郎中，依前充職。初，迥與給事中馮起等五人並爲鄆王元份留守官屬，王以獄逸囚，驚悸得疾，遂死，迥等坐輔導無狀，並及于責』。又按，晁迥自此年至天禧四年出院，在院十六年，爲兩宋任職最長之翰林學士。晁迥撰有《別書金坡遺事》，見本書卷中輯佚。

〔五〕按，李宗諤，李昉子，撰有《翰苑雜記》，殘文見本書輯佚。《宋史》本傳：『景德二年，召爲翰林學士。』又見上注引《長編》。又按，《長編》卷六一，八月丁丑朔，以翰林學士李宗諤判太常寺；十一月戊申，『翰林學士李宗諤……在京接伴契丹賀承天節使』。又按，《中興翰苑題名》沈該序：『景德初，趙安仁、晁迥、李宗諤始復置壁記，起國初，自承旨陶穀以下至直院，用除授次第刊列，後居職者皆得以流芳久遠。中遭變故，今不復存。』趙、晁、李三人同在學士院時間，自今年五月晁、李入，至明年二月安仁出，則『復置壁記』當在此際。宗諤撰有《題名記》，見《郡齋讀書志》卷七《翰林雜志》條。

三　晁迥〔一〕

李宗諤

楊億，十一月，以左司諫、知制誥拜〔二〕。

［趙安仁］〔三〕

〔一〕按，《長編》卷六二，三月丙寅，命翰林學士晁迥等校品秩之差，定群臣詔葬制度；卷六三，七月己巳前，命翰林學士晁迥等考定應制舉人所納文卷。《會要・選舉十》誤記于二年七月二十九。

〔二〕按，楊億《武夷新集自序》：『景德三祀，龍集丙午，仲冬之七日，被召入翰林。』知億于十一月七日入學士院。

〔三〕趙安仁是年二月己亥除參知政事出院，《年表》誤繫于去年。按，《宋史・宰輔表一》，景德三年二月己亥，『趙安仁自知制誥、翰林學士遷右諫議大夫、參知政事』。《長編》卷六二、《宋史・真宗二》、本傳同。又，本傳：『二年春，又與晁迥等同知貢舉。』

四　晁迥〔一〕

李宗諤〔二〕

楊億〔三〕

〔一〕按，《會要・禮三一》，四年四月十五日，章穆皇后郭氏崩于萬歲殿之後寢，二十九日，『翰林學士晁迥爲禮儀使。……命翰林學士晁迥撰謚册文，楊億撰哀册文……翰林學士、判太常寺李宗諤議謚號』。《長編》卷六六，八月『丁巳，詔修太祖、太宗正史，宰臣王旦監修國史，知樞密院事王欽若、陳堯叟，參知政事趙安仁，翰林學士晁迥、楊億並修國史』。卷六七，十月乙巳，『翰林學士晁迥等上考試進士新格，詔頒行之』。《會要・崇儒四》，景德四年十一月，『命翰林學士晁迥……與彭年同詳定條格，刻于《韻略》之末』。《會要·選舉一》：『四年十二月二十二日，以翰林學士晁迥權知貢舉。』《長編》卷六六亦載。

〔二〕按，李宗諤議章穆皇后謚號，見上『晁迥』注。《會要·樂三》：『（景德）四年閏五月八日，太常禮院言：「大行皇后神主附別廟，準禮合用登歌酌獻。」舞名詔翰林學士李宗諤撰進，宗諤請作《治安之舞》，並上樂章。』

〔三〕按，楊億撰章穆皇后哀册文、修國史，見上『晁迥』注。

## 大中祥符

**元**　晁迥〔一〕

李宗諤〔二〕

楊億〔三〕

〔一〕按，《長編》卷六八，正月，『學士晁迥知貢舉』。四月乙未，『翰林學士晁迥、李宗諤、楊億，龍圖閣直學士杜鎬，待制陳彭年與太常禮院詳定儀注』。卷七〇，十月癸丑，『上齋于行宮，晁迥進所草赦書。故事，召對學士，天子著帽，而學士止繫鞵。迥以方行大禮，乃秉笏請對，上入，改服見之』。此事又載晁迥《別書金坡遺事》1『大中祥符元年冬』條，詳彼注。

〔二〕按，是年正月，晁迥知貢舉，楊億被病，一度僅李宗諤在院。《長編》卷六八，正月『己卯，詔以天書降，申儆在位……天書降之翌日，宗諤上皇帝奉迎、酌獻樂章，優詔答之』。甲申，『交州黎至忠預加恩，中書既進熟狀，晡後畫付學士院草制，而通進司新易主者，不時送出。夜漏欲盡，上訝麻卷不入，手札付院促之，李宗諤奏以未見熟狀，上遽推問，乃知其故。遲明，宗諤即進草制，上對輔臣大加稱獎』。卷七〇，十一月庚午，『遣翰林學士李宗諤祭澶州河瀆廟』。

〔三〕按，《長編》卷六八，正月甲申，『時學士晁迥知貢舉，楊億被病』。

## 二 晁迥〔一〕

李宗諤〔二〕

楊億〔三〕

〔一〕按，《長編》卷七二，十二月己丑，翰林學士晁迥爲館伴使。

〔二〕按，《長編》卷七一，四月己亥，李宗諤爲同修昭應宫使。

〔三〕按，《侯鯖録》卷四：『舊學士院壁間有題云：「李陽生指李樹爲姓，生而知之。」久無對者。楊大年爲學士，乃對曰：「馬援死以馬革裹屍，死而後已。」』又按，《能改齋漫録》卷一二：『楊文公億以文章幸于真宗，作内外制，當時辭誥，蓋少其比。朝之近臣，凡有除命，願出其手，俟其當直，即乞降命。故潤筆之入，最多于衆人。蓋故事，爲當筆者專得。楊以傷廉，遂乞與同列均分。時遂著爲令。』又按，《歸田録》卷一：『楊大年爲學士時，草《答契丹書》云：「隣壤交歡。」進草既入，真宗自注其側云：「朽壤」、「鼠壤」、「糞壤」。大年遽改爲「隣境」。明旦，引唐故事，學士作文書有所改，爲不稱職，當罷，因亟求解職。真宗語宰相曰：「楊億不通商量，真有氣性。」』《長編》卷八〇亦載。又按，《西塘集耆舊續聞》卷五：『楊文公有重名于世，嘗因草制，爲執政者多所點竄，楊甚不平，因以稿上塗抹處，以濃墨傅之，就加爲鞋底樣，題其榜曰：「世業楊家鞋底。」或問其故，曰：「是他別人脚迹。」當時傳以爲嗢噱。自後舍人行詞遇塗抹者，必相謔云「又遭鞋底」。』以上皆不詳何時事，姑繫此。

三　晁迥〔一〕
李宗諤〔二〕
楊億
〔一〕按，《長編》卷七三，閏二月甲戌，『學士院舊例，赦書、德音不鎖院。及是，宰相召晁迥等問之，迥等言：「除南郊赦書，緣車駕在外，並合預先進入，降付中書，難以鎖院外，自餘赦書、德音，請自今依降麻例鎖院。」從之』。甲戌，二十四日。《會要》記此事在戊辰，曰『今月十八日，宰臣召臣等問所降德音不鎖院之故』云云，蓋十八日發問，二十四日答復。
〔二〕按，《長編》卷七四，八月戊申，李宗諤爲祀汾陰經度制置副使。十二月丁巳，李宗諤等上《新修諸道圖經》千五百六十六卷。

四　晁迥〔一〕
李宗諤〔二〕
楊億
〔一〕按，《會要·職官四》：『四年，祀汾陰……（正月）十七日，以翰林學士晁迥判行在尚書省。』又，『八月，重修尚書省畢，命翰林學士晁迥撰記』。《長編》卷七六，八月癸卯，翰林學士晁迥等詳定諸路發解條式，上之，乃頒于諸路。九月辛卯，『翰林學士、工部侍郎、知制誥晁迥爲西嶽奉册使』。《會要·崇儒四》，大中祥符四年，『十一月詔以新定《韻略》送國子監鏤板頒行……又命翰林學士晁迥……同詳定條格，刻于《韻略》之末』。《長編》卷七六，十二月甲寅，翰林學士晁迥等奏議冬至祀圜丘禮，『望如奭所請，以《通禮》神位爲定，其有增益者如後敕』。
〔二〕按，《長編》卷七五，五月乙未，詔加五嶽尊號，『命翰林學士李宗諤、龍圖閣直學士陳彭年與禮官詳定儀注。又作《奉神述》，備紀崇事之意』。又按，十月，宗諤上所撰《翰苑雜記》。《長編》卷七六，十月戊辰，『上又曰：「翰林，清華之地，前賢揚歷，多有故事，卿父子爲之，必周知也。」宗諤嘗著《翰林雜記》以紀國朝新制，翌日上之。手詔褒答，命藏内署』。《翰林雜記》即本書卷中所輯《翰苑雜記》。

**五**　晁迥〔一〕

李宗諤〔二〕

楊億〔三〕

〔一〕按，《長編》卷七七，正月癸酉，命翰林學士晁迥等同知貢舉。癸酉，五日，《會要·選舉一》作『四日』。又按，《長編》卷七八，九月戊子，晁迥草制，誤削去王欽若、陳堯叟本官，詔各存之，遂改制而行。

〔二〕按，《長編》卷七八，六月戊申，『翰林學士李宗諤等上準詔分定監試發解官薦送紕繆十不、九不刑名，詔從之』。九月癸酉，以『群官導從多逾品式，或庶僚不避大臣。詔翰林學士李宗諤、龍圖閣直學士陳彭年與禮官議定儀制施行之』。卷七九，十月己未，『命參知政事丁謂、翰林學士李宗諤、龍圖閣直學士陳彭年與太常禮院檢討官詳定崇奉天尊儀制以聞』。

〔三〕按，《長編》卷七八，九月『癸巳，翰林學士楊億以疾賜告，遣中使挾太醫療之。拜章爲謝，上作二韻詩，批紙尾，有「副予側席待名賢」之句。尋以久疾求解近職，優詔不許，但權免朝直』。《會要·職官六》：『九月，學士楊億言：「疾疹稍痊，虚羸尚甚，望許權免十數日起居。」詔特免半月起居，仍令出宿。時億疾在假，詔中使挾太醫療之。億拜章謝。時御筆七言二韻詩曰：「承明近侍究儒元，苦學勞心疾已痊。善保興居調飪食，副予前席待名賢。」批表尾賜之。』又按，《國老談苑》卷二：『楊億在翰林，丁謂初參政事，億列賀焉。語同列曰：「骰子選爾，何多尚哉！」未幾，辭親逃歸陽翟別墅。』丁謂初任參政在大中祥符五年九月，故繫此。又按，十二月丁亥，立德妃劉氏爲皇后，《長編》卷八〇：『及議册皇后，上欲得億草制，使丁謂諭旨，億難之。因請三代，謂曰：「大年勉爲此，不憂不富貴。」億曰：「如此富貴，亦非所願也。」乃命它學士草制。』

**六**　晁迥〔一〕

李宗諤，五月，卒〔二〕。

楊億，六月，以太常少卿、分司西京罷〔三〕。

陳彭年，六月，以龍圖閣直學士、左諫議大夫拜〔四〕。

李維，六月，以左司郎中、知制誥拜〔五〕。

王曾，六月，以主客郎中、知制誥拜〔六〕。

〔一〕按，《長編》卷八一，九月『乙卯，以翰林學士晁迥爲契丹國主生辰使。』

〔二〕按，《長編》卷八〇，五月『己未，翰林學士、右諫議大夫、知制誥李宗諤卒。上甚悼之，謂宰相曰：「國朝將相家，能以身名自立不墜門閥者，惟李昉、曹彬爾。宗諤方期大用，不幸短命，深可惜也。」』

〔三〕按，《長編》卷八〇，『億有別墅在陽翟，億母往視之，會得疾，億遂留謁告牓子與孔目吏，中夕奔去』。注引錢惟演《金坡遺事》云『億以五月二日奔陽翟』。六月『辛未，以億爲太常少卿、分司西京，仍許就所居養療，候損日赴任』。又按，《歸田録》卷一：『楊文公億以文章擅天下，然性特剛勁寡合。有惡之者，以事譖之。大年在學士院，忽夜召見于一小閣，深在禁中。既見，賜茶，從容顧問，久之，出文稿數篋以示大年，云：「卿識朕書迹乎？皆朕自起草，未嘗命臣下代作也。」大年惶恐不知所對，頓首再拜而出，乃知必爲人所譖矣。由是佯狂，奔于陽翟。真宗好文，初待大年眷顧無比，晚年恩禮漸衰，亦由此也。』又按，《寓簡》：『楊文公危言直道，獨立一世，嫉惡如仇讎。在翰苑日，有新幸近臣以邪説進者，意欲扳公入其黨中，因間語公曰：「君子知微知彰，知柔知剛。」公正色疾聲答曰：「小人不耻不仁，不畏不義。」幸臣大沮心，切銜之，竟以事中公，逐之。』未知何時事，姑繫此。

〔四〕按，《長編》卷八〇，六月壬申，『以右諫議大夫陳彭年爲翰林學士兼龍圖閣直學士。學士兼職，自此始』。《宋史》本傳：『及升内閣，李宗諤、楊億皆在後。宗諤卒，億病退，而彭年專任矣。』然與彭年同時入院有李維、王曾，不可謂爲『專任』。又按，《長編》卷八〇，六月『甲戌，上作歌賜彭年，因謂向敏中等曰：「頃命學士，罕曾賜歌詩，彭年不同他人，故有是作。」因曰：「彭年詞筆優長，擢居清近，久益謹密，多聞好學，人鮮偕者。平居日寫萬餘言，復精詳典禮，深明法令，人或請益，應答如流，皆有依據。常令檢討典故，質正文義，每一事必具載經史子集所出，備而後已。自非強記，何由至此。」敏中曰：「彭年兼有器識。」丁謂曰：「彭年全才也，豈止以文雅雍容侍從，至如參酌時務，詳求物理，皆出人意表。」上然之，因曰：「詳定所事無大小，皆俟彭年裁制而後定，此一司不可廢也。往者參酌典禮，雖遍歷攸司，而所見皆出胥吏，今已爲定式矣。」』又按，《道山清話》：『大參陳彭年以博學強記受知于定陵，凡有問，無不知者。其在北門，因便殿賜坐對，甚從容。上因問：「墨智、墨允是何人？」彭年曰：「伯夷、叔齊也。」上問：「見何書？」曰：「《春秋少陽》。」即令秘閣取此書，既至，彭年令于第幾板尋檢，果得之。上極喜，自是注意，未幾執政。』又按，《王文正公遺事》：『陳彭年任翰林學士日，同求對，歸詣政府，納所言事。公方議事，乃延見之，顧陳曰：「何所啓？」陳起，次以其狀呈之，曰：「條貫科場。」公投之于地，曰：「内翰做官幾日，待隔截天下寒士？」陳皇懼而退。時向文簡同在中書。歸令堂吏取之。一日，陳再來，公不見。堂吏言陳以有事啓白，公曰：「令到集賢廳晚見。」向公曰：「陳内翰所留文字。」公瞑目取紙封之。向曰：「何不一覽？」公曰：「不過興建符瑞，圖進取耳。」』《宋史》本傳略載之，蓋本此。又按，《長編》卷八〇，四月庚辰，『詔（王）曾與翰林學士陳彭年等同加詳定』咸平後續降宣敕及雜行者。四月彭年未爲學士，《長編》誤。又按，《長編》卷八一，八月辛酉，以陳彭年爲奉祀經度制置副使。同月庚午，『改起居院詳定所爲禮儀院，以兵部侍郎趙安仁、翰林學士陳彭年同知院事。初置詳定所，即命彭年領之，彭年時修《起居注》，故就起居院置局，于是徙起居院于三館』。注：『詳定所自元年四月置，于是改名禮儀院。』《會要·職官二二》亦載。《會要·崇儒四》：『六年九月，翰林學士陳彭年、集賢校理吴鋭、直集賢院丘雍上《准詔新校定玉篇》三十卷，請雕印頒行。詔令兩制官詳定改更之事。』

〔五〕按，李維，李沆弟。此時學士院舊學士，李宗諤卒，楊億罷職，晁迥年已六十二，故同時召入李維、王曾、陳彭年三人。《會要·職官四》：『六年，將奉祀……（十二月二十五日）以翰林學士李維判行在尚書都省。』

〔六〕按，《長編》卷八〇，六月辛巳，命翰林學士王曾等勾當三班院。卷八一，七月壬子，依翰林學士、知審刑院王曾建議，詔『自今文武官特奉詔旨，專有處分，即爲躬親被受，犯者以違制論』云云。又載：『曾爲學士，一日，晚坐承明殿，召對久之。既退，使謁者諭曰：「向思卿甚，故不及御朝服。」其見禮如此。』十月丁亥，詔翰林學士王曾總領校定《十道圖》，注：『天禧三年，書成，凡三卷，詔付有司。』十二月『辛巳，以翰林學士王曾攝御史大夫爲考制度使』。

## 七

晁迥〔一〕

陳彭年〔二〕

李維〔三〕

王曾

〔一〕按，《長編》卷八三，十一月『辛卯，翰林學士晁迥上《玉清昭應宫頌》』。

〔二〕按，《長編》卷八二，二月庚辰，陳彭年知禮儀院。三月『戊戌，翰林學士、右諫議大夫、知制誥、龍圖閣學士陳彭年……爲給事中』。五月『乙未，詔模刻天書奉安于玉清昭應宫……翰林學士陳彭年爲同刻玉副使』。又按，《國老談苑》卷二：『陳彭年在翰林，所兼十餘職，皆文翰清秘之目，時人謂其署銜爲「一條冰」。』

〔三〕按，《長編》卷八二，三月『癸巳，詔文武群臣逮事太祖朝者，賜一子恩，令翰林學士李維、知雜御史段曄等參驗以聞。維等請自兩省給諫、觀察使以上爲例。從之。』

八　晁迥〔一〕
　陳彭年〔二〕
　李維〔三〕
　王曾〔四〕
　〔錢惟演〕〔五〕

〔一〕按，《長編》卷八五，九月己未，翰林學士晁迥等請依舊用李林甫所注《月令》，從之。十月『辛卯，以翰林學士晁迥權判吏部流内銓，知制誥盛度知通進銀臺司、兼門下封駮事。迥以父名「佺」爲辭，遂命與度兩换其任』。

〔二〕按，《長編》卷八四，三月乙卯，『令翰林學士陳彭年以趙安仁等知貢舉起請事件著于式』。《會要·職官十八》：『八年五月，翰林學士陳彭年言：「唐制，中書門下兩省，宫城之内有内省，宫城之外有外省。今請據秘閣舊定屋數重修爲内院，奉安太宗聖容、御書、供御書籍、天文圖畫，四廊並充書庫及史館日曆庫。直館、校理宿直、校勘，及抄寫書籍，雕造印板，並就外院。其外院于左右掖門外就近修蓋。别置三館書庫，其三館書籍名目候將來分擘正副本，取便安置。」從之。』《長編》卷八五，十二月『甲辰，命樞密使、同平章事王欽若都大提舉抄寫校勘館閣書籍，翰林學士陳彭年副焉，鑄印給之』。

〔三〕按，《長編》卷八四，正月甲午，命翰林學士李維同知禮部貢舉。《會要·選舉一》同。

〔四〕按，《長編》卷八五，六月庚寅，翰林學士王曾等與三司同詳定茶法。《會要·職官六》：『八年閏六月，學士院草賜錢惟演詔，誤書「祭」爲「癸」，詔劾孔目吏決杖，待詔贖銅十斤，學士王曾特釋之。』

〔五〕此年錢惟演拜翰林學士，《年表》闕。張驍飛已補。《宋朝事實類苑》卷三〇『進草』條：『惟演大中祥符八年十二月十四日入院禮上，是夕召入，面令草今上封壽春郡王制。』可知其于此日爲學士。參本書《金坡遺事》輯佚該條注。《皇宋十朝綱要》卷三真宗朝學士，列名于王曾、李迪之間，王曾六年入充，李迪九年入充。《宋史》本傳：『大中祥符八年，爲翰林學士。』按，《長編》卷八五，十二月甲辰，注引《會要》：『又令翰林學士晁迥、李維、王曾、錢惟演……于館閣、京朝官中各舉服勤文學者一人爲覆校勘官。』甲辰，二十八日。

## 九　晁迥

陳彭年，九月，除參知政事〔一〕。

李維〔二〕

王曾，九月，除參知政事〔三〕。

李迪，八月，以陝西都轉運使、集賢院學士拜〔四〕。

［錢惟演］〔五〕

〔一〕按，《長編》卷八八，九月『丙午，以翰林學士陳彭年爲刑部侍郎……並參知政事』。又按，《長編》卷八七，五月乙丑，以『翰林學士陳彭年分爲（修奉寶册及參詳）副使』。八月己卯，『翰林學士陳彭年等言：「先準詔看詳新舊編敕，及取已删去並林特所編三司文卷續降宣敕，盡大中祥符七年，總六千二百道，千三百七十四條，分爲三十卷。其儀制、敕書、德音别爲十卷，與《刑統》《景德農田敕》同行。其止是在京及三司本司所行宣敕，别具編録。若三司例册，貢舉、國信條制，仍舊遵用。」』《長編》卷八八，九月『丙午，以翰林學士陳彭年爲刑部侍郎……並參知政事』。

〔二〕按，《長編》卷八七，『甲戌，詔兩省官並龍圖閣待制、三司使以上，自汾陰後來未經遷改者，並特與轉官。于是翰林學士承旨李維等十人並以久次進秩』。張驍飛考此時李維未加承旨，《長編》誤。其説是。

月日。

〔三〕按，《長編》卷八八，九月丙午，『王曾爲左諫議大夫……並參知政事』。《宋史·真宗三》同，《宰輔表一》脱

〔四〕按，《長編》卷八七，八月『丙子，以陝西都轉運使、右諫議大夫李迪爲翰林學士』，不言其爲集賢院學士。《會要·職官五四》，大中祥符九年八月，『以翰林學士李迪爲會靈觀使』。

〔五〕此年三月，錢惟演罷翰林學士，在院僅四月。《年表》闕。按，《長編》卷八六，三月『壬子，給事中慎從吉削一任，翰林學士、給事中錢惟演罷學士』。罷職原因，《宋史》本傳云『坐私謁事罷之』，《長編》記其本末甚詳，不具引。

## 天禧

元　晁迥〔一〕

李維〔二〕

李迪，九月，除參知政事〔三〕。

〔一〕按，《長編》卷九〇，八月『辛未，翰林學士晁迥等言：「準詔詳定敘封所生母及致仕官封贈事。請自京文武升朝官無嫡母繼母者，許敘封所生母；致仕官曾任升朝官，則依例封贈，其致仕後遷至升朝官者，不在此限。」從之』。

〔二〕按，《長編》卷九〇，十一月『辛亥，翰林學士李維等上《新修大中祥符降聖記》五十卷，《迎奉聖像記》二十卷，《奉祀記》五十卷』。

〔三〕按，《宋史·宰輔表一》：『（天禧元年）九月癸卯，李迪自翰林學士、右諫議大夫、知制誥加給事中，除參知政事，依前會靈觀使。』《長編》卷九〇、《會要·職官五四》同。

二　晁迥，十一月，遷承旨〔一〕。

李維，五月，以户部侍郎、集賢院學士罷〔二〕。

錢惟演，正月，以工部侍郎拜〔三〕。

盛度，十一月，以户部侍郎、知制誥拜〔四〕。

〔一〕按，《長編》卷九二，十一月『己未，翰林學士晁迥爲承旨。時朝廷數舉大禮，詔令每下，多出迥手。嘗夜召對，上令内侍持御前炬燭送歸院。他日曲宴宜聖殿，内出牡丹百餘盤，千葉者惟十餘蒂，以賜宰臣、親王。上顧迥與學士錢惟演，亦皆賜焉』。御燭送歸、賞花二事，詳載本書輯佚晁迥《别書金坡遺事》第3和第2條，《澠水燕談録》卷一亦載。又按，《長編》卷九二，八月『乙巳，以翰林學士晁迥爲册立皇太子禮儀使』。十一月『丁亥，命翰林學士承旨晁迥、知制誥陳堯咨于秘閣再考國子監及太常寺别試進士文卷，上其名』。

〔二〕按，李維以疾辭職。《長編》卷九二，五月丁亥，『翰林學士李維罷爲户部侍郎、集賢院學士。初，維三兄皆年五十八而卒，及是維亦得疾，因力辭近職云』。《宋史》本傳：『擢爲翰林學士，累遷中書舍人，以疾辭，出知許州。』

〔三〕按，錢惟演大中祥符九年三月罷，不及兩年復入。《宋朝事實類苑》卷三〇『進草』：『天禧二年正月十七日再入院，二月二日又召對，令草今上封昇王麻。』知其于十七日再入。參本書《金坡遺事》輯佚該條注。《宋史》本傳：『尋遷尚書工部侍郎，再爲學士、會靈觀副使。』按，《長編》卷九二，十一月甲戌，命翰林學士錢惟演、盛度等于秘閣再考定開封府得解舉人試卷。

〔四〕按，據上條注引《長編》，盛度入院當在十一月甲戌前。《宋史》本傳：『改會靈觀判官，入翰林爲學士，加史館修撰。歷兵部郎中、景靈宫副使。』是其在學士任上遷從五品上之兵部郎中，《年表》云以正四品下『户部侍郎』入，疑爲『户部郎中』之誤。又按，盛度爲錢惟演之婿，天禧二年至四年翁婿同時在院。《東坡志林》卷二：『盛度，錢氏婿，而不喜惟演，蓋正邪不相入也。」

## 三　晁迥〔一〕

### 錢惟演〔二〕

### 盛度〔三〕

〔一〕按，《會要·選舉七》：「天禧三年三月九日，帝御崇政殿試禮部奏名進士……翌日……命翰林學士承旨晁迥、學士盛度……爲考官。」《長編》卷九三，三月壬申，「翰林學士承旨晁迥以老疾求解近職，詔不許，特蠲其宿直，令三五日一至院。迥辭以非故事，乃聽俟秋還直」。是年晁迥已六十九歲。卷九四，七月戊辰，詔以十一月十九日有事于南郊，翰林學士承旨晁迥爲南郊禮儀使。

〔二〕按，《長編》卷九三，正月「丁卯，翰林學士錢惟演等四人權同知貢舉」。三月癸未，翰林學士錢惟演爲進士陳損、黃異等訴考校不公，降一官。《會要·職官六四》：「（三月）二十六日，降翰林學士、工部侍郎、知制誥錢惟演爲給事中。」《宋史·真宗三》亦載，本傳云：「又坐貢舉失實，降給事中。」《長編》卷九四，七月戊辰，詔以十一月十九日有事于南郊，翰林學士錢惟演爲儀仗使。十二月「丙午，翰林學士錢惟演上言：『伏見每賜契丹、高麗使御筵，其樂人詞語多涉淺俗。請自今賜外國使宴，其樂人詞語，教坊即令舍人院撰，京府衙前令館閣官撰。』從之。」又按，《宋朝事實類苑》卷三〇『學士院』：「淳化中，蘇易簡爲學士時，建小樓于北軒，甚低窄。天禧三年，惟演奏重葺治，因去其下窗牖，施以曲檻，始明敞矣。」

〔三〕按，《會要·職官五四》：「（天禧）三年正月，以翰林學士盛度權管勾會靈觀判官公事。」三月十日，盛度爲殿試考官，見上『晁迥』條注引《會要》。《長編》卷九三，六月戊戌，以丁謂爲吏部尚書、參知政事，「故事，節度使除拜當降麻。翰林學士盛度以爲參知政事當屬外制，遂命知制誥宋綬草辭，謂甚恨焉」。事本《歸田録》卷一。

**四** 晁迥，四月，以工部侍郎、集賢院學士、判西京留臺罷〔一〕。
錢惟演，八月，除樞密副使〔二〕。
盛度，七月，責知光州，罷〔三〕。
楊億，四月，以起復工部侍郎復拜；十二月，卒〔四〕。
劉筠，八月，以兵部員外郎、知制誥拜〔五〕。
晏殊，八月，以户部員外郎、知制誥拜〔六〕。

〔一〕按，《長編》卷九五，四月，『翰林學士承旨晁迥累表求解近職，庚寅，授工部尚書、集賢院學士、判西京留司御史臺，許一子官河南以就養』。《會要·職官十七》：『天禧四年四月，以翰林學士承旨、兵部侍郎晁迥進工部尚書、集賢院學士、判西京留司御史臺，迥累表引年求解近職故也。他官止云「權」，迥以三品，故云「判」。』又按，《長編》卷九五，二月滑州言河塞，『己亥，命翰林學士承旨晁迥致祭』。三月壬申，翰林學士承旨晁迥等議定舉人條約。

〔二〕按，《宋史·宰輔表一》，天禧四年八月乙酉，『錢惟演自翰林學士、刑部侍郎、知制誥遷樞密副使』。《長編》卷九六、《宋宰輔編年録》卷三同。《宋史》本傳：『復工部侍郎，擢樞密副使。』《會要·職官五四》：『四年八月，以翰林學士錢惟演爲樞密副使，兼會靈觀使。』又按，《長編》卷九五，『夏四月壬午朔，翰林學士錢惟演言：「伏以春秋朝陵……望自今于丞郎、諸司三品内遣官，或闕官，即差兩省諫舍以上」』。卷九六，七月『癸亥，上對參知政事李迪、兵部尚書馮拯、翰林學士錢惟演于滋福殿……惟演又力排寇準』。同月『庚午，以樞密使、吏部尚書丁謂平章事，樞密使、檢校太尉曹利用加同平章事，皆用惟演所言也』。又按，《容齋隨筆》卷八『真宗末年』：『錢文僖在翰林，有天禧四年《筆録》，紀逐日瑣細家事及一時奏對並他所聞之語，今略載于此……予嘗以錢《録》示李燾，燾采取之。』可知《長編》天禧四年紀事曾采其説，查《長編》卷九五、九六記寇準、丁謂等拜罷諸事，李燾注數引錢惟演《日記》，《日記》即《筆録》也。

〔三〕按，《長編》卷九六，七月『丁丑，太子太傅寇準降授太常卿、知相州。翰林學士盛度、樞密直學士王曙並落職，度知光州，曙知汝州，皆坐與周懷政交通』。《麈史》卷下：『（盛度）天聖間爲翰林學士，宰相丁謂去不附己者十人，盛其一也，落學士，工部郎中、知光州。』『天聖』爲『天禧』之訛。又按，《長編》卷九五，『正月戊午，以滑州將塞決河，命翰林學士盛度乘傳致祭』。三月戊午，『詔翰林學士以下龍圖閣直學士以上，自今官未至給諫者，該恩敘封母妻，並如給諫之例……盛度以兵部郎中爲學士，因乞封其母，許之』。

〔四〕按，《長編》卷九三，天禧三年十月丙戌，『楊億丁内艱。時方講郊祀，以億典司禮樂之任，未卒哭，起復工部侍郎，令視事』。故《年表》云『以起復工部侍郎復拜』。《長編》卷九五，四月庚寅，『命工部侍郎楊億爲翰林學士……于是令億序班在錢惟演下、盛度上。惟演言：「億景德中已爲學士，況今與臣並官丞郎，望升億班在臣上。」從之』。《宋朝事實類苑》卷二九『學士班次』條引《金坡遺事》記惟演之言較詳：『竊見太祖朝，竇儀自工部尚書再入翰林，班在舊學士之上；太宗朝，王旦以禮部郎中再知制誥，在吕祐之之上。況楊億在景德中，已爲學士，今來官位與臣並是丞郎，伏乞聖慈特升楊億班在臣之上。』又按，《長編》卷九六，『十二月丁丑朔，起復翰林學士楊億卒』。又按，《長編》卷九五，六月甲午，『詔從翰林學士楊億等所請，選官箋注御製文集，仍令宰相等參詳』。是月，『（寇）準乃屬翰林學士楊億草表，請太子監國，且欲援億以代（丁）謂。億畏事泄，夜屏左右爲之辭，至自起剪燭跋，中外無知者。既而準被酒，漏所謀』。

〔五〕按，劉筠、晏殊入院補盛度、錢惟演之闕。《宋史》本傳：『糾察在京刑獄，知貢舉，還尚書兵部員外郎。復請鄧州，未行，進翰林學士。』又按，《長編》卷九六，九月，『詔翰林學士劉筠等試諸州續解進士。辛未，筠等上其名』。十一月己巳，『（丁）謂始傳詔召劉筠草復相制，筠不奉詔，乃更召晏殊。筠既自院出，遇殊樞密院南門，殊側面而過，不敢揖，蓋内有所愧也』。《宋史》本傳亦載。李燾注又引《御史臺記》劉筠傳云：『十一月丙辰，除丁謂兼少師，李迪兼少傅，馮拯與曹利用並兼少保。筠當制，麻入，未宣，迪、謂忿爭于帝前。戊辰，筠復直，謂罷爲户書，知河南，迪罷爲户侍，知鄆州，拯爲昭文，曾爲集賢。制既入，謂復留，要筠改制，筠不從，卒令他學士爲之。』

〔六〕按，《宋史》本傳：『遷尚書户部員外郎，爲太子舍人，尋知制誥，判集賢院。久之，爲翰林學士，遷左庶子。』《會要·職官七》，天禧四年十一月二十一日，『翰林學士、兼太子舍人晏殊爲太子左庶子，職位並如故』。《長編》卷九六，十一月，『翰林學士、户部員外郎晏殊先兼舍人，改左庶子』。同月『甲戌，翰林學士、太子左庶子晏殊，禮賓副使、太子宫祗候楊懷玉，上《新編賜東宫御製》五十卷。時輔臣論次御集，乞降賜皇儲文字，遂命懷玉編録。懷玉請令殊同纂集，至是來上』。

**五**　劉筠，正月，以右諫議大夫、知廬州罷〔一〕。

晏殊〔二〕

李諮，正月，以户部員外郎、知制誥拜〔三〕。

李維，正月，復拜承旨〔四〕。

〔一〕按，《長編》卷九七，正月丁酉，『翰林學士劉筠見上久疾，丁謂浸擅權，歎曰：「奸人用事，安可一日居此！」表求外任，乃授右諫議大夫、知廬州。舊制，學士罷職，多爲侍讀學士，或龍圖閣學士，筠但除諫議大夫，謂沮之也』。《宋史》本傳：『初，筠嘗草丁謂與李迪罷相制，既而謂復留，令别草制，筠不奉詔，乃更召晏殊。筠自院出，遇殊樞密院南門，殊側面而過，不敢揖，蓋内有所愧也。帝久疾，謂浸擅權，筠曰：「奸人用事，安可一日居此。」請補外，以右諫議大夫知廬州。』

〔二〕按，《長編》卷九七，九月『丙戌，宰相丁謂等上《箋注釋教御集》三十卷，詔賜謂及翰林學士晏殊、管勾使臣器幣有差』。

〔三〕按，李諮接劉筠爲翰林學士。《長編》卷九七，正月丁酉，『宰相擬他官爲學士，上曰：「皆不如李諮。」遂以命諮』。又按，《長編》卷九七，二月『壬子，賜新除翰林學士李諮金紫』。《會要·職官五四》，天禧五年，『四月，以翰林學士李諮權管勾景靈宫判官事』。《長編》卷九七，九月『甲申，命翰林學士李諮爲契丹國主生辰使』。

〔四〕按，《長編》卷九六，天禧四年十二月『癸亥，知洋州、户部侍郎、集賢院學士李維表求歸闕……及至，命維爲翰林學士承旨』。蓋十二月求歸，五年正月授承旨。張驍飛已有説。李維二年五月請疾出院，見彼注。又按，《會要·職官五四》，天禧五年，『三月，以翰林學士承旨李惟（當作「維」）權管勾會靈觀使副事』。

## 乾　興

元　晏殊〔一〕

　　李諮〔二〕

　　李維〔三〕

宋綬，九月，以户部郎中、知制誥［權直院］〔四〕。

劉筠，八月，以給事中復拜；十一月，除御史中丞，罷〔五〕。

〔一〕按，《長編》卷九九，七月『癸酉，以翰林學士、左諫議大夫、知制誥晏殊爲給事中。上即位，殊已進官，太后謂東宫舊臣恩不稱，特加命焉』。是年二月戊午，真宗崩，仁宗即位。《宋史》本傳：『仁宗即位……遷右諫議大夫兼侍讀學士。』即《長編》所謂『已進官』。左、右諫議大夫，小異。

〔二〕按，《長編》卷九八，四月壬戌，特詔『令翰林學士李諮與吏部流内銓以成資闕差擬』。

〔三〕按，《長編》卷九八，『六月己亥朔，翰林學士承旨李維上大行皇帝謚曰文明章聖元孝，廟號真宗』。卷九九，十一月庚午，翰林學士承旨李維等上《宣祖配感生帝議》。同月癸酉，『命翰林學士承旨李維、翰林學士晏殊修《真宗實録》』。

〔四〕權直院，諸本奪，依文例及《宋史》本傳、《會要》補。《宋史》本傳：『累遷户部郎中、權直學士院。』《會要·職官六》：『仁宗乾興元年（未改元）九月，命户部郎中、知制誥宋綬權直學士院。』按，《會要》又云：『時承旨李維，學士晏殊、李諮並充使永定陵故也。不數日，召劉筠入院充學士，綬遂罷。』劉筠九月復拜（詳下『劉筠』注），則宋綬或于本月即罷，權直時間極短。陳元鋒《補証》疑此名『從舍人院題名中闌入』，張驍飛以爲權直學士院在天聖二年，皆非。又按，《宋史》本傳：『權直學士院，同修《真宗實録》。』似謂宋綬以權直院同修《實録》，然《長編》卷九九，十一月癸酉，『尋復命翰林侍講學士孫奭、知制誥宋綬、度支副使陳堯佐同修（《真宗實録》）』。宋綬未帶權直學士院銜，則是罷職之後始與修《實録》。又按，乾興元年二月戊午真宗崩，仁宗即位，未改元。宋綬、劉筠九月入院，爲仁宗朝首批翰林學士，故《皇宋十朝綱要》卷三真宗朝學士不記宋綬；而劉筠此時爲再入，故見于真宗、仁宗兩朝名録。

〔五〕八月，上條記宋綬九月入院，若劉筠以八月入，不當置于其後。據上條所引《會要》，宋綬九月權直院，不數日，劉筠入充，則拜職當在九月。《年表》誤。按，《長編》卷九九，乾興元年十月甲子，『翰林學士晏殊等言：「先朝楊億再爲學士，班錢惟演上。今新除學士劉筠，天禧中已入翰林，請如故事，序班臣等之上。」從之』。十一月庚午，『翰林學士劉筠爲御史中丞』。

## 天聖〔一〕

**元** 晏殊〔二〕

李諮〔三〕

李維〔四〕

〔一〕按，天聖至嘉祐爲仁宗朝，《皇宋十朝綱要》卷四『仁宗』：『學士五十二人：晏殊、李維、李諮、劉筠、宋綬、錢易、夏竦、蔡齊、章得象、陳堯咨、馮元、陳堯佐、盛度、徐奭、石中立、張觀、王拱辰、晁宗慤、胥偃、丁度、宋庠、王舉正、李淑、王堯臣、聶冠卿、柳植、蘇紳、吴育、葉清臣、宋祁、孫抃、張方平、梁適、楊察、彭乘、錢明逸、趙槩、楊偉、嵇穎、曾公亮、田況、胡宿、歐陽脩、吕溱、王洙、王珪、韓絳、吴奎、蔡襄、范鎮、賈黯、馮京。』

〔二〕按，《長編》卷一〇〇，三月辛卯，命翰林學士晏殊作《崇天曆序》。四月辛丑，晏殊爲判太常禮院；《會要·職官二二》亦載。十一月己未，令翰林學士晏殊覆考進士三十八人策論。

〔三〕按，《會要·職官六》：『天聖元年十月二十二日，詔學士今後每遇隻日至晚出宿，不得有妨公事。時學士止李諮、晏殊故也。』此時李維爲承旨，故不數。

〔四〕按，《長編》卷一〇〇，二月庚申，『翰林學士承旨李維等奏議，請錢俶配享太宗廟庭。奏入，不下』。

## 二

晏殊〔一〕

李諮〔二〕

李維〔三〕

〔一〕按，《長編》卷一〇二，三月癸卯，王欽若等上《真宗實録》一百五十卷，與修學士、修撰官李維、晏殊、宋綬各遷秩。同月，詔翰林學士晏殊等編排進士等第，得宋庠、宋祁、葉清臣、鄭戩等。七月庚子，以翰林學士晏殊爲南郊儀仗使。

〔二〕按，《長編》卷一〇二，正月甲寅，以翰林學士李諮建言，詔兩制、大兩省以上，正刺史、閤門使以上，並聽受命日告謝。

〔三〕按，《長編》卷一〇二，七月庚子，以翰林學士承旨李維爲南郊禮儀使。八月『壬午，翰林學士承旨李維等請加上真宗謚曰文明武定章聖元孝』。

**三** 晏殊，十一月，除樞密副使〔一〕。

李諮，九月，除樞密直學士、知洪州，罷〔二〕。

李維〔三〕

宋綬，四月，拜〔四〕。

錢易，十月，以左司郎中、知制誥拜〔五〕。

〔一〕十一月，當爲『十月』之誤。《宋史·宰輔表一》：『（天聖三年）十月辛酉，晏殊自翰林學士、禮部侍郎遷樞密副使。』《長編》卷一〇三、《宋史·仁宗一》同。『一』字衍。

〔二〕按，李諮，新喻（今江西新余）人，出知洪州，從其就養之請也。《長編》卷一〇三，二月，『翰林學士、權三司使李諮以其父兵部員外郎致仕文捷在鄉里，春秋高，乞便郡就養。上方委諮計事，優詔不許，欲慰其思親之心，戊午，賜文捷三品服』。《會要·職官七七》亦載，謂其父『年七十有五』。《長編》卷一〇三，九月庚寅，『翰林學士、權三司使李諮數以疾求外補，改樞密直學士、知洪州』。

〔三〕按，《長編》卷一〇三，七月『乙未，翰林學士承旨李維爲契丹妻蕭氏生辰使』。

〔四〕按，《宋史》本傳：『累遷户部郎中、權直學士院，同修《真宗實録》，進左司郎中，遂爲翰林學士兼侍讀學士、勾當三班院。』綬自乾興元年十一月權直院，一直在院，此時轉翰林學士。參彼注。

〔五〕按，錢易爲錢惟演從兄，入院接替晏殊。又按，《金坡遺事》『弟拜相兄草麻』條：『錢希白于予爲從父兄也，天聖三年十二月，予忝鈞衡之命。時希白當制，世稱「弟拜相，兄草麻」，自古未有。惟座主拜相，門生草麻，前代記之矣。』辨見本書所輯該條注。

**四** 李維，三月，改相州觀察使，罷〔一〕。

宋綬

錢易，正月，卒〔二〕。

夏竦，二月，以起復户部郎中、知制誥拜〔三〕。

蔡齊，五月，以起居舍人、知制誥拜〔四〕。

章得象，五月，以兵部郎中、知制誥拜〔五〕。

〔一〕按，《長編》卷一〇四，『三月戊寅朔，以翰林學士承旨、兼侍讀學士、工部尚書李維爲相州觀察使』。

〔二〕按，《宋史》本傳：『累遷左司郎中，爲翰林學士，爆直未滿，卒。』據《宋朝事實類苑》卷二九《爆直例》引淳化三年學士初入爆直例：『太常少卿、諸行郎中，五十五直。』錢易當未滿此直已去世。

〔三〕按，夏竦入院補錢易之闕。竦去年七月壬寅以前户部郎中起復知制誥，見《長編》卷一〇三。王珪《夏英公神道碑銘》：『天聖三年……復其知制誥……明年，以左司郎中召，入翰林爲學士。』又按，《長編》卷一〇四，五月丁丑，『時舍人院無知制誥，特詔翰林學士夏竦草詞』。《會要·職官三》：『（天聖）四年五月……時閣下惟齊、得象在院，遂命翰林學士夏竦草制。』兩説不同。按，此月蔡齊、章得象入學士院，舍人院無人，故命夏竦草制。當以《長編》爲是。《長編》，九月，『壬申，命翰林學士夏竦、蔡齊，知制誥程琳等重删定編敕』。十二月，『丙子，翰林學士夏竦等上《國朝譯經音義》七十卷』。

〔四〕按，《長編》卷一〇四，『五月丁丑，以知制誥蔡齊、章得象並爲翰林學士』。蔡、章入院，以繼李維。

〔五〕按，《會要·職官三》：『（天聖）四年五月，命知制誥蔡齊、章得象爲翰林學士。』

**五**

宋綬〔一〕

夏竦，三月，以右諫議大夫除樞密副使〔二〕。

蔡齊〔三〕

章得象〔四〕

陳堯咨，二月，以龍圖閣學士、工部侍郎、權知開封府拜；八月，除宿州觀察使，罷〔五〕。

［劉筠］〔六〕

〔一〕按，《長編》卷一〇五，二月癸酉，命翰林學士宋綬同修真宗國史。三月辛酉，命翰林學士宋綬以下二十六人爲殿後封彌、謄録、考覆、詳定編排官。四月乙未，詔翰林學士宋綬撰《病源序》。《會要·禮二八》：『（天聖）五年七月十三日，以親郊，命……翰林學士宋綬爲儀仗使。』《長編》卷一〇五，十一月己亥，以河平，命宋綬撰《修河記》。

〔二〕三月，諸本同，當作『正月』。《宋史·宰輔表一》：『（天聖五年）正月戊辰，夏竦自翰林學士、龍圖閣直學士除右諫議大夫、樞密副使。』《長編》卷一〇五、《宋宰輔編年録》同。『三月』蓋『正月』之壞。按，《長編》卷一〇五，十月壬辰，『又纂集舊聞，訂正訛謬，爲《銅人鍼灸圖經》。至是，上之。因命翰林學士夏竦撰序，摹印頒行』。此時夏竦已離任翰林學士，《長編》誤記。

〔三〕按，《長編》卷一〇五，太后大出金帛重修景德寺，六月癸未，命翰林學士蔡齊撰《重修景德寺記》。

〔四〕按，《長編》卷一〇五，十一月己亥，以河平，命翰林學士章得象祭于河。

〔五〕按，陳堯咨入院接替夏竦。《長編》卷一〇五，二月『甲戌，龍圖閣學士、工部侍郎、權知開封府陳堯咨爲翰林學士，仍以堯咨先朝初榜第一人，特班蔡齊上』。八月『丙戌，以翰林學士、兼龍圖閣學士、權知開封府陳堯咨爲宿州觀察使、知天雄軍。』又按，《會要·儀制十三》：『（天聖）五年七月十三日，以親郊，命……翰林學士、權知開封府陳堯咨爲橋道頓遞使。』

〔六〕劉筠是年任翰林學士承旨，《年表》闕。按，《宋史》本傳：『知潁州。召還，復知貢舉，進翰林學士承旨兼龍圖閣直學士、同修國史、判尚書都省。』其自潁州召還之年，《長編》卷一〇五，天聖五年正月，『癸丑，命樞密直學士、禮部侍郎劉筠權知貢舉。中書初議擇官，上曰：「劉筠可用也。」筠時在潁川，遂驛召之』。可知筠于天聖五年召還知舉，同年爲承旨。同卷二月癸酉，載劉筠以樞密直學士同修《真宗國史》，《會要·禮三六》記天聖五年四月二十三日，『翰林學士承旨劉筠等言：「奭所上五服年月別無誤錯。」』云云，可知其于二至四月間加承旨。又按，《長編》卷一〇五，六月戊子，詔從翰林學士承旨劉筠《尚書省諸司收試私名事奏》。《會要·禮二八》：『（天聖）五年七月十三日，以親郊，命……翰林學士承旨劉筠爲禮儀使。』《長編》卷一〇五，十月壬午，學士承旨劉筠等上議郊廟二舞。《宋史·樂一》亦載。同月戊子，劉筠等議孫奭所上五服制度。

**六**　宋綬〔一〕

蔡齊，七月，除禮部侍郎、龍圖閣學士、知河南府，罷〔二〕。

章得象

馮元，九月，以龍圖閣學士、兼侍講學士、禮部郎中、同修國史拜〔三〕。

陳堯佐，九月，以樞密直學士、左諫議大夫、權知開封府罷〔四〕。

［劉筠］〔五〕

〔一〕按，《長編》卷一〇六，十一月『癸卯，翰林學士宋綬等上所撰《天聖鹵簿記》十卷』。

〔二〕閣，抱經樓本、文淵閣本奪。按，《長編》卷一〇六，七月『丙辰，以翰林學士、兼侍讀學士蔡齊爲龍圖閣學士、知河南府。羅崇勛趣齊上《修景德寺記》，曰：「參知政事可得也。」齊故遲其記不上，崇勛怒，譖于太后，命齊出守。參知政事魯宗道固爭留之，不能得。尋以親老易密州。太后諭宰相取記，齊始上之』。《修景德寺記》事見五年『蔡齊』注。

〔三〕按，馮元、陳堯佐入院補蔡齊、劉筠之闕。宋祁《馮侍講行狀》：『七年，召入翰林爲學士。』記年當誤。

〔四〕按，《宋史》本傳：『代弟堯咨同知開封府，累遷右諫議大夫，爲翰林學士。』左、右諫議大夫，與《年表》小異。

〔五〕劉筠是年八月罷承旨，《年表》闕。按，《長編》卷一〇六，八月『戊寅，翰林學士承旨、兼龍圖閣學士劉筠以龍圖閣學士知廬州。』《江鄰幾雜志》：『劉子儀侍郎三入翰林，意望入兩府，頗不懌，詩云：「蟠桃三竊成何味，上盡鰲頭迹轉孤。」稱疾不出。朝士問候者繼至，詢之，云：「虛熱上攻。」石公中立在坐，云：「只消一服清涼傘。」意謂兩府始得用青涼傘也。』《長編》亦載。

**七**　宋綬，七月，罷〔一〕。

章得象〔二〕

馮元

陳堯佐，二月，除樞密副使〔三〕。

〔一〕按，《長編》卷一〇八，七月『乙丑，翰林學士、兼侍讀學士、中書舍人、同修國史宋綬落學士。綬領玉清昭應宮判官，而宮災，故責之』。《會要·職官三》亦載。

〔二〕按，《長編》卷一〇七，二月『戊辰，翰林學士章得象權發遣開封府事』。得象臨時接替陳堯佐，在府僅二十七日。《江鄰幾雜志》：『章相在翰林日，嘗差知權開封府二十七日，請僧在家設七晝夜道場，懼这冤濫也。』

〔三〕二月，抱經樓本、文淵閣本作『三月』，誤。按，《宋史·宰輔表一》，天聖七年二月丁卯，『陳堯佐自翰林學士兼龍圖閣直學士、右諫議大夫、權知開封府遷樞密副使』。《長編》卷一〇七同。去年堯佐以工部侍郎入院，在院遷右諫議大夫。

**八**　宋綬，四月，復拜〔一〕。

章得象

馮元

徐奭，四月，以禮部郎中、知制誥拜；九月，卒〔二〕。

[盛度]〔三〕

〔一〕按，宋綬去年七月罷，今復拜。《長編》卷一〇九，『夏四月癸未朔，復中書舍人宋綬翰林學士。綬前以昭應宮災，落學士。綬時同修國史，詔免赴舍人院當直，于是復入翰林』。又按，《長編》卷一〇九，七月『乙亥，命翰林學士宋綬、馮元爲初考制策官，翰林學士章得象、御史中丞王隨覆考』。

〔二〕按，《長編》卷一〇九，四月『丙申，禮部郎中、知制誥徐奭爲翰林學士、權知開封府。奭俊邁有才，然鋭于進取，在西掖幾四年未遷，乃由内降入翰林，領開封，時議薄之。不半載，暴卒』。

〔三〕盛度此年復爲翰林學士，《年表》闕。按，《皇宋十朝綱要》卷四仁宗朝學士，盛度位于陳堯佐之後、徐奭之前，據本《表》，陳六年九月入院，徐八年四月入院，則盛度當與徐奭同時或稍早入院。又按，《長編》卷一〇九，『八月丙戌，詔翰林學士盛度、御史中丞王隨與三司詳定陝西兩池鹽法』。《宋史·食貨下三》亦載此事；本傳云：『復爲翰林學士、史館修撰，遷給事中。嘗受詔與御史中丞王隨議通解鹽。』

九　宋綬，十月，以龍圖學士、知應天府罷〔一〕。

章得象

馮元

［盛度］〔二〕

〔一〕按，宋綬以議還政仁宗，忤太后意，被貶。《長編》卷一一〇，十月『己卯，以翰林學士兼侍讀學士宋綬爲龍圖閣學士，知應天府。時太后猶稱制，五日一御承明殿，垂簾決事，而上未始獨對群臣也。綬言：「唐先天中，睿宗爲太上皇，五日一受朝，處分軍國重務，除三品以上官，決重刑；明皇日聽朝，除三品以下官，決徒刑。今宜約先天制度，令群臣對前殿，非軍國大事及除拜，皆前殿取旨。」書上，忤太后意，故命出守』。又按，《長編》卷一一〇，六月庚辰，翰林學士宋綬等上新編《皇太后儀制》五卷，詔名曰《內東門儀制》。

〔二〕盛度此年仍爲翰林學士，《年表》闕。按，《長編》一一〇，正月辛未，『翰林學士盛度請其子奉禮郎申甫于館閣讀書，從之』。《會要·選舉一〇》：『（天聖九年）四月二十五日，命翰林學士盛度、知制誥鄭向、直集賢院胥偃同試應書判拔萃科于秘閣。』

## 明道

元　章得象

馮元

［盛度］〔一〕

〔一〕盛度此年仍爲翰林學士，《年表》闕。按，《長編》卷一一一，十二月『庚申，命樞密直學士權三司使李諮、翰林學士盛度、侍讀學士王隨同議解鹽法』。

二 章得象〔一〕

馮元〔二〕

〔盛度〕〔三〕

〔一〕按，《長編》卷一一二，四月庚子，『命翰林學士章得象爲大行皇太后遺留契丹國信使』。卷一一三，八月『辛酉，命翰林學士章得象、知制誥鄭向編定《一司一務敕》』。

〔二〕按，《長編》卷一一二，五月丙子，以翰林學士馮元爲《籍田》及《恭謝太廟記》編修官。卷一一三，八月壬寅，從翰林學士馮元等議，名莊獻明肅太后、莊懿太后新廟曰『奉慈』。九月，詔翰林學士馮元、端明殿學士宋綬詳定諸王追贈禮。同月乙酉，以坐監護莊懿葬事不職，『翰林學士、龍圖閣學士、兼侍講、給事中馮元落翰林學士，知河陽』。《年表》失記出院事。

〔三〕盛度此年升承旨，惟不知月日。《年表》闕。按，《會要·職官七八》：『明道二年十月二十六日……更命（張）士遜爲使相。時士遜已罷，而翰林學士承旨盛度草制，猶用士遜舊銜，有司奉行制書，不復追改，論者非之。』《長編》卷一一三，十月甲辰，『命翰林學士承旨盛度等詳定裁減天下歲所度僧道人數』。十一月『丙寅，詔崇文院募唐遺事，翰林學士承旨盛度請命官刊修《唐書》故也』。又按，《曲洧舊聞》卷一：『盛文肅在翰苑日，昭陵嘗召入，面諭：「近日亢旱，禱而不應，朕當痛自咎責，詔求民間疾苦。卿只就此草詔，庶幾可以商量，不欲進本往復也。」文肅奏曰：「臣體肥，不能伏地作字，乞賜一平面子。」上從之。逮傳旨下有司，而平面子至，則詔已成矣。上覽之，嘉其如所欲而敏速，更不易一字。或曰：「文肅屬文思遲，乞平面子，蓋亦善用其短也。」』《宋史·仁宗二》載，明道二年七月，『戊子，詔以蝗旱去尊號「睿聖文武」四字，以告天地宗廟，仍令中外直言闕政』。故繫此。

# 景祐

元　章得象〔一〕

石中立，正月，以給事中、知制誥拜〔二〕。

張觀，正月，以刑部郎中、知制誥拜〔三〕。

［盛度］〔四〕

〔一〕按，《長編》卷一一四，正月『丁丑，命翰林學士章得象等五人權知貢舉』。《會要·選舉一》同。

〔二〕按，石中立、張觀入補馮元之闕。其入院當在正月己卯前。《長編》卷一一四，正月『己卯，命翰林學士石中立、張觀權行舍人院制詞，以知制誥鄭向、胥偃、李淑等並權同知貢舉也』。《會要·職官三》亦載。《宋史》本傳：『歷右諫議大夫、給事中，入爲翰林學士。』又按，《湘山野録》卷上：『石參政中立在中書時，盛文肅度禁林當直，撰張文節公知白神道碑，進御罷，呈中書。石急問之：「是誰撰？」盛卒對曰：「度撰。」對訖方悟。滿座大笑。』又按，《涑水記聞》卷三：『（盛）度雖肥，拜起輕捷。爲翰林學士時，嘗自前殿出，宰相在後，度初不知，忽見，趨而避之，行百餘步，乃得直舍，隱于其中。翰林學士石中立見其喘甚，問之。度告其故。中立曰：「相公問否？」度曰：「不問。」别去十餘步，乃悟，駡曰：「奴乃以我爲牛也！」』此事不知何時，姑繫此。

〔三〕按，其入院當在正月己卯前，見上注。又按，《長編》卷一一四，閏六月『辛酉，命翰林學士張觀、知制誥李淑宋祁編三館、秘閣書籍。仍命判館閣盛度、章得象、石中立、李仲容覆視之』。

〔四〕盛度是年仍爲承旨，《年表》闕。按，《長編》卷一一四，二月『丁未，詔參知政事王隨、翰林學士承旨盛度各與一子官，以嘗詳定解池鹽法也』。《會要·選舉七》：『景祐元年三月十八日，帝御崇政殿試禮部奏名進士……命翰林學士承旨盛度已下三十六人鎖宿考試。』《會要・職官六》：『景祐元年五月十五日，翰林學士承旨盛度等言：「本院見闕《隋書》，應天下圖經、《道德經》並疏、《莊子疏》、《沖虛真經》並疏，乞下所屬去處各給一部，付本院充公用。内《莊子》並《沖虛真經疏》如監本無，即乞于《道藏》内借本，付三館差人抄寫。」從之。』《長編》卷一一五，七月『辛卯，翰林學士承旨盛度等上所定學士、舍人院召試人等第』。同月，『翰林學士承旨、兼端明殿學士盛度召對承明殿西廡，問以邊計，退而條十事上之，又兼翰林侍讀學士』。

**二**　章得象，二月，遷承旨〔一〕。

石中立〔二〕

張觀〔三〕

〔盛度〕〔四〕

〔一〕『二月』以下五字，抱經樓本、文淵閣本奪。按，章得象繼盛度爲承旨。《能改齋漫録》卷一二：『章郇公在翰林十二年，當劉太后時，人多傲倖以希大用，公乃中立不倚。晚還承旨，最爲久次。』又按，《長編》卷一一六，四月『己未，翰林學士承旨章得象、天章閣待制燕肅與翰林侍讀學士馮元詳定刻漏』。同月庚申，翰林學士承旨章得象奏奉詔定于淵等祀九宫貴神法。《會要・禮一四》：『（景祐）二年六月九日……命翰林學士承旨章得象告天地于南郊壇。』《長編》卷一一七，九月，翰林學士承旨章得象等奏議宋祁所上《太樂圖義》。十二月癸酉，詔翰林學士承旨章得象等編次赦書所訪唐、五代諸國及本朝臣僚子孫，以名聞。

〔二〕按，《會要・禮十四》：『（景祐）二年六月九日……翰林學士石中立告太廟七室。』

〔三〕按，《長編》卷一一七，九月『壬辰，詔翰林學士張觀等刊定《前漢書》，下國子監頒行』。

〔四〕盛度此年二月罷承旨，出爲參知政事。《年表》闕。李心傳《舊聞證誤》卷二：『按《學士年表》，盛文肅景祐二年已遷參知政事，明年丁文簡始入翰林，二公未嘗並直也。」可知《年表》原有盛度，傳抄過程中脱去。按，《長編》卷一一六，二月戊辰，『翰林學士承旨、端明殿學士、兼翰林侍讀學士、禮部侍郎盛度爲參知政事』。《宋史・仁宗二》《宰輔表二》記此遷，俱不書其承旨之職。

**三** 章得象，十二月，除同知樞密院〔一〕。

石中立，三月，除參知政事〔二〕。

張觀，二月，除給事中、御史中丞，罷〔三〕。

丁度，三月，以刑部郎中、知制誥拜〔四〕。

晁宗慤，三月，以起復刑部郎中、知制誥拜〔五〕。

〔一〕按，《宋史・宰輔表二》，景祐三年十二月丁卯，『章得象自翰林學士承旨兼侍讀學士、龍圖閣直學士、禮部侍郎遷同知樞密院事』。《長編》卷一一九同，並云：『得象爲人莊重，度量宏廓，初爲楊億所稱，以爲有公輔器。或問之，答曰：「閩士多輕狹，而得象渾厚有容，此所以貴也。」嘗與億戲博李宗諤家，一夕負錢三十萬，罷而酣寢自如。它日博勝，得宗諤金銀一奩。逾數月博又負，即反奩于宗諤，緘識未嘗發也。在翰林十二年，怡然自得。莊獻太后臨朝，宦官熾横，太后每遣内侍至學士院，得象必正色嚴待之，或不交一言，議者以此稱焉。』《能改齋漫録》卷一二：『章郇公在翰林十二年……及副樞李公諮卒，公始代之。時有親吏聞命，即徑造齋閤報慶。公厲聲曰：「無妄語。」乃叱出之。』又按，《長編》卷一一八，正月戊子，『翰林學士承旨章得象等上所定王公國名』。同月丙午，命學士承旨章得象等詳定閤門儀制，康定元年四月，修成。二月丙辰，命章得象等重定刻漏水秤。六月『己酉，翰林學士承旨章得象等上《科場發解條制》，下所司頒行』。卷一一九，十月丁未，以翰林學士承旨章得象權御史中丞。

〔二〕石中立除參知政事，在四年四月甲子，《年表》誤。見下年補『石中立』條。按，《宋史》本傳：『遷尚書禮部侍郎，爲學士承旨兼龍圖閣學士。景祐四年，拜參知政事。』據此，其爲承旨當在三年，章得象十二月丁卯罷承旨出院，石中立當旋即接任。

〔三〕二月，當爲『三月』之誤。《長編》卷一一八，三月戊戌，『翰林學士張觀權御史中丞』。御史中丞，當爲『權御史中丞』。《宋史》本傳：『進爲翰林學士、知審官院，累遷左司郎中，以給事中權御史中丞。』上引《長編》亦作『權御史中丞』。按，《長編》卷一一八，二月壬戌，賜《史記》《漢書》詳定官翰林學士張觀等器幣有差。

〔四〕按，孫抃《丁文簡公度崇儒之碑》：『再遷刑部郎中，召入翰林充學士。』《長編》卷一一九，七月己亥，命翰林學士丁度等同詳定黍尺鐘律。十月丁未，以翰林學士丁度權御史中丞。

〔五〕按，晁宗慤爲晁迥之子。《宋史》本傳：『父憂，奪喪，管勾會靈觀，入翰林爲學士。』據《長編》卷一一五，迥景祐元年（1034）九月辛卯卒，至景祐三年（1036）三月，宗慤守喪未滿，故曰『起復』『奪喪』。

**四**　丁度〔一〕

晁宗慤

胥偃，閏四月，以工部郎中、知制誥拜〔二〕。

李淑，閏四月，以禮部員外郎、知制誥拜〔三〕。

[石中立]〔四〕

〔一〕按，《長編》卷一二〇，三月『戊戌，翰林學士丁度等上所撰《國朝時令》一卷』。六月丙申，『詔國子監以翰林學士丁度所修《禮部韻略》頒行』。

〔二〕按，胥偃、李淑入院以補石中立之闕。《宋史》本傳：『遷工部郎中，入翰林爲學士。』

〔三〕李淑一共五度入院，此爲首入，其餘四次《年表》均闕，詳各年所補。按，《宋史》本傳：『遷尚書禮部員外郎……改知制誥、勾當三班院，爲翰林學士。』《會要・儀制三》：『（景祐四年）閏四月十六日，翰林學士李淑言：「臣叨職史闈，十有一載，拜命之始，今翰林侍講學士馮元即是同修國史，其後並判禮院，臣亦在下。今忝恩命，寔異班儀。欲望特許史院、禮院依舊位元下。」』淑當于此日或稍早入院。又按，《會要・崇儒四》：『景祐四年十月十七日，翰林學士李淑言：「切見近日發解進士，多取別書小說、古人文集，或移合經注，以爲題目，競務新奧。」』《會要・選舉三》又記于景祐五年正月八日。按，發解試在秋季舉行，李淑既曰『近日』，當繫于十月爲是。《長編》卷一二〇，十月『癸巳，翰林學士李淑請班其父樞密直學士若谷下，詔從淑請』。《會要・儀制三》亦載。

〔四〕石中立本年爲承旨，四月拜參知政事出院。《年表》闕。按，《宋史・宰輔表二》，景祐四年四月甲子，『石中立自翰林學士承旨兼龍圖閣學士，並除參知政事』。《長編》卷一二〇、《宋史・仁宗二》、《宋宰輔編年録》卷四同，《年表》誤作三年三月事。《宋史》本傳及《宰輔録》記其罷職時本官爲禮部侍郎。

## 寶元

**元**　丁度〔一〕

晁宗慤〔二〕

胥偃〔三〕

李淑，三月，除侍讀學士，罷〔四〕。

宋庠，三月，以刑部員外郎、知制誥拜〔五〕。

〔一〕按，《長編》卷一二一，正月『庚戌，命翰林學士丁度等權知禮部貢舉』。《會要・選舉一》記爲景祐五年正月十三日，景祐五年即寶元元年，是年十一月改元。又按，《石林燕語》卷七：『丁文簡公度爲學士累年，以元昊叛，仁宗因問：「用人，守資格與擢材能孰先？」丁言：「承平無事則守資格，緩急有大事大疑，則先材能。」蓋自視久次，且時方用兵，故不以爲嫌。』元昊是年叛，故繫此。

〔二〕按，《長編》一二二，四月辛卯，命翰林學士晁宗慤等同議茶法。

〔三〕按，《會要・選舉一》記景祐五年正月十三日，翰林學士胥偃等同知貢舉。景祐五年即寶元元年。《長編》一二二，十二月丁亥，『忻州地震，翰林學士、權知開封府胥偃言：「地震，陰之盛。今朝廷政令，不專上出，而後宫外戚，恩澤日蕃，此陽不勝陰之效也。加之邊寇内侮，宜選將練師，以防侵軼。」』

〔四〕按，《長編》卷一二一，三月『乙巳，翰林學士李淑爲翰林侍讀學士，仍罷判禮院，避其父若谷執政也』。

〔五〕按，宋庠，原名郊。《長編》卷一二一，三月戊戌，『刑部員外郎、知制誥宋郊爲翰林學士。上初欲用郊爲右諫議大夫、同知樞密院事。中書言故事無知制誥除執政者，乃先召入翰林。左右知上遇郊厚，行且大任矣。學士李淑害其寵，欲以奇中之，言于上曰：「宋，受命之號也；郊，交也。合姓名言之爲不祥。」上弗爲意。他日，以諭郊，因改名庠』。注：『庠更名在十二月乙未。』則宋庠拜學士時仍名『郊』，本篇作『宋庠』，爲後來追記。又按，《東軒筆録》卷一〇：『宋鄭公庠初爲翰林學士，仁宗嘗對執政稱其文學才望可大任者。候兩府有闕，進名。是時曾魯公公亮爲館職，在京師，傳聞上有此言，遽過鄭公而賀之。鄭公蹙額曰：「審有是言，免禍幸矣！」魯公惘然不測而退。明年樞副闕，執政進名，仁宗熟視久之，徐曰：「召張觀。」執政曰：「去歲得旨，欲用宋庠。」仁宗曰：「觀是先朝狀元，合先用也。」』據《宋史・宰輔表二》，張觀寶元元年四月乙亥除同知樞密院事，魏泰所記當在此前，記時及張觀新職小誤。

**二**　丁度

晁宗慤

胥偃，八月，卒〔一〕。

宋庠，十一月，除左諫議大夫、參知政事〔二〕。

王舉正，八月，以兵部郎中、知制誥拜〔三〕。

柳植，八月，以工部郎中、知制誥、知杭州拜；十一月，以左諫議大夫、除權御史中丞罷〔四〕。

〔一〕按，胥偃爲歐陽脩岳父，修在南陽聞訃，作《與刁景純學士書》。

〔二〕按，《長編》卷一二五，十一月壬寅，『翰林學士、刑部員外郎、知制誥宋庠爲諫議大夫、參知政事』。《宋史·宰輔表二》作『十月壬寅』，十月無壬寅，誤。又按，《長編》卷一二三，六月乙亥，翰林學士宋郊等與三司共議榷鹽法。《長編》『郊』原作『祁』，校者據宋本改。然去年十二月郊已改名庠（見上年注），此處當如《宋史·食貨下三》稱『宋庠』。

〔三〕按，王舉正爲陳堯佐婿，《宋史》本傳：『以兵部郎中復知制誥，爲翰林學士。』

〔四〕左諫議大夫，《長編》卷一二五、卷一三四皆作『右諫議大夫』，《宋史》本傳作『諫議大夫』。《年表》疑誤。權御史中丞，《長編》同，本傳奪『權』字。按，《宋史》本傳：『求知蘇州，徙杭州，累遷尚書工部員外、郎中。召還，爲翰林學士，遷諫議大夫、御史中丞。』《長編》卷一二五，十一月『戊戌，翰林學士、工部郎中、知制誥柳植爲右諫議大夫、權御史中丞』。

## 康定

元　丁度〔一〕

晁宗慤，九月，除左諫議大夫、參知政事〔二〕。

王舉正〔三〕

王堯臣，正月，以左司諫、知制誥拜〔四〕。

〔一〕按，《長編》卷一二七，六月壬子，從翰林學士丁度言，二府、三司自今遇旬假，聽休務如舊。卷一二八，九月甲戌，命翰林學士丁度等試武舉。卷一二九，十二月戊申，翰林學士承旨丁度奏乞罷鑄大錢。張驍飛據此考證丁度應于是年爲承旨，《年表》誤記于明年。又按，孫抃《丁文簡公度崇儒之碑》：『尋兼侍讀學士，改中書舍人，爲學士承旨。』

〔二〕左諫議大夫，《長編》卷一二八、《宋史·宰輔表二》、本傳皆作『右諫議大夫』。按，《宋史·宰輔表二》，康定元年九月戊午，『起復加翰林學士兼龍圖閣學士晁宗慤自左司郎中、知制誥加右諫議大夫，並除參知政事』。戊午，六日。《長編》卷一二八同，並云：『宗慤時使陝西未還。』《宋史》本傳：『元昊反，關中久宿師，以宗慤安撫陝西，與夏竦議攻守策。未還，道拜右諫議大夫、參知政事。』又按，《長編》卷一二八，八月癸未朔，命翰林學士兼龍圖閣學士晁宗慤等齎手詔至永興軍，與夏竦等議邊事。《會要·崇儒五》：『九月四日，翰林學士晁宗慤等上大理評事蘇舜賓集《獻納大典》一百卷。』

〔三〕按，《長編》卷一二九，十月己丑，命翰林學士王居正等于國子監考試方略舉人。『王居正』爲『王舉正』之誤。

〔四〕按，《會要·崇儒五》，九月四日，『翰林學士王堯臣等上前滑州軍事推官魏庭堅撰《四夷龜鑑》三十卷』。『十二月十七日，翰林學士王堯臣上通判滑州、秘書丞蔡亶撰《通志論》十三篇。』

## 慶曆

**元** 丁度，□月，遷承旨〔一〕。

王舉正，五月，除左諫議大夫、參知政事〔二〕。

王堯臣〔三〕

聶冠卿，四月，以兵部郎中、知制誥拜〔四〕。

王拱辰，五月，以左正言、知制誥拜〔五〕。

蘇紳，五月，以刑部員外郎、知制誥拜〔六〕。

〔柳植〕〔七〕

〔一〕□月，謙牧堂本作『三月』。按，丁度當于去年還承旨，《年表》誤記于此。參康定元年『丁度』注。又按，《長編》卷一三〇，正月戊寅，『翰林學士丁度言，詳定服紀親疏在官迴避條制，請本族緦麻以上親及有服外親並令迴避，其餘勿拘，從之』。『學士』下當奪『承旨』。

〔二〕左諫議大夫，《宋史·宰輔表二》、本傳、《長編》卷一三二、《宋宰輔編年録》卷四『左』皆作『右』。《年表》誤。按，《宋史·宰輔表二》：『（慶曆元年）五月辛未，王舉正自翰林學士、兵部侍郎、知制誥加右諫議大夫除參知政事。』《宋史·仁宗三》及《長編》卷一三二同。《長編》又云：『翰林學士、兵部郎中、知制誥王舉正爲右諫議大夫、參知政事。舉正厚重寡言，前一夕，吏有報者，舉正方燕居齋舍，徐謂吏曰：「傳者必妄，不然，安得漏禁中語？」既入謝，上曰：「卿恬于進取，未嘗干朝廷以私，故不次用卿。」』《宰輔表二》『兵部侍郎』當從《長編》作『兵部郎中』，中華書局校點本已指其誤。

〔三〕按，《長編》卷一三〇，正月壬戌，遣翰林學士王堯臣等體量安撫陝西路。卷一三二，爲編修《崇文總目》，六月『癸卯，命翰林學士王堯臣、聶冠卿，知制誥郭稹看定三館、秘閣書籍』。七月『壬子，翰林學士王堯臣兼龍圖閣學士』。癸丑，王堯臣奏陝西防秋兵略。卷一三四，十二月『己丑，翰林學士王堯臣等上新修《崇文總目》六十卷。景祐初，以三館、秘閣所藏書，其間亦有謬濫及不完者，命官定其存廢，因仿《開元四部録》爲《總目》，至是上之。所藏書凡三萬六百六十九卷，然或相重，亦有可取而誤棄不録者。』庚寅，修《總目》官王堯臣、聶冠卿並加階及食邑有差。

〔四〕按，此年正月王堯臣出爲陝西體量安撫使，五月始還（據《宋史》本傳及《長編》卷一三〇、一三二），學士院中只丁度、王舉正二人，故補聶冠卿、柳植。聶冠卿事迹見上『王堯臣』注；柳植，《年表》闕，見下補『柳植』條。

〔五〕按，王拱辰、蘇紳入院補王舉正之闕。《宋史》本傳：『慶曆元年，爲翰林學士。』《會要·選舉三四》：『（康定二年）八月十九日，以秘書省校書郎井淵爲鳳州推官，益州草澤張俞試國子四門助教。翰林學士王拱辰言淵、俞皆「西南之選，實林壑之美，望垂禮聘」故也。』康定二年即慶曆元年，是年十一月丙寅改元。

〔六〕按，《宋史》本傳：『進史館修撰，擢知制誥，入翰林爲學士。』《長編》卷一三三，八月乙酉，從翰林學士蘇紳之言，『詔兩制檢閲《唐書》紀傳中君臣事迹近于治道者，録一兩條上之』。《唐書》謂劉昫等《舊唐書》。卷一三四，十月癸卯，從翰林學士蘇紳請，詔沿邊臣僚宴會，自今並毋得以女伎祗應。《會要·刑法二》亦載。

〔七〕柳植是年四月爲翰林學士，十二月罷。《年表》闕。按，《宋史》本傳：『徙杭州，累遷尚書工部員外、郎中。召還，爲翰林學士，遷諫議大夫、御史中丞。』《皇宋十朝綱要》卷四仁宗朝學士，柳植位列聶冠卿、蘇紳之間，當于是年四月與聶同時入院。本傳又云：『既而以疾辭，改侍讀學士、知鄧州。』《長編》卷一三四，慶曆元年十二月『壬辰，右諫議大夫、權御史中丞柳植爲翰林侍讀學士、知鄧州，以疾自請也』。可知柳植于是年十二月出院。

二　丁度〔一〕

王堯臣〔二〕

聶冠卿，九月，卒〔三〕。

王拱辰，三月，以右諫議大夫、權御史中丞罷〔四〕。

蘇紳〔五〕

吴育，十月，以起居舍人、知制誥拜〔六〕。

富弼，十月，以左正言、知制誥拜，固辭，罷〔七〕。

〔一〕按，《長編》卷一三五，三月丁巳，命翰林學士承旨丁度爲河東宣撫副使。丁巳，十四日。《會要・職官四一》記爲十六日，略異。

〔二〕按，《長編》卷一三五，二月『辛巳，詔罷殿試，而翰林學士王堯臣、同修起居注梁適，皆以爲祖宗故事，不可遽廢。越三日，癸未，詔復殿試如舊』。卷一三八，十月『甲寅，以翰林學士兼龍圖閣直學士王堯臣爲涇原路安撫使』。

〔三〕按，《宋史》本傳：『告歸葬親，至揚州卒。……初，（弟）世卿監延豐倉，掘地得古塼，有隸書字，半漫滅。其可辨者云……又云：「水龍夜號，夕雞駭飛。其年九月十二日卒，年五十有五。」冠卿始見而惡之，至是，校所卒歲月及其享年，無少異者。』又按，《長編》卷一三五，正月『丁巳，命翰林學士聶冠卿權知貢舉』。《會要・選舉一》同。

〔四〕按，《會要・選舉一》：『（慶曆）二年正月十二日，以翰林學士聶冠卿權知貢舉，翰林學士王拱辰、蘇紳……並權同知貢舉。』《長編》卷一三五，四月庚辰，以富弼爲回謝契丹國信使，其復書，『翰林學士王拱辰所撰也』。契丹使三月己巳來，己巳爲二十六日，本《表》記拱辰三月罷學士，則國書當撰于二十六至三十日之間，撰畢即離任。又按，《宋史》本傳記拱辰應對遼使事，較《長編》簡要：『契丹使劉六符嘗謂賈昌朝曰：「塘濼何爲者？一葦可杭，投箠可平；不然，決其堤，十萬土囊，即可路矣。」仁宗以問拱辰，對曰：「兵事尚詭，彼誠有謀，不應以語我，此夸言爾。設險守國，先王不廢，而祖宗所以限敵人也。」至是，又使六符來，求關南十縣，斥太宗伐燕爲無名，舉朝莫知所答。拱辰曰：「王師征河東，契丹既通使，而寇石嶺關以援賊。太宗怒，遂回軍伐之，豈謂無名？」乃作報書曰：「既交石嶺之鋒，遂有薊門之役。」契丹得報，遂繼好如初。帝喜，謂輔臣曰：「非拱辰深練故實，殆難答也。」』

〔五〕按，正月十二日，蘇紳權同知貢舉，見上注引《會要》。《長編》卷一三五，三月庚辰，詔翰林學士蘇紳等選試習武藝知方略者，以補班行。卷一三七，六月『戊戌，翰林學士蘇紳爲修建北京副使』。

〔六〕按，《宋史》本傳：『除同修起居注，遂知制誥，進翰林學士。』

〔七〕按，《長編》卷一三八，十月『丙午，以右正言、知制誥、史館修撰富弼爲翰林學士。弼言于上曰：「增金帛與敵和，非臣本志也。特以朝廷方討元昊，未暇與敵角，故不敢以死爭爾，功于何有，而遽敢受賞乎！願陛下益修武備，無忘國恥。」卒辭不拜』。又按，《長編》卷一四二，慶曆三年八月丁未，云以『資政殿學士、兼翰林學士、右諫議大夫富弼復爲樞密副使』。據《宋史》本傳，此時弼爲侍讀學士，非翰林學士，《長編》誤。

**三**　丁度〔一〕

王堯臣〔二〕

蘇紳，七月，除龍圖閣學士、知揚州，罷〔三〕。

吴育〔四〕

葉清臣，［三］月，以龍圖閣直學士、禮部郎中拜〔五〕。

宋祁〔六〕

［李淑］〔七〕

〔一〕按，《長編》卷一四一，五月癸巳，翰林學士承旨丁度等奏詳定帥臣見所部儀制。卷一四四，十月乙卯，詔翰林學士承旨丁度提舉修兵書。據《宋史》本傳，所修爲《慶曆兵録》五卷，《玉海》卷五八有敘録。

〔二〕按，《長編》卷一三九，正月丙申，王堯臣上奏，『請逐路都部署、副部署並罷經略，只充緣邊安撫使、副』。卷一四〇，四月『己未，翰林學士、兼龍圖閣學士、兵部員外郎王堯臣爲户部郎中，權三司使事』。堯臣請自擇僚屬，以治辦聞。《宋史》本傳：『以户部郎中權三司使，辟張昷之、杜杞等十餘人爲副使、判官。』

〔三〕知揚州，《宋史》本傳、《會要・職官六四》所載同；《長編》卷一四二七，月戊辰作『知河陽』。考《長編》卷一五八『慶曆六年正月丙寅』，李燾注：『蘇紳三年七月始自内翰换大龍知揚州，其知河陽又在六年正月。』《長編》此年蓋誤記六年知河陽事。按，蘇紳罷職，以諫官王素、歐陽脩等言其舉御史馬端非其人。又按，《長編》卷一三九，正月辛未，太宗第三子鄂王曦病革時，詔學士蘇紳就宰相第草進封制，未及宣而薨。《會要・帝系三》亦載。

〔四〕按，《長編》卷一四二，八月丁酉，命翰林學士吴育等删定景祐二年至今所增編敕四千七百餘條。卷一四三，九月丙子，翰林學士吴育權知開封府。

〔五〕三月，諸本多作『□月』，惟謙牧堂本作『九月』，誤。據《長編》卷一五七補。《長編》卷一五七，慶曆五年十一月丁酉，李燾注：『（清臣）三年三月召入翰林，七月丁父憂，五年十一月免喪，除知邠州。』知其三月入院，七月即出院。李之亮《宋代郡守通考・江寧府》引《景定建康志》卷一三：『（慶曆）三年四月七日，清臣赴闕。』蓋三月任命而四月自江寧啓程也。

〔六〕按，此脱宋祁入院時間、本官。范鎮《宋景文公祁神道碑》：『以龍圖閣直學士知杭州，未行，爲翰林學士，知審刑院，兼提舉諸司庫務，判史館，兼侍讀學士。』又按，《長編》卷一四五，『十二月丙申，翰林學士、提舉在京諸司庫務宋祁，請諸庫務事有未便當更置者，皆使先禀度可否，而後議于三司；又請增置勾當公事朝臣一員。並從之。提舉司勾當公事，自祁始也』。

〔七〕李淑是年九月短暫復任翰林學士，《年表》闕。按，《長編》卷一四三，九月丙子，『端明殿學士兼翰林侍讀學士李淑爲翰林學士』。歐陽脩奏事延和殿，面論淑奸邪，請罷之，『尋有旨，令淑知壽州，既而不行』。是月壬辰，『翰林學士、端明殿學士兼翰林院侍讀學士、中書舍人李淑罷翰林學士，爲給事中，出知鄭州』。丙子，十二日，壬辰，二十八日，是則李淑二度入院僅十七日即罷。《宋史》本傳：『復爲翰林學士、中書舍人。言者指其在開封多褻近吏人，改給事中、知鄭州。』知其入院時本官中書舍人。

**四**

丁度〔一〕

王堯臣

吴育

葉清臣〔二〕

宋祁〔三〕

〔一〕按，《長編》卷一五一，七月癸酉，翰林學士丁度等議真宗皇后改謚之禮。八月乙未，翰林學士承旨丁度、學士王堯臣、吴育、宋祁等議契丹來書並朝廷答書。

〔二〕按，葉清臣此年丁父憂，不在院。詳三年『葉清臣』注。

〔三〕按，《長編》卷一四七，三月甲戌，翰林學士宋祁等奏論范仲淹等復古勸學之議。

**五**

丁度，四月，以工部侍郎除樞密副使〔一〕。

王堯臣，正月，遷承旨〔二〕。

吴育，正月，以右諫議大夫除樞密副使〔三〕。

葉清臣，十一月，除翰林侍讀學士、知邠州，罷〔四〕。

宋祁，二月，以翰林侍讀學士、兼龍圖閣學士罷〔五〕。

孫抃，二月，以起居舍人、知制誥拜〔六〕。

張方平，二月，以右正言、知制誥拜〔七〕。

梁適，十一月，以樞密直學士、禮部郎中、知延州拜；是月，罷爲翰林侍讀學士、知澶州〔八〕。

蘇紳，十月，以龍圖閣學士、禮部郎中復拜〔九〕。

〔一〕按，《長編》卷一五五，四月庚戌，『翰林學士承旨、端明殿學士、兼翰林侍讀學士、中書舍人丁度爲工部侍郎、樞密副使』。《宋宰輔編年録》卷五同，《宋史·宰輔表二》『工部侍郎』作『工部尚書』，中華書局點校本已指其誤。又按，《長編》卷一五四，正月丙戌，學士承旨丁度草工部侍郎、平章事、兼樞密使杜衍罷職制。

〔二〕按，此年四月前丁度仍爲承旨，王堯臣不應正月即遷承旨，陳元鋒已揭《年表》之誤。詳下年『王堯臣』條。又按，《長編》卷一五五，五月己未，翰林學士王堯臣、張方平等並同刊修《唐書》。卷一五六，七月壬寅，翰林學士王堯臣等奏議三后升祔事。卷一五七，九月癸未朔，翰林學士王堯臣奏選任館閣官例。

〔三〕按，《宋史·宰輔表二》，慶曆五年正月丙戌，『吴育自翰林學士、禮部郎中、知制誥、權知開封府加右諫議大夫……並除樞密副使』。《長編》卷一五四、《宋宰輔編年録》卷五同。

〔四〕按，葉清臣此年仍丁父憂，不在院，詳三年『葉清臣』注。《長編》卷一五七，十一月『庚子，改除翰林侍讀學士、知邠州』。其罷職緣由，《長編》云：『初，翰林學士葉清臣居父喪，言者嘗請起復爲邊帥，既而不行。至是免喪，宰相陳執中與清臣有隙，不欲清臣居内，乃申用其言。』《宋史》本傳：『丁父憂，言者以清臣爲知兵，請起守邊。及服除，宰相陳執中素不悦之，即除翰林侍讀學士、知邠州。道由京師，因請對，改澶州。』

〔五〕按，《長編》卷一五四，二月戊戌，『翰林學士、兼侍讀學士宋祁爲侍讀學士、兼龍圖閣學士，避兄庠執政也』。《會要·職官六三》亦載。據《宋史·宰輔表二》，是年正月丙戌，宋庠自資政殿學士、給事中、知鄆州除參知政事。范鎮《宋景文公祁神道碑》：『會元憲公自天平復參政事，解堂職，兼龍圖閣學士、史館修撰。』又按，《西塘集耆舊續聞》卷三：「（宋祁）初在翰苑，時兄莒公執政。一日對昭陵，天顔不懌，久乃曰：「豈有爲人兄而不能詔其弟乎？」莒公知譜者，因答云：「臣弟兄才薄非據，冒榮過分，方俟乞外。」昭陵曰：「甚好，將取文字來。」對畢，同時上章告退。已而莒公守維揚，子京守壽春。凡貴臣出守朝辭，例有頒賜。子京告下，遂入朝辭榜子。宰相呂許公于漏舍呼閤門詢之，曰：「宋學士甚日朝辭？」閤門云：「已得班。」許公于是愕然曰：「敏哉！」蓋欲放謝辭，截其頒賜也。子京辭退，到都堂敘述：「兄弟久叨至庇，今茲外補揚、壽，相去不遠，盡出陶鎔之恩。」許公曰：「更三年後相見。」」

〔六〕按，孫抃、張方平入院接替吴育、宋祁。《宋史》本傳：「遷起居舍人、翰林學士兼侍讀學士、史館修撰。」又按，《長編》卷一五五，五月「甲子，命翰林學士孫抃磨勘諸路提點刑獄課績」。

〔七〕按，《宋史》本傳：「知制誥，權知開封府……進翰林學士。」蓋源出蘇軾《張文定公墓志銘》。李之亮《宋代郡守通考·開封府》「張方平」條引《開封府題名記》記其到任時間，云：「慶曆六年正月（下泐）。」則方平本年入院前未知開封府，本傳誤。《題名記》下泐者，疑爲「翰林學士權知」。又按，《長編》卷一五七，九月庚寅，從翰林學士張方平之請，詔文武官已致仕而所舉官犯罪當連坐者除之。十一月「辛丑，命翰林學士張方平、侍讀學士宋祁，再修《景祐廣樂記》」。

〔八〕侍讀，抱經樓本、文淵閣本奪。按，《長編》卷一五七，十一月甲午，「樞密直學士、禮部郎中、知延州梁適爲翰林學士。適告歸治葬事，過京師，得入見，自陳前爲朋黨所擠，遂有此命。侍御史梅直等奏彈不已，乃以適爲侍讀學士、知澶州」。李燾注：「知澶州在庚子日。」甲午，十八日，庚子，二十四日，梁適授職僅七日即罷，爲可考北宋任期最短之翰林學士。

〔九〕按，蘇紳慶曆元年至三年曾任學士，故曰「復拜」。《宋史》本傳：「改龍圖閣學士、知揚州，復爲翰林學士、史館修撰、權判尚書省。」蘇紳復入僅三月即罷職。詳下年補「蘇紳」條。《會要·儀制三》：「（慶曆五年）十月二十五日，翰林學士孫抃、張方平言：「學士蘇紳已複舊職，緣紳位本在臣等之上，望許仍舊。」從之。』

**六**　王堯臣〔一〕

孫抃〔二〕

張方平，正月，以右諫議大夫、權御史中丞罷；十一月，復拜〔三〕。

楊察，正月，以右正言、知制誥拜〔四〕。

［蘇紳］〔五〕

［王拱辰］〔六〕

〔一〕按，王堯臣此年正月遷承旨，《年表》誤置于去年。《長編》卷一五八，『春正月戊子，翰林學士、兼龍圖閣學士、户部郎中、知制誥王堯臣罷三司使，爲翰林學士承旨、兼端明殿學士、群牧使』。又云：『初，學士蘇易簡、丁度自郎中進中書舍人充承旨，及堯臣爲承旨，獨不遷官，宰相賈昌朝抑之也。』

〔二〕按，《長編》卷一五八，正月『甲午，命翰林學士孫抃權知貢舉』。《會要·選舉一》原作『六月十四日』，校點本據《長編》改『正月』。甲午，十三日，與《會要》小異。

〔三〕按，《長編》卷一五八，十一月戊子，『右諫議大夫、權御史中丞張方平爲翰林學士、權三司使』。

〔四〕楊察，晏殊婿。《東都事略》本傳：『召爲右正言、知制誥……會晏殊爲宰相，察以子婿嫌，換龍圖閣待制，拜翰林學士、知開封府。』《宋史》本傳：『母憂去職，服除，復爲知制誥，拜翰林學士、權知開封府。』

〔五〕蘇紳是年正月丙申前仍爲翰林學士，《年表》闕。張驍飛已補。按，《長編》卷一五八，正月『丙申，翰林學士、禮部郎中、知制誥、史館修撰蘇紳爲吏部郎中、翰林侍讀學士、集賢殿修撰、知河陽。紳鋭于進取，善中傷人，衣冠憚疾之。言者斥其狀，故命出守，紳自揚州復入翰林未三月也』。

〔六〕王拱辰此年正月至十一月爲翰林學士，《年表》闕。張驍飛已補。按，《長編》卷一五九，『及拱辰爲三司使』下注：『拱辰是年正月戊子，以翰林學士兼龍圖閣學士、權三司使。』又，十一月『戊子，翰林學士、兼龍圖閣學士、權三司使王拱辰爲侍讀學士、兼龍圖閣學士、知亳州，從拱辰所請也。翌日，内降指揮，留拱辰侍經筵，而中書執奏不行，拱辰因請改知鄭州，從之』。

## 七

王堯臣

孫抃

張方平，八月，知滁州，罷〔一〕。

楊察，四月，以右諫議大夫、權御史中丞罷〔二〕。

葉清臣，四月，復拜〔三〕。

彭乘，三月，以工部郎中、知制誥拜〔四〕。

錢明逸，三月，以右諫議大夫、知制誥拜〔五〕。

〔一〕張方平慶曆八年八月罷職，《年表》誤記于此。詳八年補『張方平』條。按，《長編》卷一六〇，六月『辛亥，命翰林學士、權三司使張方平爲南京鴻慶宫奉安三聖御容禮儀使』。卷一六一，八月丙辰，從翰林學士張方平等議，詔加真宗謚曰膺符稽古成功讓德文明武定章聖元孝。丙辰，十四日，《會要·帝系一》作二十五日。

〔二〕按，《長編》卷一六〇，三月『癸巳……上每命學士草詔，未嘗有所增損。至是楊察當筆，既進詔草，以爲未盡罪己之意，令更爲此詔』。五月『己亥，命翰林學士楊察除放天下欠負』。《會要·禮二八》：『（慶曆）七年七月六日，以親郊，命……翰林學士楊察爲禮儀使。』知楊察四月未罷學士，《年表》誤。

〔三〕按，《長編》卷一六四，慶曆八年四月甲戌，『翰林侍讀學士、户部郎中、知永興軍葉清臣爲翰林學士、權三司使』。知清臣復拜當爲八年事，《年表》誤記于此。又，《長編》卷一六〇，五月壬午，『知青州、翰林學士、户部郎中葉清臣兼龍圖閣直學士爲永興軍路都部署兼本路安撫使、知永興軍』。『翰林學士』當從《宋史》本傳作『翰林侍讀學士』。張驍飛並已辨正。

〔四〕按，《宋史》本傳：『召修起居注，擢知制誥，累遷工部郎中，入翰林爲學士。』《會要・禮二八》：『（慶曆）七年七月六日，以親郊，命……翰林學士……彭乘爲鹵簿使。』

〔五〕按，錢明逸爲錢易子。《宋史》本傳：『進同修起居注、知制誥，擢知諫院，爲翰林學士。自登科至是，纔五年。』《長編》卷一六一，八月『丁卯，以加上真宗尊謚，命翰林學士錢明逸奏告永定陵』。《會要・禮五八》亦載。

**八**　王堯臣

孫抃

葉清臣〔一〕

彭乘

錢明逸〔二〕

趙槩，十二月，以刑部郎中、知制誥拜〔三〕。

楊偉，十二月，以刑部郎中、知制誥拜〔四〕。

宋祁，六月，復拜；十月，知許州，罷〔五〕。

[張方平]〔六〕

[李淑]〔七〕

〔一〕按，葉清臣此年四月復拜，《年表》誤記于去年。參七年『葉清臣』注。

〔二〕按，《長編》卷一六三，三月『庚申，命翰林學士錢明逸詳定赦前天下欠負』。卷一六五，十一月『己未，命翰林學士錢明逸、翰林侍讀學士張錫同詳定一州一縣編敕』。十二月『庚寅，命翰林學士錢明逸檢閱渾儀制度以聞』。

〔三〕按，趙槩、楊偉入院，蓋補張方平、李淑之闕。《宋史》本傳：『終母喪，入爲翰林學士。』《東都事略》卷七一本傳：『遷知制誥，以母老，乞知蘇州，入翰林爲學士。』

〔四〕按，楊偉，楊億之弟，《宋史》本傳：『遷刑部郎中，爲翰林學士。』

〔五〕按，宋祁慶曆三年曾爲翰林學士，五年出院，故云『復拜』。范鎮《宋景文公祁神道碑》：『元憲爲樞密，復翰林學士。』據《宋史·宰輔表二》，是年五月辛酉，宋庠自給事中、參知政事除樞密使，六月宋祁拜學士，故《碑》云云。又按，宋祁之罷職，《長編》卷一六五，十月『庚寅，翰林學士、右諫議大夫、知制誥、史館修撰宋祁落職，知許州……張美人進號貴妃，祁適當制，不俟旨，寫告不送中書，徑取官告院印用之，亟封以進。妃方愛幸，冀行册禮，得告大怒，擲地不肯受，祁坐是黜』。《會要·職官六五》亦載。此事又見《西塘集耆舊續聞》卷三，更云：『宋氏子弟云：元豐末，東坡赴闕，道出南都，見張文定公方平，因談及内庭文字。張云二宋某文某文甚佳，忘其篇目，惟記一首，是《張貴妃制》。坡至都下，就宋氏借本看，宋氏諸子不肯出，謂東坡滑稽，萬一摘數語作譚話，天下傳爲口實矣。』又按，《長編》卷一六二，正月『癸未，命翰林學士宋祁、權御史中丞魚周詢定奪陝西、河東銅鐵錢利害以聞』。據《年表》，正月宋祁未任翰林學士，《長編》蓋以上奏時官職書之。卷一六四，六月丙申，『翰林學士張方平、宋祁、御史中丞楊察與三司使葉清臣先上陝西錢議』。七月『甲子，命翰林學士宋祁、入内都知張永和往商胡埽視決河及覆計工料』。卷一六五，八月甲申，宋祁等言商胡水口可百日而畢。九月『辛丑，命翰林學士宋祁磨勘提點刑獄朝廷使臣課績』。

〔六〕張方平是年八月罷職，《年表》誤記于去年。張驍飛已訂正。按，《長編》卷一六五，八月丁丑，『翰林學士、兼端明殿學士、右諫議大夫、知制誥、史館修撰張方平……並落職。方平知滁州……方平坐嘗托（楊）儀市女口……法不應得罪，特貶之』。《會要・職官六五》同。蘇軾《張文定公墓志銘》記其罷職之故，則曰：『公既剛簡自信，不恤毀譽，故小人思有以中之。會三司判官楊儀，以請求得罪，公坐與儀厚善，遂罷職，出知滁州。』又按，《長編》卷一六二，閏正月甲子，翰林學士張方平言，宫庭之變，美人張氏有扈蹕功，然不宜有所尊異。卷一六三，三月甲寅，仁宗詔翰林學士等奏陳『朕躬闕失』，『翰林學士張方平既退朝，會鎖院草制，方平即條對所問。夜半，與制書俱上。……帝覽奏驚異，詰旦，更賜手札，問詔所不及者。……上覽奏，益異之，書「文儒」二字以賜方平』。《墓志銘》亦載此事。《會要・職官七八》：『（嘉祐）八年五月二十四日，樞密使、河陽三城節度使、同中書門下平章事夏竦罷樞密使，判河南府……時京師同日無雲而震者五，帝方坐便殿，急召翰林學士。俄頃，學士張方平至，帝連言天變若此，蓋夏竦奸邪所致。方平請撰駁辭，帝意遽解，曰：「且以均勞逸命之。」』《長編》卷一六四，六月乙未，翰林學士張方平、宋祁等先上陝西錢議。

〔七〕李淑此年三爲翰林學士，約七月入，十一月一日罷。《年表》闕。按，《會要・儀制三》：『（慶曆八年）七月十九日，詔翰林學士李淑立位在葉清臣之上。淑知孟州還朝，詔特升舊位。』孟州即河陽，李淑入學士院當在七月。《會要・后妃三》：『（慶曆八年十月）二十一日，命參知政事龐籍爲（張）貴妃册禮使……翰林學士李淑撰册文並書册印。』又按，《長編》卷一六五：『十一月乙未朔，翰林學士、兼端明殿學士、翰林侍讀學士、禮部侍郎、知制誥、史館修撰李淑落翰林學士，依前端明殿學士、兼翰林侍讀學士，加龍圖閣學士、集賢殿修撰、知應天府、兼南京留守司。初，淑奉詔撰陳堯佐神道碑，少所推稱，其家積憾，求所以報。會淑嘗作周陵詩，有「不知門外倒戈回」之句，國子博士陳求古者，堯佐子也，因上淑詩石本，且言辭涉謗訕，下兩制及臺諫官參定，皆以謂引喻非當，遂黜之。』撰碑事當出《東軒筆録》卷三。

## 皇祐

元　王堯臣〔一〕

孫抃〔二〕

葉清臣，三月，以翰林侍讀學士、知河陽罷〔三〕。

彭乘，九月，卒〔四〕。

錢明逸，四月，除龍圖閣學士、知蔡州，罷〔五〕。

趙槩〔六〕

楊偉

〔一〕按，《長編》卷一六七，九月『癸卯，翰林學士承旨、兼端明殿學士、户部郎中、知制誥王堯臣爲右諫議大夫。初，賈昌朝抑堯臣不與遷官，及歲滿當遷，文彦博，堯臣同年進士也，遂優遷之』。《會要·職官六》亦載，而無『賈昌朝』一句。

〔二〕按，《長編》卷一六七，八月壬戌，『翰林學士孫抃當制，（陳執中）遂除尚書左丞』。

〔三〕按，《長編》卷一六六，三月癸卯，『翰林學士、户部郎中、權三司使葉清臣爲翰林學士、知河陽』。據《年表》，《長編》下一『翰林學士』爲『翰林侍讀學士』之誤。

〔四〕按，《宋史》本傳：『既病，仁宗敕太醫診視，賜以禁中珍劑。卒，賜白金三百兩。御史知雜何郯論請贈官，不許，詔一子給奉終喪。……晚歲，歷典贊命，而文辭少工云。』又按，彭乘文辭欠佳，見譏時人。《東軒筆録》卷四：『仁宗臨朝，歎以輕薄少年，不足爲臺閣之重。宰相探其旨，自是務引用老成，往往不愜人望，甚者，語言文章爲世所笑。彭乘之在翰林，楊安國之在經筵是也。』卷九：『彭乘爲翰林學士，文章誥命尤爲可笑。有邊帥乞朝覲，仁宗許其候秋涼即途，乘爲批答之詔曰：「當俟蕭蕭之候，爰堪靡靡之行。」田況知成都府，會西蜀荒歉，饑民流離，況始入劍門，即發倉賑濟，既而上表待罪，乘又當批答，曰：「纔度巖巖之險，便興惻惻之情。」王琪性滑稽，多所侮誚，及乘死，琪爲挽詞，有「最是蕭蕭句，無人繼後風」，蓋謂是耳。』又按，《長編》卷一六六，六月『己丑，翰林侍讀學士、吏部郎中梁適爲同群牧使。群牧使舊止一員，翰林學士彭乘已領之，適蓋員外置也』。《會要·職官二三》、《宋史》本傳亦載，知彭乘此時爲群牧使。

〔五〕錢明逸當爲二年四月罷學士，《年表》誤繫于此。詳二年補『錢明逸』條。按，《長編》卷一六六，三月『庚申，翰林學士、權知開封府錢明逸爲回謝契丹使』。

〔六〕按，《長編》卷一六六，正月『辛丑，命翰林學士趙槩權知貢舉』。辛丑，八日，《會要·選舉一》作『十二日』。

**二**　王堯臣〔一〕

孫抃

趙槩〔二〕

楊偉

嵇穎，八月，以刑部員外郎、知制誥拜；九月，卒〔三〕。

〔錢明逸〕〔四〕

〔一〕按，《長編》卷一六八，正月壬子，命翰林學士承旨王堯臣等與三司較天下每歲財賦出入之數以聞。六月丙寅，翰林學士承旨王堯臣奏議阮逸所上編鐘四清聲譜法；《會要·禮二四》《樂二》《樂四》詳載之。《長編》卷一六九，十二月甲申朔，詔頒翰林學士承旨王堯臣等定議三品以上家廟之制。

〔二〕按，《長編》卷一六八，三月『己酉，翰林學士、刑部郎中、知制誥趙槩爲回謝契丹國信使』。《東都事略》卷七一本傳：『皇祐二年，館伴契丹泛使，遂報聘焉。契丹請賦《信誓如山河詩》，詩成，契丹主親酌玉杯以勸槩，且以素扇授其近臣劉六符，寫槩詩置之懷袖。』《宋史》本傳亦載。

〔三〕刑部員外郎，諸本同，《長編》卷一六九、《會要·職官六》、《宋史》本傳及本書所收《翰苑遺事》，皆作『兵部員外郎』，《年表》誤。按，《長編》卷一六九，九月，『兵部員外郎、知制誥嵇穎爲翰林學士，未及謝，辛丑卒。即其第賜告敕、襲衣、金帶、鞍勒馬及明堂賞物』。辛丑，十七日，《會要·職官六》作十六日庚子卒。

〔四〕錢明逸此年四月罷翰林學士，《年表》誤記于去年。陳元鋒已補。按，《宋史》本傳：『坐尹京無威望；又獄吏榜婦人鄭氏墮足死，罷爲龍圖閣學士、知蔡州。』《長編》卷一六八，四月『戊辰，降翰林學士、兵部員外郎、知制誥、史館修撰、權知開封府錢明逸爲龍圖閣學士、知蔡州』。《會要·職官六五》記爲皇祐元年四月十三日。查皇祐二年四月戊辰，爲十二日，《會要》所記當爲二年四月十三日，與《長編》差一日，今《輯稿》『四月』前奪『二年』。

**三**　王堯臣，十月，除樞密副使〔一〕。

孫抃

趙槩

楊偉

曾公亮，四月，以刑部郎中、知制誥拜〔二〕。

田況，十二月，除龍圖閣學士、給事中、權三司使，罷〔三〕。

[李淑]〔四〕

〔一〕按，《長編》卷一七一，十月辛丑，『翰林學士承旨兼端明殿學士、給事中、知誥制王堯臣爲樞密副使』。《宋史・宰輔表二》同。《宋史・仁宗四》記爲『十月庚子』，早一日，除授前或奪『辛丑』。又按，《長編》卷一七〇，七月丁巳，翰林學士承旨王堯臣等上議，國朝樂宜名『大安』。

〔二〕按，《長編》卷一七〇，四月己酉，『刑部郎中、知制誥、兼侍講、史館修撰曾公亮爲翰林學士』。《宋史》本傳：『遂知制誥兼史館修撰，爲翰林學士、判三班院。』又按，《長編》卷一七一，八月『乙未，翰林學士、刑部郎中、知制誥兼侍講、史館修撰曾公亮爲契丹國母生辰使』。

〔三〕罷，當爲『拜』之誤。《宋史》本傳：『遷給事中，召爲御史中丞。既至，權三司使，加龍圖閣學士、翰林學士。』

〔四〕李淑此年除父喪後，四爲翰林學士，旋罷。《年表》闕。按，《長編》卷一七一，十月『乙未，翰林學士兼端明殿學士、翰林侍讀學士、禮部侍郎、知制誥李淑落翰林學士。淑始除父喪，以端明、侍讀二學士奉朝請，尋復入翰林』。諫官包拯、吴奎言其性奸邪，故落職。按，李淑父若谷，皇祐元年六月戊子卒，宋制服喪二十七月滿，淑約于三年七八月終喪復仕，『復入翰林』當在此前後。

**四**

孫抃

趙槩

楊偉

曾公亮

田況〔一〕

[王拱辰]〔二〕

〔一〕按，《長編》卷一七二，五月丙午，『（代淵）著《周易旨要》、《老佛雜説》十篇，于是翰林學士田況上其書』。

〔二〕王拱辰是年加翰林學士承旨，《年表》闕。按，《名臣碑傳琬琰集》下卷二〇《王懿恪公拱辰傳》：『皇祐四年除承旨。』《宋朝事實類苑》卷四引《帝學》：『十一月甲辰，講《尚書·無逸》……因令王洙書《無逸》，蔡襄書《孝經》，又命翰林學士承旨王拱辰爲二圖序，而襄書之。』此事又見《長編》卷一七三，皇祐四年十二月『甲午，洙、襄皆以所書來上』。可知拱辰加承旨在十一月前。

**五**　孫抃，七月，以右諫議大夫、權御史中丞罷〔一〕。

趙槩〔二〕

曾公亮〔三〕

田況，九月，除禮部侍郎、三司使，罷〔四〕。

胡宿，五月，以兵部員外郎、知制誥拜〔五〕。

［楊偉］〔六〕

［王拱辰］〔七〕

［錢明逸］〔八〕

〔一〕七月，按，《長編》卷一七四，五月癸亥，『翰林學士兼侍讀學士、吏部郎中、知制誥、史館修撰孫抃爲右諫議大夫、權御史中丞』。《年表》蓋誤。

〔二〕按，《會要·禮二八》：『（皇祐）五年七月六日，以親郊命宰臣龐籍爲大禮使，翰林學士承旨王拱辰爲禮儀使，翰林學士趙槩爲鹵簿使。』

〔三〕按，《會要·選舉一》：『五年正月十二日，以翰林學士承旨王拱辰權知貢舉，翰林學士曾公亮……並權同知貢舉。』《長編》卷一七五，十一月戊子，翰林學士曾公亮等放今年天下欠負。

〔四〕按，《長編》卷一七五，九月『壬午，權三司使、翰林學士、兼龍圖閣學士、給事中田況爲禮部侍郎、三司使』。

〔五〕按，歐陽脩《贈太子太傅胡公墓志銘》：『久之，拜公翰林侍讀學士，遷翰林學士，兼史館修撰、判館事，兼端明殿學士。』又按，《長編》卷一七五，八月甲寅，翰林學士胡宿以詔南郊用舊樂，常祀朝會用新定大安之樂，奏議古無並用二樂之理。

〔六〕按，李心傳《建炎以來朝野雜記》甲集卷九條『國朝學士久任再入三入者』條，統計本朝學士在院年限，曰『楊内翰偉十一年』。楊偉慶曆八年（1048）十二月拜入院，至嘉祐三年（1058）二月卒官，恰爲十一年；若此年出院，則不合矣。又，《年表》列名，例依學士入院順序排列，去年及明年楊偉均列于趙槩、曾公亮之間，無所移易，可知其間並未出院。《年表》誤脱。

〔七〕王拱辰是年仍爲承旨，《年表》闕。按，《長編》卷一七四，正月『癸丑，翰林學士承旨、兼侍讀學士王拱辰權知貢舉』。《會要·選舉一》、《選舉一九》同。《長編》五月戊午，翰林學士承旨王拱辰奏詳定大樂事。《會要·樂四》亦載。七月六日，爲郊祀禮儀使，見上『趙槩』注引《會要》。

〔八〕按，《長編》卷一七五，十一月『己丑，翰林學士錢明逸、龍圖閣直學士張揆，看詳編配罪人。』似錢明逸此年曾爲翰林學士，然無旁證，亦不詳何時入，存疑。

## 至和

### 元　趙槩

楊偉〔一〕

曾公亮，九月，除端明殿學士、集賢殿修撰、知鄭州，罷〔二〕。

胡宿〔三〕

歐陽脩，［九］月，以龍圖閣學士、吏部郎中拜〔四〕。

呂溱，九月，以起居舍人、知制誥拜〔五〕。

王洙，［九］月，以工部郎中、知制誥拜〔六〕。

［楊察］〔七〕

［王拱辰］〔八〕

〔一〕按，《長編》卷一七六，八月戊申，『詔學士院，自今當宿學士，以故請告者，令以次遞宿。前一夕，命劉沆爲宰相，召當宿學士楊偉草麻，不至，乃更自外召趙槩草之，故有是詔』。戊申，十七日，《會要·職官六》作『十六日』。

〔二〕按，《長編》卷一七七，九月癸亥，『故事，翰林學士六員，時楊察、趙槩、楊偉、胡宿、歐陽脩並爲學士，于是察加承旨，（呂）溱及（王）洙復同除學士，洙蓋第七員也』。不數曾公亮，蓋呂溱、王洙入時公亮已罷職。曾肇《曾太師公亮行狀》：『數以疾請外，改端明殿學士、知鄭州。』《宋史》本傳：『以端明殿學士知鄭州。』又按，《長編》卷一七六，三月辛未，翰林學士曾公亮等同試入内醫官。

〔三〕按，是年正月温成皇后薨，胡宿撰哀册文，《青箱雜記》卷五：『胡武平嘗奉敕撰温成皇后哀册文，受旨，以温成嘗因禁卒竊發，捍衛有功，而秉筆者不能文其實。公乃用西漢馬何羅觸瑟、馮媛當熊二事以狀其意，曰：「在昔禁闈，誰何弛衛？觸瑟方警，當熊已厲。」覽者無不歎服。』文載《宋大詔令集》卷二〇。《長編》卷一七六，七月己巳，翰林學士胡宿乞降旨留馬遵等三御史在朝，以警奸邪。

〔四〕九月，諸本多作『□月』，惟文淵閣本誤作『八月』。胡柯《廬陵歐陽文忠公年譜》（以下簡稱『胡《譜》』）：『九月辛酉，遷翰林學士。』辛酉，一日。據補。龍圖閣學士，據胡《譜》引制詞，當爲『龍圖閣直學士』。按，《三朝名臣言行録》卷二：『公在翰林，仁宗一日乘間見御閤春帖子，讀而愛之，問左右，曰：「歐陽脩之辭也。」乃悉取宮中諸帖閱之，見其篇篇有意，歎曰：「舉筆不忘規諫，真侍從之臣也。」』歐公《内制集》卷一有《春帖子詞》二十首，作于至和元年十二月二十九日，故繫于此。

〔五〕按，《長編》卷一七七，九月『癸亥，起居舍人、知制誥吕溱，工部郎中、知制誥、兼侍講、史館修撰王洙，並爲翰林學士。故事，翰林學士六員，時楊察、趙槩、楊偉、胡宿、歐陽脩並爲學士，于是察加承旨，溱及洙復同除學士，洙蓋第七員也』。《舊聞證誤》卷二引《長編》此段，辨曰：『按《學士年表》，太平興國八年五月，在院學士李文恭、宋文安、吕文穆、賈媯民、李言幾，凡五人，而扈日用爲承旨，徐鼎臣兼直院，蓋七人也；慶曆八年十二月至皇祐元年三月，在院學士王文安、孫文懿、趙康靖、錢修懿、葉道卿、彭利建及楊公偉，凡七人；嘉祐元年〔十〕二月至二年七月，在院學士趙康靖、胡文恭、歐陽文忠、孫文懿、王文恭、曾宣靖及楊公偉，亦七人，非始于王原叔也。《三朝會要》云：「學士無定員。」燾所云，蓋據王岐公《續會要》所書爾。』

〔六〕九月，諸本多作『□月』，惟文淵閣本誤作『八月』。歐陽脩《翰林侍讀侍講學士王公墓志銘》：『至和元年九月，爲翰林學士。』《會要》《長編》及本書《翰苑遺事》引《國朝會要》，俱作九月，兹據補。按，王洙爲第七員學士，見上注。《長編》卷一七七又云：『温成皇后之喪，洙鈎摭非禮，陰與石全彬附會時事，陳執中、劉沆在中書，喜其助己，故員外擢洙。議者非之。』又按，《長編》卷一七七，九月『丙寅，翰林學士王洙上《周禮器圖》』。《會要·崇儒五》：『至和元年九月，翰林學士王洙上《周禮器圖》。先是，洙講《周禮》，帝因命畫車服、冠冕、籩豆、簠簋之制，及是圖成而上之。』《長編》同卷，十二月庚子，翰林學士王洙等上《皇祐方域續圖》。

〔七〕楊察此年復拜學士，九月加承旨，《年表》闕。陳元鋒已補。按，《會要·職官六》：『（至和元年）九月，翰林學士楊察爲承旨。』《長編》卷一七七，『九月辛酉朔，權三司使、翰林學士、兼端明殿學士、翰林侍讀學士、禮部侍郎、知制誥楊察爲户部侍郎、提舉集禧觀事』。楊察當于此時或稍早入院，旋于九月癸亥（三日）加承旨。《長編》同卷，九月癸亥，『于是察加承旨，溱及洙復同除學士』。十月丙午，温成皇后神主入廟，翰林學士承旨楊察攝太尉。十一月『癸亥，翰林學士承旨、兼端明殿學士、侍講學士、户部侍郎楊察權三司使事』。《會要·崇儒五》：『（至和元年）十二月十八日，廣南西路轉運判官宋咸上所著《周易》十卷……翰林學士楊察等乞送館閣，仍加褒諭。』『學士』下奪『承旨』二字。

〔八〕王拱辰是年九月前仍爲翰林學士承旨，《年表》闕。據上『楊察』條引《長編》，九月癸亥察爲承旨，拱辰當于此前罷承旨出院。按，《會要·禮三三》：『仁宗至和元年正月八日，貴妃張氏薨……十三日……命翰林學士承旨王拱辰撰謚册文。』

## 二

趙槩

楊偉〔一〕

胡宿

歐陽脩，六月，以侍讀學士、集賢殿修撰、知蔡州罷；七月，復拜〔二〕。

呂溱，二月，以翰林侍讀學士、知徐州罷〔三〕。

王洙

孫抃，六月，復拜承旨〔四〕。

［楊察］〔五〕

〔一〕按，《長編》卷一七九，三月己卯，『翰林學士、群牧使楊偉等言：判官、殿中丞王安石文行頗高，乞除職名。』《會要·選舉三三》亦載。

〔二〕按，胡《譜》：『（至和二年）六月己丑，上書論宰相陳執中，已而乞外，改翰林侍讀學士、集賢殿修撰，出知蔡州。侍御史趙抃、知制誥劉敞上疏留公。七月戊午，復領舊職。』六月己丑，六月二日；七月戊午，七月二日，是歐陽脩出院一月而復拜。其經過詳載《長編》卷一八〇，六月『己丑，翰林學士歐陽脩爲翰林侍讀學士、知蔡州。……從所乞也。……殿中侍御史趙抃言：「天子南面之尊，左右前後，須得正人賢士，爲之羽翼……臣愚伏望陛下鑑古于今，勿使脩等去職，留爲羽翼，以自輔助，則中外幸甚。」知制誥劉敞亦言：「……歐陽脩、賈黯、韓絳皆有直質，無流心，議論不阿執政，有益當世者，誠不宜許其外補，使四方有以窺朝廷啓奸倖之心。」脩、黯遂復留』。七月『戊午，新知蔡州、翰林侍讀學士歐陽脩復爲翰林學士』。又按，《長編》卷一七九，三月丁亥，朝廷欲俟秋興修河大役，翰林學士歐陽脩諫止罷。五月甲申，『翰林學士歐陽脩言京師近有雕布《宋賢文集》，其間或議論時政得失，恐傳之四夷不便，乞焚毀，從之』。卷一八〇，七月『癸亥，翰林學士歐陽脩請自今兩制、兩省以上，非因公事不得與執政相見，及不許與臺諫官往還』。同月乙酉，記翰林學士歐陽脩嘗因近者京師土木興作處多，奏乞減罷。卷一八一，九月丙子，歐陽脩上疏議修河。十月『庚戌，翰林學士、刊修《唐書》歐陽脩言：「自漢而下，惟唐享國最久，其間典章制度，本朝多所參用。所修《唐書》，新制最宜詳備。然自武宗以下，並無實録，以傳記、别説考正虚實，尚慮闕略。聞西京内中省寺、留司御史臺及鑾和諸庫，有唐朝至五代已來奏牘、案簿尚存，欲差編修官吕夏卿詣彼檢討。」從之』。

〔三〕按，《長編》卷一七八，二月丙午，『溱改翰林侍讀學士、知徐州』。

〔四〕孫抃于六月己亥繼楊察爲承旨。按，《長編》卷一八〇，六月己亥，『給事中、權御史中丞孫抃爲翰林學士承旨、兼侍讀學士』。又按，同卷八月己亥，從翰林學士承旨孫抃等所請，大理評事韓維爲史館檢討。卷一八一，九月甲申，翰林學士承旨孫抃議黄河利害，欲修六塔河。

〔五〕楊察是年六月己亥前仍爲承旨，《年表》闕。陳元鋒已補。按，《長編》卷一八〇，六月己亥，『翰林學士承旨、端明殿學士、翰林侍讀學士、户部侍郎楊察罷職，以本官爲三司使』。《會要・職官十八》：『至和二年六月，制以宰臣集賢殿學士劉沆監修國史。初除文彦博爲昭文館大學士，富弼監修國史，弼乃在舊相劉沆之上……今所除蓋學士承旨楊察之誤，尋帖麻改正之。』

## 嘉祐

元 趙槩〔一〕

楊偉

胡宿〔二〕

歐陽脩〔三〕

王洙，閏三月，以翰林侍讀學士、兼侍講學士罷〔四〕。

孫抃〔五〕

王珪，十二月，以翰林侍讀學士、起居舍人拜〔六〕。

曾公亮，四月，復拜〔七〕。

[李淑]〔八〕

〔一〕按，《長編》卷一八四，十月辛未，翰林學士趙槩又上草澤宋堂所著書，特録之。

〔二〕按，《長編》卷一八三，八月丙寅，『翰林學士胡宿知審刑院』。

〔三〕按，《長編》卷一八四，十一月辛巳，賈昌朝爲樞密使，翰林學士歐陽脩上言請罷之。其餘胡《譜》載之甚悉，不録。

〔四〕按，歐陽脩《翰林侍讀侍講學士王公墓志銘》：『（至和）三年，以親嫌改侍讀學士兼侍講學士。』至和三年即嘉祐元年，九月辛卯改元。《長編》卷一八二，閏三月『辛卯，翰林學士王洙爲翰林侍讀學士、兼侍講學士……洙罷一學士，換二學士，且兼講讀，國朝未嘗有』。四月丙辰引范鎮奏云：『諫官言王洙嘗于員外爲翰林學士，又侍讀學士兼侍講學士，皆是壞典故。』又按，《舊聞證誤》據《年表》統計嘉祐元年二月至二年七月學士，無王洙，而有趙、楊、胡、孫、曾、歐陽、王珪等七人，此七人與二年學士名氏全同，而王珪以元年十二月入院，二年七月出院，《證誤》之『元年二月』顯爲『元年十二月』之誤。

〔五〕按，《長編》卷一八二，四月丙辰，記翰林學士承旨孫抃等議更定選舉補蔭之法。

〔六〕按，惠洪撰《冷齋夜話》卷二『立春王禹玉口占一絶』條：『歐公、王禹玉俱在翰苑，立春日當進詩貼子。會温成皇后薨，閣虚不進，有旨亦令進。歐公經營中，禹玉口占便寫，曰：「昔聞海上有三山，煙鎖樓臺日月間。花似玉容長不老，只應春色勝人間。」歐公喜其敏速。禹玉，歐公門生也，而同局，近世盛事。』此年立春爲十二月二十一日，撰春貼事當在王珪入院不久。詩載王珪《華陽集》卷五，《曲洧舊聞》卷七記爲歐陽脩詩，非是。

〔七〕曾公亮至和元年九月出院，今復拜；十二月壬子，拜參知政事出院，《年表》誤記于三年，當移至此。按，《長編》卷一八二，四月丙辰，『端明殿學士、左司郎中、集賢殿修撰、知鄭州曾公亮爲翰林學士、兼侍讀學士』。《宋史》本傳：『復入爲翰林學士、知開封府。未幾，擢給事中、參知政事。』又按，《長編》卷一八四，十二月壬子，『翰林學士、兼侍讀學士、中書舍人、集賢殿修撰、權知開封府曾公亮爲給事中、參知政事』。《宋史·仁宗四》、《宰輔表二》、《宋宰輔編年録》卷五同。曾肇《曾太師公亮行狀》：『未幾，復召入翰林爲學士，知開封府……居三月，擢爲給事中、參知政事、提舉修《唐書》，時嘉祐三年六月也。』記年有誤，嘉祐三年六月爲公亮加禮部侍郎之月。

〔八〕李淑當于三月五拜學士，不閲月而罷。《年表》闕。《舊聞證誤》據《年表》統計嘉祐元年〔十〕二月至二年七月學士，李淑不在統計時段内，不知李心傳所見本有無脱去。參上『王洙』條。按，《長編》卷一八二，四月『丙辰，翰林學士、兼端明殿學士、翰林侍讀學士李淑兼龍圖閣學士，落翰林學士。淑復召入翰林，未閲月，御史中丞張昇等言淑奸邪，又嘗匿服。亟罷之。』淑于仁宗景祐四年以來，五爲翰林學士，長者不逾年，短者十餘日，皆以朝臣彈其奸邪而罷，而仁宗屢用之。《長編》引范鎮奏曰：『臣伏見御史言李淑奸邪，不當爲翰林學士。竊緣李淑屢爲翰林學士，皆以奸邪罷去，不待彈治而後爲可廢也。』《長編》卷一八九，嘉祐四年四月壬申，謂『淑警慧過人，博習諸書，詳練朝廷典故，凡有沿革，帝必咨訪。在内外制作誥命，頗爲時所稱』。其屢進用，當以此。

## 二

趙槩

楊偉

胡宿〔一〕

歐陽脩〔二〕

孫抃〔三〕

王珪，七月，丁母憂〔四〕。

曾公亮〔五〕

〔一〕按，《長編》卷一八五，三月戊戌，右諫議大夫、權御史中丞張昪爲回謝契丹使，翰林學士胡宿草國書，奏請如所許，送真宗皇帝及上御容。不從。卷一八六，六月戊辰，翰林學士胡宿議罷兖國公主册禮。十月『己酉，翰林學士、兼侍讀學士、工部郎中、知制誥、史館修撰胡宿爲回謝契丹使……且許以御容』。歐陽脩《贈太子太傅胡公墓志銘》：『奉使契丹，館伴北朝人使，亦皆再，而虜人嚴憚之。』

〔二〕按，《長編》卷一八五，『春正月癸未，翰林學士歐陽脩權知貢舉』。癸未，六日，《會要·選舉一》、胡《譜》同，《選舉十九》作『五日』。《長編》卷一八六，八月，翰林學士歐陽脩奏疏言皇嗣之事。其餘見胡《譜》。又按，《曲洧舊聞》卷三：『公任翰林學士，嘗有空頭門狀數十紙隨身，或見賢士大夫稱道人物，必問其所居，書填門狀，先往見之。果如所言，則便以延譽，未嘗以位貌驕人也。』不知年月，姑繫此。

〔三〕按，《長編》卷一八六，七月辛卯，令翰林學士承旨孫抃等磨勘轉運使及提點刑獄課績。

〔四〕按，李清臣《王文恭公珪神道碑》：『入翰林爲學士，丁内艱。』又按，《會要·選舉一》：『嘉祐二年正月六日，以翰林學士歐陽脩知貢舉，翰林學士王珪……並權同知貢舉。』《歸田録》卷二：『嘉祐二年，余與端明韓子華、翰長王禹玉、侍讀范景仁、龍圖梅公儀同知禮部貢舉，辟梅聖俞爲小試官。凡鎖院五十日。六人者相與唱和，爲古律歌詩一百七十餘篇，集爲三卷。禹玉，余爲校理時，武成王廟所解進士也，至此新入翰林，與余同院，又同知貢舉，故禹玉贈余云：「十五年前出門下，最榮今日預東堂。」余答云：「昔時叨入武成宫，曾看揮毫氣吐虹。夢寐閑思十年事，笑談今此一罇同。喜君新賜黄金帶，顧我宜爲白髮翁。」』其時王珪未爲承旨，曰『翰長』者，探後書之。

〔五〕曾公亮此年已罷翰林學士，《年表》誤。參元年『曾公亮』條。按，《舊聞證誤》據《年表》統計嘉祐元年〔十〕二月至二年七月學士，有曾公亮，是其所見之本亦誤。參元年『王洙』條。

**三**　趙槩，十月，除翰林侍讀學士、龍圖閣學士、禮部侍郎、知鄆州，罷〔一〕。

楊偉，二月，卒。

胡宿〔二〕

歐陽脩〔三〕

孫抃

曾公亮，十二月，除給事中、參知政事〔四〕。

韓絳，三月，以吏部員外郎、知制誥拜〔五〕。

〔一〕按，趙槩出院在十月庚申前。《長編》卷一八八，十月，『翰林學士、兼侍讀學士趙槩同（武）繼隆提舉諸司庫務，繼隆既被劾，槩亦爲御史所彈。庚申，槩罰銅三十斤。時槩已罷翰林學士出知鄆州，未行也』。

〔二〕按，《長編》卷一八七，六月丙午，『户部侍郎、參知政事王堯臣加吏部侍郎。帝初欲用堯臣爲樞密使，而當制學士胡宿固抑之，乃止』。

〔三〕按，《長編》卷一八七，『三月辛未朔，翰林學士歐陽脩兼侍讀學士』。脩固辭不拜。六月『庚戌，翰林學士歐陽脩兼龍圖閣學士、權知開封府。脩承包拯威嚴之後，一切循理，不事風采』。同月甲寅，從歐陽脩之請，詔學士院編録國朝以來所撰制誥文字。卷一八八，十月，詔于景靈宫建郭皇后影殿，翰林學士歐陽脩奏請罷之。餘見胡《譜》。

〔四〕據《長編》卷一八二及一八四，曾公亮嘉祐元年十二月出院，《年表》誤記于此，當删。詳元年『曾公亮』條。

〔五〕按，《長編》卷一八八，九月，翰林學士韓絳奏河北邊糴宜仍用見錢法。十一月癸酉，命翰林學士韓絳等同三司詳定省減冗費。十二月辛亥，翰林學士韓絳奏改正官制，詔翰林學士胡宿等詳定以聞。

**四**　胡宿〔一〕

歐陽脩〔二〕

孫抃

韓絳，三月，以左諫議大夫、權御史中丞罷〔三〕。

吴奎，三月，以兵部員外郎、知制誥拜〔四〕。

王珪，十月，復拜〔五〕。

〔一〕按，《長編》卷一八九，正月『甲辰，翰林學士胡宿權知貢舉』。甲辰，九日，《會要·選舉一》作『十一日』。《長編》四月己丑，翰林學士胡宿奏請進昇爲大國，與晉皆在禁封之科。卷一九〇，十月癸酉，復以并州爲太原府，翰林學士胡宿以爲不當復爲節鎮。

〔二〕按，《長編》卷一八九，三月己未，翰林學士歐陽脩上言用人知先後。卷一九〇，八月癸未，翰林學士歐陽脩等劾昌期異端害道，當伏少正卯之誅，不宜推奬。《會要·崇儒五》：『八月，殿中丞致仕龍昌期上所註《周易》、《論語》、《孝經》、《道德》、《陰符經》，詔賜五品服，絹百疋。既而翰林學士歐陽脩等以爲異端害道，不可以推奬，乃奪所賜服而罷遣之。』餘見胡《譜》。又按，《歐陽文忠公集》外集卷七《寄韓子華》詩序：『余與韓子華、（吴）長文、（王）禹玉同直玉堂，嘗約五十八歲致仕，子華書于柱上。其後薦蒙恩寵，世故多難，歷仕三朝，備位二府，已過限七年，方能乞身歸老。俗諺云：「也賣弄得過裹。」』脩與韓維、吴奎、王珪同在翰苑者，唯有此年三月，故繫此。《會要·職官七七》記于熙寧四年脩致仕之後，補敘也。

〔三〕按，《長編》卷一八九，三月戊戌，命翰林學士韓絳等與三司減定民間科率以聞。

〔四〕按，劉攽《吴公墓志銘》：『遷兵部員外郎、知制誥……尋爲翰林學士、權發遣開封府事。』

〔五〕按，李清臣《王文恭公珪神道碑》：『入翰林爲學士，丁内艱，喪除復職。』又按，《長編》卷一九〇，十一月丙申，翰林學士王珪等同詳定除放欠負。

**五**　胡宿〔一〕

歐陽脩，十一月，除樞密副使〔二〕。

孫抃，四月，除樞密副使〔三〕。

范鎮〔四〕

吴奎，十一月，除端明殿學士、户部郎中、知成都府，罷〔五〕。

賈黯，二月，以兵部員外郎、知制誥拜；九月，除翰林侍讀學士、知鄧州，罷；十一月，復拜〔六〕。

蔡襄，五月，以樞密直學士、禮部郎中拜〔七〕。

[王珪]〔八〕

〔一〕按，《長編》卷一九一，六月辛未，翰林學士胡宿等磨勘轉運使、提點刑獄課績。

〔二〕按，《宋史·宰輔表二》，嘉祐五年十一月辛丑，『歐陽脩自翰林學士兼侍讀學士、禮部侍郎、知制誥、史館修撰……除樞密副使』。《長編》卷一九二、《宋史·仁宗四》同。又按，《長編》卷一九二，七月『戊戌，翰林學士歐陽脩等上所修《唐書》二百五十卷，刊修及編修官皆進秩或加職，仍賜器幣有差』。九月丁亥朔，翰林學士歐陽脩兼侍讀學士。九、十月間，上論均税劄子（據十二月李燾注）。餘見胡《譜》。

〔三〕按，《宋史·宰輔表二》：『（嘉祐五年）四月癸未，孫抃自翰林學士承旨兼侍讀學士、禮部侍郎除樞密副使。』《長編》卷一九一、《宋史·仁宗四》同。又按，《耆舊續聞》卷五：『逮升祔二后赦文，孫抃承旨當筆，直敘曰……上覽之，感泣彌月。明賜之外，悉以東宫舊玩密賚之。歲餘，遂參大政。』

〔四〕按，范鎮首見于此，然無除拜記録，蓋奪。《會要·選舉一》載其六年正月八日以翰林學士權同知貢舉，則其于前一年拜學士，可信。韓維《忠文范公神道碑》：『除知制誥……遷翰林學士。』據《長編》，范鎮除知制誥在三年三月己卯，至四年十一月仍在任。

〔五〕按，劉攽《吴公墓志銘》：『遷端明殿學士、兼翰林侍講學士、知成都府，公以父老苦辭，改知鄆州。』又按，《長編》卷一九二，七月壬子，命翰林學士吴奎等同相度牧馬利害以聞。

〔六〕鄧州，抱經樓本、文淵閣本誤作『鄧州府』。按，賈黯十一月復拜，蓋補吴奎、歐陽脩之闕。王珪《賈黯墓志銘》：『明年，召入爲翰林學士，判昭文館。以疾復請郡，乃除翰林侍讀學士、户部郎中、知鄧州。未行，復以爲翰林學士、知審官院。』《宋史》本傳略同。

〔七〕按，《長編》卷一九一，五月戊申，『樞密直學士、禮部郎中、知泉州蔡襄爲翰林學士、權知開封府』。歐陽脩《蔡公墓志銘》：『嘉祐五年，召拜翰林學士、權三司使。』

〔八〕王珪此年仍爲翰林學士，《年表》闕。按，《會要·儀制三》：『（嘉祐五年）三月二十八日，翰林學士吴奎、賈黯等言：「學士王珪位本在上，欲乞依舊在上。」從之。』

**六**　胡宿，閏八月，除左諫議大夫、樞密副使〔一〕。

王珪〔二〕

賈黯〔三〕

蔡襄

范鎮〔四〕

吴奎，六月，復拜〔五〕。

［宋祁］〔六〕

〔一〕按，《長編》卷一九五，閏八月辛丑，『翰林學士兼端明殿學士、翰林侍讀學士、左司郎中、知制誥、史館修撰胡宿爲左諫議大夫、樞密副使』。《宋史·仁宗四》同，《宰輔表二》、《宋宰輔編年録》卷五記爲閏八月庚子，相差一日。歐陽脩《贈太子太傅胡公墓志銘》：『公在翰林十年，多所補益，大抵不爲苟止而妄隨。故其言或用或不用，或後卒如其言，然天子察公之忠，欲大用者久矣。嘉祐六年八月，拜公諫議大夫、樞密副使。』『八月』爲『閏八月』之誤。

又按，《長編》卷一九六，嘉祐七年二月，『學士院言……去年三月，因樞密副使陳旭請郡，内批令降不允手詔。當直學士胡宿論奏，以手詔體重，乞依故事，不從』。《長編》卷一九五，閏八月甲午，翰林學士胡宿等同考校諸路轉運使副、提點刑獄課績。

〔二〕按，《長編》卷一九三，正月『壬辰，翰林學士王珪權知貢舉』。《會要・選舉一》同。

〔三〕按，《會要・儀制十三》：『嘉祐六年五月二十八日，翰林學士、知審官院賈黯言……請約雍熙詔書，自幾品官以上，每有除授，若犯父祖名諱，有奏陳者先下有司詳定。若于禮律當避者，聽改授之，餘不在避免之限。』《長編》卷一九三亦載。

〔四〕按，《會要・選舉一》：『六年正月八日，以翰林學士王珪權知貢舉，翰林學士范鎮、御史中丞王疇並權同知貢舉。』《長編》卷一九四，八月乙亥，御崇政殿，策試賢良方正能直言極諫者，蘇轍第四等次。諫官司馬光考其策，入三等。翰林學士范鎮難之，欲降其等，胡宿力請黜之。上不許，曰：『求直言而以直棄之，天下其謂我何！』乃收入第四等次。

〔五〕按，吴奎去年十一月罷，此時復入補宋祁之闕。劉攽《吴公墓志銘》：『改知鄆州，凡四月，复召爲翰林學士。』《長編》卷一九三，六月『丁丑，命翰林學士吴奎、王珪同詳定茶法』。丁丑，二十六日，知奎于此日前入院。

〔六〕宋祁是年爲翰林學士承旨，五月丁酉卒。《年表》闕。按，《聞見後録》卷一九：『子京出知安州，以長短句詠燕子，有「因爲銜泥污錦衣，垂下珠簾不敢歸」之句。或傳入禁中，仁皇帝覽之一歎，尋召還玉堂署。』又按，《長編》卷一九三，三月『甲辰，詔翰林學士承旨宋祁遇入直，許一人主湯藥。祁以羸疾請之也』。《會要・職官六》亦載，餘詳本書所收《翰苑遺事》12『嘉祐六年三月』條注。又按，《長編》一九三，五月丁酉，『翰林學士承旨兼端明殿學士、翰林侍讀學士、工部尚書、知制誥、集賢殿修撰宋祁卒，贈刑部尚書』。

七

王珪〔一〕

賈黯〔二〕

蔡襄

范鎮

吴奎，三月，除左諫議大夫、樞密副使〔三〕。

馮京，十月，以翰林侍讀學士、右正言拜〔四〕。

〔一〕按，《長編》卷一九七，八月乙亥朔，『翰林學士王珪等謂：「社稷，國之所尊，其祀日若與别廟諸后忌同者，伏請亦不去樂。」詔恭依。』同月丁丑，韓琦召翰林學士王珪，令草立趙宗實爲皇子詔，『珪疑焉。戊寅，請對，言：「此大事也，後不可悔。外議皆云執政大臣强陛下爲此，若不出自陛下，則禍亂之萌未可知。」上指心曰：「此决自朕懷，非由大臣之言也。不如此，衆心不安。卿何疑焉？」乃再拜殿上曰：「陛下能獨斷爲宗廟社稷計，此天下之福也。」退而草詔以進。』《會要·職官六》、《聞見近録》亦載。宗實爲英宗舊名，癸未，賜名曙。同月乙酉，依翰林學士王珪言，詔太常寺登歌用柷、敔。同月『庚子，以立皇子告天地、宗廟及諸陵』。王珪撰《天地社稷太廟皇后廟奉慈廟奏告爲立皇子已賜名曙祝文》。十二月丙申，仁宗『幸寶文閣，爲飛白書，分賜從臣，下逮館閣。作觀書詩，韓琦等屬和。遂宴群玉殿，傳詔學士王珪撰詩序，刊石于閣』。

〔二〕按，《賈黯墓志銘》：『（嘉祐）七年，遷左司郎中，知開封府。』《會要·職官六五》：『（嘉祐七年）十月十九日，翰林學士、左司郎中、知制誥、權知開封府賈黯同提舉在京諸司庫務。先是，權御史中丞王疇、諫官司馬光、龔鼎臣、王陶，御史陳經、吕誨、傅堯俞等，皆言黯剛愎自任，赦書下府而罪當原者返重行之；又嘗因忿怒以矢塞人口，都人莫不憤怨。故罷之。』

〔三〕左諫議大夫，劉攽《吴公墓志銘》、《會要·后妃三》同，《長編》卷一九七作『右諫議大夫』。按，《墓志銘》：『嘉祐七年三月，拜左諫議大夫、樞密副使。』《長編》卷一九六，三月乙卯，『翰林學士、右司郎中、知制誥、權知開封府吴奎爲右諫議大夫、樞密副使』。《宋史·宰輔表二》、《仁宗四》同。

〔四〕按，《宋史》本傳：『以翰林侍讀學士召還，糾察在京刑獄。爲翰林學士、知開封府。』

## 八

王珪〔一〕

賈黯〔二〕

蔡襄，八月，遷給事中、三司使，罷〔三〕。

范鎮〔四〕

馮京〔五〕

〔一〕按，《長編》卷一九八，三月辛未晦，仁宗暴崩于福寧殿。四月壬申朔，『召翰林學士王珪草遺制，珪惶懼不知所爲，韓琦謂珪曰：「大行在位凡幾年？」珪悟，乃下筆』。同月丁亥，『翰林學士王珪上言：「聖體已安，皇太后乞罷權同聽政。」即命珪草還政書，既而不行』。五月庚申，翰林學士王珪奏請有司議先帝尊謚，翰林學士賈黯等議如珪奏，從之。六月丁亥，翰林學士王珪等奏請不改作受命寶等事。卷一九九，十二月乙亥，『以仁宗御書藏寶文閣，命翰林學士王珪撰記立石』。同月『庚辰，命翰林學士王珪、賈黯、范鎮撰《仁宗實録》』。

〔二〕按，《賈黯墓志銘》：『今天子（引按，謂英宗）即位，遷中書舍人，受詔撰《仁宗實録》，更群牧使。』又見上注引《長編》卷一九九。

〔三〕按，《長編》卷一九八，六月『戊寅，翰林學士、權三司使蔡襄爲修奉太廟使……時三司使蔡襄總應奉山陵事，凡調度供億皆數倍，勞費既廣，已而多不用，議者非之』。《蔡公墓志銘》：『仁宗崩，英宗即位，數大賞賚，及作永昭陵，皆猝辦于縣官經費外。公應煩，愈閒暇若有餘，而人不知勞。遂拜三司使。』

〔四〕按，《長編》卷一九八，『春正月己酉，翰林學士范鎮知貢舉』。《會要・選舉一》同。《長編》，正月『丙寅，翰林學士范鎮提舉校正醫書』。《會要・禮四九》，嘉祐八年四月四日，命翰林學士范鎮爲山陵禮儀使。《長編》卷一九八，六月丁亥，翰林學士范鎮奏請將大行皇帝衣冠器玩，陳于陵寢及神御殿，歲時展視，以慰思慕。

〔五〕按，《會要・禮四九》，嘉祐八年四月四日，命翰林學士、權知開封府馮京爲山陵橋道頓遞使。

## 治平〔一〕

**元**

王珪〔二〕

賈黯〔三〕

范鎮，閏五月，遷侍讀學士，罷〔四〕。

馮京〔五〕

王疇，[閏]五月，以給事中、權御史中丞[拜]；十二月，除樞密副使〔六〕。

〔一〕按，治平爲英宗年號，《皇宋十朝綱要》卷七『英宗』：『學士院九人：王珪、賈黯、范鎮、蔡襄、馮京、王疇、張方平、錢明逸、沈遇（當作沈遘）。』治平四年新授學士司馬光、呂公著、鄭獬、王安石，入院時神宗已即位，計入卷八『神宗朝學士』。

〔二〕按，《長編》卷二〇〇，正月辛酉，從翰林學士王珪等議，循周公嚴父之道，以仁宗配享明堂。《會要・選舉一七》：『英宗治平元年三月二日，翰林學士王珪等言：「參詳復置武舉，除依舊制，欲乞較試以策略定去留，以弓馬定高下。」』《長編》卷二〇三，十月壬子，翰林學士王珪等奏罷真宗配天之祭。

〔三〕按，《會要・選舉一七》：『（治平元年三月）二十一日，翰林學士賈黯言：「近詔復試武舉。臣愚以爲如果欲得智勇武幹之人，則于《韜略》、孫、吴、司馬《兵法》，或經史事涉兵機者取爲問目，以能用己意，或引前人注説解釋義理明暢者爲通。」從之。』《會要·儀制一三》：『治平元年十一月三日，翰林學士賈黯言：「仁宗初名受益，請詔中外文字不得連用。」從之。』

〔四〕按，《長編》卷二〇七『治平三年正月壬申』，李燾注：『鎮元年閏五月罷學士，爲侍讀。』《會要·職官六五》，治平元年閏五月，『二十二日，翰林學士范鎮罷爲翰林侍讀學士。初，遷宰相各一官，而鎮草制，已遷曾公亮一官，誤以兼門下侍郎。後帝覺其誤，而公亮亦辭，遂帖制而絀鎮焉。』

〔五〕按，《長編》二〇一，閏五月，『先是，翰林學士馮京數請解開封府事補外。上問輔臣曰：「京曷爲求去？」韓琦曰：「京領府事頗久，必以繁劇故求去爾。」』本書所收洪遵《翰苑遺事》第12條引《英宗實録》：『治平元年六月，翰林學士馮京奏：「樞密使富弼，臣妻父也。今權知開封府，當避弼。」不許。』求去府職原因，二説不同。

〔六〕閏，諸本無。《長編》卷二〇一記于閏五月己丑。按，鎮閏五月出院，疇若先于五月入，當序在其前，今反在後，可知《長編》有『閏』字是，據補。王疇入院接任范鎮。權御史中丞，《長編》無『權』字。按，《長編》自卷一九四『嘉祐六年七月』起，稱『御史中丞』，似此時已正拜，然《會要·禮三七》，嘉祐八年四月仍稱『權御史中丞』。未詳孰是。拜，諸本無，文淵閣本依文例補，可從。按，《宋史·宰輔表二》，『（治平元年）十二月丙午，王疇自翰林學士、禮部侍郎除樞密副使。』《長編》卷二〇三、《宋宰輔編年録》同。《宋史》本傳：『遷翰林學士、尚書禮部侍郎、同提舉諸司庫務。數月，拜樞密副使。于是（錢）公輔言疇望輕資淺，在臺素餐，不可大用，又頗薦引近臣可爲輔弼者。公輔坐貶。』

## 二　王珪〔一〕

賈黯，二月，以給事中、權御史中丞罷〔二〕。

馮京〔三〕

范鎮，三月，復拜〔四〕。

〔一〕按，《長編》卷二〇四，二月『丁巳，翰林學士王珪等奏：「准詔詳定禮院及同知禮院吕夏卿禘祫異議，請如禮院所議，今年十月祫，明年四月禘；如夏卿所議罷今年臘祭。」從之』。三月丁卯，新曆賜名『明天曆』，詔翰林學士王珪序之。卷二〇五，七月乙丑，翰林學士、諫議大夫王珪爲南郊禮儀使。

〔二〕按，《長編》卷二〇四，二月丁巳，『翰林學士、中書舍人賈黯爲給事中、權御史中丞。』《賈黯墓志銘》：『治平二年，拜給事中、權御史中丞、充理檢使。』

〔三〕按，《會要·選舉一》：『英宗治平二年正月九日，以翰林學士馮京權知貢舉。』《選舉十九》同。《長編》卷二〇五，五月癸亥，『翰林學士、權知開封府馮京爲陜西安撫使』。卷二〇六，十月『甲寅……翰林學士馮京爲南郊禮儀使，闕御史中丞故也』。

〔四〕按，《長編》卷二〇七『治平三年正月壬申』，李燾注：『（鎮）二年三月丙寅，復爲學士。』又按，《長編》卷二〇四，三月丁卯，詔翰林學士范鎮等考定新舊曆是非。卷二〇五，六月甲寅，翰林學士范鎮時判太常寺，率禮官上言英宗既考仁宗，又考濮安懿王之失。七月乙丑，翰林學士、給事中范鎮爲南郊儀仗使。

**三**　王珪〔一〕

馮京，八月，丁母憂〔二〕。

范鎮，正月，除侍讀學士、集賢殿修撰、知陳州，罷〔三〕。

沈遘，九月，以龍圖閣學士、右諫議大夫、權知開封府拜，尋丁母憂〔四〕。

[張方平]〔五〕

〔錢明逸〕〔六〕

〔一〕按，《墨莊漫録》卷四：『王禹玉爲翰苑，治平三年二月十五日，召對蕊珠殿，時賜紫花墩令坐，逾數刻方罷。明年英廟上仙，珪作挽詞，有云：「曾陪蕊珠殿，獨賜紫花墩。」蓋謂是也。』又按，《長編》卷二〇八，十二月乙巳，詔以來年正月十九日册皇太子，翰林學士王珪撰册文。

〔二〕按，《長編》卷二〇七，正月辛巳，『翰林學士馮京修撰《仁宗實録》』。卷二〇八，四月，命翰林學士馮京撰濮安懿王建廟祝文，京言本院未有體式，乞下禮院議。

〔三〕按，《長編》卷二〇七，『春正月壬申，翰林學士、給事中、知制誥范鎮爲翰林侍讀學士、集賢殿修撰、知陳州』。

〔四〕按，沈遘拜學士後，未履任，居母喪期間卒。《長編》卷二〇五『治平二年七月辛巳』，『知制誥沈遘爲龍圖閣直學士、權知開封府。……逾月，加龍圖閣學士，逾年，遷翰林學士。尋以母喪去位，遽卒』。注：『遘遷翰林學士，在三年九月，卒在四年九月，今並書。』《宋史》本傳：『拜翰林學士、判流内銓。丁母憂，英宗閔其去，賚黄金百兩，仍命扶喪歸蘇州。既葬，廬墓下，服未竟而卒，年四十。』《東都事略》卷七六本傳：『英宗即位，遷龍圖閣直學士、知開封府……拜翰林學士，遭母喪，未除而卒，年四十。』王安石《内翰沈公墓志銘》：『遂以龍圖閣直學士權知開封府……會母夫人疾病，請東南一州視疾。英宗曰：「學士豈可以去朝廷也？」明日，除翰林學士、知制誥、充群牧使、兼權判吏部流内銓、判尚書禮部。公雖去開封，然皆以爲朝夕且大用矣，而遭母夫人喪以去。』

〔五〕張方平是年正月爲翰林學士承旨，《年表》闕。按，《長編》卷二〇七，正月『辛巳，端明殿學士、兼龍圖閣學士、知徐州張方平爲翰林學士承旨』。《宋史》本傳：『英宗立，遷禮部尚書，請知鄆州。還，爲學士承旨。』李之亮《宋代郡守通考·徐州》指《長編》『知徐州』誤，作『鄆州』是。卷二〇八，九月乙丑，翰林學士承旨張方平乞裁三班院供奉官冗濫。十二月辛丑，英宗不豫，立潁王頊爲皇太子，『命翰林學士草制。學士承旨張方平至榻前稟命，帝憑几出數語，方平不能辨，帝以手指畫几，方平因請進筆書所諭，遂進筆，帝書「來日降制，立某爲皇太子」十字，所書名不甚明，方平又進筆請之，帝再書「潁王」二字，又書「大大王」三字，方平退而草制』。同月『乙巳，詔以來年正月十九日册皇子，翰林學士承旨張方平爲禮儀使，翰林學士王珪撰册文，錢明逸書册』。又按，蘇軾《張文定公墓志銘》：『英宗不豫，學士王珪當直不召，召公赴福寧殿。上憑几不言，賜公坐。出書一幅，八字，曰：「來日降詔，立皇太子」。公抗聲曰：「必潁王也，嫡長而賢，請書其名。」上力疾書以付公。公既草制，尋充册立皇太子禮儀使。』又按，《聞見近録》：『故事，建儲皆大臣議定，召學士鎖院。英宗皇帝大漸，學士王禹玉當制，上遣御藥院供奉官高居簡就第召張文定至寢幄，文定時在告也。英宗冠白角冠，被黄服，憑几語文定曰：「久不見學士。」意慘然。榻上有紙一幅，上有「明日降詔立皇太子」八字，而未有主名。張公曰：「必潁王也。盛言潁王身居嫡長，而無失德。」上頷之。文定乃進紙筆，請其名。上力弱，字疑似不可辨，再請書，乃大書「大大王」三字。遂歸院草制。明日，大臣始知潁王爲皇太子。神宗皇帝每謂文定曰：「國朝以來，卿可謂顧命矣。」』又按，《會要·帝系四》，治平三年七月，『十九日，翰林學士承旨張方平言：「皇族賜名，其屬絶無服，而異字同音，或上下一字同者，皆請勿避。」從之』。

〔六〕錢明逸是年爲翰林學士，《年表》闕。按，《宋史》本傳：『治平初，復爲翰林學士。』《長編》卷二〇八，十二月乙巳，詔來年正月十九日册皇太子，『翰林學士王珪撰册文，錢明逸書册』。

**四** 王珪，九月，遷承旨〔一〕。

司馬光，閏三月，以龍圖閣直學士、右諫議大夫、兼侍講拜；四月，除權御史中丞，罷；九月，復拜〔二〕。

吕公著，閏三月，以龍圖閣直學士、給事中、知蔡州拜〔三〕。

鄭獬，九月，以兵部員外郎、知制誥拜〔四〕。

王安石，十月，以工部郎中、知制誥、知江寧府拜〔五〕。

[張方平]〔六〕

[錢明逸]〔七〕

〔一〕按，王珪繼張方平爲承旨，參下補『張方平』條。《長編》卷二〇九，閏三月己丑，『御史吴申言：「竊見先召十人試館職，而陳汝義亦預，漸至冗濫。兼所試止于詩賦，非經國治民之急，欲乞兼用兩制薦舉，仍罷詩賦。試策三道，問經史時務，每道問十事，以通否定高下去留。其先召試人，亦乞用新法考試，明詔兩制詳定以聞。」其後翰林學士承旨王珪等言，宜罷詩賦如申言。于是詔自今館職試論一首，策一道』。《會要・職官一八》亦載。王珪上言，當在九月之後。《宋史・禮五》：『治平四年十二月，詔以來歲正旦日食，命翰林學士承旨王珪祭社。』

〔二〕按，是年正月丁巳神宗即位，司馬光與吕公著爲神宗朝首批翰林學士，接替三月出院之錢明逸。參下補『錢明逸』條注。《長編》卷二〇九，閏三月甲辰，『龍圖閣直學士、知蔡州吕公著，龍圖閣直學士兼侍講司馬光，並爲翰林學士。光累奏固辭，不許。上面諭光曰：「古之君子，或學而不文，或文而不學，惟董仲舒、揚雄兼之。卿有文學，尚何辭！」光曰：「臣不能爲四六。」上曰：「如兩漢制詔可也。」光曰：「本朝事不可。」上曰：「卿能舉進士高等，而不能爲四六，何也？」光趨出，上遣内侍至閤門强光受告，光拜而不受，詔趣光入謝，光入至庭中猶固辭，詔以告置光懷中，光不得已乃受』。又按，《皇朝編年備要》卷一七：『（治平四年）夏四月，王陶罷……以司馬光爲御史中丞。』又按，《宋史・神宗一》，九月『癸卯，以權御史中丞司馬光爲翰林學士』。《通鑑長編紀事本末》卷五三，治平四年，『九月癸卯，右諫議大夫、權御史中丞司馬光爲翰林學士、兼侍讀學士，光辭，吕公著具奏封駁。上手詔諭光曰：「適得卿奏，換卿禁林，得兼勸講。謂因前日論奏張方平不當，故有是命，非朕本意也。朕以卿經術行義爲世所推，今將開延英之席，得卿朝夕討論，敷陳治道，以箴遺闕，故命進讀《資治通鑑》，此朕之意。吕公著所以封還者，蓋不知此意耳。」于是取告敕直付閤門，趣光等令受』。范祖禹《帝學》卷七：『（治平四年）九月壬寅，以御史中丞司馬光爲翰林學士兼侍讀學士。』較《宋史》《本末》早一日。

〔三〕拜，抱經樓本、文淵閣本誤作『罷』。按，吕公著閏三月甲辰拜學士，見上『司馬光』條注。《通鑑長編紀事本末》卷五三，治平四年四月『丙戌，翰林學士吕公著兼侍講』。

〔四〕按，鄭獬、王安石當接替此月亡故之沈遘。參上『沈遘』條注。《宋史》本傳：『神宗初，召獬夕對内東門，命草吴奎知青州及張方平、趙抃參政事三制，賜雙燭送歸舍人院，外廷無知者。遂拜翰林學士。』《名臣碑傳琬琰集》下卷一五《鄭翰林獬傳》：『出知京南，召還，幹當三班院。上（神宗）即位，入翰林爲學士。』趙汝愚《諸臣奏議》卷一三六《邊防門》載鄭獬《上神宗論种諤擅入西界》，曰『臣伏見十月二十四日召兩府大臣入議，外言切皆傳种諤已提兵入據綏州』云云，據《宋史·神宗一》，种諤復綏州在治平四年十月癸酉，則此疏作于本年任翰林學士之後。又按，《湘山野録》卷中：『鄭毅夫公入翰林爲學士，後數月，今左揆王相國繼入。其玉堂故事，以先入者班列居上。鄭公奏曰：「臣德業學術及天下士論，皆在王某之下，今班列反居其上，臣所不遑，欲乞在下。」主上面諭之，揆相固辭曰：「豈可徇鄭某謙抑而變祖宗典故邪？」又數日，鄭公乞罷禁林以避之。主上特傳聖語，王某班列在鄭某之上，不得爲永例。後揆相爲鄭父紓志其墓，語筆優重，至挽詞有「欲知陰德事，看取玉堂人」之句，佳其謙也。』鄭獬與王安石同時入院，文瑩記王後數月入，非是。

〔五〕十月，當爲『九月』之誤，詳下。按，《宋史·神宗一》，九月戊戌，『以王安石爲翰林學士』。《通鑑長編紀事本末》卷五九，治平四年九月戊戌，『知制誥、知江寧府王安石爲翰林學士。安石即受命知江寧，上將復召用之，嘗謂吴奎曰：「安石真翰林學士也。」奎曰：「安石文行寔高出于人。」上曰：「當事如何？」奎曰：「恐迂闊。」上弗信，于是卒召用之』。

〔六〕張方平是年九月辛丑罷承旨，拜參知政事出院，王珪繼任。《年表》闕。陳元鋒已補。按，《宋史·宰輔表二》，治平四年九月辛丑，『張方平自翰林學士承旨兼龍圖閣學士、端明殿學士、户部尚書……除參知政事』。《宋史·神宗一》、《宋宰輔編年録》卷七同。又按，《長編》卷二〇九，正月庚申，翰林學士承旨張方平等奏疏，曰『方今至要，莫先財用』。三月，翰林學士承旨張方平等言昌王顥、樂安郡王頵乞解官行服事。又言太常禮院祧僖祖議。閏三月丙午，『翰林學士承旨張方平又奏疏論國計』。

〔七〕錢明逸是年三月丙寅罷翰林學士，《年表》闕。按，《長編》卷二〇九，三月『丙寅，翰林學士兼端明殿學士、尚書左丞錢明逸罷翰林學士，爲端明殿學士兼龍圖閣學士』。《東都事略》卷四八本傳：『御史言其文詞不足以備職禁林，罷爲端明殿學士兼龍圖閣學士。』《宋史》本傳：『神宗立，御史論其傾險憸簿，頃附賈昌朝、夏竦以陷正人，文辭淺繆，豈應冒居翰院。乃罷學士。』《長編》記其出院端末更詳。

## 附録：神宗至欽宗朝學士〔一〕

### 神　宗

學士三十四人（直學士院同）

錢明逸　呂公著　司馬光（二）　沈遘〔二〕　王安石　張方平　王珪　鄭獬　馮京　滕甫　范鎮　王陶　韓維（二）　吴充　元絳　楊繪　陳繹（二）　曾布（二）　呂惠卿　鄧綰（直）　章惇　許將　沈括　鄧潤甫　孫洙（直）　安燾（直）　蔡確　蒲宗孟　蔡延慶　李定　張璪　李清臣　王安禮　舒亶

### 哲　宗

學士十八人

曾布　吕大防　鄧温伯　黄履　蘇軾　蘇頌　許將　蘇轍　范百禄　趙彦若　梁燾　顧臨　范祖禹　蔡卞　錢勰　蔡京　林希　蔣之奇

## 徽　宗

### 學士四十人（直學士院同）

蔣之奇　蔡京　曾肇　王覿　徐勣　郭知章　張商英　蹇序辰　張康國　范致虚　張康伯　鄧洵仁　林攄　鄭居中　薛昂　劉正夫　劉炳　許光凝　葉夢得　强淵明　張閣　白時中　蔡薿　俞㮚　王能甫　馮熙載　劉嗣明　王黼　王安中　張邦昌　李邦彦　趙野　毛友　宇文粹中　宇文虚中　郭三益　李邴〔三〕　韓駒　傅墨卿　王孝迪

## 欽　宗

### 學士七人

吴幵　莫儔　許翰　何㮚　梅執禮　翟汝文　王寓〔四〕

〔一〕據《皇宋十朝綱要》卷八、卷一一、卷一五、卷一九録入，原小字注改爲括注。

〔二〕遘，原作『遇』，據《宋史》本傳改。據《長編》卷二〇五，沈遘于治平三年九月遷翰林學士，不久因母喪去職，四年九月服喪期間卒，于神宗朝實未復任學士。

〔三〕邴，原作『炳』，據《宋史》本傳改。

〔四〕王寓，原作『王寓』，據《宋史》本傳改。

# 中興翰苑題名〔一〕

沈該〔二〕

## 解題

《中興翰苑題名》，今傳諸本均作『《翰苑題名》』，但洪遵《翰苑遺事》的末段，相當于《翰苑群書》跋語的一段文字中，則稱之爲『《中興題名》』。考察南宋書目，《直齋書録解題》卷六『《翰苑群書》』條稱之爲『中興後題名』，《玉海》卷五四《藝文·乾道翰苑群書》作『《中興翰苑題名》』；而理宗朝翰林學士程珌所撰《洺水集》卷七《翰苑續題名記》，引本《題名》之沈該序，稱作『《中興翰苑題名記》』。本書收録的學士起自高宗建炎元年（1127），沈該序文説本書的修撰，乃因『睿主中興，偃武右文』，欲以恢復題名記的傳統，那麼無論從作者還是時代的角度考量，冠以『中興』之名都是題中應有之義，這也是當時同類斷代史書取名的慣例。因此，本書書名當以《玉海》所記爲正，即：《中興翰苑題名》。此次整理乃據此恢復原貌。

本書的作者，傳本多無撰人名，謙牧堂本署爲『沈該』。沈該是《題名》序的作者，他在序文中説：『顧獲繼諸公之後，托名于不朽，欣幸之極，乃爲之序。』看來他只是寫了序，並無編輯之功。不過這也符合前代學士題名編纂和署名的常例，唐代韋執誼、元稹、丁居晦等人都以撰序者的身份被列爲一書之作者，因此將沈該當作《題名》的作者，也是合乎成例的。再者，《玉海》卷五四《藝文·乾道翰苑群書》著録此書時，明言『沈該《中興翰苑題名》』，顯然王應麟所見之《翰苑群書》，《題名》的作者就作『沈該』。可見謙牧堂本保留了早期傳本的署名，可據此彌補長期以來通行本中作者缺失的遺憾。

沈該，紹興十八年（1148）三月至八月直學士院，《題名》序落款爲十八年七月，可知是在院時所撰。據他所説，此番刊刻，由于『學士秦公梓，再有建請』。秦梓是秦檜之兄，紹興十二年（1142）九月至十三年六月爲直學士院及翰林學士，在他出知宣州之後，他的提議便擱置下來。沈該爲何時隔數年重張此舉，就不得而知了。

沈該序文作于紹興十八年七月，而《題名》一直記録到乾道九年（1173）七月除直學士院的王淮，晚了二十五年之久，這段時間的内容定然不可能出自沈氏之手。考洪遵《翰苑遺事》跋文，落款爲乾道九年二月七日，而《題名》收録的最後兩名學士，王淪『七月，除權工部侍郎』，王淮『七月，除中書舍人、兼直院』，都發生在跋語完成之後五個月。可想而知，在《翰苑群書》編定付刻的過程中，洪遵仍持續添加材料。那麽，『沈該』條的後半，『（紹興十八年）八月，除敷文閣待制、知潼川府』以下的内容，最有可能是由洪遵增補的。由此亦可進一步推測，《群書》之梓行，應在乾道九年二月之後、十二月之前，因爲《題名》並未記録王淮十二月除翰林學士一事。

北宋學士院從真宗景德年間開始，設置壁記記録學士名氏，沈該《題名序》云：『景德初，趙安仁、晁迥、李宗諤始復置壁記，起國初，自承旨陶穀以下至直院，用除授次第刊列，後居職者皆得以流芳久遠。中遭變故，今不復存。』洪遵《翰苑遺事》引曾紆《南游記舊》則記載：『學士及舍人院最重題名。學士及舍人赴職之日，本院設具，應佗學士、給諫、丞郎、待制皆預會，以是日題名于石，玉册官刊字。後有拜宰相者，即其名下刊「相」字，其家遣子弟齎宴具，就本院召學士、待制以上皆集，最爲盛禮。自元豐行官制之後，一切廢罷矣。』〔三〕由此推測，北宋的題名形式與唐代壁記相近，都是依入院先後臚列姓名，名下記録學士除授經歷，載體則由題壁改爲刻石。沈該所謂『中遭變故』者，當即曾紆所言『自元豐行官制之後，一切廢罷』，指神宗元豐三年（1080）改制之後被終止，此後不再增添題名以及舉行各種儀式。而沈氏所謂『今不復存』，則是出于臆想，其實當時題名碑刻並未滅失。周密《癸辛雜識》別集卷上『汴梁雜事』條，記羅壽可丙申年（1296）再游汴梁，見北宋的藏書閣稽古閣内藏有古碑數種，其中就包括『宋初翰苑題名』，即景德初年趙安仁等人始刻的壁記。可見金人占據開封後，它並没有遭到毁壞，而是與其他碑石一起集中保管，直到金朝覆亡之後一甲子，仍然存于天壤。

關于那份北宋學士的題名，李宗諤曾作過一篇《題名記》〔四〕，已佚，而學士名單似乎一直只以石本的形態存在，没有像唐代的翰林學士題名那樣抄録流傳。現存記録英宗以前翰林學士名單的《學士年表》，並不直接以該題名爲藍本，難以窺見宋代題名的原貌〔五〕。仁宗初年，錢惟演在他的《金坡遺事》記録了一份從建隆到天聖四年（1026）的學士名單，共有四十七人，或許承襲了景德初創始的那組題名，但也已失傳，無從稽考〔六〕。至南宋理宗時，擔任翰林學士的程珌又以《翰苑群書》中的《學士年表》爲基礎，廣輯文獻，重修成《翰苑續題名》，『由建隆至靖康，凡一百九十二人，寫之翠珉，刊置玉堂之側，以補一代典獻之缺。』〔七〕可惜此本也没有保留下來。因此，現存宋代翰林學士題名，惟有從南宋開始，以沈該始撰的這部《中興翰苑題名》爲最早，寧宗朝，何異在此基礎上續作《中興學士院題名》〔八〕。

《題名》共計收録翰林學士74人、89人次，囊括了南宋前期幾乎所有學士的遷轉經歷。它的記載，有的是唯一記録，可補史乘之闕，如康執權爲權直學士，諸史不載〔九〕，據此可知其建炎二年在院；有的可糾正他書之誤，如『席益』條，可證《十朝綱要》所載高宗學士名單中重出『盧益』之誤〔一〇〕。孝宗以後翰林學士的官歷，諸史所載多不齊備，《題名》則著録較爲完整，保留了重要的職官信息。

《題名》亦有失載、失誤之處，如『翟汝文』條，其入院、除承旨、參知政事的年月均有誤，因而造成排位順序失當，應乙至席益之前。趙鼎、范沖和洪遵均曾正授翰林學士，但《題名》不載，不知是别有標準還是奪佚之故。《題名》最大的舛錯，則發生在王綯等八位學士的條目上，他們的姓名前均標有『相』字，表示此人曾經拜相，但其實八人中無一人有宰相經歷。經查證，『相』字當連屬于上一條學士名下，卻全數誤鈔在下條學士之前，造成嚴重的史實錯誤〔一二〕。

本次校證，紹興以前首先取資李心傳《建炎以來繫年要録》，以其記敘詳明，可與《題名》互證的材料最爲豐富、精確，其所載之學士任免記録，可以補正《題名》之闕遺。《要録》多處引用《學士院題名》，即何異的《中興學士院題名》，該題名于『王淮』以前全部襲用《翰苑題名》，因此由李氏引文可以察知本《題名》的一些訛奪情況。《要録》以外，《宋史》、熊克《皇朝中興紀事本末》、留正《皇宋中興兩朝聖政》、李攸《宋朝事實》、徐自明《宋宰輔編年録》、徐松《宋會要輯稿》等，亦取資對證。建炎之初天下板蕩，衆多文獻史實錯互，記載與《題名》每有出入；紹興之後，局勢安定，記録的分歧大爲減少，異文多出于傳寫之誤。這是校勘本書時需要注意的。

〔一〕書名諸本皆作『翰苑題名』，據《玉海》卷五四《藝文・乾道翰苑群書》作『中興翰苑題名』改正。説詳解題。

〔二〕今傳本多不著撰人，兹據謙牧堂本及《玉海》等署沈該。説詳解題。

〔三〕見《翰苑遺事》第59條。

〔四〕晁公武《郡齋讀書志》（衢本）卷七《職官類》：『《翰林雜志》一卷。右不題撰人，輯唐韋執誼《故事》、元稹《承旨壁記》、韋來微（引按，當作表微）《新樓記》、杜元穎《監院使記》、鄭璘《視草亭記》并詩、李宗諤《題名記》爲一編。』

〔五〕説見《學士年表》解題。

〔六〕説詳《金坡遺事》解題。

〔七〕程珌《洺水集》卷九《翰苑續題名記》，嘉靖三十五年程元昺刻本。

〔八〕詳《中興學士院題名》解題。

〔九〕《十朝綱要》卷二〇高宗朝學士名録僅記其名，不載仕歷。

〔一〇〕詳『朱勝非』條注1。

〔一一〕詳『王綯』條注1。

翰苑自唐寶應迄于大中，學士官族皆刻石龕之屋壁〔一〕。五季以紛擾久廢〔二〕。藝祖受命，首建直廬；太宗親灑玉堂之翰，以增寵獎。聖聖稽古，推擇尤靳。景德初，趙安仁、晁迥、李宗諤始復置壁記，起國初，自承旨陶穀以下至直院，用除授次第刊列，後居職者皆得以流芳久遠。中遭變故，今不復存。睿主中興，偃武右文，柬求鴻碩〔三〕，追坦明之制，如二帝三王之盛〔四〕，以章列聖之休，規模遠矣。而姓名未紀〔五〕，來者何觀？學士秦公梓，再有建請。未幾，出守宣城，因循迄今。該猥以淺陋寓直，骫骳之文，豈足以潤色丕業，顧獲繼諸公之後，托名于不朽，欣幸之極，乃爲之序。紹興十八年七月既望，左中奉大夫、權尚書禮部侍郎、兼直學士院沈該謹序〔六〕。

〔一〕岑仲勉《翰林學士壁記注補》據丁序駁正沈該，云唐翰苑題名『實是寫題，並非刻石』；又題名起開元，盡咸通，亦非始寶應迄大中也。

〔二〕靜嘉堂本『廢』字及下『盧』『獎』『存』『章』字左下皆加角號，鮑眉批曰『藝祖、太宗、聖聖，俱另提行』、『另提行』。

〔三〕柬，文淵閣本作『揀』。

〔四〕三王，抱經樓本作『二王』。

〔五〕未紀，抱經樓本訛作『未絶』。

〔六〕學士院，謙牧堂本奪『士』字。

朱勝非，建炎元年五月，以中書舍人兼權直院〔一〕；八月，除禮部侍郎，依舊兼權〔二〕；十一月，除翰林學士〔三〕。二年五月，除右丞〔四〕。

〔一〕按，《建炎以來繫年要録》（以下簡稱《要録》）卷五，五月丁酉，『命中書舍人李擢、朱勝非兼權直學士院。時庶事草創，書詔填委，而院無几案。勝非常憑敗鼓草詔，然辭氣嚴重如平時』。注：『勝非直院，《日曆》在六月丁卯，今依《學士院題名》附此，更俟詳考。』《學士院題名》即《中興學士院題名》（以下簡稱《學士院題名》），《要録》每以之與《日曆》相校，或稱《題名》。洪遵未收，今補入本書，詳參該書解題。又按，建炎元年五月庚寅朔，趙構即位于南京，改元建炎，朱勝非爲高宗朝首位翰林學士。又按，《皇宋中興兩朝聖政》（以下簡稱《兩朝聖政》）卷一、《皇朝中興紀事本末》（以下簡稱《中興紀事》）卷一下記朱勝非入院與《要録》同，然二書及《十朝綱要》卷二〇《高宗》之學士名録並不記李擢兼權直院，疑李心傳誤書。又按，朱勝非任職前，高宗先欲委謝克家，《要録》卷五：『尚書吏部侍郎謝克家爲翰林學士、知制誥，克家以祖諱辭。』《宋會要輯稿·職官六》載之更詳，且云：『建炎元年六月五日，詔新除翰林學士謝克家爲述古殿直學士，提舉揚州洞霄宫。』是克家已除學士而卒不之任，故《題名》不載。又按，《十朝綱要》卷二〇《高宗》載：『學士五十七人（直學士院同）：朱勝非、王綯、葉夢得、康執權、盧益、孫覿、李邴、張守、詹乂、滕康、曾楙、汪藻、綦崈禮、盧益、胡交修、翟汝文、沈與求、徐俯、陳與義、孫近、朱震、胡世將、胡寅、曾開、吕本中、勾龍如淵、樓炤、李誼、林待聘、范同、程克俊、吴表臣、秦梓、王賞、洪皓、楊愿、劉才邵、秦熺、段拂、錢周材、王鎡、邊知白、李椿年、沈該、巫伋、王曮、湯思退、沈虚中、陳誠之、王綸、楊椿、周麟之、洪遵、何溥、虞允文、劉珙、唐文若。』按，『盧益』重出，據《翰苑題名》及《學士院題名》，綦崈禮及胡交修之間有『席益』，次一『盧益』顯爲『席益』之訛。燕永成《校正》于此處補『黄唐傳』，非是。《綱要》之學士名氏蓋據《題名》逐録，故入院次序及脱漏均同。

〔二〕按，《要録》卷八記爲八月甲申。

〔三〕按，《要録》卷一〇、《中興紀事》卷三記爲十一月庚寅。

〔四〕此條靜嘉堂本鮑眉批云：『行款依大字本。』大字本即明鈔本。按，《宋史・宰輔表四》，建炎二年，『五月戊子，朱勝非自翰林學士、知制誥、兼侍讀遷中大夫，除尚書右丞』。《高宗二》、《要録》卷一五、《兩朝聖政》卷三、《中興紀事》卷五同。按，據《宋史・宰輔表四》，朱勝非建炎三年及紹興元年至四年曾任宰相，下條之『相』字當移入其名下。詳下『相王綯』注。

相王綯〔一〕，建炎元年六月，以給事中兼權直院〔二〕；十二月，除禮部侍郎，依舊兼權〔三〕。二年，除工部尚書〔四〕。

〔一〕王綯，抱經樓本訛作『王陶』；謙牧堂本、靜嘉堂本奪『相』字。諸本凡姓名前『相』字皆施框綫，今俱從省。按，《題名》姓名前標注『相』之學士計有：王綯、李椿年、沈虛中、劉珙、錢周材、王剛中、何俌、陳良祐等八人，然覈之《宋史・宰輔表四》，無一人有宰相經歷，殊爲可怪。審之洪遵《翰苑遺事》引曾紆《南游記舊》云：『學士及舍人赴職之日……以是日題名于石，玉册官刊字。後有拜宰相者，即其名下刊「相」字。』乃悟『相』字乃學士拜相之後補刻于其名氏『之下』，而非『之上』。今將所有『相』字移于其上一條學士之下，則無不一一契合。如『相王綯』，王綯實未嘗拜相，然若將『相』字移往前一學士『朱勝非』名下，勝非建炎三年及紹興元年至四年曾居相職，如此則不誤矣。以此類推，可知《題名》中學士拜相者實爲：朱勝非、沈該、湯思退、虞允文、史浩、洪适、蔣芾、梁克家等八人。今于各條注中一一説明，而不改易『相』字。

〔二〕按，《要録》卷六，六月壬午，『徽猷閣待制、提舉西京嵩山崇福宮王綯試給事中。綯河南人，嘗爲上宮僚』。

〔三〕按，《要録》卷一〇，建炎元年十一月庚寅，『給事中王綯試尚書禮部侍郎，仍兼直學士院』。記月及職名與《題名》皆不同，未詳孰是。

〔四〕按，《要録》卷一八，二年十一月丙戌，『御史中丞王綯試禮部尚書』。卷一九，建炎三年正月『己酉，金人侵泗州。先是，禮部尚書王綯聞敵騎且南侵，率從官數人同對』。以上二事，《中興紀事》卷七、卷八上所載同，知其二年遷禮部尚書；又，《要録》卷二二，建炎三年四月庚戌，『工部尚書、兼侍講王綯兼直學士院』。知其三年遷工部尚書。《題名》之『二年』或『工部』當有一訛。又按，王綯轉『御史中丞』，《題名》失載。《要録》卷一六，建炎二年六月『戊午，尚書禮部侍郎、兼直學士院王綯試御史中丞。黄潛善以綯柔懦無能，故薦爲臺長』。注：『此據趙甡之《遺史》。綯除中丞，《日曆》亦不載。』《中興紀事》卷五亦載此事。

葉夢得，建炎二年，以户部侍郎除翰林學士〔一〕；十一月，除左丞〔二〕。

〔一〕葉夢得，抱經樓本姓名前衍『黄』字。按，《要録》卷一七，建炎二年八月戊午，『尚書户部侍郎葉夢得爲翰林學士』。注：『熊克《小曆》附此事于七月末，云據夢得《行述》。按《日曆》，乃八月六日事，今附本日。』《小曆》，全稱《中興小曆》，即今本《皇朝中興紀事本末》，非四庫館臣所輯《中興小紀》。查《中興紀事》，亦記爲八月戊午，李心傳所謂『《小曆》附此事于七月末』者，指葉夢得等『請命江、湖、二廣綱赴江寧，閩、浙綱赴平江，惟川陝、京東西、淮南綱赴行在』，非指除翰林學士事。

〔二〕左丞，葉夢得十一月所除當爲户部尚書，非左丞。《要録》卷一八，建炎二年十一月丙戌，『翰林學士、兼侍讀葉夢得試户部尚書』。《中興紀事》卷七同。李心傳注：『《日曆》于十一月丙戌載頣浩、夢得除命。』又，葉夢得除左丞在建炎三年二月己巳，見《要録》卷二〇、《兩朝聖政》卷四、《中興紀事》卷八上。疑此處有脱文，原文或作：『十一月，除户部尚書。三年二月，除左丞。』

**康執權，建炎二年，以吏部侍郎兼權直院〔一〕；是年，罷〔二〕。**

〔一〕按，《要録》卷一七，建炎二年八月庚申，『給事中康執權試尚書工部侍郎』。此日葉夢得除翰林學士，執權或于同日權直院。

〔二〕按，《要録》卷一八，建炎二年十二月丙寅，『工部侍郎康執權兼同修國史』。或于此時出院。

**盧益，建炎二年，以兵部侍郎兼權直院〔一〕；是年，罷〔二〕。**

〔一〕兵部侍郎，疑當作『兵部尚書』。按，《要録》卷一五，建炎二年五月『戊申，兵部尚書盧益直學士院。初，益自閑廢中請至揚州治其私事，黄潛善許之，至則除尚書，至是，復有此命』。注：『此據黄潛善劾疏增修。益除兵書，不得其日。熊克《小曆》二月丙申：「兵部尚書董耘罷，遂召徽猷閣待制、知東平府盧益爲兵部尚書。」按史，益元年五月乙巳自顯謨閣直學士、知東平府落職奉祠，當二月間，權邦彦已知東平府。克蓋誤。』熊克所記，見《中興紀事》卷四。

〔二〕按，《要録》卷一八，建炎二年十二月己巳，『兵部尚書盧益同知樞密院事』。《宋史·高宗二》、《宰輔表四》、《兩朝聖政》卷三、《中興紀事》卷七同。益當于此時罷學士。

**孫覿，建炎二年，以吏部侍郎兼權直院〔一〕。三年正月，罷〔二〕。**

〔一〕按，《要録》卷一八，建炎二年十一月丙戌，『給事中孫覿試吏部侍郎，仍兼權直學士院』。注：『以臺、部、後省題名參考之，頤浩、夢得、覿之除有月而無日……今因頤浩、夢得除命，遂書之，當更考求，各附本日。』

〔二〕按，《要録》卷二一，三年三月辛巳，『尚書吏部侍郎、兼直學士院孫覿試户部尚書』。《中興紀事》卷八下記爲壬午，相差一日。覿當于此時罷職，《題名》『正月』蓋『三月』之形訛。

李邴，建炎二年十一月，以兵部侍郎兼權直院。三年二月，除翰林學士〔一〕；三月，除簽書樞密院事〔二〕。

〔一〕二月，當爲『三月』之誤。按，《要録》卷二一，三月甲申，『尚書兵部侍郎、兼權直學士院李邴爲翰林學士』。同月庚寅，『時學士李邴與中書舍人張守並直禁林，然大詔令多邴所草也』。

〔二〕按，《要録》卷二一、《宋史·高宗二》、《宰輔表四》、《宋宰輔編年録》卷一四記爲三月丙午。《宋朝事實》卷一〇記李邴除簽書時爲翰林學士承旨，該書凡學士除拜宰輔，皆記爲承旨，姑録以存異。

張守，建炎三年二月〔一〕，以起居舍人兼權直院，尋除中書舍人，依舊兼權；四月，除御史中丞〔二〕。

〔一〕二月，抱經樓本、文淵閣本作『三月』，是。《要録》卷二一，三月甲申，『起居郎張守試中書舍人，仍兼權直學士院』。『起居郎』、『起居舍人』未詳孰是。

〔二〕按，《要録》卷二二，四月庚戌，『中書舍人、兼權直學士院張守爲御史中丞。以朱勝非言其嘗與聞復辟議論也』。注：『《日曆》，守之除，在庚戌。按朱勝非《閒居録》，乃在初五日壬子。然《閒居録》云「奉御筆，張浚知樞密院，張守御史中丞。」則二人之除同在初三日，勝非誤記也。』又按，《宋史·高宗二》，九月癸丑，『翰林學士張守同簽書樞密院事』。《宰輔表四》：『九月，張守自翰林學士、知制誥遷端明殿學士，除同簽書樞密院事。』不書日，《宋宰輔編年録》卷一四同。《宋朝事實》卷一〇：『七月，自翰林學士承旨、朝奉郎除端明殿學士、同簽書。』記月、官職均不同。

詹乂，建炎三年三月，以龍圖閣學士兼權直院〔一〕；六月，罷〔二〕。

〔一〕按，《要録》卷二三，三年五月『壬辰，徽猷閣直學士、提舉萬壽觀、兼侍講詹乂兼權直學士院』。《中興紀事》卷九，三年五月『甲辰，龍圖閣直學士、提舉萬壽觀詹乂兼權直學士院』。記月、館職與《題名》互有異同。據《要録》卷四，詹乂建炎元年四月以徽猷閣待制、提舉醴泉觀、權直學士院罷，此時不應驟升閣學士，館職名當從《中興紀事》作『龍圖閣直學士』。周必大《玉堂雜記》卷下『國初凡爲學士』條：『中興初，詹乂已爲龍圖閣學士，猶曰權直院。』蓋引《題名》，未可徑據。『三月』當爲『五月』之形訛。

〔二〕按，《要録》卷二五，七月癸未，『龍圖閣直學士、提舉萬壽觀、兼侍講、兼權直學士院詹乂引疾丐祠，上嘉其恬退，詔升徽猷閣學士、提舉杭州洞霄宫』。癸未，七日，或六月求退，七月罷職。《中興紀事》此事連于『兼權直院』敘之。

**滕康，建炎三年四月，以諫議大夫除翰林學士**〔一〕**；五月，除簽書樞密院事**〔二〕**。**

〔一〕按，《要録》卷二三，五月戊寅，『左諫議大夫滕康爲翰林學士。時御史中丞張守聞吕頤浩、張浚叶議，將奉上幸武昌，爲趨陝之計，又欲徙中原之民于東南，于是守與康皆持不可，曰：「東南，今日根本也。陛下遠適，則奸雄生窺伺之心。況將士多陝西人，以蜀地近關陝，可圖西歸，不過將士爲此計耳，非爲陛下與國家計也。」守併陳其害有十，至殿廬，又謂康曰：「幸蜀之事，吾曹當以死爭之。」上納其言，遂擢康爲學士』。戊寅，初一，蓋四月底發敕，此日授職，故微有出入。

〔二〕按，《要録》卷二三、《宋史·高宗二》、《宰輔表四》記爲五月癸未。《宋朝事實》卷一〇記其以翰林學士承旨除簽書。

**曾楙，建炎三年八月，以徽猷閣直學士、提舉西京嵩山崇福宫除翰林學士**〔一〕**；是月**〔二〕**，除禮部尚書。**

〔一〕八月，諸本同。按，《題名》以學士入院次第爲序，曾楙之下，張守建炎三年六月入院，此作『八月』有誤。

《要録》卷二三記爲五月癸未，在張守之前，同日滕康出院，曾楙接任，可知爲「五月」之訛。按，據《要録》卷二一，是年三月壬辰曾授楙爲翰林學士，辭不受。

〔二〕是月，原意指八月，據《要録》卷二六，建炎三年八月己酉，「翰林學士曾楙試禮部尚書、龍圖閣待制、知台州」。楙確于八月除禮部尚書，然前文既應正作「五月」，此作「八月」方合。按，曾楙八月任承旨，《題名》失載。《要録》卷二六，八月「甲戌，禮部尚書曾楙爲翰林學士承旨」。《兩朝聖政》卷五同。

張守，建炎三年六月，以禮部侍郎除翰林學士〔一〕；九月，除簽書樞密院事〔二〕。

〔一〕六月，當爲「八月」之誤。按，《要録》卷二六：「（八月甲戌）禮部侍郎張守爲翰林學士。先是，殿中侍御史趙鼎入對，論守無過下遷。上曰：『以其資淺。』鼎曰：『中丞，臺綱所繫，豈計資耶？且言事官無他過，願陛下毋沮其氣。』」《會要·職官三》、《兩朝聖政》卷五亦載。李心傳注：「按，守原爲御史中丞，六月甲戌以言事異旨，遷禮部侍郎。」是六月爲張守遷禮侍之月，《題名》或誤合二事書之。

〔二〕按，《要録》卷二八，九月癸丑，「翰林學士、奉議郎張守爲端明殿學士、朝奉郎、同簽書樞密院事」。《兩朝聖政》、《宋史·高宗二》同，《宰輔表四》、《宋宰輔編年録》卷一四亦記爲「九月」，不書日。《宋朝事實》卷一〇作七月自翰林學士承旨同簽書，與諸史異。

汪藻，建炎三年七月，以中書舍人兼權直院〔一〕；是年〔二〕，除給事中，依舊兼權。四年七月，除兵部侍郎，依舊兼權〔三〕。紹興元年五月，除翰林學士〔四〕；九月，除龍圖閣直學士、知湖州〔五〕。

〔一〕按，《要録》卷二四記爲六月，「庚午，中書舍人汪藻兼直學士院」，《中興紀事》卷九記日同，職名則作「權直學士院」，與《題名》同。據下注引《要録》，藻七月「仍兼權直學士院」，則此時不當已落「權」字，《要録》誤。庚午，二十三日，蓋六月委任，七月到院。

〔二〕按，《要録》卷二五，七月「庚子，中書舍人汪藻試給事中，仍兼權直學士院」。此處當承上作「是月」，指七月。

〔三〕按，《要録》卷三三記爲五月壬子，云：「給事中汪藻試兵部侍郎，仍兼直學士院。時從官隨駕者，惟崈禮及藻兩人，它在道未至也。」據下注引《要録》，藻以「兼權直學士院」轉翰林學士，此時應未落「權」字，《要録》誤。周必大《玉堂雜記》下「國初凡爲學士」條據《題名》概括其時「兼權」授職之例，曰：「正侍郎以下多帶兼權，汪藻等是也。厥後程克俊、林待聘、楊愿等初以給舍兼權，稍久乃落權字，以爲恩數。」亦可證其制度如此。

〔四〕按，《要録》卷四〇記爲建炎四年十二月辛巳，云：「尚書兵部侍郎、兼權直學士院汪藻爲翰林學士。」注：「熊克《小曆》，汪藻除學士在明年五月，蓋因本院題名誤也。今從《日曆》。」「明年五月」謂紹興元年五月，今本《中興紀事》卷一七正繫于此，與《題名》同。又按，《要録》卷四二，元年二月己巳，「翰林學士汪藻、中書舍人胡交修並兼侍講」。《題名》不載。凡學士之遷侍講、侍讀，《題名》均不載。

〔五〕按，《要録》卷四七，九月辛酉，「翰林學士汪藻充龍圖閣直學士、知湖州」。注：「孫覿撰藻墓志，載藻知湖州仍領《日曆》事，其寔謬誤。熊克《小曆》不深考，又因而書之。已辨正修入。」

綦崈禮，建炎四年五月，以吏部侍郎兼權直院〔一〕；十月，除徽猷閣直學士、知漳州〔二〕。

〔一〕按，《要録》卷三三，五月壬子，「中書舍人綦崈禮試尚書吏部侍郎……時從官隨駕者，惟崈禮及藻兩人，它在道未至也。尋又詔崈禮兼直學士院」。注：「《日曆》：『己巳，崈禮兼權直學士院。』按此月二十三日甲子，分鎮詔書係崈禮所草，不應除命乃在其後，疑是十八日己未降旨，而《日曆》誤繫之二十八日也。今且附此。」壬子，十一日。

〔二〕漳州，《學士院題名》誤作『潭州』。詳彼注。按，《要録》卷三八記爲十月丁亥。

[趙鼎]〔一〕

〔一〕按，《要録》卷三二，建炎四年四月，『乙酉，御史中丞趙鼎爲翰林學士。自建炎初置御營使，本以行幸總齊軍中之政，而宰相兼領之，遂專兵柄，樞密院幾無所預。吕頤浩在位，顓恣尤甚，議者數以爲言。上自海道還，鼎率其屬共論頤浩之過。會鼎復駁親征之議，頤浩聞之，乃移鼎翰林。鼎引司馬光故事，以不習駢儷之文，不肯就職』。《宋史·高宗三》：『乙酉，以御史中丞趙鼎爲翰林學士，鼎固辭不拜。』是已實授，而鼎拒不就職，故不見于《題名》，今補。乙酉，十四日。又按，《要録》同卷，四月『庚寅，御史中丞趙鼎爲吏部尚書。鼎力辭翰林，因卧家不出。詔以鼎剛毅有守，不可使去朝廷，故有是命。鼎不受』。庚寅，十九日。又按，《宋朝事實》卷一〇：『趙鼎，建炎四年五月自翰林學士承旨、朝奉大夫除端明殿學士、簽書。』鼎既已拒任學士，此時不當更爲承旨，《事實》誤。

席益，紹興元年八月，以中書舍人兼權直院〔一〕；十月，罷〔二〕。

〔一〕按，《要録》卷四七，紹興元年九月甲午朔，『中書舍人席益兼權直學士院』。注：『熊克《小曆》在八月，蓋因《學士院題名》也。今從《日曆》。』今本《中興紀事》卷一八正記于八月。或八月末下敕，九月一日入院。

〔二〕十月，疑『九月』之訛。按，《要録》卷四七，九月甲寅，『初，上以中書舍人、兼直學士院席益草赦文夸大，惡之。會益草吕頤浩復相制，有曰：「朕中興聖緒，兼創業守文之難。」上尤不喜，乃出益爲顯謨閣待制、知温州』。《兩朝聖政》卷一〇、《中興紀事》卷一八同。

胡交脩〔一〕，紹興元年十月，以給事中兼權直院〔二〕。二年[二月]，宮觀〔三〕。

〔一〕胡交脩，其名《學士院題名》及他書多作『交修』，未詳孰是。

〔二〕十月，李心傳以爲當在『九月』。《要録》卷四七，九月辛酉，『給事中胡交修兼權直學士院』。注：『《學士院題名》在十月，而《日曆》與藻、汝文除目同下，蓋藻已罷，而汝文未來，自當有權官，繫之十月者，誤也。』

〔三〕二月，諸本脱，據《學士院題名》補。按，《要録》卷五一，紹興二年二月丁卯，『給事中、兼直學士院胡交修充顯謨閣待制、提舉江州太平觀。交修以引疾得請』。注：『此恐是緣周杞事干連乞去。』

綦崈禮，紹興二年二月，以吏部侍郎兼權直院〔一〕；七月，除兵部侍郎，依舊兼權〔二〕；九月，除翰林學士〔三〕。四年七月，除寶文閣學士、知紹興府〔四〕。

〔一〕按，《要録》卷五一，紹興二年二月丁卯，『徽猷閣直學士、知漳州綦崈禮試吏部侍郎』。兼權直院當在同日。又按，《宋史》本傳：『徙知明州，召爲吏部侍郎兼權直學士院。』據《要録》及程俱《北山小集》卷二七《徽猷閣直學士知漳州綦崈禮吏部侍郎兼權直學士院敕》，知其以『知漳州』入院，本傳誤。

〔二〕按，《要録》卷五六，七月丙戌，『試吏部侍郎、兼直學士院綦崇禮與權兵部侍郎方孟卿兩易』。《宋史》本傳：『移兵部侍郎，仍進直學士院。』又按，《南宋館閣録》卷八，綦崇禮紹興三年四月以翰林學士充史館修撰。

〔三〕按，《要録》卷五八，九月『乙亥，御筆尚書兵部侍郎、兼直學士院綦崈禮爲翰林學士。自靖康後，從官以御筆除拜自此始』。《宋史》本傳亦載。又按，《要録》卷六七，紹興三年七月丁巳，『給事中黄唐傳暫權翰林學士，以綦崈禮疾告也』。黄唐傳爲暫攝學士，並非正授，故無題名。

〔四〕按，《要録》卷七八，紹興四年七月『壬戌，翰林學士、兼侍讀、史館修撰綦崈禮充寶文閣學士、知紹興府。崈禮屢爲御史中丞辛炳所攻，乃引疾，而有是命』。壬戌，十五日。大臣攻訐其制誥言語不當事，見《會要·職官六》紹興四年五月九日及七月十日所記。

翟汝文，紹興二年三月，以顯謨閣直學士致仕除翰林學士承旨〔一〕；四月，除參知政事〔二〕。

〔一〕本條奪誤嚴重，翟汝文入院、除承旨、參政年月均有誤，位序亦失當。按，《要録》卷四七，紹興元年九月辛酉，『顯謨閣直學士致仕翟汝文復爲翰林學士』。注：「《題名》在今年三月，熊克《小曆》因之，今從《日曆》。」可知《題名》原有此條，今本《中興紀事》卷一六正繫于元年三月，云：『是月，詔顯謨閣直學士致仕翟汝文爲翰林學士。』與李心傳所見相同。又，《中興紀事》卷一九，十一月壬子，『翰林學士翟汝文進承旨』。卷二一，紹興二年，『夏四月庚午，以翰林學士承旨翟汝文爲參知政事』。李心傳每云《小曆》（即《中興紀事》）因襲《學士院題名》，以上記録亦當如是。若然，原文應爲：『翟汝文，紹興元年三月，以顯謨閣直學士致仕除翰林學士；十一月，除翰林學士承旨。二年四月，除參知政事。』並移至『席益』條前。又按，汝文入院，《要録》卷四七記爲紹興元年九月辛酉，所據爲《日曆》。兩存之。又按，《要録》卷四九，紹興元年十一月壬子，『翰林學士、兼侍讀翟汝文爲學士承旨』。與《中興紀事》同。又按，《要録》卷四九，紹興元年十一月，『丙申，翰林學士翟汝文兼侍讀』。《題名》不載。

〔二〕按，《要録》卷五三，紹興二年四月『庚午，翰林學士承旨兼侍讀翟汝文參知政事』。《兩朝聖政》卷一一、《中興紀事》卷二一、《宋史·高宗四》、《宰輔表四》、《宋宰輔編年録》卷一五同。

沈與求，紹興二年七月，以吏部尚書兼權翰林學士〔一〕；十二月，宮觀〔二〕。

〔一〕按，《要録》卷五六，七月『丙戌，御史中丞沈與求試吏部尚書、兼權翰林學士』。

〔二〕按，《要録》卷六一，十二月甲午，『命吏部尚書沈與求爲龍圖閣學士、湖南安撫使、兼知潭州』。同月己亥，『龍圖閣學士、新知潭州沈與求力辭湖南之命，且言不習軍旅，必致敗事，乃以與求知常州……與求猶稱疾不已，遂以本職提舉江州太平觀，免謝辭』。

徐俯，紹興三年二月，以諫議大夫除翰林學士〔一〕；是月，除簽書樞密院事〔二〕。

〔一〕抱經樓本、文淵閣本奪「事」字。按，《要録》卷六三，二月「辛卯，右諫議大夫、兼侍讀徐俯爲翰林學士」。

〔二〕按，《要録》卷六三，二月辛亥，「新除翰林學士、兼侍讀徐俯爲端明殿學士、簽書樞密院事。故事，簽樞下執政一等，至是特詔鈞禮，又例外賜以金帶」。《宋朝事實》卷一〇記其以翰林學士承旨除簽書。

陳與義，紹興三年七月，以吏部侍郎兼權直院〔一〕。四年四月，除禮部侍郎，依舊兼權〔二〕；八月，除徽猷閣直學士、知湖州〔三〕。

〔一〕按，《要録》卷六七記爲七月癸亥。

〔二〕四月，疑「二月」之誤。按，《要録》卷七三，二月「丙申，試尚書吏部侍郎、兼侍講、兼直學士院陳與義移禮部侍郎……與義以兼直院故免劇曹」。院職奪「權」字，卷七四三月癸亥、卷七六五月戊午皆稱其爲「權直學士院」，可證二月誤書。

〔三〕按，《要録》卷七九，八月「辛丑，尚書禮部侍郎、兼直學士院陳與義充徽猷閣直學士、知湖州，以與義引疾有請也」。

孫近，紹興四年七月，以吏部侍郎兼直院〔一〕。五年二月，除翰林學士〔二〕；十一月，除吏部尚書、兼權翰林學士〔三〕。六年八月，除龍圖閣學士、知紹興府〔四〕。

〔一〕按，《要録》卷七八記爲七月乙亥。

〔二〕按，《要録》卷八五記爲二月丙子，《中興紀事》記爲乙亥，相差一日。

〔三〕按，《要録》卷九五、《中興紀事》卷三五記爲十一月甲申。

〔四〕按，《要録》卷一〇四，八月庚戌，『吏部尚書、兼權翰林學士、兼侍讀孫近充龍圖閣學士，復知紹興府。從所請也』。此前孫近屢乞解罷，《會要·職官六》，紹興六年，『七月六日，吏部尚書、權翰林學士孫近言：「本院已有學士朱震、直院陳與義正官二員，所有臣兼權上件職事乞令解罷。」詔：「學士之職古無定員，貞觀以來，時多兼領。在明皇世，常置者六人；于穆宗朝，並用者三俊。資卿才德，典服訓辭，于國有光，視唐無愧。得一二文翰之士，雖曰朋來；豈咫尺對敭之英，遽先引去。正藉耆儒之重，方欣君子之多。勿復固辭，往安厥位。」近又言：「見行官制學士二人，祖宗以來建爲定額，望不以臣故紊成憲。」詔不允』。

**沈與求**，紹興四年八月，以吏部尚書兼權翰林學士〔一〕；九月，除參知政事〔二〕。

〔一〕按，《要録》卷七九記爲八月戊戌。

〔二〕按，《要録》卷八〇記爲九月甲戌，《宋史·宰輔表四》、《宋宰輔編年録》卷一五同；《宋史·高宗四》記爲九月癸酉，相差一日。

**胡交脩**，紹興五年二月，以刑部侍郎兼權直院〔一〕；十一月，除翰林學士〔二〕。六年四月，除刑部尚書〔三〕。

〔一〕按，《要録》卷八五，二月己丑，『尚書刑部侍郎、兼侍讀胡交修兼直學士院』。奪『權』字。

〔二〕按，《要録》卷九五、《中興紀事》卷三五記爲十一月甲申。

〔三〕按，《要録》卷一〇〇、《中興紀事》卷三七記爲四月戊午。《宋史》本傳：『六年，召爲給事中、刑部侍郎、翰林學士、知制誥兼侍讀。久之，遷刑部尚書。』按，六年爲交修遷刑部尚書之年，非除翰林學士之年，《宋史》誤。

[范沖]〔一〕

〔一〕按，《要録》卷一〇〇，紹興六年四月戊午，『徽猷閣直學士、提舉建隆觀、兼侍講、兼史館修撰、資善堂翊善范沖爲翰林學士、兼侍讀，他職如故』。戊午，二十一日。同月『丙寅，新除翰林學士范沖改翰林侍讀學士，兼職如故』。丙寅，二十九日。《中興紀事》卷三七亦載。范沖在院僅八日，是以《題名》不録名氏。《宋史》本傳：『俄遷翰林學士兼侍讀，沖力辭，改翰林侍讀學士，用其父故事也。』范沖父祖禹嘗拜翰林學士，以其叔百禄在中書，改侍講學士。此時范沖姻親趙鼎爲左相，沖或以此避嫌辭任。

朱震，紹興六年五月，以給事中兼權直院〔一〕；是月，除翰林學士〔二〕。八年六月，致仕〔三〕。

〔一〕按，《要録》卷一〇一記爲五月癸酉。癸酉，初六。《會要·職官六》：『六年五月六日，吏部尚書、權翰林學士孫近言：「本院學士胡交修已除刑部尚書，范沖已改除翰林侍讀學士，即日止臣獨員。竊慮文字擁併，雙鎖日難以旋進。乞望早賜差官。」詔給事中朱震兼權直學士院。』

〔二〕按，《要録》卷一〇一記爲五月辛卯。辛卯，二十四日。《中興紀事》卷三七同。

〔三〕按，《要録》卷一二〇，六月丁丑，『翰林學士、兼侍讀、兼資善堂翊善朱震疾亟，上奏乞致仕，且薦尹焞代爲翊善。夜，震卒，年六十七。中夕奏至，上達旦不寐。戊寅，輔臣奏事，上慘然曰：「楊時既物故，胡安國與震又亡，同學之人今無存者，朕痛惜之。」』《中興紀事》卷四四亦載。

陳與義，紹興六年六月，以中書舍人兼權直院〔一〕；十一月，除翰林學士〔二〕。七年正月，除參知政事〔三〕。

〔一〕按，《要録》卷一〇二：『（六月）壬戌，顯謨閣直學士、左承議郎、提舉江州太平觀陳與義……並試中書舍人，與義仍兼直學士院、兼侍講。不俟受告供職。故事：職事官同日除者，以寄禄官爲序。弁奏與義、崧卿皆故從官，乞依宣和故事，以除目爲序，上許之。與義嘗爲給事中，服金帶，至是更服舍人服。上諭曰：「朕當以卿爲内相。」』院職無『權』字。

〔二〕按，《要録》卷一〇六，十一月『辛未，中書舍人、兼直學士院、兼侍講陳與義爲翰林學士』。《中興紀事》卷三九同，『直院』並不帶『權』字。

〔三〕按，《要録》卷一〇八、《兩朝聖政》卷二一、《中興紀事》卷四〇、《宋史·高宗五》、《宰輔表四》、《宋宰輔編年録》卷一五記爲正月癸未。

胡世將，紹興七年正月，以給事中兼直院〔一〕；九月，除兵部侍郎，依舊兼〔二〕。八年正月，除樞密直學士、四川安撫制置使、兼知成都府〔三〕。

〔一〕兼直院，《要録》卷一〇八，正月『甲申，給事中胡世將兼權直學士院』，多『權』字。按《要録》卷一〇九，是年二月庚戌已稱『給事中兼直學士院胡世將』，則其或以權直入院，旋改直院，故本《題名》不書『權』也。

〔二〕按，《要録》卷一一四，九月壬申，『給事中、兼侍講、直學士院胡世將試尚書兵部侍郎。先是，趙鼎言：「……今之清議所與，如劉大中、胡寅、吕本中、常同、林季仲之徒，陛下能用之乎？妒賢黨惡，如趙霈、胡世將、周秘、陳公輔，陛下能去之乎？……」疏入，上爲徙世將，于是公輔等相繼補外』。趙鼎之議與次年世將出知成都有關，李心傳蓋探下言之。《兩朝聖政》卷二二同。又按，卷一一一，七年六月『己未，給事中、兼直學士院胡世將……兼侍講。』《題名》不載。

〔三〕按，《要録》卷一一八，正月『戊申，尚書兵部侍郎、兼直學士院、兼侍講胡世將爲樞密直學士、四川安撫制置使、兼知成都府。上聞席益已去，因問刑部尚書胡交脩，孰可守蜀者，交脩曰：「臣從子世將可用。」遂有是除。時趙鼎亦不欲世將居中故也』。《兩朝聖政》卷二三同。

胡寅，紹興八年四月，以禮部侍郎兼權直院〔一〕；五月，以憂去〔二〕。

〔一〕按，《要録》卷一一九，四月『癸酉，徽猷閣待制、新知承州胡寅試尚書禮部侍郎、兼侍講，尋又兼直學士院。』

〔二〕按，《要録》卷一一九載，五月己丑，曾開代其任，胡寅以父憂免或在此前稍早。寅以四月十八日癸酉入，五月五日己丑前出，在院僅十餘日。

曾開，紹興八年五月，以禮部侍郎兼權直院〔一〕；十二月，除寶文閣待制、知婺州〔二〕。

〔一〕按，《要録》卷一一九，五月『己丑，禮部侍郎曾開兼權直學士院。時禮部侍郎、兼侍講、直學士院胡寅以父憂免，故命開代之』。

〔二〕按，《要録》卷一二四，十二月戊午，『試尚書禮部侍郎曾開充寶文閣待制、知婺州。先是，秦檜嘗因語和議事，曰：「此事大繫安危。」開于坐中抗聲曰：「丞相今日不當説安危，止合論存亡爾！」檜矍然驚其言而罷，遂命出守。開辭，改提舉江州太平觀。』

吕本中，紹興八年六月，以中書舍人兼權直院〔一〕；十月，罷〔二〕。

〔一〕按，《要録》卷一二〇，六月『壬午，中書舍人吕本中兼權直學士院。時將遣金使，禮部侍郎、兼直學士院曾開當草國書，乃言遲暮廢學，志力俱衰，凡有撰述，動繫國體，乞免兼權直職事。上欲用勾龍如淵，趙鼎力薦本中，乃有是命』。

〔二〕按，《要録》卷一二二，十月辛巳，『中書舍人、兼史館修撰、兼直學士院呂本中罷。侍御史蕭振言：「本中外示樸野，中藏險巇。父好問受張邦昌僞命，本中有詩云：『受禪碑中無姓名。』其意蓋欲證父自明爾。趙鼎以解《易》薦李授之除秘閣，本中初不知授之鼎所薦，遂怒形于色，欲繳還詞頭。已而知出于鼎，乃更爲授之命美詞，其朋比大臣，無所守如此。望罷本中，以清朝列。」詔本中提舉江州太平觀』。

**勾龍如淵，紹興八年十月，以中書舍人兼直院〔一〕；十一月，除御史中丞〔二〕。**

〔一〕按，《要録》卷一二二記爲十月乙丑。又按，《要録》卷一二一：『（紹興八年，七月）庚子，中書舍人勾龍如淵入對。上曰：「朕本用卿直學士院，而趙鼎薦呂本中。他日本中罷，則用卿矣。」』至是果以之代呂本中。《中興紀事》卷四五亦載。

〔二〕按，《要録》卷一二三，十一月甲辰，『中書舍人、兼侍講、兼學士院勾龍如淵試御史中丞。時秦檜方主議和，力贊屈己之説，以爲此事當斷自宸衷，不必謀之在廷。上將從其請，而外論群起，計雖定，而未敢畢行。如淵言于檜曰：「相公爲天下大計，而群説横起，何不擇人爲臺官，使盡擊去，則相公之事遂矣！」檜大悟，遂擢如淵中司，人皆駭愕』。《中興紀事》卷四六引勾龍如淵《退朝録》曰：『如淵以直學士院面得旨，草趙鼎制』云云，則其時如淵爲『直學士院』，與上注引文及本書所記同，可知《要録》『兼學士院』當作『兼直學士院』。

**孫近，紹興八年十月，以龍圖閣學士、知紹興府除翰林學士承旨〔一〕；十一月，除參知政事〔二〕。**

〔一〕按，《要録》卷一二二：『（十月）乙亥，龍圖閣學士、知紹興府孫近爲翰林學士承旨，端明殿學士、知洪州李光試吏部尚書。前二日，上召中書舍人、兼直學士院勾龍如淵草趙鼎免制，如淵奏：「陛下既罷鼎相，則用人材、振紀綱，必令有以聳動四方。如君子當速召，小人當顯黜。」上曰：「君子謂誰？」曰：「孫近、李光。」上曰：「近必召。如光，則趙鼎、劉大中之去，皆薦之朕，若召，則是用此兩人之薦，須朕他日自用之。」如淵曰：「此鼎、大中奸計也。兩人在位時，何不薦光？及罷去而後薦之，意謂陛下采公言，必用光，故以示恩耳。」』

〔三〕按，《要録》卷一二三、《兩朝聖政》卷二四、《宋史・高宗六》、《宰輔表四》記爲十一月甲申。

樓炤，紹興八年十一月，以給事中兼權直院〔一〕。九年二月，除翰林學士〔二〕，三月〔三〕，除簽書樞密院事。

〔一〕按，《要録》卷一二三記爲十一月甲辰，注：「《日曆》無此，今以本院題名修入。」

〔二〕按，《要録》卷一二六，二月癸丑，『給事中、直學士院樓炤爲翰林學士。張通古之在館也，書詔填委，多出于炤之筆，至是真拜』。同月己巳，『翰林學士樓炤兼侍讀』。

〔三〕三月，《學士院題名》誤作『十月』。詳彼注。按，《要録》卷一二七，三月『辛丑，翰林學士、兼侍讀樓炤爲端明殿學士、簽書樞密院事』。《宋史・高宗六》同。《宰輔表四》、《宋宰輔編年録》卷一五、《宋朝事實》卷一〇並云以承旨、知制誥除簽書，所記職官不同。

李誼，紹興九年二月〔一〕，以中書舍人兼直院；九月，除工部侍郎，依舊兼〔二〕。十年正月，除工部尚書〔三〕。

〔一〕二月，抱經樓本、文淵閣本誤作『三月』。按，《要録》卷一二六，二月『壬戌，右諫議大夫李誼試中書舍人、兼直學士院、兼侍講』。

〔二〕按，《要録》卷一三二，九月甲申，『左通直郎、試中書舍人、兼侍講、兼直學士院李誼試工部侍郎，兼職並如故』。

〔三〕按，《要録》卷一三四，正月『乙酉，尚書工部侍郎、兼直學士院、兼侍講李誼爲工部尚書，假資政殿學士，充迎護梓宫奉迎兩宫使』。

胡交脩，紹興九年六月，以兵部尚書兼權翰林學士〔一〕。十年十一月，除端明殿學士、知台州〔二〕。

〔一〕胡交脩，明鈔本、抱經樓本、李鈔本、文淵閣本同，謙牧堂本、靜嘉堂本作『李交脩』，涉上誤。鮑據明鈔本改。按，胡交修爲南宋首位三入學士院者。《要録》卷一二九，六月『甲子，寶文閣學士、提舉江州太平觀胡交修試兵部尚書、兼翰林學士。中興後學士三入者，自此始』。《兩朝聖政》卷二五、《中興紀事》卷四八記日同，院職皆無『權』字。周必大《玉堂雜記》下『國初凡爲學士』條記兼權學士職名云：『至正尚書則帶兼權學士，胡交修等是也。』乃據《題名》立論，亦當時之通例，諸史落『權』字皆誤。下注所引《要録》記交修以『兼權翰林學士』改官，則是。

〔二〕按，《要録》卷一三八，十一月『癸丑，兵部尚書、兼權翰林學士、兼侍讀胡交修充端明殿學士、知台州』。《中興紀事》卷五五奪『權』字。

林待聘，紹興十年五月，以中書舍人兼權直院〔一〕；十二月，除給事中，依舊兼權〔二〕。十一年七月，除兼直院〔三〕；十二月，以憂去〔四〕。

〔一〕按，《要録》卷一三五記爲五月辛丑。

〔二〕按，《要録》卷一三八記爲十二月丙戌。

〔三〕按，《要録》卷一四一記爲七月壬寅。

〔四〕按，《要録》卷一四三，紹興十一年十二月，『是月，給事中、兼直學士院林待聘以母憂去位』。注：『待聘去位，《後省題名》在十二年十二月，蓋誤。』

范同，紹興十年十二月，以給事中兼直院〔一〕。十一年五月，除翰林學士〔二〕；七月，除參知政事〔三〕。

〔一〕按，范同入院日期不詳。《要録》卷一四〇，紹興十一年四月『辛卯，詔給事中、直學士院范同令入對』。

〔二〕按，《要録》卷一四〇，五月『己亥，給事中、兼直學士院、實録院修撰范同爲翰林學士』。《中興紀事》卷五六同。

〔三〕按，《要録》卷一四一、《宋史·高宗六》、《宰輔表四》、《宋宰輔編年録》卷一六皆記爲七月庚子。

程克俊，紹興十一年十一月，以給事中兼權直院〔一〕。十二年四月，除兼直院；九月，除翰林學士〔二〕；十月，除簽書樞密院事〔三〕。

〔一〕按，《要録》卷一四二記爲十一月丁未。

〔二〕按，《要録》卷一四六記爲九月戊申，《中興紀事》卷六〇記爲庚戌，相差二日。

〔三〕十月，諸本作『二月』。按，前句書九月事，此不當書二月事，據《學士院題名》改。按，《要録》卷一四七，十月『乙亥，翰林學士、兼侍講、資善堂翊善程克俊充端明殿學士、簽書樞密院事。秦檜之除太師也，克俊草其制詞，有曰：「廟算無遺，固衆人之所不識；征車遠狩，惟君子以爲必歸。」檜大喜之』。《中興紀事》卷六〇、《兩朝聖政》卷二八、《宋史·高宗七》、《宰輔表四》、《宋宰輔編年録》卷一六記日同，後三種及《宋朝事實》卷一〇並記其兼權參知政事。《宋朝事實》記其爲承旨。

吴表臣，紹興十二年正月，以吏部尚書兼權學士院〔一〕；二月，罷〔二〕。

〔一〕按，《要録》卷一四四記爲正月庚申，院職作『權直學士院』。表臣爲禮部尚書，當從《題名》兼權翰林學士。

〔二〕按，《要録》卷一四四，二月『己丑，吏部尚書、兼資善堂翊善吴表臣……罷。坐討論典禮，並不詳具祖宗故事，專任己意，懷奸附麗故也。』

秦梓，紹興十二年九月，以敷文閣直學士兼權直院〔一〕；十月，除兼直院〔二〕。十三年閏四月，除翰林學士〔三〕；六月，除龍圖閣學士、知宣州〔四〕。

〔一〕十二年，文淵閣本誤作『十一年』。按，《要録》卷一四六，九月戊申，『敷文閣待制、提舉萬壽觀、兼侍講、資善堂翊善秦梓升敷文閣直學士、權直學士院。檜言：「臣兄老于翰墨，自聖明所知。今兹除授，非臣敢預，但以臣新被優恩，躐正公槐之位，一門並受寵命，恐盈滿延災，伏望許臣回授與兄進今職名。」不許』。

〔二〕按，《要録》卷一四七，十月『丁亥，敷文閣直學士、提舉萬壽觀、兼侍講、直學士院、資善堂翊善秦梓升兼侍讀』。此日稱秦梓爲直院，其遷是任，當在此日或稍前。

〔三〕按，《要録》卷一四八，閏四月『戊申，敷文閣直學士、提舉萬壽觀、兼侍讀、直學士院、資善堂翊善秦梓爲翰林學士。梓直北扉逾半歲，至是，草后制而命之』。《中興紀事》卷六一，十三年『閏四月己丑，立貴妃吴氏爲皇后，制略曰：「眷我中宫，久兹虚位，太母軫深遠之念，群臣輸悃愊之忠，宜選淑賢，以光册命。」蓋述太后意，乃敷文閣直學士、提舉萬壽觀、兼直學士院秦梓草辭。戊申，遂以梓爲翰林學士』。

〔四〕宣州，《學士院題名》誤作『滁州』。詳彼注。按，《要録》卷一四九、《中興紀事》卷六一記爲六月辛亥。

王賞，紹興十二年十月，以權禮部侍郎兼權直院〔一〕。十三年五月，除禮部侍郎，依舊兼權〔二〕；十二月，罷〔三〕。

〔一〕按，《要録》卷一四七記爲十月丙子。

〔二〕按，《要録》卷一四八記爲閏四月辛亥，與《題名》不同，云：『權尚書禮部侍郎、兼實録院修撰、兼侍講、權直學士院王賞落「權」字，以中宫册寶成禮也。』

〔三〕按，《要録》卷一五〇，十二月『丁亥，尚書禮部侍郎、兼實録院修撰、兼侍講、兼權直學士院王賞知利州。侍御史李文會論：「賞外示樸野，心實傾邪。程敦厚，子壻也，而賣之；勾龍庭實、何麒，腹心也，而人莫知之。情厚貌深如此，而他豈易測？伏望速賜斥逐，以厲百官。」故有是命』。

**洪皓，紹興十三年八月，以徽猷閣直學士、提舉萬壽觀兼權直院〔一〕；九月，依舊職知饒州〔二〕。**

〔一〕按，《要録》卷一四九記爲八月丁未。

〔二〕按，《要録》卷一五〇，九月『甲子，徽猷閣直學士、提舉萬壽觀、權直學士院洪皓出知饒州。時金人來取趙彬輩三十人家屬，詔歸之。皓曰：「昔韓起謁環于鄭，鄭，小國也，能引誼不與。金既限淮，官屬皆吳人，留不遣，蓋慮知其虛實也。彼方困于蒙兀，恃强以訾中國，若遽從之，彼將謂秦無人而輕我矣。若恐以不與之故致渝盟，宜謂之曰：俟淵聖皇帝及皇族歸乃遣。」秦檜大怒。皓又言：「王倫輩以身徇國，棄之不取，緩急何以使人？」初，檜在完顏昌軍中，軍圍楚州，久不下，欲檜草檄諭降，有室撚者，在軍知狀。皓與檜語及虜事，因曰：「憶室撚否？別時托寄聲。」檜色變而罷。翌日，侍御史李文會即奏：「皓頃事朱勔之壻，夤緣改官，以該討論，乃求奉使。比其歸也，非能自脱，特以和議，既定例得放歸，而貪戀顯列，不求省母。若久在朝，必生事端。望與外任。」檜進呈，因及宇文虛中事，上曰：「人臣之事君，不可以有二心。爲人臣而二心，在《春秋》之法，皆所不赦。」乃命黜皓』。

**楊愿，紹興十三年十月，以給事中兼權直院〔一〕。十四年三月，除兼直院。十一月，除御史中丞〔二〕。**

〔一〕十三年，諸本作『十二年』，《學士院題名》作『十三年』，《要録》卷一五〇記爲十三年十月甲辰。此條前後均爲十三年事，可知諸本皆誤，兹據改。

〔二〕按，《要録》卷一五二、《中興紀事》卷六四記爲十一月癸丑。

劉才邵，紹興十三年十二月，以起居舍人兼權直院〔一〕；是月，除中書舍人，依舊兼權〔二〕。十四年二月，罷〔三〕。

〔一〕按，《要録》卷一五〇記爲十二月庚寅。

〔二〕按，《要録》卷一五〇記爲十二月己亥。

〔三〕按，《要録》卷一五一，二月己酉，『中書舍人、兼直學士院劉才邵，祠部員外郎王觀國並罷。御史中丞李文會論二人皆以附万俟卨爲腹心，中懷異意，自作弗靖，若久在朝，必害至治。乃以才邵知漳州，觀國知邵州』。

秦熺，紹興十四年三月，以禮部侍郎兼直院〔一〕。十五年正月，除翰林學士〔二〕；六月，除翰林學士承旨〔三〕；十月，除資政殿學士、提舉萬壽觀〔四〕。

〔一〕按，《要録》卷一五一記爲三月癸酉。又按，《要録》卷一五二，十四年七月，『壬戌，尚書禮部侍郎、兼直學士院秦熺提舉秘書省，掌求遺書。時新省成，少監游操援宣、政故事，請置提舉官，故有是命，仍鑄印賜之』。

〔二〕按，《要録》卷一五三，正月『己巳，御筆：尚書禮部侍郎、兼直學士院、提舉秘書省秦熺除翰林學士』。二月『庚寅，翰林學士秦熺兼侍讀』。

〔三〕按，《要録》卷一五三，六月『戊子，翰林學士、左朝散大夫、知制誥、兼侍讀、提舉秘書省秦熺特遷左中奉大夫，充翰林學士承旨』。《中興紀事》卷六五同。

〔四〕按，《要録》卷一五四：『（十月庚寅）翰林學士承旨、兼侍講、提舉秘書省秦熺再乞避親，且言：「今國信已行，别無撰述文字。」御筆除熺資政殿學士、提舉萬壽觀、兼侍讀，恩數視執政，位李若谷上。熺請班其下，從之。翌日，上謂檜曰：「熺出朕親除，可謂士人之榮也。」』注：『熊克《小曆》于此書熺除知樞密院事，力辭，蓋誤。』

《中興紀事》所載見卷六六；《會要・職官五四》所載與《中興紀事》同。

**段拂，紹興十四年十一月，以中書舍人兼權直院**〔一〕。**十六年正月，除給事中，依舊兼權**〔二〕；**十一月，除兼直院**〔三〕。**十七年三月，除翰林學士**〔四〕；**是月，除參知政事**〔五〕。

〔一〕按，《要録》卷一五二記爲十一月戊午。

〔二〕按，《要録》卷一五五記爲正月丙申。

〔三〕按，《要録》卷一五五，十月『戊戌，新禮器成，上觀于射殿……于是直祕閣秦塤升直敷文閣，給事中段拂已下皆遷官』。注：『塤進職在壬寅，段拂等進官在丁未。』丁未，十一日，段拂除兼直院當在此時，與《題名》所記十一月不同。

〔四〕按，《要録》卷一五六記爲三月丁卯。

〔五〕按，《要録》卷一五六、《宋史・宰輔表四》、《宋宰輔編年録》卷一六、《宋史全文》卷二一上記爲三月己卯。

**錢周材，紹興十七年三月，以中書舍人兼權直院**〔一〕；**六月，罷**〔二〕。

〔一〕按，《要録》卷一五六，三月『辛未，權尚書刑部侍郎錢周材爲中書舍人、兼權直學士院』。同月，『甲申，中書舍人、權直學士院錢周材兼實録院修撰』。

〔二〕按，《要録》卷一五六，六月『丁酉，中書舍人、兼權直學士院、兼實録院修撰、兼侍講錢周材罷。殿中侍御史余堯弼論周材嘗對衆館職，有《徽宗實録》難修之語，詆毀不恭，故有是命』。

**王鎡，紹興十七年六月，以中書舍人兼權直院**〔一〕；**十二月，致仕**〔二〕。

〔一〕王鎡，文淵閣本誤作『丕鎡』。按，《要録》卷一五六記爲六月己亥。

〔二〕按，《要録》卷一五六，十二月丙辰，『中書舍人、兼侍講、兼權直學士院王鎡卒，自是不復除舍人也』。記其卒官，不云致仕，與《題名》不同。或致仕不久即卒。

邊知白，紹興十七年十二月，以權吏部侍郎兼權直院〔一〕。十八年五月，罷〔二〕。

〔一〕按，《要録》卷一五六記爲十二月丁巳。

〔二〕按，《要録》卷一五七，五月乙丑，『權尚書吏部侍郎邊知白提舉江州太平興國宫。右正言巫伋論知白闒茸躁進，頃宰平江外邑，干郡將鄭滋舉狀不獲，近緣接伴經由，乃窘以人使事，百端騷動，挾私宿怨，故有是命』。

李椿年，紹興十八年正月，以權户部侍郎兼權[直院]〔一〕；三月〔二〕，除户部侍郎。

〔一〕直院，諸本脱，據《學士院題名》及文例補。據下『相李椿年』條，椿年于是年八月『以户部侍郎兼權直院』。

〔二〕三月，文淵閣本誤作『二月』。按，葛立方《歸愚集》卷一〇有《權户部侍郎李椿年落權字制》。

沈該，紹興十八年三月，以權禮部侍郎兼直院〔一〕；八月，除敷文閣待制、知潼川府〔二〕。

〔一〕三月，文淵閣本誤作『正月』。按，《要録》一五七記爲三月丙戌。

〔二〕沈該爲本《題名》所撰序作于紹興十八年七月，其所編《題名》當止于本條，八月以下爲後人所添。按，《要録》卷一五八記爲八月丁酉。又按，據《宋史·宰輔表四》，沈該紹興二十六年至二十九年任宰相，下條之『相』字當移入其名下。

相李椿年，紹興十八年八月，以户部侍郎兼權直院。十九年十一月，罷〔一〕。

〔一〕按，《要録》卷一六〇，十一月『辛丑，尚書户部侍郎、兼權直學士院李椿年罷。椿年首陳經界之議，及是始畢。會民多訴經界不均者，殿中侍御史曹筠因劾椿年求薦劉大中，陰交趙鼎，皆竊其權柄，漏其昵談；今游舊將之門，傾危朝廷，尤爲可慮；兼經界已定，若不别委他官覆實，則椿年私結將帥，曲庇家鄉之罪，無以厭塞公議。詔與外任』。又按，李椿年未嘗爲相，『相』字當屬上條『沈該』名下。

巫伋，紹興十九年十一月，以給事中兼權直院〔一〕。二十年三月，除簽書樞密院事〔二〕。

〔一〕按，《要録》卷一六〇，十一月辛丑，『右諫議大夫、兼侍講巫伋兼權直學士院。以諫官攝詞臣，非故事也』。

〔二〕按，《要録》卷一六一、《宋史·高宗七》記爲三月癸未，《宰輔表四》、《宋宰輔編年録》卷一六記爲二月癸未。二月無癸未，後者誤。

王曮，紹興二十年三月，以起居舍人兼權直院〔一〕。二十一年四月，除權禮部侍郎〔二〕。

〔一〕按，《要録》卷一六一，三月『乙酉，尚書禮部員外郎、兼玉牒所檢討官王曮守起居舍人、兼權直學士院』。注：『《日曆》不書曮權直，此據本院題名。』

〔二〕按，《要録》卷一六二，『夏四月甲辰，起居舍人、權直學士院王曮權尚書禮部侍郎，以使還遷也。』

湯思退，紹興二十年□月〔一〕，以秘書少監兼權直院。二十一年四月，除起居舍人。二十二年六月，除權禮部侍郎〔二〕。二十四年十一月，除禮部侍郎〔三〕。二十五年六月，除簽書樞密院事〔四〕。

〔一〕□月，底本及明鈔本、抱經樓本同，謙牧堂本、文淵閣本作『三月』。《學士院題名》作『十月』。按，《南宋館閣録》卷七，記思退『二十一年四月爲起居舍人』。《要録》卷一六二，紹興二十一年，四月『乙巳，秘書少監湯思退試起居舍人、權直學士院』。葛立方《歸愚集》卷一〇有《湯思退除起居舍人兼直學士院制》，則其權直院與起舍當爲同時任命，《題名》誤離爲二事，當正作『二十一年四月，以秘書少監除起居舍人、兼權直院』。《宋史》本傳謂其『貳中祕，秉史筆』，即此職事。

〔二〕六月，諸本作『十月』，《學士院題名》作『六月』。按，《要録》卷一六三，六月『壬辰，起居舍人、權直學士院湯思退權尚書禮部侍郎』。據改。

〔三〕按，周必大《玉堂雜記》卷下：『紹興二十四年春，直學士院湯公思退以禮部侍郎同知貢舉。』稱思退爲禮部侍郎，似其此前已除禮侍，然《要録》卷一六六『紹興二十四年三月辛酉』云：『權禮部侍郎兼直學士院湯思退、右正言鄭仲熊同知貢舉。』是年思退以『權禮部侍郎』知舉，未落『權』字，《雜記》誤也。

〔四〕按，《要録》卷一六八，六月『辛巳，尚書禮部侍郎、兼權直學士院湯思退爲端明殿學士、簽書樞密院事、兼權參知政事』。《宋史·高宗八》、《宰輔表四》同。然《高宗八》又記十月丙申『命湯思退兼權參知政事』，連授權參政，斷無可能。考《宰輔表四》、《宋宰輔編年録》卷一六記思退六月除簽書樞密院，十月『兼參知政事』，已落『權』字，《高宗八》『權』字衍。又按，《宋朝事實》卷一〇：『湯思退，紹興二十五年五月自承議郎、禮部侍郎、直學士院除端明殿學士、朝奉郎、簽書、兼權參知政事。』記月與諸史不同，疑誤。又按，據《宋史·宰輔表四》，湯思退紹興二十七年至三十一年、隆興元年至二年曾任宰相，下條之『相』字當移入其名下。

相沈虛中，紹興二十五年六月，以國子司業兼權直院〔一〕；八月，除權兵部侍郎〔二〕。二十六年二月，罷〔三〕。

〔一〕按，《要録》卷一六八，六月辛巳，『國子司業沈虛中兼權直學士院』。注：『《日曆》無此，本院題名在六月，蓋代湯思退也。』又按，沈虚中未嘗爲相，『相』字當移入上條『湯思退』名下。
〔二〕權兵部侍郎，《學士院題名》脱『權』字，詳彼注。按，《要録》卷一六九記爲八月甲申。
〔三〕二十六，《學士院題名》誤作『三十六』。按，《要録》卷一七一，二月甲戌，『權尚書兵部侍郎、兼權直學士院沈虚中罷。以侍御史湯鵬舉論其爲省試參詳官，私取秦塤，且素無廉聲，巧貪富貴，不當留在侍從故也』。

［洪遵］〔一〕

〔一〕按，《要録》卷一六九，紹興二十五年八月甲申，『秘書省正字洪遵兼權直學士院』。注：『遵之除，《日曆》不載，但于此月壬辰，書宰執進呈洪遵乞罷翰苑事。壬辰在此月後八日。按，是時翰苑乃虚中獨員，虚中既改除，則不容一日無官也，且附此，更求他書參考。』又，同月壬辰，『秘書省正字洪遵改兼權中書舍人。遵乞罷權翰苑，故有是命』。洪遵此次入院時間僅八日，或因此不見于題名，然既爲正授，當據補，作：『紹興二十五年八月，以秘書省正字兼權直院；是月，除權中書舍人。』

陳誠之，紹興二十五年十二月，以敷文閣直學士、知泉州除翰林學士〔一〕。二十六年九月，除同知樞密院事〔二〕。

〔一〕『知泉州』下，《學士院題名》有『召赴行在』四字。按，《要録》卷一七〇，十二月甲午，『敷文閣直學士、知泉州陳誠之爲翰林學士。誠之至泉纔數日也』。
〔二〕按，《要録》卷一七四、《宋史·高宗八》、《宰輔表四》、《宋宰輔編年録》卷一六記爲九月乙巳。

劉才邵，紹興二十六年三月，以工部侍郎兼權直院〔一〕。二十七年四月，除顯謨閣直學士、提舉江州太平興國宮〔二〕。

〔一〕按，《要録》卷一七二記爲三月丁未。

〔二〕按，《要録》卷一七六，四月『辛丑，尚書工部侍郎、兼權直學士院劉才邵以老疾求去，罷爲顯謨閣直學士、提舉江州太平興國宮。』

王綸，紹興二十七年二月，以中書舍人兼權直院；六月，除工部侍郎、直院〔一〕。二十八年二月，除同知樞密院事〔二〕。

〔一〕按，《要録》卷一七七記爲六月甲寅。

〔二〕按，《要録》卷一七九、《宋史·高宗八》、《宰輔表四》、《宋宰輔編年録》卷一六記爲二月乙巳。

楊椿，紹興二十八年二月，以給事中兼權直院〔一〕。二十九年二月，除兵部侍郎、直院〔二〕；十二月，除兵部尚書、兼權翰林學士〔三〕。三十一年三月，除參知政事〔四〕。

〔一〕按，《要録》卷一七九記爲二月丙午。

〔二〕按，《要録》卷一八一記爲二月己亥。

〔三〕按，《要録》卷一八三記爲十二月丁卯。

〔四〕按，《要録》卷一八九、《宋史·高宗九》、《宰輔表四》、《宋宰輔編年録》卷一六記爲三月壬午。

周麟之，紹興二十八年二月，以中書舍人兼權直院〔一〕；八月，除兵部侍郎、直院〔二〕；十二月，除給事中〔三〕。二十九年閏六月，除翰林學士〔四〕。三十年七月，除同知樞密院事〔五〕。

〔一〕按，《要録》卷一七九記爲二月丙午。

〔二〕按，《要録》卷一八〇，八月『丙午，中書舍人、權直學士院、同修國史周麟之入見，論《徽宗實録》所載之事，多涉國體，與今日政令相關，凡副本之在有司者，宜謹其藏，不許諸官司關借，及臣僚之家私自傳寫，庶可以嚴宗廟、尊朝廷。即日拜麟之尚書兵部侍郎、兼直學士院』。又按，同卷八月庚子，『中書舍人周麟之兼同修國史』。

〔三〕按，《要録》卷一八〇記爲十二月庚寅。

〔四〕按，《要録》卷一八二記爲閏六月癸酉。又按，《南宋館閣録》卷八，周麟之二十九年閏六月以翰林學士兼修國史。

〔五〕按，《要録》卷一八五、《宋史・高宗八》、《宰輔表四》、《宋宰輔編年録》卷一六記爲七月戊戌。又按，《要録》卷一八五，五月辛巳，『上書「玉堂」二字賜翰林學士周麟之。麟之奏依淳化故事，就都堂宣示宰執，仍以石本分賜侍從、館閣官。從之』。

洪遵，紹興三十年八月，以吏部侍郎除翰林學士〔一〕；十二月，除徽猷閣直學士、提舉江州太平興國宫〔二〕。

〔一〕按，《要録》卷一八五，八月『丁巳，尚書吏部侍郎、兼樞密都承旨洪遵爲翰林學士、兼權吏部尚書』。又按，《要録》卷一八三，紹興二十九年，十一月『甲午，中書舍人洪遵暫兼權直學士院，以楊椿將渡江故也』。則此前洪遵曾短暫代職權直院，以非正授，故無題名。

〔二〕按，《要録》卷一八七，十二月丙寅『翰林學士、兼權吏部尚書洪遵罷爲徽猷閣直學士、提舉江州太平興國宫。汪澈之再論湯思退也，首言「播告之初，訓獎過當」。遵聞，乃杜門丐罷，上不許，疏再上，乃有是命』。

何溥，紹興三十一年三月，以左諫議大夫除翰林學士〔一〕。三十二年三月，除龍圖閣學士、提舉江州太平興國宮〔二〕。

〔一〕左，《學士院題名》、《要録》卷一八九、《宋史全文》卷二三上作『右』，《會要》等亦記溥爲『右諫議大夫』。當以『右』爲是。按，《要録》：『（三月）己卯，右諫議大夫何溥爲翰林學士、兼權吏部尚書，仍兼侍講。』

〔二〕按，《要録》卷一九八，三月乙巳，『翰林學士、兼侍讀、兼權吏部尚書何溥充龍圖閣學士、提舉江州太平興國宮，以疾自請也』。

虞允文，紹興三十一年九月，以中書舍人兼權直院〔一〕。三十二年二月，除兵部尚書、川陝宣諭使〔二〕。

〔一〕按，《要録》卷一九二記爲九月丙戌。

〔二〕按，《要録》卷一九七：『紹興三十有二年二月戊戌朔，中書舍人、權直學士院、兼侍講虞允文試兵部尚書、充川陝宣諭使、措置招軍買馬，且與吴璘相見議事。』《會要·職官四一》同。又按，《要録》卷一九六，正月丙申，『中書舍人、權直學士院、兼侍講虞允文試兵部尚書，充江淮荆襄路宣撫副使』。又按，據《宋史·宰輔表四》，虞允文乾道五年至八年曾任宰相，下條之『相』字當移入其名下。

相劉珙，紹興三十一年十二月，以起居舍人兼權直院〔一〕。三十二年三月，除中書舍人〔二〕；五月，兼直院。隆興元年十一月，除集英殿修撰、知泉州。

〔一〕按，《要録》卷一九五載，三十一年十二月戊申，高宗發臨安，『惟起居舍人、權直學士院劉珙扈行』，知其此前入院。又按，劉珙未嘗拜相，『相』字當移入上條『虞允文』名下。

〔二〕按，《要録》卷一九八，三月丁酉，『起居舍人、兼權中書舍人劉珙並試中書舍人，珙仍兼權直學士院』。

唐文若，紹興三十一年十二月，以起居郎兼權行宫直院〔一〕。三十二年二月，車駕回，依舊〔二〕。

〔一〕三十一，静嘉堂本作『三十二』，鮑廷博據明鈔本改。按，《要録》卷一九五，十二月『戊申，上發臨安府，所至群臣送迎者，皆常服、黑帶、去佩。時中書舍人、權直學士院虞允文使兩淮，而翰林學士何溥屬疾不能從，惟起居舍人、權直學士院劉珙扈行，乃命起居郎唐文若權行宫直院』。

〔二〕按，《宋史》本傳：『乘輿幸江表，以起居郎兼給事中，直學士院，同群司居守。駕還，遷中書舍人。』據《宋史·高宗九》，三十二年二月乙卯，高宗自建康返抵臨安府。

洪遵，紹興三十二年五月，以徽猷閣直學士、知平江府除翰林學士〔一〕；六月，除承旨〔二〕。隆興元年五月，除同知樞密院事〔三〕。

〔一〕范成大《吴郡志》卷一一：『洪遵，徽猷閣直學士、左朝請郎，紹興三十一年五月到，三十二年五月除翰林學士。』

〔二〕按，《宋史·孝宗一》：『命學士承旨洪遵爲太子擇字，遵擬四字以進，皆不稱旨。』連五月事書之，據《題名》，當在六月。又按，《會要·職官六》：『孝宗紹興三十二年六月（即位未改元），翰林學士承旨洪遵、中書舍人史浩並兼侍讀。』《題名》不載。

〔三〕按，《宋史·孝宗一》、《宰輔表四》、《宋宰輔編年録》卷一七記爲元年五月丁未。

史浩，紹興三十二年六月，以中書舍人除翰林學士〔一〕；八月，除參知政事〔二〕。

〔一〕按，高宗六月丙子禪位，史浩爲孝宗朝首位新除翰林學士。《宋史》本傳：『孝宗受禪，遂以中書舍人遷翰林學士、知制誥。』

〔二〕《宋史·孝宗一》記爲八月己巳，《宰輔表四》記爲七月己巳，《宋宰輔編年録》卷一七記爲十月己巳，王瑞來《校補》考謂作『八月』者是，《題名》亦可爲旁證。又按，據《宋史·宰輔表四》，史浩隆興元年、淳熙五年曾任宰相，下條之『相』字當移入其名下。

相錢周材，隆興元年六月，以中書舍人兼直院；十月，除給事中〔一〕。二年二月，以憂去。

〔一〕按，《會要·職官二》，隆興元年記『十一月十四日，給事中兼直學士院錢周材言』云云。又按，錢周材未嘗拜相，『相』字當移入上條『史浩』名下。

王之望，隆興元年十一月，以權户部侍郎兼權直院；十二月〔一〕，除權吏部侍郎。二年四月，除左諫議大夫〔二〕。

〔一〕十二月，文淵閣本誤作『十一月』。

〔二〕按，《會要·職官四一》，隆興二年四月三日，『吏部侍郎、兼權直學士院王之望兼充兩淮宣諭使』。

張孝祥，隆興二年二月，以中書舍人兼直院；三月，除敷文閣待制、知建康府〔一〕。

〔一〕待制，文淵閣本誤作『侍制』。按，《會要·選舉三四》，隆興二年，『三月一日，詔中書舍人、兼直學士院、知建康府張孝祥罷參贊軍事，除敷文閣待制，依舊知建康府』。

馬騏，隆興二年三月，以起居舍人兼權直院；四月，除直敷文閣、知遂寧府。

洪适，隆興二年四月，以太常少卿兼權直院〔一〕；九月，除中書舍人〔二〕；閏十一月，兼直院。乾道元年五月，除翰林學士〔三〕；六月，除簽書樞密院事〔四〕。

〔一〕按，《宋史》本傳：『隆興二年二月，召貳太常兼權直學士院。』記月不同。洪适《盤洲老人小傳》：『還朝，以太常兼權直學士院，又權禮部侍郎。』周必大《文忠集》卷六八《丞相洪文惠公适神道碑》：『明年（隆興二年），召貳太常、兼權直學士院，又兼權禮部尚書。』『禮部尚書』當爲『禮部侍郎』之誤。

〔二〕按，《宋史》本傳載其上言除諸將環衛官事之後除中書舍人，《會要·職官三三》記上言在四月二十六日。《盤洲老人小傳》：『閱月，遷中書舍人，兼直學士院如故。』

〔三〕按，《宋史》本傳：『乾道元年五月，遷翰林學士，仍兼中書舍人。』《中興禦侮録》卷下，乾道元年正月，『十九日，中書舍人洪适借翰林學士知制誥，知閤門事龍大淵借寧國軍承宣使充賀大金生辰使副，入虜界』。《盤洲老人小傳》：『使還，爲翰林學士，仍兼中書舍人。輔臣奏：「自來無翰苑下兼西掖者。」上曰：「洪某在後省甚振職，且要其整頓綱紀。」』

〔四〕按，《宋史·孝宗一》、本傳記爲六月丙戌，《宰輔表四》、《宋宰輔編年録》卷一七記爲四月丙戌，王瑞來《校補》以爲作『六月』是。《盤洲老人小傳》記其五月除翰林學士後，『盈旬，乞免兼職。上曰：「執政有闕，朕今用卿。」遂僉書樞密院。』亦可知除簽書必在六月。又按，據《宋史·宰輔表四》，洪适乾道元年至二年曾任宰相，下條之『相』字當移入其名下。

相王剛中，隆興二年閏十一月，以敷文閣直學士除翰林學士，以避祖諱，改除禮部尚書、直學士院〔一〕；十二月，除簽書樞密院事〔二〕。

〔一〕按，《會要·職官六》：『（隆興）二年閏十一月五日，敷文閣直學士、提舉江州太平興國宫王剛中言：「除臣翰林學士，緣官稱首係大父名，乞別改除一差遣。」詔改除禮部尚書、兼給事中、直學士院。』洪适《盤洲集》卷一四有《賜敷文閣直學士王剛中辭免翰林學士兼給事中不允仍特免迴避祖諱詔》及《賜王剛中辭免改除禮部尚書兼給事中直學士院恩命不允詔》。又按，王剛中未嘗拜相，『相』字當移入上條『洪适』名下。

〔二〕按，《宋史·孝宗一》、《宰輔表四》、《宋宰輔編年録》卷一七記爲十二月辛卯。

蔣芾，乾道元年正月，以起居郎兼權直院〔一〕；七月，除中書舍人、兼直院。二年五月，除簽書樞密院事〔二〕。

〔一〕按，《宋史》本傳：『孝宗即位，累遷起居郎、兼直學士院。』

〔二〕按，《宋史·孝宗一》記爲五月庚戌，《宰輔表四》、《宋宰輔編年録》卷一七記爲五月辛亥，相差一日。又按，據《宋史·宰輔表四》，蔣芾乾道四年曾任宰相，下條之『相』字當移入其名下。

相何俌，乾道元年正月，以權工部侍郎兼權直院；三月，除集英殿修撰、知衢州〔一〕。

〔一〕按，《會要·選舉三四》記爲三月三日。又按，何俌未嘗拜相，『相』字當移入上條『蔣芾』名下。

王曮，乾道元年九月，以權禮部侍郎兼直院。二年五月，除中書舍人；九月，除給事中。三年閏七月，除敷文閣待制、提舉江州太平興國宫〔一〕。

〔一〕待制，文淵閣本誤作『侍制』。提舉江州太平興國宫，《學士院題名》作『宫觀』。

洪邁，乾道二年十月，以起居舍人兼權直院〔一〕。三年五月，除起居郎；七月，除中書舍人、兼直院〔二〕。四年六月，除集英殿修撰、提舉江州太平興國宮〔三〕。

〔一〕按，洪邁《夷堅支志》甲卷一〇『蔣堅食牛』條載此次入院之神異，略云：『日者蔣堅，金陵人，乾道元年游術江左，至鄱陽……是年（乾道二年）六月，予以知吉州奏事，堅同他客送至小渡。衆意予必留中，堅曰：「未也，秋末乃佳耳。」果入對訖，付以郡事……及還家，擇用九月二十日西赴官。先旬日，出舍于圃，唤堅占課，堅曰：「有面君，吉神入傳。未必往。」纔數日，召命下，乃以所擇日啓塗。』若然，乃九月授權直院，十月到任。

〔二〕按，洪邁《容齋隨筆》卷一六『兄弟直西垣』條：『紹興二十九年，予仲兄始入西省，至隆興二年，伯兄繼之，乾道三年，予又繼之，相距首尾九歲。予作《謝表》云：「父子相承，四上鑾坡之直；弟兄在望，三陪鳳閣之游。」比之前賢，實爲遭際，固爲門户榮事，然亦以此自愧也。』《宋史》本傳：『三年，遷起居郎，拜中書舍人兼侍讀、直學士院，仍參史事。父忠宣、兄适、遵皆歷此三職，邁又踵之。』《南宋館閣録》卷八，洪邁乾道三年六月以中書舍人兼實録院修撰，則其已先遷中書舍人。

〔三〕提舉江州太平興國宫，《學士院題名》作『宫觀』。按，洪邁此次出院，爲參知政事陳俊卿所劾免。朱熹《晦庵集》卷九六《少師觀文殿大學士致仕魏國公贈大師謚正獻陳公（俊卿）行狀》：『從臣梁克家、莫濟求外補，公奏二人皆賢，其去可惜。蓋近列中有以騰口交鬬，致二人之不安者。于是遂與同列劾奏洪邁奸險讒佞，不宜在人主左右，罷斥之。』指洪邁以讒間同列罷職。楊萬里《誠齋集》卷一二三《丞相太保魏國正獻陳公墓志銘》亦載，惟云梁、莫之求外補，『蓋有惎間者』，説較隱晦；《宋史·陳俊卿傳》不記讒間事，使人莫知洪邁何以罷職。『從臣』謂學士，然洪邁罷職之四年六月，梁克家尚未入院，學士而求外補者當爲莫濟一人。

劉珙，乾道三年閏七月，以敷文閣直學士、知潭州除翰林學士〔一〕；十一月，除同知樞密院事〔二〕。

〔一〕知潭州，《學士院題名》脱此三字。按，《續宋中興編年資治通鑑》卷九，乾道三年閏七月，『以劉珙爲翰林學士』。又按，《會要·職官六》：『三年八月，翰林學士劉珙兼侍讀。』《題名》不載。
〔二〕按，《宋史·孝宗二》、《宰輔表四》、《宋宰輔編年録》卷一七記爲十一月癸酉。

莫濟，乾道三年十一月，以宗正少卿兼權直院。四年十一月，以憂去〔一〕。
〔一〕按，何異《中興東宫官僚題名》：『莫濟，乾道二年六月，以著作佐郎兼恭王府直講……三年八月，除宗正少卿，仍兼。四年十一月，以憂去。』

汪應辰，乾道四年十一月，以吏部尚書兼權翰林學士〔一〕。六年四月，除端明殿學士、知平江府〔二〕。
〔一〕按，《宋史》本傳：『除吏部尚書，尋兼翰林學士并侍讀。』
〔二〕按，《宋史》本傳：『會復出發運均輸之旨，歎曰：「吾不可留矣，但力辨群枉，則補外之請自得。」乃力論其事有害無利，遂以端明殿學士知平江府。』

梁克家，乾道四年十一月，以給事中兼直院。五年二月，除簽書樞密院事〔一〕。
〔一〕按，《宋史》本傳：『乾道五年二月，拜端明殿學士、簽書樞密院事。』《宋史·孝宗二》記爲二月壬寅，十五日；《宋史·宰輔表四》記爲二月甲寅，二十七日；《宋宰輔編年録》卷一七記爲二月甲辰，十七日。又按，據《宰輔表四》，梁克家乾道八年至九年曾任宰相，下條之『相』字當移入其名下。

相陳良祐，乾道五年四月，以給事中兼直院〔一〕。六年二月，除吏部侍郎〔二〕；閏五月，罷〔三〕。
〔一〕按，《宋史》本傳：『除給事中，兼直學士院，遷吏部侍郎。尋除尚書。』又按，陳良祐未嘗拜相，『相』字當移入上條『梁克家』名下。

〔二〕六年二月，《學士院題名》作『當年十月』。『吏部侍郎』下，《學士院題名》有『依舊兼直院』五字。按，汪應辰《文定集》卷八有《試給事中兼直學士院兼侍講陳良祐辭免除吏部侍郎恩命乞守一州或奉外祠不允詔》、《尚書吏部侍郎兼侍講兼直學士院陳良祐乞畀外祠不允詔》、《試尚書吏部侍郎兼侍講兼直學士院陳良祐乞許奉祠或州郡差遣不允詔》。

〔三〕『閏五月』前，《學士院題名》有『六年』二字。按，《宋史·孝宗二》，乾道六年閏五月，『辛卯，吏部侍郎陳良祐論祈請使不當遣，恐生邊釁。詔以良祐妄興異論，不忠不孝，放罷，送筠州居住』。良祐奏言詳本傳，又云：『尋除（吏部）尚書……奏入，忤旨，貶瑞州居住，尋移信州。』《兩朝聖政》卷四八：『吏部尚書陳良祐可放罷，送筠州居住。』貶地、本官均互有出入。

鄭聞，乾道六年四月，以中書舍人兼直院〔一〕。七年三月，除寶文閣待制、提舉江州太平興國宮〔二〕。

〔一〕按，周必大《文忠集》卷一〇五有《賜左朝散郎試中書舍人兼侍講兼直學士院鄭聞辭免新除禮部侍郎依舊兼直學士院恩命不允詔》，又《會要·職官六》，乾道六年十一月十四日，有『尚書禮部侍郎、兼直學士院鄭聞』云云，知其是年遷吏部侍郎，《題名》失載。

〔二〕待制，文淵閣本誤作『侍制』。提舉江州太平興國宮，《學士院題名》作『宮觀』。

周必大，乾道六年七月，以秘書少監兼權直院〔一〕。七年七月，除權禮部侍郎〔二〕。八年二月，宮觀〔三〕。

〔一〕『兼權直院』前，《學士院題名》有『新福建路提點刑獄公事除』十一字。按，周綸《周益國文忠公年譜》（以下簡稱《文忠公年譜》、《年譜》），乾道六年四月，『己亥，得省劄改除閩憲』，引制詞：『可特授依前左朝奉郎，權發遣福建路提點刑獄公事。」按，《年譜》，乾道六年七月，『丙申，除秘書少監、兼直學士院』。《宋史》本傳：『除秘書少監、兼直學士院。』據制詞：『可特授依前左朝奉郎，試秘書少監、兼權直學士院。』《年譜》及本傳『兼直學士院』均奪『權』字，《題名》是。又按，《年譜》又云：『是日，又受磨勘，轉左朝散郎告。九月戊子，兼國史院編修官、兼實録院檢討官。』『告』字衍。《宋史》本傳：『兼領史職。』《題名》例不書寄禄官及其他差遣。

〔二〕『禮部侍郎』下，《學士院題名》有『依舊兼權』四字。按，《文忠公年譜》，乾道七年，『五月乙亥朔，兼權兵部侍郎。七月壬辰，除權禮部侍郎；丁酉，有旨仍兼權直學士院，升同修國史、實録院同修撰』。其於除權禮侍後五日特旨仍兼權直，據《玉堂雜記》下自述：『庚寅秋，予以少蓬兼權直院，明年正除權禮部侍郎。吏引近制申明，合正爲直院。予固抑之，兼權如故。』乃出於自請。又按，九月己卯，必大升兼直學士院，《題名》失載。《年譜》：『九月己卯，兼侍講。』下引制詞：『可特授依前左朝散郎、權尚書禮部侍郎、兼直學士院、兼同修國史、實録院同修撰、兼侍講，賜如故。』周必大《二老堂詩話》『王禹偁不知貢舉』條，自述『乾道壬辰，爲禮部侍郎、兼直學士院，適當貢舉』云云，壬辰，八年，亦可證。

〔三〕『宫觀』前，《學士院題名》有『在外』二字。按，《文忠公年譜》，乾道七年，『正月庚辰，時暫兼權中書舍人。二月癸丑，張説、王之奇除簽樞，並上章辭免新命，公入奏未敢撰不允詔草。乙卯，有旨與在外宫觀，日下出國門』。出院原委，《宋史》本傳所記較詳，云：『兼侍講，兼中書舍人。未幾，辭直學士院，從之。張説再除簽書樞密院，給事中莫濟封還録黄，必大奏曰：「昨舉朝以爲不可，陛下亦自知其誤而止之矣。曾未周歲，此命復出。貴戚預政，公私兩失，臣不敢具草。」上批：「王曮疾速譔入。濟、必大予宫觀，日下出國門。」説露章薦濟、必大，于是濟除温州，必大除建寧府。濟被命即出，必大至豐城稱疾而歸，濟聞之大悔。必大三請祠，以此名益重。』

王曮，乾道七年四月，以給事中除翰林學士〔一〕。八年三月，除承旨〔二〕。九年三月，除端明殿學士、提舉江州太平興國宮〔三〕。

〔一〕按，《會要・職官六》，乾道七年，「四月，給事中、兼侍講王曮除翰林學士、兼侍讀」。

〔二〕承旨，《學士院題名》作「翰林學士承旨」。按，《南宋館閣録》卷八，王曮八年七月以翰林學士承旨兼修國史，閏七月兼實録院修撰。

〔三〕提舉江州太平興國宮，《學士院題名》作「在外宮觀」。按，《會要・職官六》：「（乾道）九年三月十二日，詔翰林學士承旨王曮除端明殿學士、提舉江州太平興國宮。以曮乞解嚴近，故有是命。」「王曮」二字原闕，校者據《題名》補。

鄭聞，乾道八年七月，以刑部侍郎兼直院〔一〕；九月，除權刑部尚書〔二〕。

〔一〕「刑部侍郎」下，《學士院題名》有「兼侍讀」三字，疑爲何異後補。

〔二〕九月，《學士院題名》作「八月」。「刑部尚書」下，《學士院題名》有「依舊兼侍讀」五字，疑何異所補。

王淪，乾道九年閏正月，以宗正少卿兼權直院；七月，除權工部侍郎〔一〕。

〔一〕洪遵《翰苑遺事》末段爲《翰苑群書》之跋語，落款時間爲「乾道九年二月七日」，在王淪除工部侍郎前五月，可知此語爲付刻過程中所補。

王淮，乾道九年四月，以太常少卿兼權直院〔一〕；七月，除中書舍人、兼直院〔二〕。

〔一〕按，《宋史》本傳：「除太常少卿，除中書舍人、兼直學士院。」若謂除常少時未兼權直，非是。又按，此條所載除授，均在《翰苑群書》跋語完成之前，當補于付刻之際。參上「王淪」條注。

〔二〕此句下，《學士院題名》續記：「淳熙元年十二月，除翰林學士。二年閏九月，除簽書樞密院事。」當爲何異所補。

# 翰苑遺事

洪遵〔一〕

## 解題

本篇的作者洪遵（1120—1174），生平仕履已見本書前言。洪遵父子四人都有學士院經歷，他自己雖然在院時間不長，但諳熟翰林故事，除了晚年彙編《翰苑群書》，早年間還摘引諸書，編成這部《翰苑遺事》。他采擇的來源都是南宋初年以前的宋人著作，包括官修的《國朝會要》《續會要》《仁宗實録》《徽宗實録》，還有私撰的雜史、筆記，如歐陽脩《歸田録》、沈括《夢溪筆談》、葉夢得《石林燕語》、《避暑録話》等。其中的《會要》、《實録》以及曾紆《南游記舊》、王寓《玉堂賜筆硯記》等或已殘佚，或僅見于此，遺文逸事賴此得以保存。尤其值得注意的是，第28條『先公嘗言』，洪遵注出自《退朝録》，即宋敏求《春明退朝録》，但據文中人事考查，應源出李宗諤的《翰苑雜記》〔二〕。宗諤之作原本載于《翰苑群書》卷中，久已佚失，《遺事》卻無意中保留了珍貴的片段。第45條『唐翰林學士』，洪遵加按語指正葉夢得之疏誤，可見其對翰林制度之熟悉。

本書末段，洪遵在自述編纂《翰苑群書》經過時，表示『曩嘗粹《遺事》一編，朅來建鄴』云云，所謂『朅來建鄴』，指他乾道七年（1171）出知建康府。據此推測，在此之前他早已編成《翰苑遺事》，只是具體時間無法考知了〔三〕。可以說，由摘編群書到彙編衆作，《遺事》是《群書》的雛形和引子，《群書》則是《遺事》的擴充和升級。

《遺事》完成之後，一直附于《翰苑群書》流傳，未見單行之本。《直齋書録解題》卷六將它單獨著録，乃是由《群書》中裁篇别出，采用後世章學誠所謂『别裁』之法，並非另有一本。清初曹溶《學海類編》本亦收此書，然而所有條目盡刪出處，資料價值大減；注文全部改同正文作大字刻寫，更添淆亂。其文末照録《翰苑群書》之跋語（即本篇之末段），可知該本其實截取自《群書》，並無他本可據。與傳世諸本比較，此本誤字與静嘉堂本如出一轍，如『熙寧六年正月二十一日』條，『熙寧六年』均誤作『熙平元年』；『十年十月三日』條，『敕設』均誤作『敕後』，『止用』均誤作『正用』，『學士』均奪『士』字；『國朝因仍舊制』條，『不前聞』二本皆誤作『不前同』；『點勘匱封』皆作『匱封』，『内制集序』皆奪『序』字。尤其典型的是『凡學士院，置待詔十人』條，二本官名皆提行書寫，區别只是《學海類編》本與注文通作大字，而静嘉堂本注文作雙行小字；『於京』至『人即』五十字，静嘉堂本脱，《學海類編》本亦脱；『驅使官』之官字，静嘉堂本脱，《學海類編》本亦脱。凡此脱文、誤字、異文毫無二致，不難想見，二者自應是祖本與後出本的關係。

二本之誤字，亦偶有不一致者。如『七年十二月八日』條，『朔望』静嘉堂本誤倒作『望朔』；『隆興元年十一月七日』條，『及旬假、節假，每遇筵宴』，静嘉堂本誤倒作『及旬假每假節遇筵宴』，《學海類編》本均校正。『唐制自宰相而下』條，『爲其在浴堂之南』，『浴堂』《學海類編》本誤作『玉堂』，蓋不知浴堂乃浴堂殿而妄改；『挽鈴』誤作『挽鈐』，則手民之誤也。

進一步比較兩者的版式、行款，不難發現《學海類編》本一律取消敬空，刪去各條引文的出處；每條首行均抬格。静嘉堂本則全數保留敬空，只有以宋朝年號、廟號、國朝開頭的條目纔抬格寫，其餘均平格寫，保留了宋人的舊式，反映了宋代的書寫制度。顯然《學海類編》本出于製作便利及叢書版式統一等考慮，一律作了簡化處理。由上述種種迹象推考，《學海類編》本必是以静嘉堂本爲底本刊刻的。曹溶與静嘉堂本當時的藏家汪文柏皆嘉興人，往來密切，其來源即在于此。

本書的書名，《直齋書録解題》作『翰林遺事』，據書末洪遵自述以及《翰苑群書》之名，當以『翰苑遺事』

爲是。

傅璇琮等主編《全宋筆記》第四編第八册收録戴建國、袁嘉軒整理《翰苑遺事》，以《知不足齋叢書》本爲底本，校以《四庫全書》本，並參校洪遵援據之書及《宋朝事實類苑》等，所校大抵據他書改補。

〔一〕諸本均不題撰人，今據文末洪遵跋語補。

〔二〕詳該條註。

〔三〕《直齋書録解題》云：『《翰林遺事》一卷，洪遵撰，已見上録諸書所未及者。』似謂洪遵在編纂《翰苑群書》時，節選部分不見于已收諸書的翰林學士故事，都爲一書，非是。

1　淳化二年閏二月，命翰林學士賈黄中、蘇易簡同勾當差遣院，李沆同判吏部流内銓。學士領外司，自此始也〔一〕。

〔一〕靜嘉堂本凡段首字爲宋代帝號、年號、稱本朝者，首行高一格寫，應存宋本舊貌。靜嘉堂本鮑廷博眉批：『行款依大字本，不必高低一字。』『大字本』指明鈔本，該本全部平格寫，與底本同。今空、抬等處一例取消，雙行小字注改爲括注。按，此條見《宋會要輯稿·職官六·學士院》。

2　是年十一月二十三日，詔定降麻事例。（宰臣、樞密使、使相、節度使特恩加官除授學士事例：銀百兩，衣著百匹，覃恩加食邑。起復、落起復〔一〕：銀五十兩，衣著五十匹。親王以有宣賜事例，更不重定。公主未出降，依親王例宣賜；已出降，令駙馬都尉管送。）

〔一〕落，《會要》原本作『例』，排印本據本書改。按，守喪未滿而復任職謂『起復』，迨至滿制，則稱『落起復』。《宋史·史彌遠傳》：『（嘉定元年）丁母憂……（二年）起復右丞相兼樞密使兼太子少師。四年，落起復。』又按，此條見《會要·職官六·學士院》。

3 大中祥符三年閏二月，學士晁迥言〔一〕：『今月十八日，宰臣召臣等問所降德音不鎖院之故。按本院舊例〔二〕，赦書、德音不曾鎖院。臣等商議，除南郊赦書，緣車駕齋宿在外，並是預先進入，降付中書，難以鎖院外，自餘赦書、德音，今後並依降麻例鎖院。』從之。〔三〕

〔一〕『晁迥』下，《會要》有『等』字。

〔二〕舊例，《會要》作『舊制』。

〔三〕按，此條見《會要·職官六·學士院》。

4 六年八月，學士院諮報：『準詔，議定書詔用紙。今定文武官待制、大卿監、觀察使以上，用白詔紙；三司副使、閤門使、少卿監、刺史以上，用黄詔紙。自餘非巡幸、大禮赦書、敕榜外〔一〕，並用黄表紙。』從之。（右四事《國朝會要》）〔二〕

〔一〕敕榜，靜嘉堂本脱『敕』字，鮑據明鈔本補。

〔二〕按，此條見《會要·職官六·學士院》。本篇所引《國朝會要》《續會要》，皆載《會要·職官六》。

5 八年四月一日，兩制賜御筵于學士院〔一〕，直館及朝臣于史館，以考校畢也。（錢文僖《玉堂逢辰録》）〔二〕

〔一〕院，靜嘉堂本、學海類編本脱，鮑據明鈔本補。

〔二〕此條謙牧堂本脱。『逢辰録』，靜嘉堂本誤作『逢辰録』，鮑據明鈔本改。按，錢文僖即錢惟演，初謚『思』，慶曆五年改謚『文僖』。王明清《揮麈後録》卷一：『錢文僖惟演嘗纂書，名《逢辰録》，排日盡書其父子承恩榮遇及朝廷盛典，極爲詳盡。』本條正符合『排日書』的特點。《玉堂逢辰録》今存《説郛》本二卷（涵芬樓本卷二九），實僅得《榮王宫火》及《侍宴》兩條。

6 天禧元年二月〔一〕，學士院言：『詔敕詞尾，並云「故茲詔示」、「故茲示諭」，方云「想宜知悉」。內諸道進奉，相承並不言「詔示」、「示諭」。竊思詔詞各有嘉獎之意，亦合標云「示諭」。今欲添入。又諸處奏告青詞，比來只是用紙裹角〔二〕。今請委三司造黑漆木筒五十枚，凡有奏告封詞，齎往。』從之。（《國朝會要》）

〔一〕抱經樓本、文淵閣本自本句至35『唐人奏事』條『往來亦然若』句，錯簡在64『唐制，翰林學士初入院』條『亦前輩偶然未用者』句下。説見35『唐人奏事』條校記。

〔二〕比來，《會要》作『以來』，非是。

7 乾興元年十月，翰林學士晏殊等言：『先朝楊億再爲學士，班錢惟演之上。今新添除學士劉筠，天禧中已入翰林，請如故序班臣等之上。』從之。其後率如此例〔一〕。（《仁宗實録》）

〔一〕此例，靜嘉堂本作『凡例』，鮑據明鈔本改。按，《長編》卷九九，乾興元年十月，『甲子，上與皇太后始復御承明殿。翰林學士晏殊等言：「先朝楊億再爲學士，班錢惟演上。今新除學士劉筠，天禧中已入翰林，請如故事序班臣等之上。」從之。其後率如此例。』

8 天聖元年十月，詔翰林學士，遇隻日，至晚出宿。蓋故事以雙日鎖院，隻日降麻也〔一〕。（《仁宗實録》）

〔一〕按，《長編》卷一〇五，天聖五年六月丁亥，『詔翰林學士依大中祥符五年故事，常一員在院，如假故，次學士直。天聖元年，嘗詔隻日出宿，以故事雙日鎖院，隻日降麻故也。至是，中書言恐宣召不即至，而有是詔』。則此項規定四年後又改。

9　皇祐元年九月，以翰林學士承旨兼端明殿學士、尚書户部郎中、知制誥王堯臣加諫議大夫，以久在禁林，優遷之也。（堯臣歲滿當遷，宰臣文彦博以其久任，請降此命〔一〕。）

〔一〕此命，《會要》作『是命』。『堯臣』以下《會要》作正文。按，《長編》卷一六七，皇祐元年九月，『癸卯，翰林學士承旨兼端明殿學士、户部郎中、知制誥王堯臣，爲右諫議大夫。初，賈昌朝抑堯臣不與遷官，及歲滿當遷，文彦博，堯臣同年進士也，遂優遷之』。

10　二年九月十六日，新除翰林學士嵇穎，未及謝，卒。詔賜告敕、襲衣、金〔帶〕、鞍勒馬于其家〔一〕。

〔一〕金帶，諸本皆脱『帶』，《會要·職官六·學士院》同；《長編》卷一六九皇祐二年九月、《宋史》卷二九八本傳，作『金帶』。考本書所載《禁林讌會集》，記翰林盛事，其一曰『新學士謝恩日，賜襲衣、金帶、寶鞍、名馬』，作『金帶』是，據補。本條謂嵇穎雖前卒，仍以新學士之禮賜之。按，《長編》載此事較詳：『兵部員外郎、知制誥嵇穎爲翰林學士，未及謝，辛丑卒。即其第賜告敕、襲衣、金帶、鞍勒馬及明堂賞物。』

11　至和元年九月，翰林學士楊察爲承旨，知制誥吕溱、王洙並爲翰林學士。故事，學士六員，今洙爲第七員，蓋宰相過除也〔一〕。

〔一〕宰相，《職官分紀》卷一五注：『一作相承。』按，《長編》卷一七七，至和元年九月，『癸亥，起居舍人、知制誥吕溱，工部郎中、知制誥、兼侍講、史館修撰王洙，並爲翰林學士。故事，翰林學士六員，時楊察、趙槩、楊偉、胡宿、歐陽脩並爲學士，于是察加承旨，溱及洙復同除學士，洙蓋第七員也。温成皇后之喪，洙鈎摭非禮，陰與石全斌附會時事，陳執中、劉沆在中書，喜其助己，故員外擢洙。議者非之』。

12 嘉祐六年三月，承旨宋祁言：『久病，不敢稽朝謁〔一〕，入學士院，欲帶一子主湯藥。』〔二〕從之。〔三〕

〔一〕不敢，《會要》作『不可』。

〔二〕主，《會要》作『侍』。

〔三〕按，《長編》卷一九三，嘉祐六年三月，『甲辰，詔翰林學士承旨宋祁遇入直，許一人主湯藥。祁以羸疾請之也』。甲辰，二十一日。是年五月十五丁酉，祁卒。《景文集》卷三八有《讓加承旨表》，曰：『右臣今月二十二日，閤門降到誥敕各一道，授臣翰林學士承旨，依前兼端明殿學士、翰林侍讀學士。』題下按云：『加承旨在五年中。』《讓加承旨表》所云『今月』，未詳何月。

13 七年二月，學士院言：『臣僚上表並劄子陳請事〔一〕，惟宰臣、樞密使方降手詔、手書〔二〕，自參知政事、樞密副使已下，即無體例。去年三月，因樞密副使陳升之請郡，内批令降不允手詔。當直學士胡宿亦曾論奏，以手詔體重，乞只降不允詔，而不從其請。竊緣近禁，動成故事，恐成〔三〕，隳廢典故。乞自今除宰臣、親王、樞密使有所陳請事〔四〕，依例或降手詔、手書，自餘臣僚，更不降手書、手詔，許從本院執奏。』從之。〔五〕

〔一〕上表，《會要》作『上奏』。

〔二〕『宰臣』下，據下文云『宰臣、親王、樞密使有所陳請事』及《長編》卷一九六引《會要》，疑脱『親王』。手詔，謙牧堂本、學海類編本、靜嘉堂本奪『手』，鮑據明鈔本補。

〔三〕竊緣近禁動成故事恐成，《長編》卷一九六作『竊恐成例』，云出《會要》，《遺事》疑有衍誤。

〔四〕宰臣，《會要》作『宰執』。

〔五〕按，《長編》卷一九六，嘉祐七年二月，『學士院言：「臣僚上表並札子陳請事，唯宰臣、親王、樞密使方降手詔、手書，自參知政事、樞密副使已下，即無體例。去年三月，因樞密副使陳旭請郡，內批令降不允手詔。當直學士胡宿論奏，以手詔體重，乞依故事，不從。竊恐成例，隳廢舊典，乞自今除宰臣、親王、樞密使有所陳請，依例或降手詔、手書，自餘臣僚，更不降手詔、手書，許從本院執奏。」從之。』注：『此據《會要》增入。』然文字與《會要輯稿》有出入，較爲從順。《長編》言『陳旭請郡』，《會要輯稿》及本篇言『陳升之請郡』，按，陳本名旭，以避神宗諱改升之，則《長編》所本《會要》蓋出神宗之前，而《會要輯稿》及本篇所録，爲神宗後之改本歟？

14　凡學士院，置待詔十人，（國初承舊制，翰林待詔六人，寫書詔。舊制月俸九千，春冬給衣。又有隸書待詔六人，寫簽題封角，月俸止六千，謂之東頭待詔。雍熙四年，廢隸書待詔，增翰林待詔十人，並兼御書院祇候〔一〕。）録事一人，（景德二年九月，本院言：『孔目官劉尚賓年滿，已注宿遷縣尉。緣主持書詔，切須諳練，欲乞依吏部銓例，置主事或録事，以本司勒留充職。』詔以尚賓爲録事，給孔目官俸。自後不常置。又五代舊制，有主事一人，周顯德中廢。）孔目官六人，表奏官六人，驅使官二十人〔二〕。（驅使官舊額六人。咸平二年，初置侍讀、侍講學士〔三〕，別補驅使官四人祗應。及楊徽之卒，復以驅使官二人隸學士院〔四〕，因爲八人。三年四月，詔學士院不得額外添人。自後再除拜文明、資政、侍讀、侍講、龍圖閣、樞密直學士，皆學士院遣守闕驅使官祗應，多特補正名，遂至二十人。景德四年四月，學士院上言：『先準敕，表奏、驅使官闕人，于京百司、兩省、三館抽差，即不曾召保揀試。本院見有守闕表奏官八人，驅使官十二人，今欲以此爲守闕定額，今後如是闕人〔五〕，即于京百司、兩省私名內抽取，依三館例召保揀試，送中書看詳。』從之。舊又有專知官一人，通引官一人，廚子六人，太平興國四年並廢。）〔六〕（右六事《國朝會要》）

〔一〕御書院，《會要》誤作『御史院』。

〔二〕官，謙牧堂本、學海類編本、靜嘉堂本脱，鮑未出校，蓋雕版時改。

〔三〕按，《長編》卷四五，咸平二年七月，『丙午，置翰林侍讀學士，以兵部侍郎楊徽之、户部侍郎夏侯嶠、工部郎中吕文仲爲之；置翰林侍講學士，以國子祭酒邢昺爲之』。《宋史・真宗一》同。《石林燕語》卷四：『咸平中，以侍讀、侍講班秩未崇，乃命楊徽之爲翰林侍讀學士，邢昺爲侍講學士，班翰林學士下。講讀置學士，自此始。』

〔四〕院，《會要》無。

〔五〕自『于京百司』至『是闕人即』五十字，靜嘉堂本、學海類編本脱，鮑據明鈔本補，眉批曰：『脱二行，當依大字本寫。』

〔六〕《會要》此條全作大字，或爲徐松鈔輯時所改。

15　治平元年六月，翰林學士馮京奏：『樞密使富弼，臣妻父也。今權知開封府，當避弼。』不許。〔一〕（《英宗實録》）

〔一〕按，《長編》卷二〇一，治平元年閏五月己丑，『先是，翰林學士馮京數請解開封府事補外。上問輔臣曰：「京曷爲求去？」韓琦曰：「京領府事頗久，必以繁劇故求去爾。」』注：『此事據《寶訓》附見，不審何月也。』韓所言辭職緣故與馮自述不同。

16　熙寧六年正月二十一日〔一〕，詔學士院：『今後大遼國書並諸國詔書，合要匣複等，並自下司取索訖，關三司破除。仍諭諸處，更不申乞朝旨。』

〔一〕熙寧六年，學海類編本、靜嘉堂本誤作『熙平元年』，鮑據明鈔本改。

17　七年十二月八日，詔翰林學士、知制誥至中書、樞密院議事，許繫鞋。遇朔望〔一〕及不因公事，依例穿執。〔二〕

〔一〕朔望，靜嘉堂本作『望朔』，鮑據明鈔本乙。

〔二〕按，《會要・職官六》、《長編》卷二五八『熙寧七年十二月辛未』所載與此全同，《長編》並引魏泰《東軒筆録》異説曰：『翰林故事，學士每白事于中書，皆繫鞋坐正堂，使院吏入白「學士至」，丞相出迎。然此禮不行久矣。章惇爲知制誥，直學士院，力欲行之。會一日兩制俱白事于中書，其他學士皆靴足秉笏，而惇獨散手繫鞋。翰林故事十廢七八，忽行此禮，大諠物議，而中丞鄧綰尤肆詆毀。既而罷惇直院，而繫鞋之禮，後亦無肯行之者。』又按，歐陽脩《歸田録》卷二：『往時學士循唐故事，見宰相，不具靴笏，繫鞋坐玉堂上。』

18　十年十月三日，學士院言：『編修諸司式〔一〕，所送本院式十卷，編學士員數，並録表疏、青詞、祝文、鎖院、敕設〔二〕、宿直之類。看詳學士員數，繫朝廷臨時除授，若表疏、青詞、祝文，或請禱之意不同，難用一例。況朝廷待學士禮意稍異，宣召、敕設盡出特恩，關白中書、樞密院，止用諮報〔三〕，不同諸司。乞下本所，以吏人差補及官物出入之類，並立爲式，學士所職〔四〕，更不編載。』從之。

〔一〕諸司式，諸本同。《會要・職官六》、《長編》卷二八五『熙寧十年十月庚辰』作『内諸司式』。

〔二〕敕設，學海類編本、靜嘉堂本誤作『敕後』，鮑據明鈔本改。

〔三〕止用，謙牧堂本、學海類編本、靜嘉堂本誤作『正用』，鮑據明鈔本改。

〔四〕士，謙牧堂本、學海類編本、靜嘉堂本奪，鮑據明鈔本補。

19　元豐二年十一月〔一〕，翰林學士蒲宗孟乞敍班章惇下。從之。以惇先曾任翰林學士，丁憂服闋〔二〕，再爲學士故也。

〔一〕二年，學海類編本、靜嘉堂本誤作「三年」，鮑據明鈔本改。按，據《會要·職官六》記《儀制三》，事在十一月一日。

〔二〕丁憂，文淵閣本誤作「及夏」。

20　是年十月〔一〕，詔翰林學士並聽佩魚。

〔一〕是年十月，諸本同。《會要》、《長編》卷三〇九載在元豐三年十月二十五日癸未，則「是年」當爲「三年」之誤。

21　元祐元年七月，詔從承旨鄧温伯之請，學士如獨員，每兩日免一宿，候有雙員，即依故事〔一〕。（右六事《續會要》〔二〕）

〔一〕按，《會要·職官六》、《長編》卷三八三「元祐元年七月癸未」亦載此事。

〔二〕續會要，靜嘉堂本作「國朝會要」，鮑據明鈔本改。

22　政和五年十月，徽宗皇帝御書「摛文堂」三字，賜承旨强淵明，以榜于院〔一〕。（《徽宗實録》）

〔一〕按，此事《宋史·强淵明傳》亦載。據《會要·職官六》、《玉海》卷三四、卷一六一，事在十月二十九日。

23　紹興三十年五月〔一〕，太上皇帝御書「玉堂」二大字，賜學士周麟之。得旨于都省宣示宰執，俟中秘暴書，俾侍從館閣官咸得觀仰。刻石院中，仍以石本分賜〔二〕。

〔一〕三十年，謙牧堂本誤作『五年』。《要録》卷一八五記爲五月辛巳。

〔二〕按，《咸淳臨安志》卷二載周麟之自述此事原委極詳。

24 隆興元年十一月七日，聖旨：『學士院官、經筵官，日輪一員，宿直于學士院，以備顧問。』續降旨揮：『遇赴德壽宮起居、聖節開啓滿散〔一〕、車駕詣景靈宮、四孟朝獻、國忌行香前一日，及旬假、節假，每遇筵宴〔二〕，並與免宿。』〔三〕

〔一〕滿散，佛事或道場結束謝神之儀式。

〔二〕節假每，靜嘉堂本誤倒作『每假節』，鮑據明鈔本乙。

〔三〕按，此事亦見《會要·職官六》，略有出入。

25 隆興二年閏十一月〔一〕，敷文閣直學士王剛中除翰林學士，以祖諱翰，改除禮部尚書、直學士院。〔二〕

〔一〕按，《會要·職官六》記爲閏十一月五日。

〔二〕以上三條失注出處。依體例，疑出高宗及孝宗《實録》。按，此事亦見《會要·職官六》、孫覿《宋故資政殿大學士王公墓志銘》、《中興翰苑題名》。

26 唐制，自宰相而下，初命皆無宣召之禮，惟學士宣召。蓋學士院在禁中，非内臣宣召，無因得入。故院門别設複門，亦以通禁庭也。又學士院北扉者，爲其在浴堂之南，便于應召。今學士初拜，自東華門入，至左承天門下馬待詔，院吏自左承天門雙引至閤門，此亦用唐故事也。唐宣召學士自東門入者，彼時學士院在西掖，故自翰林院東門赴召，非若今之東華門也。至如挽鈴故事，亦緣其在禁中，雖學士院吏亦止于玉堂門外，則其嚴密

可知。如今學士院在外，與諸司無異，亦設鈴索，悉皆文具故事而已。〔一〕

〔一〕按，此條見《夢溪筆談》卷一。宋學士院設鈴索緣起蘇易簡，見本書所録《次續翰林志》6『有唐學士院深嚴』條。

27　學士院玉堂，太宗皇帝曾親幸，至今惟學士上日許正坐，他日皆不敢獨坐。故事，堂中設視草臺，每草制，則具衣冠據臺而坐。今不復如此，但存空臺而已。玉堂東承旨閤子窗格上有火燃處，太宗嘗夜幸玉堂，蘇易簡爲學士，已寢，遽起，無燭具衣冠，宮嬪自窗格引燭入照之。至今不欲更易，以爲玉堂一盛事。（右二事沈括《筆談》）〔一〕

〔一〕按，此條見《夢溪筆談》卷一。

28　先公嘗言，翰林學士居深嚴之地，職任事體與外司不同。至于謁見相府，自非朔望慶吊，止公服繫鞋而已。學士于内庭出入，或曲詔，亦不具靴簡。若同列齊行，前此命朱衣吏雙引，抗聲言『學士來』，直至宮門方止。歸院，則朱衣吏遞聲呼『學士來』者數四〔一〕。故事，學士敘班，只在宰相後。今之參知政事班位，即舊日學士立班處也〔二〕。近朝以來，會赴内殿起居〔三〕，敘班在樞密、宣徽使後，惟大朝會入閤、聖節上壽，始得綴台司步武焉。吾自延州歸闕，再忝内職，時與朱崖盧相同列，依舊命吏前後雙引。既而盧謂余曰〔四〕：『今府尹令尹（時皇上開封府尹兼中書令）親賢英仁，復兼右相，尚以一朱衣前導。吾儕爲學士，而命吏雙引〔五〕。』因令罷去雙引〔六〕。自是抗聲傳呼之儀，亦稍罷矣。〔七〕

〔一〕按，《會要·儀制四·朱衣吏引》：『凡宰相、參知政事、翰林學士、御史中丞，並朱衣吏雙引，仍傳呼。』

〔二〕立班，文淵閣本作『立班次』。

〔三〕赴，文淵閣本作『敘』。

〔四〕余，文淵閣本、《宋朝事實類苑》卷二九作『吾』。

〔五〕『雙引』下，《宋朝事實類苑》卷二九引《朝退録》有『得無招物議乎』六字，語意較完。

〔六〕按，罷去雙引之議，歐陽脩《歸田録》卷一以爲出自李昉，本書第33『故事學士在内中』條亦載。

〔七〕亦，《宋朝事實類苑》卷二九引作『後亦』。按，此條不見于今本《春明退朝録》。《宋朝事實類苑》卷二九『學士職任事體與外司不同』條與此同，注云出《朝退録》，蓋『退朝録』之訛。若出于宋敏求，則所謂『先公』當爲其父宋綬，然『朱崖盧相』盧多遜去世六年後宋綬始生，二人絶無『同列』可能。本書下文引歐陽脩《歸田録》亦載『罷雙引』事，記爲太祖朝李昉事迹。考《宋史·李昉傳》：『出昉爲彰武軍行軍司馬，居延州爲生業以老。……開寶二年，召還，復拜中書舍人。未幾，直學士院。』《盧多遜傳》：『開寶二年……直學士院。』可知二人于開寶二年同直學士院。覈之本條，『自延州歸闕』與盧多遜同爲翰林學士者，必爲李昉無疑。若然，所謂『先公』，乃李昉之子所以稱之者。昉子宗諤撰有《翰苑雜記》，《宋史·李宗諤傳》謂『紀國朝制度』，此其佚文無疑。洪遵及江少虞皆誤署出處。又按，『開封府尹兼中書令』，謂宋太宗趙光義，開寶間兼此二官。

29 蔡文忠以翰林兼侍讀兩學士，改龍圖閣學士知密州。自翰林改龍閣出藩〔一〕，繇文忠始也。（右二事宋敏求《退朝録》）〔二〕

〔一〕龍閣，原書作『龍圖』，文淵閣本同。二者皆『龍圖閣學士』之省稱。

〔二〕按，此條見今本《春明退朝録》卷下。

30 丁晉公自保信軍節度使、知江寧府召爲參知政事。中書以丁節度使，召學士草麻。時盛文肅爲學士，以

爲參知政事合用舍人草制，遂以制除。丁甚恨之。〔一〕

〔一〕按，此條見《歸田録》卷一。

31　太宗時，宋白、賈黄中、李至、吕蒙正、蘇易簡五人同時拜翰林學士。承旨扈蒙贈之以詩，云：『五鳳齊飛入翰林。』其後，吕蒙正爲宰相，賈黄中、李至、蘇易簡皆至參知政事，宋白官至尚書，老于承旨，皆爲名臣。〔一〕

〔一〕按，此條見《歸田録》卷一。李心傳《舊聞證誤》卷一辨其誤，曰：『按《國史》，此太平興國八年五月事也，實李文恭穆與宋、賈、吕、李五公同入翰林，後二年蘇易簡始爲學士。』據《學士年表》及蘇易簡《續翰林志》8『舊體每游宴』條，李説是。

32　楊大年爲學士時，草答契丹書云『鄰壤交歡』。進草既入，真宗自注其側云：『朽壤、鼠壤、糞壤。』大年遽改爲『鄰境』。明旦，引唐故事，學士作文書有所改，爲不稱職，當罷，因亟求解職。真宗語宰相曰：『楊億不通商量，真有氣性。』〔一〕

〔一〕按，此條見《歸田録》卷一。《長編》卷八〇『大中祥符六年六月己巳』亦載。

33　故事：學士在内中，院吏朱衣雙引。太祖朝，李昉爲學士，太宗在南衙，朱衣一人前引而已，昉亦去其一人。至今如此。〔一〕

〔一〕按，此條見《歸田録》卷一。第28『先公嘗言』條末亦載此事，辯見該條。

34　往時，學士入劄子，不著姓，但云『學士臣某』。先朝盛度、丁度並爲學士，遂著姓以別之。其後遂皆著姓。〔一〕

〔一〕按，此條見《歸田録》卷一。李心傳《舊聞證誤》卷二：『按《學士年表》，盛文肅景祐二年已遷參知政事，明年丁文簡始入翰林，二公未嘗並直也。』其説是。

35　唐人奏事，非表非狀者，謂之牓子，亦謂之録子，今謂之劄子。凡群臣百司上殿奏事，兩制以上非時有所奏陳，皆用劄子。中書、樞密院事有不降宣敕者，亦用劄子，與兩府自相往來亦然。若百司申中書〔一〕，皆用狀，惟學士院用諮報，其實如劄子，亦不出名，但當直學士一人押字而已，謂之諮報（今俗謂草書名爲押字也），此唐學士舊規也。唐世學士院故事，近時隳廢殆盡，惟此一事在爾。〔二〕

〔一〕抱經樓本、文淵閣本自26『天禧元年二月』條至本條『往來亦然若』，大小共二千餘字，全數錯簡，誤接于書末64『唐制，翰林學士初入院』條『亦前輩偶然未用』句下。文淵閣本連寫爲『往來亦然若者也是年』，而以文意不通，改『若者』爲『此例』；抱經樓本止于上條末句『遂皆著姓』，自『唐人奏事』以下全脱，計約一百九十字。蓋佚去一葉，不能知其接合之迹矣。按，其致誤之由，考諸明鈔本，此二千餘字恰爲七整葉，而所錯入之葉，首行即『者也是年』云云。蓋抱經樓本以明鈔本爲底本，抄寫或裝訂之時倒裝書葉，遂致錯簡；館臣不察，沿其謬誤。所改『此例』二字，以抱經樓本殘佚，未知何人所爲。

〔二〕按，此條見《歸田録》卷二。《宋朝事實類苑》卷二九『諮報』亦引，不注出處。

36　往時學士，循唐故事，見宰相不具靴笏，繫鞋坐玉堂上，遣院吏計會堂頭直省官，學士將至，宰相出迎。近時學士，始具靴笏，至中書與常參官雜坐于客位，有移時不得見者。學士日益自卑，丞相禮亦漸薄，並習

見已久，恬然不復怪也。〔一〕

〔一〕按，此條見《歸田録》卷二。

37 嘉祐二年，樞密使田公況罷爲尚書右丞、觀文殿學士兼翰林侍讀學士。罷樞密使當降麻，而止以制除。蓋往時高若訥罷樞密使，所除官職正與田公同，亦不降麻，遂以爲故事。真宗時，丁晉公謂自平江軍節度使除兵部尚書、參知政事。節度使當降麻，而朝議惜之，遂止以制除。近者陳相執中罷使相除僕射，降麻；龐籍罷節度使除觀文殿學士〔一〕，又不降麻，蓋無定制也。

〔一〕學士，《歸田録》卷一作『大學士』。

38 仁宗初立，今上爲皇子，令中書召學士草詔。學士王珪當直，召至中書諭之。王曰：『此大事也，必須面奉聖旨。』于是求對。明日面禀得旨，乃草詔。群公皆以王爲真得學士體也。〔一〕

〔一〕按，此條見《歸田録》卷二。

39 端明殿學士，五代後唐時置。國朝尤以爲貴，多以翰林學士兼之，其不以翰苑兼職及換職者〔一〕，百年間纔兩人，特拜程戡、王素是也。

〔一〕翰苑，《歸田録》卷二作『翰院』。

40 王元之在翰林，嘗草夏州李繼遷制。繼遷送潤筆物數倍于常，然用啓頭書送，拒而不納，蓋惜事體也。近時舍人院草制，有送潤筆物稍後時者，必遣院子詣門催索，而當送者往往不送。相承既久，今索者、送者皆恬

然不以爲怪也。〔一〕（右十一事歐公《歸田録》）

〔一〕按，此條見《歸田録》卷一。

41 臣伏見國家承五代之餘，建萬世之業，誅滅僭亂，懷來四夷，封祀天地，制作禮樂。至于大臣進退，政令改更，學士所作文書，皆繫朝廷大事。示于後世，則爲王者之訓謨；藏之有司，乃是本朝之故實。自明道已前，文書草稿尚有編録，景祐以後，漸成散失。臣曾試令類聚收拾補綴，十已失其五六。使聖宋之盛，文章詔令廢失湮淪，緩急事有質疑，有司無所檢證。蓋由從前雖有編録，亦無類例卷第，只是本院書吏私自抄寫，所以易爲廢失。臣今欲乞將國朝以來學士所撰文書，各以門類，依其年次，編成卷秩，號爲《學士院草録》。有不足者更加求訪補足之，仍乞差本院學士從下兩員專切管句。自今已後，接續編聯，如本行人吏不畫時編録，致有漏落，許令本院舉察，理爲過犯。此臣本院常事也，所以上煩聖聽者，蓋以近歲以來，百司綱紀相承廢壞，事有曾經奏聞及有聖旨指揮者，僅能遵守；若只是本司臨時處置，其主判之官纔罷去，則其事尋亦廢停。所以臣欲乞朝廷特降指揮〔一〕，所貴久遠遵行，不敢廢失。〔二〕（《六一居士集》）

〔一〕臣，諸本作『止』，據歐陽脩原文改。

〔二〕按，此條見《歐陽文忠公集·奏議集》卷一五《論編學士院制詔劄子》，作于嘉祐三年。

42 唐制，翰林學士本職在官下。五代趙鳳爲之，始諷宰相任圜，移在官上。（按趙鳳升學士于官上，乃端明殿也。）〔一〕

〔一〕按，此條見《石林燕語》卷三，其後尚有：『後遂爲定制。本朝凡兼學士結銜，皆以職名爲冠，蓋沿習此例。』案語爲洪遵所作。宇文紹奕《石林燕語考異》亦辯趙鳳當爲端明殿學士。《郎園先生全書》本《石林燕語考異》引葉廷琯說，辯之尤詳。

43　唐翰林院在銀臺之北〔一〕。乾封以後，劉禕之〔二〕、元萬頃之徒，時宣召草制其間，因名北門學士。今學士院在樞密院之後，腹背相倚，不可南向。故以其西廊西向爲院之正門，而後門北向，與集英殿相直，因牓曰『北門』。兩省、樞密院皆無後門，惟學士院有之。學士退朝入院，與禁中宣命往來，皆行北門，而正門行者無幾，不特取其便事，亦以存故事也。〔三〕

〔一〕唐，靜嘉堂本作『唐制』，鮑據明鈔本删『制』。

〔二〕劉禕之，底本作『劉禕之』，據他本及兩《唐書·劉禕之傳》改。

〔三〕按，此條見《石林燕語》卷七。

44　唐翰林院本内供奉，藝能、伎術雜居之，所以詞臣侍書詔其間，乃藝能之一爾。開元以前，猶未有學士之稱，或曰『翰林待詔』，或曰『翰林供奉』，如李太白猶稱『供奉』。自張垍爲學士，始别建學士院于翰林院之南，則與翰林院分而爲二，然猶冒翰林之名。蓋唐有弘文館學士、麗正殿學士，故此特以翰林别之。其後以名官，訖不可改。然院名至今但云學士，而不冠以翰林，則亦自唐以來沿習之舊也。〔一〕

〔一〕按，此條見《石林燕語》卷七。

45　唐翰林學士，結銜或在官上，或在官下，無定制。余家藏唐碑多，如大和中李藏用碑，撰者言『中散大夫、守尚書户部侍郎、知制誥、翰林學士王源中』之類，則在官下；大中中王巨鏞碑，撰者言『翰林學士、中散大夫、守中書舍人劉瑑』之類〔二〕，則在官上。瑑仍不稱知制誥，殊不可曉。（按劉瑑不稱知制誥，唐以來至國朝

熙寧，官至中書舍人則不帶三字。）〔二〕

〔一〕言，靜嘉堂本脱，鮑據明鈔本補。瑑，底本、謙牧堂本、靜嘉堂本誤作『琢』，鮑據明鈔本改爲『瑑』，復點去。《石林燕語》卷四作『瑑』，明鈔本、抱經樓本、文淵閣本同，兹據改。下二『瑑』字同改。王源中爲唐敬宗至文宗朝翰林學士，劉瑑爲唐宣宗朝翰林學士，見丁居晦《重修承旨學士壁記》。

〔二〕按，此條見《石林燕語》卷四，案語爲洪遵所作。唐中書舍人掌草制之權，充翰林學士例不加知制誥，以他官入院則加之。由此可見洪遵熟于翰林故事。

46 俗稱翰林學士爲坡〔一〕，蓋唐德宗時，嘗移學士院于金鑾坡上，故亦稱鑾坡。唐制，學士院無常處，駕在大内，則置于明福門，在興慶宫，則置于金明門，不專在翰林院也。然明福、金明，不以爲稱，不常居之爾〔二〕。諫議大夫亦稱坡〔三〕，此乃出唐人之語。諫議大夫班本在給舍上，其遷轉，則諫議歲滿方遷給事中。自給事遷舍人〔四〕，當時語云：『饒道升上坡去〔五〕，亦須卻下坡來。』以諫議爲上坡，故因以爲稱。見李文正所記。〔六〕

〔一〕坡，靜嘉堂本作『鑾坡』，鮑據明鈔本圈去『鑾』字。

〔二〕不常，靜嘉堂本作『不當』，鮑據明鈔本改。

〔三〕諫議，靜嘉堂本二字倒，鮑據明鈔本乙。

〔四〕自給事，《石林燕語》卷五作『自給事中』。靜嘉堂本作『自給事中自給事』，鮑據明鈔本圈去後四字。

〔五〕升，靜嘉堂本作『外』，鮑據明鈔本改『升』。

〔六〕按，此條見《石林燕語》卷五。李文正，李昉。

47 學士院舊制，自侍郎以上辭免、除授則賜詔〔一〕，皆留其章中書。而尚書省略其事，因降劄子下院，使爲詔而已。自執政而下至于節度使、使相〔二〕，則用批答。批答之制〔三〕，更不由中書，直禁中封所上章付院，令降批答〔四〕，院中即更用紙連其章後，書辭，並其章賜之。此其異也。辭既與章相連，後書『省表具之』字，必長作『表』字〔五〕，傍一撇通其章階位上過，謂之抹階，若使不復用舊銜之意。相習已久，莫知始于何時。〔六〕

〔一〕《石林燕語》卷六無『則』字。靜嘉堂本『則』前衍『賜』字。

〔二〕而下，《石林燕語》卷六作『而上』。靜嘉堂本作『而下坡』，鮑據明鈔本刪。

〔三〕靜嘉堂本脱一『批答』，鮑據明鈔本補。

〔四〕令，中華書局排印本《石林燕語》卷六據楊武刻本、稗海本作『今』，義勝。批答，《石林燕語》卷六作『批表』。

〔五〕作，靜嘉堂本脱。

〔六〕按，此條見《石林燕語》卷六。

48　舊制，學士以上，賜御仙花帶而不佩魚〔一〕，雖翰林亦然。惟二府服笏頭帶〔二〕、佩魚〔三〕，謂之重金。元豐官制行，始詔六曹尚書、翰林學士皆得佩魚〔四〕，故蘇子瞻《謝翰林學士表》云：『玉堂賜篆，仰淳化之彌文；寶帶重金，佩元豐之新渥。』『玉堂之署』四字，太宗飛白書，淳化中以賜蘇易簡。〔五〕

〔一〕御仙花或遇仙花，《郋園先生全書》本《石林燕語考異》葉廷琯有辯。

〔二〕按，笏頭帶，即球路帶。宋敏求《春明退朝録》卷下：『太宗命創方團球路帶，亦名笏頭帶，以賜二府文臣。』范鎮《東齋記事補遺》：『球路金帶俗謂之笏頭帶，非二府文臣不得賜，武臣而得賜者……出于特恩。』

〔三〕服，《石林燕語》卷五作『賜』。據上下文，是也。

〔四〕『翰林學士』下，《石林燕語》卷五有『雜學士』。按，佩魚事，《郋園先生全書》本《石林燕語考異》胡珽有辯。

〔五〕按，此條見《石林燕語》卷五。『玉堂之署』以下《燕語》别爲一條。

49 蘇參政易簡登科時，宋尚書白爲南省主文。後七年，宋爲翰林學士承旨，而蘇相繼入院，同爲學士。宋嘗贈詩云：『昔日曾爲尺木階，今朝真是青雲友。』〔一〕歐陽文忠亦王禹玉南省主文，相距十六年同爲學士，故歐公詩有『喜君新賜黄金帶，顧我今爲白髮翁』之句。二事誠一時文物之盛也。〔二〕

〔一〕按，事又見蘇耆《次續翰林志》2『先公于丙戌歲始入翰林』條，詩句略異，作『疇昔聊爲尺木階，而今真是青雲友』。

〔二〕按，此條見《石林燕語》卷八。

50 學士院正廳曰『玉堂』，蓋道家之名。初，李肇《翰林志》言：『居翰苑者，皆謂陵玉清，遡紫霄，豈止于登瀛州哉〔一〕！亦曰登玉堂焉。』自是遂以玉堂爲學士院之稱，而不爲牓。太宗時，蘇易簡爲學士，上嘗語曰：『玉堂之設，但虛傳之説，終未有正名。』乃以紅羅飛白『玉堂之署』四字賜之。易簡即扃鐍置堂上，每學士上事，始得一開視，最爲翰林盛事。紹聖間，蔡魯公爲承旨，始奏乞摹就杭州，刻牓揭之。以避英廟諱，去二字〔二〕，止曰『玉堂』云。〔三〕

〔一〕瀛州，諸本同；《石林燕語》卷七作『瀛洲』，與《翰林志》同。

〔二〕去二字，諸本同；《石林燕語》卷七作『去下二字』，義長，此蓋洪遵鈔脱。

〔三〕按，此條見《石林燕語》卷七。

51 韓門下維以賜出身〔一〕，熙寧末特除翰林學士。崇寧中，林彦振賜出身，用韓例，亦除翰林學士。國朝以

來，學士不由科第除者，惟此二人。（按韓省試中以父億執政，不就廷試，後爲館職以至兩制〔二〕，未嘗賜第也。）〔三〕

〔一〕維，静嘉堂本作『雖』，鮑據明鈔本改『維』。

〔二〕至，静嘉堂本作『主』，鮑據明鈔本改『至』。

〔三〕按，此條見《石林燕語》卷三。案語爲洪遵作。静嘉堂本、謙牧堂本、抱經樓本此條與上條連寫，鮑别爲一條。

52 唐詔令雖一出于學士，遇有邊防機要大事，學士不能盡知者，則多宰相以處分之要者，自爲之辭，而付院使增其首尾嘗式之言〔一〕，謂之詔意。今猶見于李德裕、鄭畋集。近歲或出于宰相，進呈訖，但召待詔即私第書寫，或詔學士、宰相面授意〔二〕，退而具草，然不能無改定也〔三〕。（右十一事《石林燕語》）〔四〕

〔一〕付院，《石林燕語》卷五作『付學士院』。嘗式，《石林燕語》卷五作『常式』，明鈔本、謙牧堂本同。

〔二〕或，静嘉堂本作『式』，鮑據明鈔本改。

〔三〕不能無改定也，静嘉堂本作『不能改也定』，鮑乙補。

〔四〕按，此條見《石林燕語》卷五，節略較多。

53 舊學士院，在樞密院之後〔一〕，其南廡與密院後廊中分〔二〕，門乃西向。玉堂本以待乘輿行幸，非學士所得常居。惟禮上之日，略坐其東，受院吏參謁。其後爲主廊，北出直集英殿，則所謂北門也〔三〕。學士僅有直舍，分于門之兩旁。每鎖院受詔，與中使坐主廊。余爲學士時，始請闢兩直舍，各分其一間，與北門通爲三，以照壁限其中。屏間命待詔鮑詢畫花竹于上，與玉堂郭熙《春江晚景》屏相配。當時以爲美談。後聞王丞相將明爲承

旨〔四〕，旁取西省右正言廳以廣之，中爲殿，曰『右文』。〔五〕

〔一〕樞密院，謙牧堂本作『樞密』。按，舊學士院，指北宋東京學士院，本條源出葉夢得紹興五年所作《避暑録話》，故稱之爲『舊』。

〔二〕南廡，底本作『廊廡』，他本及源出之《避暑録話》皆作『南廡』，兹據改。密院，謙牧堂本作『樞密院』。

〔三〕則，靜嘉堂本無，鮑據明鈔本補。

〔四〕此句下，《避暑録話》有『太上皇眷愛之厚乃』八字。按，王丞相將明，王黼，徽宗政和、重和間爲承旨。

〔五〕按，此條見《避暑録話》卷上。原書段末有『則非復余前日所見矣同時流輩殆盡爲之慨然也』二十字。

54　曾從叔祖司空道卿，慶曆中爲翰林學士。仁祖欲大用〔一〕，會宋元憲爲相，同年厚善。或以爲言，乃與元憲俱罷。然仁宗欲用之意未衰也。再入爲三司使，而陳恭公尤不喜。適以憂去，免喪，不召，就除知澶州〔二〕。吾大觀中亦忝入翰林，因曲謝，略敘陳。太上皇喜曰：『前此兄弟同時迭爲學士者有矣，未有宗族相繼于數世之後。不惟朝廷得人，亦可爲卿一門盛事。』吾頓首謝。〔三〕

〔一〕仁祖，靜嘉堂本、謙牧堂本、抱經樓本、文淵閣本作『仁宗』，明鈔本及《避暑録話》作『仁祖』，鮑據改。又，此二句原書作『慶曆中受知仁祖爲翰林學士遂欲大用』。

〔二〕原書此句下有『風節凜然范文正諸公見推重』十二字。

〔三〕吾，靜嘉堂本作『余』，鮑據明鈔本改。按，此條見《避暑録話》卷下。原書段末有『今之叨冒』等三十九字。

55　唐制，詔敕號令皆中書舍人之職，定員六人，以其一人爲知制誥，以掌進畫。翰林學士初但爲文辭，不專詔命，自校書郎以上皆得爲之。班次各視其官，亦無定員。故學士入，皆試五題：麻、詔、敕、詩、賦，而舍人不試。蓋舍人乃其本職，且多自學士遷也。學士未滿一年，猶未得爲知制誥，不與爲文。歲滿，遷知制誥，然後始並直。本朝既重學士之選，率自知制誥遷，故不試。而知制誥始亦循唐制不試，雍熙初，太宗以李文正公沆及宋湜、王化基爲之。化基上章辭不能，乃使中書並召試制誥二首，遂爲故事。其後，梁周翰、薛映、梁鼎亦或不試而用，歐陽文忠公記惟公與楊文公、陳文惠公三人者〔一〕，誤也。〔二〕

〔一〕『惟公』之『公』，靜嘉堂本脱，鮑據明鈔本補。

〔二〕按，此條見《避暑録話》卷下。

56　太宗敦奬儒術，初除張參政洎、錢樞密若水爲翰林學士，喜以爲得人，諭輔臣云：『學士清切之職，朕恨不得爲之。』唐故事，學士禮上，例弄獮猴戲〔一〕，不知何意。國初久廢不講，至是乃使敕設日舉行，而易以教坊雜手伎，後遂以爲例〔二〕。而余爲學士時，但移開封府呼市人，教坊不復用矣。既在禁中，亦不敢多致，但以一二伎充數爾。大觀末，余奉詔重修《翰林志》，嘗備録本末。會余罷，書不克成。（右四事葉夢得《避暑録話》）〔三〕

〔一〕獮猴戲，靜嘉堂本作『称戲』，謙牧堂本作『獮戲』，蓋抄手誤寫『獮』爲『称』。鮑據明鈔本改。

〔二〕按，學士上日恢復敕設、戲弄事，見《會要・職官六》、《長編》卷三四。

〔三〕按，此條見《避暑録話》卷下。

57　謝克家除翰苑，以祖諱辭〔一〕。有旨，銜内權不繫三字。謝以不帶三字，止同職名，不可赴院供職，又固辭。〔二〕

〔一〕按，謝克家之祖諱誥，故辭之。克家即謝伋之父。《要録》卷五，建炎元年五月丁酉，『尚書吏部侍郎謝克家爲翰林學士、知制誥，克家以祖諱辭』。

〔二〕《四六談麈》本條，『謝克家』『謝』皆作『先公』。克家，謝伋之父也。原書條末仍有『除述古制』等三十字。

58　熙寧初，韓子華拜相，其弟持國在翰苑。神宗前期諭令草制，注意厚矣。持國懇辭弟兄之嫌，得請〔一〕。元符末，曾子宣爰立，其弟子開直北門，徽廟特命草麻，蓋示眷寵也〔二〕。（右二事謝伋《四六談麈》）〔三〕

〔一〕按，子華，韓絳字；持國，韓維字。《長編》卷二一〇，熙寧三年四月己卯，『吏部侍郎、樞密副使韓絳參知政事』。

〔二〕按，子宣，曾布字；子開，曾肇字，皆曾鞏弟。《宋史·曾布傳》：『徽宗立，惇得罪罷，遣中使召蔡京鎖院，拜韓忠彦左僕射。京欲探徽宗意，徐請曰：「麻詞未審合作專任一相，或作分命兩相之意？」徽宗曰：「專任一相。」京出，宣言曰：「子宣不復相矣。」已而復召曾肇草制，拜布右僕射，其制曰：「東西分臺，左右建輔。」』《宋史·徽宗一》元符三年十月，『丁酉，以韓忠彦爲尚書左僕射兼門下侍郎。壬寅，以曾布爲尚書右僕射兼中書侍郎』。是年正月哲宗崩，徽宗即位未改元。

〔三〕今本《四六談麈》無此條，謝維新《古今合璧事類備要·後集》卷二二《翰苑門》、佚名《翰苑新書》前集卷一〇『皇朝事實』載之，當係佚文。此二事又見曾紆《南游記舊》（《説郛》卷四九），所載較詳。

59　學士及舍人院最重題名。學士及舍人赴職之日，本院設具，應佗學士、給諫、丞郎、待制皆預會，以是日題名于石，玉册官刊字。後有拜宰相者，即其名下刊『相』字，其家遣子弟齎宴具，就本院召學士、待制以上皆集，最爲盛禮。自元豐行官制之後，一切廢罷矣。

60 劉子儀在南陽，以翰林學士召，中途改成都。彌年，又召爲學士。至西京，復加兩學士、知鄭州。謝表云：『仙山已到，屢爲風引而還〔一〕；長安甚遥，豈覺日邊之近。』〔二〕

〔一〕風，靜嘉堂本作『鳳』，鮑據明鈔本改。

〔二〕按，劉子儀即劉筠。李心傳《舊聞證誤》卷一引此條，注：『闕書名，出洪遵《翰苑群書》。』辨證曰：『按《國史》，劉子儀天禧四年自正字除翰林，明年出守合肥。乾興元年，復入翰林。頃之以中丞罷，又知汝陰。天聖五年，三入爲學士承旨。六年，知廬州，以老罷。八年薨。據此，子儀實三入翰林，未嘗守南陽、成都及鄭州，亦未嘗加兩學士，曾記誤也（原注：按，《遺事》引曾紆《南游紀舊》）。據此謝表，乃宋子京。然宋實自真定移守成都，自成都召爲三司使。以言者論列，改三學士，知鄭州，亦與曾所記不合。』以爲宋祁事，疑不能定。吴曾《能改齋漫録》卷一四『鄧安惠表啓』條又記爲鄧潤甫之語：『鄧安惠自翰苑出守成都，謝表云：「捫參歷井，方知蜀道之難；就日望雲，已覺長安之遠。」用太白語。又嘗有啓云：「三山已到，輒爲風引而還；九闕神游，不覺夢驚而失。」前輩文采風流，藴藉如此。』

61 故事，皇子出閤，以翰林學士一員掌牋表。南豐先生以中書舍人掌延安郡王牋表，出于一時之選也。（右三事曾紆《南游記舊》〔一〕）

〔一〕曾紆，靜嘉堂本、謙牧堂本誤作『曾行』，鮑據明鈔本改。按，該書有羅寧、武麗霞《曾紆〈南游記舊〉輯考》（載《叩音畢彈集：祝尚書教授古稀紀念》，巴蜀書社2013年8月），輯入此三條。

62 國朝因仍舊制，翰林學士分日遞直，夜入宿，以備著撰，日再而更。遇鎖院，不前聞〔一〕。日晏，禁中連遣走隸，家召至，則皇城門將閉矣。少頃，御藥入院，以客禮見，探懷出御封，屏吏啓緘，即詞頭也。御藥取燭視扃鑰，退就西閤宿，學士歸直舍草制。未五鼓，院吏、書待詔持紙筆立户外，學士據案授稿，吏細書奏本，待詔用麻紙大書，乃付門下省庭宣者。學士臨視，點勘匱封〔二〕，以授御藥。御藥啓扃，持入禁中，院吏復扃。至朝退，然後開院，率以爲常。若遇命相，則禁中別設綵殿，召學士由内東門入，繫鞋立墀下，上御小帽、窄衫、束帶。御座側獨設一繡墩，少東置机，陳筆硯其上。侍衛者皆下，學士升殿，造膝受旨，趨机書所得除目進呈，置袖中。侍衛者皆上，乃宣坐賜茶。已，復庭謝。御藥押送入院，鎖宿如常制。臣近自禮部尚書入爲翰林學士〔三〕，八月二十一日晚，被召至綵殿，獲覩盛儀，如前所云。有旨，除唐恪少宰，罷徐處仁、吴敏相〔四〕。上既授旨，復從容語時事久之。是日復除順德帝姬。一夕凡四制。翊日，入侍經筵，上曰：『詞頗逮意。』既退，遣中使至玉堂，賜臣筆硯等十三事，皆當日殿中所設，上所常御者：紫青石方硯一，琴光螺鈿匣一，宣和殿墨二，斑竹筆二，金筆格一，塗金鎮紙天禄二，塗金硯水蝦蟆一，貯黏麪塗金方奩一，鎮紙象尺二。薦硯以紫帕，匣以黄。方啓封時，硯漬墨未乾，奩中餘麪猶存。顧惟韋布書生，幸以詞命爲職，乃被賜人主所御筆硯，則知翰苑職親地近，非他要官比。如臣鄙陋，豈所宜蒙哉？異時當草命相制，間有被此賜者，雖故事，實異恩，且詞臣之極榮也。臣既什襲寶藏以傳子孫，因紀其事，以補《翰林志》缺文焉。昔錢思公嘗謂：『朝廷之官，雖宰相之重，皆可雜以他才處之，惟翰林學士，非文章不可。』〔五〕當時頗以此語取怒于人。歐陽文忠公自作《内制集序》〔六〕，猶以斯言爲愧，末乃云：『亦以誇于田夫野老而已。』然則臣之所以記此者，亦將以爲田野之美談爾。靖康元年十月望日記。（王寓《玉堂賜筆硯記》〔七〕）

〔一〕閘，靜嘉堂本、學海類編本作『同』，鮑據明鈔本改。

〔二〕匱封，明鈔本、抱經樓本、文淵閣本同，靜嘉堂本、謙牧堂本、學海類編本作『匱封』，鮑未校，或雕板時改。

〔三〕按，據《靖康要録》，王寓靖康元年六月八日爲禮部尚書。《宋史》卷三五二本傳：『欽宗立……升禮部尚書翰林學士。』

〔四〕按，《東都事略》卷一二《欽宗紀》靖康元年八月，『己未，徐處仁、吴敏罷，唐恪少宰兼中書侍郎。』己未，二十六日。

〔五〕按，《古今事文類聚新集》卷二〇、《翰苑新書》前集卷一〇皆引『學士非文章不可』一語，云出錢惟演《金坡遺事》；歐陽脩《内制集序》全引此數句。王文下引《内制集序》，可知當鈔自歐公序，非録自《遺事》。

〔六〕内制集序，靜嘉堂本、謙牧堂本、學海類編本皆奪『序』字，鮑據明鈔本補。

〔七〕王寓，靜嘉堂本、謙牧堂本作『寓』，鮑據明鈔本改。按，元陸友仁《研北雜志》卷下『薛道祖與米元章爲書畫友』條節引此文，作『謝賜筆札記』。

63 先生與僕論官制，因言及玉堂故事。先生曰：『且如「玉堂」兩字，人多不解。太宗皇帝嘗飛白題翰林學士院曰「玉堂之署」〔一〕，蓋此四字出于《李尋傳》。且玉堂，殿名也，而待詔者有直廬在其側。李尋時待詔黄門，故曰「久汙玉堂之署」。至英廟嗣位，乃徹去〔二〕。及元豐中，有翰林學士上言，乞摘去二字，復榜院門，以爲臣下光寵。詔可。是乞以殿名名其院也，不遜甚矣。』僕退而檢《漢書》，蓋漢之待詔者，或在公車，或在金馬門，或在宦者廬，或在黄門。時李尋待詔黄門，哀帝使侍中往問災異，對曰：『臣尋位卑術淺，過隨衆賢待詔，食太官，衣御府，久汙玉堂之署。』師古曰：『玉堂殿在未央宫。』然制度不見其詳，獨《翼奉傳》略載之。奉嘗上疏曰：『漢德隆盛，在于孝文皇帝躬行節儉，外省繇役，其時未有甘泉、建章及上林中諸離宫館也，未央宫又無高門、武臺、麒麟、鳳皇、白虎、玉堂、金華之殿，獨有前殿、曲臺、漸臺、宣室、承明耳。』以此考之，則玉堂殿乃武帝所造也。僕後以問先生，先生曰『然』。（馬永卿《元城先生語録》）〔三〕

〔一〕署，《元城語録》作『廬』，自注：『玉字犯英廟諱。』按，英宗名曙，至洪遵撰本書時已祧不諱。

〔二〕至英廟，謙牧堂本作『至英宗』，靜嘉堂本、學海類編本作『英宗』，鮑據明鈔本補『至』，未改『廟』。按，徹去乃因榜中『署』字犯英宗諱。

〔三〕馬永卿，諸本皆誤作『馬永易』，茲據原書改。城，靜嘉堂本原誤爲『誠』，鮑據明鈔本改。按，此條見《元城語録》卷下。

64 唐制，翰林學士初入院，賜設並衣服。中和節，賜紅牙銀寸尺。上巳、重陽，並賜宴曲江。清明，賜新火。夏賜冰。臘日，賜口脂及紅雪、澡豆。歲前，賜曆日。有所修撰，則賜茶果、酒脯。策試程文，則賜設並匹帛。社日，賜酒、蒸餅、鐶餅等事，見唐人文集。李邕號『翰林六絶』，謂文學、書翰等六事過人。李絳初入院，憲宗親擇笏以賜之。李昉久掌内制，太宗朝作相，赴學士院敕設，賦詩奏謝，序述『七盛』，如請真俸、給餐錢、朱衣雙引、初除宣召敕諭、正謝賜鞍馬之類〔一〕，皆前代所無也。太宗好儒，嘗宣諭蘇易簡曰：『詞臣清美，朕恨不得爲之。』夜幸本院，易簡已寢。内侍以秉燭自窗照之，俾其衣冠。窗紗燃破，後不復補，以示優禮。帝善書，他日作飛白『玉堂之署』四字，賜易簡。至元豐中，神宗一新官制，學士與六部尚書一等，帶皆重金。蘇子瞻謝表云：『玉堂賜篆，仰淳化之彌文；寶帶重金，佩元豐之新渥。』建炎改元，余忝召命，謝章以『七盛』對『六絶』，『燃窗』對『擇笏』，亦前輩偶然未用者也〔二〕。是歲，議裁省百司冗費，學士院月給餐錢三百千，（學士食料、待詔人吏等添給、鎖院御藥並人從宣召快行家事例〔三〕，皆用此錢。）亦在裁去之數。余與宰相論之，不從。因經筵奏事，爲上言七盛故事，云餐錢其一也，祖宗舊典，近歲未嘗增數，豈可與百司弊事同廢哉？上大以爲然，令傳旨如故。（朱勝非《秀水閒居録》）〔四〕

〔一〕敕諭，諸本同，疑爲『敕設』之訛。此事本之李昉《禁林讌會集》，其序云：『新學士謝恩後就院賜敕設。』

本書『十年十月三日』條亦云『朝廷待學士禮意稍異，宣召敕設盡出特恩』，皆作『敕設』。按，事見李昉《禁林讌會集》，所舉『七盛』略有出入。

〔二〕抱經樓本、文淵閣本自26『天禧元年二月』條首句至35『唐人奏事』條『往來亦然若』二千餘字，全數錯簡誤接于本句下。説見前35『唐人奏事』條校記。

〔三〕快，靜嘉堂本原脱，鮑據明鈔本補。文淵閣本作『俠』。

〔四〕按，此條史泠歌輯本《秀水閒居録》失輯，輯本見《全宋筆記》第九編第一册。

翰苑，秩清地禁，沿唐迄今，爲薦紳榮。遵世蒙國恩，父子兄弟接武而進，實爲千載幸遇。曩嘗粹《遺事》一編，揭來建鄴，以家舊藏李肇、元稹、韋處厚、韋執誼、楊鉅、丁居晦，洎我宋數公，凡有紀于此者，並刊之木〔一〕。仍以《國朝年表》、《中興題名》附。乾道九年二月七日番陽洪遵書于清漪閣〔二〕。

〔一〕木，學海類編本、抱經樓本作『本』。

〔二〕本段爲《翰苑群書》全書跋語，鮑特眉批云：『另頁，不接寫。』除文淵閣本外，諸本格式皆尊宋朝作提行，當爲宋本舊式。今一例取消。文淵閣本另標題曰『翰苑群書題記』。按，乾道九年當西曆1173年，據《宋史》本傳，本書編成之次年，淳熙元年十一月洪遵去世。清漪閣爲洪氏書齋名。

# 增补

# 翰林院使壁記

杜元穎

## 解題

《翰林院使壁記》，杜元穎（775—838）撰。元穎爲杜如晦五世孫，《舊唐書》卷一六三、《新唐書》卷九六有傳。元和十二年（817）二月充翰林學士，穆宗即位後，元和十五年（820）閏正月加承旨，長慶元年（821）二月同平章事出院。元穎掌綸之初，即以『手筆敏速』見賞于憲宗。征淮西時，軍務緊急，書詔填委，他『翰動若飛，神無滞用』，勤敏有功。穆宗即位，又因他熟于典章，一年之内超拜中書舍人，旋拜相。在翰林學士中，他遷升宰輔速度之快無人能及〔一〕。

唐代翰林院設有院使二員，《翰林志》曰：『高品使二人知院事。』所謂『高品使』，即賜緋以上的宦官〔二〕。『每日晚，執事于思政殿退而傳旨』，負責在皇帝和學士之間傳達、溝通，如本文所言，『進則承睿旨而宣于下，退則受嘉謨而達于上』，在政令運轉過程中扮演重要角色〔三〕。本文簡要記録了院使的職能和人選，保留下一份寶貴的資料。

本文末署『庚子歲夏五月一日』，時當元和十五年，穆宗即位不久。在他正月登基至三月之間，留任和新增的學士，包括侍講、侍讀學士先後有十人，除段文昌閏正月初八拜相出院，其餘學士都在院中〔四〕，因此原有屋舍不敷使用，需要『增葺院署，使群英有游處之安』。在修繕過程中，院使李常暉將學士題名記自北廳移至前廳〔五〕，于是『遂徵前院使之官族，斷自元和已後，列于屋壁』，增加了一批院使題名，並委托杜元穎作《壁記》以志之。當時前任院使梁守謙等宦官以翊戴有功，權焰正熾〔六〕，李常暉此舉或有逢迎之意，也藉以垂名後世，發將來之健美。文中提及的梁守謙、劉監（疑爲劉弘規）、李常暉、王士政四名院使，都任職于元和年間，題名中是否還有其他院使，難以考知。與同時而作的韋處厚《翰林學士記》一樣，本《記》也没有附載院使名録，使我們無法掌握這個重要職官的名氏及其履歷。此外，翰林院還有小使一職，負責院中傳遞文書、管理書庫、值守等事〔七〕，記中亦無一筆及之。這些都不能不説是一種遺憾。

洪遵將韋處厚《翰林學士記》收入《翰苑群書》，卻不録同時撰寫的杜氏之作，或許是因爲院使並非學士，而《壁記》又文多虚譽之故。但與之年代相近的《中興館閣書目》有佚名《翰林内志》一卷，輯集了包括這部《壁記》在内的七種唐代翰苑著述〔八〕；《郡齋讀書志》卷七有北宋不知名者所編《翰林雜志》一卷，亦收録此文，稱爲『《監院使記》』〔九〕，可知它在宋代被視爲重要的翰學著作。近代岑仲勉認爲其性質與韋處厚《學士記》無異，不應忽視，因作校正，收入《補唐代翰林兩記》。傅璇琮等編《翰學三書》，將其補入重編《翰苑群書》卷三。此次整理，以《文苑英華》卷七九七所録本文爲底本，參校《全唐文》卷七二四及岑仲勉校文。

〔一〕以上參兩《唐書》本傳、《册府元龜》卷七三《帝王部·命相三》。

〔二〕參《翰林志》13『元和已後』條『高品使』注。

〔三〕《新唐書·錢徽傳》：『梁守謙爲院使，見徽批監軍表語簡約，歎曰：「一字不可益邪？」銜之。』表明院使不僅限于政令之上傳下達，亦可上下其手，干預制詔的草擬。

〔四〕參傅璇琮《唐翰林侍講、侍讀學士考論》、《唐翰林學士年表（玄宗—敬宗朝）》，載氏撰《唐翰林學士考論》，遼海出版社，2005年12月。

〔五〕見韋處厚《翰林學士記》。

〔六〕參《舊唐書·王守澄傳》及《梁守謙墓志》。

〔七〕《翰林志》記載，『小使衣緑黄青者，逮至十人，更番守曹。』又云：『其二庫書各有録，約八千卷，小使主之。』韓偓《雨後月中玉堂閑坐》自注：『每有文書，即内臣立于門外，鈴聲動，本院小判官出受。受訖，授院使，院使授學士。』小判官即小使。餘參《翰林志》13『元和已後』條『小使』注。

〔八〕《玉海》卷一六七《唐學士院翰林院北門學士》引《中興書目》：『《翰林内志》一卷。集韋執誼《翰林故事》、李肇《志》、韋處厚、丁居晦、杜元穎《壁記》、元稹《記》、韋表微《學士新樓記》爲一書，集者不知名。』

〔九〕《郡齋讀書志》（衢本）卷七『職官類』：『《翰林雜志》一卷。右不題撰人。輯唐韋執誼《故事》、元稹《承旨壁記》、韋（來）［表］微《新樓記》、杜元穎《監院使記》、鄭璘《視草亭記》并詩、李宗諤《題名記》爲一編。』

聖明以文明敷于四海，詳擇文學之士〔一〕，置于禁署，實掌詔命，且備顧問。又于内朝選端肅敏裕、邁乎等倫者爲之使〔二〕，有二員，進則承睿旨而宣于下，退則受嘉謨而達于上〔三〕。軍國之重事，古今之大體，庶政之損益，衆情之異同，悉以關攬〔四〕，因而啓發。若非有達識，有精材，一心守公，百志根正，則曷能保維密勿之際，傳導吁俞之間哉！故嘗由是職，必極其位，有若今之右軍梁特進、樞密劉監焉〔五〕。當先聖躬勤萬務，志清九有，築壇亙登，持柄驟移。贊命于是乎出，號令于是乎發。急宣密付，波至飈去。二使之任，尤所重難。乃以今内給事李常暉、内謁者監王士政繼領其職〔六〕。既而掃殄淮蔡，廓平海岱，有魏以六州底貢，常山以二郡獻地，北逐犬戎，南剪溪蠻〔七〕。凡兵事之所會，符檄之所至，籌略之所授，告諭之所加，決于一言，欻以萬里，得失以之而定，安危以之而分。降自九天之上，行乎四海之外〔八〕，無不面奉宸斷，在競競跼蹐〔九〕，喘汗之中，揣切必究，毫芒靡失。不有絶人之神用，其孰能處于此乎？勤勞夙夜，亦云至矣。我皇初纘寶祚〔一〇〕，特加寵奬，榮以金印紫綬玉帶之賜，尋又就遷命秩，勛階兼崇，蓋舉勞以行賞也。爾其聳善嚮義，愛才好直，周旋蚤暮，率履無越。每聞激忠之詞，及有所論，必加慰勉，欣喜外形，此又列内庭者所共幸也。至于增葺院署，使群英有游處之安；栽培松筠，使多士有吟玩之適。表裏融暢，始終堅全，固不易得也。若無題敘，則將來者何以景行之？因移學士舊記〔一一〕，遂徵前院使之官族，斷自元和已後，列于屋壁焉。時庚子歲夏五月一日記〔一二〕。

〔一〕擇，原注：「一作延。」

〔二〕内朝，《全唐文》作「内廷」。

〔三〕謨，原注：「一作謀。」

〔四〕關攬，岑校誤作「開攬」。

〔五〕梁特進樞密劉監，原作「梁時進樞密劉堅」。岑校云「梁特進」即梁守謙，曾充院使。兹據《全唐文》改。按，《梁守謙墓志》：「貞元末，解褐授徵事郎内府局令、充學士院使。……元和初，進階宣義郎，遷掖庭局令……依前院使……十三年……尋拜□□□軍護軍中尉……十五年，拜特進。」據《舊唐書·吐蕃下》、《新唐書·穆宗紀》、《資治通鑑》卷二四一，所缺三字爲「右神策」，故本《記》稱「右軍梁特進」。又按，劉監當爲劉弘規。李德裕《劉公（弘規）神道碑銘》記其元和初年「自奚官局丞擢翰林院使」（《唐代墓志彙編續集》大和〇〇五王珹《劉公（弘規）墓志銘》則曰「歷職自天威軍副使監翰林」，略異），應與梁守謙同時爲院使。《神道碑》又云：「上（憲宗）以公器能可以居重任，機權可以參密勿，遂發中詔，俾還京師，改内飛龍使，換右神策軍副使……翌日命知樞密。」參與平定淄青之後，「復掌樞密」；及穆宗登基，「遷忠武將軍、内侍省少監」，故本《記》稱「樞密劉監」。

〔六〕内謁者監王士政，韋處厚《翰林學士記》作「内謁者將王士玖」。岑仲勉校云：「内侍省無『内謁者將』之名，作監是。」玖、政未詳孰是。按，《翰林學士記》：「内給事李常暉、内謁者監王士玖並掌院事，近乎十年。」

〔七〕按，『既而』以下數事，分别指削平淮西吴元濟、討滅淄青李師道、魏博田弘正歸朝、成德王承宗獻二州、擊破吐蕃、平定劉闢等。

〔八〕外，原注：『一作内。』

〔九〕競競，《全唐文》作『兢兢』，又無『在』。

〔一〇〕按，我皇，指唐穆宗。元和十五年正月憲宗崩，穆宗繼位。

〔一一〕按，舊記，指《翰林學士題名》。《翰林學士記》：『李常暉以北閤舊記，室别堵殊，義非貫通，改于前廳，時以爲便。』即此移舊記事。

〔一二〕此句《全唐文》奪。按，庚子爲元和十五年（820），穆宗登極後未改元。

# 翰林學士院新樓記

韋表微

## 解　題

韋表微（771—830），字子明，《舊唐書》卷一八九下、《新唐書》卷一七七有傳。據丁居晦《重修承旨學士壁記》，長慶二年（822）二月二日，自監察御史充翰林學士，至大和三年（829）八月二十日，方以疾罷職。掌穆、敬、文宗三代綸誥，恩遇甚隆。

是文緣起，因院使認爲翰林院『庭宇逼仄，屋室卑陋』，于是在敬宗寶曆二年（826）十月至十二月底，『撤小屋，崇廣厦』，大加改建。從文中描寫看，此番改建幅度極大，新修層樓、雙閣等高大建築，可以登臨遠眺，『前瞰雲山，傍窺臺觀』；又重新佈局了庭院，新建小亭。與八年前李肇筆下的翰林院相比，焕然改觀，是自有翰林院以來最大的改造工程〔一〕。新樓落成之後，表微奉命撰寫記文，以志盛舉。寫作之年，文末署『時太和元年某月日』，查陳思《寶刻叢編》卷九《京兆府下》引《諸道石刻録》記載：『唐翰林學士院新樓記，唐韋表微撰，鄭澣正書，唐玄度篆額。太和元年十二月。』可知作于文宗太和元年（827）十二月。《寶刻叢編》卷八《京兆府中》引《諸道石刻録》題作『唐翰林院新樓記』，蓋爲省稱，當以今題爲正。

據《中興館閣書目》記載，本《記》曾收入佚名所編《翰林内志》〔二〕；《郡齋讀書志》則記其收入另一部北宋無名氏所編《翰林雜志》〔三〕。洪遵不收此文，而岑仲勉以爲其『足徵翰林故事』，加以校正並采入《補唐代翰林兩記》卷下。傅璇琮等重編《翰苑群書》，亦將其輯入卷三。此次整理，以《文苑英華》卷八〇九所録本文爲底本，參校《全唐文》卷六三三及岑仲勉之校文。

〔一〕也有一些建築未作改造，如東廡，丁居晦《重修承旨學士壁記》載，至開成二年（837）東廡仍存有元稹長慶元年（821）所作《承旨學士院記》。參《壁記》序文注〔一〕。

〔二〕《玉海》卷一六七《唐學士院翰林院北門學士》引《中興書目》：『《翰林内志》一卷。集韋執誼《翰林故事》、李肇《志》、韋處厚、丁居晦、杜元穎《壁記》、元稹《記》、韋表微《學士新樓記》爲一書，集者不知名。』

〔三〕《郡齋讀書志》（衢本）卷七『職官類』：『《翰林雜志》一卷。右不題撰人。輯唐韋執誼《故事》、元稹《承旨壁記》、韋（來）〔表〕微《新樓記》、杜元穎《監院使記》、鄭璘《視草亭記》并詩、李宗諤《題名記》爲一編。』

長慶二年春，翰林院學士缺〔一〕，穆宗皇帝顧謂左右曰：『孰可充是任者〔二〕？』皆曰：『恭恪可以奉密命，通敏可以肆皇猷，有若内謁者監田季温可〔三〕。』上曰：『俞。』洎四年夏，院使缺，敬宗皇帝顧謂近臣曰：『孰可補是職者？』皆曰：『博覽以好古，清白以奉公，有若奚官局令衛元璨可〔四〕。』上曰：『俞。』是以授金紫之賜，承侍從之榮，典司禁闈，參掌詔令。嘗因暇相與議曰：『夫宫室臺觀，蓋有宜稱，苟失其制，人何法焉？内署與集賢、史館、秘書省，皆號「圖書府」，而内署最爲密近，故學士之登將相、踐崇顯者，十有八九焉，彼三署不可同年而語矣。而庭宇逼仄，屋室卑陋，非聖朝待賢之意，豈群彦養德之所？于是梧桐高則可以栖靈鳳，巖嶺秀則可以韞美玉，是宜革作，以新其居。』乃同詞上聞。詔命惟允，錫以材布〔五〕，假其工徒。心匠始形于事先，物境潛運于度内。乃撤小屋，崇廣厦，揭飛梁于層構，聳危樓于上楹，重檐翼舒，虚牖霞駁，甍棟豐麗〔六〕，欄檻周固。三門並設，雙閤對啓，延清風于北户，候朗月于南榮。積其典墳，藏于扃鑰，因討閲之際，資登眺之娱。若乃前瞰雲山，傍窺臺觀，仰丹霄于咫尺，納顥氣于襟抱〔七〕，八表殊望，四時異境，觸類生趣，隨方散懷。其下廊廡對序，階陛四匝，中創小亭，以候宴語。卉木駢植，松竹交陰，折高標于棼橑〔八〕，散餘芳于户庭〔九〕。信可久之宏規，不泯之盛迹也。經構之始，侍講崔學士出拜小宗伯〔一〇〕；樓成之月，學士韋公秉國鈞〔一一〕；旬日，侍講高學士拜夕郎〔一二〕。明年正月，學士路君遷小司馬，爲承旨〔一三〕；表微洎王、宋二舍人皆遷秩加職〔一四〕；院使復以成績，並命遷内常侍〔一五〕。夏四月，中書鄭舍人、駕部［許］郎中皆以鴻文碩學爲侍講學士〔一六〕，有詔賜宴〔一七〕，始觴于斯，中外之知者，朝昏皆賀。豈興作之會，契于陰陽之運乎？而土木之動，應于福慶之數乎？表微學愧鏤冰，文慚畫虎，秉筆視草，于兹六年〔一八〕。備歷規度之謨，詳觀新舊之制〔一九〕，承命爲記，實慚菲詞。

時太和元年某月日記〔二〇〕。

〔一〕學士，岑校云：『學士二字誤，應正作院使。宦官不能充學士也。』

〔二〕任，底本作『仕』，據《全唐文》改。

〔三〕監，底本、《全唐文》作『藍』，岑校云：『藍字誤，應正作監。』並引《舊唐書》卷四四及杜元穎《翰林院使壁記》『内謁者監』爲證。兹據改。按，内謁者監，《新唐書·百官二》：『内謁者監十人，正六品下。掌儀法、宣奏、承敕令及外命婦名帳。凡諸親命婦朝會者，籍其數上内侍省；命婦下車，則導至朝堂奏聞。』

〔四〕按，奚官局令，《新唐書·百官二》：『奚官局令二人，正八品下……掌奚隸、工役、宫官之品。』與内謁者監皆屬内侍省官員，多由宦官充任。

〔五〕布，原注：『作帛』，岑校云：『乃「一作帛」之奪文。』

〔六〕甍，底本誤作『薨』，據《全唐文》改。

〔七〕襟抱，底本誤作『襟袍』，據《全唐文》改。

〔八〕折，底本誤作『拆』，注云『一作林』。據《全唐文》改。

〔九〕餘芳，底本作『余芳』；『庭』，底本作『廷』，據《全唐文》改。

〔一〇〕按，崔學士，崔郾。據《重修承旨學士壁記》，崔郾長慶四年六月自給事中充侍講學士，寶曆二年九月出守中書舍人；又《舊唐書·敬宗紀》，寶曆二年十月，『壬戌，以中書舍人崔郾爲禮部侍郎』。『小宗伯』即禮部侍郎；壬戌，二十八日。據此，新樓當于十月動工。

〔一一〕按，韋公，韋處厚。秉國鈞，指任宰相，據《舊唐書·文宗上》，寶曆二年十二月乙巳（十二日）文宗登基後，庚戌（十七日），『韋處厚爲中書侍郎、同中書門下平章事』。以其有佐命之功。事具《舊唐書》本傳。

〔一二〕按，高學士，高重。夕郎，給事中。據《重修承旨學士壁記》，高重長慶四年六月自司門郎中充侍講學士，寶曆三年正月六日遷給事中，出院。餘參《壁記》『長慶後七人』『高重』條注。合前注，新樓十月動工，十二月下旬落成，工期僅兩月餘。

〔一三〕按，路君，路隨。小司馬，兵部侍郎。據《重修承旨學士壁記》，路隨寶曆三年正月八日遷兵部侍郎知制誥，加承旨。餘參《壁記》『元和後二十四人』『路隨』條注。

〔一四〕按，王、宋二舍人，王源中、宋申錫。據《重修承旨學士壁記》，寶曆三年正月八日，表微遷户部侍郎知制誥，源中權知中書舍人、申錫遷户部郎中知制誥。參《壁記》『長慶後七人』『韋表微』條、『寶曆後二人』『王源中』、『宋申錫』條注。

〔一五〕按，内常侍，《新唐書·百官二》：『内常侍六人，正五品下，通判省事。』田季温、衛元璨同時遷官，任院使如故。

〔一六〕許，據岑校引勞格《英華辨證補》補。按，鄭舍人，鄭澣，本《記》由其書丹；許郎中，許康佐。據《重修承旨學士壁記》，鄭、許二人同于大和元年四月二十三日充侍講學士。

〔一七〕賜宴，底本作『賜晏』，據《全唐文》改。按，新學士入院後，皇帝于本院賜宴，《翰林志》8『興元元年』條：『本院賜宴，營幕使宿設帳幕圖褥，尚食使供珍饌，酒坊使供美酒，是爲敕設。』

〔一八〕按，韋表微長慶二年（822）入院，至撰文之太和元年（827），首尾六年。

〔一九〕觀，原注：『一作都。』岑校云：『當是「一作覩」之訛。』

〔二〇〕按，陳思《寶刻叢編》卷九《京兆府下》引《諸道石刻録》：『唐翰林學士院新樓記，唐韋表微撰，鄭澣正書，唐玄度篆額。太和元年十二月。』知『某月』當爲十二月。

# 中興學士院題名

何異

## 解題

《中興學士院題名》，原是《中興百官題名》的一部分，錢大昕乾隆中任職翰林院時由《永樂大典》輯出，其《潛研堂文集》卷二四《中興學士院題名序》云：『宋《中興百官題名》，今存于《永樂大典》者，曰學士院，曰諫院，曰登聞檢院，曰登聞鼓院，曰進奏院，曰官告院，曰文思院，曰糧料院，曰樞密官屬，皆始建炎，終嘉定，不知何人所編次。考陳伯玉《書録解題》稱「監察御史臨川何異同叔撰《中興百官題名》五十卷……」乃知此書出于何同叔。大昕承乏學士十有餘年，頗有意訪求前世掌故，因手録《學士院題名》，藏之行篋。』〔一〕清末光緒年間繆荃孫將其刻入《藕香零拾》叢書，爲《宋中興百官題名》四卷之首卷〔二〕，增字改題爲《宋中興學士院題名》。今復其舊稱〔三〕。

《學士院題名》的編纂者，錢大昕據陳振孫《直齋書録解題》定爲何異〔四〕。何異（1134—1214），《宋史》卷四〇一有傳。字同叔，撫州崇仁人，紹興二十四年（1154）進士，嘉定二年（1209）之後致仕，卒年八十一，學者或據此推測其約卒于此年〔五〕。考洪邁《夷堅三志·辛》卷三，有『何同叔游羅浮』條，略云：『乾道初，何同叔以廣府節度推官督賦惠州，因游羅浮，逢一道人，與語良久，殊爲契合。臨去，言從今日以後，且領取三十年安樂……向（校者：疑「何」字之誤）氣幹瘠緊，本自寡欲，生于甲寅，時年甫三十，既遇黄君，不復有疾苦。慶元丁巳歲，入爲太常少卿。爲同僚言此，且云「今已三十餘年，來日定無多矣」。同僚曰：「公仙風道骨，瞳子紺碧照人，世間不能侵，壽算未易量也。」』〔六〕文中的何同叔『慶元丁巳歲，入爲太常少卿』，與何異履歷一致，可知所記爲何異之事〔七〕。文中明確記載，何異『生于甲寅』，甲寅爲紹興四年（1134），則其乾道初（元年，1165）『督賦惠州』之時，宜爲『年甫三十』；而此時下距他出任太常少卿的慶元丁巳歲（1197），也合乎『三十餘年』之數。由此推算，何異卒年當在嘉定七年（1214）。

將何異的卒年跟《中興百官題名》中今存三種著作的記録下限對比，可以發現清晰的吻合之迹：《中興學士院題名》的最後記録，爲嘉定七年七月的曾從龍；《中興行在雜買務雜賣場提轄官題名》，最晚是嘉定七年八月的陳章和馮多福；《中興東宫官僚題名》，最晚是嘉定七年九月的李埴和黄疇若，全部截止于何異去世之年。這種『巧合』證明何異一直在輯集這部著作，直到生命的最後一息。

《直齋書録解題》記録此書作者時，稱『監察御史臨川何異同叔』，《玉海》卷一一九《官制》『紹興祖宗官制舊典』亦云：『《中興百官題名》五十卷，紹熙間監察御史何異編。』查《宋會要輯稿》，何異在紹熙年間（1190—1194）曾出任監察御史〔八〕，但是此時距離他絶筆的嘉定七年還有大約二十年，中間仕途通達，最後以『寶章閣學士，轉一官致仕』，爲何要用一個從七品之官題銜呢？詳陳振孫之文，又説該書『刻板浙漕，其後以時增附』，可知最先梓行了一版浙漕刻本。據范成大《吴郡志》記載，何異慶元元年（1195）至三年（1197）出任浙西提刑〔九〕，那麼其『刻板浙漕』，當在這一時期；冠稱『監察御史』，可能就來自這一版的何異自序的結銜。包括《學士院題名》在内的諸司題名，『其後以時增附』，意味着初版之後，不斷依時序增補新的内容。但雖然持續編修，卻似乎没有明確的殺青計畫，今本之終卷，乃是由于何異的去世戛然而止。由此推測，或許是他身後的傳播者在鈔刻全書之時，將其早年自序置于卷首，陳振孫和王應麟據此著録，纔留下這樣的作者身份吧。

宋代學士題名，歷朝累有增訂〔一〇〕，沈該所序者，爲首次輯集，止于紹興十八年，原本已不可見；洪遵之續録，止于乾道九年（1173），即《中興翰苑題名》；何異又續編至嘉定七年，即本書。本書與洪書皆冠以沈序，足證三者乃一體遞修之作。這樣看來，沈著實托體于洪、何二《題名》，誠鄭樵所謂『書有名亡實不亡』者也。

本書所載之學士，『朱勝非』條至『王淮』條乾道九年七月之前的記載，一本《翰苑題名》，脱訛之處亦往往隨之；『王淮』條之後半，『淳熙元年十二月，除翰林學士』至『曾從龍』條，則由何異彙集，將南宋翰林學士的名録延展至寧宗後期，内容更加豐富。李心傳《建炎以來繫年要録》屢引之『學士院題名』，即爲此書。

由于史料的專門性，本書保留了一些獨一無二的記録，可以裨補史闕。如『洪邁』條，《宋史·孝宗三》記其于淳熙十五年四月乙亥『予郡』，出院，但外放何處，史無明文，《題名》則明確記載：『十五年四月，差知鎮江府。』引發過寧宗初年一段制詞公案的陳晦，嘉定元年入職翰林權直的經歷不見于他書，幸得《題名》保全。

經由本書，還可佐證學士制度運行的實際情況。如崔敦詩于乾道九年獲任首位翰林權直，《會要·職官六》記載：『淳熙五年九月，敦詩再入院，議者以翰林非專掌制詔之地，乃改爲學士院權直。』未言其後續變化。《宋史·職官二》述之曰：『更爲學士院權直，後復稱翰林權直，然亦互除不廢。』〔一一〕明言後來兩者並行不廢。李心傳《建炎以來朝野雜記》乙集卷一三『翰林權直』條即據本書總結道：『自是葛楚輔、趙大本、熊子復皆以學士院權直爲名。十六年正月，倪正甫始復兼翰林權直。紹熙後，或稱學士院，或稱翰林，蓋不常云。』考察本書『崔敦詩』以下諸人的官歷，可知『翰林權直』與『學士院權直』兩種職名一直並存，常交替除授，如開禧元年八月，陳峴兼學士院權直，十月，徐似道則兼翰林權直；亦可互用，如真德秀，《題名》稱其『兼翰林權直』，他自撰的辭免狀、《宋史》本傳、魏了翁《真公神道碑》卻都稱爲『學士院權直』。可見對于這個職銜，當時並無嚴格的使用規定。

本書前半出于《翰苑題名》，整體而言抄録嚴謹，所有學士無一脱落，兩相對勘，可以互補不足。如『湯思退

（紹興二十年）』條，除祕書少監兼權直院以及除權禮部侍郎兩處的記月，《翰苑題名》均有脱訛，本書則完整無誤；『周必大（乾道六年）』條，《翰苑題名》奪『以新福建路提點刑獄公事除』及『依舊兼權』兩個記載，致使官歷不完整，而本書適可補完其闕失。相應地，本書抄録誤漏之處，也可借《翰苑題名》加以釐訂。如『綦崈禮（建炎四年）』條，本書記其『知潭州』，《翰苑題名》記爲『知漳州』，是；『秦梓（紹興十二年）』條記其『知滁州』，《翰苑題名》記爲『知宣州』，是。

儘管迻録自《翰苑題名》，本書在體例細節上還是有所調整。較爲顯著者，是本書學士姓名前皆無『相』字，或爲抄録《翰苑題名》時略去；後者凡言『是年』、『是月』之處，本書皆改爲『當年』、『當月』，不知何故。記録官歷時，《翰苑題名》依例只記學士任免，不書『侍讀』、『修國史』等其他兼職，本書在淳熙之後則有逐漸添加之勢，至如記作『真德秀，嘉定二年十二月，以祕書省校書郎、兼玉牒所檢討官、兼沂王府小學教授、兼翰林權直』，不厭其詳地枚舉其兼官。同時見于二書的『鄭聞（乾道八年）』條，本書于其入院和出院時均書『兼侍讀』，《翰苑題名》則不書，很可懷疑是何異依據新例添補的。

本次整理，以《藕香零拾》本爲底本，『王淮』以前的内容主要與《翰苑題名》對校，其餘部分則采《宋史》、《宋會要輯稿》等以及碑志、傳狀、文集、年譜等材料加以比勘。校證方面，『王淮』以前因與《翰苑題名》互見，已著于彼處，此處不再詳録。

〔一〕此序作于乾隆三十八年（1773）十月二十七日。

〔二〕繆荃孫《宋中興百官題名》跋作于光緒丙申（1896）十月。

〔三〕《宋史·藝文二》、《直齋書録解題》均稱《中興百官題名》五十卷，錢大昕所輯名曰《中興學士院題名》。

〔四〕陳氏著録見《直齋書録解題》卷六《職官類》。

〔五〕《中國文學家大辭典・宋代卷》『何異』條，推其生卒爲1129—1209，中華書局，2004年9月，頁381。
〔六〕洪邁《夷堅志》，中華書局，1981年10月，頁1406。
〔七〕慶元丁巳歲即慶元三年，范成大《吴郡志》卷七：『何異……（慶元）三年，除直敷文閣，八月，除太常少卿。』
〔八〕李之亮《宋代京朝官通考》四考證何異紹熙二年、三年任監察御史。巴蜀書社2003年12月，頁282。
〔九〕《宋史》本傳記何異『尋爲浙西提點刑獄』，浙西提點刑獄司在蘇州，范成大《吴郡志》卷七《官宇》『提點刑獄司』記載建炎以來浙西提刑官，何異『慶元元年八月到任……（三年）八月，除太常少卿』。
〔一〇〕參《中興翰苑題名》解題。
〔一一〕亦見《文獻通考》卷五四《職官考八》，均出宋修國史。

翰苑自唐寶應迄于大中，學士官族皆刻石龕之屋壁。五季以紛擾久廢。藝祖受命，首建直廬；太宗親灑玉堂之翰，以增寵獎。聖聖稽古，推澤尤靳〔一〕。景德初，趙安仁、晁迥、李宗諤始復置壁記，起國初，自承旨陶穀以下至直院，用除授次第刊列。後居職者皆得以流芳久遠。中遭變故，今不復存。睿主中興，偃武右文，柬求鴻碩，追坦明之制，如二帝三王之盛，以章列聖之休，規模遠矣。而姓名未紀，來者何觀？學士秦公梓，再有建請。未幾，出守宣城，因循迄今。該猥以淺陋寓直，骫骳之文，豈足以潤色丕業，顧獲繼諸公之後，托名于不朽，欣幸之極，乃爲之序。紹興十八年七月既望，左中奉大夫、權尚書禮部侍郎、兼直學士院沈該謹序。

〔一〕推澤，當從《中興翰苑題名》（以下簡稱『翰苑題名』）作『推擇』。

朱勝非，建炎元年五月，以中書舍人兼權直院；八月，除禮部侍郎，依舊兼權；十一月，除翰林學士。二年五月，除右丞。

［李擢］〔一〕

〔一〕據《要録》卷五補。詳《翰苑題名》。

王綯，建炎元年六月，以給事中兼權直院；十二月，除禮部侍郎，依舊兼權。二年，除工部尚書〔一〕。

〔一〕『二年』、『工部』當有一訛，詳《翰苑題名》注。

葉夢得，建炎二年，以户部侍郎除翰林學士；十一月，除左丞〔一〕。

〔一〕左丞，葉夢得是月當遷户部尚書，三年二月遷左丞，此處疑有脱文。詳《翰苑題名》注。

康執權，建炎二年，以吏部侍郎兼權直院；當年，罷。

盧益，建炎二年，以兵部侍郎兼權直院〔一〕；當年，罷。

〔一〕兵部侍郎，疑『兵部尚書』之誤，詳《翰苑題名》注。

孫覿，建炎二年，以吏部侍郎兼權直院。三年正月〔一〕，罷。

〔一〕正月，應爲『三月』，詳《翰苑題名》注。

李邴〔一〕，建炎二年十一月，以兵部侍郎兼權直院。三年二月〔二〕，除翰林學士；三月，除簽書樞密院事。

〔一〕李邴，底本誤作『李炳』，據《翰苑題名》、《宋史》本傳、《要録》卷二一改。

〔二〕二月，應爲『三月』，詳《翰苑題名》注。

張守，建炎三年二月〔一〕，以起居舍人兼權直院，尋除中書舍人，依舊兼權；四月，除御史中丞。

〔一〕二月，應爲『三月』，詳《翰苑題名》注。

詹乂，建炎三年三月〔一〕，以龍圖閣學士兼權直院；六月，罷。

〔一〕『三月』當爲『五月』之訛，詳《翰苑題名》注。

滕康，建炎三年四月，以諫議大夫除翰林學士；五月，除簽書樞密院事。

曾楙，建炎三年八月〔一〕，以徽猷閣直學士、提舉西京嵩山崇福宫除翰林學士；當月〔二〕，除禮部尚書。

〔一〕八月，當爲『五月』之訛，詳《翰苑題名》注。

〔二〕當月，應正作『八月』，詳《翰苑題名》注。

張守，建炎三年六月〔一〕，以禮部侍郎除翰林學士；九月，除簽書樞密院事。

〔一〕六月，當爲『八月』之誤，詳《翰苑題名》注。

汪藻，建炎三年七月，以中書舍人兼權直院；當年〔一〕，除給事中，依舊兼權。四年七月，除兵部侍郎，依舊兼權。紹興元年五月，除翰林學士；九月，除龍圖閣直學士、知湖州。

〔一〕當年，當作「當月」，詳《翰苑題名》注。

綦崈禮，建炎四年五月，以吏部侍郎兼權直院；十月，除徽猷閣直學士、知潭州〔一〕。

〔一〕潭州，誤，當從《翰苑題名》作「漳州」。按，《要録》卷三八，十月「丁亥，尚書吏部侍郎、兼權直學士院綦崈禮充徽猷閣直學士、知漳州。」《宋史》本傳：「以徽猷閣直學士知漳州。」程俱《北山小集》卷二七有《徽猷閣直學士知漳州綦崈禮吏部侍郎兼權直學士院敕》，皆可證。《要録》卷六七，紹興元年九月，有「徽猷閣直學士、知潭州綦崈禮言」云云，「知潭州」亦誤。

[趙鼎]〔一〕

〔一〕據《要録》補，詳《翰苑題名》注。

席益，紹興元年八月，以中書舍人兼權直院；十月〔一〕，罷。

〔一〕十月，疑「九月」之訛，詳《翰苑題名》注。

胡交修，紹興元年十月，以給事中兼權直院。二年二月〔一〕，宮觀。

〔一〕二月，《翰苑題名》奪。

綦崈禮，紹興二年[二月]〔一〕，以吏部侍郎兼權直院；七月，除兵部侍郎，依舊兼權；九月，除翰林學士。

四年七月，除寶文閣學士、知紹興府。

〔一〕二月，據《翰苑題名》補。

翟汝文，紹興二年三月，以顯謨閣直學士致仕除翰林學士承旨；四月，除參知政事〔一〕。

〔一〕此條奪誤嚴重，參《翰苑題名》注。

沈與求，紹興二年七月，以吏部尚書兼權翰林學士；十二月，除宮觀〔一〕。

〔一〕除，《翰苑題名》無。

徐俯，紹興三年二月，以諫議大夫除翰林學士；當月，除簽書樞密院事。

陳與義，紹興三年七月，以吏部侍郎兼權直院。四年四月〔一〕，除禮部侍郎，依舊兼權；八月，除徽猷閣直學士、知湖州。

〔一〕四月，疑『二月』之誤，參《翰苑題名》注。

孫近，紹興四年七月，以吏部侍郎兼直院。五年二月，除翰林學士；十一月，除吏部尚書兼權翰林學士。六年八月，除龍圖閣學士、知紹興府。

沈與求，紹興四年八月，以吏部尚書兼權翰林學士；九月，除參知政事。

胡交修，紹興五年二月，以刑部侍郎兼權直院；十一月，除翰林學士。六年四月，除刑部尚書。

[范同]〔一〕

〔一〕據《要録》卷一〇〇補，詳《翰苑題名》注。

朱震，紹興六年五月，以給事中兼權直院；當月，除翰林學士。八年六月，致仕。

陳與義，紹興六年六月，以中書舍人兼權直院；十一月，除翰林學士。七年正月，除參知政事。

胡世將，紹興七年正月，以給事中兼直院〔一〕；九月，除兵部侍郎，依舊兼。八年正月，除樞密直學士、四川安撫制置使、兼知成都府。

〔一〕兼直院，胡以給事中入院，依例應帶「權」字，例見《翰苑題名》「汪藻」條注〔三〕引《玉堂雜記》。

胡寅，紹興八年四月，以禮部侍郎兼權直院；五月，以憂去。

曾開，紹興八年五月，以禮部侍郎兼權直院；十二月，除寶文閣待制、知婺州。

吕本中，紹興八年六月，以中書舍人兼權直院；十月，罷。

勾龍如淵，紹興八年十月，以中書舍人兼直院；十一月，除御史中丞。

孫近，紹興八年十月，以龍圖閣學士、知紹興府除翰林學士承旨；十一月，除參知政事。

樓炤，紹興八年十一月，以給事中兼權直院。九年二月，除翰林學士；十月〔一〕，除簽書樞密院事。

〔一〕十月，當從《翰苑題名》作『三月』。《要録》卷一二七，紹興九年三月『辛丑，翰林學士、兼侍讀樓炤爲端明殿學士、簽書樞密院事』。《宋史·高宗六》、《宰輔表四》同。《宋宰輔編年録》卷一五作『五月辛丑』，王瑞來《校補》已指爲『三月辛丑』之誤。

李誼，紹興九年二月，以中書舍人兼直院；九月，除工部侍郎，依舊兼。十年正月，除工部尚書。

胡交修，紹興九年六月，以兵部尚書兼權翰林學士。十年十一月，除端明殿學士、知台州。

林待聘，紹興十年五月，以中書舍人兼權直院；十二月，除給事中，依舊兼權。十一年七月，除兼直院；十二月，以憂去。

范同，紹興十年十二月，以給事中兼直院。十一年五月，除翰林學士；七月，除參知政事。

程克俊，紹興十一年十一月，以給事中兼權直院。十二年四月，除兼直院；九月，除翰林學士；十月〔一〕，除簽書樞密院事。

〔一〕十月，《翰苑題名》誤作『二月』。詳彼注。

吴表臣，紹興十二年正月，以吏部尚書兼權學士院；二月，罷。

秦梓，紹興十二年九月，以敷文閣直學士兼權直院；十月，除兼直院。十三年閏四月，除翰林學士；六月，除龍圖閣學士、知滁州〔二〕。

〔二〕滁州，當從《翰苑題名》作『宣州』。按，《要録》卷一四九，六月『辛亥，翰林學士、兼侍讀、資善堂翊善秦梓充龍圖閣學士、知宣州。梓引疾乞退，故有是命』。《皇朝中興紀事本末》卷六一同。

王賞，紹興十二年十月，以權禮部侍郎兼權直院。十三年五月，除禮部侍郎，依舊兼權；十二月，罷。

洪皓，紹興十三年八月，以徽猷閣直學士、提舉萬壽觀、兼權直院；九月，依舊職知饒州。

楊愿，紹興十三年十月，以給事中兼權直院。十四年三月，除兼直院。十一月，除御史中丞。

劉才邵，紹興十三年十二月，以起居舍人兼權直院；當月，除中書舍人，依舊兼權。十四年二月，罷。

秦熺，紹興十四年三月，以禮部侍郎兼直院。十五年正月，除翰林學士；六月，除翰林學士承旨；十月，除資政殿學士、提舉萬壽觀。

段拂，紹興十四年十一月，以中書舍人兼權直院。十六年正月，除給事中，依舊兼權；十一月，除兼直院。十七年三月，除翰林學士；當月，除參知政事。

錢周材，紹興十七年三月，以中書舍人兼權直院；六月，罷。

王鎡，紹興十七年六月，以中書舍人兼權直院；十二月，致仕。

邊知白，紹興十七年十二月，以權吏部侍郎兼權直院。十八年五月，罷。

李椿年，紹興十八年正月，以權户部侍郎兼權直院；三月，除户部侍郎。

沈該，紹興十八年三月，以權禮部侍郎兼直院；八月，除敷文閣待制、知潼川府。

李椿年，紹興十八年八月，以户部侍郎兼權直院。十九年十一月，罷。

巫伋，紹興十九年十一月，以給事中兼權直院。二十年三月，除簽書樞密院事。

王曮，紹興二十年三月，以起居舍人兼權直院。二十一年四月，除權禮部侍郎。

湯思退，紹興二十年十月〔一〕，以秘書少監兼權直院。二十一年四月，除起居舍人。二十二年六月〔二〕，除權禮部侍郎。二十四年十一月，除禮部侍郎。二十五年六月，除簽書樞密院事。

〔一〕十月，《翰苑題名》闕「十」。異文及考證參彼注。

〔二〕六月，《翰苑題名》誤作「十月」。詳彼注。

沈虛中，紹興二十五年六月，以國子司業兼權直院；八月，除［權］兵部侍郎〔一〕。三十六年二月〔二〕，罷。

〔一〕權，據《翰苑題名》補。《要録》卷一六九，八月甲申，「國子司業、兼權直學士院沈虛中權尚書兵部侍郎」。

〔二〕三十六，當從《翰苑題名》作「二十六」。紹興無三十六年。

［洪遵］〔一〕

〔一〕據《要録》卷一六九補。詳《翰苑題名》注。

陳誠之，紹興二十五年十二月，以敷文閣直學士、知泉州召赴行在〔一〕，除翰林學士。二十六年九月，除同知樞密院事。

〔一〕召赴行在，《翰苑題名》無此四字。

劉才邵，紹興二十六年三月，以工部侍郎兼權直院。二十七年四月，除顯謨閣直學士、提舉江州太平興國宮。

王綸，紹興二十七年二月，以中書舍人兼權直院；六月，除工部侍郎、直院。二十八年二月，除同知樞密院事。

楊椿，紹興二十八年二月，以給事中兼權直院。二十九年二月，除兵部侍郎、直院；十二月，除兵部尚書、兼權翰林學士。三十一年三月，除參知政事。

周麟之，紹興二十八年二月，以中書舍人兼權直院；八月，除兵部侍郎、直院；十二月，除給事中。二十九年閏六月，除翰林學士。三十年七月，除同知樞密院事。

洪遵，紹興三十年八月，以吏部侍郎除翰林學士；十二月，除徽猷閣直學士、提舉江州太平興國宮。

何溥，紹興三十一年三月，以右諫議大夫除翰林學士〔一〕。三十二年三月，除龍圖閣學士、提舉江州太平興國宮。

〔一〕右，《翰苑題名》作『左』，誤。詳《翰苑題名》注。

虞允文，紹興三十一年九月，以中書舍人兼權直院。三十二年二月，除兵部尚書、川陝宣諭使。

劉珙，紹興三十一年十二月，以起居舍人兼權直院。三十二年三月，除中書舍人；五月，兼直院。隆興元年十一月，除集英殿修撰、知泉州。

唐文若，紹興三十一年十二月，以起居郎兼權行宫直院。三十二年二月，車駕回，依舊。

洪遵，紹興三十二年五月，以徽猷閣直學士、知平江府除翰林學士；六月，除承旨。隆興元年五月，除同知樞密院事。

史浩，紹興三十二年六月，以中書舍人除翰林學士；八月，除參知政事。

錢周材，隆興元年六月，以中書舍人兼直院；十月，除給事中。二年二月，以憂去。

王之望，隆興元年十一月，以權户部侍郎兼權直院；十二月，除權吏部侍郎。二年四月，除左諫議大夫。

張孝祥，隆興二年二月，以中書舍人兼直院；三月，除敷文閣待制、知建康府。

馬騏，隆興二年三月，以起居舍人兼權直院；四月，除直敷文閣、知遂寧府。

洪适，隆興二年四月，以太常少卿兼權直院；九月，除中書舍人；閏十一月，兼直院。乾道元年五月，除翰林學士；六月，除簽書樞密院事。

王剛中，隆興二年閏十一月，〔以敷文閣直學士〕除翰林學士〔一〕，以避祖諱，改除禮部尚書、直學士院；十二月，除簽書樞密院事。

〔一〕以敷文閣直學士，據《翰苑題名》補。

蔣芾，乾道元年正月，以起居郎兼權直院；七月，除中書舍人兼直院。二年五月，除簽書樞密院事。

何俌，乾道元年正月，以權工部侍郎兼權直院；三月，除集英殿修撰、知衢州。

王曮，乾道元年九月，以權禮部侍郎兼直院。二年五月，除中書舍人；九月，除給事中。三年閏七月，除敷文閣待制、宫觀〔一〕。

〔一〕宫觀，《翰苑題名》作『提舉江州太平興國宫』。

洪邁，乾道二年十月，以起居舍人兼權直院。三年五月，除起居郎；七月，除中書舍人、兼直院。四年六月，除集英殿修撰、宫觀〔一〕。

〔一〕宫觀，《翰苑題名》作『提舉江州太平興國宫』。

劉珙，乾道三年閏七月，以敷文閣直學士、[知潭州]除翰林學士〔一〕；十一月，除同知樞密院事。

〔一〕知潭州，據《翰苑題名》補。按，《宋會要輯稿·選舉三四》，乾道元年「三月三日，詔集英殿修撰、知衢州劉珙除敷文閣待制、知潭州」。今即以此職除翰林學士。

莫濟，乾道三年十一月，以宗正少卿兼權直院。四年十一月，以憂去。

汪應辰，乾道四年十一月，以吏部尚書兼權翰林學士。六年四月，除端明殿學士、知平江府。

梁克家，乾道四年十一月，以給事中兼直院。五年二月，除簽書樞密院事。

陳良祐，乾道五年四月，以給事中兼直院。當年十月，除吏部侍郎，依舊兼直院〔一〕；六年閏五月〔二〕，罷。

〔一〕當年十月，《翰苑題名》作「六年二月」。依舊兼直院，《翰苑題名》無此五字。

〔二〕六年，《翰苑題名》無此二字。

鄭聞，乾道六年四月，以中書舍人兼直院。七年三月，除寶文閣待制，宮觀〔一〕。

〔一〕宮觀，《翰苑題名》作「提舉江州太平興國宮」。

周必大，乾道六年七月，以新福建路提點刑獄公事除祕書少監、兼權直院〔一〕。七年七月，除權禮部侍郎，依舊兼權〔二〕。八年二月，在外宮觀〔三〕。

〔一〕新福建路提點刑獄公事除，《翰苑題名》無此十一字。

〔二〕依舊兼權，《翰苑題名》無此四字。

〔三〕在外，《翰苑題名》無此二字。

王曮，乾道七年四月，以給事中除翰林學士。八年三月，除翰林學士承旨〔一〕。九年三月，除端明殿學士，在外宫觀〔二〕。

〔一〕翰林學士，《翰苑題名》無此四字。

〔二〕在外宫觀，《翰苑題名》作『提舉江州太平興國宫』。

鄭聞，乾道八年七月，以刑部侍郎兼侍讀、兼直院〔一〕；八月，除權刑部尚書，依舊兼侍讀〔二〕。

〔一〕兼侍讀，《翰苑題名》無此三字，疑爲何異補。

〔二〕八月，《翰苑題名》作『九月』。依舊兼侍讀，《翰苑題名》無此五字，疑何異所補。

王瀹，乾道九年閏正月，以宗正少卿兼權直院；七月，除權工部侍郎。

王淮，乾道九年四月，以太常少卿兼權直院；七月，除中書舍人、兼直院。淳熙元年十二月，除翰林學士〔一〕。二年閏九月，除簽書樞密院事〔二〕。

〔一〕『淳熙元年』以下兩遷，《翰苑題名》無，當爲何異所補。按，《宋史》本傳：『除翰林學士、知制誥。訓詞深厚，得王言體。』崔敦詩《玉堂類稿》卷八有《賜朝請郎試中書舍人兼太子詹事兼直學士院兼侍講王淮辭免除翰林學士不允詔》，詞曰：『今晉爾于詞林之長。』是時翰林學士承旨不常置，以翰林學士爲翰長，故云。

〔二〕按，《宋史》本傳：『淳熙二年，除端明殿學士、簽書樞密院事。』《宋史・孝宗二》、《宰輔表四》、《宋宰輔編年録》卷一八，王淮淳熙二年閏九月丁巳除簽書。丁巳，九日。周必大《文忠集》卷一〇六有《賜翰林學士王淮辭免除端明殿學士簽書樞密院事恩命不允詔》（閏九月十九日），卷一一〇有《賜翰林學士王淮上表再辭免除簽書樞密院事恩命不允仍斷來章批答》（閏九月十二日）；《會要・選舉一一》：『（淳熙）二年閏九月十八日，翰林學士王淮、兵部侍郎兼直學士院周必大，舉眉山布衣李塾堪應賢良方正直言極諫科。』知九日詔除簽書之後，王淮並未即去學士職。又按，《南宋館閣録》卷八，王淮二年三月以翰林學士兼修國史，並兼實録院修撰。

**崔敦詩，乾道九年十二月，以祕書省正字兼翰林權直〔一〕。淳熙元年十二月，丁父憂〔二〕。**

〔一〕按，韓元吉《南澗甲乙稿》卷二一《中書舍人兼侍講直學士院崔公墓志銘》：『上乾道九年，思得文學之臣，以視草、司詔令。惟翰林學士品秩甚崇，雖或假攝，亦必侍從，將擇庶僚之俊異者，寓職玉堂，以作古貽後世。于是詔左宣教郎、祕書省正字崔公敦詩，首爲翰林權直。』《會要・職官六》，乾道九年，『十二月二十四日，詔祕書省正字崔敦詩兼翰林權直。先是，有旨下國史院具典故，館職兼權學士院職事如何結銜。既檢照申上，而朝廷以《四朝會要》學士院他官兼權者謂之「權直」，遂有是命。其後淳熙五年九月敦詩再入院，議者以翰林非專掌制詔之地，乃改爲學士院權直』。又：『同日，詔：「祕書省正字崔敦詩兼翰林權直，所有請給，除身分料錢隨階官，時服照正字格法，并本省會要茶湯錢依舊支破，所有職錢并米麥衣賜，依翰林學士則例，以三分減一支破。所有廳從，除本職合破外，止貼差客司一名，顧募隨本職。」』減月俸事亦見《玉堂雜記》卷下。

〔二〕《崔公墓志銘》：『明年（淳熙元年）十一月，以父憂去位。』記月與《題名》不同。

胡元質，淳熙二年二月，以給事中兼直院〔一〕；八月，罷。

〔一〕按，《會要·職官六》：『（淳熙）二年三月十六日，以給事中、兼直學士院胡元質、侍御史范仲芑兼侍講。』《題名》不載。

周必大，淳熙二年八月，以敷文閣待制、侍講兼直院〔一〕；閏九月，除兵部侍郎〔二〕。三年十二月，除吏部侍郎，並依舊直院〔三〕。四年五月，除翰林學士〔四〕。五年十二月，除禮部尚書、兼翰林學士〔五〕。六年十一月，除吏部尚書、兼翰林學士承旨〔六〕。七年五月，除參知政事〔七〕。

〔一〕按，周綸《周益國文忠公年譜》（以下簡稱《文忠公年譜》、《年譜》），淳熙二年，『八月丁卯，兼直學士院。閏九月癸丑，除兵部侍郎』。必大是年三月癸卯除敷文閣待制、侍講。《宋史》本傳：『除敷文閣待制兼侍讀、兼權兵部侍郎、兼直學士院。上勞之曰：「卿不迎合，無附麗，朕所倚重。」』

〔二〕按，《宋史》本傳：『除兵部侍郎，尋兼太子詹事。』《文忠公年譜》，淳熙二年，『閏九月癸丑，除兵部侍郎。丁巳，兼侍講。十月丙申，兼太子詹事』。丙申，十九日。《會要·職官七》，淳熙二年，『十月十八日，以兵部侍郎周必大兼太子詹事』。記日差一日。

〔三〕按，《文忠公年譜》，淳熙三年十二月，『乙未，除吏部侍郎』。制詞：『可特授依前朝散大夫，試尚書吏部侍郎、兼直學士院、兼太子詹事、兼侍讀。』乙未，二十四日。《會要·職官七》：『（淳熙二年）十二月二十五日，除吏部尚書、兼翰林學士，依舊兼（侍讀）。』《會要》此條錯誤甚多，其一，當繫于淳熙三年；其二，『尚書』當爲『侍郎』，『翰林學士』當爲『直學士院』；記日亦與《年譜》差一日。又按，《宋史》本傳：『升兼侍讀，改吏部侍郎。』《年譜》：『（三年）九月甲辰，兼侍讀。』甲辰，二日。《會要·職官六》：『三年九月二日，以兵部侍郎、兼直學士院、兼太子詹事、兼侍講周必大升兼侍讀。』

〔四〕按，《宋史》本傳：『除翰林學士。』《文忠公年譜》，淳熙四年五月，『丁卯，除翰林學士。七月甲子，兼修國史』。《南宋館閣録》卷八，周必大（淳熙）四年七月以翰林學士兼修國史，五年三月爲禮部尚書、六年十一月爲吏部尚書並兼，《題名》皆不載。

〔五〕按，《宋史》本傳：『除禮部尚書兼翰林學士。』《文忠公年譜》，淳熙五年，『十二月癸巳，除禮部尚書、兼翰林學士』。癸巳，四日。《文忠集》卷一四有《内批辭免春官翰苑不允奏并詔書跋》，『春官』即禮部尚書，署十二月六日。崔敦詩《玉堂類稿》卷六有《賜太中大夫試禮部尚書兼翰林學士兼侍讀兼太子詹事兼修國史周必大辭免除吏部尚書兼翰林學士承旨不允詔》。

〔六〕按，《宋史》本傳：『進吏部兼承旨。』《文忠公年譜》，淳熙六年，『十一月丙辰，除吏部尚書、兼翰林學士承旨。丁巳，内批：「周必大已除吏部尚書、兼翰林學士承旨，天官事繁，今後非特旨撰述，其餘並免。」再入奏免承旨，降詔不允。』崔敦詩《玉堂類稿》卷六有《賜太中大夫新除吏部尚書周必大辭免兼翰林學士承旨不允詔》。又按，本傳：『必大在翰苑幾六年，制命温雅，周盡事情，爲一時詞臣之冠。或言其再入也，實曾覿所薦，而必大不知。』

〔七〕按，《宋史》本傳：『除參知政事。』《文忠公年譜》，淳熙七年五月，『戊辰，除參知政事……（戊寅）又受參知政事告，進封榮陽郡侯，加食邑四百户』。《宋史·孝宗三》、《宰輔表四》、《宋宰輔編年録》卷一八記日同。

程叔達，淳熙二年十一月，以宗正少卿兼權直院〔一〕。四年八月，除直龍圖閣，在外宫觀〔二〕。

〔一〕楊萬里《誠齋集》卷一二五《宋故華文閣直學士贈特進程公墓志銘》：『淳熙初元十月……除宗正少卿、太子左庶子……尋兼直學士院。』當從本《題名》作『權直學士院』。

〔二〕《墓志銘》：『復以親老請外，上曰：「朕方用卿，何數求去？」退而力伸前請，上欲與郡，而言者以爲親年高，恐迎侍非便，除直龍圖閣、提舉武夷山冲佑觀。』

范成大，淳熙五年三月，以權禮部尚書兼直院〔一〕；四月，除參知政事〔二〕。

〔一〕按，周必大《資政殿大學士贈銀青光禄大夫范公成大神道碑》（《文忠集》卷六一），『（淳熙四年）十一月，入對，除權禮部尚書……五年正月，知貢舉……尋兼直學士院。』本傳誤。《宋史》本傳：『召對，除權吏部尚書。』『吏部尚書』當從《題名》及《神道碑》作『禮部尚書』，又失記『兼直院』。

〔二〕按，《宋史》本傳：『拜參知政事。』《神道碑》：『（淳熙五年）四月，以中大夫參知政事。』《宋史·孝宗三》、《宰輔表四》、《宋宰輔編年録》卷一八記爲四月丙辰。又按，《南宋館閣續録》卷七《監修國史》：『范成大，五年四月，以參知政事兼。』《神道碑》：『又權監修國史、日曆。』

崔敦詩，淳熙五年九月，除樞密院編修官、兼學士院權直〔一〕。六年正月，除祕書省著作郎，依舊兼〔二〕。七年七月，除國子司業、兼權直院〔三〕。八年九月，除中書舍人、兼直院〔四〕。九年五月，守本官致仕〔五〕。

〔一〕按，『學士院權直』之名始于崔敦詩。韓元吉《崔公墓志銘》：『淳熙之五年，翰林學士、今知樞密院周公子充屢請補外，上以爲難其人。一日中批以問舊嘗薦公吏部尚書韓某曰：「崔某今安在？」然後知公之眷未忘，且復用矣。某因具言：公連有家難，適外除，陛下用之，此其時也……上稱善，除樞密院編修官，後爲權直。公既拜命，從容言曰：「翰林院者自唐以來，醫卜、技術皆預直也。至開元别置學士院，則專待儒臣。今泛然以翰林權直爲名，固不能稱，所懼聖朝官名未正爾。」上悟，即更爲學士院權直。』《會要·職官六》：『淳熙五年九月敦詩再入院，議者以翰林非專掌制詔之地，乃改爲學士院權直。』則以爲他人議改職名。敦詩乾道九年以『翰林權直』首次入院，故有此議。詳該條注。又按，李心傳《建炎以來朝野雜記》甲集卷一〇『直學士院』：『國朝故事，率以從官兼直院，若左、右史、少卿、監之類，則止稱權直院焉。近歲崔大雅以樞密院編修官，趙大本以校書郎，陳内翰宗召以著作佐郎兼直，蓋特命也。』崔大雅，敦詩；趙大本，彦中。因是特授，故名之『學士院權直』，與舊有之『權直學士院』相區別。初以待館職兼學士者（見『崔敦詩乾道九年』條引《會要・職官六》），後演爲最低級之學士職位，李心傳所舉崔、趙、陳三人後皆改權直院，可知也。

〔二〕按，《崔公墓志銘》：『遷著作郎、兼權吏部郎官，又兼崇政殿説書。』

〔三〕按，《崔公墓志銘》：『未幾，進國子司業，改權直學士院。』

〔四〕按，《崔公墓志銘》：『八年九月，拜中書舍人，加侍郎、直學士院。』

〔五〕按，《崔公墓志銘》：『九年大疫，遽以疾。五月幾日，以不起聞。』記敦詩卒官，與《題名》不同。

**莫濟，淳熙五年十月，以祕閣修撰、知泉州召，除中書舍人、兼直院**〔一〕**；十一月，守本官致仕**〔二〕。

〔一〕按，莫濟爲史浩舉薦再入。樓鑰《攻媿集》卷九三《純誠厚德元老（史浩）之碑》：『莫濟作詹事王十朋行狀，詆毁尤甚。公薦濟掌内制，孝宗曰：「濟非議卿者乎？」公曰：「臣不敢以私害公。」遂除中書舍人、兼直學士院。』《宋史・史浩傳》亦載。王十朋乾道七年除太子詹事，不久卒于家，莫濟撰行狀當在此後不久。王十朋隆興元年曾上疏論史浩八罪，行狀所記『詆毁尤甚』者，即此。

〔二〕按，周必大《玉堂雜記》卷下『必大久在翰苑』條：『上曰：「卿來適其時。」遂再兼權直。十月，復增莫子齊濟，尋卒。』所記爲淳熙二年再入之後事，據此，莫濟當于致仕後不久卒。

**葛邲，淳熙六年十一月，以祕書省著作郎兼學士院權直**〔一〕。**七年二月，除右正言**〔二〕。

〔一〕按，《宋史》本傳：『除著作郎、兼學士院權直。』

〔二〕按，《南宋館閣續録》卷八《著作郎》：『葛邲，六年十月除。七年二月，爲右正言。』《宋史》本傳：『除正言。』

趙彥中，淳熙七年四月，以祕書省校書郎兼學士院權直〔一〕。九年七月，除著作佐郎，依舊兼〔二〕。十年二月，除起居舍人、兼權直院〔三〕；當年十月，除起居郎，依舊兼權直院。十一年四月，除中書舍人，丁母憂。

〔一〕按，《會要·職官六》：『淳熙七年四月一日，上謂輔臣曰：「兼學士院權直欲更差一員，趙彥中如何？」趙雄等奏：「彥中宗室之秀，嘗中詞科，又好學，正堪此選。」于是除彥中兼學士院權直。（時彥中爲祕書郎。）』《玉海》卷一六七《宮室·宋朝學士院》：『淳熙七年，趙彥中兼權直，始用宗室。』

〔二〕按，《南宋館閣續録》卷八《著作佐郎》：『趙彥中……（淳熙）九年六月除。』同卷《校書郎》同，記月均與《題名》有異。

〔三〕按，《南宋館閣續録》卷八《著作佐郎》：『（淳熙）十年二月，爲起居舍人。』卷九《國史院編修官》：『趙彥中，七年七月以校書郎兼。九年六月，爲著作佐郎，十年二月，爲起居舍人，並兼。』

熊克，淳熙九年七月，以祕書省祕書郎兼學士院權直〔一〕。十年二月，除起居郎、兼權直院；當月，罷〔二〕。

〔一〕按，《宋史》本傳：『嘗以文獻曾覿，覿持白于孝宗，孝宗喜之，內出御筆，除直學士院。宰相趙雄甚異之，因奏曰：「翰苑清選，熊克小臣，不由論薦而得，無以服衆論，請自朝廷召試，然後用之。」上曰：「善。」乃以爲校書郎，累遷學士院權直。』熊克爲其父熊蕃《宣和北苑貢茶録》作跋，署『淳熙九年冬十二月四日，朝散郎行祕書郎、國史編修官、學士院權直熊克』。《南宋館閣續録》卷九《國史院編修官》：『熊克，七年十月以校書郎兼，九年六月，爲祕書郎，仍兼。』

〔二〕按，《宋史》本傳：『除起居郎兼直學士院，以言者出知台州，奉祠。』依制，『兼直』當作『兼權直』，本傳誤。《會要·職官七二》：『（淳熙）十年二月二十六日，新除起居舍人熊克與在外差遣。以言者論克賫緣請托，忽叨召試，今茲峻除，士論尤駭，故寢新命。』謂除起居舍人，與本傳及《題名》不同。

李巘，淳熙十一年四月，以起居舍人兼權直院。十二年十二月，除起居郎，依舊兼權。十三年七月，除中書舍人、兼直院。十五年八月，除給事中，依舊兼直院〔一〕。十六年正月，知寧國府。

〔一〕按，《南宋館閣續録》卷九《實録院同修撰》：『李巘，（淳熙）十五年六月，以中書舍人兼；八月，爲給事中仍兼。』《會要·方域三》，淳熙十五年八月五日，有『給事中兼直學士院李巘』云云，當在此前除給事中。

洪邁，淳熙十三年四月，以敷文閣直學士兼直院〔一〕；九月，除翰林學士〔二〕。十五年四月，差知鎮江府〔三〕。

〔一〕按，《宋史》本傳：『進敷文閣直學士、直學士院。』

〔二〕按，《宋史》本傳：『十三年九月，拜翰林學士，遂上《四朝史》，一祖八宗百七十八年爲一書。』據《會要·職官十八》，上《四朝國史》在淳熙十三年十一月二十一日。《容齋三筆》卷九『學士中丞』：『淳熙十四年九月，予以雜學士除翰林學士。』誤記爲『十四年』。

〔三〕按，《宋史·孝宗三》，淳熙十五年四月，『乙亥，詔洪邁、楊萬里並予郡』。周必大《文忠集》卷一七三《思陵録下》同，又云：『可與郡而無職名。』據《題名》，可知洪邁出知鎮江，補正史之闕。

倪思，淳熙十六年正月，以祕書省著作郎兼翰林權直〔一〕；五月，除將作少監、兼權直院〔二〕。紹熙元年三月，除將作監，依舊兼權直院〔三〕；當年十月，除中書舍人、兼直院〔四〕。三年六月八日，除禮部侍郎，兼職依舊〔五〕。五年五月十八日，差知紹興府〔六〕。

〔一〕按，倪思爲周必大薦任。周必大《文忠集》卷一五二《學士添員御筆》，署『（淳熙十六年）正月七日』，云：『倪思見任著作郎，曾中詞科，文詞穩當，可備翰林權直之選。』魏了翁《鶴山全集》卷八五《顯謨閣學士特贈光禄大夫倪公墓志銘》：『十六年正月，上問丞相曰：「學士院闕人，誰可者？」周文忠公進擬數人，公與其一，然意主陸游。上特以命公。公以内制不可兼名表，因盡辭兼官。』《宋史》本傳：『累遷祕書郎，除著作郎、兼翰林權直。』

〔二〕按，《宋史》本傳：『遷將作少監兼權直學士院，兼權中書舍人。』魏了翁《倪公墓志銘》：『五月，遷將作少監、兼權直學士院……七月，除將作監、兼權中書舍人。』七月所遷官，《題名》失載。

〔三〕按，魏了翁《倪公墓志銘》：『（淳熙十六年）七月，除將作監、兼權中書舍人。』所記年月與《題名》不同，據下注，《題名》誤。

〔四〕按，魏了翁《倪公墓志銘》：『（淳熙十六年）八月……孝宗問上：「倪思今何官？」上曰：「權中書舍人。」孝宗曰：「猶爲權邪？」十月，除中書舍人仍兼直學士院、兼實録同修撰。』所記遷除較《題名》早兩年。考《會要・職官六》：『（紹熙）二年二月一日，詔中書舍人、兼直學士院倪思兼侍講。』二年二月已稱倪思爲『中書舍人、兼直院』，不應二年十月方除此官職，《題名》誤，當從《墓志》。前一遷將作監之年月，亦當從改。《宋史》本傳：『升中書舍人兼直學士院、同修國史，尋兼侍講。』據《墓志》及《會要・職官六》，兼侍講在紹熙二年春。

〔五〕魏了翁《倪公墓志銘》：『（三年）六月，除禮部侍郎。』又，『四年正月，兼權吏部侍郎』。《題名》失載。

〔六〕《宋史》本傳：『兼權吏部侍郎，出知紹興府。』魏了翁《倪公墓志銘》：『命公爲金國賀正使……公出關待命，上不得已畀以近郡，差知紹興府，主管浙東路安撫，令朝辭之任。未行，六月，孝宗升遐，寧考受内禪，改婺州，辭不行。七月提舉江州太平興國官。』

尤袤，淳熙十六年正月，以權禮部侍郎兼直學士院〔一〕，當年六月，宮觀〔二〕。

〔一〕按，尤袤爲周必大薦任。周必大《文忠集》卷一五二《學士添員御筆》，署『（淳熙十六年）正月七日』，云：『尤袤學問該洽，文字敏贍。雖見今獨掌外制，然鄭僑早晚言還，既行上三房，則下房文字甚少。曾有旨兼直，袤自謙避，衆謂宜在此選。』又按，《宋史》本傳：『兼權中書舍人，復詔兼直學士院，力辭，且薦陸游自代，上不許。時内禪議已定，猶未諭大臣也。是日諭袤曰：「旦夕制册甚多，非卿孰能爲者，故處卿以文字之職。」袤乃拜命，内禪一時制册，人服其雅正。』尤袤『薦陸游自代』，蓋以周必大同時又薦陸游、莫叔光二人。

〔二〕按，《宋史》本傳：『光宗即位……又五日講筵，復論官制，謂：「武臣諸司使八階爲常調，横行十三階爲要官，遥郡五階爲美職，正任六階爲貴品，祖宗待邊境立功者。近年舊法頓壞，使被堅執鋭者積功累勞，僅得一階，權要貴近之臣，優游而歷華要，舉行舊法。」姜特立以爲議己，言者固以爲周必大黨，遂與祠。』

李巘，淳熙十六年七月，除禮部侍郎、兼直院〔一〕。紹熙元年十月，除權禮部尚書，依舊兼直院。三年三月初十日，除翰林學士、兼侍讀〔二〕；八月十七日，兼實録院修撰〔三〕。五年八月三日，除翰林學士承旨，匄外，除寶文閣學士、知婺州〔四〕。

〔一〕按，《會要·職官六》：『淳熙十六年七月十五日，以禮部侍郎李巘兼直院。（尤袤乞宫祠，故有是命。）』

〔二〕按，《會要·職官六》：『紹熙三年三月十日，以權禮部尚書、兼直院李巘爲翰林學士。』

〔三〕按，《南宋館閣續録》卷九《實録院修撰》：『李巘，（紹熙）四年八月，以翰林學士兼。』

〔四〕按，陳傅良《止齋文集》卷一五有《翰林學士承旨李巘除寶文閣學士知婺州改知太平州》，題下注：『八月三日，除承旨，即丐外。』故樓鑰《攻媿集》卷四一《翰林學士李巘寶文閣學士知婺州》制云：『方進遷于翰長，何遽動夫歸思。』

樓鑰，紹熙五年五月二十四日，以中書舍人、兼實録院同修撰除兼直院〔一〕；九月二日，除給事中，依舊兼〔二〕；十二月十七日，除權吏部尚書，兼如舊〔三〕。慶元元年五月二十三日，匃祠，除顯謨閣直學士、知婺州〔四〕。

〔一〕按，《會要·職官六》：『五年五月二十四日，以中書舍人樓鑰兼直院。』《宋史》本傳：『試中書舍人，俄兼直學士院。光宗内禪詔書，鑰所草也。』

〔二〕《宋史》本傳：『遷給事中。』《會要·禮三十》：紹熙五年九月二十四日，『詔撰謚議官改差給事中、兼直學士院樓鑰』。

〔三〕《宋史》本傳：『鑰與林大中奏，乞留龜年于講筵，或命侂胄以外祠。龜年竟去，鑰遷爲吏部尚書。』《南宋館閣續録》卷九《實録院修撰》：『樓鑰，（紹熙）五年十二月，以吏部尚書兼。』

〔四〕《宋史》本傳：『以顯謨閣學士提舉江州太平興國宫，尋知婺州。』

陳傅良，紹熙五年閏十月二日，以中書舍人、兼侍講除兼直學士院〔一〕；十二月九日，宫觀〔二〕。

〔一〕按，《宋史》本傳：『寧宗即位，召爲中書舍人兼侍讀、直學士院、同實録院修撰。』寧宗紹熙五年七月受禪即位。蔡幼學《宋故寶謨閣待制致仕贈通議大夫陳公（傅良）行狀》：『今上受内禪三日，詔公歸班，又四日除中書舍人。公三辭而後受，未至，命兼侍講……兼直學士院……未幾，以公兼實録院同修撰。』

〔二〕按，《陳傅良行狀》：『同進者以上眷公厚，始多忌之。知閤門事韓侂胄浸竊威福，倚言路以排斥忠正。有上章詆公者，詔提舉江州太平興國宫。』《宋史·寧宗一》，十二月乙丑，『御史中丞謝深甫劾陳傅良，罷之』。《續編兩朝綱目備要》卷三同，云：『坐留朱熹，爲謝深甫所劾。』

鄭湜，慶元元年正月一日，以起居郎兼直院〔一〕；二月二十五日，免兼〔二〕。

〔一〕按，洪邁《容齋三筆》卷一二『免直學士院』條：『慶元元年正月一日，鄭湜以起居郎直學士院。』

〔二〕按，洪邁《容齋三筆》卷一二『免直學士院』條：『（慶元元年）二月二十三日，趙汝愚罷相制乃湜所草，議者指爲褒詞太過。二十五日，有旨免兼直院……湜亦以罷直求去，不許，越三月而遷權刑部侍郎。』樵川樵叟《慶元黨禁》：『是晚（二十一日）鎖院。二十二日戊寅，汝愚罷右丞相，除觀文殿大學士、知福州。制詞略曰……起居郎、權直學士院鄭湜草也。湜坐無貶詞，免兼學士院，未幾罷去。』《續編兩朝綱目備要》卷四、《宋史全文》卷二九上所載略同。草制日期小異。

傅伯壽，慶元元年五月四日，以將作大監兼直院；七月，除中書舍人，兼如舊。二年正月二十七日，除翰林學士、知制誥；三月十九日，兼實録院修撰〔一〕；八月二日，兼侍讀。三年二月十三日，除禮部尚書，兼職如舊〔二〕。

〔一〕按，《南宋館閣續録》卷九《實録院修撰》：『傅伯壽，（慶元）二年正月，以翰林學士兼。』記日與此不同。

〔二〕此云『兼職如舊』，似傅伯壽未出院，則此條當于下『傅伯壽慶元三年三月十六日』條連寫。按，《南宋館閣續録》卷九《實録院修撰》：『三年二月，爲吏部尚書，仍兼。』據下『傅伯壽慶元三年三月十六日』條，『吏部』誤，當從《題名》。

倪思，慶元元年六月二十九日，以吏部侍郎兼直學士院〔一〕。二年三月十三日，與郡〔二〕。

〔一〕按，《宋史》本傳：『寧宗即位，改婺州，未上，提舉太平興國宫，召除吏部侍郎、兼直學士院。』魏了翁《鶴山全集》卷八五《顯謨閣學士特贈光禄大夫倪公墓志銘》引葉適之言：『迨慶元元年五月，公自温陵召歸，侂胄方排根異己，意圖節鉞，以公非趙黨，且嘗與陳君舉、章茂獻不咸，將使再掌内命。先遣弟仰胄從容伺公意，公艴然曰：

「上初即位，當惟賢是用，以消朋黨之禍，不當問其何學也。」既而劉德秀又詠公，公正色叱之，曰：「從趙公者，皆一時之傑，吾猶不肯輕附，尚爾之從邪！」侂冑知公意鄉不回，乃以節度使制屬傅伯壽，俟答詔既畢，然後公直學士院。至是人始知公之心，蓋不苟于隨者。」

〔二〕按，《宋史》本傳：「御史姚愈劾思，出知太平州。」

高文虎，慶元元年三月十九日，以國子司業、兼玉牒所、實録院檢討官除兼權直院〔一〕；十二月十七日，除國子祭酒，兼如故〔二〕。三年三月十六日，除中書舍人、兼祭酒，仍兼直院、實録院同修撰〔三〕。四年正月十八日，兼侍講〔四〕；十月八日，除兵部侍郎、兼中書舍人，餘兼如舊〔五〕。五年七月十三日，除翰林學士、知制誥，仍兼同修撰、侍講〔六〕；二十四日，升兼侍讀；八月十三日，升修撰〔七〕。六年正月二十一日，匄祠，除華文閣學士，與郡〔八〕。

〔一〕慶元元年，上條「倪思」始記于「慶元元年六月二十九日」，此條若始于「慶元元年三月十九日」，次序倒錯。據《南宋館閣續録》卷九《實録院檢討官》，高文虎慶元二年正月遷國子司業、兼實録院檢討官，則其當于慶元二年兼權直院，《題名》誤。按，《宋史》本傳：「寧宗即位，遷軍器少監兼將作監，遷國子司業、兼學士院權直。」

〔二〕按，《南宋館閣續録》卷九《實録院檢討官》：「高文虎……（慶元）二年正月，爲國子司業，十二月，爲祭酒，並兼。」

〔三〕按，《南宋館閣續録》卷九《實録院同修撰》：「高文虎，（慶元）三年三月，以中書舍人兼。」《宋史》本傳：「遷祭酒、中書舍人，兼直學士院、兼祭酒，升實録院同修撰、同修國史。」

〔四〕侍講，諸本作「侍讀」，按，下文云「二十四日，升兼侍讀」，不應此時已爲「侍讀」。《會要·職官六》：「四年正月，中書舍人高文虎……兼侍講。」據改。

〔五〕按，《宋史》本傳：『遷兵部侍郎、兼中書舍人，又兼祭酒。』《南宋館閣續録》卷九《實録院同修撰》：『高文虎……（慶元）四年十月，爲兵部侍郎，仍兼。』

〔六〕按，《宋史》本傳：『拜翰林學士、兼侍讀、實録院修撰、修國史。』此通五年七月遷除記之。

〔七〕按，《南宋館閣續録》卷九《實録院修撰》：『高文虎，（慶元）五年八月，以翰林學士兼。』

〔八〕按，《宋史》本傳：『除華文閣學士、知建寧府，力丐祠，提舉太平興國宫。』知『與郡』者，爲出知建寧府。

**吴宗旦，慶元三年二月十三日，以刑部侍郎兼直院〔一〕；是月二十五日，罷〔二〕。**

〔一〕按，《續編兩朝綱目備要》卷五『（三月）丙申竄内侍王德謙』條倒叙其入院之由，云：『時吴宗旦爲中書舍人，事德謙甚謹，夜輒易服謁之，以家僮執燈自導。德謙既有秉旄之耗，乃薦宗旦爲刑部侍郎、直學士院，使草麻。二月甲子，德謙遣幹吏諭指，宗旦厚待之，使其子與飲，且自捧勸者三，翊日遂鎖宿禁中。』甲子，二十日。《宋史·王德謙傳》亦載，較略。

〔二〕按，宗旦因王德謙牽連而罷。《宋史·京鏜傳》：『宦者王德謙除節度使，鏜乃請裂其麻，上曰：「除德謙一人而止可乎？」鏜曰：「此門不可啓。節鉞不已，必及三孤；三孤不已，必及三公。願陛下以真宗不予劉承規爲法，以大觀、宣、政間童貫等冒節鉞爲戒。」上于是謫德謙而黜詞臣吴宗旦，或曰，亦侂胄意也。』《續編兩朝綱目備要》卷五：『姚愈時爲殿中侍御史，首奏宗旦交結德謙以進，爲之草詞，請加貶黜。已，詔降宗旦三官，罷之。權中書舍人高文虎論其責輕，（二月）辛未，宗旦坐追三官。癸酉，復送南康軍居住。』辛未，二十七日；癸酉，二十九日。《會要·職官七三》：慶元三年二月，『二十九日，中書舍人、兼直學士院吴宗旦特降三官，送南康軍居住。以臣僚言宗旦居鄉恣横，當官貪婪，阿附王德謙，爲作麻制』。《會要》于此條前記二十五日王德謙『與在外宫觀，日下出門』，《題名》或因吴、王牽連遭貶，故亦書吴二十五日罷學士。

傅伯壽，慶元三年三月十六日，以禮部尚書、兼翰林學士、知制誥；七月二十九日，除寶文閣學士，差知紹興府〔一〕。

〔一〕此條疑應與『傅伯壽慶元元年五月四日』條連寫，詳彼注。

陳宗召，慶元三年八月三日，以著作佐郎、兼實録院檢討官、兼皇弟吴興郡王府教授、兼禮部郎官除兼翰林權直〔一〕。十一月二十一日，除起居舍人免兼禮部，餘兼如舊，升兼權直翰林院〔二〕。四年二月二十四日，除起居郎，兼如舊。五年七月十三日，除中書舍人，升兼實録院同修撰，仍兼直院〔三〕。六年正月二十三日，兼侍講〔四〕；七月十四日，除禮部侍郎，兼如故〔五〕。嘉泰元年十二月十三日，除翰林學士、兼同修國史，餘兼如故〔六〕。二年八月十三日，升實録院修撰；十六日，除工部尚書，仍兼〔七〕；八月，致仕。

〔一〕按，《南宋館閣續録》卷八《著作佐郎》：『陳宗召，（慶元）三年三月除。』

〔二〕按，《南宋館閣續録》卷八《著作佐郎》：『十一月爲起居舍人。』

〔三〕按，《南宋館閣續録》卷九《實録院同修撰》：『陳宗召，（慶元）五年七月，以中書舍人兼。』

〔四〕按，《會要·職官六》：『（慶元）六年正月，中書舍人陳宗召兼侍講。』

〔五〕按，《南宋館閣續録》卷九《實録院同修撰》：『（慶元）六年七月，爲禮部侍郎。』

〔六〕按，《南宋館閣續録》卷九《實録院同修撰》：『嘉泰元年十二月，爲翰林學士，並兼。』

〔七〕按，《南宋館閣續録》卷九《實録院修撰》：『陳宗召，（嘉泰）二年八月，以工部尚書兼。』

邵文炳，慶元六年二月二十八日，以祕書丞、兼權禮部郎官除兼學士院權直；四月三日，除起居舍人〔一〕；當月七日，升兼權直學士院；八月二日，兼權中書舍人；十月初一日，兼實録院檢討官〔二〕。嘉泰元年正月，除中書舍人、兼直學士院；九月，除華文閣待制，宫觀〔三〕。

〔一〕按，《南宋館閣續録》卷七《秘書丞》：『邵文炳……（慶元）六年四月，爲起居舍人。』

〔二〕按，《南宋館閣續録》卷九《實録院檢討官》：『邵文炳，（慶元）六年十月，以起居舍人兼。』

〔三〕按，虞儔《尊白堂集》卷五有《邵文炳待制宫觀制》，云：『視草北扉，代言西掖……乃以晦明之疾，力祈香火之歸。』又按，《南宋館閣續録》卷九《實録院同修撰》：『邵文炳，（嘉泰）元年七月，以中書舍人兼。』《會要・職官六》，嘉泰元年，『八月，中書舍人邵文炳……兼侍講』。《題名》均不載。虞儔《尊白堂集》卷五有《中書舍人邵文炳兼侍講制》。

章良能，嘉泰元年九月，以祕書省著作佐郎兼學士院權直；當月，除起居舍人、兼權直院〔一〕。二年三月，知太平州。

〔一〕按，《南宋館閣續録》卷八《著作佐郎》：『章良能……嘉泰元年九月，爲起居舍人。』虞儔《尊白堂集》卷五《章良能起居舍人制》：『爾良能，華國之文，見推士類，紬書東觀，兼直北扉，即其識技之優，庸在選掄之數。』『紬書東觀』謂兼實録院檢討官，『兼直北扉』謂兼權直院。

顔棫，嘉泰二年四月，以禮部員外郎兼翰林權直；九月，除禮部郎中，依舊兼翰林權直；十月，除宗正少卿、兼直學士院；閏十二月，除中書舍人，依舊兼。三年十月，兼侍講〔一〕；十一月，除吏部侍郎、兼侍讀，依舊兼直學士院〔二〕。開禧元年二月，除權工部尚書，依舊兼；五月，除權吏部尚書，依舊兼職；六月，致仕。

〔一〕按，《會要・職官六》，嘉泰三年，『九月，中書舍人顔棫兼侍講』。記月略異。

〔二〕按，《會要・禮四九》：『嘉泰三年十一月八日……中書舍人、兼直學士院顔棫撰册文。』未稱棫爲吏部侍郎，其除授當在此日後。

傅伯壽，嘉泰二年十月，以寶文閣學士、提舉佑神觀、同修國史、兼實録院同修撰免奉朝請，除翰林學士，再辭免；當月，兼權翰林學士。三年二月，除端明殿學士、簽書樞密院事〔一〕。

〔一〕按，傅伯壽除簽書，在正月戊午。《宋史・寧宗二》，三年正月戊戌，『權翰林學士、知制誥傅伯壽簽書樞密院事，伯壽辭不拜』。《續編兩朝綱目備要》卷八，正月戊戌，『伯壽以老病不能拜，辭不拜，請外除集英殿修撰、知夔州』。《宋史・宰輔表四》、《宋宰輔編年録》卷二〇記日同。戊戌，二十八日。二月乃改授在京宫觀之日。《會要・職官七八》，嘉泰三年，『二月二日，詔新除端明殿學士、通議大夫、簽書樞密院事傅伯壽，依舊端明殿學士、在京宫觀、兼侍讀、修國史，應合得恩數，並依執政體例，仍免奉朝請。伯壽以病乞去位，詔依所乞也』。《宋宰輔編年録》卷二〇作『二月辛丑』，辛丑，二日。《題名》誤記。又按，《南宋館閣續録》卷九《實録院修撰》：『傅伯壽，（嘉泰）三年二月，以端明殿學士兼。』

莫子純，嘉泰三年二月，以著作郎兼翰林權直；五月，除起居舍人、兼權直院〔一〕；十一月，除起居郎，依舊兼權直院〔二〕。四年十二月，除中書舍人，免兼〔三〕。

〔一〕按，《南宋館閣續録》卷九《實録院檢討官》：『莫子純……（三年）五月，爲起居舍人。』

〔二〕按，《南宋館閣續録》卷九《實録院檢討官》：『十一月，爲起居郎。』

〔三〕按，莫子純旋罷兩制。《會要・職官七三》，嘉泰四年十二月，『二十一日，新除中書舍人莫子純放罷，以臣僚言其場屋之文，堆積事類至甚，撰述對偶偏枯，冒居清要，而不知止』。

李壁，嘉泰四年十二月，以權禮部侍郎兼直學士院〔一〕。開禧元年七月，除禮部侍郎、兼樞密都承旨，依舊兼〔二〕。

〔一〕按，《宋史》本傳：「寧宗即位……權禮部侍郎、兼直學士院。」真德秀《西山文集》卷四一《故資政殿學士李公神道碑》：「權兵部侍郎，俄改權禮侍，兼内制。」

〔二〕按，七月遷後，李壁仍在院，據真德秀《李公神道碑》，開禧二年五月權禮部尚書，八月拜參知政事，出院。《題名》均失載。又按，真德秀《李公神道碑》：「是歲（開禧元年）五月，立惠國公爲皇子，兼樞密副都承旨。」

易祓，開禧元年六月，以國子司業兼學士院權直〔一〕；八月，除左司諫，免兼〔二〕。

〔一〕按，易祓入院接替顔棫。《同治寧鄉縣志》卷九《邱墓》載《易祓墓志》，云：「（嘉泰四年）七月，除國子司業。乙丑（開禧元年）六月，權中書舍人、兼直學士院。」

〔二〕按，《會要・職官六》，開禧元年，「八月，左司諫易祓兼侍講」。《易祓墓志》：「八月，除左司諫、兼侍講。」又按，易祓諂附韓侂胄而掌兩制，學士生涯亦隨之升沈。周密《齊東野語》卷一一《蘇師旦麻》：「蘇師旦將建節，學士顔棫、莫子純皆莫肯當制。易祓、彦章爲樞密院檢詳文字，師旦爲都承旨，祓與之昵，欣然願任責，遂以國子司業兼兩制，竟爲師旦草麻。極其諛佞，至用前人舊對「所爲有文事有武備，無智名無勇功」者，蓋以孔子比之，子房不足道也。既宣布，物論譁然。亟擢祓左司諫，諸生爲之語曰：「陽城毁裴延齡之麻，由諫官而下遷于司業；易祓草蘇師旦之制，由司業而上擢于諫官。」既而韓誅，蘇得罪，祓遂遠貶。」易祓之除左司諫，衛涇《後樂集》卷一一《論朝議大夫易祓……乞賜鐫斥狀》謂其草蘇師旦制之後，「既而懷不自安，求居諫職，以鉗衆口……侂胄始欲加罪異議，而廷臣言不可者什七八，卒亦無如之何。易祓果得爲諫大夫」。

陳峴，開禧元年八月，以祕書監兼學士院權直；閏八月，除中書舍人、兼直學士院〔一〕；十月，罷〔二〕。

〔一〕按，《宋史·陳桷傳》：『孫峴……官中書舍人、直學士院。』真德秀《西山文集》卷四四《顯謨閣待制致仕贈宣奉大夫陳公墓志銘》：『嘉泰四年，遷祕書少監……明年進祕書監、兼學士院權直。』嘉泰四年之明年，即開禧元年。

〔二〕按，真德秀《陳公墓志銘》：『未幾，以掖垣兼内制，坐前事絀。』

徐似道，開禧元年十月，以禮部員外郎改除司封郎官、兼翰林權直。二年正月，除祕書少監，依舊兼〔一〕；三月，除起居舍人，仍舊兼直學士院〔二〕；四月，罷。

〔一〕按，《南宋館閣續録》卷七《秘書少監》：『徐似道……（開禧）二年正月除。』卷九《國史院編修官》同。

〔二〕按，《南宋館閣續録》卷七《秘書少監》：『三月，爲起居舍人。』卷九《國史院編修官》同。《嘉定赤城志》卷三三《徐似道傳》：『禮部司封郎官、起居舍人、權直學士院，還祕書少監。』官歷當以少監在起舍前，《志》誤。

宇文紹節，開禧二年五月，以兵部侍郎兼修玉牒官、兼侍講、兼直學士院〔一〕；七月，除寶文閣待制，差知鎮江府〔二〕。

〔一〕按，《宋史》本傳：『（自廬州）召還，爲兵部侍郎、兼中書舍人、兼直學士院。』

〔二〕按，《宋史》本傳：『以寶文閣待制知鎮江府。』

易祓，開禧二年七月，以權禮部尚書兼侍讀、兼直學士院〔一〕；八月，與宮觀〔二〕。

〔一〕按，《同治寧鄉縣志》卷九《邱墓》載《易祓墓志》：『丙寅（開禧二年）……七月，除禮部尚書兼直學士院事，充明堂大祀橋楨遞使。』『楨』當作『道頓』。

〔二〕按，《會要·職官七三》，開禧二年，『八月四日，禮部尚書、兼直學士院易祓，權户部侍郎沈詵，並與祠禄，理作自陳。以臣僚言祓甘爲諛佞，詵素無學術』。《易祓墓志》：『九月，入祠，提舉江州太平興國宫。』記月稍異。又按，韓侂胄既誅，易祓隨遭貶竄，詳蔡幼學《育德堂奏議》卷二《繳易祓鄭挺各降兩官辰郴州居住指揮狀得旨祓更追三官送融州挺追兩官送南雄州》、衛涇《後樂集》卷一一《論朝議大夫易祓……乞賜鐫斥狀》。

衛涇，開禧二年七月，以中書舍人兼修玉牒官、兼直學士院〔一〕；十月，除吏部侍郎、兼侍讀，依舊兼。三年十月，除禮部尚書，依舊兼；十一月，除御史中丞〔二〕。

〔一〕按，《正德姑蘇志》卷五一《衛涇傳》：『開禧元年，得旨入朝，明年除中書舍人、兼直學士院。』

〔二〕按，衛涇除中丞，以誅韓侂胄有功。《續編兩朝綱目備要》卷一〇，開禧十一年，『乙亥，韓侂胄伏誅。是日，禮部尚書衛涇除御史中丞』。《正德姑蘇志》卷五一《衛涇傳》：『三年，自吏部尚書拜御史中丞。』『吏部』誤。

倪思，開禧二年八月，以禮部侍郎兼直學士院〔一〕；九月，與郡〔二〕。

〔一〕按，《宋史》本傳：『久之，召還，試禮部侍郎兼直學士院。』魏了翁《鶴山全集》卷八五《顯謨閣學士特贈光禄大夫倪公墓志銘》：『開禧二年秋……吴興倪公召爲禮部侍郎、兼直學士院。公上疏辭曰：「臣乃者嘗爲御史徐柟所劾，柟言而是，臣不當召；臣而可用，柟不當留。」廷論偉之。于是申詔趣發，以九月入見。』

〔二〕按，《會要·職官七三》，開禧二年，『九月十七日，禮部侍郎倪思放罷。以臣僚言思偃蹇倨傲，不尊朝廷』。《宋史》本傳：『司諫毛憲劾思，予祠。』魏了翁《倪公墓志銘》：『開禧二年，又奉興國宫祠。其秋入春官，直禁林，僅十餘日，復食興國之禄。』《題名》之『與郡』，即本傳之『予祠』，提舉江州興國宫也。

章良能，開禧二年九月，以太常少卿兼權直學士院。三年二月，時暫兼權兵部侍郎；三月，兼權中書舍人；五月，除權兵部侍郎、兼直學士院；八月，兼同修國史、兼實録院同修撰，依舊兼〔一〕；十二月，除禮部侍郎、兼侍講，依舊兼直院〔二〕。嘉定元年正月，改兼修玉牒官，依舊兼〔三〕；五月，除吏部侍郎，仍兼〔四〕；六月，除御史中丞〔五〕。

〔一〕按，《南宋館閣續録》卷九《修國史》：『章良能，（開禧）三年八月，以權兵部侍郎兼；十二月，爲禮部侍郎，嘉定元年五月，除吏部侍郎，並兼。』同卷《實録院同修撰》所載本官遷轉同。

〔二〕按，《會要·職官六》，開禧三年十二月，『禮部侍郎章良能兼侍講』。樓鑰《攻媿集》卷四三有《新除禮部侍郎兼侍講章良能辭免不允詔》，中云：『卿夙富青箱之學，來居紫橐之班，兼直北門，典司東觀。』謂其兼任翰林學士及修國史。

〔三〕按，樓鑰《攻媿集》卷四三有《禮部侍郎章良能辭免改兼修玉牒官不允詔》。又卷四四有《禮部侍郎章良能乞宫觀不允詔》，云『卿以該洽通敏之才，洊直鼇禁，亦既三載，身兼數器，宣勞翰墨之間夥矣』。

〔四〕按，樓鑰《攻媿集》卷四四有《新除吏部侍郎章良能辭免不允詔》。

〔五〕按，樓鑰《攻媿集》卷四四有《新除御史中丞章良能辭免不允詔》。又按，魏了翁《鶴山全集》卷八五《倪公（思）墓志銘》記良能鑽營史彌遠以求憲司：『章良能將除御史中丞，公進《臺諫論》三篇，上以付中書，章見之，滋不悦……公曰：「侂胄以臺諫爲私人，今章良能未除中司前一日，亦以小輿見彌遠矣。」』

〔田澹〕〔一〕

〔一〕按，《會要·刑法六》開禧三年三月二十六日有『太常少卿、兼權直學士院、兼權中書舍人、兼樞密副都承旨田澹』等奏，茲據補。

樓鑰，開禧三年，以龍圖閣直學士致仕；十一月，落致仕，除翰林學士〔一〕；十二月，除吏部尚書、兼翰林學士、兼侍讀〔二〕。嘉定元年正月，兼修國史、兼實録院修撰，仍舊兼〔三〕；八月，除端明殿學士、簽書樞密院事、兼太子賓客〔四〕。

〔一〕按，樓鑰《攻媿集》卷三二有《辭免落致仕除翰林學士狀》、《再辭免狀》、《謝宣召入院狀》。樓鑰此年已七十一，故連章請辭。

〔二〕按，《攻媿集》卷三二有《辭免除吏部尚書兼翰林學士兼侍讀狀》、《再辭免狀》。

〔三〕按，《南宋館閣續録》卷九《修國史》：『樓鑰，（嘉定）元年正月，以吏部尚書兼。』同卷《實録院修撰》同。

〔四〕按，《宋史·寧宗三》、《宰輔表四》、《宋宰輔編年録》卷二〇記爲八月辛巳。又按，《攻媿集》卷三三有《辭免簽書樞密院事劄子》，署『嘉定元年八月』；此前上《乞歸田里劄子》，署『嘉定元年七月』。

蔡幼學，嘉定元年六月，以中書舍人兼侍講兼［直］學士院〔一〕；八月，除刑部侍郎，仍兼；十月，除吏部侍郎，依舊兼〔二〕。二年十月，升兼侍讀〔三〕；十二月，除龍圖閣待制、知泉州〔四〕；當月，宫觀〔五〕。

〔一〕直，諸本無，據《宋史》本傳補。按，《宋史》本傳：『嘉定初……兼直學士院，内外制皆温醇雅厚得體，人多稱之。』

〔二〕按，《宋史》本傳：『除刑部侍郎，改吏部，仍兼職。』葉適《水心先生文集》卷二三《兵部尚書蔡公墓志銘》同。

〔三〕按，《宋史》本傳：『趙師𢍰除知臨安府，𢍰辭。故事，當有不允詔。幼學言：「師𢍰以媚權臣進官，三尹京兆，狼籍無善狀，詔必出褒語，臣何辭以草？」命遂寢。改兼侍讀，師𢍰命乃下。』

〔四〕按，《宋史》本傳：『除龍圖閣待制、知泉州。』葉適《蔡公墓志銘》同。

〔五〕按，葉適《蔡公墓志銘》：『尋提舉興國宫、知建寧府福州。』

陳晦，嘉定元年八月，以尚書禮部員外郎兼國史院編修官、兼實録院檢討官、兼尚左郎、兼翰林權直；是月，除檢詳〔一〕，仍兼；十一月，除殿中侍御史〔二〕。

〔一〕按，《南宋館閣續録》卷九《國史院編修官》：『陳晦……（嘉定元年）八月，爲樞密院檢詳文字，仍兼。』同卷《實録院檢討官》同。

〔二〕按，魏了翁《鶴山全集》卷八五《顯謨閣學士特贈光禄大夫倪公（思）墓志銘》：『見彌遠拜右相制，歎曰：「昔董賢爲大司馬，册文有『允執其中』一言，蕭咸以爲堯禪舜之文，長老見之，莫不心懼。今制詞所引『昆命元龜』，此舜禹揖遜語也，天下有如蕭咸者，讀之不大駭乎！」乃上書請貼改麻制。上付詞臣陳晦條具，彌遠懼，擬晦殿中侍御史。』《宋史·倪思傳》所載同，均謂陳晦以撰制詞不當，出院。此段公案，葉紹翁《四朝聞見録》卷一甲集『昆命于元龜』、周密《齊東野語》卷一六《昆命元龜辨證本末》載陳晦辨詞，皆左袒陳晦，云『一時公論多以文節（按，指倪思）出位，而言近于忿激；而陳之論辨雖詳，終不若不用之爲佳也』。《聞見録》且曰：『陳與真文忠最厚，蓋辯明故典，頗質于文忠云。』二書又言倪思上疏時，陳晦已除侍御史。以其用于自辯觀之，此説較近真。又按，史彌遠十月丙子遷右丞相，陳晦制文見《宋宰輔編年録》卷二〇。

留元剛，嘉定元年十一月，以祕閣校理兼翰林權直。二年正月，除太子舍人，依舊兼〔一〕；五月，兼國史院編修官、實録院檢討官；九月，除軍器少監，兼職依舊；九月，升兼直學士院〔二〕。三年正月，改兼太子侍講〔三〕；二月，除起居舍人，兼職仍舊；三月，丁母憂。

〔一〕按，《會要·職官七》：「（嘉定）二年正月，祕閣校理留元剛兼太子舍人。」

〔二〕九月，疑「十月」之誤，不然依例應云「當月」。按《宋史·趙師𢍰傳》：「詔（師𢍰）爲兵部尚書、知臨安府。幼學時爲學士，亦不草詔，留元剛草之。」據上「蔡幼學」條，知幼學二年十月改侍讀之後，師𢍰命乃下，既由元剛草之，則其升直院當在此月，以代幼學。

〔三〕按，《會要·職官七》：「（嘉定）三年，升兼侍讀。」與此記「侍講」不同。

真德秀，嘉定二年十二月，以祕書省校書郎、兼玉牒所檢討官、兼沂王府小學教授、兼翰林權直〔一〕。三年四月，除祕書郎，依舊兼〔二〕。四年三月，除祕書省著作佐郎，仍兼〔三〕。四年，兼權禮部郎官〔四〕。五年五月，除軍器少監，升兼［權］直學士院〔五〕。六年二月，除起居舍人，兼職依舊〔六〕；八月，兼太常少卿〔七〕。

〔一〕按，《西山文集》卷一一有《辭學士院權直狀》，署「嘉定二年十二月」，云：「某今月十八日，準省劄，［三］省同奉聖旨，真某兼學士院權直。」末注：「十二月二十一日，三省同奉聖旨，不許辭免。」魏了翁《鶴山大全集》卷六九《參知政事資政殿學士致仕真公神道碑》：「二年，除校書郎，尋兼沂王府教授、兼學士院權直。」《宋史》本傳：「二年，遷校書郎……尋兼沂王府教授、學士院權直。」

〔二〕按，魏了翁《真公神道碑》：「三年夏，除祕書郎。」《宋史》本傳：「三年，遷秘書郎。」

〔三〕按，魏了翁《真公神道碑》：「四年，春三月，除著作佐郎。」《南宋館閣續録》卷八《著作佐郎》：「四年三月除。」《宋史》本傳：「四年，遷著作佐郎。」

〔四〕四年，重出，據魏了翁《真公神道碑》，當作「八月」。《碑》云：「（四年）秋八月，兼禮部郎官。」《宋史》本傳：「（四年）兼禮部郎官。」

〔五〕權，真德秀前職爲學士院權直，依例當遷權直學士院，據魏了翁《真公神道碑》及《宋史》本傳補。按，魏了翁《真公神道碑》：『五年夏，除軍器少監，升權直學士院。』《宋史》本傳：『五年，遷軍器少監，升權直。』《南宋館閣續録》卷八《著作佐郎》：『五年五月爲軍器少監。』

〔六〕按，魏了翁《真公神道碑》：『六年，春二月，除起居舍人。』《宋史》本傳：『六年，遷起居舍人。』《西山文集》卷一一有《辭起居舍人狀》，署『嘉定六年二月』，云：『某今月初七日，準省劄節文，二月初七日，三省同奉聖旨，真某除起居舍人，日下供職。』末注：『二月八日，奉聖旨不允。』

〔七〕按，是年八月真德秀仍在院，《題名》記止此耳。魏了翁《真公神道碑》：『（六年）秋八月，兼太常少卿。』《宋史》本傳：『（六年）兼太常少卿。』又按，真德秀于十一月以祕閣修撰、江南東路轉運副使出院。魏了翁《真公神道碑》：『（六年）冬十一月，除祕閣修撰、江南東路計度轉運副使。』《宋史》本傳：『時史彌遠方以爵禄縻天下士，德秀慨然謂劉爚曰：「吾徒須急引去，使廟堂如世亦有不肯爲從官之人。」遂力請去，出爲秘閣修撰、江東轉運副使。』

黄由，嘉定三年四月，以寶謨閣學士、知紹興府除刑部尚書、兼直學士院〔一〕；八月，兼侍讀〔二〕。四年十一月，除職，與郡。

〔一〕按，《正德姑蘇志》卷五一《黄由傳》：『三年，除刑部尚書、兼直學士院，官至正奉大夫。』

〔二〕按，黄由此後曾以妻亡丐祠。真德秀《西山文集》卷二〇《賜正奉大夫守刑部尚書兼直學士院兼侍讀黄由乞畀外祠不允詔》：『朝廷之事，重于閨門；君臣之恩，深于伉儷。豈以悼亡之故，遂虧盡瘁之忠。勉服官常，以慰人望。所請宜不允。』注：『來奏：「臣妻胡氏今以疾亡」云云。』

陳峴，嘉定四年十二月，以顯謨閣待制、新知泉州除兵部侍郎、兼直學士院〔一〕。五年正月，致仕〔二〕。

〔一〕按，真德秀《西山文集》卷二一有《賜太中大夫顯謨閣待制新知泉州陳峴辭免除兵部侍郎兼直學士院恩命不允詔》。真德秀《陳公墓志銘》：『久之，進顯謨閣待制、知泉州，未上，以兵部侍郎、兼直院召公，方懇辭。』

〔二〕按，真德秀《陳公墓志銘》：『嘉定五年正月辛酉，以疾卒于家，年六十有八。』辛酉，十三日，知陳峴致仕旋卒。

曾從龍，嘉定五年二月，以吏部侍郎、兼中書舍人、兼太子右庶子、兼同修國史、兼實録院同修撰、兼給事中、兼直學士院〔一〕；十月，除權刑部尚書，依舊兼〔二〕。七年三月，除禮部尚書，兼職仍舊〔三〕；七月，升兼太子詹事〔四〕。

〔一〕按，《宋史》本傳：『尋兼太子諭德，兼同修國史、實録院同修撰，兼國子祭酒。爲吏部侍郎，仍兼職兼太子右庶子，兼給事中，兼直學士院，權刑部尚書。』真德秀《西山文集》卷二一有《賜朝議大夫試尚書吏部侍郎兼中書舍人兼太子右庶子兼同修國史實録院同修撰曾從龍辭免兼給事中兼直學士院日下供職恩命不允詔》。

〔二〕按，《宋史》本傳：『兼直學士院，權刑部尚書。』真德秀《西山文集》卷二一有《賜中大夫試吏部侍郎兼太子右庶子兼同修國史實録院同修撰兼給事中兼直學士院曾從龍辭免權刑部尚書兼職依舊日下供職恩命不允詔》。

〔三〕按，真德秀《西山文集》卷二二有《賜通奉大夫權刑部尚書兼太子右庶子兼同修國史實録院同修撰兼給事中兼直學士院曾從龍辭免除禮部尚書兼職並依舊日下供職恩命不允詔》。《南宋館閣續録》卷九《實録院修撰》：『曾從龍，（嘉定）七年三月，以禮部尚書兼。』

〔四〕按，真德秀《西山文集》卷二二有《賜禮部尚書兼太子詹事兼給事中兼直學士院曾從龍……辭免以皇太子講毛詩終篇各特與轉行一官恩命不允詔》，知曾從龍以爲皇太子講《毛詩》終篇升太子詹事。

**錢東垣等《崇文總目輯釋》卷二『職官類』：**

《翰林志》一卷，李肇撰

《翰林舊規》一卷，楊鉅撰（繹按，《唐志》、《通志略》、《通考》，『翰林』下並有『學士院』三字。）

《續翰林志》二卷，蘇易簡撰

《次續翰林志》二卷，胡蘇耆撰（繹按，《宋志》：一卷，蘇耆撰。無『胡』字。）

《翰林内志》一卷，《通志略》不著撰人（繹按，《宋志》作『李肇撰』，疑即前《翰林志》重出也。）

**《新唐書》卷五八《藝文二》『職官類』：**

李肇《翰林志》一卷

《翰林内志》一卷

楊鉅《翰林學士院舊規》一卷（字文碩，收子也。昭宗時翰林學士、吏部侍郎。）

《宋史》卷二〇三《藝文二》『故事類』：

韋執誼《翰林故事》一卷
韋處厚《翰林學士記》一卷
元稹《承旨學士院記》一卷
楊鉅《翰林舊規》一卷
李肇《翰林内志》一卷，又《翰林志》一卷
蘇易簡《續翰林志》二卷
洪遵《翰苑群書》三卷
沈該《翰林學士年表》一卷
蘇耆《次續翰林志》一卷
錢惟演《金坡遺事》三卷
晁迥《别書金坡遺事》一卷
李宗諤《翰林雜記》一卷

又『雜記類』：

《學士年表》一卷

又『職官類』：

何異《中興百官題名》五十卷

又卷二〇九《藝文八》『總集類』：

蘇易簡《禁林宴會集》一卷

葉德輝考證《秘書省續編到四庫闕書目》卷一《史類·職官》：

《續金坡遺事》一卷

蘇耆撰《翰林雜記》一卷

葉德輝按，《宋志》故事類、《玉海》五十七引《書目》有蘇耆《次續翰林志》一卷。

韋執誼撰《翰林故事》一卷

葉德輝按，陳《録》、《玉海》五十一引《書目》同，《宋志》入故事類。

李宗諤［撰］《翰林雜記》一卷

葉德輝按，陳《録》、《玉海》五十七引《書目》同，《宋志》入故事類。

趙士煒《中興館閣書目輯考》卷二《史部·故事類》：

《翰林故事》一卷

貞元二年，學士韋執誼撰，述貞觀以來翰苑建置、沿革。記云：『自立此苑，連飛繼鳴者逾三十人，因以官秩名氏次序爲故事。』今是書名氏皆缺。（《玉海》五一）

《翰林學士記》一卷

長慶元年韋處厚撰，論得人之意。（《玉海》五一）

《承旨學士院記》一卷

元稹撰，云『以十一賢名氏書座隅』，今名氏皆缺。（《玉海》五一）

趙按，《書録解題》云：『載承旨姓名，自貞元二十一年鄭絪，至元和十五年杜元穎，并稹爲十二人。末又有李德裕、李紳、韋處厚三人。蓋後人所益也。』（卷六）

《翰林舊規》一卷

光化中，學士楊鉅雜載學士召試格及書詔之體、宿直、假寧之例。（《玉海》一六七）

《翰林内志》一卷

集韋執誼《翰林故事》、李肇《志》、韋處厚、丁居晦、杜元穎《壁記》、元稹《記》、韋表微《學士新樓記》爲一書，集者不知名。（《玉海》一六七）

趙按，《崇文總目》同《宋志》作『李肇』，誤也。《郡齋讀書志》有《翰林雜志》一卷，疑即此書。

《次續翰林志》一卷

蘇耆撰，摭易簡所不及載者一十九事，附當時名人詩。（《玉海》五七、《小學紺珠》卷九）

《翰林雜記》一卷

學士李宗諤集翰苑當時規制、恩例著爲定式。（《玉海》五七、《小學紺珠》九）

趙按，此與《晁志》之《雜志》當爲二書。

**尤袤《遂初堂書目》『職官類』：**

唐《翰林志》

本朝《翰林續志》

《金坡遺事》

《翰林舊規》

又《雜志》

《學士年表》

《翰院群書》

**晁公武《郡齋讀書志》（衢本）卷七『職官類』：**

《翰林雜志》一卷

右不題撰人。輯唐韋執誼《故事》、元稹《承旨壁記》、韋（來）［表］微《新樓記》、杜元穎《監院使記》、鄭璘《視草亭記》并詩、李宗諤《題名記》爲一編。或云蘇易簡子耆采其父《翰林續志》所遺附益之。

**《翰林志》一卷**

右唐李肇撰。纂唐世翰林院中供奉、儀則、制誥、書詔之式。其後云：『睿聖文武皇帝裂海、岱十二州爲三道之歲。』蓋憲宗元和十四年也。

**《翰林盛事》一卷**

右唐張著撰。記唐朝儒臣美事，凡三十八。

**《翰林續志》二卷**

右皇朝蘇易簡撰。易簡在北門，最承太宗眷遇，録元和以後至國朝翰林故事，以續肇《志》。（按，袁本《前志》卷二下《職官類》解題與此不同：右皇朝蘇易簡［依文例補撰，易簡］在翰林院，最承太宗眷遇，録國朝政事以續肇《志》。子耆采易簡所載之餘，成一卷，附益之。）

**《金坡遺事》三卷**

右皇朝錢惟演撰。載國朝禁林雜儀式、事迹並學士名氏。文元公述真宗禮待儒臣三事，附于卷末。

**趙希弁《郡齋讀書志附志》卷上『職官類』：**

**《翰苑群書》三卷**

右唐李肇《翰林志》、元稹《承旨學士院記》、韋處厚《翰林學士記》、韋執誼《翰林院故事》、楊鉅《翰林學士院舊規》、皇朝《禁林讌會集》爲一卷；錢惟演《金坡遺事》、晁迥《别書金坡遺事》、李宗諤《翰苑雜記》爲一卷；蘇易簡《續翰林志》、蘇耆《次續翰林志》、《學士年表》、《翰苑題名》、《翰苑遺事》爲一卷。

陳振孫《直齋書録解題》卷六『職官類』：

《翰林志》一卷

唐學士李肇撰。

《承旨學士院記》一卷

唐承旨河南元稹微之撰。專載承旨姓名，自貞元二十一年鄭絪，至元和十五年杜元穎，并稹爲十二人。末又有李德裕、李紳、韋處厚三人，蓋後人所益也。

《翰林學士記》一卷

唐侍講學士萬年韋處厚德載撰。

《翰林院故事》一卷

唐學士京兆韋執誼撰。

《翰林學士院舊規》一卷

唐學士馮翊楊鉅文碩撰。雜記院中事例及文書格式，其祠祭、祝版、社稷、宗廟，上至天地，用『伏惟尚饗』，嶽瀆而降，只曰『尚饗』，此例今人皆莫之知，則施之尊卑無別矣。鉅，宰相收之子，其爲學士在昭宗時。

《重修翰林壁記》一卷

唐學士丁居晦撰。開元（引按，當作『開成』）二年也。所記姓名迄于咸通，而獨無天寶、大曆學士，爲不可曉。

《金坡遺事》三卷

學士吴越錢惟演希聖撰。題名自建隆至天聖四年，凡四十七人；自開元而下合三百一十五人。其他典故，視前記詳矣。

《别書金坡遺事》一卷

學士澶淵晁迥昭遠撰。因錢惟演寄示《遺事》，别書真宗待遇恩禮三則于後。（案，『别書』以下原本闕，今據《文獻通考》補入。）

《翰苑雜記》一卷

學士饒陽李宗諤昌武撰。

《續翰林志》一卷、《次續志》一卷

學士承旨梓潼蘇易簡太簡撰。以續唐李肇之書，其子耆又以其父遭遇恩禮之盛，續于其後。

《翰苑群書》三卷

學士承旨鄱陽洪遵景嚴撰。自李肇而下十一家及《年表》、《中興後題名》共爲一書，而以其所録《遺事》附其末，總爲三卷。遵後至簽樞，父皓、兄适、弟邁四人入翰苑，可謂盛矣。

《翰林遺事》一卷

洪遵撰。已見上。録諸書所未及者。

《中興百官題名》五十卷

監察御史臨川何異同叔撰。首卷爲《宰輔拜罷録》，餘以次别之，刻板浙漕。其後以時增附。渡江之初，庶務草創，諸司間有不可考者，多闕之。

**王應麟《玉海》卷五一《藝文·唐翰林故事》：**

《書目》：《翰林故事》一卷，貞元二年學士韋執誼撰，述貞觀以來翰苑建置、沿革，記云『自立此院，連飛繼鳴者，逾三十人，因以官秩名氏，次敘爲《故事》』，今是書名氏皆缺。《翰林學士記》一卷，長慶元年韋處厚撰，論得人之意。《承旨學士院記》一卷，元稹撰，記云『以十一賢名氏書坐隅』，今名氏皆缺。

**《玉海》卷五四《藝文·乾道翰苑群書》：**

乾道間，洪遵纂唐李肇《翰林志》、元稹《承旨學士院記》、韋處厚《學士記》、韋執誼《翰林院故事》、楊鉅《學士院舊規》、丁居晦《壁記》、本朝李昉《禁林燕會集》、錢惟演《金坡遺事》、晁迥《別書金坡遺事》、李宗諤《雜記》、蘇易簡《續志》、蘇耆《次續志》、沈該《中興翰苑題名》及《學士年表》、《翰苑遺事》（原注：不著名氏），粹爲一書，凡三卷。

**《玉海》卷五七《藝文·淳化續翰林志》：**

淳化二年十月辛巳，翰林承旨蘇易簡獻續唐李肇《翰林志》二卷，詔藏史館，仍賜詩二章。又飛白『玉堂［之署］』四字以賜。《唐志》職官類，李肇《翰林志》一卷，楊鉅《學士院舊規》二卷；雜史類，韓偓《金鑾密記》五卷。《書目》，《次續翰林志》一卷，蘇耆撰。摭易簡所不及載者一十九事，附當時名人詩。《翰林雜記》一卷，學士李宗諤集翰苑規制、恩例，著爲定式。（祥符中上之。）天聖四年三月十五日，錢惟演爲《金坡遺事》三卷，太宗御札、御詩及銘共九首，真宗詩六首，標于上篇，終以雜記。晁迥別書三事附焉。周必大《玉堂雜紀》三卷。

**《玉海》卷一六七《唐學士院翰林院北門學士》：**

《中興書目》：《翰林内志》一卷，集韋執誼《翰林故事》、李肇《志》、韋處厚、丁居晦、杜元穎《壁記》、元稹《記》、韋表微《學士新樓記》爲一書，集者不知名。《翰林舊規》一卷，光化中，學士楊鉅雜載學士召試格及書詔之體、宿直、假寧之例。

**周應合《景定建康志》卷三三《書版》：**

《翰苑群書》，二百五版

**高儒《百川書志》卷五『史志二・職官』：**

《翰林志》一卷，唐翰林學士左補闕李肇撰。

**徐𤊹《徐氏紅雨樓書目》卷三『子部・小説類』：**

《翰林志》一卷，唐李肇

瞿鳳起《虞山錢遵王藏書目録彙編》卷二「職官」：

李肇《翰林志》，一卷

朱彝尊《曝書亭集》卷四四《跋洪遵翰苑群書》：

翰苑初入，供事吏手持張閣老位《詞林典故》、《翰苑須知》二編以見，卷中引書五品不遜之語，覽者以爲笑端。予既爲史官，思別撰一書，自分職以來訖于明崇禎之季。恒囊書入直，曉夜抄撮，積一十四册，擬删其重複，補其闕遺，題曰《瀛洲道古録》。會遭院長彈事，未果會稡成書。然歸田後，每扁舟近游，未嘗不攜之藤笈也。晚得孫逢吉《職官分紀》、陳騤《中興館閣録》、《續録》、元王士點《元祕書志》，頗快于心；近又得洪遵《翰苑群書》足本，于是詞臣之典故略備。惜乎老矣！目眊耳聾，無能甄綜，歎有願之不吾遂也！爰記憶所録書目，授之門弟子溧陽黄夢麟、海寧查昇、楊中訥、高郵吴世燾、婁縣姚弘緒、長洲汪士鋐、武進錢名世、寶應喬崇烈，俟有志者輯成之。康熙丙戌陽月竹垞老人書。

錢大昕《潛研堂文集》卷二八《跋翰苑群書》：

文安公《翰苑群書》，于唐宋學士題名搜訪綫備，所闕者唐僖、昭以後三十餘年、宋熙寧以後六十年，若淳熙以後，則留以待後人之續入者也。予曾于《永樂大典》中鈔得《中興學士院題名》，則自淳熙至嘉定卌餘年間詞臣拜罷姓名悉具，當取以補此書所未及。唯熙寧至靖康、寶慶至德祐，紀載闕如，考諸正史、稗官及名人文集，尚可得什之六七。假我數年，當補綴成之，以備玉堂故事。聊附數言，以當左券。

**同卷《跋中興學士院題名》：**

唐時翰林爲掌制之地，選工于文學者，以它官入直，無不除學士者。其久次則爲承旨學士，職要而無品秩，當時但以爲差遣，非正官也。宋初亦沿唐制，太祖、太宗朝，間有以它官直學士院者，然不常設。元豐改官制以後，學士之名漸重，于是有直學士院、權直學士院、翰林院權直之稱。南渡以後，真除學士者益鮮矣。《新唐書》云『學士無定員』，然白居易詩已有『同時六學士』之句；《五代會要》載開運元年敕，翰林學士與中書舍人舊分爲兩制，各置六員，是唐、五代皆以六員爲額也。宋初學士亦六員。至和初，劉沆爲相，典領温成皇后喪事，以王洙同其越禮，建明員外用之，其時學士遂有七人。南渡，學士不輕授，多以它官直院，然在院不過二員或三員。其員額不審何時裁省，史家失于討論，亦疏漏也。後讀洪文安《翰苑遺事》，稱『元祐元年七月，詔從承旨鄧温伯之請，學士如獨員，每兩日免一宿，候有雙員，即依故事』。則其時學士之員已不多矣。

**《潛研堂文集》卷二四《中興學士院題名序》：**

《宋中興百官題名》，今存于《永樂大典》者，曰學士院，曰諫院，曰登聞檢院，曰登聞鼓院，曰進奏院，曰官告院，曰文思院，曰糧料院，曰樞密官屬，皆始建炎，終嘉定，不知何人所編次。考陳伯玉《書録解題》稱：『監察御史臨川何異同叔撰《中興百官題名》五十卷，首卷爲《宰輔拜罷録》，餘以次列之，刻浙漕司。其後以時增附。

渡江之初，庶務草創，諸司間有不可考者，多缺之。』乃知此書出于何同叔。今所存者，特千百之十一爾。大昕承乏學士十有餘年，頗有意訪求前世掌故，因手録《學士院題名》，藏之行篋。時乾隆三十有八年十月二十七日。

**繆荃孫《藕香零拾》本《宋中興百官題名》四卷總跋：**

右《宋中興百官題名》三卷，曰《翰林學士》一卷，乾隆癸巳嘉定錢辛楣先生從《大典》鈔出。曰《中興行在雜買務雜賣場提轄官題名》一卷，在《大典》六千五百三十八；曰《中興東宫官寮題名》一卷，在《大典》二百三十九。此二卷，荃孫光緒乙酉從《大典》鈔出。辛楣先生跋據《書録解題》定爲何異同叔撰，又云：『存《大典》者，翰林學士已外，曰諫院，曰登聞檢院，曰登聞鼓院，曰進奏院，曰官告院，曰文思院，曰糧料院，曰樞密官屬，皆始建炎，終嘉定。』辛楣先生獨未見後二官題名，而翰林學士外他題名亦未録出。今《大典》已殘，無從再考，爰取而彙刻之。而資善堂官，紹興十四年李若容下徑接慶元六年蕭逵，恐有脱誤，亦無他本可考。另《中興三公年表》一卷，亦起建炎，迄嘉定（引按，實迄淳祐），在《大典》一百五十九，不知宋何人所撰。今附于後。光緒丙申十月繆荃孫跋。

**沈初等《浙江采集遺書總録》丁集『掌故類二·職官』：**

《翰苑群書》二卷。寫本。右宋資政學士鄱陽洪遵彙輯李肇《翰林志》、元稹《承旨學士院記》、韋處厚《翰林學士記》、韋執誼《翰林院故事》、楊鉅《翰林學士院舊規》、丁居晦《重修承旨學士壁記》、李昉、張齊賢、賈黄中、李沆、李至、蘇易簡等十七人《禁林讌會集》、蘇易簡《續翰林志》、蘇耆《次續翰林志》、無名氏《學士年表》、沈該《翰苑題名》各家，而以遵自撰《翰苑遺事》殿焉，凡十二種。遵自跋其後。

## 《四庫全書總目・翰苑群書二卷》：

宋洪遵編。遵字景嚴，鄱陽人。皓之仲子也，與兄适同中紹興十二年博學鴻詞科，賜進士出身。歷官徽猷閣直學士，出知平江府。孝宗時，召除翰林學士承旨，拜同知樞密院事、江東安撫使、資政殿學士、提舉洞霄宮，卒謚文安。事迹具《宋史》本傳。是書後有乾道九年遵題記，曰：『翰苑秩清地禁，沿唐迄今，爲薦紳榮。遵世蒙國恩，父子兄弟，接武而進，實爲千載幸遇。曩嘗稡《遺事》一編，掲來建業，以家舊藏李肇、元稹、韋處厚、韋執誼、楊鉅、丁居晦，洎我宋數公，凡有紀于此者，竝栞之木。仍以《國朝年表》、《中興題名》附。』陳振孫《書録解題》曰：『自李肇而下十一家，及《年表》、《中興後題名》，共爲一書。』此本上卷爲李肇《翰林志》、元稹《承旨學士院記》、韋處厚《翰林學士記》、韋執誼《翰林院故事》、楊鉅《翰林學士院舊規》、丁居晦《重修承旨學士壁記》、李昉《禁林讌會集》，凡七家。下卷爲蘇易簡《續翰林志》、蘇耆《次續翰林志》、《學士年表》、《翰苑題名》、《翰苑遺事》，凡五種。其《遺事》爲遵所續，不在其數，實止四家。除《年表》、《題名》外，所收不過九家，與振孫所記不合。考《宋史・藝文志》載是書本三卷，此本止上下二卷。又《文獻通考》所載，尚有唐張著《翰林盛事》一卷、宋李宗諤《翰苑雜記》一卷。若合此二家，正足十一家之數。豈原本有之，而今本佚其一卷耶？

**文淵閣《四庫全書》本《翰苑群書》書前提要：**

臣等謹案，《翰苑群書》十二卷，宋學士承旨洪遵編。後有乾道九年遵題記。陳振孫《書録解題》曰：『自李肇而下十一家，及《年表》、《中興後題名》，共爲一書。』此本所載，爲李肇《翰林志》、元稹《承旨學士院記》、韋處厚《翰林學士記》、韋執誼《翰林院故事》、楊鉅《翰林學士院舊規》、丁居晦《重修承旨學士壁記》、李昉《禁林宴會集》、蘇易簡《續翰林志》、蘇耆《次續翰林志》、《學士年表》、《翰苑題名》、《翰苑遺事》，凡十二種。其《遺事》爲遵所續，《年表》、《題名》之外，所收不過九家，與振孫所記不合。案《文獻通考》所載，尚有唐張著《翰林盛事》、宋李宗諤《翰苑雜記》，若合此二家，正足十一家之數。殆原本有之，而今佚也。其書于歷代翰林典故頗爲詳贍，足資考覆。録之以備職官類之一種焉。乾隆四十二年八月恭校上。

**《四庫全書初次進呈存目·翰苑群書二卷》**

宋學士承旨洪遵輯。後有乾道九年遵題記，曰：『翰苑秩清地近，沿唐及今，爲薦紳榮。遵世蒙國恩，父子兄弟接武而進，爲千載幸遇。曩嘗粹《遺事》一編，朅來建業，以家舊藏李肇、元稹、韋處厚、韋執誼、楊鉅、丁居晦洎我宋數公，凡有紀于此，並栞之木。仍以國朝《年表》、《中興題名》附。』陳振孫《書録解題》曰：『自李肇而下十一家，及《年表》、《中興後題名》，共爲一書。』此本上卷爲李肇《翰林志》、元稹《承旨學士院記》、韋處厚《翰林學士記》、韋執誼《翰林院故事》、楊鉅《翰林學士院舊規》、丁居晦《重修承旨學士壁記》、李昉《禁林讌會集》，凡七家。下卷爲蘇易簡《續翰志》、蘇耆《次翰林志》、《學士年表》、《翰苑題名》、《翰苑遺事》，凡五種。其《遺書》（引按，當爲『遺事』）爲遵所續，不在其數，實止四家。然則《年表》、《題名》之外，所收不過九家，與振孫所記不合。又是書本三卷，此本止上下二卷。按《文獻通考》所載，尚有張唐著（引按，當作『唐張著』）《翰林盛事》一卷、宋李宗諤《翰苑雜記》一卷。若合此二家，正足十一家。豈原本有之，而今佚其一卷耶？

**《四庫全書總目·翰林志一卷（兩江總督采進本）》：**

唐李肇撰。案肇所作《國史補》，結銜題『尚書左司郎中』，此書結銜則題『翰林學士左補闕』。王定保《摭言》又稱肇爲『元和中中書舍人』。《新唐書·藝文志》亦云肇爲翰林學士，坐薦柏耆，自中書舍人左遷將作少監。以唐官制考之，蓋自左司改補闕，入翰林，後爲中書舍人，坐事左遷。《國史補》及此書，各題其作書時官也。唐時翰林院，在銀臺門内麟德殿西重廊之後，爲待詔之所。《新唐書·百官志》謂『乘輿所在，必有文詞經學之士，下至卜醫伎術之流，皆直于别院，以備燕見』者是也。韋執誼《翰林院故事》亦謂：其地乃天下以藝能伎術見召者之所處。蓋其始本以延引雜流，原非爲文學侍從而設。至明皇置翰林待詔供奉，與集賢院學士分掌制誥，其職始重。後又改爲學士，别置學士院，謂之東翰林院。于是舊翰林院雖尚有以伎能入直，如德宗時術士桑道茂之類，而翰林之名實盡歸于學士院。歷代相沿，遂爲儒臣定職。肇此書成于元和十四年，唐宋《藝文志》皆著于録。其記載賅備，本末燦然。于一代詞臣職掌，最爲詳晰。宋洪遵輯《翰苑群書》已經收入。今以言翰林典故者，莫古于是書，故仍録專本，以存其朔焉。

## 文淵閣《四庫全書》本《翰林志》書前提要：

臣等謹案：《翰林志》一卷，唐李肇撰。案肇所作《國史補》結銜題『尚書左司郎中』，此書結銜則題『翰林學士左補闕』。王定保《摭言》又稱肇爲『元和中中書舍人』，《新唐書·藝文志》亦云肇爲翰林學士，坐薦柏耆，自中書舍人左遷將作少監。以唐官制考之，蓋自左司改補闕，入翰林，後爲中書舍人，坐事左遷。《國史補》及此書，各題其作書時官也。唐時翰林院，在銀臺門内麟德殿西重廊之後，爲待詔之所。《新唐書·百官志》謂『乘輿所在，必有文詞經學之士，下至卜醫伎術之流，皆直于别院，以備燕見』者是也。韋執誼《翰林院故事》亦謂，其地乃『天下以藝能、伎術見召者之所處』。蓋其始本以延引雜流，原非爲文學侍從而設。至明皇置翰林待詔供奉，輿集院（引按，三字當作『與集賢院』）學士分掌制誥，其職始重。後又改爲學士，别置學士院，謂之東翰林院。于是，舊翰林院雖尚有以伎能入直，如德宗時術士桑道茂之類，而翰林之名實盡歸于學士院。歷代相沿，遂爲儒臣定職。肇此書成于元和十四年，唐宋《藝文志》皆著于録，其記載賅備，本末粲然，于一代詞臣職掌最爲詳晰。宋洪遵輯《翰苑群書》已全收入。今以言翰林典故者，莫古于是書，故仍録專本，以存其朔焉。乾隆四十六年十二月恭校上。

## 盧文弨《翰苑群書序》：

官有所由重。朝廷之重是官者，必先思其可重者何在，斯其遴選也不得不慎，而其禮遇也不得不崇。居是官者，亦必有以自異于曲藝雜流之幸承恩澤者，而官乃重也。詞林之職，古今以爲榮選，其于主眷之隆渥，一言一事，津津傳爲美談。然使在上者以爲此吾之私人而故厚焉，在下者亦惟是，以得數望清光、效賡颺歌頌之美爲幸，則其事皆不足道也。君以朝夕啓沃望其臣，臣以隨事納忠效於君，君臣一德，歡然無間，其任不在職事之末，而其所長亦併不在文字之間。是則上之所以重是官不爲過，而其臣之得此于上非倖也。是編爲宋洪景嚴氏所彙輯，自唐以來事例略可考見，誠有足動人豔羡者。然不探其本而言之，徒以遭遇好文章、稽典故之主，侍從雍容之外，別無裨補，其與夫曲藝雜流之幸承恩澤者何異？是官本重，而其所以可重者曾未之思也，將何以取重于其君，而使庶司百職事群羡以爲清華之選乎？先余未有是書，因借本録竟，手自校對，漫識數語于其端。

乾隆三十九年五月朔日東星盧文弨書于鍾山書院之須友堂。

**彭元瑞《知聖道齋書目》卷二『史部』：**

《翰苑群書》，宋洪遵，二本。

**彭元瑞知聖道齋鈔本《翰苑群書》卷首朱彝尊《翰苑群書跋》末彭氏自記：**

是帙從謙牧堂本鈔，而寫手謁謬殊甚，故校以知不足齋刻本，從其長者。辛亥北至暑窗記。芸楣

**周中孚《鄭堂讀書記》卷二八『職官類』：**

《翰林志》一卷（百川學海本）

唐李肇撰。（肇里貫未詳，元和中官翰林學士、左補闕、中書舍人，左遷將作少監。）《四庫全書》著録，

《新唐志》、《崇文目》、《讀書志》、《書録解題》、《通考》、《宋志》（故事類）俱載之。是《志》纂唐世翰林院中供奉儀則、制誥、書詔之式，凡十三則，敘述該貫，本末詳明，足以垂一代詞臣之掌故矣。洪氏《翰苑群書》首爲載入，《説郛》、《歷代小史》均收之。

《翰院群書》（引按，『院』當作『苑』）二卷（知不足齋叢書本）

宋洪遵編。（遵字景嚴，鄱陽人，皓次子也。與兄邁同舉紹興十二年博學鴻詞科，賜進士出身，官至同知樞密院事、資政殿學士，謚文安。）《四庫全書》著録，《讀書附志》、《宋志》（類事類）、《書録解題》、《通考》、《宋志》俱作三卷，其作二卷者，後人所併也。凡李肇《翰林志》（陳氏作一卷）、元稹《承旨學士院記》（陳氏作一卷）、韋處厚《翰林學士記》（陳氏作一卷）、韋執誼《翰林院故事》（陳氏作一卷）、楊鉅《翰林學士院舊規》（陳氏作一卷）、丁居晦《重修承旨學士壁記》（陳氏作一卷）、李昉《禁林讌會集》爲一卷，蘇易簡《續翰林志》（陳氏作一卷）、蘇耆《次續翰林志》（陳氏作一卷）、《學士年表》、《翰院題名》及景嚴《翰院遺事》爲一卷。覈之趙氏所志正同，惟陳氏稱『自李肇而下十一家，及《年表》、《中興後題目》（引按，『目』當作『名』）共爲一卷，而以其所録《遺事》附其末，總爲三卷』，則今本及趙氏所見本，尚少二家。考景嚴自跋云：『揭來建業，以家舊藏李肇、元稹、韋處厚、韋執誼、楊鉅、丁居晦洎我宋數公，凡有記于此者，並栞之木，仍以《國朝年表》、《中興題名》附』云云，其數及唐人止六家，而于宋又不各舉其人，難測其少二家爲何人之書也。然可以想見所少之必宋人書矣。《通考》尚有錢惟演《金坡遺事》三卷、李宗諤《翰院雜記》（引按，『院』當作『苑』）一卷，或即所少之二家，併之又可符三卷之數歟？是本爲盧抱經所校録，鮑渌飲取以刊入叢書，前有乾隆甲午抱經序。

**王宗炎《十萬卷樓書目》史部第十六號：**

《翰苑群書》，鈔本四本。

**陸心源《皕宋樓藏書志》卷三六『職官類』：**

《翰苑群書》二卷，舊抄本，汪季青舊藏。宋洪邁編（引按，『邁』爲『遵』之誤）。（下引洪遵《翰苑群書》跋，從略。）

**河田羆《静嘉堂祕籍志》卷二一『職官類』：**

《翰苑群書》二卷，宋洪遵編。舊抄四本。（中引《皕宋樓讀書志》及《四庫全書總目》提要，略。）卷首有乾隆卅九年五月盧文弨序，卷中有休寧汪李青（引按，『李』爲『季』之誤）家藏書籍朱文方印、古香樓朱文圓印。

**《静嘉堂文庫漢籍分類目録》『史部·職官類』：**

《翰苑群書》，盧文弨手校本，二卷，宋洪遵編。四册。同，知不足齋叢書第九八、九九册，二卷，宋洪遵編。

**鄧邦述《群碧樓善本書録》卷五「鈔校本一」：**

《翰苑群書》二卷，一册。宋洪遵編。鈔本，後有乾道九年遵跋。此編蓋取唐宋諸家著述彙爲一編，上卷爲唐李肇《翰林志》、元稹《承旨學士院記》、韋處厚《翰林學士記》、韋執誼《翰林院故事》、楊鉅《翰林學士院舊規》、丁居晦《重修承旨學士壁記》、宋李昉《禁林讌會集》；下卷爲蘇易簡《續翰林志》、蘇耆《次續翰林志》、宋《學士年表》、宋《翰苑題名》，洪遵《翰苑遺事》，凡十二篇。自有唐以來，以玉堂爲清秩，明時非翰林不得大拜，有清因之，而士以躋玉堂爲榮者，蓋千餘年矣。唐宋翰林皆知制誥，有明至今則僅與修國史，康雍、乾嘉之際，南齋翰林有得預機要者，然亦謹守温室之義，外人靡得而詳，近惟朝朝染翰而已。邇者制科已廢，翰苑廑存，後數十年，必有不能復知玉堂之足貴者。余自戊戌通籍，忝列史官，丙午乞外，蒙清要之秩，忽忽九年，真有瞻顧玉堂如在天上之感。兹讀洪氏是編，益念世事遷流，未知所極，不有廢者，其何以興？亦惟守此殘編，存文人之掌故云爾。宣統己酉，江寧鄧邦述記。

**傅斯年圖書館藏李氏鈔本鄧邦述題記：**

自有唐以來，以玉堂爲清秩，明時非翰林學士不得拜大學士，國朝因之，而士以躋玉堂爲榮者，蓋千餘年矣。唐宋翰林皆知制誥，有明至今，則僅與修國史，康雍、乾嘉之際，惟南齋翰林得與機要，然敬守温室之義，外人靡得而詳，近亦惟揮毫染翰而已。然且制科久廢，翰苑僅存，十數年後，或有不知玉堂之足貴者。余自戊戌通籍，忝列史官，丙子（引按，「子」當作「午」）乞外，九年于兹。讀洪氏是編，恍若塵夢。世事遷轉，未知所極；區區之榮，又何足云。邦述。

**繆荃孫等《嘉業堂藏書志》卷二『史部・職官類』：**

《翰苑群書》十三卷，舊鈔本。洪遵撰。遵字景嚴，鄱陽人，與兄适同中紹興十二年博學宏詞科，賜進士出身，歷官至同知樞密院事、江東安撫使、資政殿學士、提舉洞霄宫，謚文安，事迹具《宋史》本傳。是書輯自李肇。（繆撰）

**傅增湘《藏園訂補郘亭知見傳本書目》卷六『史部・職官類』：**

《翰苑群書》二卷，補曰：明寫本，墨格，十行十八字，似嘉靖間内府寫本，紙幅闊大，裹背裝。有『楊焕之印』（引按，『楊』當爲『湯』）及盛昱藏印。余藏。

**傅增湘舊藏明鈔本《翰苑群書》卷首諸家題識：**

《翰苑群書》二卷，宋洪景嚴編。文淵閣史部職官類著録爲十二卷，知不足齋刊本作上下卷。然上卷自李肇《翰林志》以下凡七篇，下卷自蘇易簡《續翰林志》以下凡五篇，閣本以一篇爲一卷，非有所增入也。惟《直齋書録》作三卷，言『自李肇而下十一家及《年表》、《中興後題名》爲一書，而以《遺事》附之』，《提要》因疑今本所收除《年表》《題名》外不過九家，若列入張著《翰林盛事》、李宗諤《翰林雜記》，正爲十一家，或原本三卷者亦如是，而今佚之。其説當爲可信。惟宋時原槧久已不存，其佚卷殆不可考。朱竹垞、錢竹汀集中有此書跋語，亦不言所見爲舊刻。鮑本前有盧召弓序，祇言借本校録，是盧本亦出傳鈔，而鮑氏即據以鋟梓也。今盧氏校本尚存靜嘉文庫，可以考而知矣。余别見舊帙，多附竹垞跋，則欲舊本，固戛戛乎難之。昨歲于廠肆文友堂忽覯茲册，半葉十行，行十八字或至二十字不等，筆墨精美，紙幅闌格尤古雅絶倫，望而識爲明代内府藏書。以楷法風氣觀之，必爲嘉、隆時翰苑人手寫，且版式寬展，卷中語涉朝廷空格。《翰苑遺事》卷末有乾道九年遵跋十行，提行款式一仍舊觀，又必從宋本橅摹無疑。鈐有拜經樓藏書銘三十五言朱記、盛伯羲祭酒家藏印二方，歷經名家收藏，端緒可尋，尤足增重。因斥重金，收之篋笥。適弢庵太傅約翰苑同人集于藏園，爲蓬山話舊之舉，爰出此帙，詳記原委，並乞群公題名卷端。披宛委之奇書，憶蓬瀛之仙境，異時有補金坡遺事者，或可志之，以存一時故實也。癸酉八月二十八日，傅增湘識。

（引按，《藏園群書題記》卷五《明内府寫本翰苑群書跋》亦載此文。）

藏園漫題

回首春明記夢餘，玉河西畔忍停車。漫愁避世無金馬，幸有遺編守石渠。觴詠經秋人易感，文章報國願終虚。瀛洲道古關吾輩，待訪陳騤續舊書。

詞林典故久灰塵，遺孑相存集舊臣。儒效難爲前輩繼，朝班曾及中興辰。觀河既耄慚波匿，薰穴爭求閔越人。刮目陳編緬千載，不應古意遂沉湮。

閩縣陳寶琛觀並題，時年八十又六

藏園主人晁陳儔，口數四部懸河流。當筵出示中祕册，玉堂掌故資談諏。景嚴仍世襲清秩，由唐及宋遺編搜。惜哉三卷僅存二，文淵著録源流周。傳刻但見鮑淥飲，赫蹏小字雖清遒，那及天家精寫本，朱絲玉版光銀鈎。拜經意園遞藏庋，森然法物同圖球。宋刊無傳舊鈔貴，摩挲古澤開昏眸。此書采掇迄北宋，南渡以下當博收。同時汴京述故事，麟臺程監稱其尤。（程俱《麟臺故事》。）中興兩録紹厥後，（陳騤《南宋館閣録》、不著名人《續録》。）益公一卷附集留。（周必大《玉堂雜記》。）元代文物遜唐宋，秘監有志王商修。（王士點、商企翁同撰《祕書監志》。）明推黄廖兩鉅製，詳略互見相挹抔。（黄佐《翰林記》、廖道南《殿閣詞林記》。）斯並典故之淵藪，允宜薈萃供討蒐。昭代作述益美備，兩度敕撰輝瀛洲。（乾隆敕撰《詞林典故》八卷，嘉慶續修，增爲六十四卷，分十門。）煌煌十門六四卷，入海求珠山采鏐。竹垞道古擅博雅，（朱彝尊《瀛洲道古録》。）梧門述今勤輯裒。（法式善《槐廳載筆》、《清秘述聞》。）私家專著遂罕繼，後軫未免慚前輈。即今瀛亭没煙莽，欲語銅狄淒清秋。年年汐社呼舊侣，猶藉壺觴相嗅咻。羡君園林宜大隱，輪雲高覆藏書樓。願發篋書資纂録，百年墜緒宣沈幽。柱下蘭臺不終廢，承明侍從非俳優。斯文畢竟關治忽，彼哉野言空蚍蜉。

江陰夏孫桐題，時年七十有七

（引按，《藏園群書題記》卷五《明内府寫本翰苑群書跋》亦載此詩，文字微異，詩前有題，云『癸酉八月宴于藏園，重爲蓬山話舊之會。主人出觀内府鈔本洪氏《翰苑群書》，以長句紀之』。）

内府精鈔祕閣塵，開緘雪涕到詞臣。翰林升品談丁未，（光緒三十三年丁未冬，御史徐定超奏請升編檢爲五品，遂增三品，學士五品，撰文祕書郎各缺，而升編檢爲從五品。其摺稿爲余代擬。）典故成書紀戊辰。（《詞林典故》始于乾隆戊辰，修于嘉慶乙丑，其後遂無續刻。）幾度摧殘新劫火，祇今零落舊王人。（詞館儀式，《春秋》之義，王人雖微，敘于諸侯之上，不得以品級論。）景盧半壁猶多感，況值洪波泗鼎淪。

和戕厂大前輩韻。末韻始用淪字，繼改湮字，此從初稿也。古杭邵章題癸酉八月，蓬山話舊弟二集，余以明賢所書『丹地森嚴』拓本，張之藏園寫真。適檢《群書》中《禁林讌會集》，賈參知黄中有『丹地森嚴隔世塵』句，與弢老首韻巧合，遂再和一首，以志韻事。

丹地森嚴隔世塵，禁林讌會溯名臣。讎書中祕虚然乙，經國訏謨孰告辰。翠墨藏棱金簡字，魚須晉笏玉堂人。檐前鵲見猶知喜，道是瀛洲榜未湮。

邵章再題于六通館

蕭條異代緬前塵，獨抱遺編舊史臣。祇恐秦嬴傳劫火，虚疑方朔是星辰。王城溷迹今何世，天禄讎書昔有人。宋纂明鈔中祕本，墨花縼紙不容湮。

玉堂舊署劫餘塵，寥落貞元白髮臣。芸館百年無續録，蓬山此會已周辰。叢殘空抱編摩志，清祕難尋典守人。禮失倘能求野獲，木天故實起蘊湮。

乙酉三月，蓬山話舊第十二集，追和弢庵大前輩韻，敬題二律，奉沅叔前輩教。陳雲誥

氈車東去愴蒙塵，慚説貞元舊侍臣。老去奔輪虚日月，夢回聽履近星辰。僅存我輩聊成世，能重斯官斷在人。落落曾胡成後勁，可憐古道竟沉湮。（路誤去）

生晚清時愧望塵，承恩四世忝詞臣。（吾家自中丞公以降，叨列館選者四世五人。）廣騷愁賦知何世，變雅哀吟歎不辰。玉署祇今無秘録，石渠自昔有傳人。君弦一絶千行淚，袖底霓裳幸未湮。

乙酉三月，蓬山話舊第十二集。沅丈前輩出示是編，謹次弢庵太傅韻奉題二律。時太傅久歸道山矣。泚筆泫然。郭則澐

先朝憶奉屬車塵，淪落靈和侍從臣。書出秦灰曾歷劫，生如萇楚不逢辰。玉堂回首成前夢，寶刻留題待後人。賴有藏園存秘笈，金坡遺事未全湮。

次塵字韻奉題，沅叔同年正之。俞陛雲

**明鈔本書末鈐朱文長方印：**

寒可無衣，飢可無食，至于書，不可一日失。此昔人詒厥之名言，是可爲拜經樓藏書之雅則。

**明鈔本《中華再造善本》書末附一信：**

復上貴少大人：示悉份金四百，乞費心轉交沅老。囑題《翰苑群書》（一册），併望代交爲荷。尊大人暨文郎清恙想已霍然。耑復。敬頌。茗生世大兄侍福。雲誥再拜

# 主要參考文獻

百川學海，《中華再造善本》叢書影宋咸淳本，北京：北京圖書館出版社，2004年11月
北宋館閣翰苑與詩壇研究，陳元鋒撰，北京：中華書局，2005年10月
北宋翰林學士與文學研究，陳元鋒撰，上海：復旦大學出版社，2019年7月
避暑録話，葉夢得撰，葉德輝《郎園全書》本，宣統己酉（1909）葉氏觀古堂重刊
册府元龜校訂本，王欽若等編纂，周勛初等校訂，南京：鳳凰出版社，2006年12月
春明退朝録，宋敏求撰，北京：中華書局，1980年9月
大唐開元禮，蕭嵩撰，光緒丙戌（1886）公善堂刊本，北京：民族出版社影，2000年5月
大唐郊祀録，王涇撰，適園叢書本，北京：民族出版社影，2000年5月
大唐六典，李隆基撰，李林甫注，［日］廣池千九郎刊本，西安：三秦出版社影，1991年6月
大唐新語，劉肅撰，北京：中華書局，1984年6月
東都事略，王稱撰，宋紹熙間眉山程舍人宅刊本
東觀奏記，裴庭裕撰，北京：中華書局，1994年9月
東軒筆録，魏泰撰，北京：中華書局，1983年10月
封氏聞見記校注，封演撰，趙貞信校注，北京：中華書局，2005年11月

歸田録，歐陽脩撰，北京：中華書局，1981年3月
國老談苑，夷門君玉編，北京：中華書局，2012年6月
漢書，班固撰，北京：中華書局，1962年2月
翰林學士與宋代士人文化，唐春生著，北京：中國社會科學出版社，2011年11月
翰苑三書，傅璇琮、施純德編，瀋陽：遼寧教育出版社，2003年3月
洪文安公（遵）年譜，洪汝奎編，清宣統元年（1909）漢陽洪氏晦木齋刊本
洪文惠公（适）年譜，錢大昕編，《嘉定錢大昕全集》本，南京：江蘇古籍出版社，1997年12月
洪文敏公（邁）年譜，錢大昕編，《嘉定錢大昕全集》本，南京：江蘇古籍出版社，1997年12月
吴郡志，范成大撰，南京：江蘇古籍出版社，1986年10月
皇朝編年綱目備要，陳均編，北京：中華書局，2006年12月
皇朝中興紀事本末，熊克撰，清雍正九年（1731）鈔本，北京：北京圖書館出版社影，2005年3月
皇宋十朝綱要校正，李𡌴撰，燕永成校正，北京：中華書局，2013年6月
皇宋中興兩朝聖政輯校，佚名撰，孔學輯校，北京：中華書局，2019年5月
記纂淵海，潘自牧編纂，明萬曆七年（1579）王嘉賓刻本
建炎以來朝野雜記，李心傳撰，北京：中華書局，2000年7月
建炎以來繫年要録，李心傳撰，北京：中華書局，2013年12月
錦繡萬花谷，佚名撰，中國國家圖書館藏宋刻本
靜嘉堂秘籍志，［日］河田羆編，日本大正六年（1917）刻本，北京：北京圖書館出版社影，2003年6月
舊唐書，劉昫等撰，北京：中華書局，1975年5月

舊五代史，薛居正等撰，北京：中華書局，1976年5月
郡齋讀書志校證，晁公武撰，孫猛校證，上海：上海古籍出版社，1990年10月
孔氏談苑，孔平仲撰，北京：中華書局，2012年6月
郎官石柱題名新考訂（外三種），岑仲勉著，北京：中華書局，2004年4月
類編長安志，駱天驤撰，西安：三秦出版社，2006年1月
李學士新注孫尚書内簡尺牘，孫覿撰，李祖堯編注，上海圖書館藏宋蔡氏家塾刻本，《中華再造善本》叢書影
歷代小史，李栻輯，明刻本，上海：商務印書館影，1940年1月
歷代職源撮要，王益之撰，适園叢書本
兩京新記輯校，韋述撰，辛德勇輯校，西安：三秦出版社，2006年1月
類説，曾慥編，明天啓六年（1626）刻本
夢溪筆談，沈括撰，北京：中華書局，2015年11月
澠水燕談録，王闢之撰，北京：中華書局，1981年3月
名臣碑傳琬琰集，杜大珪編，宋刻元明遞修本
明皇雜録，鄭處誨撰，北京：中華書局，1994年9月
南部新書，錢易撰，北京：中華書局，2002年6月
南宋館閣録、續録，陳騤、佚名撰，北京：中華書局，1998年7月
齊東野語，周密撰，北京：中華書局，1983年11月
錢惟演集，胡耀飛點校，杭州：浙江古籍出版社，2014年12月
潛研堂集，錢大昕撰，上海：上海古籍出版社，1989年11月

欽定四庫全書總目（整理本），四庫全書研究所整理，北京：中華書局，1997年1月
欽定四庫全書總目，武英殿本，臺北：臺灣商務印書館影，1986年7月
青箱雜記，吳處厚撰，北京：中華書局，1985年5月
曲洧舊聞，朱弁撰，北京：中華書局，2002年8月
全宋筆記，朱易安、傅璇琮等主編，鄭州：大象出版社，2003—2018年
全宋詩，傅璇琮等主編，北京：北京大學出版社，1991—1998年
全宋文，曾棗莊、劉琳主編，上海：上海辭書出版社、合肥：安徽教育出版社，2006年8月
全唐詩，彭定求等編，上海：上海古籍出版社，1986年10月
全唐詩補編，陳尚君輯校，北京：中華書局，1992年10月
全唐文，董誥等編，北京：中華書局，1983年11月
全唐文補編，陳尚君輯校，北京：中華書局，2005年9月
全唐文補遺（一至九輯），吳鋼主編，西安：三秦出版社，1994—2007年
全唐文補遺——千唐志齋新藏專輯，吳鋼主編，西安：三秦出版社，2006年6月
全唐五代小説，李時人編校，西安：陝西人民出版社，1998年9月
容齋隨筆，洪邁撰，北京：中華書局，2005年11月
山堂考索，章如愚編，明正德刊本
邵氏聞見後録，邵博撰，北京：中華書局，1983年8月
詩話總龜，阮閲編，北京：人民文學出版社，1987年8月
石林燕語，葉夢得撰，北京：中華書局，1984年5月

説郛三種，陶宗儀等編，上海：上海古籍出版社，1988年10月
説郛考，昌彼得著，臺北：文史哲出版社，1979年12月
四庫全書初次進呈存目，江慶柏等整理，北京：人民文學出版社，2015年6月
四庫全書總目，永瑢等撰，浙刻本，北京：中華書局影，1965年6月
宋才子傳箋證，傅璇琮主編，瀋陽：遼海出版社，2011年12月
宋朝事實，李攸撰，上海：商務印書館，1935年7月
宋朝事實類苑，江少虞撰，上海：上海古籍出版社，1981年7月
《宋朝事實類苑》研究，孫瓊歌撰，河南大學碩士論文，2009年5月
宋代筆記録考，顧宏義著，北京：中華書局，2021年1月
宋代官制辭典，龔延明編著，北京：中華書局，1997年4月
宋代京朝官通考，李之亮撰，成都：巴蜀書社，2003年12月
宋代郡守通考，李之亮著，成都：巴蜀書社，2001年3—7月
宋代佚著輯考，王河、真理著，南昌：江西人民出版社，2003年10月
宋會要輯稿，徐松輯，上海：上海古籍出版社，2014年6月
宋人軼事彙編，周勛初主編，上海：上海古籍出版社，2014年9月
宋史，脱脱等撰，北京：中華書局，1977年11月
宋太宗皇帝實録校注，錢若水修，范學輝校注，北京：中華書局，2012年11月
宋宰輔編年録校補，徐自明撰，王瑞來校補，北京：中華書局，1986年12月
涑水記聞，司馬光撰，北京：中華書局，1989年9月

太平廣記，李昉等編，北京：中華書局，1961年9月
太平御覽，李昉等編，北京：中華書局，1960年2月
唐才子傳校箋，傅璇琮主編，北京：中華書局，1987—1995年
唐刺史考全編，郁賢皓著，合肥：安徽大學出版社，2000年1月
唐大詔令集，宋敏求編，北京：中華書局，2008年4月
唐大詔令集補編，李希泌主編，上海：上海古籍出版社，2003年12月
唐代高層文官，賴瑞和著，北京：中華書局，2017年8月
唐代翰林學士，毛蕾著，北京：社會科學文獻出版社，2000年11月
唐代墓志彙編，周紹良主編，上海：上海古籍出版社，1992年11月
唐代墓志彙編續集，周紹良、趙超主編，上海：上海古籍出版社，2001年12月
唐國史補校注，李肇撰，聶清風校注，北京：中華書局，2021年4月
唐翰林學士傳論，傅璇琮著，瀋陽：遼海出版社，2005年12月
唐翰林學士傳論·晚唐卷，傅璇琮著，瀋陽：遼海出版社，2007年11月
唐會要，王溥撰，上海：上海古籍出版社，2006年12月
唐六典，李林甫等撰，陳仲夫點校，北京：中華書局，1992年1月
唐人軼事彙編，周勛初主編，上海：上海古籍出版社，1995年12月
唐尚書省郎官石柱題名考，勞格、趙鉞著，北京：中華書局，1992年4月
唐尚書省郎官石柱題名考補考，張忱石撰，北京：中華書局，2018年10月
唐史餘瀋（外一種），岑仲勉著，北京：中華書局，2004年4月

唐語林校證，王讜撰，周勛初校證，北京：中華書局，1987年7月
唐御史臺精舍題名考，趙鉞、勞格撰，北京：中華書局，1997年6月
唐摭言，王定保撰，《叢書集成初編》本，上海：商務印書館，1936年6月
通典，杜佑撰，北京：中華書局，1988年12月
圖畫見聞志，郭若虚撰，明津逮秘書本
王文正公筆録，王曾撰，北京：中華書局，2017年7月
王文正公遺事，王素撰，北京：中華書局，2017年7月
文獻通考，馬端臨著，北京：中華書局，2011年9月
文苑英華，李昉等編，北京：中華書局，1966年5月
五代會要，王溥撰，上海：上海古籍出版社，1978年1月
西塘集耆舊續聞，陳鵠撰，北京：中華書局，2002年8月
新唐書，歐陽脩、宋祁等撰，北京：中華書局，1975年2月
新五代史，歐陽脩撰，北京：中華書局，1974年12月
續編兩朝綱目備要，佚名撰，北京：中華書局，1995年7月
續宋中興編年資治通鑑，劉時舉撰，北京：中華書局，2014年5月
續資治通鑑長編，李燾撰，北京：中華書局，1995年4月
楊文公談苑，楊億撰，上海：上海古籍出版社，1993年8月
夷堅志，洪邁撰，北京：中華書局，1981年10月
永樂大典，北京：中華書局，1986年6月

玉海（合璧本），王應麟撰，京都：中文出版社，1977年12月
玉海藝文校證（修訂本），王應麟撰，武秀成、趙庶洋校證，南京：鳳凰出版社，2017年7月
玉堂雜記，周必大撰，《廬陵周益國文忠公集》本，道光二十八年（1848）歐陽棨重刊本
元和姓纂（附四校記），林寶撰，岑仲勉校記，北京：中華書局，2008年10月
直齋書録解題，陳振孫撰，上海：上海古籍出版社，1987年12月
職官分紀，孫逢吉撰，中國國家圖書館藏夏孫桐跋明鈔本
中國翰林制度研究，楊果著，武漢：武漢大學出版社，1996年7月
中國歷代書目叢刊（第一輯）·宋代卷，許逸民、常振國編，北京：現代出版社，1987年11月
中國文學家大辭典·宋代卷，曾棗莊主編，北京：中華書局，2004年9月
中國文學家大辭典·唐五代卷，周祖譔主編，北京：中華書局，1992年9月
周益國文忠公年譜，周綸編，載《廬陵周益國文忠公集》，道光二十八年（1848）歐陽棨重刊本
資治通鑑，司馬光撰，北京：中華書局，1997年11月

# 後記

如果没有在2010年元旦閒來無事點開『國學數典』上的一個帖子，這本書也許永遠不會誕生。當時在數典論壇上有網友問及《翰林志》的一條記載，恰巧我正在翻看傅璇琮先生等編校的《翰學三書》，由此順藤摸瓜，發現了《翰苑群書》的不少問題，又進一步探得文淵閣四庫本的底本，以及久佚的《金坡遺事》等三種的綫索，以爲大有重新校輯的可能。是年春，勛初師在廣州過年，于是趁便將我的發現和試校的《翰林志》草稿呈請先生指教。先生指示，既然有重輯的條件，應該對《翰苑群書》作深度整理，並且建議先完成輯佚的工作。于是我便賈其餘勇，三年之後以《洪遵〈翰苑群書〉新輯校證》爲名申請了全國高校古委會資助項目，幸獲成功。

古委會的項目不會隔三差五地檢查，充滿同仁之間的理解和信任，相信『能事不受相促迫』，因此我也得以『十日畫一水，五日畫一石』，步步爲營，慢慢推進。年前與桂秋兄閒話，他告知正在申報2023年度國家古籍整理出版資助項目，問我有無著作可供選拔，我便貿然提出此書。桂秋兄閲畢初稿，慨然接納。隨後承蒙遴選專家不棄，獲得立項支持。

此次整理，至爲關鍵的一個版本是藏于日本東京静嘉堂的『盧文弨手校本』，此本爲鮑廷博知不足齋本的底本，意義重大。但是彼時親往訪求並不現實，光是閲覽申請就要半個多月，最終許可複製與否，更在未定之天。同門緑川英樹教授適在京都大學任教，遂拜托他代爲設法。緑川兄古道熱腸，在南大時已爲師長們蒐集過很多日藏文獻，得請之後，于壬辰年正月初一親赴静嘉堂，取閲並辦理複製手續。據他説，製作膠卷、複印文獻，必須委托文庫專屬的攝影師拍照，因此要三、四周纔能複製完成。似乎此前該書尚未有膠片，是爲了這次申請纔專門製作的。由于只允許複印黑白件，他還專門提示『盧、吳二氏校記皆用紅筆』，又提供了一些研究建議。高情厚義，感銘肺腑。另一部藏于臺北傅斯年圖書館的鈔本，承臺灣大學鄭海虹同學代爲複製，爲版本研究提供了重要的拼圖。桂秋兄十餘年前寄贈他任責編的傅璇琮先生的兩部《唐翰林學士傳論》，冥冥中似于本書早有前定；在出版過程中更是費心籌畫，與編輯團隊通力協作，補遺訂誤，躬親細務，惠我寔多。暨南大學程國賦教授熱情推薦出版，鼓勵有加。本書之成，端賴諸君之力，謹志數語，以申謝忱于萬一。

我從游莫礪鋒老師門下有年，卻一直没有深究過宋代文史，這次終于有機會補課。老師垂示關懷，促成本書的問世，書成之後，更親賜題簽。翰墨生輝，簡編增重，榮幸何極！

作爲唐宋翰學基礎史料的《翰苑群書》，一如它所記述的翰林學士院，堂廡深邃，關涉至廣，雖然竭力爬梳考證，但是校理越久，越有望洋興歎之感。如今，這段計畫外的旅程來到了終點，而出發的地方，已然隱入塵煙。『暮從碧山下，山月隨人歸。卻顧所來徑，蒼蒼橫翠微。』在長安供奉翰林的李白，彷彿老早替我寫下了心聲。這部無心插柳、興來獨往的小書，倘若能爲後來者提供一份有用的翰學『攻略』，爲唐宋翰學研究貢獻一點爝火微光，這十載漫游便不虛此行了。

癸卯冬志于康樂園